La invención
de todas las cosas

Una historia de la ficción

Jorge Volpi

La invención
de todas las cosas

Una historia de la ficción

El papel utilizado para la impresión de este libro ha sido fabricado a partir de madera
procedente de bosques y plantaciones gestionadas con los más altos estándares ambientales,
garantizando una explotación de los recursos sostenible con el medio ambiente y beneficiosa para las personas.

La invención de todas las cosas
Una historia de la ficción

Primera edición en España: octubre de 2024
Primera edición en México: octubre de 2024

D. R. © 2024, Jorge Volpi
c/o Casanovas & Lynch Literary Agency, S. L.

D. R. © 2024, Penguin Random House Grupo Editorial, S. A. U.
Travessera de Gràcia, 47-49, 08021, Barcelona

D. R. © 2024, derechos de edición mundiales en lengua castellana:
Penguin Random House Grupo Editorial, S. A. de C. V.
Blvd. Miguel de Cervantes Saavedra núm. 301, 1er piso,
colonia Granada, alcaldía Miguel Hidalgo, C. P. 11520,
Ciudad de México

penguinlibros.com

D. R. © diseño: Penguin Random House Grupo Editorial, inspirado en un diseño original de Enric Satué

ISBN: 978-607-385-116-9

Impreso en México – *Printed in Mexico*

Para Violeta y Rodrigo

Y para Pedro y Eloy

Yo soy la novela.

KAFKA, *Cartas a Felice*

Falso prólogo

Al despertar una mañana, luego de un sueño intranquilo, me descubro transformado en un monstruoso bicho. Me espanta la armadura anillada de mi abdomen y mis tres pares de patas que se retuercen en zigzag. Las imágenes están allí, vívidas y palpables, tan reales como eso que suelo llamar, tal vez a la ligera, realidad. El horror que experimento ¿es producto de un recuerdo, de una alucinación, de una fantasía? ¿De un sueño? Si por un instante no me di cuenta de que lo era, ¿quién me asegura que no sigo en su interior? Me precipito al cuarto de baño: mi rostro en el espejo es el mismo de cada mañana, solo mis ojeras lucen más pronunciadas. No parezco un bicho: aquellas imágenes artrópodas eran falsas, los rescoldos de una pesadilla.

Y entonces sí despierto.

א

Nada angustia como un sueño dentro de un sueño, uno de los dispositivos predilectos del horror. Si despertamos en uno, ¿no nos precipitaremos en otro y otro, *ad infinitum*?

Borges se valió de la estratagema en numerosas ocasiones: «Ha soñado el Ganges y el Támesis, que son los nombres del agua», escribió en 1985 en un poema incluido en *Los conjurados*. «Ha soñado mapas que Ulises no habría comprendido. Ha soñado a Alejandro de Macedonia. Ha soñado el muro del Paraíso, que detuvo a Alejandro. Ha soñado el mar y la lágrima. Ha soñado el cristal. Ha soñado que Alguien lo sueña».

Analizo la escena: mis manos transformadas en patas de insecto. ¿Qué son estas imágenes? ¿Cuál es su naturaleza? ¿Son ficciones? Y, si así fuera, ¿de qué están hechas? Parafraseando a Shakespeare, de la misma materia de los sueños.

La palabra *ficción* viene del verbo latino *fingere*, que no significa fingir ni engañar, sino tallar o modelar, el término usado por los artesanos para confeccionar una vasija y por los escultores para dar vida a una venus. La etimología no podría resultar más apropiada: la realidad es esa argamasa a la que damos forma y volumen con la imaginación.

א

Si comparo el sueño con mi reflejo, no tengo dudas: el primero es engañoso y el segundo, verdadero. Pero ¿de dónde proviene esta certeza? ¿Aprecio alguna diferencia sustancial entre las dos imágenes? Ninguna, excepto mi propia convicción: si mi rostro en el espejo me parece real es porque *sé* que es real. Ninguna imagen es verdadera por sí misma, su veracidad queda determinada por una especie de lema que me lo advierte. Pero ¿quién le coloca esa etiqueta similar a las que nos previenen sobre el exceso de grasas saturadas?

א

Volvamos a mi pesadilla. Tras un momento de incertidumbre, localizo su origen en las páginas del libro que descansa en mi mesita de noche. No ha sido una ocurrencia mía, la escena no proviene de mi interior, sino de afuera: alguien me la incrustó y la siento propia. Las imágenes y las ideas son como esporas o —a estas alturas la analogía ya no suena demasiado original— como virus: cuando se escabullen en mi cerebro, se reproducen sin tregua y de repente me descubro infestado. Soy el caldo de cultivo idóneo para la ficción. Para santa Teresa, quien disponía de ella a raudales, la imaginación es la loca de la casa: una vez activa, sigue sus propios derroteros. Para explicar ese estado alterado nos hemos inventado númenes, musas, dioses, daimones y duendes, el Espíritu Santo, el homúnculo cartesiano. Y, por supuesto, la inspiración.

Te describo los detalles de mi sueño: distingo mis patas sobre la colcha y el borde de la cama. A la derecha, las figuras del papel tapiz; a la izquierda, la puerta del baño. Levanto la cabeza y advierto la rugosidad del techo y la sombra de una lámpara. Más allá, un tapete persa. Un espacio donde podría perderme por horas; lo intrigante es que ninguno de esos detalles existía antes de que yo lo mirara.

Primero esto, luego aquello, luego lo de más allá... Si acaso los sueños o la vida fueran simultáneos, al rememorarlos los volvemos sucesivos. Narrar es engarzar imágenes en el anzuelo del tiempo. Ordenamos los hechos —los patrones que atesoramos de los hechos— de la misma forma que paseamos sin rumbo, confiados en que al final le daremos sentido al camino. Somos atrabiliarias máquinas de contar.

¿Y si me engañan los sentidos? Pese al empeño de incontables filósofos y científicos, la pregunta no nos deja en paz. La información que fluye de mi cerebro hacia mis ojos es mayor a la que va de mis ojos al cerebro; si no invento el mundo, lo relleno como ese niño que pinta un cuadro por números. El universo queda depositado en mi interior: el mar y el cielo, las estrellas y los planetas, mis amores, mis amigos y mis malquerientes por igual. Lo que queda afuera es una ficción que permanecerá para siempre ajena, intocable, inaccesible, cruelmente vetada para mí. Es el paraíso del que fuimos expulsados. Almaceno el mundo como el reo que conserva sus fotos de familia debajo de la almohada. Y aun así vivo convencido de que palpo, observo, escucho, olfateo y degusto la realidad.

Abro los ojos y allí está el mundo; los cierro y allí está ese otro mundo, más fluido y volátil, que flota en mi interior. Adentro y afuera: ninguna frontera luce más nítida, más ardua de franquear. Los dualismos derivan de la sensación de ser algo en el interior de otra cosa. Las religiones suscriben idéntico principio: si estoy atrapado en mi cuerpo es porque alguien me colocó allí. No tengo escapatoria. O acaso solo un auto de fe con la esperanza de que al consumirse la carne se libere el alma.

א

Por alguna razón, no me siento solo: en mi cabeza habita alguien más. Otra pesadilla: en mi cráneo se esconde un bicho que se hace pasar por mí. La bestezuela ha recibido varios nombres a lo largo de la historia: intuición o inconsciente, entre los más notables. Más cerca de nosotros, Daniel Kahneman lo bautizó como cerebro rápido. Porque, en esta división, yo soy el lento. ¿A cuál de los dos le corresponde imaginar? El maremágnum surge sin duda del más veloz; a mí me corresponde, en cambio, ordenar, frenar, corregir, glosar. Él es el escritor y yo su corrector de estilo.

א

Recuerdo un episodio de mi infancia: estoy en la primaria, en un día de saludos a la bandera. Ahora pienso en lo que haré mañana por la tarde: cervezas con amigos. ¿Existe alguna diferencia entre la primera y la segunda imagen? Como ocurría con el adentro y el afuera, revivir el pasado y columbrar el futuro son operaciones mentales paralelas. Recordar es arrugar y desgarrar, reacomodar y retorcer, ensombrecer e iluminar, enfocar y desenfocar, hilvanar y deshilvanar. Imaginar, construir un castillo de juguete con las piezas que extraigo del cajón de mi memoria.

א

¿Fantasean los insectos, los reptiles, los pájaros, los mamíferos? Todos los seres vivos forjan modelos del mundo, de otro modo los mosquitos chocarían con las paredes, las golondrinas no sabrían adónde migrar, las chitas jamás atraparían a las gacelas y mi perro Orfeo no reconocería el camino de vuelta a casa. ¿Imaginan como los humanos? Thomas Nagel apuntaba que nadie sabrá jamás cómo se siente ser murciélago. La verdad es que ni siquiera puedo saber cómo se siente ser Thomas Nagel. Te miro a los ojos y asumo que en el interior de tu cráneo hay alguien como yo. A esa sospecha, imaginar que imaginas, los filósofos la llaman «teoría de la mente». Nuestra más arriesgada y fructífera ficción.

א

Cierro los ojos. Tras un sueño en el que no dejo de correr, me descubro fatigado, como si hubiera culminado un maratón. Llega un médico, no mi pediatra habitual, sino un hombre alto y tieso, de traje y corbata oscuros, que se presenta como el doctor Castillo. Se me acerca y coloca su helado estetoscopio sobre mi pecho. Con un gesto de fastidio, les ordena a mis padres llevarme al hospital. Lo escucho horrorizado y me sumo en un llanto que agrava el asma. De la nada aparece mi tío Cheché, quien arma una tienda de campaña sobre mi cama, valiéndose de sábanas y escobas, y allí coloca el humidificador. Mi madre se sienta a mi lado y me susurra una especie de mantra: «Vas a estar bien, vas a estar bien...».

Mi primer recuerdo —me lo reveló ella— es una ficción. ¿Cuántas de esas memorias espurias no seguirán en mi cabeza, aguardando que las resucite para crear una identidad siempre artificial? Como nuestro cerebro no evolucionó para conservar intacto el pasado y como cada vez que retomamos un recuerdo lo modificamos en el proceso, nuestras personalidades no quedan fijas en piedra, sino en plastilina. ¿Quién soy a fin de cuentas si no puedo confiar en mi memoria? ¿Cómo presumir un *yo* coherente cuando solo superpongo imágenes adulteradas de mí mismo?

א

Cuanto nos rodea es producto de nuestra imaginación: el mundo entero, este lugar por donde nos desplazamos tan cómo-

17

damente, no es sino un conjunto de ficciones engarzadas. Nuestras relaciones familiares, laborales y amorosas, el orden que nos gobierna, las formas que hemos encontrado para aprender, divertirnos y entretenernos, lo que somos y cuanto nos rodea ha sido levantado con las herramientas de la ficción. Somos ficciones que nos relacionamos con otras ficciones e incluso nos enamoramos de ellas. Habitamos, trabajamos y nos movemos en espacios ficcionales. Nos dejamos seducir, guiar, controlar y someter por ficciones. Anhelamos y soñamos con ficciones. Luchamos y a veces damos la vida por ficciones. Se nos va el tiempo admirando ficciones y nos angustiamos o nos llenamos de esperanza o de alegría a causa de ficciones. Y lo más probable es que expiremos sin apenas darnos cuenta de que lo somos.

א

Mis ficciones primerizas se hallaban insertas en la educación católica que me imponían los maristas. Entretanto, mi padre aprovechaba la hora de la comida para resumirnos *Los miserables* o *Rigoletto*, *El hombre que ríe* o *Madama Butterfly*. Él me inoculó asimismo la fantasía de ser mexicano e italiano mientras yo acumulaba, sin darme cuenta, los prejuicios de mi clase y de mi época. Al mismo tiempo, me fascinaban el Pato Lucas y los Picapiedra, Don Gato y los Supersónicos y unos cuantos programas con personas *de verdad*. Ninguno me impactó como *La dimensión desconocida*: el miedo cincela nuestra memoria mejor que la risa.

Igual de importantes fueron los primeros juegos con mi hermano: yo decretaba que éramos astronautas y nuestra casa asumía las dimensiones de una base espacial, nuestro Impala '68 se transformaba en nave de combate, los automovilistas en aliens, nuestro barrio en un planeta hostil y la Ciudad de México en una galaxia inexplorada. A los doce, me topé con *Cosmos*, de Carl Sagan —la primera inspiración de este libro—, y los cuentos de Edgar Allan Poe: mi ingreso simultáneo en los territorios de la ciencia y la literatura.

Cada una de estas ficciones me arrastró hacia otras, hasta que yo mismo me decidí a pergeñarlas: unos cuentitos a los trece, un esperpento policial adolescente y los relatos, novelas, guio-

18

nes, ensayos y obras de teatro que he tramado a continuación. Desde entonces, vivo en la ficción, por la ficción y gracias a la ficción. Tras pasar la vida entera sumergido entre ficciones, me apresto a practicarles una autopsia. Te invito a que, en las páginas que siguen, nos dediquemos a destriparlas, desmenuzarlas y abrirlas en canal.

א

Un viaje personal a la ficción: desde sus orígenes entre los seres vivos, los mamíferos, los primates, los homínidos y al cabo los humanos hasta nuestros días, cuando, gracias a las computadoras de bolsillo que aún llamamos teléfonos, devoramos más ficciones que nunca. A lo largo del camino, observaremos cómo surge la imaginación y recorreremos los universos que se nos abrieron cuando calibramos su poder. Exploraremos las ficciones que garantizan la cooperación entre individuos y grupos —de los mitos fundacionales a las religiones establecidas y de las primeras tribus a las modernas naciones— y aquellas que han justificado invasiones, guerras y masacres. Las que han cimentado nuestras relaciones familiares, amistosas, cívicas, sexuales o amorosas y aquellas que le dan sentido al cosmos: la magia, la religión, la astrología, la filosofía, la ciencia. Las que hemos utilizado como laboratorios vitales —mitos, poemas y canciones, pinturas, dibujos y esculturas, piezas teatrales y dancísticas, cuentos y novelas, óperas y ballets, películas y series, cómics y videojuegos, espectáculos multimedia y *performances*— y las memorias, epistolarios, autobiografías y redes sociales que nos animan a escudriñar las mentes de los demás, así como los avatares cibernéticos con que nos exhibimos a diario y las paparruchas —o *fake news*— que enmascaran nuestra vida pública. Un periplo a través de miles de ficciones que, te lo advierto, estará lleno de ellas.

א

En este relato, los silencios pesarán tanto como la música. Para enhebrarlo, me valdré de la flecha del tiempo que atraviesa nuestra conciencia; ello no significa que el desarrollo de la ficción haya sido por fuerza progresivo —toda historia es, a fin de cuentas, artificio—, pero la cronología ayudará a distinguir sus mutaciones y metamorfosis aun si con frecuencia la narración saltará hacia adelante y hacia atrás con la azarosa inquietud de un electrón.

א

Al despertar una mañana, luego de un sueño intranquilo, vuelvo a descubrirme transformado en un monstruoso bicho.

   ¿Comenzamos?

Diálogo 1

*Donde Felice y el bicho se encuentran
y debaten sobre ficción y realidad*

FELICE: La verdad, me dan un poco de asco.

BICHO: ¿Cómo?

FELICE: ¡Tus patas!

BICHO: Y mira mis antenas.

El bicho se agita como si hiciera gimnasia.

FELICE: ¡Tengo que tranquilizarme! Tú no existes.

BICHO: ¿Estás segura?

FELICE: Eres una ficción.

BICHO: Sin duda.

FELICE: Entonces, no existes.

BICHO: ¿Existe el siete?

FELICE: Obviamente.

BICHO: ¿Y dónde está?

FELICE: En estas siete plumas fuente de Franz, por ejemplo.

BICHO: Yo solo veo las plumas, no el siete.

FELICE: Porque el siete está en nuestra mente.

BICHO: En la tuya, será.

FELICE: ¡En la de cualquiera que cuente las plumas de Franz!

BICHO: Pues *yo* también estoy en tu mente, Felice. Me ves. Hablo contigo y me escuchas.

FELICE: ¡No eres real, no eres real, no eres real!

BICHO: Si nos ponemos a disertar sobre lo que es real y lo que no...

FELICE: ¿Qué diantres es una ficción?

BICHO: Te diré lo que *no* es: una mentira.

FELICE: Si yo le digo a Franz que fui a ver a mi madre y en vez de eso me compro un sombrero, ¿no es ficción?

BICHO: Eso es una ficción, sí, y una mentira, pero no todas las ficciones son mentiras.

FELICE: Dame otro ejemplo, bicho.

BICHO: Yo mismo: aquí estoy, vivito y coleando. Y te aseguro que podré ser muchas cosas, mas no una mentira.

FELICE: No estaría tan segura.

BICHO: Tal vez esté hecho de pequeñas mentiras que al cabo dan vida a otra realidad.

FELICE: Una suma de mentiras jamás se volverá verdad.

BICHO: Yo nunca hablé de verdad, Felice, hablé de *realidad*.

FELICE: ¿Verdad y realidad no son idénticas?

BICHO: No exactamente.

FELICE: ¿Qué eres, entonces? ¿Un sueño? ¿Una ilusión?

BICHO: Un espejismo. O el efecto alucinógeno de una droga...

FELICE: ¿Me estaré volviendo loca por discutir con un bicho imaginario?

BICHO: Tal vez yo no exista allá afuera, pero sí *allí* adentro, en tu cabeza.

FELICE: Te veo tan clarito como a Franz.

BICHO: Lo sé.

FELICE: Si tú eres una ficción, entonces ¿qué soy *yo*?

Libro primero

Los orígenes de la ficción

1. Sobre cómo el cosmos depende de un maullido

El big bang *y el punto de vista*

Cierra los ojos. En un instante que oscila entre los veinte y los diez mil millones de años en el pasado, toda la masa y toda la energía del universo se concentraban en la punta de un alfiler; su densidad era tan grande que la curvatura del espacio-tiempo tendía al infinito. Cuanto ha sobrevenido después, las galaxias y los soles, los bichos y las ballenas, la *Odisea* y Taylor Swift, tú que me lees y yo que te escribo, tiene su origen allí. Imposible saber si hubo algo antes, puesto que el tiempo también vio la luz en ese parpadeo. A partir de aquel *aleph*, el universo no ha cesado de expandirse, aunque no sepamos si continuará desperdigándose sin tregua o si le aguarda un final tan calamitoso como su inicio.

Conforme aquel diminuto cosmos empezó a enfriarse, las primeras partículas se separaron como una familia mal avenida. Al rozar los diez mil grados, el proceso generó fotones, electrones y neutrinos, con sus respectivas antipartículas, más unos cuantos protones y neutrones. Unos cien segundos después, estos materiales se amalgamaron para formar deuterio; luego, amasaron helio con unas pizcas de litio y de berilio: el disparo de salida de la tabla periódica. Las pausas del universo no transigen con nuestra cronología y durante miles de años no pasó nada digno de mención: un silencio que ninguna inteligencia pudo gozar o lamentar. Al cabo de trescientos ochenta mil años, ocurrió la *recombinación*: los electrones se unieron a los núcleos producidos con anterioridad y dieron origen a los primeros átomos neutros. Su carácter cuántico le otorgó textura a la radiación cósmica de fondo e hizo posibles aglomeraciones locales de materia: las primeras nebulosas. Entonces las regiones más densas del espacio se condensaron para dar paso al desbarajuste de las galaxias, en las cuales brotaron gigantescas armas nucleares —las estrellas— que al colapsarse generaron supernovas y agujeros negros. Residuos de residuos de las nubes modeladas en aquella cocina celeste son los materiales pesados que desde entonces danzan en torno a sus respectivos soles, incluida la Tierra y sus ansiosos habitantes.

Este es el inicio de nuestra historia: un relato inverosímil de no ser por el apabullante alud de pruebas en su favor. Lo más sorprendente es que las probabilidades de que algo así ocurriera eran mínimas: de entre los innumerables universos posibles, vivimos justo en aquel cuya velocidad de expansión se halla muy cerca de la medida crítica para no colapsarse en el camino e impedir la aparición de la Vía Láctea, el Sol y la Luna, el meteorito que acabó con los dinosaurios, las algas y los mosquitos, los primates y Donald Trump. ¿Seremos los ganadores de una lotería imposible o vivimos en el único universo donde habríamos podido crecer y multiplicarnos? Las respuestas a estas preguntas no entran en el terreno de la ciencia ficción, sino de la ficción pura: ¿se habrá sucedido una miríada de experimentos cósmicos fallidos y, en esa pléyade de fracasos, atestiguamos uno de los pocos —acaso el único— que requirió nuestra presencia?

Una opción menos autocomplaciente —el principio antrópico esparce cierto tufo narcisista— fue propuesta por Stephen Hawking: un universo finito, sin fronteras ni bordes, donde el tiempo no fluye linealmente, tal como lo experimentamos, sino donde todo está de una vez allí, semejante a la superficie de la Tierra, que es a la vez infinita e ilimitada, sin un antes ni un después. De acuerdo con esta fantasía, el tiempo del universo, al cual los físicos llaman *imaginario*, sería el real. Frente a los mitos que han encandilado a las culturas antiguas y modernas con su cohorte de dioses y demiurgos, el *big bang* no se queda atrás. Como ellos, es producto de la rabiosa imaginación humana, pero de una imaginación peculiar, la de la ciencia, obligada a cuadrarse ante reglas estrictas y cuya capacidad para anticipar el futuro necesita no ser desmentida.

Quédate con esta escena: al despertar una mañana, luego de un sueño intranquilo, te descubres en el único universo donde habrías podido despertar.

א

El primero de los grandes revolucionarios del siglo XX trabaja en la oficina de patentes de Berna ocho horas diarias de lunes a sábado; otra parte de su jornada la dedica a su esposa, Mileva Marić, y a su pequeño hijo, y aun así le quedan ocho horas para rasgar el violín y fantasear con los acertijos que lo atormentan desde joven. Esta rutina le permite a Albert Einstein explorar el efecto fotoeléctrico, las dimensiones moleculares, el movimiento browniano, la electrodinámica de los cuerpos en movimiento —que lo conducirán a la relatividad especial— y la equivalencia entre la masa y la energía que alumbró la única fórmula matemática de la que hoy presume cualquier persona culta (aun sin entenderla). Por si no bastara, a los cuatro prodigiosos artículos que Einstein publicó en 1905 les sucederán, entre 1915 y 1916, sus ideas sobre la relatividad general.

En el verano de 1925, el segundo de nuestros revolucionarios se refugia en la isla de Helgoland, en el mar del Norte, para atemperar sus alergias. En medio de aquel océano de acero, Werner Heisenberg atisba el comportamiento de los paquetes de energía identificados por Max Planck en las partículas subatómicas; basándose solo en aquello que puede ser observado, aquel muchachito sienta las bases de la mecánica cuántica, le provoca agudos dolores de cabeza a Einstein y trastoca la forma como la ciencia se aproxima a la realidad. Gracias a él, la física ya no nos dice *qué* es el mundo, sino *cómo* lo vemos, al tiempo que nos revela que las cosas, todas las cosas, no están formadas por diminutas partículas de materia, sino por ondas de probabilidad en campos cuánticos.

Un año después, en 1926, el tercer revolucionario, que no es ni un distraído hombre de familia ni un *boy scout*, sino lo que entonces se califica como *bon vivant* y acaso hoy lo habría llevado al #MeToo, se refugia con su amante vienesa —su identidad es un misterio— en un chalet en los Alpes suizos. Sacudido por aquella energía erótica, Erwin Schrödinger reformula las matrices de Heisenberg, clarifica la teoría y abre la puerta a nuevas fantasías: la posibilidad de que existan incontables universos paralelos.

La física cuántica no nos dice —no puede decirnos— dónde se halla una partícula cuando no la vemos: lo más que puede revelarnos son las probabilidades de encontrarla *si* la observamos. Esas probabilidades no son, a fin de cuentas, sino futuros posibles: ficciones entreveradas. Por inverosímil que te suene, solo tu mirada hace que una de ellas se torne, de pronto, *real*. Los pasos que conducen de Einstein a Heisenberg y Schrödinger aniquilan las ideas que habíamos acumulado no solo sobre el funcionamiento del mundo, sino sobre cómo nos creíamos capaces de observarlo, estudiarlo, analizarlo y aprehenderlo. Hasta entonces parecía que tú estabas encerradita en tu cráneo, mientras afuera quedaba lo real: un cosmos que, por extraño que resultara, habría de permanecer allí, ancho y ajeno, antes y después de tu muerte. La más perturbadora consecuencia de la física cuántica es que requiere de un observador: si el mundo es como es, te lo debe *a ti*. «La irrealidad de lo mirado», resumió Octavio Paz, «da realidad a la mirada».

¿Y el tiempo? ¿Es otra ficción? ¿Por qué recordamos el pasado y no el futuro? ¿Por qué uno nos parece fijo y el otro abierto y móvil? ¿Se trata, otra vez, de una cuestión de perspectiva? La relatividad nos enseña que el tiempo no existe; existe, en todo caso, una inmensa cantidad de tiempos: uno para cada lugar en el espacio. Dependiendo del lugar y de la velocidad, su ritmo se altera. Ello significa que el presente es un sinsentido: jamás sabremos lo que sucede *ahora*. Con excepción de la termodinámica, las demás leyes de la física funcionan igual hacia adelante y hacia atrás. Por suerte, vivimos en un universo en desequilibrio térmico: las huellas que nos deja esta perturbación mientras se precipita hacia un punto de equilibrio nos permiten distinguir su flujo. Y no solo eso: a ese desequilibrio le debemos la posibilidad de almacenar recuerdos y, en el fondo, la existencia. La brutalidad de la entropía nos convierte en fenómenos irreversibles: criaturas dirigidas, como el cosmos mismo, hacia ese equilibrio total que identificamos con la muerte. En tanto sobreviene, padecemos los estragos del tiempo: mucho antes de que Einstein determinase su naturaleza voluble y esquiva, ya sabíamos que cada vida está ceñida al punto de vista de cada cual.

Para explicar una de las consecuencias más perturbadoras de la física cuántica, Erwin Schrödinger se valió de una curiosa ficción. En *La situación actual de la mecánica cuántica* (1935), escribió: «Se pueden construir casos bastante burlescos. Se encierra un gato en una cámara de acero junto con los siguientes aparatos diabólicos (que hay que mantener fuera del alcance de las garras del gato); en un tubo Geiger hay una pequeña masa radioactiva, tan pequeña que en una hora quizás se desintegre uno de sus átomos, pero también, y con la misma probabilidad, que esto no llegue a suceder. En caso de desintegrarse, el contador Geiger, a través de un transmisor, accionaría un martillo que en ese momento aplastaría un frasco de ácido prúsico. Si se deja este sistema solo durante una hora, podremos decir que el gato sigue con vida si en ese espacio de tiempo no se ha desintegrado ningún átomo. En cambio, la primera desintegración atómica se habrá encargado de envenenarlo. La función Ψ del sistema completo expresaría la situación de mezclar o machacar (perdonen la expresión) al gato vivo con el gato muerto en partes iguales hasta el momento en que alguien abra la caja y observe el resultado».

Según Schrödinger, no es sino hasta que el observador interactúa con el sistema que colapsa la función de onda (que él expresó con la letra griega Ψ), fijando una sola posibilidad: el infeliz felino muerto, por ejemplo. Conforme a la interpretación de los muchos mundos, que todavía encandila a numerosos filósofos, físicos y cosmólogos, en ese mismo instante se abre otro universo, en el cual el gato sigue vivo. Para algunos, esta no es una fantasmagoría, sino la mejor lectura posible de los postulados de la mecánica cuántica; a otros, en cambio, la idea de que un gato pueda estar vivo y muerto a la vez, o de que al colapsar la función de onda se abran distintos universos paralelos, les resulta tan absurda como que un bicho pueda hablar.

Varias hipótesis han intentado apagar el fuego de esta interpretación: el excéntrico físico estadounidense David Bohm elaboró la idea de las variables escondidas (antes postuladas por

Max Born), que, en su afán por eliminar los muchos mundos, introduce una realidad física inaccesible al conocimiento humano: una fantasía como la que pretendía eliminar. Otros pensadores han invocado el colapso físico de la función de onda, un fenómeno hasta ahora jamás observado que ocurriría de vez en cuando en las ondas probabilísticas, impidiéndoles dispersarse en un sinfín de universos paralelos. Según esta propuesta, la Ψ del gato colapsaría tan rápido que ni siquiera nos daría tiempo de observarla, lanzando al pobre animal solo a la vida o la muerte en vez de a ese limbo de existencia e inexistencia entremezcladas. Una tercera acometida, defendida por el físico italiano Carlo Rovelli, establece que quizás no haya que tomarse la Ψ demasiado en serio: en vez de asumirla como real, provocando la proliferación de mundos paralelos, variables ocultas, colapsos físicos y otros adefesios, habría que considerarla un mero instrumento de cálculo.

En tal caso, la Ψ sería solo la medida de nuestro conocimiento del universo, no del universo mismo. Esta idea lleva aún más lejos el principio de incertidumbre de Heisenberg: la física en ninguna medida describe el mundo, sino nuestra idea del mundo. Al observar un electrón no lo transformamos con la mirada, solo obtenemos un poco más de información sobre su estado. A esta perspectiva se le ha dado el nombre de *QBismo*, en un juego de palabras que remite a Picasso o Braque. El *QBismo*, advierte Rovelli en *Helgoland* (2020), renuncia a una imagen realista, puesto que no es lícito decir nada del gato mientras no lo miremos. En este esquema, las cosas no tienen propiedades por sí mismas, sino solo en relación con otras, en particular con nosotros mismos. La Ψ significaría entonces la probabilidad de que el gato esté vivo o muerto solo respecto *a ti*, que estás a punto de espiarlo; por el contrario, la medición de Ψ no sería válida para *mí*, que ni loco me asomaría a la caja.

La realidad no sería, pues, sino un conjunto de relaciones. Una interpretación radical de la teoría cuántica: un universo construido a partir de una infinita variedad de puntos de vista que no admite una visión única. Un cosmos sin Dios y sí, en cambio, con incontables conciencias que saben —y definen— un sinfín de pequeñas cosas que a la larga conforman el todo. En términos narrativos, diríamos que somos habitantes de un universo donde no hay sitio para un narrador omnisciente, sino, a la manera de Dostoievski o Henry James, solo para un avispero de puntos de vista entremezclados.

א

Ahora imagina un universo vacío, sin nadie que lo contemple. Un cosmos sin seres inteligentes que aspiren a resolver sus enigmas. Un manchón de galaxias, estrellas incandescentes o agónicas, cometas y meteoritos, planetas y lunas tan numerosas como granos de arena, océanos y cumbres, cavernas, promontorios, arrecifes, dunas, sabanas, ríos y lagos como espejos: una apabullante belleza que nadie ve. ¿No te sacude un escalofrío? ¿Para qué todo esto si nadie lo puede admirar? Y, si nadie lo ve, ¿cómo saber siquiera que está ahí? ¿Podemos hablar de existencia sin una conciencia que la experimente o la padezca? ¿Cuál sería la diferencia entre un universo despoblado y la nada? La fantasía contraria, que unos animalillos sucios y medrosos, asentados en el último rincón de un sistema solar periférico, sean quienes le dan sentido al cosmos suena megalómana y todavía más absurda. ¿Acaso el universo solo existe para que unas aterradas criaturas terrestres lo contemplemos desde aquí? O, a la inversa, ¿somos nosotros quienes lo inventamos al otearlo?

2. Sobre cómo filosofar con proteínas

La evolución y el origen de la vida

Cierra los ojos. Frente a ti se extiende un charco burbujeante y denso como chocolate mientras una atmósfera neblinosa rica en metano, oxígeno y nitrógeno te envuelve por completo. Una sucesión de relámpagos acuchilla la superficie del planeta, infestada de fosfatos y promiscuas variedades de carbono: el escenario de una película de terror si no luciera tan vacío. Como en un caldero mágico, los ingredientes se agitan y entremezclan en el interior de aquella poza, azuzados por la tormenta eléctrica. Si fueras una alienígena capaz de degustar ese caldo primordial, descubrirías cómo esas moléculas bailan, se esquivan, se acomodan y al cabo se aparean: las proteínas de pronto se enroscan al unísono en configuraciones que otras proteínas no tardan en copiar.

Entretanto, nuevas sustancias tejen un abrigo con el que las primeras se guarecen: una delgadísima membrana que les sirve de protección y de refugio. ¿Qué fue primero, la proteína replicante o su túnica? Esta vez no adviertes una gran explosión, sino un discreto divorcio: el instante en que una de esas bolsitas colmadas de aminoácidos se duplica y cede su lugar a otras dos que son —y no son— la original. Poco después, al menos en una escala cósmica, un primer bicho flota en la superficie del agua. Tú eres una de sus lejanas descendientes. He aquí la gran ficción sobre el origen de la vida: el vaivén que dará lugar a los protozoarios, las manzanas, el mosquito que chupa tu sangre, las vacas y los borregos, los tigres y tus ojos.

Recuerdo el capítulo de *Cosmos* (1980) en el que Carl Sagan narra el experimento que intentó replicar aquel caldo primordial donde se originó la vida hace unos 4,280 millones de años. Siguiendo las ideas de Aleksandr Oparin y John B. S. Haldane, en 1953 Stanley Miller y Harold Clayton Urey combinaron metano, amoníaco e hidrógeno en un conjunto estéril de tubos y recipientes, aumentaron la temperatura y bombardearon la mezcla con descargas eléctricas hasta que en aquella argamasa se asomó un puñado de compuestos orgánicos. Aunque el experimento no llegó a producir seres vivos —nadie lo ha conseguido—, sus creadores constataron que la síntesis de aminoácidos en la Tierra primitiva debió de ser bastante frecuente.

En 2009, Gerald Joyce, del Instituto Salk, realizó un experimento con enzimas de ácido ribonucleico *in vitro* que se acomodaron según los parámetros adaptativos previstos por la evolución: un primer esbozo de cómo lo animado podría surgir de lo inerte. Condiciones parecidas a las planteadas por Miller y Urey se han descubierto en el espacio exterior: el meteorito Murchison, que cayó en Australia en 1969, conserva trazas de aminoácidos, un dato que apuntalaría la excéntrica teoría de la panspermia, según la cual la vida podría ser una constante en el universo, transmitida de una galaxia a otra a través de polvo estelar, asteroides o cometas.

Identificar a un ser vivo no es tarea sencilla. Conforme nos alejamos del mundo macroscópico, los baobabs, las acacias, las jirafas o los *basset hounds* y nos aproximamos a las bacterias, las arqueas, los virus o los priones, la frontera entre lo orgánico y lo inorgánico se torna menos nítida. Si seguimos los parámetros termodinámicos de Erwin Schrödinger en su pionero *¿Qué es la vida?* (1944), ampliados por Ilyá Prigogine en *Del ser al devenir* (1980), los seres vivos podrían definirse como sistemas abiertos que intercambian energía y materiales con su entorno y son capaces de transmitir sus genes a generaciones sucesivas. Todos los organismos cumplen estas funciones, si bien los virus y los priones —proteínas mal plegadas que trasladan su estructura a otras variedades de la misma proteína— necesitan insertarse en sistemas más complejos, más propiamente vivos, para lograrlo.

Al final, eres un fatigoso robot que transforma energía en información, la cual se almacena en tus tejidos a fin de maximizar la reducción de la entropía para que mañana puedas recolectar más energía y volverla a convertir en información. El sol recarga las plantas, que a su vez son devoradas por los animales y por ti: cuando te alimentas, esa misma fuerza te irriga y, en el breve lapso en que logras eludir su disipación —la muerte—, incorporas en tu cerebro información indispensable para sobrevivir. Como alquimistas, los humanos transmutamos energía en conocimiento: recuerdos, imágenes, ideas, ficciones.

Desde que fue identificado en Wuhan a finales de 2019, sabemos que un vulgar conjunto de aminoácidos, el SARS-CoV-2, logró introducirse en nuestras células. Desde entonces, no ha dejado de reproducirse vorazmente en nosotros. Durante meses nos enclaustró, paralizó la economía, detuvo los viajes y vació los sitios de recreo, doblegó nuestra libertad y alteró nuestras costumbres, aniquiló a millones y nos obligó a hablar de él como de ninguna otra cosa. Infectó a la vez cuerpos y mentes y, como el infeliz gato de Schrödinger, ni siquiera está del todo vivo: un diminuto pedernal lujurioso y caníbal. Los virus son muertos vivientes que solo adquieren una existencia vicaria —como los personajes de ficción— mientras se alimentan de nosotros.

א

¿Y si la vida fuese un juego? Busca un tablero de damas y despliega frente a ti las fichas negras. A continuación, colócalas en una posición aleatoria y aplica las siguientes reglas:

1. Si un escaque contiene una ficha (la llamaremos una *célula viva*), y dos o tres de sus vecinas están también vivas, la célula permanece con vida.
2. Si una célula está viva y tiene más de tres vecinas vivas, muere por sobrepoblación.
3. Si una célula está viva y tiene menos de dos vecinas vivas, muere de soledad.
4. Si una célula está muerta, pero tiene justo tres vecinas vivas, vuelve a la vida.

Prueba unas cuantas veces. Tras un tiempo razonable, observarás cómo surgen configuraciones cada vez más extrañas. Con un poco de suerte —y algo de imaginación—, distinguirás formas que te harán pensar en larvas o gusanos. Si persistes, tarde o temprano comprobarás que este sencillo modelo propicia el surgimiento de figuras cada vez más complejas. El matemático John Horton Conway diseñó este ingenioso divertimento en 1970 y le dio el nombre de *Juego de la vida*: el primer y más sencillo autómata celular. Él mismo quedó anonadado con su invento y, una vez que lo trasladó al entorno de su computadora, las estructuras que brillaban en la pantalla de pronto empezaron a moverse y reproducirse *como si* estuvieran vivas. (Ese «como si» será central en este libro).

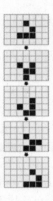

Es probable que las fichas sobre el tablero no te parezcan muy vivas, pero los modelos informáticos desarrollados a partir del jueguito de Conway —popularizado por Martin Gardner en *Scientific American*— cumplen con las condiciones esenciales de la vida; así sea enclaustradas en un universo virtual, esas formas —si insistes en no llamarlas organismos— nacen, se alimentan, excretan, se mueven, crecen, se reproducen y mueren o, en otras palabras, extraen información de su ambiente digital, la almacenan y la emplean tanto para adaptarse como para replicarse. Algunas dan lugar a sofisticadas colonias con complejas interacciones grupales —no querrás llamarlas sociales—, en tanto otras se extinguen al cabo de unas cuantas generaciones.

De manera análoga a la vida que se cocinó en el caldo primordial, estos seres virtuales desarrollan propiedades emergentes que les permiten autoorganizarse y multiplicarse. El proceso no requiere un creador: una vez que el mecanismo se activa, nada lo detiene. Quizás no resulte sencillo reunir las condiciones necesarias para el surgimiento de la vida, pero, una vez que esta aparece, lo difícil es detener su frenesí. La vida se obstina en seguir viva y prospera por sí misma o mediante las copias que siembra en su camino. Desde esta perspectiva, es una máquina del tiempo: orden en combate contra el caos, un desafío momentáneo —aunque a la postre trágico— a la segunda ley de la termodinámica. Cada organismo es un atisbo de futuro: pura ansia de inmortalidad. O, en palabras de Calderón en *La vida es sueño* (1635):

> ¿Qué es la vida? Un frenesí.
> ¿Qué es la vida? Una ilusión,
> una sombra, una ficción.

א

Aunque lleva dándoles vueltas a las mismas ideas desde que desembarcó del Beagle veinte años atrás, Charles Darwin no se ha atrevido a condensar sus intuiciones en un libro, paralizado por sus dudas, sus divagaciones geológicas, su atribulada vida doméstica —su hijo recién nacido fallecerá de escarlatina— y las posibles consecuencias de sus descubrimientos. El 18 de junio de 1858, una carta de Alfred Russel Wallace, quien ha llegado por su cuenta a las mismas conclusiones, lo pone contra las cuerdas. A partir de entonces, Darwin se consagra a escribir el que será uno de los libros más influyentes de la historia: *Sobre el origen de las especies por medio de la selección natural, o la preservación de las razas favorecidas en la lucha por la vida*, publicado por John Murray en noviembre de 1859.

El naturalista no podría haber adivinado que sus ideas no tardarían en crecer y multiplicarse como larvas bien alimentadas. En *La peligrosa idea de Darwin* (1995), Daniel C. Dennett afirma que la evolución por selección natural es la teoría más satisfactoria y perturbadora jamás concebida por la mente humana: un prodigio de imaginación que, con las correcciones y adaptaciones que se le han incorporado después, se comporta como un ácido que corroe cuanto toca. Combatida por incontables enemigos, desde quienes se niegan a asumirse herederos de los simios hasta quienes anhelan un gran relojero, la evolución se ha vuelto un principio fundamental de nuestro mundo. Del origen de la vida al de la conciencia, todo puede ser explicado a través de los pausados mecanismos de adaptación que se ponen en marcha en una escala de abajo hacia arriba —de las células a los cerebros y de las necesidades animales a la filosofía y el arte—, paso a paso, de manera lenta y azarosa. Como sintetiza Dennett en el título de otro de sus libros, publicado en 2017, la evolución explica el camino de ida y vuelta que se tiende entre las bacterias y Bach.

En *El gen egoísta* (1976), Dawkins trasladó los términos de la evolución de los individuos a los genes. Son estos quienes se obstinan en permanecer y multiplicarse, en tanto los organismos somos máquinas a su servicio. En el último capítulo de su libro, el zoólogo británico sugería un paralelismo entre el comportamiento de los genes y el de las ideas, a las cuales denominaba *memes* (sin anticipar que el término acabaría definiendo chistes y gags). Según él, estas también se hallan sometidas a las leyes de la evolución: buscan permanecer y reproducirse en nuestras mentes —su medio natural— y, en tanto algunas logran adaptarse y sobrevivir a lo largo de milenios, otras se extinguen muy pronto.

En términos evolutivos, las ficciones serían conjuntos de ideas —memes— que se transmiten de un individuo a otro, algoritmos que conducen ciegamente de un origen a un resultado o parásitos que persiguen un solo objetivo: introducirse en el mayor número posible de individuos a fin de multiplicarse una y otra vez. Las ficciones no surgen, sin embargo, por generación espontánea: para concebir una, debes recurrir a tu propio caldo primordial, ese batiburrillo de ideas ajenas que burbujea en tu interior. Una vez que estas se mezclan y asimilan, atraen otras ideas en una cadena sin fin; los memes que alcanzan un índice de supervivencia superior al de sus competidores se convierten en obsesiones de las que no te será fácil librarte. Cuando ciertas ideas se apoderan de tu atención, tuercen tu voluntad y te obligan a esparcirlas por medio de todo tipo de asociaciones. Cientos de ideas secundarias o terciarias darán paso a colonias anidadas en tu mente y en las de los contagiados por ti.

Las ficciones se construyen, pues, a través de minúsculas transiciones entre estados mentales que generan y verifican, eliminan y corrigen, y vuelven a verificar hasta que nuestro cerebro, comportándose como un eficaz programa heurístico, elige las mejores. La selección natural filtra los resultados y produce un sinfín de criaturas imaginarias: opiniones, hipótesis y teorías; recetas, chismes y narraciones; religiones e ideologías; novelas, series de televisión y juegos de video. Cada una se halla sometida a una feroz lucha contra todas las demás. Al ser limitado el tiempo mental del que dispone una persona —o una sociedad—, el combate no ofrece tregua: solo sobrevivirán las que mejor se adapten a otras mentes, otros lugares, otros tiempos. Pero, como ocurre con los seres vivos, no ganan la carrera las mejores, sino las que adquieren mayor virulencia. Al final, solo unas cuantas rebasarán el umbral crítico que les permitirá infectar a miles o millones. Igual que los virus, algunas ficciones pueden convertirse en plagas o epidemias y pocas vacunas lograrán contrarrestarlas.

3. Sobre cómo declarártele a un zombi

Conciencia y autoconciencia

Abre los ojos. Te descubres en un anfiteatro, de pie en medio de un escenario circular, frente a un atril y un micrófono, iluminada por un reflector que te nubla la vista. Tras una inclinación y un breve silencio, un batir de palmas te provoca un escalofrío: tardas en darte cuenta de que los aplausos son para ti. Se encienden las luces y te encuentras rodeada por una multitud que, fascinada con tu charla sobre los orígenes de la conciencia, se apresura a celebrarte. En vez de sentirte orgullosa, te paraliza el terror: ¿cómo saber si ese apeñuscado conjunto de rostros y cuerpos está formado por auténticos humanos? ¿Quién te garantiza que detrás de aquellas miradas atentas, los gestos de aprobación, los guiños y suspiros anidan conciencias semejantes a la tuya? ¿Cómo saber si no estás flanqueada por seres que lucen y se comportan como humanos, pero cuyos cuerpos acaso se hallan desprovistos de vida interior? ¿Y si ese público estuviera formado por maniquíes o zombis?

El horror se repite frente a las demás personas con las que te topas en el camino: nada te confirma que tu madre o tu hermana, tus amigos y compañeros de trabajo, tu casero o tu amado Franz no sean *walkers* como ellos. ¿Cómo averiguar si piensan, sienten, perciben, padecen como tú? Ni el más preciso encefalograma, ni una resonancia magnética funcional o una tomografía despejarán tus dudas: no existe ninguna prueba de que los otros posean vidas interiores semejantes a la tuya. Si a primera vista parecen conscientes, si sus gestos, movimientos, reacciones y palabras te inducen a pensarlo, se trata de una ilusión. Los expertos la llaman *teoría de la mente*: la fantasía que te permite imaginar que eres idéntica a quienes te rodean —incluso a mí— y que nuestras ideas y ficciones sobre el mundo podrían resultar equivalentes. Cada individuo con el que te encuentras, convives o intercambias unas frases, cada persona a la que amas o detestas no dejará de ser, para ti, más que una ficción. Esta es la razón de que te resulte tan sencillo poner en marcha el procedimiento inverso: tratar a los personajes de ficción *como si* fueran personas.

א

Si bien te parece imposible comprobar la vida interior de tus semejantes, no dudas, en cambio, de la tuya: *cogito ergo sum*. Aquí estás y observas el mundo, consciente de tu entorno, de tu cuerpo y de tu estado interior. Ningún escéptico te convencerá de lo contrario. Aun si lo que percibes es un espejismo o una ilusión inspirada por el diablo, nadie logrará arrebatarte tu lugar. Eres, antes que nada, un *punto de vista*.

En tu charla repasaste las definiciones contradictorias que la conciencia ha adquirido a lo largo de la historia: desde quienes la consideran un equivalente del alma o el espíritu —los franceses aún la llaman *esprit*— hasta los que insisten en que hablar de ella en términos científicos resulta irrelevante. Pero ¿cómo estudiar la conciencia si no tienes acceso más que a la tuya? ¿No se convierte en un *round* de sombra? Así lo creía Descartes y toda su filosofía se basa en ese narcisismo que recuerda al de Freud: mi único objeto de estudio soy *yo*. Dennett sugiere una salida al solipsismo: analizar las conciencias ajenas como si fueran novelas, películas o relatos de ficción. Cuando nos sumergimos en un cuento de Conan Doyle o en una novela de Dostoievski, jamás nos preguntamos cómo nacieron sus mundos, nos basta con constatar que están allí para vivirlos *como si* fueran reales. El que se trate de territorios y personajes ficticios no imposibilita su estudio riguroso.

Superado este escollo, confiemos en que es válido estudiar los relatos de los otros como si expresaran variedades de tu propia experiencia: a diferencia de la protagonista de *La amante de Wittgenstein* (1988), la ingeniosa novela de David Markson, quizás no seas la única habitante de la Tierra. Como ocurre con el viejo chiste del elefante, si alguien se comporta como un ser consciente, tiene la forma de un ser consciente, se mueve y habla como un ser consciente, lo más probable es que lo sea. Al final, quizás no estemos rodeados de hordas de zombis filosóficos.

¿Recuerdas aquel otro zombi imaginado por la tradición askenazi de Praga y recuperado por Borges a quien el rabí Judá León no solo insufla vida, sino que le otorga una pálida conciencia cuando incrusta en su arcilla las sagradas letras del nombre de Dios?

El simulacro alzó los soñolientos
párpados y vio formas y colores
que no entendió, perdidos en rumores,
y ensayó temerosos movimientos.

Gradualmente se vio (como nosotros)
aprisionado en esta red sonora
de Antes, Después, Ayer, Mientras, Ahora,
Derecha, Izquierda, Yo, Tú, Aquellos, Otros.

El Golem se descubre atrapado en el mundo: atisba objetos que no reconoce, pues carece de memoria, y poco a poco distingue el espacio-tiempo y la frontera entre su *yo* y el del rabino. La conciencia resulta tan indescifrable que debe de ser distinta a la materia: son las secretas letras del nombre de Dios las que le otorgan esa *awareness* que lo acerca a los humanos. La mayor parte de los relatos que conservamos sobre el origen de la conciencia repiten el mismo esquema: algo —sea el aliento divino o una propiedad emergente de la materia— queda atrapado en la arcilla de las células: frente al cuerpo desdeñable y perecedero, el alma inmortal. Nuestro abúlico creador amasa arena con agua, le da forma y luego sopla sobre ella: para los creyentes, la conciencia es su regalo más preciado.

א

La primera forma de vida que apareció sobre la Tierra —apenas unas proteínas autorreplicantes rodeadas de una membrana maleable— ya era capaz de reaccionar a los cambios químicos en el ambiente, podía recuperar información del exterior, asimilarla y adaptarse a ella. Se comportaba como un archivo que transmitía información a las copias que producía de sí mismo. No hay en las bacterias, el plancton, las algas, las plantas y los organismos multicelulares posteriores sombra de autoconciencia, pero sí mecanismos que persiguen la homeostasis y que interiorizan el exterior. Al cabo de unos cuantos millones de años aparecen los primeros organismos complejos que padecen —los términos para describir estos procesos son demasiado antropocéntricos— hambre o sed, calor o frío. Esas primeras sensaciones representan los pinitos hacia una primitiva visión del mundo.

Si damos otro salto y llegamos a los nematodos o a los insectos, veremos que poseen células nerviosas que les permiten diferenciarse del medio ambiente y de sus semejantes, relacionarse con ellos, aparearse y cumplir las tareas básicas dictadas por sus genes. Se dirá que todo ocurre porque están programados para ello y que son una suerte de autómatas que repiten ciertas rutinas, pero aun así hay algo en su frenesí —piensa en las hormigas, las abejas o las termitas— que nos resulta extrañamente familiar. Si avanzamos aún más, hacia el instante en que la evolución pone a prueba uno de sus diseños más espectaculares, los sistemas nerviosos centrales, la conciencia animal se torna irrefutable.

En 2012, un grupo de científicos lanzó la *Declaración de Cambridge sobre la conciencia*, donde se afirma que la ausencia de neocórtex no excluye que un organismo experimente estados afectivos. Según sus firmantes, los humanos no somos los únicos animales que poseemos los sustratos neurológicos que generan la conciencia. Los mamíferos y las aves, al igual que muchas otras criaturas, como los ansiosos y brillantísimos pulpos —insisten sus firmantes—, reconocen su lugar en el mundo. Miro los profundos ojos de mi perro Orfeo y no dudo de su conciencia: si acaso es un zombi, será tan zombi como yo.

א

En la sopa primordial, ese caldo pringoso y humeante, no solo no había vida ni conciencia, tampoco causas, efectos, propósitos, puntos de vista. Todo ello surge gradualmente (recupero el adverbio borgiano) en cuanto esas primeras proteínas recubiertas de membranas adquieren el don de replicarse. Nacen así, en sentido biológico, tanto el futuro como el egoísmo. En su afán por copiarse a sí mismos, aquellos seres distinguen ciertas metas: desafiar la entropía, mantener la homeostasis y anclarse al porvenir. Al perseguirlas, se diferencian del medio, extraen información y recursos de su entorno y se crean un mundo interior. Sin querer antropomorfizarlos en exceso, se comportan como rechonchos narcisistas, preocupados únicamente por sus necesidades. En cuanto el primer organismo ve la luz en aquellos pantanos, lo acompaña su punto de vista. La realidad circundante, hasta ese momento tan sosa, adquiere cualidades únicas: puede resultarle neutra y aburrida (si no lo beneficia ni lo perjudica), positiva (si lo ayuda a permanecer y reproducirse) o negativa (si le impide realizar estas tareas). De modo incipiente, sus interacciones se tornan buenas, malas o neutrales —y eso que falta mucho para la ética— con respecto a sus intenciones. El término, tal vez demasiado humano, no es gratuito: cada una de esas bestezuelas descubre un propósito. Sin falta, se formulará la misma pregunta: ¿qué hacer después?

Si le damos *fast-forward* a esta historia, nos toparemos con seres inverosímiles y deformes que, bajo la lente del microscopio, se acercan a alguna sustancia y se atreven a probarla: así es como descubren si deben rechazarla, ignorarla o abalanzarse sobre ella. Esta información garantiza su supervivencia. La aparición de células nerviosas —computadoras en miniatura que reaccionan a los estímulos externos, procesan la información, inducen reacciones en el organismo y conservan esa impronta en sus tejidos— les concederá a estos organismos la oportunidad de no quemarse cada vez con el mismo abrasivo. Estos seres son ya productores de futuros: prevén los efectos para ciertas causas, asumen el pasado similar al porvenir y actúan en consecuencia. Los mecanismos de la evolución por selección natural se trasladan, entonces, a los sistemas nerviosos centrales y a los cerebros, donde los patrones de conducta que generan beneficios se refuerzan y preservan, mientras aquellos que dañan o lastiman tienden a borrarse, bloquearse o eludirse. Gracias al aprendizaje, los seres vivos anticipan ciertas constantes —la gravedad o la entropía— y responden a ciertos ciclos, como el paso del día a la noche o la rueda de las estaciones.

Poblado cada vez con más criaturas y sometido a condiciones climáticas azarosas, el medio ambiente continuará siendo un desafío que las respuestas mecánicas no atemperan. Para acomodarse a lo imprevisto, la evolución se saca de la manga la plasticidad neuronal: los organismos ya no se contentan con repetir patrones preestablecidos, sino que ensayan respuestas novedosas —acaso el origen de la libertad individual— a situaciones cambiantes. Nuestra conducta se vuelve heurística y, de entre distintos futuros posibles, elegimos el que creemos que tiene más probabilidades de resultarnos benéfico. ¿Será este el humilde origen de la conciencia? Una vez que se expande el neocórtex, una máquina de futuros aún más sofisticada, y que los primates y los homínidos lo inflemos hasta su límite, nuestros estados internos se volverán tan intrincados como para requerir un general dispuesto a tomar el mando de las tropas. Ese puesto le corresponderá a esa ficción suprema a la que damos el empalagoso nombre de *yo*.

Estamos en Parma y es la hora del almuerzo. Un asistente del doctor Giacomo Rizzolatti regresa al laboratorio mientras saborea un helado de pistache; encerrados en sus jaulas, varios simios lo observan con envidia. Cuando el jefe regresa y mira las lecturas de los aparatos conectados a sus cráneos, constata que en los cerebros de los monos no solo se han activado neuronas relacionadas con el hambre, como hubiera sido previsible, sino un grupo de neuronas motoras. Rizzolatti y su equipo determinan que los chimpancés, al igual que los humanos y un puñado de otros animales, cuentan con estas células motoras que se activan cuando advertimos que alguien se mueve o cuando recordamos, imaginamos o leemos que alguien se mueve. ¿Para qué sirven estas neuronas, justamente llamadas *espejo*? Para comparar esos movimientos con otros que hayamos realizado y adivinar qué va a pasar a continuación: saber de antemano si el individuo que tenemos enfrente nos saludará o nos propinará un mazazo es una gran herramienta evolutiva. Al cumplir con esta función, esas extrañas neuronas motoras nos colocan en el lugar del otro. Nos permiten reconocernos a nosotros mismos, pero sobre todo vernos en los demás y *dentro* de los demás: por un segundo, somos ellos. El procedimiento, que tuvo su origen en la necesidad de adelantarnos al futuro, nos concedió una ventaja adicional: mezclar, así sea de forma parcial e imaginaria, tu conciencia con la mía. Estoy aquí, pero, según esta ficción, también *allí*, vicaria y ficticiamente en tu interior.

א

Dotado con unos ochenta o noventa mil millones de neuronas y unas 10^{14} conexiones sinápticas —entre cien y quinientos billones—, el cerebro humano es un cosmos en miniatura: una red neuronal con una arquitectura en paralelo que procesa una ingente cantidad de datos provenientes del exterior a gran velocidad. La conciencia, en cambio, es lineal: una secuencia narrativa de atrás hacia adelante, dócil discípula de la línea del tiempo. ¿Cómo se incrustó una en el otro? Parecería como si un parásito —el *yo*— hubiera hecho su nido en el neocórtex, alterando su estructura y transformándolo no solo en una puntual máquina de futuros, sino en un espejo donde admirarse a sí mismo. (Hay quien piensa que el desperfecto lo provocó una buena ingesta de hongos alucinógenos). Si este relato fuese cierto, la autoconciencia solo podría lanzar sus primeros balbuceos cuando el número de neuronas y conexiones sinápticas sobrepasa cierta masa crítica: hay quien afirma que la conciencia es lo que siente un cerebro suficientemente grande. Hace seis millones de años, los homínidos nos separamos de los chimpancés y los bonobos y nuestras cortezas cerebrales iniciaron un proceso de agigantamiento hasta triplicar su tamaño. El salto —la gran encefalización, equivalente al *big bang*— dio inicio dos millones y medio de años atrás y se completó hace apenas ciento cincuenta mil, antes de la aparición del lenguaje, la domesticación del fuego o la agricultura.

Gracias al flujo de información que el cerebro comenzó a intercambiar con los sentidos, nos volvimos capaces de asimilar la realidad de formas novedosas. En vez de limitarnos a reaccionar ante ella, adquirimos el poder de completarla con nuestra imaginación, acelerando y facilitando nuestra adaptación al medio. Como ha resumido Chris Frith en *Descubriendo el poder de la mente: cómo el cerebro crea nuestro mundo mental* (2007), nuestra percepción del mundo se volvió «una fantasía que coincide con la realidad». O, como argumenta Anil Seth en *La creación del yo: una nueva ciencia de la conciencia* (2021), la realidad se convierte en nuestro interior en una «alucinación controlada»: un espacio-tiempo ficcional, más parecido a un mapa que a un registro de video, que nos permite guiarnos de manera tentativa.

El conjunto de procesos mentales que nos definen y de los cuales nos sentimos tan orgullosos —aquellos que han permitido las pirámides y las óperas de Wagner, la *Odisea* y TikTok— se desarrolló a lo largo de los últimos diez mil años, un salto supersónico cuando se ponen en marcha los distintos motores del neocórtex, en particular aquellos que lo animan a aprender, y a aprender a aprender, en ciclos cada vez más sofisticados. Nuestros cerebros se tornan híbridos: ya no solo están formados por la argamasa de neuronas, células gliales y corrientes subterráneas de los neurotransmisores, sino por las ideas y símbolos producidos por esa materia blanda, sinuosa y gris. Confrontados con la inestabilidad del mundo, producimos escenarios de futuro a partir de los patrones del pasado, hábitos y estrategias de supervivencia que se refuerzan mediante procesos de estimulación y autoestimulación.

Esta suma de estados internos alienta la creación de un medio ambiente invisible, poblado por criaturas nunca vistas: las ideas que adquieren vida propia en el fértil terreno de la mente bajo los parámetros que la evolución asignó a plantas y animales, dando lugar a esa proliferación de memes que llamamos cultura. Una eclosión que se dispara gracias a un atributo que heredamos de nuestros ancestros primates: nuestra agitada vida social. El aprendizaje deja de ser un mecanismo individual y, una vez que animamos y perfeccionamos el lenguaje articulado, nuestra capacidad para infectar las mentes de los otros y para ser contagiados por las suyas se vuelve torrencial. Francis Crick esbozó la asombrosa hipótesis según la cual solo somos nuestro cerebro. En realidad, somos nuestro cerebro *y* nuestro cuerpo *y* los memes —las ideas y las ficciones— que, como obreros en una planta de ensamblaje, no nos cansamos de fabricar e intercambiar.

4. Sobre cómo combatir tigres fantasma

Lenguaje, símbolos y poder

¿Cuál fue la primera palabra pronunciada por un humano? ¿Cuál la primera seña o el primer símbolo usado por nuestros antepasados? ¿Poseen los simios —y poseían nuestros ancestros homínidos— lenguaje simbólico? ¿Piensan los chimpancés en bananas imaginarias? Todos los organismos extraen información del medio ambiente, la incorporan a sus tejidos y la transmiten a sus descendientes, al tiempo que intercambian información con las demás criaturas que los rodean en un inagotable flujo de datos. Las plantas adoptan formas, aromas y tonos caprichosos a fin de dirigir mensajes a los insectos que las polinizan, mientras los animales no dejan de enviarse señales con el tecnicolor de sus plumajes, sus olores, ademanes y rituales o la complejidad de sus danzas de apareamiento. Estas señales son unívocas, pues simbolizan una sola cosa: los cortejos de las aves, la vitalidad de los machos; el croar de las ranas o el aullido de los lobos, indicaciones sobre cuándo copular o huir. No hay margen para la improvisación o la duda: de la correcta transmisión e interpretación del mensaje dependerá la supervivencia del individuo y de su especie.

En el proceso de adaptación por selección natural, algunos gamberros descubrieron que engañar a sus semejantes podía serles beneficioso: el insecto cuyo cuerpo se asemeja a una ramita, el camaleón que se pinta del color de los matojos que lo circundan, la rana que se asimila a una hoja seca o la sepia que se confunde con la arena marina para sorprender a la hembra son engaños biológicos que, no obstante, poseen la misma rigidez interpretativa de sus contrapartes verídicas. El camuflaje, el mimetismo y el engaño táctico —cuando el animal activa de pronto estas maniobras— se hallan presentes en todo el reino animal, pero se trata, otra vez, de estrategias programadas en sus genes. En cambio, los animales dotados con sistemas nerviosos centrales no solo reaccionan de formas novedosas a los desafíos del ambiente, sino que lanzan señales específicas para distraer o engatusar a sus competidores, parejas o rivales.

Los grandes simios, y en particular los chimpancés y los bonobos, mienten de forma intencional: generan mensajes equívocos y se aprovechan del desconcierto de sus receptores. Los primates cuentan asimismo con herramientas evolutivas que luego nos resultarán cruciales a los humanos: la atención conjunta, que permite a dos sujetos referirse a un mismo objeto; la atención selectiva, gracias a la cual se concentran en ciertos mensajes en tanto desdeñan otros; la posibilidad de realizar viajes mentales en el tiempo, a fin de recuperar momentos del pasado y aventurar el porvenir; y acaso un incipiente *off-line thinking*, es decir, la capacidad de pensar en asuntos no relacionados con las urgencias del presente. Todo ello, sumado a su compleja interacción social, permite que los simios se comuniquen con elevado grado de sofisticación, tanto por medio de gestos y ademanes como de un conjunto limitado de ruidos y aullidos: que unos y otros nos parezcan exiguos no impide reconocerlos como precursores de las técnicas de nuestros oradores.

Imagina ahora a un australopiteco —uno de nuestros primeros ancestros, cuyo cerebro no era más grande que el de un chimpancé— mientras extiende el brazo hacia el horizonte. ¿Qué pretende? Un segundo australopiteco lo observa por unos instantes hasta que mira hacia el mismo lugar, donde vislumbra un pelambre en la maleza: en ese mínimo acuerdo se cifra el origen del lenguaje simbólico. Su conducta no está codificada en sus genes y el ademán es todo menos azaroso: busca transmitir información crucial a otro miembro de su especie. Al hacerlo, asume que el otro lo comprenderá e identifica que posee una perspectiva propia: ambos cuentan ya con una primigenia teoría de la mente. Cuando el segundo mira en dirección al dedo del primero, reconoce que su congénere intenta comunicarle algo; interioriza su conducta y, tras verificar en su propio archivo de recuerdos, encuentra un patrón que le indica que aquel gesto no es casual. Uno y otro exhiben así tanto su atención selectiva como su atención conjunta y los dos miran al tigre que se aproxima hacia ellos a toda velocidad. Su huida simultánea anuncia el éxito de su comunicación.

El lingüista Noam Chomsky concibió una estimulante ficción, a la que dio el nombre de gramática generativa, según la cual en el momento en que nuestros cerebros contaron con las estructuras anatómicas y cognitivas básicas para almacenar el lenguaje, una mutación genética nos dotó con todos los principios gramaticales de un plumazo. El primer humano dotado de lenguaje, a quien bautizó como Prometeo —su vertiente de novelista resulta obvia—, debía usarlo ya de forma completa, aunque solo en su interior: aquel sujeto pensaba *lingüísticamente* antes de comunicarse con los demás y solo al cabo del tiempo desarrolló un sistema de señas o sonidos comprensibles. En 2002, Chomsky publicó un artículo con otros dos polémicos científicos, el etólogo Marc Hauser y el biólogo W. Tecumseh Fitch, en el que sostienen que el lenguaje humano surgió cuando el *software* lingüístico instalado en nuestros cerebros se volvió recursivo: una propiedad emergente, similar a la que se verifica cuando el agua se cristaliza en un copo de nieve, que lo hizo autoconsciente. Esta fantasía presupone que los orígenes del *yo*, del pensamiento simbólico y del lenguaje fueron simultáneos, emanados de nuestro súbito talento para hablar de nosotros y hablar de nosotros hablando de nosotros. Los críticos de Chomsky esgrimen que la posibilidad de que una gramática perfecta emanase de repente en nuestros cerebros es ínfima y consideran más probable que el lenguaje evolucionase a partir de sutiles avances anatómicos y cognitivos. La pregunta que resta es: si los grandes simios cuentan en esencia con nuestros mismos recursos mentales, ¿por qué nosotros conseguimos desarrollar un lenguaje simbólico y ellos no?

א

Cierra los ojos otra vez. Imagina a dos ejemplares de *Homo erectus* frente a frente: articulan sonidos —quizás copiados de aves u otros animales— y gruñidos —imitan a un tigre, tal vez— al tiempo que manotean y se contorsionan con un elaborado conjunto de ademanes: aquello casi parecería el nacimiento del canto y de la danza. Si los estudias de cerca, te darás cuenta de que se valen de todos los recursos a su alcance para intercambiar información: aquella compleja coreografía trufada de sonidos es acaso nuestro primer relato.

Imagina a continuación a un grupo de ellos sentados en una caverna, alrededor de una hoguera: la imagen arquetípica de la prehistoria, popularizada por Jean-Jacques Annaud en *La guerra del fuego* (1981) y desarrollada por el lingüista Derek Bickerton en *La lengua de Adán* (2009). Es el final del invierno, nuestros antepasados tiritan, demacrados y escuálidos, sus reservas de alimento casi se han agotado. Entonces, una joven se planta en el centro de la cueva. Frente a los atónitos ojos de los miembros de la tribu, se precipita en una avalancha de sonidos, aullidos y ademanes, empeñada en transmitirle algo importante a su hambrienta parentela: apenas cubierto por la nieve, en el camino de vuelta a casa ha encontrado el suculento cadáver de un bisonte. Los demás se esfuerzan por descifrar sus berridos, señas, balbuceos y gestos. Cuando al fin captan de qué se trata, los otros miembros del grupo *ven* la escena que con tanta dificultad ella les ha descrito. Valiéndose de los mismos ruidos y ademanes, intentarán extraer de la joven cualquier dato adicional: ¿qué hay cerca de allí?, ¿cómo es el camino?, ¿nos puedes guiar? Cada pregunta se responde a tientas, como cuando nos esforzamos por proporcionarle una dirección a un viajero cuya lengua ignoramos. Tal vez a partir de ese precario toma y daca surgiese la primera frase humana, algo así como: «Bisonte colina arroyo».

La primera palabra de un bebé suele ser aquella que sus padres le han repetido una y otra vez o aquella que le ha provocado una constante gratificación; la del primer humano, que pudo ser un *erectus* o un *habilis*, debió de surgir asimismo de su entorno social. En *En busca del origen del lenguaje* (2005), el lingüista Sverker Johansson piensa que su nacimiento se debe o bien a nuestra voluntad de ayudar a los otros o bien a nuestra propensión al chismorreo. La primera hipótesis indicaría que, a la hora de colaborar con un congénere, aquel primer hablante pronunció una palabra que pasó a tener un significado común. La segunda quizás nos retrate mejor: así como los simios basan su altruismo recíproco en la cotidiana tarea de arrancarse los piojos unos a otros, tal vez los humanos perfeccionamos el lenguaje con un objetivo similar, acentuar nuestros lazos comunitarios mientras intercambiábamos chismes. Yo te cuento algo de otro miembro de la tribu solo si luego tú me revelas algo a mí: somos herederos del cavernícola altruista y del cotilla.

¿Todas las lenguas surgieron a partir de la misma lengua? ¿Existió acaso ese lenguaje adánico descrito en el Talmud con el cual Adán y Eva se comunicaban con Dios? La historia de la torre de Babel narrada en el Génesis afirma que, hasta antes del diluvio universal, los descendientes de Noé hablaban el mismo idioma. Establecidos en una llanura, esos narcisistas decidieron edificar una torre tan alta como para conducirlos al cielo. En castigo, Yahvé la demolió y dividió aquella hermosa lengua universal en un sinfín de dialectos ininteligibles. Sin la menor intención de acercarse a la leyenda bíblica, Chomsky apunta hacia un dispositivo universal presente en los *sapiens* y acaso en los neandertales. Nada demuestra su teoría, pero saber que, en el entorno adecuado, cualquier bebé es capaz de aprender cualquier idioma —o incluso varios a la vez— le concede un toque de razón, al igual que el sorprendente hecho de que, más allá de las particularidades de cada cultura, cualquier expresión humana pueda ser traducida a otra lengua.

א

Igual que la conciencia, el lenguaje es lineal: una sucesión de palabras y frases en el tiempo. Nuestros primeros balbuceos dieron paso a nuestra primera narración. La idea de que la conciencia, el pensamiento simbólico y el lenguaje surgieron gracias a la cooperación adquiere así un matiz casi rousseauniano: el buen salvaje que, en su afán por ayudar a sus congéneres, obtiene una ganancia evolutiva. A esta ficción podemos oponer otra, más cercana a Hobbes: como documentó el primatólogo Frans de Waal en *La política de los chimpancés* (1982), estos animales suelen embarcarse en alianzas y conspiraciones casi shakespearianas. Igual que los humanos, poseen sociedades muy jerárquicas: un macho alfa domina al grupo en permanente tensión con los demás machos adultos. Se ha documentado cómo muchas veces los jóvenes, ayudados por las hembras, crean coaliciones para derrocar al líder. Si bien unos pocos antropólogos piensan que nuestros antepasados se parecían a los lúbricos bonobos, lo más probable es que se acercasen más a los belicosos chimpancés; de ser así, quizás el desarrollo del lenguaje estuvo jalonado por la necesidad de articular alianzas dentro del propio clan. Con su rudimentario lenguaje, los chimpancés ya conspiran o planean batallas campales apenas distintas de nuestras guerras; el origen del lenguaje humano podría hallarse, en tal caso, en la política.

Si algo distingue al lenguaje humano es su dimensión simbólica: por medio de señas y ademanes, luego de dibujos y sonidos, no solo generamos imitaciones de la realidad, sino abstracciones conectadas con ella. De un momento a otro comenzamos a emitir y producir signos visibles que remitían a contenidos invisibles, cuya unión debía de ser vista como un acto de magia. Nada unía esos aullidos, muescas, rayones, marcas o trazos con los objetos que pretendían designar, excepto un vínculo secreto guardado con celo por cada comunidad:

Hallados en la cueva de La Pasiega, en el conjunto del monte Castillo, en Cantabria, estos trazos producidos por nuestros primos neandertales poseen una antigüedad superior a los sesenta y cinco mil años. Una vez que neandertales y *sapiens* se volvieron capaces de expresar sus ideas mediante signos transformaron el mundo y se transformaron a sí mismos en el proceso. En cuanto comenzaron a pensar simbólicamente, esos mismos signos los condujeron a otros, y estos a otros más, dando vida a complejos universos mentales que ya no solo se hallaban en la realidad, sino en ese extraño espacio ficcional que se encuentra a medio camino entre el mundo y la mente. Ya nada volvería a ser igual: como si hubiésemos descubierto a la vez una senda de conocimiento y una prisión, desde entonces ya no podemos pensar, y acaso tampoco existir, sin ese maremágnum de signos.

5. Sobre cómo entrampar a tus amigos

La primera mentira y la primera ficción

Cuando abres los ojos, te descubres rodeada por los demás miembros de la tribu: reconoces los rostros azorados de veinte o treinta adultos, uno que otro anciano y varios niños que revolotean a tu alrededor. Todos dirigen sus miradas hacia ti. El fuego crepita y dibuja formas cambiantes en los muros de la cueva. El silencio te asusta y estimula. Y, sin saber cómo, empiezas a contar una historia. Les relatas la escena de caza que presenciaste días atrás, cuando los jóvenes más hábiles del grupo atraparon una familia de bisontes. Recuperas cada detalle: los aullidos de las bestias, su agónica voluntad de liberarse, el riesgo y la aventura. Pero entonces se te ocurre algo extraordinario: en vez de mantenerte fiel a tu memoria, enriqueces tu narración con detalles tomados de otras partidas de caza.

No tardas en captar las reacciones de tu auditorio, los leves cuchicheos, alguna muestra de desaprobación por parte de un viejo miembro de la tribu. Envalentonada, les dices que uno de los bisontes escapó de la manada y se enfrentó al joven más apuesto —aquel con quien querrías aparearte— y en tu relato su hazaña se torna aún más valerosa. Indignado por tu mentira, el anciano se queja. Los demás lo acallan: aunque también saben que no ocurrió así, están tan embelesados con tu relato que no piensan apedrearte y se suman con entusiasmo a tu espectáculo.

Así transcurre la tarde hasta que llegas a la muerte del bisonte rebelde, una hazaña que la tribu no dejará de repetir una y otra vez, fijada para siempre en su memoria colectiva. Por la noche, otro miembro de la tribu dibuja en las paredes de la cueva el bisonte rebelde (otra vez en La Pasiega):

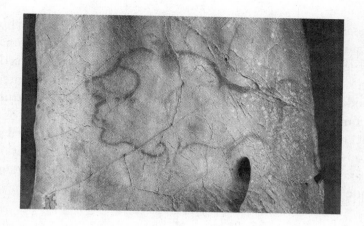

Este dibujo fue producido por una especie que no es la nuestra: sus autores eran neandertales. Este, hallado en la isla de Célebes, fue pintado en cambio por *sapiens*:

Estas obesas bestias son los ancestros de todas nuestras ficciones. Pero ¿cuál era su finalidad? Como escribe Raffaele Alberto Ventura en *The Game Unplugged* (2019): «Los hombres prehistóricos, solo con una rama y algún pigmento, inventaron una máquina para matar bisontes. La caverna de los primitivos es como la caverna platónica al revés, en la cual las sombras que se proyectan en las paredes se vuelven reales: si en la alegoría original los humanos solo pueden ver las sombras proyectadas de las cosas reales, que son las Ideas, en esta versión inversa son los humanos quienes desde el interior de su caverna proyectan sus imágenes en la realidad». Y añade: «De hecho, como se descubriría de inmediato, esa máquina podía hacer más que matar bisontes: podía matar hombres, pilotear la evolución, inspirar la construcción y la destrucción de ciudades y, en fin, transformar las cosas del mundo. Ese mismo arte evolucionaría: de pintura mural se convertiría en alfabeto y después en otros medios de expresión para difundir prácticas, tecnologías, lenguajes. Era una máquina que transportaba la ficción a la realidad».

א

En *¿Por qué hablamos?* (2007), Jean-Louis Dessalles afirma que nuestro lenguaje no parece diseñado para la comunicación: para las tareas más urgentes —compartir datos, enseñar el uso de ciertas herramientas, buscar pareja o incluso conspirar contra el líder—, el que poseían los chimpancés y los bonobos era suficiente. El nuestro, en cambio, modificó la estructura de nuestra mandíbula, nuestra laringe y nuestras cuerdas vocales y alteró los circuitos nerviosos entre el cerebro y los órganos articulatorios, privándonos de las poderosas dentaduras de nuestros parientes simiescos: por eso nos atragantamos con tanta facilidad. Semejante costo anatómico tuvo que valer la pena. Todas las lenguas disponen de marcadores —tiempos y modos verbales, proposiciones, una lógica de cláusulas y subordinación— cuya finalidad consiste en ordenar los sucesos en el tiempo. A diferencia del que poseen los simios, el lenguaje humano parece haber sido diseñado para narrar: dividir los sucesos en episodios discretos, provistos con un inicio y un final, ordenarlos uno detrás de otro y viajar mentalmente hacia adelante y hacia atrás.

Somos contadores natos y obsesivos, como puede constatar quienquiera que haya convivido con un niño; una vez que este se apropia de unas cuantas reglas básicas de su lengua materna y amasa un léxico de unos centenares de palabras, se apresura a contar, contar y contar sin descanso. Como resume Fritz Breithaupt en *El cerebro narrativo* (2022), gracias a esta ansiedad «no estamos solos en nuestras experiencias más importantes, y po-

58

demos revivirlas y compartirlas después. La coexperiencia narrativa permite que la compartamos más allá de la mera convivencia espacial. Esta manera de escapar de la prisión del cerebro y del aquí y ahora es portentosa: tal movilidad de la conciencia es el gran logro evolutivo de nuestra especie».

Nos fascina tanto narrar que, como señala Dessalles, no dejamos de arrebatarnos la palabra, haciendo oídos sordos a nuestros padres y maestros cuando nos recomiendan saber escuchar. La atención que recibimos cuando hablamos —y más si sabemos contar bien una historia— eleva de inmediato nuestra posición en el grupo. Saber, como advertía Foucault, implica poder y, así como los simios demuestran su fuerza aullando y golpeándose el pecho, los humanos exhibimos nuestra valía al hablar.

Por si no bastara, nuestros relatos son las mejores herramientas para influir en los demás, como sostiene Jonathan Gottschall en *La paradoja de la historia* (2021). En este punto, no cuentan ni siquiera las desigualdades de género: hombres y mujeres nos valemos del lenguaje con la misma destreza. Es probable que, en las sociedades primitivas, el lugar que ocupan los machos alfa entre los simios haya sido compartido por machos fuertes y, a la vez, por machos y hembras dotados con una especial destreza narrativa: estas posiciones darán paso a gobernantes y guerreros, chamanes, sacerdotes, vestales, sibilas, brujas y videntes. En *Sapiens. De animales a dioses* (2011), Yuval Noah Harari afirma, con razón, que nuestra especie debería llamarse *Homo fictus*: humano-ficción.

Para contarle tu historia a la tribu te vales de ademanes, señas, gestos, cantos, ruidos y palabras a la vez: eres una *performancera* cavernícola. Mientras te concentras en tu actuación, tus compañeros golpean partes de su cuerpo, al tiempo que frotan o percuten ramas o piedras e intentan imitar las cadencias de tu voz: de repente cuentas con una banda, una orquesta y un coro prehistóricos. Es posible que la voz humana evolucionara a partir del intento de copiar el canto de las aves, así adquirimos una habilidad melódica y eufónica que luego trasladamos a la música y la poesía, dos disciplinas presentes en cada sociedad humana. La danza, por su parte, debió de aparecer incluso antes del lenguaje simbólico en rituales de apareamiento semejantes a los de los chimpancés y los bonobos. Unidas, música y danza desatan ritmos corporales y cerebrales que alteran nuestros estados de conciencia y acentúan nuestra imaginación y nuestra interacción social. El canto, la música, la danza, la pantomima, el teatro y la narración oral debieron de surgir de manera simultánea en un ejercicio que ya aspiraba a la obra de arte total.

א

Mira a esos dos niños de cuatro años que acaban de conocerse. Al principio se mantienen pegados a las faldas de sus madres, midiéndose como animalillos asustados, hasta que uno rompe el hielo y comienzan a jugar. El pequeño sonríe y a continuación su hermana favorita hace lo mismo; él le saca la lengua y ella responde con un gesto semejante; pronto se enfrascan en un sutil intercambio de gestos y ademanes. Los dos aúllan y al final parlotean con esa misma desenvoltura y torpeza propias de los niños de su edad. Imposible descifrar sus balbuceos, que te suenan a simples chillidos, no muy distintos de los que debieron de emitir los australopitecos, o distinguir el motivo de sus risitas, pero sin duda se divierten. Tras observarlos por un rato, intuyes que se fingen bomberos e intentan apagar un incendio imaginario.

Las ficciones son juegos: modos de interacción provistos con unas cuantas reglas que los participantes adoptan por un rato. En nuestro ejemplo, las reglas han surgido de esos ruidos, señas y gestos. A continuación, los niños adoptan sus papeles —serán bomberos—, conciben un escenario —la alfombra en llamas— y actúan en él. ¿Saben que no son bomberos de verdad? Poco importa: el juego se prolonga con las intervenciones de cada uno, los elementos que añaden a su universo mental —la toma de agua, la manguera, la sirena, las escaleras, los uniformes y los cascos— y los obstáculos que se les presentan en el camino. Tácitamente, los pequeños se formulan una y otra vez la misma pregunta que se haría cualquier adulto —¿y ahora qué debo hacer?—, y cada vez que la contestan impulsan la ficción hacia adelante hasta que alguno se cansa o se aburre, deja de seguir las reglas y decreta el final de la partida.

Si dispusieras de un video de nuestros improvisados bomberos infantiles, tendrías frente a ti una pequeña *performance* a dos. Y, si le pidieras a uno de ellos que te contase lo que han hecho, su relato se convertiría en una ficción. Ninguno te dirá que ha fingido ser bombero: durante esos agitados instantes, su imaginación se ha impuesto a la realidad. Cuenta Yásnaya E. Aguilar: «En el mixe de Ayutla, *tääy* significa "ser chistoso/ser gracioso/ser ocurrente" y en el mixe de Tlahuitoltepec significa "mentir". Una sutil diferencia que en ciertos contextos me ha puesto en aprietos: "¿me estás mintiendo?", me preguntan, y yo entiendo "¿estás siendo graciosa?", a lo que, con entusiasmo y con un guiño en el ojo, respondo que sí. Entre ser ocurrente y mentir subyace la ficción». ¿Por qué tanto los niños como nuestros antepasados cavernícolas se mostrarían tan dispuestos a aceptar estas mentiras? ¿Por qué adoptaron con tanta facilidad ese *como si*? ¿No es abominable una especie que abraza de manera tan entusiasta la falsedad?

El cerebro humano solo diferencia los patrones que provienen de sus sentidos de aquéllos que se forjan en su mente por sus conexiones con otros recuerdos. Al ser intercambiables, permiten el juego de la ficción: basta con que te olvides por un momento de que algo es imaginario para que lo experimentes como real. Con una ventaja: una vez que se cierra el paréntesis del *como si* puedes regresar indemne a tu lugar. Como diría Mario Vargas Llosa, nos hallamos frente a *La verdad de las mentiras* (1990). Nuestra principal preocupación consiste en anticipar el futuro: acertar o no en una predicción provoca un resultado envidiable o catastrófico. En la ficción, en cambio, no importa cuántas veces yerres: las ficciones son juegos colectivos mediante los cuales ensayamos estrategias y soluciones a problemas futuros y con los que compartimos información socialmente relevante. El *como si* —técnicamente: la suspensión de la credibilidad— es una de nuestras más brillantes adaptaciones evolutivas.

Una vez que neandertales y *sapiens* constataron las ventajas que les proporcionaban las ficciones, se dedicaron a multiplicarlas sin tregua, al tiempo que ellas, a su vez, los modelaban. Como si hubiésemos sucumbido a una plaga, a partir de entonces los humanos no hemos cesado de producirlas hasta vernos absorbidos por ellas. Tú y yo no somos sino el producto de aquellos murmullos y juegos primigenios: imprudentes aprendices de brujo que les dieron vida a esos monstruos de mil cabezas que nos invaden, consuelan, atemorizan, solivian tan y gobiernan por igual.

Diálogo 2

Donde Felice y el bicho reflexionan sobre cómo cobra vida una ficción

FELICE: ¡Otra vez tú!

El bicho la saluda con sus antenas.

FELICE: ¿De veras teníamos que remontarnos al *big bang*?

BICHO: Siempre quise empezar por el principio.

FELICE: Cuéntame del tuyo entonces, bicho. ¿De dónde provienes?

BICHO: Igual que las plantas, los animales o las personas: de mis antepasados.

FELICE: ¿Tienes una familia imaginaria?

BICHO: Así como tú estás modelada con el material genético de tus ancestros, yo lo estoy con retazos de cientos de ficciones previas. Podría hallar mis raíces en la mitología, en las *Metamorfosis* de Ovidio, en incontables leyendas judías y medievales...

FELICE: Para mí es obvio que provienes de los recuerdos familiares y de las inseguridades de mi Franz.

BICHO: Una mañana, después de un sueño intranquilo, aún en la cama, Franz tuvo una ocurrencia, casi un chiste: ¿y si alguien despertara convertido en un bicho? ¡Qué divertido! A continuación, empezó a preguntarse: ¿qué pasaría si...? ¿Y si luego...? ¿Y si entonces...? Y con cada respuesta me hizo engordar más y más.

FELICE: ¿Y luego? ¿Se puso a unir las respuestas como el albañil que pega ladrillos en un muro?

BICHO: Solo que aquí el cemento es la analogía, Felice. Que funciona de dos modos: como metáfora o como metonimia.

FELICE: Entiendo. Si a una ficción le sumas otra porque ambas se parecen, al engrudo lo llamamos metáfora; si le añades la segunda solo porque está cerca de la primera, entonces se trata de una metonimia.

BICHO: Así también funciona la magia.

FELICE: ¡La magia! ¡Nada más eso me faltaba!

BICHO: Piensa en el vudú: una bruja hace una muñequita similar a tu cuerpo y luego le clava un alfiler que te dolerá a ti. A esta manera de unir dos cosas separadas —tu torso y la muñeca de felpa— el antropólogo británico J. G. Frazer la llama magia simpatética o simpática. Eso es una metáfora. El caso opuesto: tras mostrarle un espejo a la Medusa y convertirla en piedra, Perseo le da un tajo en su serpentina cabeza. Solo por haber estado en contacto con el cuerpo del monstruo, la espada queda hechizada. Frazer la llama magia por contigüidad o cercanía. Es decir, metonimia. Y de este modo las ficciones crecen poco a poco, como enredaderas.

FELICE: O como yedras venenosas.

BICHO: Te diré algo más asombroso, Felice: las ficciones son las instrucciones que le damos al cerebro para modificar algo que ya sabemos de antemano. Son parecidas a una receta: el autor dicta y los lectores cocinan.

FELICE: ¿Entonces Franz no escribió tu historia completa?

BICHO: Completa, completa..., pues no. No hubiera acabado nunca. Imagínate si se hubiera detenido a describir cada detalle, por mínimo que sea, de mi mundo. En vez de un centenar de páginas, mi historia habría tenido miles. En cambio, le bastó con escribir la palabra *bicho* para que el resto del trabajo lo hagas tú.

FELICE: ¡Ahora resulta que eres mi bicho personal!

Libro segundo

Ficciones del origen

1. Sobre cómo conversar con nubes, castaños y lagartos

Animismo, mitos e inconsciente colectivo

Abre los ojos. De pronto, tu madre te anima a unirte al grupo que saldrá de la cueva en busca de alimento. Te incorporas y te apresuras a alcanzar al resto de la tribu, que ya se abre camino rumbo a la hondonada. En el trayecto te muestras atenta a cada roca, cada planta, cada árbol, cada surco, cada rama que cruje a tu paso, las orugas y los reptiles que se ocultan a tu vera, el revoloteo de las aves. Contemplas la cordillera en la neblina, un lago congelado, el bosque con su chirriar de insectos y de fieras. Si reconoces en los demás miembros de la tribu propósitos e intenciones como los tuyos, ¿cómo no creer que todos esos *seres* guardan en sus adentros algo tan invisible como ese espíritu que vibra en tu interior?

Gracias a su teoría de la mente, los grandes simios no solo reconocen puntos de vista distintos de los suyos entre sus congéneres, sino entre sus predadores y vecinos. Herederos de esa habilidad evolutiva, los homínidos la extendieron a cualquier ser vivo u objeto inanimado siempre y cuando lo viesen sometido a ciertas alteraciones o cambios. El cielo, el sol, la luna y las estrellas, una colina, un arrecife y un valle como al que se dirige tu partida de caza, cualquier florecilla y cualquier bestia y, por supuesto, cualquier bicho, e incluso fenómenos atmosféricos como las tormentas, las ventiscas o el relámpago tenían que ser por fuerza agentes con voluntad y conciencia propias.

Más que dividir el mundo entre el adentro y el afuera, lo primero que aprendimos fue a separar lo visible y lo invisible. Tú sabes que hay algo en tu interior que los demás jamás verán e intuyes que a ellos les sucede lo mismo contigo. Las neuronas espejo y nuestra capacidad para imaginar futuros y concebir relatos verosímiles nos permiten dotar de conciencia a cada cosa que salte, vibre, se mueva o mute. Aún hoy antropomorfizamos a nuestras mascotas, los aparatos eléctricos, las marionetas o los dibujos animados: basta mirar un conjunto de pelotitas de colores que saltan de un lado a otro en la pantalla para identificarnos con alguna, a la que convertiremos en brillante o desgraciada protagonista de una aventura que solo existe en nuestra imaginación. Algo similar ocurre con los simples círculos cenitales que nuestra mente convierte en personas en el cómic *El color de las cosas*, de Martin Panchaud (2022).

El animismo es la forma más eficaz de aproximarse a una realidad atiborrada de intenciones ocultas; tratar a todos los seres como quisiéramos ser tratados instaura un pacto de altruismo recíproco. Si el contacto con nuestros congéneres nos hizo constatar que somos criaturas egoístas, caprichosas y volubles, de seguro las fuerzas que gobiernan la naturaleza han de serlo por igual. Concebimos esas entidades ignotas —almas, númenes o dioses— a nuestra imagen y semejanza, reconocemos en ellas ciertas jerarquías e intentamos sobornarlas o complacerlas. Son nuestros espejos.

El cerebro humano se desarrolló para producir escenarios de futuro a partir del pasado: esta habilidad llevó a los primeros humanos a creer que de ciertas causas se siguen por fuerza determinadas consecuencias y que, si una conducta nos concedió una bendición o una catástrofe, bastará con repetirla para renovar el fenómeno. Somos acuciosos observadores de los patrones naturales: el ciclo de los días, el curso del Sol, la Luna y los planetas o la rueda de las estaciones. Al mismo tiempo, no dejamos de temerle a la entropía, esa ley atroz que nos obliga a transitar de la infancia a la vejez. La combinación de estas dos ficciones, la existencia circular y el trayecto de la cuna a la extinción, determinó el nacimiento de la espiritualidad primigenia. La posibilidad de que el fin no sea el fin no es absurda: necesitamos creer que con la muerte nuestra parte invisible nos abandona para internarse en otros territorios o en otros cuerpos; de esta fantasía emanan la posesión, la reencarnación, la metempsicosis, los viajes astrales y los viajes iniciáticos al más allá, el inframundo, la gehena, el hades, el infierno o el mismo cielo.

א

Tras adquirir la destreza necesaria para tallar herramientas de sílex, el *Homo erectus* comienza a trazar sus primeras represen-

70

taciones de bestias, plantas y humanos, como las pinturas rupestres o las venus —el anacrónico nombre con el cual nos referimos a esas figurillas de grandes pechos y caderas— que proliferan en la prehistoria. Lo que nosotros contemplamos como arte se halla más cerca de la magia simpatética estudiada por Frazer en *La rama dorada* (resumida en una sola edición en 1922): una conexión cósmica une los jabalíes o los bisontes de las cuevas de Leang Tedongnge o de Lascaux con las manadas de jabalíes y de bisontes reales, o esos abultados contornos femeninos con la capacidad reproductiva de las hembras. Estas construcciones metafóricas expresan la preocupación central de aquellos cazadores-recolectores: asegurarse una relación cercana con sus fuentes de alimento o la fertilidad que evite la extinción de su especie. En *Tótem y tabú* (1913), Freud aseguró que el animismo surge al trasladar nuestro mundo mental a la realidad.

Pronto, neandertales y *sapiens* se dan cuenta de que están obligados a negociar con esas fuerzas invisibles para conseguir nuevas fuentes de energía de modo semejante a como lo hacen con sus vecinos. Si acaso aquellos entes son tan jerárquicos y violentos como ellos, se impone descubrir formas de aplacarlos o seducirlos para obtener su perdón, sus permisos o sus dones. El cielo, la tierra, los océanos y los vientos se revelan como potencias superiores: si anhelamos más lluvia, menos torbellinos o algo de fresco, debemos entregarles algo a cambio. Del mismo modo hay que colmar de lisonjas a las bestias salvajes a fin de que nos protejan en vez de devorarnos y pedirles perdón si las ingerimos como alimento. Adoptados por distintos clanes, estos animales sagrados se convierten en tótems (y en los ancestros de las mascotas de nuestros equipos deportivos).

Nuestra relación con el universo replica la que prevalece en el interior de la tribu: *do ut des*. Pero ¿qué se le ofrece a una entidad sobrehumana para convencerla de cuidarnos o apiadarse de nosotros? Lo mismo que los chimpancés le entregan al macho alfa a cambio de protección: una sumisión absoluta y comida u objetos escasos o valiosos. De esta primigenia transacción derivan las ofrendas y sacrificios posteriores. Así construimos un universo menos hostil y un poco más predecible, donde las criaturas se hallan entrelazadas, todo lo visible posee voluntad y propósito, y nosotros, toscos eslabones en la pirámide de la creación, no tenemos otra salida que pactar con ánimas y espíritus. Todos los pueblos comparten la idea de que cada entidad posee su propio punto de vista: a partir de esta teoría de la mente generalizada ensamblamos nuestras más elaboradas ficciones, esos abstrusos y asombrosos relatos a los que hoy llamamos mitos.

El 19 de octubre de 1936, en una conferencia en la Abernethian Society, Carl Gustav Jung declaró: «El inconsciente colectivo no se desarrolla individualmente, sino que se hereda. Consiste de formas preexistentes, los arquetipos, que solo pueden volverse conscientes de manera secundaria y que les dan forma definitiva a ciertos contenidos psíquicos». Para comprender los mitos, Jung inventó esta fantasía: una serie de patrones que no se transmiten de una mente a otra, sino de generación en generación. Esta sería la causa de que tantos mitos se repitan de modo casi idéntico en culturas diferentes. Aunque la ciencia no haya podido comprobar esta hipótesis, la reiteración de patrones míticos resulta innegable. Que la explicación junguiana del fenómeno no se sustente en datos empíricos no significa que no compartamos los mismos trazos genéticos y nos enfrentemos al entorno de maneras similares. Todos los organismos con sistemas nerviosos centrales producen patrones invariantes frente a ciertos fenómenos naturales y, si son lo suficientemente adaptables, se preservan por milenios. Debemos tanto a Jung como a Freud la idea de que los mitos pueden ser leídos como sueños: mensajes que camuflan deseos incumplidos, angustias, obsesiones sexuales. El mito del mito, tan bien estudiado por Joseph Campbell en *El héroe de las mil caras* (1949), consiste en seguir creyendo que en ellos se ocultan los grandes secretos de la humanidad.

א

Cada cierto tiempo, a los chimpancés macho se les eriza el pelo, saltan y se contorsionan en dos patas, se golpean el pecho y estallan en aullidos y ladridos: a esta conducta los primatólogos la llaman exhibición de fuerza. Una actuación que no podríamos calificar sino de teatral: ruidosos monólogos para demostrar la propia valía y la capacidad de enzarzarse en una pelea.

Un simulacro o una incipiente ficción: un despliegue histriónico que en contadas ocasiones deriva en un combate real. Cada una de estas demostraciones de fuerza viene respondida por los machos adultos o el propio macho alfa, hasta que todo regresa a la calma cuando los subordinados se postran ante el líder o, en el caso de un combate, cuando al final se produce una ostentosa reconciliación. Si acaso el lenguaje humano derivó de estas maniobras, resulta inevitable pensar que nuestros primeros relatos —los mitos— hayan nacido no solo para ordenar la realidad y volverla más predecible, sino para asegurar la estabilidad social del grupo. Sin necesidad de dirimir si los neandertales y los *sapiens* eran en esencia cooperativos o violentos, la creación de mitos primigenios permitió cohesionar clanes y tribus. Cualesquiera que hayan sido sus narrativas iniciales, su misión no era tanto responder a inquietantes preguntas filosóficas —¿cuál es el origen de todo?, ¿por qué estamos aquí?— cuanto acentuar los lazos entre sus miembros. La adscripción a un mismo conjunto de ficciones determina la identidad del grupo: nuestras ideologías actuales, y en particular el nacionalismo, prosiguen el mismo derrotero.

Los mejores narradores se convierten en sacerdotes, brujas, magos y chamanes: hombres y mujeres que anticipan el comportamiento de la naturaleza. Si el cerebro no diferencia los patrones reales de los imaginarios, en aquellos tiempos la realidad y la imaginación debían de entreverarse de maneras aún más extravagantes. Sin fronteras epistemológicas claras, las ficciones se vuelven reales y al que las pone en duda se le expulsa de la tribu. Al lado de los líderes se suelen acomodar grupos de ancianos que se asumen como intermediarios entre los reinos de lo visible y lo invisible. Sus herederos serán sacerdotes, rabinos, ministros, imanes y chamanes, así como gurús, *influencers* y autores de *bestsellers* de autoayuda que hoy cuentan con millones de adeptos.

א

Acababa de cumplir quince años y lloraba a mares. El verano en el que cumplí quince años perdí la fe. Hoy pienso que no se puede perder algo inexistente. Fui educado por un padre orgu lloso de sus creencias que, sin embargo, se aburría en misa: solo nos obligaba a ir a la iglesia una vez al año, el 31 de diciembre, a dar gracias. Éramos católicos a la mexicana: nunca demasiado practicantes ni devotos, aunque cargados con los típicos prejuicios de nuestra tradición. Los colegios maristas en los que me vi atrapado desde los seis hasta los dieciocho me colocaron en un universo atiborrado de mitos: verdades reveladas, santos y profetas, martirios y resurrecciones, culpas y castigos en los que yo creía a pie juntillas.

En la secundaria, nuestro profesor de Física se dedicaba a burlarse de nuestras convicciones confrontándolas con sus teorías científicas. Semejante embestida provocó que mi mejor amigo y yo sintiéramos arder en nuestros pechos el ansia por defender la religión en que habíamos crecido. Estudiamos un poco de teología, devoramos a santo Tomás y otros padres de la Iglesia e incluso tomamos clases de latín a fin de enfrentarnos, sin mucho éxito, con nuestro astuto contrincante. Cuando acabó el curso, decidimos leer por nuestra cuenta a filósofos que identificábamos como detractores de la Iglesia: Voltaire, Marx, Engels, el Russell de *¿Por qué no soy cristiano?* (1957). Ninguno nos hizo mella hasta que, en solitario, me adentré en Nietzsche. El alemán me reveló que las palabras de Dios invocadas por el cristianismo no eran sino ficciones como las imaginadas en Egipto, Grecia, China, la India o Arabia. Desde entonces me proclamo ateo, pero ese vasto conjunto de mitos cristianos continúa definiendo en buena medida mi mapa mental y, mucho me temo, emocional.

2. Sobre cómo enseñarle modales a un caníbal
El lobo del hombre y el buen salvaje

Al despertar, después de un sueño intranquilo, te descubres convertida en un hermoso simio. A tu alrededor, los demás miembros del grupo chillan y ladran furiosos. En el suelo, un macho, con el rostro y las piernas cubiertas de polvo y sangre, aúlla y se agita mientras tus compañeros lo retienen por la fuerza. Entonces, el macho alfa al que tú misma le debes obediencia levanta una pesada roca y la estrella en el cráneo de su víctima, que de inmediato pierde el sentido. Tus compañeros festejan la hazaña y tú misma apenas tardas en imitarlos, excitada por el olor a sangre. No hay duda de quién domina ese territorio: cualquier invasor pagará del mismo modo.

Vuelves a cerrar los ojos. Al despertar, otra vez te descubres convertida en un simio. Solo que en esta ocasión sientes alivio cuando otra hembra te rasca la cabeza y te despioja con una destreza que solo se adquiere con los años. Quien te conforta es una de las hembras más viejas del grupo; a su alrededor se reúnen otras tantas, al lado de sus crías, las cuales juguetean ante la mirada impasible de los machos. Las hembras permanecen vigilantes de las crías como si fueran propiedad común. De pronto, una joven con el rostro renegrido te lleva de la mano hacia un páramo solitario. Sientes sus labios en tus orejas, un abrazo cálido y al fin sus manos en tu sexo hasta que te sobrecoge una descarga de placer. A la distancia admiras a otras parejas copulando y, más allá, a una hembra que se masturba suavemente, acariciándose el sexo hinchado frente a todos. Nada hay de excepcional en esa soleada tarde de verano. Te aproximas a la hembra más vieja, la acaricias y te das a la tarea de despiojarla como ella hizo contigo. Y entonces sí despiertas.

La primera escena, de una brutalidad sin paliativos, proviene del conflicto desatado entre dos comunidades de chimpancés en el parque nacional de Gombe Stream, en Tanzania, tal como lo relata Jane Goodall en *Cuarenta años en Gombe* (2000). Una larga contienda que provocó la muerte de numerosos machos, así como actos de canibalismo; una guerra en toda la extensión de la palabra y una demostración de que la violencia extrema pudo existir entre nuestros antepasados. El segundo cuadro ilustra, en cambio, la vida cotidiana de los bonobos documentada por Frans de Waal en *Bonobo: el simio olvidado* (1997). Una sociedad que mantiene una estabilidad y una tranquilidad inéditas gracias a las alianzas entre las hembras y la libre práctica del sexo.

Si la mayor parte de los especialistas considera que nuestras sociedades patriarcales se acercan más a las de los chimpancés, unos cuantos estudiosos, como Christopher Ryan y Cacilda Jethá —autores de *En el principio era el sexo* (2010)—, se decantan por la posibilidad de que, al menos hasta la aparición de la ganadería y la agricultura, las pequeñas comunidades humanas nómadas fuesen más parecidas a las de los bonobos. Entre un matriarcado primigenio, con su espíritu *hippie*, y un patriarcado lleno de bravatas y de crímenes, se tienden todas las ficciones en torno al origen de nuestras sociedades: de este lado, un muy buen (aunque algo concupiscente) salvaje y, del otro, el simio lobo del simio.

Para los antiguos griegos, los bárbaros eran los extranjeros cuyas lenguas les resultaban ininteligibles. No humanos o semihumanos, semejantes a sus trasuntos mitológicos —cíclopes, centauros, sirenas, lestrigones—, eran el espejo en el que los educados habitantes de la Hélade veían reflejados sus temores, sus deseos, sus angustias y su propia agresividad. Como ha estudiado Roger Bartra en *El mito del salvaje* (2011), su imagen era siempre dual: a la vez corpulentos y deformes, bellos y monstruosos, cándidos y desalmados, brutos y sibilinos, angelicales y demoníacos. Los romanos adoptaron una fantasía equivalente, como los chinos frente a las tribus nómadas que asediaban sus fronteras. El salvaje europeo reaparecerá en la Edad Media como *Homo agreste* o *sylvaticus* y sus variaciones llegarán al Calibán de Shakespeare en *La tempestad* (1611) o al Segismundo de Calderón en *La vida es sueño*, al señor Hyde de Stevenson (1886) y a la fantasía freudiana del *id*, el bárbaro que habita en cada uno de nosotros.

Entre el final del Paleolítico y las primeras comunidades sedentarias del Neolítico se extiende un vacío que la antropología y la arqueología apenas han logrado llenar. Desde la Antigüedad se ha pensado que en esa era anterior a la escritura debió de modelarse esa fantasía que aún conocemos con el nombre de naturaleza humana. En el *Leviatán* (1651), Thomas Hobbes escribe: «Es manifiesto que durante el tiempo en que los hombres viven sin un poder común que los atemorice a todos, se hallan en la condición o estado que se denomina guerra; una guerra tal que es la de todos contra todos». Según el filósofo, antes de que signáramos el pacto que nos volvió civilizados, la vida humana era «solitaria, asquerosa, bruta y corta». Ante la ausencia de ley y de un poder central firme, nuestros ancestros disfrutaban de una libertad desprovista de frenos morales; para enfrentarse a la hostilidad del medio, no les quedaba otra salida que cometer toda clase de atrocidades a fin de asegurar su supervivencia y la de sus familias. Como escribió Hobbes en *De Cive* (1642), prevalecía la lógica del *bellum omnium contra omnes* y el *homo homini lupus*. En esa época agreste y sombría, no existían ni la propiedad privada ni la justicia y cada quien veía solo por sí mismo.

Esta fantasmagoría, con su sesgada justificación monárquica, no tiene correlación con los recientes descubrimientos de la ciencia: como hemos visto, los grandes simios ya cuentan con sociedades basadas en la cooperación y, a menos que se asuma que los chimpancés y los bonobos firman un contrato, la relativa armonía en sus comunidades contradice un estado de guerra de todos contra todos. Que en ciertos momentos dicho equilibrio se resquebraje no implica una vida por fuerza asquerosa, bruta y corta. Los nómadas que peregrinaron desde África a Europa, Asia, Oceanía y al cabo a América debieron de ser más cooperativos de lo que imaginaba Hobbes: los restos fósiles apenas revelan ejemplos de violencia extrema y muestran que aquellos peregrinos estaban mejor alimentados que sus sucesores sedentarios. En *El amanecer de todo. Una nueva historia de la humanidad* (2021), David Graeber y David Wengrow afirman: «Ahora sabemos que las sociedades humanas previas al advenimiento de la agricultura no se limitaban a grupos pequeños e igualitarios. Al contrario: el mundo de los cazadores-recolectores, tal y como existía antes de la llegada de la agricultura, era uno entre los atrevidos experimentos sociales, una especie de desfile carnavalesco de distintas formas políticas».

Anthony Ashley Cooper, tercer conde de Shaftesbury, no disponía de estos datos cuando se opuso a las ideas de Hobbes con una ficción equivalente, según la cual los seres humanos somos buenos por naturaleza. Esbozada por los sentimentalistas del siglo XVII a partir del ensayo «De los caníbales» de Montaigne, la posibilidad de que seamos una especie altruista suena reconfortante, pero, ante el abultado recuento de atrocidades y crímenes que cargamos a cuestas, tampoco definitiva. La ficción del *bon sauvage*, asociada más tarde con Rousseau, asume que es la civilización, con sus dosis de avaricia, concupiscencia y ansias de poder, la que nos corrompe sin remedio. Retomada a su vez por el abate Raynal en su *Historia filosófica y política de los establecimientos y del comercio de los europeos en las dos Indias* (1770), escrita con la ayuda de Denis Diderot, esta imagen del salvaje como criatura edénica impulsará sin embargo las batallas contra el imperialismo, el eurocentrismo y la colonización. Dos ficciones antagónicas que los estudios antropológicos recientes complementan y moderan: al parecer, la prehistoria no fue ni una arcadia de prosperidad trashumante ni un infierno de egoísmo, sino un espacio donde la cooperación y la traición se alternaban en estrategias más o menos estables. De lo que no hay casi dudas es de que el sedentarismo acentuó los conflictos y desató esa violencia patriarcal que, pese al optimismo de Steven Pinker en *Los ángeles que llevamos dentro* (2011), apenas hemos logrado atemperar.

En *El origen de la familia, la propiedad privada y el Estado a la luz de las investigaciones de Lewis H. Morgan* (1884), Friedrich Engels afirma que la implantación de la agricultura y la ganadería no solo determinó el nacimiento del Estado, sino de la propiedad privada y las desigualdades que nos acompañan desde entonces. Valiéndose de las ideas del antropólogo estadounidense Lewis Morgan —gran defensor de los indígenas americanos que llegó a ser adoptado por los iroqueses— y de sus conversaciones con Marx, Engels llega a la conclusión de que las sociedades nómadas se organizaban a partir del parentesco matrilineal. Según esta fantasía que nos aproxima a los bonobos, en ellas reinaba un comunismo primitivo en donde tanto los hijos como las escasas propiedades pertenecían a todos los miembros del clan. Tras la aparición de la agricultura y la ganadería, el poder quedó en manos solo de los varones: de un momento a otro, nos convertimos en chimpancés.

La «derrota del sexo femenino», en palabras de Engels, dio lugar a la aparición de la propiedad privada. La familia resultante pasó a depender de la consanguineidad y solo más tarde se prohibió el incesto: el tabú que Freud utilizará como piedra angular de la civilización en *El malestar en la cultura* (1930). En el tránsito de la poligamia a la monogamia, la familia y la sociedad acumulan mercancías, entre las que se incluye ahora a los propios seres humanos. Este esquema le sirve a Engels para afirmar que el proletariado —la parte de la sociedad que carece de propiedad— es una fuerza primigenia que no ha sido domesticada por la burguesía. Su triunfo, que Marx y él imaginan muy cercano, supondrá la restauración de ese comunismo ancestral que permitirá la liberación de las mujeres, la instauración natural de la monogamia y la igualdad entre todos los miembros de la sociedad: el regreso al edén bonobo.

3. Sobre cómo matar al padre y consolar a las bestias

El Enūma Eliš, Gilgameš *y el* Código de Hammurabi

Un espigado inglés se detiene frente a las ruinas de la antigua ciudad asiria de Nimrud, a pocos kilómetros de Mosul. Estamos en 1845 y la fiebre romántica ha hecho estragos en cientos de aventureros que han abandonado sus abúlicas campiñas para dirigirse a sitios cada vez más remotos en busca de un pasado que han desempolvado en los libros. El joven Austen Henry Layard es uno de ellos; educado en Italia, escenario ideal para las fantasías heroicas, ha recorrido buena parte del Imperio otomano y ahora observa el desmontaje de un *lamassu* —una deidad asiria— recién desenterrado por Paul-Émile Botta. Nada tan estimulante como la envidia: Layard codicia aquellas ruinas y sueña con descubrir otras que sean solo suyas.

Tras unos meses en Mesopotamia, vuelve a Inglaterra, se inscribe en Oxford —rito de paso para cualquier aristócrata con ínfulas orientalistas— y regresa a Constantinopla como *attaché* en la Embajada británica ante la Sublime Puerta. En 1849 compila datos y rumores, traza mapas y reúne un equipo de obreros que lo sigue hasta un montículo en cuyo fondo descansan los restos del palacio de Senaquerib, rey del Imperio Nuevo asirio. El tesoro lo deja atónito: miles y miles de tablillas de barro, preservadas gracias a la sequedad del clima, atiborradas de inscripciones en escritura cuneiforme. Layard no duda en embarcarlas rumbo a su patria y hoy descansan en esa cueva de Alí Babá que es el Museo Británico. Al inglés se le recuerda por haber descubierto la biblioteca de Asurbanipal, aunque en realidad fue su asistente, el caldeo Hormuzd Rassam, quien se encargó de desenterrarla tres años después. Un torneo de expertos culminó con el desciframiento del cuneiforme sumerio-acadio en 1857, lo cual permitió que, en medio de un alud de hojas contables y mensajes más o menos anodinos, uno de los grandes genios autodidactas de la época, George Smith, identificara y al cabo tradujera el *Poema de*

Gilgameš y el *Enūma Eliš*, también conocido como *Poema babilonio de la creación*. La escritura había sido inventada hacia finales del cuarto milenio antes de nuestra era en las ciudades sumerias de Uruk, Kish, Lagash y Nippur a partir de los sistemas numéricos desarrollados para dar cuenta de sus transacciones comerciales. Hacia el –2700, también comenzaron a inscribirse en las tablillas palabras en antiguo sumerio —una lengua no semita—, y luego asirios y babilonios hicieron lo propio con el acadio. Todas las ficciones posteriores, de la Biblia a *Finnegans Wake* (1939), derivan de esta herramienta de origen comercial: aquellos contadores de números después lo fueron de historias. O, como se pregunta Edward Dolnick en *La escritura de los dioses* (2021): «¿Quién iba a prever que una herramienta creada para contar cabras nos daría la literatura, la historia y la memoria?».

א

El primer texto de ficción que nos ha llegado fue escrito por una mujer: hacia el –2300, en la rica ciudad de Ur, una de las hijas del rey Sargón I de Acad, una jovencita letrada, inquieta y ambiciosa, se empeñó en dejar su nombre inscrito en varias tablillas de arcilla con signos cuneiformes, bien consciente de que se ganaría la posteridad. Su nombre, o al menos su *nom-de-plume*, era Enheduanna, la gran señora de la luna, sacerdotisa de Nannar. Con pulso firme escribió en uno de los cuarenta y dos himnos que le han sobrevivido:

> Oh diosa, desde mis días del altar
> yo, Enheduanna, canto tu nombre.

Como tantos fabuladores después de ella —pensemos en Dante—, la sacerdotisa concluyó su vida en el exilio, en Girsu, donde no dejó de clamar a la diosa Inanna para que los miembros de su linaje pudiesen regresar a su ciudad. Gracias a ella, la ficción nace como una exaltación de lo ignoto, una petición no escuchada, una explosión de nostalgia y un lamento por la patria perdida.

Antes del principio se oculta por fuerza otro principio. Atrás del atrás, otro atrás: el mundo o el cosmos no pudieron ser lo primero, debió de existir algo anterior. En infinidad de mitos originarios se repite ese vacío anterior a la historia, como si los antiguos hubieran anticipado que con el *big bang* también nació el tiempo (aquí, en la edición de Lluís Feliu Mateu y Adelina Millet Albà de 2014):

Cuando en lo alto los cielos no habían sido nombrados
y abajo el nombre de la tierra no había sido pronunciado,
existía ya Apsu, el primordial, su procreador,
y también la creadora Tiámat, la paridora de todos ellos.

Así comienza el *Enūma Eliš* (cuya escritura los expertos fijan entre el –1570 y el –1157), durante el periodo casita de Mesopotamia, si bien su fuente oral se remonta varios siglos atrás. Antes de que los cielos y la tierra tuvieran nombre, ya existían dos deidades ancestrales: Apsu, el padre del panteón asirio, identificado con las aguas dulces, y Tiámat, la diosa de las saladas. Son los representantes de los principios masculino y femenino, dibujados aquí en relativas condiciones de igualdad. Lo que no se nombra no existe: al no haber sido pronunciadas las palabras *cielos* y *tierra*, el arriba y el abajo aún resultan inexpresables. Apsu y Tiámat carecen de origen: padre y madre primordiales, se dan a la tarea de crear —y criar— una familia tan disfuncional como las nuestras.

El *Enūma Eliš* funciona como una suerte de algoritmo genético: una célula de la que nacerán incontables ficciones cuya descendencia llega hasta nosotros. Sus versos reúnen el conocimiento de miles de años previos e, *in ovo*, contienen el germen de la Biblia o la *Teogonía*. Sin embargo, el relato babilonio de la creación no lo es: apenas importa el nacimiento de los dioses, pues lo de veras relevante son las relaciones torcidas, complejas e irritantes que se traman entre ellos y que prefiguran las sagas familiares y las telenovelas.

La historia de la ficción no comienza, pues, con la creación del cosmos, sino con un asalto al poder. Si bien el *Enūma Eliš* reconoce la dualidad entre los principios masculino y femenino, al cabo justifica que un solo dios, Marduk —también conocido como Bel, primo de Baal y Belcebú—, se imponga sobre sus pares. Redactado y compilado por órdenes reales, el mito inventa un nuevo orden, adscribe al pueblo babilonio la tutela del más poderoso de los dioses y asienta su supremacía sobre las ciudades sumerias y acadias. El *Enūma Eliš* describe un estado de cosas —el gobierno de un solo individuo superior a los demás— y lo prolonga hacia el futuro; fija un sistema de valores —qué es lo heroico, lo conveniente, lo justo: un saber— y defiende un orden y una jerarquía —quién debe gobernar y quién puede comunicarse con los dioses: un poder—. Al final, el triunfo de Marduk sobre sus parientes representa el del nuevo orden patriarcal sobre las antiguas estructuras nómadas:

El destino de Marduk, a quien alabaron los dioses Igigi,
dondequiera que se beba agua, que pronuncien [su] nombre.
Aquí está la oda de Marduk,
[aquel que] sometió a Tiámat y tomó la realeza.

Este es el camino de Marduk, quien derrocó a Tiámat, la madre primigenia, y suplantó a Apsu, y obtuvo para sí el control del agua: es decir, del universo.

El anciano Yeroen gobierna con mano de hierro la isla de Arnhem en complicidad con Mamá, la más respetada de las hembras. Poco a poco aparecen signos de inconformidad: Luit, el segundo macho más viejo, evita postrarse ante el soberano y se aparea con Spin, una de las jóvenes más apetecibles. A partir de ese momento, los dos se desafían hasta que pactan una tregua que tampoco dura demasiado. En el camino, la correlación de fuerzas se transforma: si antes las hembras de Mamá apoyaban a Yeroen, ahora Luit consigue su neutralidad a fuerza de hostigarlas. Una de ellas se alía con el rebelde, contrariando los deseos de Mamá. Nikkie, el más atractivo de los machos, pacta con Luit y ambos acosan a las hembras mientras exigen la sumisión de Yeroen, quien se sume en rabietas que recuerdan las de Lear. Solo que, a diferencia de las tragedias shakespearianas, aquí nadie termina envenenado o acuchillado. Al final, Nikkie se convierte en el nuevo macho dominante. Esta trama, que recuerda tanto a *Succession* como a las crónicas medievales, resume las observaciones de Frans de Waal en el zoológico de Arnhem, plasmadas en *La política de los chimpancés* (1993). Si Apsu y Tiámat recuerdan a Yeroen y Mamá, y Luit a Marduk, acaso no sea coincidencia: tal vez nuestros dioses originales no fuesen muy distintos a estos simios.

א

En la primera tablilla que se conserva del *Poema de Gilgameš*, su autor o compilador, uno de los primeros escritores cuyo nombre conocemos: Sîn-lēqi-unninni, le canta a su ciudad, Uruk, y, en un recurso teatral, apostrofa al lector:

> Mira cómo sus baluartes brillan como cobre al sol. Asciende por la escalera de piedra, más antigua de lo que la mente puede imaginar; llégate al templo de Eanna, consagrado a Ishtar, un templo cuyo tamaño y belleza no ha igualado ningún rey; camina sobre la muralla de Uruk, recorre su perímetro en torno a la ciudad, escruta sus soberbios cimientos, examina su labor de ladrillo, ¡cuán diestra es!; repara en las tierras que circunda: en sus palmeras, sus jardines, sus huertos, sus espléndidos palacios y templos, sus talleres y mercados, sus casas, sus plazas. Busca su piedra angular y, debajo de ella, el cofre de cobre que indica su nombre. Ábrelo. Levanta su tapa. Saca de él la tablilla de lapislázuli. Lee cómo Gilgameš todo lo sufrió y todo lo superó.

Esta interpelación se puede leer casi como un recurso posmoderno: imposible no seguir sus instrucciones —como las que emplea Carlos Fuentes en *Aura* (1962)— y no recorrer la ciudad de Uruk a su lado. Uno constata la magia de las palabras que tanto debió de sorprender a los antiguos: basta una serie de órdenes narrativas, casi de conjuros, para que la espléndida urbe comparezca ante nosotros. El narrador le canta a su ciudad, la recrea y la dibuja. La suya es la primera descripción literaria de un lugar preciso y con ella nace el realismo: la ficción de que es posible construir un mundo entero, semejante al real, a partir de unos cuantos signos. El poema ofrece asimismo una insólita lucha contra el tiempo: de la maravillosa Uruk nada queda salvo algunas piedras en la polvareda. La Uruk de Sîn-lēqi-unninni, en cambio, continúa tan viva, resplandeciente y bulliciosa como el París de Balzac, el Londres de Dickens, el Dublín de Joyce, el Berlín de Döblin, la Comala de Rulfo, la Santa María de Onetti o el Macondo de García Márquez.

Si el *Enūma Eliš* es la justificación de la lucha por el poder, *Gilgameš* cuestiona, celebra e inventa un nuevo orden. Y lo hace por medio del primer personaje concebido para replicarnos en la ficción: mientras que el todopoderoso Marduk luce muy distante, el rey Gilgameš, aun siendo en dos tercios divino, ya es plenamente humano. El dios babilónico es poco más que un propósito, una fuerza que se rebela contra otras y al cabo prevalece; Gilgameš, en cambio, no solo realiza acciones contradictorias, impulsivas y a veces absurdas: también padece sus consecuencias y se ve obligado a transformarse por culpa de ellas.

Al inicio de la trama, Gilgameš se revela tan magnífico como cruel. En la hermosa versión de 2004 de Stephen Mitchell (traducida por Javier Alonso López) se le describe de este modo: «La ciudad es su predio, pasea su arrogancia por ella, la frente altiva, pisotea a sus habitantes como un toro salvaje». Cuando concluye su camino y al cabo regresa a Uruk, luego de un sinfín de aventuras, ya es otro: «Aquel que todo lo ha visto, que ha experimentado todas las emociones, del júbilo a la desesperación». Los relatos posteriores nacen en este trayecto que encarna un rito de paso y una paradójica redención.

El personaje posee ya una asombrosa fuerza psicológica: es brutal y compasivo, terco y vanidoso, con frecuencia yerra y rectifica, ama y odia y sigue siempre hacia adelante: en su relato se incuban Aquiles y Odiseo, Hamlet, Valjean y Raskólnikov. Su historia es un tránsito y un aprendizaje; si el *Enūma Eliš* constituye nuestra primera ficción sobre el poder, *Gilgameš* fija el camino del héroe, tan bien estudiado por Campbell. Como afirma Borges en su breve prólogo al poema: «Diríase que ya está todo en este libro babilónico. Sus páginas inspiran el horror de lo que es muy antiguo y nos obligan a sentir el incalculable paso del tiempo». En otro giro sorprendente, el texto deviene receta: tú, lector, que entraste a Uruk, ahora también eres Gilgameš, volviendo explícita la identificación entre el lector y el protagonista: la narración como espejo del mundo.

Gilgameš y su rival y luego amigo Enkidu —un ser mitad humano, mitad animal— encarnan fuerzas opuestas: la civilización y la barbarie, el sedentario y el nómada, el superyó y el ello, la razón y el instinto. Cuando, luego de numerosas peripecias, el segundo fallece, Gilgameš entona la primera elegía de la historia:

> Que los senderos que te condujeron al bosque de los cedros te lloren sin cesar día y noche, que te lloren aquellos ancianos de la bien murada Uruk que nos bendijeron al partir, que te lloren las colinas y las montañas que ascendimos, que te lloren los pastos como su propio hijo, que te llore el bosque que talamos con furia, que te lloren el oso, la hiena, la pantera, el leopardo, el venado, el chacal, el león, el toro salvaje, la gacela...

La muerte de Enkidu da fin a esa relación única de los humanos con la naturaleza, expresada en este canto fúnebre que los animales, las plantas y el paisaje entonan por el hombre-bestia. Gilgameš se queda solo: un trozo de civilización sin alma. Si ya antes el héroe ansiaba la inmortalidad, ahora se obsesiona con ella. Gilgameš se lanza entonces a su postrera aventura, la búsqueda de Utnapishtim, el último sobreviviente del diluvio. A fin de encontrar al sabio, realiza un descenso al hades —el primero de muchos— y se interna en el oscuro túnel de la depresión custodiado por unos monstruos que son a la vez hombres y escorpiones. Favorecido por la esposa de uno de ellos, atraviesa las tinieblas en una senda de expiación. Como Orfeo, al final Gilgameš pierde la apuesta: el primer poema heroico de la historia termina con una derrota, como revelan sus últimas líneas, en las que se afirma que Gilgameš «se sentó y lloró».

Gilgameš es el resultado de miles de intentos previos; el gran poema sobre el fracaso está construido a partir de un sinfín de desastres anteriores. Su supervivencia indica que, de entre todas esas historias, fue la que mejor logró transmitir sus memes a las generaciones venideras. Casi por milagro, en la biblioteca de Asurbanipal apareció este fósil viviente: el ancestro común de nuestras demás narraciones épicas. Gilgameš *hace* cosas y, en unas cuantas ocasiones, las *dice*: en ella figuran ya dos mecanismos esenciales para narrar. Ni él ni Enkidu piensan —la primera persona y el monólogo interior llegarán después—, pero sus actos y palabras nos bastan, como a sus oyentes en Sumeria o Mesopotamia, para imaginar su rica vida interior: sus emociones nos conmueven y, tras la muerte de Enkidu, lloramos con Gilgameš.

Su final, tan inquietantemente moderno, nos depara la mayor de las sorpresas cuando las mismas palabras que el prólogo dirigía a sus lectores reaparecen en voz de Gilgameš, ahora dirigidas a Urshanabi, el barquero que navega a través de las aguas de la muerte (antecesor de Carón), cerrando el círculo del regreso al hogar:

Estas son las murallas de Uruk, ciudad con la que ninguna otra en la tierra puede compararse. Mira cómo sus baluartes brillan como cobre al sol. Asciende por la escalera de piedra, más antigua de lo que la mente puede imaginar; llégate al templo del Eanna, consagrado a Ishtar, un templo cuyo tamaño y belleza no ha igualado ningún rey; camina sobre la muralla de Uruk, recorre su perímetro en torno a la ciudad, escruta sus soberbios cimientos, examina su labor de ladrillo, ¡cuán diestra es!; repara en las tierras que circunda: en sus palmeras, sus jardines, sus huertos, sus espléndidos palacios y templos, sus talleres y mercados, sus casas, sus plazas.

א

Responsable de fijar la versión estándar de *Gilgameš*, el rey Hammurabi también ordenó compilar, hacia el año −1750, otra de nuestras más perdurables ficciones originarias, el código legal que lleva su nombre. En el Museo Arqueológico de Estambul se conserva uno más antiguo, de origen sumerio, el de Ur-Nammu, acaso redactado por su hijo Shulgi hacia el −2100, pero Hammurabi lo extiende y perfecciona.

Hammurabi se presenta como instrumento de la divinidad para fijar el orden del reino, que es el del cosmos. (Hoy nos valemos de una ficción equivalente: el pueblo). A un conjunto de conductas posibles les asocia distintas consecuencias en una fantasía con la que pretende determinar el futuro: si tú haces esto o lo otro, te pasará esto y aquello. El legislador se convierte en una suerte de novelista que imagina distintos escenarios posibles. Como afirma John L. Austin en *Cómo hacer cosas con palabras* (1962), su mera enunciación crea *realidad*. He aquí la primera de sus normas: «Si un hombre acusa a otro hombre y le imputa un asesinato, pero no puede probarlo, su acusador será ejecutado».

Al parecer, Hammurabi detesta las falsedades y mentiras, que por lo visto debían de ser lo suficientemente comunes como para prevenirlas. Esta es la segunda de sus leyes: «Si un hombre le imputa a otro hombre actos de brujería, pero no puede probarlos, el que ha sido acusado tendrá que acudir al divino Río y echarse al divino Río y, si el divino Río se lo lleva, al acusador le será lícito quedarse con su patrimonio. Pero si el divino Río lo declara puro y sigue sano y salvo, quien lo acusó de magia será ejecutado. El que se echó al divino Río se quedará con el patrimonio del acusador».

Hammurabi quiere que sus súbditos dejen de acusar en vano. Debemos asumir que los babilonios solían hacerlo; de ahí la necesidad de una sanción ejemplar: *dura lex, sed lex*. Pero, insisto, el derecho penal es solo una ficción: uno puede inventarse los castigos más severos, latigazos, mutilaciones, muertes dolorosas y lentísimas, represalias contra la familia, y aun así siempre habrá quien desdeñe la amenaza, quien crea que por una razón u otra podrá salirse con la suya.

Con su código, el rey busca asentar su poder, proteger a sus allegados, defender la propiedad privada —incluidos los esclavos— y regular el comportamiento de sus súbditos a través de un amplio catálogo de normas sobre las dotes, el incesto, el adulterio, el divorcio, la herencia, así como sobre los deberes de granjeros, agricultores, comerciantes, trabajadores, profesionistas, sacerdotes y prostitutas sagradas. Su justicia es, sin embargo, distributiva: no todos los individuos son iguales ante la ley.

Hoy sus castigos pueden parecernos brutales, pero antes quedaban al arbitrio de cada cual. Y el código contempla ya ciertos derechos, como una presunción de inocencia acotada.

Según la leyenda, Hammurabi ordenó que estelas provistas con su código, como la que se conserva en el Louvre, fuesen colocadas en todas las ciudades de su reino: un enorme avance frente a la arbitrariedad o el secretismo de otras épocas. ¿En qué medida la sociedad asiria se parecería al modelo ideal preservado en estas normas? ¿O acaso sería como México, donde el sistema jurídico no es sino una ficción que no se corresponde con la realidad, donde los poderosos violan las leyes sin recato y los más vulnerables pagan sin remedio? En cualquier caso, no podemos sino admirar la ambición de Hammurabi: todas las áreas de la vida quedaban contempladas en su código y, apenas travestidas, continúan dirigiendo —e inventando— nuestro presente. Doscientos ochenta y dos preceptos para edificar el universo: una novela total.

4. Sobre cómo emprender un *tour* por el inframundo y modelar a Dios

El libro egipcio de los muertos *y el Génesis*

Otra vez le debemos a la competencia por la inmortalidad entre doctos aventureros de Francia, Gran Bretaña y Alemania la nueva vida alcanzada por los libros sobre la muerte hallados en el interior de las antiguas tumbas egipcias. Alumno de Jean-Antoine Letronne, a su vez discípulo de Jean-François Champollion —el orientalista que logró descifrar los jeroglifos gracias a la piedra Rosetta—, el prusiano Karl Richard Lepsius se dedicó a catalogar pirámides y tumbas y, en 1842, publicó *Das Totenbuch der Ägypter*, la primera traducción de un manuscrito ptolemaico integrado por ciento sesenta y cinco conjuros donde quedaba ya fijado ese hermoso título de su invención: *El libro egipcio de los muertos*. Dos de los curadores del Museo Británico, Samuel Birch y su sucesor, E. A. Wallis Budge, realizaron las traducciones pioneras al inglés de otros manuscritos; a este último le debemos la del llamado *Papiro de Ani* —un tanto desdeñado por los egiptólogos por sus excesivas florituras—, convertido en un *best-seller* (1895), y cuya circulación se mantiene entre los lectores comunes y los seguidores del ocultismo.

La muerte es una de nuestras mayores ficciones: acaso porque no existe en tanto que nadie puede narrarla, ha desatado una avalancha de fantasías en torno a ella. Algunos insisten en que la conciencia de la muerte nos torna humanos: a diferencia de otras de nuestras conductas más preciadas —del uso de herramientas a la contemplación estética—, que aparecen de forma embrionaria entre los animales, no se conoce ninguna otra especie que entierre a sus muertos. Como la muerte pende sobre nosotros con una regularidad ineluctable, necesitamos imaginar cómo vencerla. Al contemplar los ciclos del universo o de las plantas, nuestros antepasados coligieron que animales y humanos también dispondríamos de la facultad de renacer. En esta concepción circular del tiempo, el alma se desprende de la materia para transitar hacia lugares inaccesibles a los vivos.

Como si la vida fuera una adictiva novela que nos resistimos a cerrar, escribimos millones de continuaciones posibles, ubicándolas en los escenarios más exorbitantes. Si sumerios y asirios ya habían narrado esos mundos después del mundo —y puesto en práctica los rituales para encaminarse hacia ellos—, los egipcios nos legaron su vívida imaginación mortuoria en miles de papiros atiborrados de conjuros —o instrucciones— que los difuntos debían recitar para no perderse en el trayecto. De ellos se desprenderán, de Orfeo a Jesús, otros tantos descensos a los arcanos de la muerte.

Hay quienes insisten en sumergirse en *El libro egipcio de los muertos* no como en un manual para los difuntos, sino para los vivos. En esta versión, la muerte, el llamado, el reconocimiento de uno mismo, el trayecto a través de las tinieblas, las pruebas y los monstruos, la confesión negativa, la ceremonia del peso del corazón y el ascenso hacia la luz serían solo pasos simbólicos o místicos. Los conjuros se transforman en recetas para un autoexamen que no requiere jueces divinos: tu propia conciencia basta.

א

Cuando despiertas, te descubres en una pavorosa oscuridad. Distingues a tu lado un bulto enrollado en vendajes de lino, con la cabeza cubierta por una máscara de papel maché, el vientre decorado con escarabajos de cerámica y un ajuar de amuletos de oro. Como si dieras un salto, atraviesas los muros de aquella caja estrechísima: te descubres capaz de sobrevolarla. Solo entonces te das cuenta de que has abandonado un sarcófago y que la momia depositada en su interior es la tuya. Te deslizas a una cámara más amplia; atisbas un sinfín de dibujos y jeroglifos en las paredes y en el techo, así como un conjunto de urnas donde reposan los restos de tu hígado, tu páncreas y tu cerebro. Una de ellas conserva tu corazón, donde te han dicho que residen la inteligencia y la memoria. Más allá, un conjunto de pequeñas estatuillas preside tu tumba.

Comprendes que eres una esencia o un espíritu volátil; te estremece una sensación que te recuerda a la sed y al hambre. Por fortuna, tus familiares te dejaron una jofaina donde se conservan unas gotas de cerveza y numerosas vasijas con ofrendas comestibles. Saciada, te deslizas por cada ángulo del mausoleo, mas no consigues recordar tu nombre. ¿Quién eres, qué haces allí, qué salida te queda? Tal vez las respuestas se hallen en alguno de los papiros depositados junto a tu cuerpo. Te acercas al primero y miras su encabezado (modifico un poco la traducción de Miguel Iribarren): «Aquí empiezan los conjuros que relatan la salida del alma hacia la plena luz del día, su resurrección en el espíritu, su entrada y sus viajes en las regiones del más allá».

Te basta con leerlo para rememorar las lecciones aprendidas tiempo atrás. Tu alma se halla dividida: *ka* es la fuerza que te mantiene con vida; con sus diminutas alas, *ba* revolotea en el interior del mausoleo; tu sombra, *shut*, solo calla; y *aj* se encarga de iniciar el diálogo con los dioses. Un poco más adelante, al leer y recitar uno de los conjuros plasmados en los papiros, descubres por fin quién eres: te llamas Akila, la astuta. Reconoces tu misión y repites los cantos indicados en el papiro —esta especie de guía de turistas por el submundo— para que los dioses te permitan emprender el viaje: «¡Pueda yo llegar a ser vigorosa en la tierra, junto a Ra! ¡Pueda llegar en paz hacia mi puerto de amarre, junto a Osiris! ¡Pueda, oh, dioses, encontrar intactas en vuestros altares las ofrendas que me son dedicadas!».

Auxiliada por Osiris, quien te impone una corona para concederte la vida eterna, te abres paso entre las rocas. Abandonas el mundo material y te internas en la duat, el universo subterráneo donde moran los dioses y los muertos. Atraviesas cavernas y promontorios, colinas y ensenadas; te topas con bestias espeluznantes, mitad humanas, mitad animales, que se abalanzan sobre ti blandiendo espadas y cuchillos. Ante cada uno de estos monstruos —el espíritu con cabeza de cocodrilo, el demonio-serpiente, el demonio que danza en sangre— recitas un nuevo conjuro. Una vez vencidos, te transformas en distintos animales —el fénix real, el halcón de oro— y, gracias a la benevolencia de los dioses, te encaramas en una barcaza para surcar las aguas subterráneas y acceder al santuario de Maat. Allí te recibe Anubis, con su cabeza de perro, y, luego de hacerte repetir los nombres mágicos, te permite ingresar a la doble sala de la verdad-justicia, donde se llevará a cabo la ceremonia de la confesión negativa. Allí juras que no has cometido ninguna de las cuarenta y dos faltas prohibidas por los dioses. Sus corazones te preguntan: «¿Quién eres?».

«Akira es mi nombre».

El diálogo continúa hasta que revelas tu nombre secreto y se inicia la ceremonia del peso del corazón. Si, al colocar el tuyo en la balanza, se revela que tus buenas acciones son más densas que tus fallas, se te concederá la luz: «Mi ascensión al Cielo», proclamas, «se asemeja a la de un dios».

Anubis te conduce de la mano hacia Osiris y te conviertes en un *maa-jeru*, uno de los vindicados, una verdadera voz; al mismo tiempo, contemplas cómo otras de las almas que te han acompañado en el camino, y cuyos corazones han perdido en la balanza, terminan devorados por Ammit, la diosa que es parte hipopótamo, parte león, parte cocodrilo. En agradecimiento, le cantas a Osiris: «¡Salve, oh, Osiris, ser bueno, triunfador, hijo de Nut, primogénito de Keb, dios antiguo, dueño del soplo de vida, gran príncipe de occidente y de oriente, señor de los misterios que siembran el espanto!».

Y ocupas un sitio a su lado.

«No dejes de ir a visitarlo». A partir de ese exhorto de su madre, Juan Preciado emprende el camino hacia Comala, ese pueblo que se halla en la mera boca del infierno. Muy pronto se topa con Abundio, uno de los hijos ilegítimos de su padre y el primero de sus guías; luego, confrontará a otros moradores de la región. En este descenso, atiborrado de voces entrecortadas y silencios ominosos, poco a poco arma el rompecabezas con las historias de su padre, un tal Pedro Páramo, sus querellas y amoríos y, a fin de cuentas, la trama que lo une con él. Solo al final del trayecto Juan Preciado discernirá que cada uno de los personajes con quienes se ha topado está tan muerto como él mismo. *Pedro Páramo* (1955), de Juan Rulfo, es nuestro *Libro mexicano de los muertos*: una senda iniciática en la cual, tras recibir la llamada a la aventura en voz de una potencia femenina —su madre—, Juan Preciado se embarca en un descenso a los infiernos disfrazado de cuento de fantasmas rural. Lo más escalofriante es

que, como el difunto egipcio que despierta momificado en un sarcófago —una escena que también se evoca en *El entierro prematuro*, de
Poe (1844)—, tardará mucho en darse cuenta de que él también está
muerto, algo que les ocurrirá asimismo a los protagonistas de *Sexto
sentido* (1999), de M. Night Shyamalan, y *Los otros* (2001), de Alejandro Amenábar. El camino en busca de su padre, escoltado por
Abundio (cuyo nombre suena parecido al de Anubis), lo arrastrará a
ese encuentro consigo mismo. Pedro Páramo también ansía la luz
—«con tal de que no sea una nueva noche», se dice— y añora a su
propia Isis: Susana San Juan. Al menos en la parte final de la novela
de Rulfo, Pedro Páramo adquiere el temple de Osiris: un dios que se
desmorona como un montón de piedras.

א

Cuando despiertas, te descubres en un exuberante jardín,
rodeada de cedros y acacias, gardenias y tulipanes. Entre los
matorrales distingues una pareja de ciervos, más allá los lomos
de elefantes e hipopótamos y, un poco más lejos, grupos de caballos salvajes, lobos y coyotes, hienas y jirafas conviviendo en
armonía. A tu lado, un cabritillo salta ágilmente y unas liebres
retozan a tu alrededor, no muy lejos de donde distingues una
hiena y un lagarto. Aspiras el aire impregnado de jazmines y
flores de naranjo mientras tu piel desnuda se humedece con la
hierba, arrullada por el manantial que riega la llanura. Tu compañero no ha de estar muy lejos, de seguro entretenido en con-
versar con las aves. Es entonces cuando la serpiente, una de tus
bestias favoritas, clava sus pupilas amarillentas en las tuyas.

«¿Así que Elohim ha dicho que no comáis de ningún árbol
del jardín?», te susurra.

«Podemos comer del fruto de los árboles del jardín», la co-
rriges, «pero del fruto del árbol que está en el centro del jardín,
Elohim ha dicho que no lo comamos ni lo toquemos, para que
no muramos».

La serpiente, tu apreciada amiga, te contempla con suspicacia. «¡Qué va! ¡No moriréis!», te reconviene. «Es que Elohim
sabe que el día que comáis de él se os abrirán los ojos, y seréis
como dioses, conocedores del bien y del mal».

Durante unos segundos admiras el espléndido árbol y te dices que, si te abre los ojos sin que mueras, no hay razón para no probarlo. Te yergues poco a poco, te aproximas a sus ramas y acaricias uno de sus frutos, redondo y jugoso. Nada más degustarlo, tu cuerpo al fin luce como un cuerpo. No dudas: debes compartir este prodigio con tu compañero. En cuanto regrese a tu lado, llevarás el fruto hasta sus labios.

Extraño individuo este Dios —Jehová o Yahvé, cuyo nombre en hebreo se escribe YHWH, y a quien también se conoce como Elohim, un término plural que evoca el antiguo politeísmo—, quien, pese a presumir de su omnipotencia y omnisciencia, se mostrará alternativamente colérico y vengativo, celoso e inconstante, rencoroso y brutal, voluble y pedigüeño, astuto y taimado, en contadas ocasiones generoso y casi nunca amable. No muy distinto, a fin de cuentas, de cualquier humano. Un padre con quien el pueblo de Israel y luego el mundo entero han mantenido una relación que hoy solo podríamos calificar de tóxica. Es el protagonista de una historia de familia tan enrevesada como la de cualquier pueblo antiguo: frente a Él, hasta los ateos nos sentimos intimidados. Dios: la ficción más contagiosa —y peligrosa— que hayamos perpetrado.

א

En el principio era el verbo, aunque no el pronunciado por Dios, sino las palabras y relatos transmitidos de generación en generación por el pueblo de Israel. El origen de la historia se remonta a Ur, la ciudad sumeria de la cual parte Abram —a quien YHWH renombra Abraham o Abrahán— en busca de la tierra prometida. No muy lejos de allí, en Babilonia, se hallaban exiliados los escribas que redactaron este relato. Tras la destrucción del primer templo de Salomón por las tropas de Nabucodonosor, buena parte de los habitantes del antiguo reino de Judá fue retenida en la capital del Imperio, donde permaneció hasta el –597 (otras fuentes lo retrasan al –516). Como se lamentan en 2 Reyes, 24, 14: «Y llevó en cautiverio a toda Jerusalén, a todos los príncipes, y a todos los hombres valientes, hasta diez mil cautivos, y a todos los artesanos y herreros; no quedó nadie, excepto los pobres del pueblo de la tierra».

Cuando el emperador persa Ciro el Grande conquistó Babilonia, permitió a los judíos volver a sus tierras y reconstruir su templo. Es probable que la orden de poner por escrito sus creencias proviniese de los propios gobernantes babilónicos, que buscaban convertir Judá en un reino subsidiario. El texto resultante —el Tanaj— revela los desacuerdos entre los distintos miembros de la comunidad judía en el exilio, los cuales al final debieron de trabar un compromiso para amalgamar versiones contrastantes de los mismos episodios.

Los adeptos de la hipótesis documentaria, desarrollada por Julius Wellhausen a fines del siglo XIX, piensan que sus primeros capítulos fueron redactados por los sacerdotes exiliados en Babilonia (de ahí el nombre de P, por *Preistercodex*, que el alemán adjudica a sus autores), a partir de la versión de la escuela de Samaria (identificada con E, por el epíteto formal de Elohim), mientras que los siguientes tendrían como base a los autores —o autora, conforme a la hipótesis de Harold Bloom— de la escuela de Judá (o J, por el nombre alemán de Jehová), aun anterior.

Tras el descubrimiento del *Enūma Eliš*, quedan pocas dudas de su influencia sobre la escuela sacerdotal. Haya sido para congraciarse con sus amos o porque los mitos de ambos pueblos derivaban de un ancestro común, muchas de sus anécdotas se repiten en el primer libro de la Biblia. Así como el *Enūma Eliš* no narra la creación de la humanidad, sino la entronización de Marduk como dios principal del panteón babilónico, el Génesis coloca en ese mismo sitio al innombrable e inescrutable YHWH.

Los primeros versos del Génesis contienen el íncipit más famoso de la historia (me valgo de la muy legible traducción de Javier Alonso de 2021):

> Cuando, al principio, Elohim creó los cielos y la tierra, la tierra no tenía forma ni orden, la oscuridad cubría la superficie del abismo y el espíritu de Elohim revoloteaba sobre la superficie de las aguas. Y entonces dijo Elohim:
> —¡Que haya luz!
> Y hubo luz.

A diferencia de los mitos babilonios y egipcios, donde la creación es resultado de un proceso arduo y violento, Elohim inventa el cosmos en un espontáneo acto de voluntad (y abulia). Mientras Marduk concibe el universo tras una cruenta batalla contra los dioses antiguos, en el Génesis apenas quedan rasgos de aquella lucha primigenia. Si bien leyendas judías anteriores remiten al combate de YHWH contra el monstruo marino Leviatán, en su redacción final queda condensado en el revoloteo del espíritu de Dios sobre la superficie de esas aguas anteriores a él. Un anacronismo que se muestra aún más claro en la traducción de Everett Fox, quien le da al célebre íncipit un nuevo sentido en su *Génesis y Éxodo. Una nueva versión con comentario* (1983), que traduzco del inglés:

> Cuando Dios comenzaba a crear los cielos y la tierra,
> cuando la tierra era salvaje y baldía,
> oscuridad sobre la faz del océano,
> el espíritu de Dios planeaba sobre la faz de las aguas,
> Dios dijo: «Se haga la luz».

Elohim es muy distinto del dios babilónico: al menos en estos primeros versos, se trata de un ente casi abstracto y muy poco humano. No hemos llegado al monoteísmo, esa otra gran ficción judía, pero sí a una figura divina más inasible que la de sus vecinos. Otro detalle novedoso es el juicio de Elohim sobre su propia creación, como si fuera un orgulloso cocinero que asiente al probar la sopa que humea en el fogón. Al igual que el *Enūma Eliš*, el Génesis le concede una importancia esencial al lenguaje; el día y la noche, la tierra y los mares solo existen de verdad una vez que reciben su nombre (vuelvo a la traducción de Javier Alonso):

> Y Elohim vio que la luz era buena, y separó Elohim la luz de la oscuridad; a la luz la llamó día y a la oscuridad la llamó noche. Y anocheció y amaneció. Día uno.
> Y dijo Elohim:
> —¡Que haya una bóveda en medio de las aguas para que separe unas aguas de las otras!

Y creó Elohim la bóveda, separando así las aguas de debajo de las de arriba. Y a la bóveda Elohim la llamó cielo. Y anocheció y amaneció. Día dos.

A continuación, dijo Elohim:

—¡Que se reúnan en un solo lugar las aguas que están debajo de los cielos para que aparezca lo seco!

Y así se hizo. Y Elohim llamó a lo seco tierra, y a la reunión de las aguas la llamó mares. Y Elohim vio que aquello estaba bien.

Armado el escenario de su obra, durante la tercera jornada Elohim lo decora con hierbas que dan semillas y árboles que dan fruto. Curiosamente, solo después coloca los astros, que en realidad debieron de surgir cuando separó las tinieblas de la luz. En el día cinco toca el turno a los animales y, en el sexto, por fin a los humanos:

Entonces Elohim dijo:

—Hagamos al ser humano a imagen nuestra, según nuestra forma, y que gobierne sobre los peces del mar y las aves de los cielos, sobre los ganados y sobre toda la tierra y sobre todos los seres que reptan sobre la tierra.

Entonces, Elohim creó al ser humano a su imagen, lo creó a imagen de Elohim; creó macho y hembra. Elohim los bendijo diciéndoles:

—Fructificad y multiplicaos; llenad la tierra, dominadla y gobernad sobre los peces del mar, sobre las aves de los cielos y sobre todo ser vivo que surja sobre la tierra.

En este primer relato del Génesis, Elohim crea al hombre y la mujer al mismo tiempo y a ambos les otorga la supremacía sobre las demás criaturas. Anticipando a Darwin, los somete a las leyes esenciales de la vida: *creced y multiplicaos*. Diseñado su algoritmo genético, Elohim vuelve a congratularse y dedica la séptima jornada a la siesta.

Obligados a un entendimiento, los miembros de la escuela sacerdotal (P) incorporan al Génesis un segundo relato de la creación, que en buena medida contradice al primero. Atribuido a J, convierte a YHWH (aquí llamado Yahvé Elohim) en un protagonista voluble y un tanto esquizofrénico. En el nuevo texto, este también concibe el cielo y la tierra, pero, haciéndose eco del mito babilónico que contrasta a Apsu con Tiámat, no así las aguas dulces, las cuales parecen brotar de un rico manantial. En este segundo relato, Yahvé Elohim le da la primacía sobre la mujer:

> Entonces, Yahvé Elohim formó al hombre con polvo de la tierra e, insuflándole en la nariz el aliento de vida, convirtió al hombre en un alma viva.
> A continuación, Yahvé Elohim plantó un jardín en Edén, al oriente, y colocó al hombre que había creado.

Más calamitoso e intervencionista que en su primera encarnación, Yahvé Elohim no solo diseña los decorados, dibuja los personajes y dicta las reglas de su juego, sino que se entretiene poniendo a sus criaturas a prueba. En el centro del Edén planta dos árboles: el de la vida y el de la ciencia del bien y del mal. Aún no sabemos qué sentido tendrán en la trama, pero, como un Chéjov antediluviano, J los pone allí para que tarde o temprano desaten la tragedia. El texto se deleita en describir el Edén, el *locus amoenus* por excelencia, que ubica en Mesopotamia en medio de cuatro ríos. Y dibuja la primera frontera de la historia: al este del Edén —como en la novela de John Steinbeck de 1952— solo hay lugar para la muerte. En este entorno idílico, J provoca el primer conflicto cuando Yahvé le ordena a su criatura: «Podrás comer libremente de todos los árboles del jardín, pero no comerás del árbol del conocimiento, llamado también de la ciencia del bien y del mal, porque el día que comas de él, morirás sin remedio».

Adán no sabe qué es la muerte, de modo que la amenaza quizás no le parezca tan terrible. Yahvé Elohim repara en la insufrible soledad de este hombre, lo rodea de otras criaturas y le confiere el derecho de nombrarlas. Como ninguna alivia su desasosiego, le entrega a Eva:

> Entonces Yahvé Elohim infundió un profundo sopor sobre el hombre para que se durmiera, tomó una de sus costillas y luego cerró el hueco con carne.

A continuación, Yahvé Elohim transformó la costilla que había sacado del hombre en una mujer, y la llevó ante el hombre, que exclamó:

—¡Esta vez sí es hueso de mis huesos y carne de mi carne! La llamaré hembra, porque fue sacada del hombre. Por eso, el hombre abandonará a su padre y a su madre y se unirá con su mujer y serán una sola carne.

Y los dos, hombre y mujer, estaban desnudos, pero no sentían vergüenza.

Frente a la versión igualitaria de P, aquí la mujer queda subordinada al hombre. En un *spoiler* cargado de resentimiento, J adelanta que el hombre dejará a su padre —que solo puede ser Elohim— para unirse a la mujer y ser «una sola carne». Cuando Eva le da a probar a Adán el fruto del árbol de la ciencia, ambos se descubren desnudos —en el original hebreo, la palabra significa «despojados de protección»—, sienten vergüenza —la primera emoción social: un atisbo de civilización—, cubren sus sexos e intentan esconderse como niños que han cometido una travesura. La expulsión del paraíso no es sino una explicación de las insondables penas que sufrimos desde entonces:

Pero Yahvé Elohim llamó al hombre y le dijo:
—¿Dónde estás?
Y él contestó:
—He escuchado tu voz en el jardín y he tenido miedo, porque estaba desnudo, así que me he escondido.
Y le respondió:
—¿Quién te ha enseñado que estabas desnudo? ¿Es que has comido del árbol del que te prohibí comer?
El hombre replicó:
—La mujer que me diste como compañera me dio el fruto del árbol y comí.
Y Yahvé Elohim le dijo a la mujer:
—¿Qué has hecho?
Y la mujer respondió:
—La serpiente me ha seducido y he comido.

Yahvé reacciona a la rebeldía con una sucesión de castigos: a la serpiente la maldice obligándola a arrastrarse sobre su vientre y a comer polvo —suponemos que antes tendría patas, como un dinosaurio— y la enfrenta con la mujer, que hasta entonces ha sido su amiga, la cual habrá de aplastarle la cabeza. A esta, le multiplica los dolores del parto, la obliga a desear al hombre y la somete a él. Y, en fin, maldice la tierra, que el hombre deberá trabajar para ganarse el pan con el sudor de su frente, sin que ello obste para que, siendo polvo, al polvo deba volver. En un mínimo acto de generosidad, Yahvé Elohim fabrica para sus criaturas unas túnicas de piel. Y, antes de expulsarlos del Edén y de bloquear su regreso apostando en su frontera oriental una legión de querubines con espadas flamígeras, Dios se lanza en el primer monólogo interior de la historia: «Ahora el hombre es como uno de nosotros, conocedor del árbol del conocimiento. No vaya a ser lo siguiente que alargue su mano para tomar también el fruto del árbol de la vida y, después de comerlo, viva para siempre».

Cuando un grupo de sacerdotes, encabezados por Esdras, al fin son autorizados por sus amos persas a volver a Jerusalén, no encuentran la tierra perdida de sus ancestros, sino una comunidad casi idólatra que apenas se acuerda de su alianza con Yahvé. Enfurecido, Esdras vapulea a los judíos extraviados y les confiere una condición sagrada a los textos que ha traído desde Babilonia. Por primera vez, a un dios no se le venera en el templo, sino por escrito. Lo único que puede darle unidad a su pueblo es ese libro cuyo autor es el mismísimo Yahvé. Un creador que dicta al oído de sus profetas su propia historia: una autobiografía en la que los profetas son sus *ghostwriters*. A partir de entonces, los judíos, así como las sectas que se escinden de ellos —cristianos y musulmanes incluidos—, llevarán la adoración de las escrituras a su límite: son los pueblos del Libro. Pero de un libro cuyo autor no puede equivocarse: a sus lectores no les queda sino asumir que cada palabra es literal o echarles la culpa de las erratas a sus escribanos. Ser pueblo del Libro significa, además, asumirse como personajes de la escabrosa trama escrita por su Autor.

El Génesis fija patrones o arquetipos —memes— que no dejarán de replicarse desde entonces: el padre vigilante, severo, implacable y airado; el hombre pusilánime que les echa la culpa de su infortunio a los demás; la mujer coqueta y antojadiza que cae a la primera; el elocuente —o *la* elocuente— cantamañanas que comprueba, como en la expresión mexicana, que verbo mata carita. Una *commedia dell'arte* bíblica: el señorón rico y veleidoso; el galán sin luces; la jovenzuela atolondrada; la manipuladora celestina. Por desgracia, el relato bíblico defiende asimismo el autoritarismo, exige una total sumisión a las normas divinas, por absurdas que sean, entroniza el machismo y la misoginia, asume que el mal viene siempre de fuera y justifica la injusticia de nacer siendo culpable.

De los cuatro protagonistas del Génesis, siempre me simpatizó la serpiente. Más que una encarnación del demonio, como la pinta el cristianismo, representa la quintaesencia de lo humano. A diferencia de los demás personajes del Libro, es ambigua e indefinible. Por más que en hebreo su nombre sea masculino, para quienes hablamos lenguas romances adquiere una identidad sexual incierta, fluida, no binaria. La serpiente es la madre de la crítica y la insumisión: la primera criatura que habla en el Génesis, después de Yahvé Elohim, y para desmentirlo. Cuando seduce a Eva, y ella a Adán, inspira una revolución del conocimiento, si bien, como todo rebelde, acaso solo busque ocupar el sitial del tirano. La serpiente es la gran embaucadora que alienta a los humanos a mentir: la diosa de la ficción.

5. Sobre cómo poblar los cielos

La Teogonía, *el* Mahabharata *y el* Popol Vuh

En el principio era el Caos. Luego vinieron Gea y Eros: la madre tierra y la fuerza del amor o del sexo, hoy diríamos la libido, las fuerzas subatómicas o las leyes de la atracción. De Caos nacen Érebo, la oscuridad, y Nyx, la noche; de Érebo y Nyx, a su vez, Éter y Hémera, el aire puro y el día. Gea, por su cuenta, da a luz a Urano, el cielo, así como a Oreos, las montañas, y Ponto, los mares primigenios. Ayuntados incestuosamente, Gea y Urano engendran a los titanes. Asimismo, Gea y Urano procrean a los cíclopes, Brontes, Estéropes y Arges, y a los hecatónquiros Coto, Briareo y Giges.

Si algo resalta en el inicio de la *Teogonía* o el *Nacimiento de los dioses*, de Hesíodo (quien vivió entre los siglos –VIII y –VII), es esta inmensurable parentela: frente a la más o menos discreta familia babilónica o al misántropo Yahvé, somos testigos de una repentina inflación de personajes, un *big bang* de dioses y héroes. Que en el origen se encuentre el caos se acomoda como anillo al dedo a nuestras ideas contemporáneas sobre el origen del universo, mientras que la aparición de las duplas formadas por la materia y la energía, representadas por Gea y Eros, y el vacío —y tal vez la antimateria—, encarnado en Érebo y Nyx, evoca las complejidades de la mecánica cuántica. Igual de natural resulta que la tierra encuentre su complemento en la bóveda celeste y que su paisaje se llene con montañas y se humedezca con el caldo primordial. Todo se complica en cuanto madre e hijo se aparean y engendran esa proliferación de titanes, cíclopes y monstruos que, en sus interminables batallas, remiten a las igual de elusivas e impronunciables partículas subatómicas: allá Crío, Temis o Tetis, acá los leptones, bosones y gluones. Un enredo que invoca una imaginación cada vez más desbordada.

Como ocurre en el *Enūma Eliš*, en el mundo griego el conflicto es generacional: así como Apsu quiere destruir a su escandalosa progenie, aquí primero Urano y luego Cronos intentarán aniquilar a sus vástagos: el primero enterrándolos en el seno de Gea y el segundo de plano merendándoselos. En esta ficción filicida y caníbal, Cronos aparece como el rebelde que se las ingenia para derrotar y castrar a su propio padre, aunque luego él vaya a correr una suerte parecida a manos de su hijo Zeus. Buena parte de las tragedias posteriores se alimentan de este motivo, el mito de la sucesión, en el cual el padre está condenado a perecer por obra de su progenie.

Nos extraviamos en los infinitos secretos y complicidades de una familia más numerosa que los Buendía. A la que se sumarán los productos de los ayuntamientos entre dioses, semidioses y hombres: una factoría que no por casualidad recuerda a los incontables héroes de Marvel o DC Comics. La *Teogonía* tiene algo de directorio telefónico, de *quién es quién* en el Olimpo para *dummies*. Hesíodo, rival de Homero, de seguro tenía TOC: un catalogador a quien lo único que le importa es poner a cada cual en su sitio. Es el viejo tío que recopila anécdotas de familia, no para de contarlas en las comilonas domingueras y pontifica sobre las virtudes del trabajo y el esfuerzo: de ahí que también sea el autor de *Los trabajos y los días*, que bien habría podido llamarse *La ley y el orden*.

Hesíodo cuenta dos historias ejemplares: la del glorioso Zeus y la del delincuente Prometeo. Como el Marduk babilónico, el primero pone un poco de orden en el caótico panteón olímpico: rompe el mito de sucesión (devorando a su primera esposa) y, tras derrotar a su padre, se convierte, si no en dios supremo —es demasiado inconstante y enamoradizo—, sí en *primus inter pares*, «el más grande de los sempiternos», en palabras de Hesíodo. Prometeo hace las veces, en cambio, de infeliz protector de los hombres: primero se burla de Zeus y luego, desafiándolo, nos entrega el fuego. No se sitúa lejos de la serpiente bíblica y termina encadenado a una colina donde un águila le devora un hígado que se repara como cola de lagartija. Sus criaturas también recibirán su merecido, «algo semejante a una respetable doncella»: la primera mujer, Pandora, quien no dejará de atormentar a los machos con sus veleidades y de cuya caja surgirá Ápate, la diosa del engaño. Otra vez: de la ficción.

Si piensas que en Grecia la imaginación mitológica se desborda, échale un vistazo a lo que sucede en la India. Aunque los bardos griegos se extinguieron hace siglos, todavía hoy pululan en el subcontinente narradores orales que repiten —y renuevan— las añejas historias del *Mahabharata*, los *Puranas* y el *Ramayana*, insertando en su tejido nuevas anécdotas y personajes, poemas, divagaciones filosóficas, religiosas y morales —herederas del *Bhagavad-gītā*— y digresiones que se expanden por doquier, como si le dieran marcha a una imparable máquina de narrar. El *Mahabharata* no cesa nunca; es la épica más larga de la humanidad: cien mil *slokas* —o dísticos— o doscientos mil versos, unas ocho veces la *Ilíada* y la *Odisea* unidas. Cualquier intento de novela total palidece ante la ambición colectiva de esta obra atribuida a la rijosa colaboración entre Ganesha, el dios con cabeza de elefante, y uno de los personajes del relato, el poeta Viasa. Su sustrato histórico, como el de la *Ilíada*, se remonta a una antigua guerra —nuestra mayor fuente de inspiración—, desatada en algún momento del siglo -xiv entre dos dinastías rivales, los Kauravas y los Pándavas.

Como la escritura no está al alcance de los humanos, Viasa le pide a Ganesha que plasme la historia que se dispone a dictarle de su puño y letra. Un tanto reticente, el dios acepta con una condición: el poeta no puede hacer ninguna pausa en su relato. Viasa accede, aunque astutamente intercala algunos versos difíciles u oscuros para confundir al dios y darse un respiro. Detrás de la maniobra borbotea la tensión entre oralidad y escritura. Frente a nuestra capacidad para narrar sin detenernos, enhebrando un dístico tras otro y una historia tras otra —la técnica del cuento dentro del cuento solo perderá su lustre con la linealidad de la novela decimonónica—, los escribas debieron de vérselas negras al recordar y redactar ese torrente inagotable de palabras. A Ganesha se le venera como el dios de los fabuladores y escritores: una estatuilla suya, con su colmillo truncado tras usarlo como pluma, me observa desde mi estantería mientras redacto estas líneas.

Salvo excepciones como Peter Brook, quien se empeñó en concentrarlo en una obra de teatro de doce horas (1985) y una película de cinco (1989), a los occidentales el *Mahabharata* nos resulta demasiado caótico, deshilvanado e inasible comparado con nuestros poemas épicos, sagas y novelas de caballerías: la imaginación de Viasa y sus recitantes no distingue entre géneros —en su interior se mezclan poesía y prosa, drama y comedia, el tratado moral y el espiritual, las divagaciones eruditas, los cuentos folklóricos y los chismorreos populares— y no se preocupa por conferirle la menor coherencia temporal. La ficción estalla en todas direcciones, alimentada por el animismo de un mundo donde las cosas y los animales poseen sus propios puntos de vista y donde la posibilidad de transmigrar elude ese final imprescindible que es la muerte.

Como me resumió la especialista en sánscrito Wendy Phillips, el *Mahabharata* es la Wikipedia de la India: expande el pensamiento circular de los *Vedas* (del segundo milenio antes de nuestra era) y, frente a la narración lineal, escatológica y ligada con la estructura de nuestro cerebro lento, se decanta por una repetición cíclica acorde con el funcionamiento del rápido. Semejante diseño, que se ubica fuera del tiempo o en un tiempo más allá del tiempo, surgió entre narradores acostumbrados a la meditación, un estado mental que, como han demostrado distintos experimentos de resonancia magnética, amplifica las conexiones neuronales en su búsqueda de la anulación del yo y la persecución del vacío.

La grandeza del *Mahabharata* responde a otra de las preguntas primordiales de los pueblos antiguos: ¿por qué, si somos capaces de imaginar la felicidad suprema, habitamos este mundo miserable, abocado a la fugacidad y el dolor? La postrera victoria de los Pándavas tras la cruenta batalla de Kurukshetra, luego de millones de palabras, reflexiones y anécdotas entreveradas, no puede ser más agridulce: señala el inicio de la cuarta era de la humanidad, dominada por Kali-Yuga, un periodo de desolación y decadencia, desprovisto de virtud, que tendremos que soportar hasta el lejano inicio de un nuevo ciclo con el Krita-Yuga, dentro de 426,877 años. Un suspiro.

א

A diferencia de los demás pueblos americanos, los mayas disponían de sus propios libros, primorosamente pintados con un complejo sistema de signos o glifos. El primero en reconocer el valor de estos manuscritos engarzados fue el obispo Diego de Landa, quien sentó las bases para leerlos en su *Relación de las cosas de Yucatán* (1566). Años después, en un arranque de furia inquisitorial, ordenó su destrucción total: hoy solo conservamos cuatro de ellos. No será sino hasta el siglo xx que las pistas dejadas por el obispo español serán revaluadas por el lingüista ruso Yuri Knórozov —el cual hasta entonces no había visitado América Latina—, a quien debemos el desciframiento de la escritura maya.

Escrito en alfabeto latino tras la quema de los antiguos libros mayas, el *Popol Vuh* es un acto de resistencia que evoca la cadena de creaciones sucesivas descritas en sus páginas. Un intento por rescatar la memoria de la destrucción y resucitar un conocimiento ancestral valiéndose de la tecnología de los invasores. Contra viento y marea, sus ficciones lograrán sobrevivir al insertarse, cual parásitos, en el cuerpo de la civilización occidental. Si en algunas ficciones de la creación el tiempo primordial se identifica con el caos o el vacío, aquí lo hace más bien con el silencio. En el inicio del *Popol Vuh*, cuyas historias se remontan a los primeros siglos de nuestra era, aunque fue traducido por primera vez al castellano por el padre Francisco Ximénez, se cuenta ese tiempo anterior al tiempo: «Esta es la relación de cómo todo estaba en suspenso, todo en calma, en silencio; todo inmóvil, callado, y vacía la extensión del cielo».

Igual que en las cosmologías babilónicas y hebreas, esa ausencia de rumores y palabras posee un toque casi nostálgico, de añoranza ante esa paz previa al desorden. En esa era de silencio solo existen —otra vez— el cielo y los mares:

Esta es la primera relación, el primer discurso. No había todavía un hombre, ni un animal, pájaros, peces, cangrejos, árboles, piedras, cuevas, barrancas, hierbas ni bosques: solo el cielo existía.

No se manifestaba la faz de la tierra. Solo estaban el mar en calma y el cielo en toda su extensión.

No había nada junto, que hiciera ruido, ni cosa alguna que se moviera, ni se agitara, ni hiciera ruido en el cielo.

No había nada que estuviera en pie; solo el agua en reposo, el mar apacible, solo y tranquilo. No había nada dotado de existencia.

En este vasto silencio encontramos a los dioses primordiales, los Progenitores, que en ese momento estaban «en el agua, rodeados de claridad», ocultos bajo plumas verdes y azules. Es entonces cuando aparece el verbo: «Llegó aquí la palabra, vinieron juntos Tepeu y Gucumatz, en la oscuridad, en la noche, y hablaron entre sí Tepeu y Gucumatz». De la conversación entre ellos surgirán los humanos, aunque antes deben colmar aquel escenario hueco con montañas, valles y bosques, y más adelante con los animales de la tierra y del cielo.

Por desgracia, estas criaturas se muestran incapaces de hablar y alabar a sus creadores: solo chillan, graznan, aúllan, rugen. A este primer fracaso le seguirán varios otros: los Progenitores intentarán moldear al hombre con barro —como Yahvé—, pero solo lograrán dar vida a un ser débil, sin fuerza ni entendimiento, de modo que lo desbaratan; luego lo intentan con madera, aunque solo conciben muñecos que, si bien logran reproducirse, carecen de alma y de memoria, por lo cual son aniquilados en un gran diluvio. A continuación, intentan con otros materiales: *tzité* —el envoltorio mágico de los quichés— y espadaña, que resultan igual de inapropiados: sus descendientes son los monos.

Entra en escena un nuevo dios, Vucub-Caquix, quien se arroga el privilegio de dar vida a los hombres. Por su soberbia, también será derrotado y castigado; la misma suerte correrán sus hijos Zipacná y Cabracán. Al final, tras cruentos enfrentamientos en Xibalbá, el inframundo, los jóvenes semidioses gemelos Huanahpú e Ixbalanqué propiciarán la creación de los humanos a partir del maíz, el elemento esencial para los mayas:

«De maíz amarillo y de maíz amarillo blanco se hizo su carne; de masa de maíz se hicieron los brazos y las piernas del hombre. Únicamente masa de maíz entró en la carne de nuestros padres, los cuatro hombres que fueron creados».

Esos primeros cuatro hombres, dotados de enorme belleza e inteligencia, son Balam-Quitzé, Balam Acab, Mahucutah e Iqui-Balam. En un nuevo eco bíblico, no son seres inocentes: conocen el bien y el mal —las cosas ocultas— y ven todo lo que hay en el mundo. Los Progenitores les permiten contemplar su creación y ellos responden con alabanzas que, sin embargo, a aquellos les parecen insuficientes. Celosos de sus criaturas, entablan un concilio y deciden limitar sus habilidades: «¡Que su vista solo alcance lo que está cerca!».

Solo entonces, cuando un velo les tapa ya los ojos, les entregan a sus esposas, Cahá-Paluna, Chomihá, Tzununhá y Caquixahá. De esas cuatro parejas nacerán los quichés: los humanos, producto del fracaso y de la envidia. A diferencia del intachable Yahvé, que se aplaude a sí mismo cada vez que crea una porción del cosmos, los Progenitores mayas son erráticos y chapuceros: eligen materiales defectuosos, yerran al permitir la reproducción de unos y otros e, incluso cuando encuentran el material correcto —el maíz—, las criaturas resultantes los incomodan y no tienen otro remedio que rebajar sus expectativas.

Los Progenitores no parecen tener clara idea de lo que pretenden construir, intentan y fallan, corrigen, emborronan, desechan los esbozos fallidos y, en el momento en que creen haber alcanzado su objetivo, lo descubren demasiado perfecto y, cual picassos sofocados por las reglas académicas, prefieren afear a sus criaturas, limitarlas y torcerlas, como si solo en la imperfección bullera la realidad de la vida.

Diálogo 3

Donde Felice y el bicho se embarcan en la turbulenta relación entre la ficción y la locura

BICHO (*en un susurro*): Felice...

FELICE: Zzz. Zzz.

BICHO: ¡Felice!

FELICE: ¡Odio que me despierten!

BICHO: Soñabas, supongo.

FELICE: Ajá.

BICHO: ¡Cuéntame!

FELICE: Al despertar una mañana, luego de un sueño intranquilo, me vi convertida en un horrendo...

BICHO: Muy graciosa.

FELICE: Es verdad, bicho.

BICHO: ¿Cómo describirías tu sueño?

FELICE: Intranquilo, dije.

BICHO: ¿Veías cosas? ¿Las oías? ¿Las olías?

FELICE: Aún las veo: mis muslos y pantorrillas convertidos en unas espantosas patitas revolviéndose al aire, justo como...

BICHO: Pero ¿te movías y tocabas las cosas?

FELICE: Ahora que lo dices, era de lo más extraño: estaba allí, es decir *aquí*, en mi cuarto, y al mismo tiempo me sentía espectadora de mí misma.

BICHO: ¿Y luego?

FELICE: Me despertaste.

BICHO: ¡Lo siento! ¿Cómo te sentías durante el sueño?

FELICE: Llena de pavor.

BICHO: Tus ojitos se movían como canicas bajo tus hermosos párpados violáceos.

FELICE: ¿No se descansa en el sueño?

BICHO: Mientras el cuerpo recobra energías, tu cerebro reorganiza lo vivido. Los recuerdos inmediatos se convierten en memorias de largo plazo, al tiempo que desechas el material que te resulta inútil.

FELICE: ¿Tú sueñas, bicho?

BICHO: ¿Sueñan los bichos con termitas...? Sí, casi todos los animales sueñan: aves, reptiles, mamíferos acuáticos y terrestres.

FELICE: ¡Como en el cuento chino! ¿Lo conoces? «Una vez yo, Zhuang Zhou, soñé que era una mariposa que flotaba de un lado a otro, una verdadera mariposa, disfrutando al máximo de su plenitud, y sin saber que era Zhuang Zhou. De pronto, desperté y me encontré a mí mismo, el verdadero Zhuang Zhou. Ahora no sé si entonces era un hombre que soñaba con ser mariposa o si ahora soy una mariposa que sueña que es un hombre».

BICHO: Me enteré por el novelista mozambiqueño Mia Couto que en ciertas lenguas aborígenes el verbo para imaginar es el mismo que para soñar.

FELICE: ¿Y qué pasa con quienes ven cosas que no existen?

BICHO: Ciertos trastornos mentales provocan que no sepas de dónde vienen los recuerdos o las imágenes que se te aparecen, y por eso no los diferencias de la realidad.

FELICE: ¿Hay algún remedio?

BICHO: Ciertas drogas evitan espejismos y alucinaciones.

FELICE: ¡Corro a tomarme una pastilla a ver si así me dejas de importunar!

Libro tercero
La invención del futuro

1. Sobre cómo tramar acertijos y acariciar el porvenir

Los oráculos y la adivinación

Abre los ojos. Es el séptimo día del mes de marzo y la turbamulta de peregrinos provenientes de las más lejanas polis se agolpa en la parte baja de la vía sacra. Te has levantado al alba, has cumplido con tus abluciones y, en medio de rezos y ceremonias, estás lista para el trance. Aunque lleves años cumpliendo con la misión que te fue encomendada desde niña, cada ocasión te trastorna. Permaneces en silencio mientras los dos *hiereis* que te acompañan entonan sus cantos. «Ha llegado la hora», te anuncia uno de ellos.

Los sacerdotes insisten en sus rezos y te escoltan al interior del templo hasta abandonarte en la puerta del *ádyton*, la cámara reservada para ti. Te enclaustras a cal y canto, bebes las pócimas que te han preparado, masticas las hojas de laurel y te empapas con el pneuma que emana de una grieta en medio de la roca. Tras unos instantes de vértigo, te entregas al éxtasis.

El primer viajero que se introduce en el templo de Apolo ha realizado un fatigoso trayecto desde Mégara a través del Ática y Beocia; antes se detuvo en los santuarios de Marmaria y Atenea Pronea, con su *tholos* de veinte columnas dóricas. Como tú, también se ha purificado con las aguas de la fuente Castalia, al pie de la Hiampea, entre las rocas Fedríades. A partir de allí, ascendió por la vía sacra, admirando los tesoros y los diminutos templos que se engarzan en su camino.

Construido por Trofonio y Agamedes —con la intervención de Apolo—, el gran templo intimida a cualquier viajero. Basta alzar los ojos hacia los frontones diseñados por Praxias y Andróstenes, el que conjunta a Apolo y las musas, en la cara este, y el de Dioniso y las ménades, en la oeste, para sentirse sobrecogido. El peregrino se adentra en la penumbra, donde lo reciben los sacerdotes, quienes le exigen el *pélanos*, la ofrenda para el mantenimiento del oráculo. A su vera se levanta el *chres-*

mographion, el archivo donde se conserva el registro de los consultantes y las respuestas que les entregaron las pitonisas que te precedieron, así como la lista de los vencedores en los Juegos.

El peregrino repara entonces en la estatua de Apolo, a unos pasos de la consagrada a su hermano Dioniso. Más allá, observa el laurel sagrado —se dice que con sus hojas se edificó el primer templo—, el trípode y, sobre todo, el *ómphalos*, la piedra sagrada —acaso un meteorito—, venerada desde épocas inmemoriales. Tembloroso, se introduce en la última habitación, la cual comunica con el *ádyton* donde tú ya aúllas, cantas, escuchas voces, saltas, te contorsionas y estremeces. El peregrino formula su pregunta. Lo escuchas y no lo escuchas mientras danzas en las alturas con Apolo. Qué tercos los humanos con su obsesión por el futuro. Te dejas atrapar por el delirio, de tu boca surgen unas sílabas atropelladas, luego una oración y un vahído. El peregrino asiente y se arrodilla. De seguro no discernirá tu mensaje hasta el instante en que la lanza de su hermano le atraviese las entrañas.

א

Los griegos vivían obsesionados con el futuro. Cada una de sus creaciones, de la épica a la tragedia, de la filosofía a la ciencia y de la política al arte, giraba en torno a las mismas preguntas: ¿está el porvenir decidido de antemano?, ¿es posible conocer lo que va a pasar después? Y, si es así, ¿hay modo de eludir ese destino? La obsesión con el futuro se entrevera en cada uno de sus relatos, de la *Odisea* a *La república*, de *Edipo rey* a la *Física*, de los tratados hipocráticos a la *Óptica*. Para ellos, el tiempo es una flecha lanzada por los dioses cuyo vuelo se tiende del pasado al futuro con apenas un remanso en el presente. Se trata, sin embargo, de un trayecto preestablecido: a los humanos nos está permitido entrever su curso a través de la adivinación y los oráculos —y, más adelante, de la filosofía y de la ciencia—, pero avistarlo y contemplarlo no garantiza eludir la crueldad de sus designios.

En este vasto tejido de signos —de síntomas—, todo ha de ser interpretado. Ninguna decisión relevante, grupal o individual —un nacimiento, una boda, un deceso, un viaje, el inicio de una expedición, de una revuelta o de una guerra—, se toma sin consultar a los oráculos. Todo está conectado y lo que sucede ahora es un reflejo de lo que ocurrirá después. La adivinación se convierte, así, en la única llave para avistar el porvenir. Como escribió Jacob Burckhardt en su *Historia de la cultura griega* (1902): «Nos encontramos ante un pueblo cuya creencia en la adivinación en verdad no tenía límites y cuya preocupación por el futuro, en los pequeños y grandes asuntos, y el destino de los ciudadanos y los estados era cotidiana y continua».

En este esquema, los mortales somos los personajes en una pieza teatral cuyo principio, tránsito y final ha sido escrito de antemano. Somos dúctiles tejidos en la rueca de las moiras: Clotho, la más joven, ovilla nuestros destinos desde que nacemos; su hermana Láquesis mide con su cinta los episodios que a partir de entonces se trenzarán en sus tejidos; y Átropos, también llamada Aisa —superviviente de épocas micénicas—, la más vieja de las tres, la Inexorable, inscribe la palabra *fin* al segar con sus tijeras el último hilo que nos ata a la existencia. El cosmos es el intrincado libro que escriben al alimón, en tiempo real, y nuestras vidas, los hilos que enhebran su *trama*. Descubrir nuestra condición de ficciones es lo que los griegos llamaban cumplir con el destino; rebelarse contra él, en cambio, implica borrar, tachonar y reescribir las páginas divinas; por desgracia, al cabo terminaremos por descubrir que su tinta es indeleble.

Como buenos personajes, nos asumimos libres, una ficción imprescindible para no desesperarnos o aburrirnos. Solo a los dioses les está consentido leer cada historia de principio a fin, en tanto los mortales debemos conformarnos con algunas páginas sueltas. Cuando entramos en trance, nos permiten hojear el guion con los episodios futuros: imaginar se asemeja, por ello, a la locura o la embriaguez. Si el universo es un libro, cada línea tuvo que ser escrita por una razón: no hay sitio para el azar o la casualidad. El universo se convierte en una novela policiaca, en donde cada acertijo es su motor: solo si lo resolvemos nos es lícito avanzar. Entre lo que sabemos y lo que queremos saber se tiende lo que hoy llamaríamos *suspenso*. Resolver un enigma implica abrir otro, aunque al final quizás todos sean el mismo: ¿qué he de hacer? Una pregunta que lleva a otra aún más inquietante: ¿y quién soy *yo*?

א

Apolo, el dios de la adivinación, es a un tiempo benéfico y terrible. Una etimología de su nombre, tal vez de origen oriental, sería «el que todo lo destruye» o «el que siempre dispara». Sus herramientas, el arco y la lira, son dos instrumentos de cuerda tensada: del primero parten las flechas con las cuales castiga a los humanos; de la segunda, las melodías que trastocan sus corazones. En su doble carácter auspicioso y vengativo, Apolo se presenta como protector de las artes e instigador de la muerte súbita; inspirador de la belleza, el equilibrio, la perfección, la verdad y la armonía, y señor de las batallas, las escaramuzas y el conflicto; generoso protector de la medicina y responsable de producir enfermedades y plagas. En cada una de las disciplinas gobernadas por Apolo se repite la misma voluntad de anticipar el porvenir: adscritos al culto de su hijo Asclepio, los médicos intentan pronosticar la salud del paciente tanto como los guerreros se esfuerzan por leer los signos que les anuncien la victoria. La posesión divina que alienta la adivinación es la misma que, con el concurso de las musas, sus servidoras, inspira a los creadores: quien se vuelve capaz de imaginar una melodía, una narración, una tragedia o un poema lírico hilvana futuros.

Apolo es hijo de Zeus y la titánide Leta, hermano gemelo de Artemisa, diosa de la caza y la virginidad, y hermanastro de Dioniso, dios del vino, la ebriedad, el desarreglo, el caos, la fertilidad, la agricultura y el éxtasis ditirámbico. Desde su nacimiento en Delos, Apolo vuela en su carro tirado por cisnes blancos para establecer oráculos a lo largo de toda Grecia e incluso entre los hiperbóreos. El primero lo instala en Delos, en el siglo –IX, pero el que se convertirá en sitio de culto obligado para los griegos se ubicará, un siglo más tarde, en Delfos, luego de que el dios celeste venza a la telúrica serpiente Pitón al pie del Parnaso. En su templo concurrirán incontables viajeros en busca de revelaciones, augurios y consejos. Su sacerdotisa, conocida como la pitia en recuerdo de la serpiente descoyuntada por Apolo, será universalmente venerada. Sus revelaciones, recitadas en verso, asentarán el valor profético de la palabra y animarán la invención —o reinvención— de la escritura.

Transformada en arte popular, la *mantiké techne* pronto escapa al ámbito de los oráculos y se extiende, como una práctica habitual, a cada aspecto de la vida. En su *Oráculos griegos* (2008), David Hernández de la Fuente identifica dos formas esenciales de adivinación, ligadas a otros dos personajes míticos: Casandra y Héleno. La primera, hija de Príamo y Hécuba, enamora al mismísimo Apolo, quien le concede la clarividencia a cambio de su virginidad. Cuando ella se niega a cumplir su parte del trato, el vengativo dios le escupe en la boca y provoca que sus predicciones, por certeras que sean, jamás se tomen en serio. Casandra se sume en un éxtasis sublime, cercano a la locura; a partir de entonces, otros dioses, como Zeus, Dioniso, Afrodita y Eros, provocarán en sus fieles ese mismo rapto, que, como apunta Platón, se trasladará a los cultos mistéricos, la poesía e incluso el enamoramiento.

Frente a las inverosímiles profecías de Casandra, su hermano Héleno desarrolla la habilidad de leer augurios en la naturaleza. Según otra leyenda, de niños él y su hermana fueron abandonados en el templo de Apolo y unas serpientes se les enroscaron en las piernas; en vez de morderlos, les confiaron la capacidad de entrever el futuro. Héleno identifica signos (*semeia*) auspiciosos o terribles por doquier. Gracias a él, aparecen videntes capaces de desentrañar los fenómenos meteorológicos —eclipses, tormentas, relámpagos, crecidas, terremotos, inundaciones, incendios o incluso la forma como el viento mece las copas de los árboles—, en tanto otros se especializan en la ornitomancia, que les permite interpretar el vuelo de las aves, o la hieromancia, el estudio de las entrañas y en particular del hígado de los animales. Habrá quien se dedique a la piromancia y contemple cómo el fuego y el humo se elevan a partir de los muslos de las bestias chamuscadas y quien opte por la cledonomancia, la adivinación a partir de las coincidencias. Un lugar especial será ocupado por los expertos en oniromancia, el arte de interpretar los sueños —el más célebre será Artemidoro—, cuya habilidad heredará Freud. Pero incluso la gente común intentará prever el futuro a todas horas mediante la cleromancia, la obsesión por la suerte desplegada en una enorme variedad de juegos.

Si confiamos en Giorgio Colli, toda la sabiduría griega encuentra su fundamento en Apolo, el oráculo de Delfos y el arte de la adivinación. Sabio, nos dice en *El nacimiento de la filosofía* (1975), no es quien posee una destreza particular, un artesano, un orador, un bardo o un escultor, ni tampoco quien demuestra su ingenio o su astucia como Ulises, sino «quien arroja luz sobre la oscuridad, quien desata los nudos, quien manifiesta lo ignoto, quien precisa lo incierto». Por desgracia, el porvenir es patrimonio exclusivo de los dioses, quienes se resisten a revelárnoslo y, cuando se apiadan de nosotros, se valen de fórmulas fragmentarias, oscuras y engañosas. Nada divierte más a los olímpicos que engatusarnos con pistas falsas, como advirtió Heráclito: «El señor a quien pertenece el oráculo que está en Delfos no afirma ni oculta, solo indica». Según Platón, la sabiduría no parte de la observación de nuestro entorno o del análisis de sus patrones y constantes, sino de esa inspiración o esa locura que nos acerca a la divinidad. Otra vez Heráclito: «La sibila con boca insensata dice, por mediación del dios, cosas sin risa ni ornamento ni ungüento».

א

No sé cuándo me di cuenta de que no existe el *futuro*: la extraña palabra que usamos para referirnos a lo que aún *no* es. Acaso tampoco existan el presente, demasiado fugaz para apropiárnoslo, ni el pasado, que siempre queda atrás, pero el porvenir es una de las ideas más incómodas que se nos hayan ocurrido. Sin embargo, no podemos vivir sin ella: sin ese espejismo o ese anhelo no lograríamos sobrevivir. Como hemos visto, en la estructura en paralelo de nuestro cerebro no hay lugar para la flecha del tiempo; es el empecinado *yo*, una ficción, quien se empeña en someterse a ella. En el universo tampoco hay sitio para el acelerado paso del tiempo, sus leyes funcionan igual de bien al derecho y al revés; con una excepción: la entropía. La energía se disipa poco a poco y marca nuestro agotador trayecto hacia la nada.

Somos máquinas inestables y frágiles, destinadas —nunca mejor dicho— a descomponernos y arruinarnos. Cada uno de nuestros esfuerzos intenta frenar esta aciaga disgregación. Sobre nosotros pesa esta cruel espada de Damocles: nos dirigimos, lenta o velozmente (depende de la perspectiva), hacia el final. Nuestras conciencias acaso surgieron para ayudarnos a navegar este flujo ineluctable; aunque no sepamos dónde diablos esté, el *yo* al menos sabe que viaja desde un origen, aunque sea incapaz de recordarlo, rumbo a la extinción, que en realidad tampoco será capaz de experimentar. Somos seres desprovistos de principio y fin, sin memoria del nacimiento y de la muerte.

La esperanza es lo único que nos mueve hacia adelante. Para calibrar su poder, bastan dos experimentos mentales clásicos: ¿qué harías si supieras que morirás mañana? Y ¿qué harías si supieras que la raza humana se extinguirá en un año o en diez? Dos preguntas concomitantes con respuestas casi opuestas: de la resignación o el *carpe diem* al pasmo colectivo.

Me siento hoy aquí, en mi casa de Madrid, y escribo. Tengo cincuenta y cinco años: mi futuro ya luce menor que mi pasado. No me queda demasiado tiempo, o no demasiado tiempo de, digamos, plenitud física. Aun así, me convenzo de que tengo un futuro: el inmediato —los pendientes para el resto del día—, el mediato —mi próximo viaje a Grecia— y el lejano —la vejez o la muerte—: todas estas ficciones me dibujan y definen. El pasado ha determinado en buena medida quién soy hoy: ¿puedo torcer el porvenir que me anuncia o prefigura? ¿Seré capaz de alterar el curso que he tomado o es demasiado tarde? Aun si mi destino no está escrito, me quedan pocas rutas para eludirlo: ¿tiene sentido alzarme contra mi propio yo? ¿Podría, como un héroe trágico, tratar de subvertirlo? Al cabo de ese enfático acto de libertad, ¿no volveré al punto de partida? Tal vez no percibamos el futuro, como los antiguos griegos, como un dardo lanzado hacia un blanco fijo, pero tampoco aceptamos que el universo sea aleatorio. Vivimos obsesionados con la coherencia y asumimos a pie juntillas que a ciertas causas les siguen determinadas consecuencias, en una cadena difícil de romper.

¿Qué significaría, hoy, cumplir con mi destino? ¿Mantenerme fiel a la decisión adolescente que me llevó a convertirme en escritor? ¿O renunciar a esta senda en busca de otra, cualquier otra, justo cuando ya avizoro mi final? ¿No sería mejor ignorar el maldito futuro de una buena vez? Para no correr el riesgo de abismarme en la depresión o el sinsentido, no me queda sino asirme al futuro como a un madero en la oscuridad del mar. Vivir, como recomendaban los griegos, acaso no sea otra cosa que poner en práctica el arte del autoengaño: creer que el futuro existe —y que yo seguiré en él— es lo único que me permite tolerar mi desasosegante condición mortal.

2. Sobre cómo encolerizarse y perderse en el camino

La Ilíada *y la* Odisea

Cierra los ojos. No quieres ver, menos recordar. Tú eres la culpable —te lo recriminan una y otra vez— de los cadáveres, las viudas y los huérfanos, de las mujeres convertidas en botín, de las lágrimas, la desazón y la ira. ¿Cómo vivir con esta carga? Entreabres los párpados y contemplas las murallas que te rodean. Estás de vuelta en casa. ¿En casa? Antes fuiste prisionera, lo seguiste siendo allende el mar y ahora lo eres de nuevo en tu propio hogar. ¿Culpable de qué? ¿De no haberte dado muerte una y mil veces, de acomodarte a cada servidumbre y a cada hombre que se ha apoderado de ti? ¿De haber sido feliz por un instante? ¿De sobrevivir? Tú no invocaste a los dioses para que te concedieran a Menelao, tampoco para que Eris te entregase como premio a Paris, menos aún para que miles de insensatos decidieran rescatarte. Has sido una moneda de cambio. Tus súbditos te abominan y los poetas te cubren de insultos.

Desde que volviste, nadie te mira a los ojos: tu belleza ya no te protege. A tu lado reconoces el hedor agrio de tu marido, tan distinto del aliento del troyano, acaso lo único que los diferencie. Ha vuelto a acogerte en su lecho, olvidando —te lo repite— todas tus traiciones. Aunque en el fondo le repugnes, finge que la empresa ha valido la pena, que es el más dichoso entre los hombres. ¿Qué harás ahora? ¿Simular una sonrisa? ¿Hacerles creer que nada te complace como haber vuelto? ¿Comportarte como si la guerra de Troya no hubiera tenido lugar? Un solo pensamiento te reconforta: sin ti, los relatos de dioses y héroes que se cuentan —y se seguirán contando por los siglos de los siglos— jamás se habrían puesto en marcha. Sin ti no habría historia.

Al igual que Eva, Helena ha sido juzgada como única responsable —la *kataklismus arjé*— de la guerra de Troya. Crea el arquetipo de seductora y propiciadora de calamidades. Gorgias, uno de los sofistas a quienes Platón tanto despreciaba, se atrevió a defenderla en su *Encomio de Helena* para demostrar que cualquier argumento puede tornarse persuasivo con las armas retóricas adecuadas. En su provocación, afirma que hay distintas razones para explicar la marcha de Helena a Troya: «... ya sea por los designios de la fortuna, por resoluciones de los dioses y por decretos de la necesidad, o bien arrebatada por la fuerza, o persuadida por la palabra, o vencida por el amor». Gorgias sostiene que, si su acto fue obra de un dios, mucho más poderoso que un humano, se debe liberar a Helena de la infamia. Si fue raptada por la fuerza, tampoco tiene responsabilidad, solo mala fortuna. Si, en cambio, fue seducida por la palabra («logos es un poderoso artesano»), la culpa recae en quien se valió de un discurso convincente para controlar su voluntad, y por tanto debe ser compadecida. Por último, si el amor la obligó a escapar con Paris, tampoco sería imputable, pues era presa de esa locura: «En consecuencia, ¿cómo considerar justa la censura a Helena, que, si hizo lo que hizo, ya sea enamorada o persuadida por la palabra o raptada por la fuerza o forzada por la necesidad divina, escapa por completo a la acusación?».

א

En julio de 1945, días antes de que las tropas soviéticas se hagan con el control total de Berlín, una sección del SMERSH —el selecto grupo de contrainteligencia creado por Stalin—, encabezada por el teniente general Nikolái Antipenko y el subdirector de su comité artístico, Andréi Konstantinov, se apodera de la torre del zoológico. No les preocupan los animales, sino sus bóvedas subterráneas, donde descansa un tesoro incalculable, depositado en secreto tras ser retirado del Banco Estatal de Prusia. Una vez comprobada su autenticidad por el historiador Víktor Lazárev —primo lejano de Kandinski—, el 30 de mayo de 1945 su contenido es depositado en una urna con destino a Moscú y diez días después es colocada en una caja fuerte en los sótanos del Museo Pushkin. Luego, el cargamento desaparece de la luz pública durante casi medio siglo, hasta que, en 1994, tres años después de la disolución de la URSS, el gobierno ruso lo reconoce como parte de las compensaciones por la guerra. Habrá que esperar a que, protegido por una ley de 1998 que impide cualquier acción legal en su contra, el museo moscovita al fin exponga sus piezas.

Expoliado al Imperio otomano —Amin Efendi, el oficial turco que se hizo de la vista gorda, fue condenado a cadena perpetua—, el llamado tesoro de Príamo había sido descubierto por Heinrich Schliemann en las ruinas de Troya el 15 de junio de 1873. Compuesto por calderos, copas, collares, diademas y joyas de plata y oro —que su segunda esposa luce con coquetería en una foto—, el tesoro pertenecía a una fase de Troya etiquetada por los arqueólogos como Troya II, mucho más antigua que la descrita en la *Ilíada*, cuyos estratos, pertenecientes a Troya VI o VII, son del siglo –VIII.

Hijo de un pastor protestante acusado de hacer negocios turbios en California y Crimea, Schliemann se había educado con Homero y, según cuenta en sus memorias, a los ocho años se prometió descubrir el auténtico emplazamiento de Micenas y Troya. El empresario sufría de quijotismo y esa locura lo llevó a hallar los restos de aquellas dos ciudades hasta entonces consideradas míticas. Mientras los expertos confían en la autenticidad de los asentamientos micénicos, dudan que su Ilión —o Wilusa, como la denominan las fuentes hititas— corresponda a la Troya de Homero: ningún hallazgo ha permitido comprobar que la ciudad hubiera sido atacada por los griegos, identificados por los hititas, no sin controversias, como *ahhiyawa*. Pese a los destrozos provocados por sus excavaciones —algún crítico llegó a decir que Schliemann saqueó Troya de forma más violenta que Agamenón—, debemos a su manía lectora la localización de ambos lugares. Menos éxito alcanzó en Ítaca, donde realizó excavaciones entre 1878 y 1879 sin llegar a encontrar el palacio de Ulises.

Ya en la Antigüedad circulaban numerosas biografías de Homero, las cuales lo adscribían a una u otra polis. Más interesante resulta la leyenda en torno a su ceguera: el futuro poeta peregrinó a la tumba de Aquiles y pidió a los dioses que le permitiesen contemplar al héroe en su esplendor. Estos le concedieron su deseo, pero, cuando el fantasma del guerrero compareció ante sus ojos, el brillo de su armadura forjada por Hefesto lo cegó de inmediato. En compensación, adquirió el don poético: para retratar a los antiguos héroes, Homero tenía que verlos solo en su cabeza. Otra leyenda narra su extraña muerte: de joven, una profecía le anunció que, si no era capaz de resolver el enigma que le plantearían unos jóvenes, perecería. Siendo ya un maestro en el arte de narrar, se topó en Íos con unos pescadores; cuando les preguntó por su jornada, le respondieron: «Los que atrapamos los tiramos, y los que no podemos atrapar nos los llevamos». No se referían a los peces que habían eludido sus redes, sino a los piojos en sus cabezas. Al constatar que no había resuelto el enigma, Homero se dio muerte a sí mismo: había perdido la clarividencia —o la imaginación— y no le quedaba más que el silencio.

א

La *Ilíada* y la *Odisea* son obras que, como apuntó Borges, todos creemos haber leído aun sin haberlas hojeado: la mejor definición de clásico. Fósiles vivientes, como los equidnas o los ornitorrincos: criaturas que, pese a sus infinitos avatares, no se han extinguido. ¿A qué se debe esta singular capacidad de adaptación? ¿A su estructura o a la casualidad? ¿Por qué sobrevivieron en vez de cientos de narraciones semejantes, como las obras perdidas del ciclo de Troya: la *Cipria*, la *Etiópida* o los *Regresos*?

Entre sus méritos destaca el no ser textos religiosos: jamás hubo cultos en su honor y, si bien los estoicos decían extraer de ellas una sabiduría oculta, a nadie se le ocurrió que hubieran sido dictadas por los dioses. Se trata de poemas seculares que, estudiados en las escuelas, concitaron la admiración de todas las polis griegas. Narran las peripecias de humanos concretos en situaciones concretas, por más que se enfrenten a fuerzas sobrenaturales. Su función no es litúrgica, sino social y política: asientan valores, exigencias y creencias. Fueron elaborados en capas superpuestas gracias a una pléyade de bardos anónimos que se valían de fórmulas, epítetos y frases hechas para encadenar sus versos. Asombra su coherencia: salvo algún capítulo de la *Ilíada* interpolado en fechas posteriores y las veces en que, como decían los antiguos, «Homero se duerme», hay pocas dudas de que cada poema fue concebido y armonizado por un solo autor dotado con una innegable maestría en el arte de narrar. Aun si no existió o no fue ese su nombre, si se trató de una mujer o de dos o más rapsodas, Homero encarna otra ficción: la de ser a la vez nuestro primer poeta y novelista.

¿En qué medida los personajes de la *Ilíada* y la *Odisea* nos interpelan en pleno siglo XXI? ¿Cómo leer un texto de hace dos mil ochocientos años que habla de sucesos ocurridos hace más de tres mil? La distancia provoca una inmediata extrañeza, acentuada por la fidelidad de las traducciones. Pero, si desbrozamos sus rarezas lingüísticas, ¿seremos capaces de distinguir qué nos acerca o nos aleja de esos humanos de Micenas y Troya? ¿En qué medida nos revelan sus maneras de sentir y de pensar? Desde que Eric R. Dodds publicara *Los griegos y lo irracional* (1951) y Bruno Snell *El descubrimiento del espíritu: estudios sobre la génesis del pensamiento en los griegos* (1953), se ha especulado sobre si los personajes de la *Odisea* y la *Ilíada* —o sus autores— poseían conciencias semejantes a las nuestras. Para Dodds, sus protagonistas carecen de pensamiento racional, el cual no se desarrollará hasta la época de Platón. Boban Dedović realizó un análisis de las palabras referidas a la autoconciencia en ambos poemas y llegó a la conclusión de que sus ideas en torno a la responsabilidad y la libertad individual se hallan en un estado embrionario que no se acercará a las nuestras hasta los siglos –V o –IV. En este esquema, aqueos y troyanos serían casi alienígenas: seres en quienes nunca lograremos reconocernos. Aunque jamás consigamos averiguar cómo pensaban Aquiles, Helena, Agamenón, Penélope o Ulises, ni cómo discurrían sus conciencias, su fuerza narrativa ha permitido que los sintamos contemporáneos.

א

En 1905, dos eruditos ingleses, Bernard Pyne Grenfell y Arthur Surridge Hunt, se topan en Egipto con un papiro que contiene un poema que, al estar escrito en dialecto eolio, les cuesta bastante traducir (aquí en versión de Aurora Luque):

Dicen unos que una tropa de jinetes, otros la infantería
y otros que una escuadra de navíos, sobre la tierra
oscura es lo más bello; mas yo digo
que es lo que una ama.
Y es muy fácil hacerlo comprensible
a todos: pues aquella que tanto destacaba
en belleza entre todos los humanos, Helena,
a su muy noble esposo
dejándolo tras sí marchó a Troya embarcada
y en nada de su hija o de sus padres
amados se acordó, sino que la sedujo
—aunque ella no quisiera—
Cipris, la diosa que, indómita en su mente,
cumple muy fácilmente lo que piensa:
ahora me ha llevado a recordar
a Anactoria, que no está junto a mí,
y de ella quisiera contemplar
su andar que inspira amor y el centelleo radiante
                                        [de su rostro
antes que los carruajes de los lidios y antes que los
                                [soldados en pie de guerra.

Su autora es Safo de Mitilene y al poema se le ha asignado
el título de «Lo que una ama» o «Lo que amo» y concentra la
Ilíada en unas pocas líneas. Es notable cómo le da la vuelta a la historia —Helena no es raptada por Paris, sino que parte por voluntad propia—, la manera en que justifica su acto y, sobre
todo, cómo se vale de lo público para referirse a lo íntimo. Con
este solo texto, acaso incompleto —solo su «Oda a Afrodita» se
conserva íntegra—, Safo alimenta otra ficción: el *yo*. A diferencia de Homero, quien jamás se interesa por el interior de sus
personajes, ella se adentra en la conciencia ni más ni menos que
de la culpable de la guerra. Su acto de amor y su renuncia al
papel de cuidadora de sus padres y su hijo propicia la memoria
del suyo. Y, así como Helena se pierde por culpa de Paris, Safo
nada añora como el rostro de su amada.

אּ

130

Un libro sobre la guerra. Un libro a favor de la guerra. Un libro contra la guerra. Un libro sobre las consecuencias de la guerra. Un libro sobre la ira. Un libro sobre la rebelión. Un libro sobre el patriotismo. Un libro contra el patriotismo. Un libro sobre la obediencia. Un libro sobre la rebeldía. Un libro sobre las jerarquías. Un libro sobre la amistad. Un libro sobre el amor homosexual. Un libro sobre la venganza. Un libro sobre la justicia. Un libro sobre la muerte. Un libro sobre la supervivencia. Un libro sobre la futilidad de la guerra.

La *Ilíada* admite cada una de estas lecturas, y más: una prueba de su capacidad de adaptación. Si bien cuanto ocurre en sus versos está impregnado por el hedor de la guerra, no parece que esta sea su tema central; el poema no se preocupa por narrar los diez años de batallas entre aqueos y troyanos —no se pretende una historia del conflicto—, sino apenas unos cuantos días, cercanos ya a su final, sin rozar su conclusión. Y, pese a su célebre íncipit, recitado de memoria por antiguos y modernos —«Canta, oh musa, la ira de Aquiles, hijo de Peleo»—, tampoco es un libro sobre la rabia, aunque esta emoción embargue el corazón del más relevante de sus héroes. La *Ilíada* luce, sobre todo, como un tratado sobre el poder: sobre cómo se gana y se pierde, cómo se ejerce y se combate, cómo trastoca, enloquece y extravía, y al cabo cómo conduce a la muerte.

En medio de esta guerra larga y feroz, Agamenón, rey de Micenas y comandante de los aqueos —uno de los personajes más odiosos de la literatura—, abusa de su poder con sus propias huestes, imponiéndose sobre el mejor de sus guerreros. Su acto, en apariencia torpe y arbitrario, asienta su primacía y desata la tragedia. A partir de aquí, la trama es más o menos sencilla: la peste se extiende sobre los aqueos porque han secuestrado a Criseida, la hija de un sacerdote de Apolo. Cuando el vidente Calca revela el motivo, Aquiles convoca a los aqueos y secunda la moción de devolver la prisionera a su padre. Es entonces cuando Agamenón accede a regañadientes, aunque a cambio se queda con Briseida, uno de los trofeos de Aquiles. El hijo de Peleo responde a la afrenta con una furia por momentos insensata, aunque en otros se revele como una estratagema bien calculada: una insubordinación en toda regla, la rebelión contra un orden ilegítimo. Desde entonces y casi hasta el final del poema, Aquiles se rehusará a luchar. Si su tema central es la guerra, la retrata como una devastadora crítica del poder.

Cada conflicto armado es, visto de cerca, una guerra civil. Demasiado acostumbrados a creer que los enemigos no son como nosotros —o que ni siquiera son humanos: baste pensar en los genocidios del siglo xx—, asombra que la *Ilíada* evite esta distinción. Los troyanos son rivales a los que es imprescindible derrotar o incluso aniquilar, pero a quienes siempre se contempla como iguales. En el poema, los enemigos piensan, padecen, aman, temen, se conduelen, intrigan, se traicionan y demuestran ser capaces de las mayores bajezas y los mayores actos de heroísmo, tanto como los aqueos que escribieron el poema. Una insólita fraternidad permea esta acumulación de muertes sin fin: griegos y troyanos son víctimas paralelas de los caprichos divinos y de sus apetitos y pasiones, peones en el juego del destino. Una idea que se refuerza si reparamos en que unos y otros veneran a los mismos dioses: nada los distingue, excepto su posición en el campo de batalla.

Cada bando está encabezado por un héroe atípico; Aquiles y Héctor, los mejores entre los suyos, son asimismo los más lúcidos. Ambos se dan cuenta de la inutilidad de la guerra y desdeñan a quienes los han conducido a ella, Agamenón y Paris: un palurdo y un cobarde. Esta sabiduría les servirá de poco: ambos pelearán a muerte, sin darse cuenta de que son casi hermanos, y el primero aniquilará sin compasión al segundo. Sus muertes confirman el implacable modelo darwiniano fraguado por los dioses; no sobreviven los mejores, sino los más acomodaticios: Agamenón, Menelao y sus secuaces.

La guerra es, en la *Ilíada*, un espectáculo para disfrute divino, una distracción semejante a una corrida de toros o una pelea de gallos. Vemos a los inmortales asomarse a la tierra para vigilar a sus criaturas, apostar y divertirse a sus expensas y darles un empujón en sus batallas. Para estos adolescentes con poderes sobrenaturales, la guerra es un videojuego que apenas despeja su aburrimiento olímpico. Cada dios elige su bando: Hera y Poseidón se colocan en el aqueo; Apolo y Atenea, en el troyano; Zeus, reticente árbitro, apoya a un equipo y a otro, si bien al final permite la caída de Ilión. Lo más interesante es que los enemigos se reconocen como avatares en este escenario virtual, arrojados en una conflagración inexplicable. Resulta asombroso que un poema heroico valore tan poco el heroísmo. Y lo es más que no concluya con una apología de Aquiles o la victoria de los aqueos, sino con el apaciguamiento del héroe, quien, tras atender los lamentos de Príamo —otro anticipo de Lear—, permite que Héctor, su archienemigo y reticente hermano de armas, reciba su justa sepultura. En nuestra era dominada por los finales felices, esta conclusión no puede lucir más anticlimática.

Troya (2004), de Wolfgang Petersen, retoma el espíritu de los peplos de la época dorada de Hollywood con un elenco de estrellas, un presupuesto de ciento ochenta y cinco millones de dólares y un ingreso en taquilla de cuatrocientos noventa y siete. Filmada en Malta y Cabo San Lucas, donde se construyeron las inmensas murallas que nunca dejan de lucir de cartón piedra, traslada Troya al nuevo continente. Esa misma ligereza se aprecia en el guion de David Benioff, quien afirmó que, cuando creía que una solución distinta a la de la *Ilíada* era conveniente, no dudó en traicionar el original. Aunque cuenta desde la fuga de Helena hasta la destrucción de Troya, la guerra se concentra en unos días. Acierta al eliminar a los dioses, ahorrándonos una embarazosa versión griega de *Thor*, e introduce unas cuantas dosis de realpolitik. Aún más que en la *Ilíada*, los griegos resultan insoportables: cualquiera aplaudiría que Agamenón y Menelao murieran de una vez. Como en los tiempos del código Hays, Patroclo se convierte en primo de Aquiles a fin de despojarlo —sin demasiado éxito— de cualquier veleidad homosexual. Lo peor es el *happy end*: tras las muertes de Príamo y Héctor, el insufrible Paris de Orlando Bloom y la Helena de Diane Kruger se salvan *in extremis*, al lado de Andrómaca y Eneas, pervirtiendo la extrañeza moral de los funerales de Héctor. Lo único que puede decirse a su favor es que los auténticos aqueos y troyanos tampoco se habrían reconocido en Homero.

א

Abres los ojos. Lo miras de frente, ¿es él? Ha pasado demasiado tiempo, ¿es él? Escrutas su rostro quemado por el sol, sus músculos un tanto desvaídos, sus manos y pies callosos, ¿es él? Recuerdas su abrazo en el lecho, aquel olor agridulce, sus gemidos en tu oído, su respiración entrecortada, ¿es él? Te concentras en sus mejillas, en el leve rictus de sus labios, en su nariz achatada, en sus ojos que han perdido cierto lustre, ¿es él? Veinte años. Veinte años de hilar y deshilar como las moiras. Veinte años de recordarlo y olvidarlo y volverlo a recordar. Veinte años de imaginarlo. ¿Coinciden tus recuerdos con los rasgos que ahora admiras? ¿Puedes empatar el pasado con el presente? Te dibujaste la escena tantas veces y ahora en verdad te lo preguntas, ¿es él? Lo que te inquieta al reconocer a tu marido, a ese hombre que se marchó hace tanto, es que ya no sabes quién eres tú.

Un libro de viajes. Un libro de aventuras. Un libro sobre el regreso. Un libro sobre la partida. Un libro sobre la espera. Un libro sobre el camino. Un libro sobre un desaparecido. Un libro sobre la búsqueda. Un libro sobre la fidelidad. Un libro sobre la infidelidad. Un libro sobre la astucia. Un libro sobre los imprevistos. Un libro sobre la procrastinación. Un libro sobre la memoria. Un libro sobre el olvido. Un libro sobre un viaje interior. Un libro sobre el amor conyugal. Un libro contra el amor conyugal. Un libro sobre el amor paterno. Un libro sobre el amor filial. Un libro sobre el abandono. Un libro sobre el reencuentro. Un libro sobre la imposibilidad del reencuentro.

En vez de empezar por el principio y terminar con el final, la *Odisea* está construida a partir de saltos temporales —los griegos sostenían que tenía forma de anillo—, los cuales corresponden a la manera de contar historias provocada por nuestra arquitectura cerebral en paralelo: lo antinatural son, más bien, las historias lineales. Si los griegos creían que las moiras trenzaban el pasado, el presente y el futuro a partir de los mismos hilos, no deberían sorprendernos estos vaivenes: sus saltos hacia adelante y hacia atrás no son recursos narrativos, sino reflejos de una particular concepción del tiempo. El poema no se inicia, pues, *in medias res*: comienza donde se le antoja a la musa. En su interior conviven una novela detectivesca, el reencuentro paterno —un tema que irá de *Edipo rey* a *Una Odisea* (2017), de Daniel Mendelsohn—, una novela de aventuras narrada en primera persona por Ulises, anticipo de *Veinte mil leguas de viaje submarino* (1870) de Verne, y obviamente del *Ulises* (1922) de Joyce, y un relato sobre la venganza que inspirará desde *El conde de Montecristo* (1845) de Dumas hasta *Oldboy* (2003), de Chan-wook Park.

Su historia se abre en el presente —la fecha exacta, fijada a partir del eclipse que aparece en el canto XX, sería el 8 de marzo de −1178—, en Ítaca, con la *Telemaquia*. Tras veinte años de ausencia de su padre, el hijo de Ulises se enfrenta a los ciento ocho pretendientes de Penélope y parte en su busca. Este episodio se enlaza con los *Apologhói*, el relato concomitante de Ulises, atrapado por Calipso por siete años en la isla Ogigia —que algunos sitúan en Gibraltar—, quien al fin recibe el permiso de regresar a casa. A continuación, durante una escala forzosa en la tierra de los feacios, el héroe cuenta su larga peripecia desde Troya hasta que reemprende el trayecto a Ítaca. El poema culmina con la *Mnesterophonia*, el asesinato de los pretendientes y las doncellas de la reina y el reencuentro final entre Telémaco, Ulises y Penélope. Estas historias se anudan en dos grandes relatos paralelos: el primero se desarrolla en Ítaca, con el caos provocado por la ausencia de Ulises y la reinstauración del orden a su regreso, mientras que el segundo, que relata su ausencia, se divide a su vez en dos etapas: en el pasado, entre Troya y Ogigia, y en el presente, desde Ogigia hasta Ítaca, con una escala en tierra de los feacios. Un ajuste de cuentas tras un largo viaje: la ficción por excelencia.

א

¿Cuál es la astucia de Ulises que tanto celebra la *Odisea*? Una y otra vez se nos recuerda que su mayor don es engañar a los demás. Los dioses lo hacen cada vez que se disfrazan y travisten para defraudar a los humanos (o a otros dioses). Zeus es experto en mutar y para eludir la vigilancia de Hera se convierte en toro blanco, en cisne, en águila, en ardilla, en codorniz, en lluvia dorada, en simple mortal. En la *Odisea*, Atenea se presenta con diversas encarnaciones, del generoso Méntor a un pastor de rasgos principescos. Ulises, por su parte, saquea Troya disfrazado de mendigo, se le ocurre el caballo de madera y su astucia lo salva en múltiples ocasiones (aunque no le evitó ser reclutado). Aquellos griegos en ningún momento reprueban semejantes conductas, quien engaña es más listo que los engañados y quien cae en una trampa es el culpable de su infortunio.

Ulises es un mentiroso compulsivo: cuando desembarca en Ítaca, Atenea lo recibe en la forma de un pastor de aspecto noble y, aunque él la reconoce debajo de su máscara, se presenta como oriundo de Creta, considerada como la patria de los mentirosos (es decir, de los grandes narradores). Más divertida que fastidiada, Atenea lo reprende: «Ciertamente debe ser un hombre muy astuto y mentiroso quien pueda superarte en ardides, incluso aunque tengas un dios delante de ti. Osado como eres, lleno de astucias, infatigable en el engaño, ¿es que no puedes dejar tus trucos y tus mentiras ni siquiera ahora que vuelves a estar en tu país?». Luego, casi lo disculpa al identificarse con él: «Pero no hablemos más del asunto, ambos sabemos engañar si la ocasión lo requiere».

Pese a todo, Atenea decide echarle una mano a Ulises para entrampar a los pretendientes y lo transforma en un viejo enteco. Este pone a prueba su talento para el engaño al tratar de convencer a Eumeo, su fiel cuidador de cerdos, de su historia cretense. Solo entonces, cerca del final del poema, reparamos en que nosotros, devotos lectores de la *Odisea*, quizás también hayamos sido engatusados. Si sabemos que Ulises es un falsario redomado, ¿quién nos asegura que las aventuras que nos ha contado son ciertas? Con su invocación a Creta y su juego de metamorfosis, la *Odisea* inventa la figura del narrador no confiable. Como señaló la diosa, solo un hombre infinitamente astuto y mentiroso —¿tal vez Homero mismo?— podía haber superado a Ulises en ardides.

En los últimos años han proliferado reescrituras de los poemas homéricos que rescatan el punto de vista de sus protagonistas femeninas: desde *Penélope y las doce criadas* (2005), de Margaret Atwood, hasta *El silencio de las mujeres* (2018) y *Las mujeres de Troya* (2021), de Pat Barker, y desde *Las mil naves* (2019), de Natalie Haynes, hasta *Odiseicas* (2021), de Carmen Estrada. Distintos esfuerzos para permitir que las voces femeninas sean escuchadas. El mismo espíritu se encuentra en «Penélope» (1995), el fado de la cantante catalano-portuguesa Mísia en donde, cansada ya de tejer y destejer, la paciente reina quiebra la tradición y se lanza al mar, sola y sin héroe. Cuando su marido vuelve a Ítaca, ella no lo espera: «Ulises está perdido, / no tiene quien le cosa los calcetines».

א

Cuando Ulises abandona su isla, Ítaca queda en manos de Penélope. Su regencia es descrita como un desgobierno: mientras espera a su marido, no hace otra cosa que tejer y destejer como las moiras. Penélope cuenta una historia solo para luego contarla al revés, sin llegar nunca al final. Su astucia es equivalente a la de su marido: una Sheherezada *avant-la-lettre* que, decidida a no acabar su relato, lo alarga... y les da largas a sus odiosos pretendientes. Tras dos décadas de tolerar este juego, estos vivales que han comido y bebido a expensas de la reina exigen una respuesta, se aprestan a tomar a Penélope por la fuerza y planean asesinar a su hijo. La mujer abandonada es la reina del suspenso: incapaz de imponerse a la turbamulta masculina, la mantiene a raya. No es poca cosa y Ulises no debería reprochárselo. Pero su poder es cuestionado por los hombres e incluso por Telémaco, un chamaco de veinte años. En un episodio que la crítica feminista no ha dejado de señalar, el hijo de plano obliga a callar a su madre: «Ve adentro de casa y ocúpate de tus quehaceres cotidianos, del telar, de la rueca y de dar órdenes a las criadas, los discursos corresponden a los hombres y sobre todo a mí, que soy el señor de la casa».

La pataleta celebra un machismo que no se corresponde con las otras mujeres del poema: Atenea, Circe, Calipso e incluso las pérfidas sirenas lucen mucho más empoderadas. Tras silenciar a su madre, Telémaco no logra contener a los pretendientes y se lanza en busca de su padre. Varios capítulos más tarde, cuando lo reencuentra en las playas de Ítaca, ambos sellan una alianza puramente masculina. Por atarantado que le parezca, Ulises jamás desconfía de su vástago y sí en cambio de Penélope. Tras ponerla a prueba —el tema central de *El regreso de Ulises a la patria* (1640), de Monteverdi—, lo único que le importa es acabar con sus rivales. Y Ulises no solo los liquida a ellos, sino que le ordena a Telémaco ahorcar a las doncellas de Penélope, que, en su ausencia, se acostaban con sus enemigos (como en la Francia de la liberación).

Nada parece haber aprendido Ulises de las mujeres que ha conocido en el camino: hacer que sus marinos se tapen los oídos con cera para no escuchar a las sirenas es otra forma de acallarlas, mientras él se amarra a un mástil para no hacerles caso. En contra de la opinión de Harold Bloom, quien creía que el poema podría haber sido escrito por una mujer, la *Odisea* suena a veces como el triunfo del patriarcado. Ulises es el hombre (*andrós*, lo llama a secas el proemio) que abandona y traiciona a cada mujer con la que se topa, mientras su regreso a Ítaca supone el fin del gobierno femenino de Penélope, al cual el héroe —y tanto su sociedad como la nuestra— le teme más que a lestrigones y cíclopes.

El mejor lector de la *Odisea* ha sido James Joyce, quien no se contentó con imitarla, sino que se dio a la tarea de traducirla no a otra lengua, sino a otro espacio-tiempo. Su *Ulises* no es tanto una reescritura cuanto un maniático viaje al futuro: capítulo a capítulo, el irlandés muta, altera y se ríe de los personajes de Homero. Frente a los diez años de viaje de Ulises, el del apacible y no tan ingenioso Leopold Bloom dura un solo día: el 16 de junio de 1904, la fecha de la primera cita entre Joyce y Nora Barnacle. No deja de resultar significativo que Joyce haya preferido verse encarnado en el personaje de Telémaco bajo la apariencia de Stephen Dedalus, en vez de en Ulises. Bloom es el prototipo del hombre común —el *andrós*, el *everyman*— descrito en el proemio de la *Odisea*: un personaje que se deja arrastrar de un lado a otro de Dublín, navegando por la vida al capricho de los otros. A diferencia de Penélope, Molly no destaca por su fidelidad: Bloom no puede olvidar el *affaire* de su mujer con Hugh Boylan, conocido como Blazes, una suerte de donjuán dublinés. En el último capítulo de su proceloso libro, Joyce le devuelve a Penélope la palabra que le arrebató Telémaco. De vuelta en la cama con Leopold, su célebre monólogo interior —una frase como una corriente marina— concluye de este modo (en traducción de José

María Valverde): «... y entonces le pedí con la mirada que me lo pidiera otra vez sí y entonces me preguntó si quería sí decir sí mi flor de la montaña y al principio le estreché entre mis brazos sí y le apreté contra mí para que sintiera mis pechos todo perfume sí y su corazón parecía desbocado y sí dije sí quiero Sí». *Sí* es la palabra con que inicia y termina el monólogo. En opinión de Joyce —tan machista como sus modelos griegos—, se trata de la expresión femenina por excelencia: la de la mujer que por fin acepta y se somete.

א

Al lado de decenas de turistas que exhiben sus cuerpos adiposos o monstruosamente atléticos en coloridos trajes de baño —imposible reconocerlos argonautas—, los escritores que participamos en el Festival LEA abordamos pacientemente nuestro ferry. El Makedonia Palace, con sus tres cubiertas de asientos acolchados, su zona exclusiva para niños y su diminuta cafetería, no podría ser más distinto de la maltrecha nave de Ulises; las abruptas costas del Jónico, en cambio, no han de lucir muy distintas de las que contempló el héroe. Al descubrir que Ítaca se halla a escasos kilómetros de Lefkada, la noche previa peregrinamos por varias agencias de viaje hasta que el novelista Manuel Vilas se decantó por una que prometía, además de escandalosas fiestas a bordo, una breve escala en Ítaca.

Emprendemos así el trayecto que, en nuestra imaginación, emulará el de Ulises. Como él, navegaremos a Ítaca desde el norte, con la idea de arribar a una playa que bien podría ser aquella en la cual, tras veinte años de ausencia, Atenea esperaba al vagabundo transformada en un pastor de rasgos principescos. Entre los asistentes se encuentra el poeta valenciano Juan Vicente Piqueras, autor de estas hermosas líneas:

Mi padre ha sido Homero y nadie lo ha sabido
sino yo, su criatura, su *ulises* con minúscula buscando
[la ruta del retorno.

Antes de zarpar —escritores, al fin y al cabo—, recitamos *Ítaca*, de Konstantínos Kaváfis, frente a un turquesa inamovible. Con el mar hasta la cintura, la traductora mexicana Natalia Moreleón (†) musita su versión de los primeros versos, en tanto los demás intentamos recordar, sin demasiada fortuna, el resto del poema:

> Cuando emprendas el camino rumbo a Ítaca
> desea que el camino sea largo,
> lleno de experiencias, lleno de aventuras.

A diferencia de Ulises, Kaváfis era un viajero reticente. Nacido en Alejandría, pasó algunos años en Constantinopla y Londres, pero una vez que volvió a la ciudad egipcia ya no salió de allí. *Ítaca* solo se publicó a su muerte:

> Siempre en tu pensamiento lleva a Ítaca.
> Llegar allí es tu destino,
> mas no apresures para nada el viaje.
> Mejor que dure muchos años
> y siendo viejo arribes a la isla,
> rico con lo que has ganado en el camino,
> sin esperar que Ítaca te dé riquezas.
> Ítaca te ha dado el bello viaje.
> Sin ella no hubieras tomado el camino,
> pero no tiene más que darte,
> y, si pobre la encuentras, Ítaca no te ha engañado.
> Sabio como te has vuelto, con tanta experiencia,
> habrás comprendido ya lo que significan las Ítacas.

En la cubierta del Makedonia Palace, la poeta griega Lina Stefanou me comparte su interpretación de la *Odisea*: Ulises debe probarse a sí mismo con una diosa, una bruja y una virgen, y resiste las voces de las sirenas, para ser digno de Penélope, una mujer fuerte, de una sola pieza. Yo le cuento mi idea sobre el regreso de Ulises como restauración del patriarcado, pero ella no se muestra muy convencida. Aparece entonces, frente a nosotros, el perfil de Ítaca mientras en los altavoces resuena a todo volumen «La isla bonita» de Madonna. El capitán anuncia, primero en griego y luego en inglés e italiano, que no podremos desembarcar, pues la policía ha alertado sobre desprendimientos en la playa. A cambio, nos llevará a Skorpios, el islote que fuera propiedad de Onassis, donde tendremos el privilegio de bañarnos en las mismas aguas donde se sumergieron Maria Callas y Jackie Kennedy. Agüitado, recuerdo que, según otras hipótesis, la Ítaca de Ulises se hallaba en la península de Paliki, en Cefalonia, o en la propia Lefkada. Al invocar a Kaváfis, tal vez nosotros hemos sido los culpables de que nuestro viaje a Ítaca sea aún más largo y rico en aventuras de lo previsto.

Aunque parecería posible tender la mano para rozar sus acantilados, eludimos las costas de Ítaca como si nos alejáramos de un lugar maldito. Comprendo entonces que no replicamos el postrer itinerario del héroe, cuando al fin desembarca en su isla escoltado por las naves del rey Alcínoo, sino aquel otro, relatado en el canto X de la *Odisea*, cuando, tras escapar de los lotófagos y los cíclopes y de cegar a Polifemo, entrevé su amada costa —la silueta verdinegra que vamos dejando atrás— y, en el último segundo, Eolo aleja su nave de la orilla para castigar a los miembros de su tripulación que desperdiciaron los vientos favorables. Aún deberá toparse con Circe y con Tiresias, con las sirenas y con Escila y Caribdis, con Calipso y la joven Nausícaa, antes de que pueda desembarcar en su patria. Tiempo más que suficiente para comprar madreperla, coral, ámbar, ébano y sensuales perfumes, visitar las ciudades egipcias y aprender de sus sabios antes de volver aquí y al fin comprender, si esta vez sí nos favorecen los vientos, lo que significan las Ítacas.

3. Sobre cómo huir de una familia modelo

La tragedia ática

Cuando despiertas, adviertes a tu alrededor cientos de ojos que se posan sobre ti; adonde quiera que mires hay semblantes desfigurados por la pena y el miedo. Te escuchas lamentarte, increpar a los dioses, gemir y maldecir. Tu voz se proyecta, como un torbellino, hasta las últimas filas, en lo alto de ese foro que se encarama en el monte. Como ecos provenientes del hades, otras voces replican a la tuya, gimen y maldicen sin descanso. Un hombre aparece a tu vera, te confronta, te habla de oráculos y venganzas y culpas. Sientes como si alguien se hubiera introducido en tu cabeza y te impulsara a narrarle una historia que no es tuya, a discurrir sobre una familia que no te pertenece y un pasado en que no te reconoces. Las voces te azuzan con nombres ajenos y de pronto tú ya no eres tú: eres otras, muchas otras, un conjunto de mujeres atribuladas, condenadas a la desdicha, el crimen o la muerte. Eres la viuda de Darío, Antígona e Ismene, Ifigenia y Electra, Medea y Fedra, Tecmesa y Yocasta, Clitemnestra y Crisótemis, e incluso Atenea, Afrodita y Artemisa. Lo peor es que, siendo todas esas heroínas y víctimas e inmarcesibles diosas, no alcanzas a ser tú misma: debajo de las túnicas y los velos eres un hombre que se traviste de mujer.

א

Hacia el –410, en la casa solariega de Polemarco, un próspero comerciante meteco (un extranjero afincado en Atenas), en el puerto de El Pireo, se reúnen, entre otros, Céfalo, Lisias, Eutidemo, Carmántides, Sócrates, Platón y sus hermanos Glaucón y Adimanto. En aquella tarde de canícula, discuten largas horas sobre la polis ideal. Nada disfruta el desharrapado Sócrates como estas charlas de sobremesa. Haciendo gala de su afición por la dialéctica, acribilla a los demás a preguntas y desgrana las respuestas con parsimonia —le disgustan los discursos largos excepto cuando es él quien los formula—, desbrozando cada cuestión como si pelara una cebolla. En cierto momento, Sócrates desliza una vehemente consigna: en su ciudad ideal no serán admitidos los poetas, por admirables o excelsos que sean. Y al hablar de poetas se refiere al gran Homero tanto como a Sófocles y Eurípides, sus contemporáneos.

El Sócrates de este relato no es, sin embargo, el Sócrates de carne y hueso, obligado a beber cicuta en –399 por órdenes de la Atenas democrática, sino un Sócrates ficticio, inventado por Platón para escenificar sus opiniones. En cada uno de sus diálogos, el filósofo se vale de tertulias como esta para explayarse sobre toda clase de asuntos: nos hallamos, pues, ante una ficción concebida para denunciar el poder de la ficción. Peor: ante una ficción que proscribe la ficción. Y en particular las que en su tiempo concitan mayor entusiasmo, las tragedias y comedias representadas en los grandes festivales dionisíacos. Su diatriba inaugura una línea que copiarán cristianos y musulmanes, atravesará la Edad Media y el Renacimiento, se transmutará en la moderna censura estatal e inspirará a una larga lista de dictadores y tiranos. Como Platón, coincidirán en que las ficciones no son inofensivas. A lo largo de *La república*, cuya escritura se ubica en torno al –380, su Sócrates se cuida de no ser acusado de rústico o paleto y expresa su admiración hacia Homero y los trágicos, pero aclara que ello no le impedirá vetarlos. Stalin, Hitler, Mao o Castro también eran unos enamorados de las artes, lo cual jamás les impidió condenar al gulag, al exilio o a la muerte a los creadores que eludían sus consignas.

Como detalla Simon Critchley en *La tragedia, los griegos y nosotros* (2019), el Sócrates de *La república* trama la mayor ficción imaginable: no una polis que exista y ni siquiera una que pueda existir, sino una ciudad ideal con la cual medir a todas las ciudades presentes y futuras. Este Sócrates ficticio convence a su auditorio de que el Estado necesita guardianes que lo protejan tanto de las amenazas exteriores como de la imaginación de sus habitantes. Tras varios rodeos, confiesa que los gobernantes deben ser filósofos como él mismo, pues solo los sabios garantizan que sus conciudadanos alcancen la eudemonía, un concepto elusivo, más ligado a la tranquilidad de espíritu que a la alegría desbordada.

El Sócrates de *La república* está convencido de que la épica y la tragedia representan de manera inadecuada a los dioses; para él, son fuerzas casi abstractas que tienden hacia el bien, mientras que los poemas homéricos o las tragedias los someten a pasiones inmundas. Los auténticos dioses, afirma, están a salvo de la falsedad. Como buen moralista, aborrece las tramas de seducción y engaño, las excursiones al inframundo y los diálogos con los muertos. La mímesis contamina a lectores, oyentes y espectadores —dicta—, obligándolos a identificarse con lo que contemplan en escena y, si lo que tienen delante no son representaciones del honor, la valentía y el bien, se dirigen sin remedio hacia el vicio. A cualquier régimen que siguiera al pie de la letra estas consignas hoy no dudaríamos en calificarlo de totalitario: un sistema cuya principal preocupación es controlar las mentes de sus ciudadanos.

Cuando el filólogo de veintitrés años visita a su ídolo en su casa de Tribschen, en 1868, Richard Wagner es ya una de las figuras artísticas e intelectuales más relevantes de Europa; apenas tres años atrás estrenó *Tristán e Isolda* y ahora se apresta a escenificar *Los maestros cantores de Núremberg*. Friedrich Nietzsche, en cambio, es solo un aventajado alumno de Friedrich Ritschl y apenas ha publicado unos artículos. Mientras pasea al lado del compositor y de su esposa Cosima, acepta la recomendación del maestro de publicar un libro que confirme su talento. Sin dejar de bosquejar algunas piececitas para piano, Nietzsche extiende sus artículos sobre la relación entre música y teatro; el volumen resultante, *El nacimiento de la tragedia* (1872), habla más de Wagner y del propio Nietzsche que de la tragedia ática. El desarrollo del arte —articula en las páginas iniciales de su librito— está ligado a la confrontación entre dos principios, lo apolíneo y lo dionisíaco. Los dioses hermanos presiden el nacimiento de la tragedia: Apolo inspira el don poético y articula el principio de individuación que nos separa del mundo y de los otros; Dioniso, entretanto, encarna la embriaguez y el desarreglo, fuerzas telúricas que nos desgarran por dentro, reintegrándonos al estado natural. La tragedia nace, según Nietzsche, de la comunión entre ambas divinidades; la representación del descuartizamiento de Dioniso con la presencia del coro y de la música y, después, la introducción de la poesía, inspirada por Apolo, que se desliza en los diálogos. Nietzsche dedica el resto de su libro a lamentar la deriva de la tragedia a partir de Eurípides, quien, a la sombra de Sócrates —su bestia negra—, le arrancó su energía dionisíaca. Y aprovecha para ofrecernos sus ideas en torno a la tragedia moderna, que entonces aún piensa encarnada en la producción operística de Wagner. Pasarán unos años antes de que se convenza de que el maestro ha traicionado sus principios.

א

Tespis se planta frente a un grupo de amigos o vecinos —no hay que imaginar todavía un teatro con su *koilon*, su *skené* y su *orchestra*, sino un monte pelón— y, como si hubiese sido secuestrado por los dioses, de pronto ya no es Tespis, sino alguien más. Estamos tan acostumbrados a estas transmutaciones escénicas que apenas reparamos en el prodigio. Quizás no haya sido Tespis el primero en apoderarse de otra personalidad para dialogar con el coro en un canto ditirámbico, pero quienquiera que haya sido el primero en actuar de manera consciente produjo una invención social memorable. El grupo que lo admira, convertido a la vez en parte del coro y en su incipiente público, sabe que Tespis es Tespis aunque aparente ser un héroe, un villano o un dios. Se trata, pues, de un engaño consentido, un pacto o juego —en muchas lenguas jugar y actuar son equivalentes— en el cual quienes observan a Tespis aceptan, al menos por unos minutos o unas horas, que es Teseo, Electra, Apolo, Hércules, Antígona o Agamenón. En el futuro, este juego —esta apropiación de la personalidad de otro— terminará por exacerbarse: tanto Stanislavski como el Actor's Studio exigirán a sus actores que las emociones que representan en escena no nada más parezcan reales, sino que, a fuerza de una honda introspección, de veras lo sean.

Además del primer actor, Tespis es el primer dramaturgo y autor de teatro musical: el primer *showman*. Con su actuación no solo alumbra el mayor espectáculo de la historia, sino que trastoca la naturaleza de la ficción. Primero Atenas y luego las demás polis griegas enloquecen con la tragedia y sus mejores arquitectos se lanzan a construir foros y orfeones a lo largo del Mediterráneo, pronto copiados por los romanos. En un abrir y cerrar de ojos, el teatro se transforma en una pasión cívica. *Teatrocracia*, llama Critchley a la Atenas democrática: una ciudad que no está regida por filósofos, como hubiera querido Platón, sino por dramaturgos y actores. Un adelanto de nuestra sociedad del espectáculo.

En *Wonderworks. La invención literaria y la ciencia de las historias* (2021), Angus Fletcher sostiene que la tragedia griega fue creada como un mecanismo terapéutico destinado a combatir distintos padecimientos mentales, como el síndrome de estrés postraumático provocado por la guerra. Al resucitar la memoria de hechos dolorosos y obligar al público a mover los ojos hacia un lado y otro del escenario, provocaba el reprocesamiento y desensibilización por movimiento ocular —EMDR, por sus siglas en inglés—, un método usado por la psicóloga Francine Shapiro para aliviar el sufrimiento. Si por momentos el análisis de Fletcher suena a una mezcla de *new age* y autoayuda, no cabe duda de que la tragedia era una tecnología utilizada, como otras ficciones, para aliviar o atemperar el miedo, la desolación y la angustia.

א

Abres los ojos. Vuelves a descubrirte en el escenario y, hacia la segunda o la tercera fila, en el centro de la gradería —la zona vip— distingues a un hombre de rasgos severos que no te quita la mirada de encima. El más célebre sabio de la ciudad ha acudido a verte y escucharte y, sobre todo, a juzgarte. A Aristóteles le fascina el trabajo de campo y estudia las tragedias con la minuciosidad con que inventaría plantas y animales. Asiste regularmente a las Dionisias, presencia decenas de funciones y lee cientos de textos dramáticos antes de convertirse en el primer crítico de la historia (fue el primero en muchas cosas). En su *Poética* (escrita antes del -323), el filósofo se inventa una tragedia ideal, cuyas reglas resultan difíciles de aplicar al puñado de obras que han llegado hasta nosotros; la prometida segunda parte, dedicada a la comedia, o bien nunca fue escrita o bien se extravió: su misterio anima *El nombre de la rosa* (1980). Tal vez no sea la mejor decisión concederle la palabra al crítico antes que a los autores a los que analiza, pero el modelo de tragedia de Aristóteles ha resultado más influyente que las piezas que lo inspiraron.

Igual que Platón, Aristóteles le otorga especial importancia a la mímesis, las representaciones o imitaciones de las cosas y las acciones ajenas. Adelantándose a la neurociencia, fija en esa habilidad, que hoy sabemos disparada por las neuronas espejo, el poder de la poesía épica y la tragedia. Para él, la mímesis puede ser honrada o vil; mientras la primera copia y recrea conductas elevadas o admirables, la segunda se contenta con las vulgares o procaces. El público disfruta de unas y otras: nos fascina vernos repetidos, así sea para lamentar malas decisiones o ridiculizar defectos. La función de la tragedia —afirma— no consiste en narrar lo que ha sucedido, sino lo que podría suceder. Esos futuros alternativos están sujetos a reglas que nos impulsan a creer que son reales (verosímiles) y consistentes (necesarios).

Para funcionar, la tragedia aristotélica se vale de seis elementos: la trama, los personajes, la dicción, el pensamiento, el espectáculo y el canto. La trama o argumento (*mythos*) es su alma: debe tener una longitud apropiada, ni demasiado corta ni demasiado larga, y contener un inicio, un nudo y un final; además, ha de conservar la unidad de tiempo, lugar y acción. Al inicio de la tragedia, el protagonista debe experimentar un cambio drástico (*metabolé*); esta mutación se efectúa a partir de la peripecia, que define el tránsito del personaje de un estadio a otro, o del reconocimiento o anagnórisis, que refiere una transición entre la ignorancia y el conocimiento. Para Aristóteles, el protagonista ideal de una tragedia no debe ser alguien bueno que pasa de la felicidad a la desgracia —ello solo desataría sentimientos humanitarios, en vez de compasión y horror—, ni alguien malo que pasa del infortunio a la dicha, sino alguien que oscile entre ambos extremos. El público tampoco debe pensar que merece su desgracia por ser vil o depravado, sino a consecuencia de un error o una debilidad fatal (*hamartía*).

Gracias a ello, la tragedia produce un efecto directo en la conciencia de los espectadores. Si los actores y el coro imitan a los antiguos dioses y héroes, el público, al contemplarlos, se transforma en ellos. En ese instante se desatan pasiones incontrolables, en particular la compasión (*eleos*) y el pánico (*phobos*), si bien la tragedia solo alcanza su objetivo cuando induce la catarsis: un término asociado con la sublimación propia de la química. Una purga emocional y casi física, como la deyección, que provoca un alivio inmediato en cuanto abandonamos el *show*. Paradójicamente, la catarsis atenúa el efecto que la ficción ejerce sobre el alma; a diferencia de Platón, su alumno no considera que esta sea particularmente peligrosa. Aristóteles bien podía sentirse sacudido u horrorizado por una tragedia, pero al final jamás iba a identificarse con un criminal, un esclavo o una mujer. Para él, las tragedias son enfermedades veniales que, tras sumirnos en un estado casi onírico, se alivian mediante la catarsis y apenas dejan secuelas en la vida cotidiana. No las considera obras de arte que sirvan para educar a los ciudadanos —para ello está la filosofía—, sino productos más o menos estimables de la industria del entretenimiento.

א

La tragedia ática dura un parpadeo. Entre las primeras Dionisias, celebradas hacia el –534 bajo la tiranía de Pisístrato, y la derrota ateniense tras la guerra del Peloponeso, en el –404, se escribieron un millar de tragedias y dramas satíricos, además de un número semejante de comedias. La primera que conservamos, *Los persas*, de Esquilo, es del –472, y la última, el *Reso*, atribuida dudosamente a Eurípides, del –404. En total, solo quedan treinta y dos piezas de solo tres autores: imposible adivinar si fueron los únicos maestros de su arte o si conservamos las mejores de sus catálogos. A diferencia de Aristóteles, quien estudió numerosos ejemplos para su *Poética*, debemos conformarnos con este raquítico tres por ciento de la producción, menos de lo que escribió Shakespeare y mucho menos de lo que pergeñó el incontenible Lope. Aun así, contienen las semillas de historias que no harán sino replicarse sin fin: hoy contamos con infinitos edipos, antígonas, electras, fedras y medeas escritos en momentos, culturas e idiomas muy diversos. Una multiplicación que denota la masa crítica acumulada en esas treinta y dos piezas que definen, como pocas ficciones, lo que significa ser humano.

Como señala Jacqueline de Romilly en *La tragedia griega* (1970), se trata de un género que nació de manera inesperada y, al carecer de tradición, como la poesía épica o la lírica, debió inventársela en un santiamén: de allí la distancia sideral que separa las primeras piezas de Esquilo de las últimas de Eurípides. Aun con los escasos ejemplares a nuestra disposición, es como si pudiéramos observar en el laboratorio —como le hubiera gustado a Aristóteles— la evolución de esta sinuosa criatura, sus adaptaciones a cada desafío, las mutaciones que experimentó en el camino y cómo, tras una etapa de reproducción acelerada, terminó por extinguirse (o más bien por hibernar para despertar siglos más tarde en Roma, España, Inglaterra, Francia y al cabo el resto del planeta).

Inspirada en el ditirambo —una recitación coral acompañada por el *aulos*, el doble oboe de Dioniso—, la tragedia pasó a ser un intercambio entre el coro y ese protagonista cuya creación se atribuye a Tespis. Cuando Esquilo introdujo un segundo personaje, se expandió con tragedias centradas en el coro y piezas que asignaban un papel cada vez más relevante a los actores. Heredando moldes e inventándose nuevos, se convirtió en un género provisto de un arsenal de convenciones que sus autores manipulaban con relativa libertad. Una vez que el engendro alcanzó la edad suficiente para sobrevivir, se enriqueció con nuevos experimentos formales: Sófocles introdujo al antagonista, los foros se volvieron más grandes y sofisticados, el público comenzó a abarrotar las graderías y a formular exigencias, los coros se ampliaron —los magistrados designaban a sus integrantes entre los ciudadanos más acaudalados— y el espectáculo se engrandeció con efectos especiales. Cuando, ya en la tercera generación de trágicos, Eurípides citó o parodió a sus antecesores, la tragedia se volvió autorreferente y, en su máximo esplendor, desapareció casi por completo.

Su existencia estaba ligada a la política ateniense: el primer hito, *Los persas*, recreaba la victoria sobre Jerjes ocho años atrás.

Su vida se extendió durante la consolidación de la democracia y el liderazgo de Pericles y feneció con la derrota —debido a esa *hybris* anticipada por *Los persas*— frente a Esparta. La tragedia ponía en escena a la ciudad: el escenario era su espejo, el lugar donde se probaba y ensayaba, exponía y conjuraba sus traumas y fobias. Revelaba el lado oscuro de la democracia al tiempo que educaba a los ciudadanos para escuchar puntos de vista encontrados, les permitía identificarse con otras voces —incluso las de sus enemigos persas o troyanos—, les hacía sentir pena y miedo y, mal que les pesara a Sócrates y Platón, los dejaba menos llenos de certezas y los volvía acaso un poco más tolerantes. Cuando la democracia se vio contra las cuerdas, asediada por la contrarrevolución oligárquica de la breve tiranía de los Treinta —con cuyo régimen simpatizaba Sócrates—, la tragedia inició su canto del cisne. Pese a la restauración democrática, la decadencia ateniense se la llevó consigo. Una sociedad abierta y orgullosa, con leyes equitativas y derechos para todos —si bien la *isocracia* excluía a mujeres, extranjeros y esclavos—, era capaz de bucear en sus corrientes subterráneas a través de la tragedia; cuando esa misma sociedad se sumió en la incertidumbre, ya nadie se mostró dispuesto a contemplar otros horrores que el presente.

Reunidos en la Camerata de' Bardi, un grupo de humanistas italianos se propone estudiar las tragedias griegas y devolverlas a la vida. Especulando sobre cómo podrían haber sido representadas, se convencen de que sus textos se cantaban y recitaban con acompañamiento instrumental y, entre 1573 y 1582, emprenden diversos experimentos que aglutinan elementos poéticos, narrativos, musicales y escénicos. Para celebrar las bodas de Fernando I de' Medici con Cristina de Lorena, en 1589, estrenan su primera tentativa: unos *intermedi*, con letra del poeta Ottavio Rinuccini, que ya mezclan poesía, canto y danza. En torno a 1598, el propio Rinuccini escribe un texto mitológico que Jacopo Peri pone en música con algunos añadidos de su benefactor, Jacopo Corsi. La *Dafne*, de la que no queda sino el libreto, incorpora el *stile recitativo*, una nueva forma de hablar cantando que, si no se parece a su antecedente griego, anima un nuevo género. Dos años después, los mismos creadores montarán la *Eurídice*, basada en las *Metamorfosis* (del año 1), de Ovidio. Luego vendrán Caccini, De' Cavalieri y Monteverdi, cuyo *Orfeo* (1607) es una primera obra maestra que intenta darle voz a un humano que se rebela contra los dioses. En su empeño por resucitar la tragedia a partir de retazos del pasado, aquellos sabios concibieron un monstruo que crecerá hasta ocupar un lugar en la sociedad europea semejante al de su viejo ancestro: la ópera.

א

Dos linajes condenados a la desgracia, la infamia y el crimen. Aunque las treinta y dos tragedias áticas que han llegado hasta nosotros abordan temas variados —mitológicos, históricos o políticos—, retratan con especial atención los destinos de dos familias disfuncionales, las casas de Cadmo y Atreo. Dos familias malditas cuyas desgracias se transmiten, como enfermedades hereditarias, de generación en generación. Sus versiones se solapan, entrelazan y contradicen; Sófocles escribe contra Esquilo, y Eurípides, contra Esquilo y Sófocles. Cada capítulo es un homenaje y una refutación, un veneno y un antídoto. Los trágicos desarrollan, a partir de una historia bien conocida por su público, *fan fictions*: cada uno aborda la trama central del mito, retoma a sus protagonistas y se permite alterar, cambiar e innovar, sin desprenderse de sus fuentes: el ejercicio crea una tradición y la amplía, mientras cada cual le confiere un estilo inconfundible. No estamos ya en el territorio del mito, sino en el del arte.

Vayamos con la primera de estas familias malditas. El oráculo de Delfos le revela a Layo, el tirano de Tebas, que terminará asesinado por su hijo, el cual además desposará a su madre. Para eludir este espeluznante destino, ordena que el niño que ha concebido con Yocasta sea abandonado. Ello no impedirá que, años más tarde, se interne en un cruce de caminos y encuentre la muerte a manos de su hijo. A partir de aquí, la célula *designio divino + intento de escape + giro inesperado = cumplimiento del designio* se repetirá una y otra vez con la ominosa eficacia de las cuatro notas iniciales de la *Quinta* de Beethoven, llamada, por cierto, *Sinfonía del destino*. El futuro ha sido escrito por las moiras y, por más que intentes escapar, jamás podrás lograrlo: un tema que hoy asumimos como quintaesencia de lo trágico. En Esquilo, la justicia divina se muestra arcana e inmutable; en Sófocles, el desafío individual se torna más profundo y define a cada personaje; y, en Eurípides, los designios del Hado se revelan de plano absurdos.

Edipo rey es el primer policial de la historia: un detective encargado de investigar las causas de la plaga que asola Tebas. Como aventura Michel Foucault en *La verdad y las formas jurídicas* (1973), su pesquisa desentraña el pasado a través de un mecanismo narrativo que remite a la construcción de la verdad propia de los tribunales atenienses. Creyéndose salvador de la polis, Edipo empalma distintos testimonios —según Foucault, reunifica tres veces el *símbolon*, el escudo militar partido por la mitad— hasta arribar a la conclusión de que él mismo es el causante de la peste. Su ruta de autodescubrimiento lo convierte en un perverso Roger Ackroyd: en el juego policiaco más sofisticado posible, el detective es el criminal. *Edipo rey* inaugura una fórmula que ya no dejará de repetirse: el relato es la investigación conjunta de su creador y sus espectadores —o lectores—: un camino de pruebas de la ignorancia al conocimiento. A Edipo lo vuelve monstruoso la verdad: horrorizado al contemplar quién es —una anagnórisis que anticipa el psicoanálisis—, se arranca los ojos, adoptando la negrura de Tiresias. Consciente de que su acto no solo lo condena a él, sino también a sus hijos, huye al suburbio ateniense de Colono. Allí se convence de que no es culpable: no ha sido más que un instrumento de los dioses.

¿Cuál es su falta? ¿Por qué los dioses le reservan un destino tan aciago? Como él mismo alega en *Edipo en Colono*, las desgracias le han sobrevenido sin buscarlas. Lo peor que podría decirse de él es que ha sido el típico bravucón que selló su destino al asesinar a un anciano en una necia pelea de tránsito. Y sin embargo esa pulsión es la causa de sus males. Edipo se acerca al K de *El proceso* (1925) de Kafka: no sabe ni por qué es juzgado ni por qué los dioses lo detestan. Y prefigura asimismo a la mujer de Barbazul: su curiosidad lo impulsa a iniciar la investigación que terminará por condenarlo.

Es cierto que Edipo jamás tuvo la intención de matar a su padre ni de acostarse con su madre, del mismo modo que Layo no quería ser asesinado por su hijo; Yocasta tampoco ansiaba tener hijos —nietos— con su vástago. En contra de la lectura psicoanalítica, sus decisiones no están regidas por deseos inconscientes: si los hechos no fueran tan escabrosos, estaríamos más bien ante una comedia de enredos. Layo cree que ha conjurado la profecía deshaciéndose de su vástago; Edipo se considera hijo de los reyes de Corinto y piensa haber matado a un desconocido y se asume como el salvador de Tebas siendo su plaga; Yocasta piensa que Edipo es corintio y, en fin, sus hijos Eteocles, Polinices, Antígona e Ismene se consideran parte de una familia normal. Solo que, por obra de los dioses, nada es lo que parece: este es el hilo del que tira maliciosamente Freud. Una vez que ese lado oscuro queda expuesto, no hay marcha atrás: puedes no verlo y no verte —o arrancarte los ojos—, pero lo que sabes ya no lo puedes *des-saber*.

¿Por qué se empeñan los griegos en verse reflejados en este tránsito de la ignorancia al conocimiento? ¿Observar la historia de Edipo impulsaría a alguien a ser más cuidadoso? ¿O más bien acicatearía al espectador a no hurgar demasiado en sí mismo y sus historias de familia? ¿El relato llevaría a los atenienses a ser más dóciles ante lo incierto o a sentirse más despreocupados? Quizás una sociedad democrática necesitaba recordarles a sus ciudadanos que por debajo de su apariencia civilizada anida siempre la barbarie.

En 1896 muere Jacob Freud y poco después su hijo Sigmund asiste a una representación de la pieza de Sófocles; en su memoria, las dos experiencias se amalgaman. Un año después, le escribe a uno de sus corresponsales: «Me descubro constantemente enamorado de mi madre y celoso de mi padre». Y añade: «Ahora considero que este es un acontecimiento universal en cada infancia». Obsesionado con esta idea, abandona su teoría de la seducción y, primero en *La interpretación de los sueños* (1899) y luego en un artículo titulado «Sobre un tipo particular de elección de objeto en el hombre» (1910), comienza a referirse al *complejo de Edipo*. Según el psicoanalista, entre los tres y los cinco años pasamos por esta etapa fálica, que en los hombres deriva en el miedo a la castración y en las mujeres en la envidia del pene. En ese momento de la niñez, cada uno se convierte en un Edipo que desea matar a su padre y acostarse con su madre. Freud se inventa así una tragedia interior, protagonizada por la tríada *id*, ego, superego. Tratando de refinar la teoría de su maestro, Jung articula el *complejo de Electra*, más apto para las mujeres. Como sugirió Pierre Bourdieu, la admiración de la Viena *fin-de-siècle* por los griegos, que derivó en numerosas traducciones y adaptaciones, despertó la atención de esos poetas del interior que eran los psicoanalistas. Habrá que esperar a que Gilles Deleuze y Félix Guattari refuten el complejo freudiano en *El anti-Edipo* (1972), donde se oponen al modelo de familia triangular padre-madre-hijo que desata la represión y la neurosis y proponen abrirla a lo social a fin de combatir la esquizofrenia ligada con el capitalismo: una ficción tan enrevesada como la que combaten.

א

Imposible que la maldición no recaiga sobre los hijos de Edipo y Yocasta: Eteocles y Polinices protagonizan otro de los inmisericordes fratricidios de los que está llena la mitología. Son los correspondientes griegos de Caín y Abel, si bien en este caso resulta más difícil determinar quién es el héroe y quién el villano. Eteocles incumple su acuerdo y se obstina en gobernar Tebas a toda costa; Polinices, en cambio, está dispuesto a todo con tal de recuperar su derecho. Si Esquilo ensalza al primero es porque lo identifica con la polis, cuyo bienestar considera prioritario; Eurípides simpatiza en cambio con Polinices, aunque ambos hermanos le parezcan igual de hipócritas. Al final, el resultado de la guerra civil no puede ser otro que un doble fratricidio.

Cuando pienso en el largo enfrentamiento con mi hermano, también avisto un destino que nos sobrepasa, una herencia no buscada. En nuestra historia se entreteje el relato bíblico —él siempre odió que yo fuese el consentido de mi padre y yo que él lo fuese de mi madre— con una oposición de caracteres como la que separaba a Eteocles de Polinices. Hay algo en su furia y en mi desdén que nos sobrepasa. ¿Cómo no invocar a la fatalidad? Yo podría alegar, como Eteocles, que fue él quien siempre desató la violencia, que yo nunca intenté dañarlo y apenas resistí sus embates, pero supongo —como los griegos al escenificar el punto de vista de persas y troyanos— que él señalaría mi indiferencia como una agresión equivalente. Igual que en las tragedias áticas, cargamos una ficción familiar que ambos hemos renovado: mi padre también tuvo una relación tensa y desgraciada con sus hermanos, por años dejaron de hablarse y sus reconciliaciones fueron si acaso parciales.

Salvo algunas peleas, apenas guardo conciencia de nuestra rivalidad, pero nuestra familia era un nido de afinidades torcidas: yo ansiaba el cariño de mi madre, ella se lo concedía a mi hermano, quien a su vez anhelaba el de mi padre, el cual me lo otorgaba a mí. Una red lacaniana de neurosis y deseos desplazados. Cuando el equilibrio entre mi padre y mi hermano se rompió y ya no pudieron hacer otra cosa que despedazarse, yo ya había huido de casa. Para mi hermano, esta lejanía fue una traición adicional: desde entonces me ha insultado, calumniado, robado y amenazado. Cuando alguna vez lo confronté, se plantó frente a mí y, con su vocabulario inspirado en la filosofía oriental, invocó el destino griego: «Tu karma», me dijo, «es que te vaya bien». Y agregó: «El mío, aprovecharme de ti».

Me esfuerzo por discernir su punto de vista: detrás de su rencor y su verborrea mística atisbo a alguien desprotegido que no cesa de luchar, como Polinices, por el derecho que un dios le arrebató de niño. Conozco a pocas personas que hayan intentado combatir con tal firmeza lo que perciben como un destino injusto como mi padre y mi hermano: en eso, como en tantas cosas, son iguales. A lo largo de una vida generosa y productiva, mi padre se batió contra la negrura de su alma, forjó una familia, acompañó a sus pacientes y salvó cientos de vidas hasta que sucumbió a la melancolía y durante años no hizo otra cosa que morirse. Creo que mi hermano ha intentado escapar de esos demonios que lo habitan sin demasiada fortuna. Pero, a diferencia de los griegos, sigo sin creer en la fatalidad: espero que, pese a todo, algún día alcance la paz y sobreviva.

א

Antígona atraviesa los siglos como prototipo de la mujer rebelde: cuando distintos órdenes entran en conflicto y se suceden luchas fratricidas, nos interroga sobre nuestro lugar en el conflicto. Cada vez que los campos de batalla se atestan de cadáveres, cada vez que un poder desplaza a otro y convierte el pasado en tierra rasa, su silueta confronta nuestros prejuicios. Como Electra y Medea, otras mujeres ingobernables, Antígona resulta siempre incómoda: no titubea, no se tuerce, jamás duda. Sabe cuál es su lugar y qué ha de hacer para preservarlo; no ve por sí misma, atesora una sola convicción y prefiere la muerte antes que retroceder. Frente a la tiranía externa afirma, inflexible, su interior. El afán de Antígona por sepultar a Polinices remite a principios anteriores a la polis; no le importa la culpabilidad de su hermano, lo que ansía es que incluso un criminal disponga de un entierro digno. El episodio remite a la *Ilíada*: Aquiles, cuyo heroísmo nadie cuestiona, ultraja el cadáver de Héctor hasta que Príamo logra conmoverlo. Antígona es una guardiana del pasado, obsesionada con sus ritos previos a las leyes humanas. Si su queja nos resulta tan honda es porque, en aras de cobijar a su familia y seguir esas prácticas ancestrales, inventa cierto humanismo: más allá de nuestras virtudes y faltas, merecemos idéntico trato ante la muerte.

Representante de un poder nuevo, Creonte no sabe qué hacer con ella. Quisiera neutralizarla para que no contamine al resto de la polis. La decisión se le revertirá con las muertes de su hijo Hemón y su esposa Eurídice (en otra versión, Creonte es linchado por la turba). Antígona elude la sentencia: antes que morir de hambre, desafía por segunda vez al poder y se da muerte a sí misma. Como tantos héroes míticos —de Orfeo al Cid—, en su sacrificio se cifra su victoria. Por ello esta mujer admira y repele al mismo tiempo: posee la clarividencia de los mártires y el fervor de los fanáticos. En la carta/poema/prólogo que le escribe Anne Carson en *Antigonick* (2012), la canadiense le pregunta:

¿qué tan en serio hemos de tomarte?
¿eres «Antígona entre dos
muertes», como asumió Lacan

o una parodia de la ley de Creonte y del lenguaje de Creonte:
según Judith Butler
quien también encuentra en ti «la oportunidad
para un nuevo campo de lo humano»?

Como han estudiado George Steiner en *Antígonas. La travesía de un mito universal para la historia de Occidente* (1984) y Rómulo Pianacci en *Antígona, una tragedia latinoamericana* (2015), su mito compendia los mayores conflictos de la humanidad: el poder frente al individuo; el Estado frente a la familia; la mujer frente al hombre; la juventud frente a la vejez. Redescubierta en el siglo XVI, es en los albores del Romanticismo cuando comienza a ser vista no solo como la tragedia ideal, sino como una de las joyas artísticas más perfectas jamás creadas.

Cada época se construye su Antígona. La imaginación revolucionaria del siglo XIX resalta su condición de acompañante de la revolución y su posición de hermana mientras sublima sus rasgos eróticos; los románticos se concentran en su carácter fantasmagórico y su muerte en vida; y el *fin-de-siècle* se decanta por su carácter mórbido e irracional y su demencia, luego diagnosticada como histeria. El psicoanálisis provoca un desplazamiento de su primacía en favor de Edipo, si bien, tras el trauma de la Gran Guerra, reaparece como encarnación de los sobrevivientes. Más adelante, señala con dedo flamígero la barbarie nazi y el Holocausto. La segunda mitad del siglo XX la pinta, con tintes marxistas o existencialistas, como la rebelde por antonomasia, sola frente al poder desnudo, mientras la crítica feminista apuntala su enfrentamiento con el patriarcado y la naturaleza disruptiva de su discurso y su sacrificio.

Antígona se convierte, así, en una *ficción-imán* que atrae la sensibilidad, los temores y los abismos de cada era, monstruosa y admirable, ubicua e incognoscible, arcaica y moderna: de la *Antígona* (1942) en forma de vodevil de Jean Anouilh, estrenada en plena ocupación alemana, a *La tumba de Antígona* (1967), llena de motivos autobiográficos, de María Zambrano, y de la *Antígona González* (2012), de Sara Uribe, que muda a su protagonista en una de las madres buscadoras de la guerra contra el narco, a la versión de la directora quebequense Sophie Deraspe (2019), quien la transmuta en una joven refugiada magrebí. En el documental realizado a partir de su propia versión de la tragedia, *Antígona: cómo osamos* (2020), Slavoj Žižek se pregunta si en nuestro tiempo sería una rebelde o una fundamentalista: ¿alguien con una convicción como la suya, basada en las emociones y no en la razón, estaría del lado de los populistas de derecha o de los inmigrantes sin papeles?

א

Si los labdácidas nos parecen monstruosos, los atridas no se quedan atrás. El fundador del clan es Tántalo, hijo de Zeus. Al principio concita el agrado de los dioses hasta que, en su afán por probar si en verdad son clarividentes, mata a su hijo Pélope y se lo ofrece en un banquete. La mayor parte de los invitados descubre el contenido de sus platos y solo Deméter se lleva un trozo a la boca; en castigo, Tántalo queda confinado al inframundo. Antes de ser convertido en guiso, Pélope había desposado a Hipodamia, hija del rey Enómao de Pisa, al cual antes derrotó y asesinó en una carrera de caballos arreglada por Mirtilo. En pago por sus servicios, el malévolo sirviente reclama la virginidad de la princesa y la mitad del reino y, al no obtenerlos, maldice a la estirpe. Los hijos de la pareja real, Atreo y Tiestes, pagarán la afrenta repitiendo la vocación caníbal de Tántalo.

A partir de entonces, se pone en marcha una aceitada maquinaria de la muerte: cada vida debe pagarse con otra. En *Agamenón*, Clitemnestra, ayudada por su amante Egisto —heredero de Tántalo—, asesina a Agamenón, quien sacrificó a su hija Ifigenia a fin de obtener vientos favorables (en otras versiones la princesa sobrevive). En *Las coéforas* y las dos *Electras*, este nuevo crimen será vengado por Electra con la ayuda de Orestes, recién llegado a Argos tras un largo exilio. En *Las euménides*, Atenea prefiere detener la sangrienta tradición y somete a Orestes a un juicio en el areópago de Atenas; al final, la protectora de la ciudad rompe el empate entre los jueces, evita que las erinias lo destruyan —por ello toman el nombre de Bienhechoras— y Orestes y su familia escapan a la maldición que los condena a devorarse a sí mismos. En cambio, en el *Orestes* de Eurípides, una multitud de enrevesadas subtramas, cada vez más melodramáticas, se suma al argumento principal y Apolo surge *ex machina* para ordenar qué debe hacer cada personaje y enviar a Orestes al areópago mientras predice su absolución.

Los atridas son incestuosos y antropófagos: una especie endogámica destinada a la extinción. El ecosistema de la *Orestíada* está compuesto por criaturas programadas para el crimen; incluso aquellas que dudan o se resisten ceden a sus impulsos y solo *ex post facto* reparan en su atrocidad. En esta familia los padres matan a sus hijos y los tíos, a sus sobrinos; los hijos, a sus padres; las mujeres, a sus rivales, y las esposas, a sus maridos: todas las posibilidades del crimen. Las mujeres son más instigadoras que ejecutoras: Clitemnestra y Electra impulsan a Egisto y Orestes para que ellos lo lleven a cabo, *ladies* Macbeth de Micenas. Cuando Clitemnestra venga a Ifigenia, ya se ha acostumbrado a reinar y usa a Egisto como instrumento. A Electra, en cambio, el poder no puede importarle menos; como Antígona, es una mujer de una pieza que añora a su padre y desprecia a las mujeres de su familia. Egisto queda en manos de su amante, en tanto Orestes se rinde a su hermana: de allí su remordimiento —otra vez similar al de Macbeth— y su voluntaria entrega a la justicia.

Si la *Orestíada* es una novela negra, su conclusión se acerca a un drama judicial. En Esquilo, el voto de Atenea permite la liberación de Orestes como un regalo de los dioses; una interpretación más moderna la vería como un acto de corrupción. La versión de Eurípides, compuesta en plena guerra del Peloponeso, exhibe su desencanto hacia cualquier sistema de justicia y la llegada de Apolo equivale a un arreglo entre maleantes. ¿Hay en esta familia algún resquicio para el amor? Quizás en los lamentos de Clitemnestra por Ifigenia y Electra por Agamenón. La relación entre Clitemnestra y Egisto es pragmática y Electra, quien dice amar a su hermano y a su padre, está solo obsesionada consigo misma. Orestes, por su parte, no siente más que culpa: su redención deleitará a sus primeros lectores cristianos, quienes lo verán como un ancestro de su salvador. Nuestra época se ha decantado, en cambio, por Electra, la vengadora impenitente: una mujer que renuncia a su femineidad para ingresar en el reino criminal de los hombres.

Las recreaciones modernas de la *Orestíada* han tenido —perdonarás la ironía— un destino infausto. Fuera de un par de grabaciones descatalogadas, la ópera homónima de Serguéi Tanéyev (1895) no ha conseguido un lugar en el repertorio. Tampoco ha corrido con fortuna la monumental adaptación de Eugene O'Neill, *El luto le sienta a Electra* (1931), que traspone los hechos a la guerra de Secesión; la película de Dudley Nichols basada en la obra de teatro sufrió un recorte de más de una hora y se convirtió en el mayor fracaso de la RKO. Años después, el italiano Ferdinando Baldi, antiguo profesor de Letras Clásicas, transportó el mito al México posterior a la intervención francesa en un *spaghetti western* titulado *El pistolero del Ave María* (1969): otro desastre. Con *Electra*, su primera colaboración con Hugo von Hofmannsthal, Richard Strauss colmó la trama expresionista de disonancias y un cromatismo extremo, en los bordes de la tonalidad. El resultado no es solo la obra más oscura de su autor, sino de la historia de la ópera: tras esta inmersión en las tinieblas, Strauss jamás volvió a escribir música tan arriesgada. A partir de *Casandra* (1983), de Christa Wolf, la primera en retomar el mito con una perspectiva feminista, el número de novelas que recrean tanto el ciclo tebano como a los atridas no ha hecho sino incrementarse: hace poco entré en una librería en Edimburgo donde había una sección entera dedicada a las reinvenciones de mitos antiguos, entre las que destacaba una nueva *Electra* (2022), de Jennifer Saint.

4. Sobre cómo tener siempre la razón
La filosofía griega

Abres los ojos y te descubres ante una inmensa playa. La arena se extiende hasta donde se pierde la vista. El turquesa del mar se pliega con el cielo. Escuchas el silbido del viento, las olas sobre la piedra, el graznido de las gaviotas. Impaciente, el sol les arrebata el color a las manos, los pies, los muslos. Te acuclillas sobre la arena. Tu sombra se proyecta a tu izquierda y poco a poco se vuelve más compacta. Los colores del mar y del firmamento se transmutan, se vuelven más sólidos y al cabo más sutiles. A la distancia, el salto de una aleta te revela la presencia de delfines en busca de alimento. La marea acaricia tus pies y se retira. Cae la tarde y comparece, en lontananza, el escorzo de la luna. Poco a poco los perfiles se tornan menos nítidos, más imprecisos, mapas tentativos del crepúsculo. Unas motas de polvo flotan delante de tus ojos. El cielo se convierte en un incendio púrpura, naranja, rojísimo. Alzas la vista y distingues tantas luces como granos de arena. Solo entonces te atreves a preguntar.

Esta historia comienza cuando, unos dos mil quinientos años atrás, alguien se formula una pregunta semejante. ¿Por qué a nadie se le ocurrió antes? Imposible adivinarlo: si acaso miles lo hicieron, sus respuestas eran tan absurdas, tan banales, que el intercambio quedó en un juego pueril. O tal vez nadie reparó en que lo de veras importante era la pregunta. Como sea, ahora es un hombre llamado Tales quien por primera vez pregunta y se pregunta. Contempla esa misma playa, ese mismo mar, ese mismo cielo, ese mismo sol y estas mismas estrellas y murmura: «¿Qué es *esto*?».

Una pregunta sencilla, obvia, y al mismo tiempo alucinante. Si alguien la pronunció antes, de seguro escuchó estas necedades: «Pues ¿qué va a ser? La playa, el mar, el cielo, el sol y las estrellas». Pero Tales *no* pregunta eso e insiste: «¿Qué es *todo* esto?». Y con todo quiere decir *todo*. Otra forma de plantearlo sería: ¿qué es la realidad? O: ¿de qué están hechos la playa, el mar, el cielo, el sol, las estrellas y yo mismo? La duda de Tales implica que, más allá de las apariencias —la sutileza de la arena, la furia del mar, el olor del viento, la tibieza de tu piel o el parpadeo de las estrellas—, hay *otra* cosa. Algo escondido detrás, aunque no podamos verlo. Tales asume que cuanto ve y escucha y siente y huele y prueba —e incluso él mismo— posee un sustrato común y asume que aquella inaudita diversidad ha de contener cierta unidad. Se desatan así infinitas ficciones: el dilema de lo uno y de lo múltiple.

A diferencia de sus predecesores, quienes distinguían lo visible de lo invisible a partir de la frontera entre el reino de los mortales y el dominio de los dioses, Tales insiste en que detrás —o, más bien, más allá— de lo visible hay cierta materia invisible, algo pequeñísimo que se encuentra en cada cosa, así como en quienes las admiran y las nombran. Poco importan sus motivos. Es probable que, en el fondo, anhele mejores formas de predecir el futuro y sacar algún provecho: Tales debió de ser tan ambicioso como cualquiera. Asombra, en cambio, el acto de imaginación con el que unifica la diversidad: «¿Cuál es el *arjé* del universo?», insiste.

«Su principio», se responde, «es el agua».

¿Por qué diantres se le ocurre tal idea? Tal vez piensa en los mitos egipcios, babilónicos, hebreos y griegos y en sus referencias a las aguas primordiales. O en que los seres vivos la necesitan para sobrevivir. O acaso cree que solo una sustancia tan maleable puede convertirse en las demás. Da igual: su respuesta es apenas una ficción, una hermosa e imposible idea que hoy sabemos falsa. Lo notable, te repito, es la pregunta, porque a partir de ella surge otra, y otra y otra, y otra más... Tales no tarda en acumular las suyas: «¿Por qué las cosas se mueven?», «¿por qué cambian y se transforman?». Abre así un nuevo dilema, el de la permanencia y el cambio. Sus respuestas son banales: el milesio imagina que todo lo que se mueve posee una Ψυχή, un alma o un espíritu —aunque estas palabras traducen el concepto con un irremediable matiz cristiano—, que lo impulsa a moverse y a mutar: otras ficciones.

Un discípulo de Tales, Anaximandro —este será un relato lleno de alumnos y maestros—, repite la pregunta, pero la responde de una forma más enrevesada: «El *arjé* del universo», aventura, «es el ἄπειρον». ¿Y qué diantres es el *ápeiron*? Difícil traducirlo: algo así como lo ilimitado.

Su fantasía, que poco a poco luce como un razonamiento, lo lleva a cuestionar las apariencias. Si todas las cosas tienen un límite —piensa—, ha de existir algo que no lo tenga. Anaximandro considera que, en tanto las cosas son evanescentes, pasivas, mortales, frágiles, creadas y corruptas, el *ápeiron* debe de ser eterno, activo, inmortal, indestructible, increado e incorruptible. Al comparar el universo con los seres vivos, deduce que, si todo nace del *ápeiron*, todo ha de regresar a él. Inventa, así, un universo circular que animará ideas posteriores sobre el eterno retorno o el enfriamiento cósmico: «Allí mismo donde hay generación para las cosas, allí se produce también la destrucción, según la necesidad; en efecto, pagan las culpas unas con otras y la reparación de la injusticia, según el orden del tiempo».

Esta no es solo la única frase que se conserva de Anaximandro, sino la primera de lo que hoy llamaríamos, construyendo otra ficción: ciencia o filosofía natural. Con este incipiente vocabulario técnico, vislumbra varias ideas extremadamente modernas: generación y destrucción, necesidad —que podríamos identificar con las relaciones causa-efecto—, orden del tiempo —una primera aproximación a la entropía— y esas culpas y esa reparación de la injusticia que apunta hacia los intercambios energéticos de la física. No sabemos si Tales y Anaximandro creían o no en los dioses, pero no recurren a ellos: asumen que los mortales somos capaces de comprender el universo sin su ayuda. Por primera vez, la sabiduría no deriva de una iluminación o un susurro divino, sino de la inteligencia humana. Maestro y discípulo confían en los sentidos: la observación conduce por fuerza a la verdad.

Alumno de ambos, Anaxímenes (muerto en torno al −528) reformulará la pregunta original de sus maestros y proporcionará una respuesta adicional: «El *arjé* del universo es el aire». ¿Antes agua, luego *ápeiron* y ahora aire? Quizás a Anaxímenes le parece un principio más sutil, poderoso e invisible que los otros. Con esta nueva ficción, piensa que el pneuma se transforma en los demás elementos a partir de dos procesos opuestos: la refracción y la condensación. Del primero surge el fuego; del segundo, las cosas. Casi parecería que hablamos de la equivalencia cuántica entre materia y energía.

Las ficciones de los milesios implican una mutación radical en la relación de los humanos con lo real. En primer lugar, presuponen que el mundo existe y que es posible conocerlo: dos axiomas esenciales para la ciencia futura. En segundo, asumen que la observación lleva a la sabiduría y a prever mejor el porvenir. En tercero, se valen del pensamiento analógico, antes reservado a los mitos y la poesía, como principal herramienta de investigación. Y, al disentir entre ellos, aceptan que sus afirmaciones puedan discutirse, enfrentarse y corregirse. Estos elementos conducirán a la larga al método científico: la idea de que nuestras ficciones sobre la realidad se sostienen mientras no aparezcan otras que las desmientan. Por si fuera poco, sus preguntas sientan un precedente inédito en las relaciones entre saber y poder: si antes la sabiduría provenía de los dioses —o de los sacerdotes y profetas—, ahora cualquiera puede obtenerla por sí mismo. Sus preguntas resultan subversivas: esa repentina libertad para investigar el cosmos se convierte en un desafío. No deja de resultar poético que el pensamiento moderno dé sus pinitos en Mileto, como si solo hubiera podido florecer en ese sitio donde confluyen la tierra y el agua, el mundo oriental y el occidental.

א

Saltemos de Mileto a Samos, atravesando el puente (*pontos*: mar) que liga a los personajes de esta historia. Allí nace Pitágoras en el –570, quien pronto se traslada a la recién creada colonia de Crotona, en Calabria, donde funda una comunidad que llegará a sumar trescientos discípulos. No resulta fácil llamar filósofo a Pitágoras; tampoco es exactamente un matemático, aunque sus estudios sobre esta materia le hayan garantizado la posteridad. Se trata más bien de un iluminado o un gurú fascinado con la música. Con la ayuda de su lira, constata una asombrosa serie de patrones que lo llevan a concluir —aquí se desborda su fantasía— que reglas semejantes deben de gobernar la realidad en su conjunto.

Su escuela se vuelca en dos sendas paralelas: por un lado, persevera en el análisis de esa realidad matemática y, por el otro, se interesa en la vida ultraterrena. Si por una parte Pitágoras fija la idea de que el universo es musical —la teoría de cuerdas sugiere algo semejante—, por otra traza una división radical entre el mundo físico y el mundo espiritual cercana a la religión. Influido por egipcios y babilonios, asume que, así como los números se encarnan en distintos objetos materiales, nuestras almas inmortales transmigran hacia otros cuerpos: la metempsicosis. La suya no es una comunidad científica, sino una secta fascinada por los números, ficciones omnipresentes que sustituyen a los dioses. Frente al materialismo milesio, Pitágoras introduce el dualismo, esa frontera entre el alma y el cuerpo que, exacerbada por el cristianismo y el islam, aún nos acompaña.

A Jenófanes de Colofón, muerto en torno a –475, le debemos otras dos ficciones perdurables: la idea de que, si existen, los dioses —o incluso Dios— no tienen el menor interés en nosotros, así como la sospecha sostenida de que nuestros sentidos nos engañan. No debería extrañar que Jenófanes sea ante todo un poeta elegíaco y un moralista que no se cansa de criticar la impiedad y la avaricia: sus ideas suenan más literarias que filosóficas. Frente a la racionalidad de los milesios, las ideas de Pitágoras y Jenófanes suponen cierto retorno al misticismo. Aun si los dioses existen, no se interesan por nosotros o se esconden detrás de la música y las matemáticas, su actitud frente a lo real conserva ciertos ecos místicos. ¿Filósofos? Una especie de *hippies* que, deslumbrados por la música, la literatura y las matemáticas, no solo pretenden anticipar el comportamiento del mundo visible, sino aventurar el del más allá.

Si el siguiente personaje de esta historia nos seduce, quizás sea porque no sabemos casi nada de él y apenas entendemos lo que dice. Desde la Antigüedad, a Heráclito de Éfeso (muerto hacia –480) se le conoce como el Oscuro. De este misterioso pensador no nos resta sino un puñado de frases que insistimos en leer como aforismos o *koanes*:

Todo fluye, nada es.

Nadie se baña dos veces en el mismo río.

Son distintas las aguas que cubren a quienes entran
[al mismo río.

Los buscadores de oro cavan mucho y encuentran poco.

En el círculo se confunden el principio y el fin.

Dios es día y noche; invierno y verano; guerra y paz;
[abundancia y hambre.

El sol es nuevo cada día.

Este mundo siempre fue, es y será fuego eternamente vivo.

La guerra es el origen de todo.

Nada es permanente excepto el cambio.

Todos somos Uno.

El hombre, como una luz en la noche, se ilumina y se apaga.

El que no espera lo inesperado nunca lo encontrará.

De estos fragmentos, así como de las monografías filosóficas plagadas de chismes y anécdotas que Diógenes Laercio pergeñaría siglos más tarde, se deduce que, para Heráclito, el *arjé* del universo es el fuego: la energía. Pero el Oscuro también se muestra obsesionado por el agua, perfecta metáfora de la fugacidad del cosmos: este río no será, al cabo de unos segundos, el mismo río y, cuando vuelva a sumergirme en él, tampoco yo seré el mismo. Sabiéndonos víctimas de la entropía, coincidimos con él. Si para Pitágoras la armonía de las esferas refleja el orden matemático del cosmos, para Heráclito la justicia —que en su léxico equivale al equilibrio— radica en la unión de los contrarios. La verdadera sabiduría consiste en observar cómo esos principios en constante estado de guerra al final se reconcilian. Su mayor ficción, que ha fascinado a cientos de místicos, es que el universo es a la vez uno y muchos; por ello, dios —el cosmos— es simultáneamente día y noche, invierno y verano, guerra y paz, abundancia y hambre.

Esa misma tentación por conciliar los opuestos, que tanto influirá en Hegel, nos ha llevado a confrontar a Heráclito, el profeta del cambio, con Parménides de Elea (nacido entre el –530 y el –515), el adalid de la permanencia, como si fueran practicantes de lucha grecorromana. Parménides escribió un largo poema en hexámetros dactílicos —la métrica de las sagas homéricas—, titulado *Sobre la naturaleza*, o *Sobre lo que existe*, cuya mayor parte se ha perdido. Como a todo lírico, le fascinan los juegos de palabras y las sutilezas lingüísticas. En su opinión, solo hay dos formas de indagar en la realidad: aquella que «es y, también, no puede ser que no sea» y aquella que «no es y, también, es preciso que no sea». Si esta expresión te parece confusa, espera a lo que vendrá en los siguientes dos mil años. Mientras la segunda vía se asemeja a la observación directa de la realidad emprendida por los milesios, la primera, escrita en una jerga técnica casi tan oscura como la de Heráclito, abre el camino a la filosofía profesional. Parménides inaugura una nueva disciplina, la metafísica, centrada en el estudio del ser: parafraseando a Borges, una fatigosa variedad de la literatura fantástica. Si Platón y Aristóteles consideran que Parménides es el padre de la filosofía es porque articula este nuevo lenguaje. El ser: no el mundo visible y ni siquiera su principio o *arjé* invisible, sino el ser mismo. Si todo cambia, la sustancia se mantiene, puesto que se halla más allá de los predicados que puedan añadírsele. Parménides no tolera la posibilidad de que no exista una verdad única en el mundo. Solo que, a fin de apuntalar esta idea, se inventa otra ficción: la de que el movimiento no existe.

Aunque su discípulo Zenón de Elea (muerto hacia –430) intenta concederle la razón, casi desmorona su edificio. Su argumento parece simple y claro: si bien es absurdo que todo permanezca, es aún más absurdo que nada lo haga. De sus cuatro célebres paradojas en torno al movimiento, la de *Aquiles y la tortuga* aún nos solivianta: «Aquiles, el más rápido entre los mortales, compite en una carrera contra una tortuga lenta y fastidiosa. Desdeñoso, le concede una ventaja: ella podrá salir primero y él avanzará después». Según Zenón, Aquiles jamás alcanzará a su rival porque, antes de llegar adonde ahora está la tortuga, tendría que haber llegado al lugar en el que esta estaba hace un momento, y así *ad infinitum*. Conclusión o moraleja de este cuento borgiano: el movimiento es una ilusión. Aun hoy no es fácil rebatirlo. Zenón introduce el peligroso virus de las paradojas en un organismo, el pensamiento racional, que apenas acaba de nacer.

Inspirado tanto por los milesios como por Pitágoras y Parménides, Empédocles de Agrigento (muerto hacia –435) emprende una síntesis. Si bien retiene cierta vertiente mística —es un firme practicante de los ritos órficos—, intenta resolver el problema de lo uno y lo múltiple con el argumento de que el *arjé* del universo está formado por cuatro raíces —nunca los llama elementos—, tierra, aire, agua y fuego, en constante colisión a partir de la acción de dos fuerzas contrarias, la guerra y el amor: la repulsión y la atracción, diríamos hoy.

Leucipo de Mileto (quien funda su escuela en torno al −440) y su alumno Demócrito de Abdera (muerto hacia −370) retoman la objetividad de los milesios, la idea de sustancia de Parménides y el materialismo de Empédocles para refinar la idea de que el *arjé* del universo se halla en diminutos corpúsculos materiales que se mueven en el vacío. Son eternos e indestructibles y no pueden dividirse: los átomos, de cuya combinación nacen los demás elementos. Por su parte, Anaxágoras de Clazómenas coincide con los anteriores en que el universo está modelado por partículas indivisibles, a las que llama semillas (*spermata*), si bien les imbuye una inteligencia superior (*nous*), de la cual derivan la vida y la conciencia. Ficciones cada vez más complejas y sutiles.

א

Abandonemos las playas y viajemos al interior, a la Atenas de los siglos −v y −iv, la edad de oro de Pericles: una de esas vibrantes eras en que la fantasía humana se desborda. Frente a la posibilidad de ser aniquilada por Persia, la polis se precipita en este *boom* en el que un alud de ficciones sociales y políticas se combinan con sus contrapartes literarias y artísticas. Si no en el ombligo del mundo, la ciudad de Atenea se convierte en el nudo privilegiado entre Oriente y Occidente. Como suele ocurrir en los sitios prósperos, la polis se llena de extranjeros que le aportan sus propias ideas, desatando un torbellino de creatividad. Y, si no se eliminan del todo los procesos por impiedad y las condenas a muerte o al ostracismo, la ciudad alimenta la ficción de que el valor supremo de la democracia es la tolerancia: cualquiera puede expresar sus creencias y ponerlas a prueba.

La primacía de la razón frente al dogma provoca que incontables escuelas dialoguen y compitan entre sí. Cuando cada ciudadano ansía tener la razón, la retórica, el sutil arte de convencer a los demás, deviene pasión colectiva. La competencia se acentúa entre los profesores que educan a esos nuevos ciudadanos ávidos por desempeñar un papel activo en la democracia y dos sindicatos rivalizan por ese jugoso mercado: los sofistas y aquellos que se anuncian como amantes de la sabiduría. En los márgenes, una pandilla de activistas denuncia la esterilidad de sus peleas: los cínicos. Al cabo de unas décadas, la victoria del bando filosófico resultará abrumadora: hoy llamamos sofistas a los charlatanes y cínicos a los impostores, mientras que a sus rivales —a la trinidad formada por Sócrates, Platón y Aristóteles— los veneramos como fundadores de Occidente. La historia es, por supuesto, más compleja: si bien las ideas de estos últimos resultaron más aptas que las de sus rivales, los sofistas han alcanzado una influencia mayor entre nosotros gracias a la literatura, y en particular a esa vertiente que, a través de la tragedia, llega a nosotros bajo las máscaras de la novela.

א

Acogidos y estimulados por Pericles, numerosos maestros se congregan en Atenas para *cochear* a sus jóvenes. A diferencia de los filósofos, quienes los tachan de prostituir el saber, los sofistas cobran honrosas tarifas y admiten alumnos de todas las clases sociales. Expertos en retórica, preparan a sus discípulos para el ágora con herramientas diseñadas para apabullar a sus adversarios. No les preocupa tanto la realidad cuanto el lenguaje y se concentran en retorcerlo, exprimirlo y darle vueltas; inventan la antilogía, la práctica de oponer predicados contrapuestos a un mismo nombre, una enseñanza que irritará profundamente a Platón y su bando, y ponen a sus entenados a practicar esa gimnasia mental que es la erística: el combate entre oradores donde lo único que importa es la victoria. Por último, inventan la técnica que permite aproximarse al conocimiento a partir de un incesante bombardeo de preguntas: el método que Sócrates se apropiará con el nombre de mayéutica. Los sofistas revelan la frágil relación entre las palabras y las cosas y son los primeros en advertir, mucho antes que Wittgenstein, que somos prisioneros del lenguaje. Esta angustiosa consciencia los torna relativistas y escépticos; si cada cual posee una verdad única, acaso la verdad no exista. Por ello aprecian tanto la verosimilitud, igual que los poetas a quienes inspiran. El fundador de la escuela es Protágoras de Abdera (muerto hacia –411), a quien Pericles encomienda la constitución de la nueva colonia de Turios, aunque el miserable terminará sus días en el exilio mientras sus libros son quemados en el ágora. Se le adjudica esta frase mil veces repetida: «De todas las cosas el hombre es la medida, de las que son en cuanto son y de las que no son en cuanto no son». En el diálogo titulado justamente *Protágoras*, Platón le hace decirlo de otro modo: «Las cosas son para mí tal como me parece que son y son para ti tal y como te parece que son».

Como recuerda G. B. Kerferd en *El movimiento sofístico* (1981), este dilema se ejemplifica desde la Antigüedad con un caso emblemático: sopla el viento y, mientras tú lo sientes frío, para mí hace calor. ¿Quién tiene la razón? Ninguna de estas afirmaciones resulta falsa, pues no existe una verdad absoluta sobre la percepción. Los sofistas van aún más lejos y sostienen que las afirmaciones falsas no existen: si tú dices lo contrario que yo, o bien te refieres a otra cosa, o bien pronuncias un sinsentido. En cualquiera de los casos, no hay falsedad en el logos y cada argumento se torna incorregible.

Contemporáneo y rival de Sócrates, Gorgias es uno de los maestros de retórica mejor puntuados de su tiempo y sus rivales lo acusan de enriquecerse a costa de sus alumnos; le reprochan, asimismo, haber dicho que la retórica es una técnica que permite convencer a los demás de cualquier cosa, incluso de una falsedad. Le debemos esta perla de incertidumbre: «El mundo no existe; si existiera, no podríamos conocerlo; y si pudiéramos conocerlo, no seríamos capaces de comunicarlo». No es que la realidad no exista, sino que nunca podremos acercarnos a ella, y menos aún comunicarla, porque el logos jamás empatará con los hechos: todo argumento es una ficción, y las imágenes que nos dibujamos del mundo, simples formas de digerirlo y reorganizarlo. Si además están bien estructuradas, adquieren la capacidad de conducir a las almas ajenas (mediante la psicagogia) a cualquier sitio.

Los sofistas cobran un buen sueldo porque saben convertir un argumento débil en fuerte: quienes mejor lo consiguen son, por supuesto, los poetas, razón suficiente para que Platón los expulse de su república. En contraposición, los sofistas valoran la literatura como parte integral en la educación de los jóvenes. Es muy probable que Sófocles y Eurípides fueran sus seguidores; como afirma Critchley, ambos adoptan la antilogía como herramienta central en sus diálogos. Frente a la verdad de los filósofos, la tragedia reivindica las verdades parciales de los sofistas, las cuales al cabo contaminarán la novela, el cine y la televisión.

A partir de −507, Clístenes inventó una de nuestras ficciones más valoradas: la democracia. Si bien las reformas de Solón ya les habían arrebatado cierto poder a los aristócratas, fue él quien instauró un sistema político en donde todos los ciudadanos de la polis tenían el derecho a elegir a sus gobernantes. Preciso: si bien en teoría los mayores de dieciocho podían inscribirse en su *demos* a fin de adquirir este derecho, la democracia se reservaba solo a los varones, lo cual negaba el voto a más de la mitad de sus moradores. Gracias a Clístenes, las tribus perdieron influencia en favor de una organización política más horizontal: su idea era conjurar la amenaza de que un nuevo tirano volviese a hacerse con todo el poder. Por desgracia, eso fue lo que ocurrió: dos contrarrevoluciones oligárquicas interrumpieron la democracia hasta que Filipo II de Macedonia la eliminó tras la batalla de Queronea. Aristóteles, cuya pasión clasificatoria no tenía fin, diseccionó los sistemas de gobierno como animalillos silvestres; en su *Política*, divide sus constituciones en virtud del interés (si busca el beneficio de la mayoría o solo de unos cuantos) y según quién ejerce la autoridad: una sola persona (tirano o rey), un puñado (oligarquía o aristocracia) o muchos (la democracia o la auténtica política). Apuntaba ya a la condición ficticia de la democracia: aunque en teoría es ejercida por todos, sirve solo a una parte de la sociedad. La auténtica democracia tardará en renacer gracias a la Constitución de Córcega de Pasquale Paoli de 1755 y sobre todo a la de Estados Unidos de 1787, si bien en ambos casos excluye del voto a adolescentes, mujeres, extranjeros y esclavos. Por si fuera poco, el paso de la democracia directa a la representativa añade una capa adicional de ficción al ejercicio: la creencia de que diputados, asambleístas, parlamentarios, senadores, primeros ministros y presidentes en verdad encarnan la voluntad de sus electores. Lo dijo Churchill: la democracia es el peor sistema de gobierno con exclusión de todos los demás.

א

Si Sócrates fue un sofista, muy pronto se hartó de la idea de que un logos pudiese cambiarse por cualquier otro. Para combatirla, se inventó una ficción más rocambolesca, la de que todos los argumentos verdaderos provienen de una forma superior. Una Verdad, así con mayúsculas, que Platón unificará con la Bondad y la Belleza. Si los sofistas se hallan en consonancia con la democracia ateniense —la única forma de llegar a un consenso entre ideas de igual valor es por medio del voto—, Sócrates y Platón piensan que las decisiones mayoritarias suelen estar equivocadas y que solo unos cuantos tienen acceso a la sabiduría. Su hostilidad contra los poetas se traslada a la democracia, como demuestra la simpatía de Sócrates hacia la dictadura de los Treinta, entre cuyos miembros se alineaban varios de sus discípulos. Es por ello que, cuando la democracia se reinstaura en –404, sus adalides ven en Sócrates a un enemigo. Apenas sorprende que quien lo denuncie por impiedad sea un poeta: Meleto.

Como narran tanto Platón como Jenofonte, Sócrates se rehusó a intercambiar la pena capital por el exilio. Su decisión ha desatado múltiples interpretaciones, desde quien piensa que se trató de un último desafío contra la democracia hasta quienes lo califican como un postrer acto de claudicación. Y aun hay quienes, para desazón de Nietzsche, elevan su sacrificio a niveles cristianos, como si el filósofo hubiese purgado los pecados de la polis. Al aceptar la muerte, Sócrates les dio un espaldarazo a los fanáticos de la Verdad: su suicidio fue el golpe de gracia para sus antiguos colegas sofistas, cualquiera de los cuales habría preferido cambiar de ideas antes que morir por un logos.

En la batalla por controlar las almas de los ciudadanos, los sofistas pasaron a ser vistos como cómplices de su ajusticiamiento: merolicos y mercachifles que, en vez de perseguir la virtud, se vendían al mejor postor. Una vez desacreditados, los seguidores de Sócrates se enzarzaron en una nueva batalla por el jugoso mercado de la educación. Isócrates había sido el primero en definirse como filósofo al fundar una escuela en las afueras de Atenas y su programa le concedía una importancia central a la retórica con el objetivo explícito de alcanzar la virtud. En el lema de su escuela, que al principio tenía mucho más éxito que la Academia de Platón, condenaba sin ambages el relativismo. Este, en cambio, despreciaba la retórica, a la que no le concedía ni siquiera la condición de arte (*téchne*). Durante años, se empeñó en ridiculizar a Isócrates, asimilándolo con esos sofistas a los que este combatía con denuedo. Al final se salió con la suya y no solo le arrebató el término *filósofo*, sino también a su mejor discípulo. Uno de los primeros encargos que recibió el joven Aristóteles al ingresar en la Academia fue escribir un diálogo (hoy perdido), titulado *Grilos, o de la retórica*, cuyo único objetivo era burlarse de Isócrates.

Aunque Platón consideraba peligrosos a los poetas, no evitó valerse de sus recursos a la hora de exponer sus opiniones: sus *Diálogos* son puestas en escena, provistas de personajes, acotaciones y apuntes psicológicos. No sabemos cuántos de esos parlamentos fueron expresados en reuniones similares a las que describe y cuántos son producto de su imaginación. Se trata de pequeñas piezas teatrales que, a la manera de las tragedias que tanto lo perturbaban, poseen una estructura casi aristotélica con un proemio, un desarrollo, un clímax y un final, y en donde el manejo del suspenso, así sea intelectual, acentúa su dramatismo. Por si fuera poco, Platón inaugura un nuevo género fantástico: la utopía. Esta sociedad adelantada a su tiempo, gobernada por filósofos, planificada al extremo, revela justo el mayor peligro de la imaginación: la obsesión por controlar cada aspecto de la vida en aras de una idea. Aplicada a la realidad, su república sería, como bien advirtió Karl Popper en *La sociedad abierta y sus enemigos* (1945), un sitio espantoso: estratificado, racista, chauvinista y, para colmo, desprovisto de poesía.

א

Aristóteles era un bicho raro: un norteño en Atenas cuya curiosidad solo era superada por su obsesión por el orden. Abordó cada una de las disciplinas de su tiempo con el mismo método: primero compilaba cuanto se había escrito o dicho sobre la materia, publicaba listas y directorios con sus hallazgos —ingentes bases de datos—, realizaba sus propias observaciones, a las cuales dedicaba pequeños opúsculos, señalaba constantes y regularidades y presentaba sus conclusiones a partir de los casos concretos que había analizado. Lector voraz y meticuloso testigo de la realidad, rectificaba cuando hallaba evidencias en contrario. Su sistema, a contracorriente de la tendencia platónica que iba de lo general a lo particular, no ha perdido un ápice de vigencia.

Pese a su desconfianza hacia la retórica, Aristóteles le dedicó a esta disciplina sus primeras lecciones en la Academia, de donde surgió su célebre manual, acaso transcrito por sus alumnos. Un poco más tarde hizo lo mismo con la literatura en su *Poética*. Ambas materias no eran para él sino técnicas: saberes que producen cosas. El objetivo de la retórica era convencer a los otros; para lograrlo, permitía que sus practicantes se valiesen de ciertos recursos específicos: el *ethos*, la construcción ficticia de la autoridad; el *pathos*, la manera de acentuar la emoción de los oyentes; y el *logos*, el contenido del discurso, articulado con el entimema o deducción a partir de premisas verosímiles, y de una suma de ejemplos concretos (*parádeigma*). Aristóteles distinguía tres tipos de oratoria en los que era válido el uso de la retórica: la deliberativa, llevada a cabo en la asamblea con fines políticos; la forense, que permitía argumentar en los tribunales; y la epidíctica o de exhibición, un *show* unipersonal —antecedente de nuestras tertulias políticas y de la *stand-up comedy*—, donde alguien exhibía su habilidad para alabar o vituperar por puro gusto.

Igual que con la retórica, Aristóteles considera que la literatura es una técnica que nace con la imitación (mímesis): sonidos y palabras que copian y representan actos. Como detalla Jesús Mosterín en su *Aristóteles* (2007), el filósofo divide la literatura conforme a dos criterios: los objetos imitados y la manera de imitarlos. El primero distingue entre la realizada mediante acciones nobles o viles: la primera da lugar a la tragedia y la epopeya; la segunda, a la sátira y la comedia. En virtud de su forma, es posible imitar las cosas narrándolas o «presentando a todos los imitados en operantes y actuantes»: los cimientos de la narrativa y el teatro. Mientras que para Aristóteles la retórica busca convencer a los demás a partir de argumentos verosímiles, la literatura pretende generar emociones que luego serán purgadas mediante la catarsis. La ficción adquiere así una doble naturaleza: por un lado, produce argumentos verosímiles, capaces de engatusar a la mayoría, y, por otro, emociones auténticas que se desvanecen al término de la representación o la lectura. Unidas, su retórica y su poética definen los márgenes de la ficción: su doble capacidad de engañar y emocionar.

א

Los antiguos griegos no solo investigan la realidad por medio de la razón, sino de la mímesis: un trayecto paralelo al de la filosofía y la tragedia se lleva a cabo a través de la escultura (y acaso la pintura, de la que nos quedan pocos ejemplos). El cerebro humano fue diseñado por la evolución para apresar el mundo mediante esquemas o mapas que le permitan transitarlo; por ello, los pueblos primigenios jamás pretendieron realizar copias exactas de la naturaleza o de sí mismos. No es sino en épocas tardías cuando una nueva ficción, la verosimilitud —la idea de que es posible copiar el mundo—, comienza a guiar a sus artistas y, siguiendo el camino abierto por babilonios y egipcios, se obsesionan cada vez más con el realismo. Al tiempo que los filósofos desentrañan las leyes del cosmos y los poetas trágicos ponen en escena el alma humana, los escultores modelan ideales o ficciones —justo de aquí nace el término— de sus contemporáneos y de sí mismos.

Cegados por el espejismo que nos lleva a ver la historia del arte como un camino de progreso lineal, seguimos creyendo que en el tránsito de la escultura griega de la época arcaica a Fidias y al helenismo hay una suerte de perfeccionamiento, como si la evolución significase por fuerza mejora y no adaptación.

Es gracias a Praxíteles, contemporáneo de Platón y del joven Aristóteles, que la ficción realista se exacerba. Mira por ejemplo este *Hermes con el niño Dioniso* (c. −340), descubierto en 1877 en el templo de Hera en Olimpia, el mismo lugar donde Pausanias lo había descrito en su *Descripción de Grecia* (escrita entre el 160 y el 180):

Si Praxíteles es, en alguna medida, aristotélico —parece decidido a modelar individuos reconocibles—, sus continuadores se volverán más bien platónicos. En vez de replicar la realidad, aspiran a que sus recreaciones del cuerpo humano le sirvan de modelo, un inalcanzable ideal de perfección que fija los parámetros de belleza *clásica* hasta nuestros días, como en la *Venus de Milo* (del siglo –ii):

«Heródoto de Halicarnaso presenta aquí los resultados de su investigación para que el tiempo no abata el recuerdo de las acciones humanas». Así se presenta el autor de las *Historias* (c. –430), tratando de dar vida a un nuevo género que, en vez de basarse en la tradición o la imaginación, lo hará en la observación directa y la minuciosa identificación de fuentes, causas y efectos. A Heródoto, por ello, Cicerón lo llamó *padre de la Historia*, si bien ya desde la Antigüedad hubo quien puso en entredicho la fiabilidad o la neutralidad de sus descripciones. Desde entonces, cada historiador —y luego cada periodista y reportero— se ha visto sometido al mismo examen. ¿Es siquiera posible imaginar una Historia desprovista de sesgos? De Heródoto a Ryszard Kapuściński, quien se asumía como su heredero, la tentación por completar o embellecer los hechos desliza la Historia hacia la ficción.

א

Mientras los hinchas de Isócrates y Platón se baten por el prestigio de sus escuelas y se arrebatan a los mejores estudiantes, un extraño personaje, mitad *clochard* y mitad revolucionario, serpentea por las callejuelas atenienses. Sin pudor, practica en público tanto las urgencias de Dioniso como las de Deméter —el sexo y la deyección— y, según la leyenda, vive en una tinaja. A Diógenes de Sinope (muerto hacia el –323), sus contemporáneos lo denominan el Perro, un epíteto que adopta con orgullo. *Cínico* deriva justamente de *kyon* y se refiere tanto a su modo de vida salvaje y desvergonzado como a la ferocidad de sus convicciones, la fidelidad hacia sus amigos y la rabia dirigida a sus rivales. Discípulo de Antístenes (muerto hacia –365), a su vez alumno de Sócrates, posee un vínculo natural con los filósofos de los que se burla, pero también con los sofistas, de quienes adopta los sarcasmos con que vapulea a sus críticos.

Frente a las elucubraciones metafísicas de Platón y Aristóteles o las obsesiones lingüísticas de Protágoras o Gorgias, asimila la filosofía con la vida: la suya es una praxis cotidiana que rehúye el enmascaramiento. Ante las florituras de unos y otros, grita o ladra: el rey está desnudo. Diógenes desdeña los oropeles de la civilización que nos alejan de nuestra naturaleza animal; al mismo tiempo, aspira a la verdad más descarnada, producto de un realismo radical. Si llegó a escribir algo, no quedan trazas: prefería escandalizar, provocar, desestabilizar. A su tocayo Laercio le fascinan sus anécdotas y, en su profusa historia de la filosofía —que es casi una crónica de sociales—, lo convierte en una especie de bufón ilustrado. Cuenta que paseaba en pleno día con una lámpara encendida en la estéril búsqueda de un hombre virtuoso. En otra anécdota lo enfrenta al gran Alejandro, quien, al preguntarle qué puede hacer por él, recibe por respuesta: «Hazte a un lado, que me tapas la luz del sol». A lo cual, Alejandro habría replicado: «Si no fuera yo mismo, querría ser Diógenes».

Platón sostiene que el Perro es un Sócrates enloquecido: la ironía, elevada al extremo, convierte la palabra en arma revolucionaria. Los cínicos son un incordio público a los que pocos toman en serio pese a ser los únicos que se atreven a cuestionar *todos* los presupuestos. En *Cinismos. Retrato de los filósofos llamados perros* (1990), Michel Onfray los pinta como criaturas tozudas y molestas que convierten a sus amigos en enemigos al morderlos con sus verdades soeces y desvergonzadas. Por más que se les haya empezado a valorar, su anarquismo, su irreverencia y su voluntad de *outsiders* los coloca en la solemne historia de la filosofía como parias. Resiste en cambio su impulso *antiestablishment*, que heredarán ciertas sectas heréticas, los anarquistas o los punks.

Otras dos escuelas rivales se enfrentan durante los últimos años del esplendor de Atenas antes de la conquista de Filipo II: los estoicos de Zenón de Citio (muerto en torno a –260) y los hedonistas de Epicuro de Samos (muerto hacia –271). Con su morosa defensa del deber y su racionalismo extremo, los primeros animan ese rigor un tanto burocrático que pasará del helenismo a los romanos; los segundos se preocuparán, entretanto, por auspiciar vidas placenteras, desprovistas de excesos, centradas en otro ideal, la ataraxia, el estado anímico que intenta alejarse de las perturbaciones negativas y concentrarse en el presente. Mientras los primeros imaginan que el universo se rige por cadenas de causa-efecto, ante las cuales solo queda tolerar la desgracia, los segundos son atomistas y le conceden mayor margen de maniobra a la libertad individual. Ambos ofrecen modelos de vida a sus seguidores en una época en la que los dioses parecen haberse marchado: estrictos e imperturbables, unos, apacibles y bienhumorados, los otros.

El cristianismo idealizará a los primeros y caricaturizará a los segundos, transformando su ateísmo —o su teísmo abstracto— en impiedad y su hedonismo racional en lujuria. En su relato, los estoicos lucen como estatuas sin alma, mientras los epicúreos quedan como manirrotos, lujuriosos y glotones: ficciones que borran los vínculos que compartían a su pesar. Su conjunción revela el desencanto hacia una tradición que insistía en hacerse preguntas sobre el universo al tiempo que extraía de ellas un modelo de vida y una organización política acordes con sus nociones de conocimiento, felicidad y virtud. Las dos escuelas, la estoica y la hedonista, sumadas a quienes, como Plotino (205-270), reavivan el platonismo, se adaptarán a la era en que los romanos convierten el Mediterráneo en su propia ficción imperial. Cuando esta a su vez se acomode al lujo y la frivolidad de una *pax* sin aspavientos, no conseguirán frenar la marea totalitaria que, desde la lejana Palestina, devastará el mundo antiguo. Frente a las ficciones contradictorias, inestables y abiertas del politeísmo, la filosofía y la tragedia, el cristianismo impondrá una ficción única, tan imperial como el Imperio, empeñada en sepultar a sangre y fuego a todas las demás.

Acaso la más ambiciosa visión sobre el universo escrita en aquellos años sea obra de Tito Lucrecio Caro, un seguidor romano de Epicuro: el redescubrimiento de su poema *De la naturaleza de las cosas* (escrito en torno al –50) es digno de una trama policiaca, como lo ha contado Stephen Greenblatt en *El giro* (2011). Lucrecio creía en un universo hecho de pequeñísimas partículas eternas que flotan en el vacío y de cuyas combinaciones surgen los elementos, la vida y el libre albedrío. Anticipándose a Spinoza piensa que, de existir, los dioses no tendrían el menor interés en el destino humano; las religiones son supersticiones y el alma, un efluvio de la materia que desaparece con la muerte. Según el escritor romano, no existen ni el más allá ni la vida ultraterrena y lo único que nos resta a los humanos es evitar el dolor y atesorar el placer sin permitir que nos obsesione o nos domine. La muerte tampoco debería importarnos demasiado, pues representa el fin de la conciencia. En toda la Antigüedad no hubo ficciones más sensatas, acaso porque Lucrecio sabía que el único modo de garantizar la felicidad es abandonando nuestra insana obsesión por el futuro.

5. Sobre cómo inventar personas, familias e imperios

El derecho romano

Abres los ojos y te descubres frente a una mujer que sostiene tu mano y un joven que no te quita los ojos de encima. Te esfuerzas por asimilar sus palabras. La mujer tiene el cabello canoso y el semblante curtido por el sol; en el muchacho notas, en cambio, cierta urgencia. Te descubres vestida con una larga toga blanca y un cinturón que te aprieta la cintura. La matrona te coloca un velo anaranjado sobre el rostro y las demás figuras se ensombrecen. Ella pronuncia entonces una suave fórmula que tú repites: «*Ubi tu Gaius, ego Gaia*».

La multitud estalla en risas y regocijo. Alguien te lleva a una mesa colmada de platos, ánforas y viandas. Nunca habías visto tantos manjares juntos. Sin saber muy bien lo que ocurre, te sientas al lado del joven, que no deja de sonreírte; tú asientes con prudencia a sus murmullos. Al término de la cena, otra de las matronas te toma de la mano y te conduce frente a la asamblea. Te abraza con fuerza, como si quisiera protegerte de una amenaza que no alcanzas a discernir. El joven se levanta y se dirige, con los ojos inflamados, hacia ustedes. La mujer te retiene con enjundia, en tanto el muchacho te jalonea de la mano e intenta arrancarte de su lado. El forcejeo se prolonga por varios segundos. La anciana —ahora comprendes que es tu madre— solloza ruidosamente y te murmura al oído que tú también debes gemir, gritar y resistirte. Intentas imitarla, aunque tu angustia suena falsa. Entretanto, el joven —tu nuevo esposo— al cabo logra apartarte de sus manos. Te estrecha con fuerza y te besa en los labios: a partir de ese momento quedarás sometida a él.

Conforme a la ley romana, has contraído matrimonio y has pasado de la *manus* de tu padre a la de tu marido. Hasta antes de esta puesta en escena, eras una joven núbil, sometida al férreo control familiar; acabado el ritual que rememora el legendario rapto de las sabinas, te has convertido en otra persona:

una matrona bajo la supervisión exclusiva de tu marido. No se requirieron más que unas cuantas palabras y unos cuantos gestos, esa representación de uno de los momentos fundacionales de la *urbs*, para que cambiases de estado y se verificara ese intercambio patrimonial entre tu padre y tu esposo. Una mínima pieza teatral bastó para producir efectos sobre la realidad y transferir de un hombre a otro una nada desdeñable cantidad de recursos humanos —tú misma y tus futuros hijos— y económicos —tu dote— sin suscitar controversias ni conflictos.

א

En el siglo –v, un grupo de notables romanos viajó a Atenas para copiar las reformas de Solón. Desarrollado durante la República, remozado en época imperial y al cabo compilado por Justiniano en el *Corpus Iuris Civilis*, el derecho romano llegó a regular la convivencia en un territorio que, en su época de mayor esplendor, abarcaba desde la desembocadura del Tajo hasta la del Éufrates y desde el Rin y las Highlands escocesas hasta el Sahara. Más que de su literatura o su filosofía, los romanos se sentían orgullosos de sus leyes, de cuyo cumplimiento se aseguraban férreamente sus legiones, una forma acaso menos sutil, aunque sin duda más eficaz, de gobernar a tantos pueblos.

El derecho romano nace de una prohibición: Rómulo traza con su azadón los límites imaginarios de su urbe y amenaza con la muerte a quien los traspase. A partir de entonces, sus legisladores se precipitarán a regular todos los aspectos de la vida. En época arcaica, cada nuevo caso que se le presenta a un juzgador se convierte en un precedente: de llegar a repetirse, contará así con una base para resolverlo. A la costumbre y la jurisprudencia se suman poco a poco otras fuentes clásicas: las *leges rogatae*, elaboradas por el Senado, los magistrados y los comicios; los edictos de los magistrados, los senadoconsultos, los plebiscitos y las constituciones imperiales. Poco a poco se levanta el imponente edificio: en su base se hallan las normas que fijan las relaciones de los ciudadanos con la ciudad, las cuales animan el derecho público, y, en su punta, aquellas que regulan las relaciones entre los habitantes de la urbe entre sí, las cuales a su vez dan lugar al derecho privado.

El primer conjunto de leyes que asienta esta división se encuentra en las *XII Tablas*, compiladas hacia el −450 por la comisión que reemplazó de manera excepcional a los tribunos patricios y de la plebe. Una vez redactadas e inscritas en grandes tablones de madera —al parecer estaban escritas en verso para facilitar que hasta los niños pudieran aprenderlas de memoria—, fueron colocadas en el foro, donde permanecieron hasta el saqueo de Roma por los galos en −390. Las tres primeras regulaban los procesos civiles y la ejecución forzada; la cuarta, la familia; la quinta, las sucesiones testamentarias; la sexta, los negocios jurídicos; la séptima, la propiedad inmobiliaria; la octava y la novena, los delitos y los procesos penales; y la décima, las estructuras que hoy llamaríamos constitucionales. Las últimas dos, conocidas como *tabulae iniquae*, añadidas sin haber sido sometidas a consulta, preservaban la división de clases e impedían el matrimonio entre nobles y plebeyos.

La arquitectura imaginaria de la *urbs* se dota con este enorme mapa al tiempo que inventa la idea de persona; rige las relaciones de los ciudadanos entre sí y especifica cómo pueden resolver sus controversias; concibe la familia como base de la estructura social a fin de defender la propiedad privada y la transmisión del patrimonio —la institución patriarcal por excelencia—, tanto *inter vivos* como *mortis causa*; define los crímenes y los castigos, así como las reparaciones; establece principios básicos sobre la estructura del Estado; y, en fin, determina las relaciones entre los distintos estratos sociales. Se trata, pues, de un complejo conjunto de ficciones diseñado para asegurar el control sobre los bienes —mujeres y esclavos, muebles e inmuebles— y diseñar la forma de resolver los conflictos entre particulares tanto en el ámbito civil como penal. Asienta la primacía del Estado e instaura de manera definitiva el modelo patriarcal y jerárquico que defiende los privilegios de unos cuantos —los nobles, los hombres y los ciudadanos— por encima de otros —los plebeyos, las mujeres, los niños, los incapaces, los esclavos y los extranjeros—. El derecho es pura ideología práctica: cómo fraguar, con un discurso que en teoría busca el bien y la virtud, una sociedad imaginaria que ordene la real.

Otra de las grandes ficciones romanas es el Imperio: un enorme ámbito espaciotemporal destinado a perdurar y en el cual todos sus habitantes, por distintos que sean, están sometidos a las mismas leyes. Para apuntalar su legitimidad, adopta los mitos de los pueblos conquistados, al tiempo que se crea otros: los romanos son los primeros que se inventan conscientemente un pasado. Cuando Augusto ordena que el más distinguido de los poetas de su tiempo, Publio Virgilio, redacte una épica capaz de competir con la *Ilíada* y la *Odisea*, funda una nueva tradición y se inventa una genealogía. Al enlazar a Roma con Troya a través de Eneas, Virgilio le confiere aún más poder simbólico al césar y pone la ficción al servicio del Estado. A diferencia de sus modelos griegos, la *Eneida* (–19), que el poeta ordena quemar a su muerte, es altísima propaganda bien consciente de serlo.

א

La gran invención del derecho romano es la persona. Los esclavos, en cambio, son objetos y no tienen derechos ni obligaciones, que más bien son ejercidos sobre ellos. Para tener plena capacidad jurídica se requiere el *status libertatis*, el *status cives* y el *status familiae*. Mientras algunos poseen la libertad desde el nacimiento (*ingenuus*), otros la alcanzan al ser liberados de la esclavitud (*libertus*). En Roma, la condición de esclavo no es esencial o permanente ni está determinada por el color de la piel u otras características físicas; si bien la mayor parte son bárbaros capturados en las guerras de conquista, es posible perder la libertad si no se pagan las propias deudas, así como recuperarla o conseguirla mediante la manumisión.

Para gozar de plena capacidad jurídica, el *status familiae* implica que el varón debe haber cumplido veinticinco años (solo entonces se le considera *sui iuris*), momento en el cual deja de estar sometido a la *potestas* de su padre o tutor. Los niños son personas siempre y cuando nazcan vivos y sean viables; al *nasciturus*, el niño que está a punto de nacer, se le tiene por nacido en todo lo que le resulte favorable. La pubertad se alcanza a los catorce, con derechos limitados y el sometimiento a una curatela (*cura minorum*). El varón adulto debe reunir, además, la condición de ciudadano, la única que permite contraer matrimonio, disponer de testamento y trabar negocios jurídicos. Los *latini*, antiguos miembros de la confederación latina, y los *peregrini*, los extranjeros, también son personas, aunque con derechos limitados. A las mujeres adultas se les reconoce esta condición, pero, a causa de su *imbecillitas* o *infirmitas*, permanecen sujetas al control de su padre, marido o tutor.

Desde las *XII Tablas*, el derecho romano concibe una estructura social basada en la familia, entendida como un núcleo de poder con patrimonio propio. Se dice que, tras la fundación de la ciudad en –753, Rómulo asignó a cada ciudadano un terreno que, tal como recuerda Amelia Castresana en su *Derecho romano. El arte de lo bueno y de lo justo* (2013), constituía su *heredes*. Igual que su líder, cada paterfamilias toma su arado y señala los límites de su propiedad, acotada por una zona cultivable (*hortus*), la cual se transforma luego en su *fundus*, el espacio físico sobre el que construirá su casa y hará prosperar a su familia.

Cada ciudadano busca entonces una esposa legítima (*uxor*) entre las mujeres púberes (mayores de doce) que hayan sido educadas en las virtudes de las matronas: austeridad y castidad. La mujer abandona el ámbito del paterfamilias para terminar bajo la *manus* de su marido. Las formas de transferencia quedan detalladas por la ley: la mujer pasa de un patrimonio a otro por el uso, luego de un año de convivencia; mediante la ceremonia del pan *farreo*, que implica un sacrificio a Júpiter y el ofrecimiento de una hogaza de espelta entre los contrayentes; o a través de la *coemptio*, una compraventa simulada que requiere cinco testigos. Una vez bajo la tutela del esposo, la mujer disfruta del *honor matrimonii*, el privilegio de ser presentada en público, y la *affectio maritis*, el cuidado marital.

Los hijos son el fin del matrimonio y se reconocen como legítimos si nacen siete meses después del casamiento y diez después de su disolución, la cual solo se produce si el marido repudia a la mujer. Cuando el paterfamilias toma en sus brazos al recién nacido, lo reconoce legalmente y establece sobre él su *patria potestas*. Como un pequeño soberano, rige los destinos de su esposa y de sus hijos, designa herederos y actúa como sacerdote doméstico, responsable del vínculo con los dioses familiares o penates. Como parte de su vida privada, puede acumular amantes entre las mujeres que, al no ser recatadas ni fieles, no se adscriben a la categoría de matronas.

El derecho romano determina qué cosas pueden ser objeto de transacciones comerciales y cuáles quedan fuera, como las *res divini iuris*, reservadas al culto. Para apropiarse de las primeras, se requiere la *mancipatio*, una ceremonia que implica tanto la expresión de una fórmula ritual como el gesto de apoderamiento con la mano. Poco a poco, este rito da paso al *dominium ex iure civile*, que distingue la propiedad de la posesión. A partir de aquí, la extensa malla ficcional se preocupa por las controversias derivadas de la propiedad privada. Puede ocurrir, por ejemplo, que alguien tenga el dominio sobre una cosa sin ser su legítimo propietario; en tal caso, puede ejercer ante los magistrados la *actio in ius et in rem*, a fin de reivindicar su derecho sobre ella. La ley reconoce la posibilidad de que la posesión se convierta en propiedad mediante la usucapión y confiere poderes limitados sobre la propiedad ajena en las servidumbres, los derechos reales de garantía y el usufructo. La persona jurídica no se extingue con la muerte y la ley regula la sucesión testamentaria.

Como puedes advertir, la imaginación jurídica romana abarca no solo la vida, sino la muerte. Pero sus juristas van más allá al inventar la idea de obligación: la relación imaginaria y metafórica entre personas que, en virtud de un negocio (en particular un préstamo), quedan ligadas entre sí. En épocas arcaicas, esa liga se volvía una atadura real, pues en caso de impago el deudor se convertía en propiedad del acreedor: la persona devenía cosa. Más adelante, los jurisconsultos encuentran una solución menos drástica, la dación en pago (*datio in solutum*), que permite entregar un objeto distinto al original con el consentimiento del acreedor. Otra fuente de obligaciones son los delitos y quienes los cometen quedan unidos a sus víctimas. En el ámbito comercial, el derecho romano regula transacciones, préstamos, garantías y diversas formas de crédito —el comodato, la prenda, el depósito y la moratoria—, así como la compraventa y el arrendamiento. Cada supuesto es desmenuzado por magistrados y juristas, los cuales adecuan las leyes abstractas a cada caso concreto. Nace así una sofisticada jerarquía de glosas e interpretaciones, que al cabo darán paso a escuelas y tradiciones encargadas de armonizar esta gigantesca urbe imaginaria. Su culminación llegará con el *Corpus Iuris Civilis* de Justiniano entre el 529 y el 534. Insisto: una obra de arte total.

> Acudes ante un magistrado o un juez y acusas a otro de un delito. Ese otro lo niega y se defiende. El juez o los jurados escuchan atentamente a las dos partes. En el mejor de los casos, se respetan los derechos de cada uno y se preserva el debido proceso. Los dos bandos presentan pruebas y alegatos. Se convoca a los testigos. Los abogados ofrecen sus conclusiones en una competencia por resultar más verosímiles y convincentes que sus adversarios. Al cabo, el juez, el magistrado o los jurados dictan sentencia. Poco importa, en este punto, lo que en verdad haya ocurrido: lo que se fija es esa ficción imprescindible para la convivencia social a la que damos el nombre de verdad jurídica.

א

Estudiar Derecho fue, para mí, un error histórico. Si bien la responsabilidad del desvío fue solo mía, recibí el impulso de mi padre, mis maestros y mis amigos de la preparatoria. De los cincuenta alumnos de mi clase, unos cuarenta terminamos en las aulas de la Facultad de Derecho en la UNAM. Mis primeros cursos no pudieron resultarme más grises y anodinos y al cabo de unas semanas ya soñaba con mudarme a la vecina Facultad de Filosofía y Letras, cuyas clases comencé a frecuentar como oyente. Creo que hubiera abandonado Leyes de no ser porque, en el segundo semestre de la carrera, conocí a uno de los mejores maestros que he tenido: un hombretón divertido y lenguaraz, de cabellos erizados y blanquísimos, que dominaba una decena de lenguas, arrastraba penosamente las erres debido a su doble origen suizo y neerlandés y poseía la más vasta cultura imaginable. Se llamaba Guillermo Floris Margadant e impartía Derecho Romano. Hace unos días una amiga me devolvió el manual escrito por este excéntrico sabio que le presté a su hermana hace un cuarto de siglo. Hojeo sus páginas, que me hacen recordar con nostalgia su erudición y sus destellos de humor negro. Margadant podía dedicar una clase entera a una sinfonía de Mahler o *La montaña mágica* con la misma vehemencia que le confería a la *litis contestatio* o la usucapión. En sus labios, el derecho se convertía en una rama de la literatura: el singular esfuerzo por imaginar todos los conflictos humanos posibles y las maneras de resolverlos de antemano.

Un año bajo su tutela no venció, sin embargo, el tedio que padecí durante el resto de la carrera; salvo un par de excepciones, como Derecho Penal, transité por una sucesión de materias insufribles —Derecho Administrativo, Laboral, Procesal o Fiscal— impartidas por profesores que nos obligaban a memorizar cientos de artículos plagados de inconsistencias. En México, el partido oficial se había empeñado en redactar miles de normas a sabiendas de que aquella maraña jamás iba a trasladarse a la realidad; vivíamos —y lo seguimos haciendo— en un Estado de derecho imaginario, donde cualquiera puede conculcar sus principios si posee cierta dosis de poder o de dinero. Como en tantas otras partes, en México las leyes no garantizan la justicia, sino la impunidad.

Al acabar la carrera, trabajé durante dos años y medio en las procuradurías del Distrito Federal y General de la República —hoy llamadas fiscalías—, dos espacios privilegiados para estudiar cómo funcionaba, o más bien cómo no funcionaba, nuestro corrupto sistema de justicia. En el modesto puesto de secretario del procurador, pude mirar de cerca el errático diseño de nuestro sistema y desde allí fui lejano testigo del alzamiento zapatista y el asesinato del candidato del PRI a la presidencia en 1994. Tras mi renuncia, todavía pasé un año en el Instituto de Investigaciones Jurídicas de la UNAM hasta que, escandalizado con las escenas sexuales de mi primera novela, el abogado cercano al Opus Dei que lo dirigía me convenció de renunciar.

Durante los siguientes veinte años procuré olvidarme de mi profesión hasta que, movido por la misma pulsión que me condujo en primer lugar al derecho, me dediqué a investigar un notorio caso de secuestro con la idea de escribir una novela sin ficción. Así nació *Una novela criminal* (2018), el libro que examina el caso de Florence Cassez e Israel Vallarta, en donde la policía federal, con el contubernio de los medios y los jueces, y luego del propio presidente de la República, creó una de las más delirantes ficciones de los últimos años: una perversa banda de secuestradores, los Zodiaco, encabezada por esa pareja, que jamás existió. En los cursos de Derecho Romano del doctor Margadant aprendí que el derecho es el *ars boni et aequi,* y la justicia, la *constans et perpetua voluntas ius suum cuique tribuendi.* La realidad mexicana me demostró que puede ser lo contrario: el arte de fingir que existe un marco que regula lo bueno y lo justo, así como la constante y permanente voluntad de violar los derechos de los desprotegidos.

Diálogo 4

Donde Felice y el bicho discuten sobre las curiosas ficciones que distinguen el bien del mal

FELICE: Estoy llena de ficciones, dices.

BICHO: Sin duda.

FELICE: ¿Y la libertad?

BICHO: ¿La libertad?

FELICE: ¿Dónde queda? Si en mi cabeza anidan las ficciones que otros antes de mí han inventado, sumadas a las que yo misma elaboro, si esas ficciones me modelan y me hacen ser quien soy, ¿me queda alguna capacidad de decidir?

BICHO: Para sobrevivir, los organismos deben actuar frente al medio de la manera más rápida posible. Esa labor la lleva a cabo una parte de tu cerebro sin que tú te des cuenta.

FELICE: ¡No todo lo resolvemos así!

BICHO: Casi todo, Felice. Siendo generosos, como el noventa y cinco por ciento de las cosas.

FELICE: Aun si fuera cierto, ese cinco por ciento es importante. Quizás esa sea la parte que, con tu perdón, nos vuelve humanos.

BICHO: En la mayoría de los casos, los cerebros humanos se activan *antes* de que sus dueños sepan lo que van a elegir.

FELICE: ¿La distinción entre el bien y el mal también es una ficción?

BICHO: En principio, nuestras ideas en torno al bien y al mal son ficciones, sí. Pero quizás no sean meras ocurrencias, sino respuestas a ciertas conductas instintivas.

FELICE: ¿Ustedes, los... animales..., tienen moral?

BICHO: Muchas conductas que los humanos no dudarían en llamar morales se encuentran ya entre las aves, los reptiles y sobre todo los mamíferos. Y, si miras a los primates y los grandes simios, o los gráciles delfines, te toparás con comportamientos que identificarías sin problemas como buenos o malos. Si bien la naturaleza es egoísta, distintas especies han desarrollado conductas altruistas, modelos embrionarios de justicia y de reciprocidad.

FELICE: Ahora solo falta que me digas que los bichos son mejores personas que los seres humanos.

Libro cuarto

Ficciones de culpa y redención

1. Sobre cómo desatar una epidemia

El Nuevo Testamento y las Confesiones

Abres los ojos. Parpadeas con dificultad, sientes el rostro húmedo y abotagado, la respiración entrecortada, los labios resecos. A tu lado, un joven te sostiene entre sus brazos, él también llora, aunque en silencio, mientras en el otro extremo una muchacha solloza. El cielo encapotado no te permite reconocer sus rasgos. Respiras hondo, acaricias sus rostros con ternura, los tres se abrazan como una familia. Al fin reúnes el valor para alzar la cara hacia lo alto: allá, en la cima del monte, despuntan tres siluetas ominosas. Dos maderos sostienen los cuerpos agónicos y desguanzados. Los dos jóvenes te estrechan aún más fuerte, tratan de que no veas lo que ya has visto. Tú no dejas de mirarlo: los rizos ensangrentados sobre la frente, el vientre henchido, los hermosos pies horadados por los clavos, la serenidad con que tu hijo cierra los párpados y se entrega a su destino. Los dos jóvenes te ayudan a incorporarte. Poco a poco te arrastran sobre el lodo, casi en hombros. Apenas entrevés cuando un soldado le perfora el costado con una lanza sin que su cuerpo se inmute. «Volverá», te promete el joven, «el rabí volverá».

Jesús de Nazaret, el Ungido —en griego: el Cristo—, es uno de los personajes de ficción más apabullantes de la historia, acaso solo después de ese Dios de quien se asumía hijo y vocero. Ello no quiere decir que un Jesús de Nazaret de carne y hueso no haya vivido en los albores de la era sellada con la incierta fecha de su nacimiento, pero no disponemos de testimonios contemporáneos de su itinerario. Cuanto sabemos de él se lo debemos a un puñado de cartas escritas tras su muerte, a los Evangelios atribuidos a sus discípulos directos —Marcos, redactado en torno al año 70; Mateo y Lucas, en torno al 80; y Juan, de fines de los 90— y a aquellos a los que la Iglesia califica como apócrifos. No hay por qué dudar que un predicador nacido en Belén haya deambulado mientras Poncio Pilato se desempeñaba como prefecto de Judea y es probable que haya sido crucificado en torno al año 33; fuera de ello, quedan pocas certezas respeto a sus enseñanzas, acaso cercanas a las de los esenios.

El cristianismo es una ambiciosa ficción colectiva. A san Pablo, el judío helenizado que reinventó su doctrina, le siguieron cientos de comentaristas en cada confín del Mediterráneo y, tras la deposición de Rómulo Augústulo en 476, tanto en el Imperio bizantino como en los nuevos reinos de Occidente sus intérpretes se multiplicaron hasta las reelaboraciones de la Reforma. Todavía hoy, el papa se arroga el privilegio de fijar sus dogmas y nuevas capas de exégesis se le añaden día con día. A lo largo de más de veinte siglos, millones han dado por ciertas estas ficciones y aun quienes perdimos la fe continuamos presos en sus márgenes.

Pocos relatos han logrado inocular tantas mentes, definir sus vidas, sueños y expectativas, sus modos de organización y sus límites morales, su vida cotidiana y sus ideas sobre el cosmos. A diferencia de cultos previos, el cristianismo pronto se asumió universal: nunca un puñado de fieles había soñado con convertir a la humanidad entera a su doctrina. Tras insondables querellas, escaramuzas, guerras y ajusticiamientos, se transformó en la principal arma de una civilización, la occidental, que se asumió tan universal como él. Desde que Teodosio I lo erigió como religión oficial en el 380, el cristianismo ha vivido en el corazón de los imperios más poderosos de la historia, del romano al bizantino, del carolingio al romano-germánico, del español al británico y del ruso al estadounidense —que sigue considerándolo su base—, y aun hoy, en la época más laica y descreída de la historia, conserva un poder enorme. Aunque quede poco de aquel predicador de Nazaret, su nombre todavía define nuestro tiempo.

א

Más que a los Doce, debemos a Saúl de Tarso (muerto en torno al 64 o 65) la mutación que alentó que una oscura secta, de entre las muchas que proliferaban en la Judea recién incorporada al Imperio, deviniese fantasía universal. Pablo, como empezó a nombrarse tras su precipitada conversión, poseía una identidad doble: el judaísmo ortodoxo de sus padres y su carácter de romano. La ficción jurídica que le permitía ser ciudadano sin haber nacido en Roma lo inspiró a ganar la competencia contra las demás sectas judías; su mayor iluminación en el camino de Damasco no fue cesar de perseguir a los cristianos, sino que su nueva fe pudiera ser inoculada a los gentiles sin que tuvieran la obligación de circuncidarse; ninguna otra se atrevió no ya a incorporar a practicantes de otras religiones, sino a buscarlos con gran celo. A los romanos, esta práctica les parecía aberrante; mientras ellos se apropiaban de las divinidades de los pueblos conquistados, los cristianos buscaban eliminar cualquier otro dios excepto el suyo. Pasaría mucho tiempo antes de que diferenciaran a los seguidores de Jesús de otras sectas judías. Por más de medio siglo, los hebreos fueron un incordio; además de sus extrañas creencias y costumbres, se resistían a honrar al césar y a pagar impuestos. Desde tiempos de Jesús, las legiones debieron soportar los ataques terroristas de los sicarios y las guerrillas de los zelotes. Hasta la destrucción del Segundo Templo, Judea fue un polvorín. Como narra Flavio Josefo (el comandante judío Yosef ben Matityahu, quien desertó para sumarse a Vespasiano), en *La guerra de los judíos* (75-79), durante todo ese tiempo no hubo un segundo de paz. Esta confrontación fue el caldo de cultivo de los iluminados y gurús que anunciaban el fin del mundo.

Como advirtió Nietzsche —y mi amigo Pedro Ángel Palou pone en escena en *El impostor* (2012)—, Pablo se desentendió de Cristo y alumbró el cristianismo. No solo lo expandió con sus viajes evangelizadores por Siria, Asia Menor y Grecia, sino que le otorgó su perfil moralista y escatológico, si bien él no consideraba a Jesús todavía como Dios, sino apenas como un elegido o un profeta que volvió de entre los muertos. Respondiendo a las congregaciones cristianas que se desperdigaban por el Mediterráneo, Pablo insistía en vivir como si el Reino de Dios ya hubiese llegado, abrazando principios de castidad, caridad, sobriedad y modestia frente a los excesos paganos. Sin romper con la Torá, prometía la salvación para cualquiera que siguiese a Jesús. El cristianismo le debe a Pablo otra primicia: para legitimar su nueva fe, emprendió una lectura revisionista de la Biblia que interpretaba cada uno de sus pasajes como preludio del cristianismo. En su lectura, los antiguos profetas no habían hecho otra cosa que advertir sobre su llegada, la cual terminaría con una era de corrupción. «Abraham ya no sería solo el padre del pueblo judío, sino el ancestro de todos los creyentes», como escribe Karen Armstrong en *Historia de la Biblia* (2007).

La destrucción del Segundo Templo fue una catástrofe para los judíos y los seguidores de Jesús, solo que estos últimos, en su peculiar lectura de la Biblia, lo consideraron una señal de la segunda venida del Mesías. En este ambiente de inminencia, las comunidades cristianas se consagraron a leer ritualmente las cartas de Pablo y otros discípulos del maestro y a trabar un nuevo corpus con las tradiciones orales en torno a su fundador, auspiciando la redacción de los Evangelios, los textos que fijaban su historia y sus dogmas, y de libros proféticos que anunciaban el inminente regreso del Señor.

א

El Evangelio atribuido a Marcos —compañero de Pablo y primer obispo de Alejandría— fue redactado poco después de la destrucción del Segundo Templo y convierte este hecho en una referencia central. Según la leyenda, su autor se basó en el testimonio directo de Pedro, el discípulo a quien Jesús le encargó fundar su Iglesia antes de morir en la cruz. Siguiendo la lectura bíblica de Pablo, inicia su relato con Juan el Bautista, el mensajero anunciado por el profeta Isaías. Marcos encadena episodios destinados a mostrar el poder del Ungido; a continuación, insiste en su condición de taumaturgo: Jesús cura a la suegra de Simón, libera de los demonios a varios posesos, alivia a un leproso, a un paralítico, a un hombre de mano seca y a una multitud completa en las orillas del lago Tiberíades. El Jesús de Marcos elige a sus discípulos de entre los pescadores de la zona y les confiere la habilidad para expulsar demonios. Sin evitar las pullas contra los fariseos —la secta rival que intenta reunificar a los judíos tras la destrucción del Templo—, repite las parábolas con que Jesús busca convencer a quienes lo escuchan: la del sembrador, con su célebre admonición «quien tenga oídos que oiga», la de la lámpara y la medida, la de la semilla y la del grano de mostaza. Luego anuncia en su propia voz: «El Hijo del Hombre habrá de ser entregado en manos de los hombres, y lo matarán, y después de muerto resucitará a los tres días».

Jesús no evita las órdenes radicales: «Si tu mano te escandaliza, córtatela», o: «Cualquiera que repudie a su mujer y se case con otra comete adulterio contra aquella». Cumplida su prédica, entra en Jerusalén; Marcos lo presenta allí como un líder iracundo, cada vez más seguro de sí mismo. Maldice la higuera porque no da frutos y expulsa a golpes a los mercaderes del templo. Confrontado con la autoridad romana, le hace decir: «Dad al césar lo que es del césar». Solo entonces presenta el corazón de su doctrina: su monoteísmo exacerbado y su versión de la regla dorada: «Amarás a tu prójimo como a ti mismo».

Jesús identifica la destrucción del templo con su propia pasión y promete reconstruirlo en tres días; esta blasfemia desata la ira en su contra. A Marcos le debemos algunas de las escenas más representadas de la historia: la última cena, la traición de Judas, la agonía al pie del monte de los Olivos, el arresto y el proceso de Jesús. Luego, lo vemos conducido ante los sacerdotes, quienes lo envían con un dubitativo Pilatos, quien, ante la presión pública, prefiere liberar a Barrabás. Padece la coronación con espinas, es maltratado y azotado y, en fin, crucificado en el monte Calvario.

Concluida su misión, Jesús resucita y asciende a los cielos, donde permanece sentado «a la diestra de Dios». El protagonista del relato es una mezcla de sanador y gurú que aún no se aparta de la tradición judía. Las páginas que dedica a sus milagros, curaciones y exorcismos exceden las consagradas a sus enseñanzas, como si la principal preocupación de Marcos fuese demostrar su poder frente a los otros mesías que compiten con él. Al evangelista, que escribe cuando el templo ya ha sido derribado, le importa revelar que Jesús profetizó la catástrofe. En las batallas que libran los judíos tras el desastre, ello le garantiza una posición única, pues ahora el templo se hallará en cada *ecclesia* erigida en su nombre.

El Jesús de Marcos predica un código de conducta ejemplar —amor al prójimo, castidad, fidelidad, pobreza— y un reto al orden establecido. En ningún momento lo presenta como un dios, sino como un humano que se exaspera tanto como se conmueve, sufre al adivinar su muerte y se siente abandonado en la cruz. No es mi intención resumirte aquí las incontables especulaciones en torno al posible Jesús histórico, ficciones que lo convierten en un guerrillero contra los romanos, un místico o un revolucionario, sino señalar cómo en este primer relato queda ya fijada su personalidad. En este estadio seminal, no hay trazas de su nacimiento o su infancia, la virginidad de María o la Trinidad: el Jesús de Marcos es un perfecto profeta judío que se rebela contra la jerarquía rabínica y cuyo sencillo código ético contrasta con su intransigencia. Si su pasión hace pensar en las de Dioniso u Orfeo, el evangelista lo dibuja como un enviado aún más poderoso, capaz de transmitir sus poderes a quienes crean en él.

א

Mateo y Lucas escriben sus Evangelios una década después de Marcos, cuando el relativo optimismo que preludiaba el cercano regreso de Jesús ha comenzado a desvanecerse. Como sucede cada vez que un profeta anuncia el fin del mundo, una vez que no ocurre no hay más remedio que aplazar la fecha y ajustar las expectativas. Armstrong resume: «Su comunidad estaba asustada y enfadada. Eran acusados por sus pares judíos de abandonar la Torá y a los profetas». A Mateo le preocupa demostrar que Jesús es la culminación del judaísmo y no una de sus desviaciones; su venida se halla predicha casi en cada libro de la Biblia y por ello inicia su relato con una genealogía que se tiende de Abraham a José. Convierte así a Jesús en una metáfora del pueblo de Israel: igual que este, pasa cuarenta días en el desierto (que rememoran los cuarenta años de su pueblo); como Moisés, dicta sus enseñanzas desde una montaña y cada uno de sus dichos perfecciona aquello que ya proclamaba la Biblia.

Tras la larga estirpe de Jesús —que no coincide con la de Lucas: una discrepancia que de adolescente me hacía dudar que

Dios hubiera dictado ambos textos—, Mateo, quien según la tradición era uno de los discípulos directos de Jesús, narra por primera vez su nacimiento. Donde Isaías se valía del término *almah* (mujer joven) para profetizar a la mujer que alumbraría al Mesías, Mateo traduce *parthenos* (virgen, en griego), dando pie a una obsesión que se prolongará por siglos. El vacío dejado por Marcos se llena con una profusión de anécdotas en torno el carácter excepcional de Jesús desde niño: la anunciación del arcángel Gabriel a María, la adoración de los Magos, la matanza de los inocentes, la huida a Egipto y la orden de volver a Nazaret.

Este camino del héroe contiene incontables signos que anticipan su misión, entre los que destacan el homenaje que le hacen unos magos o su infancia en Egipto, tierra asociada con el esoterismo. Mateo recupera el bautismo a manos de Juan e introduce el episodio del ayuno en el desierto y las tentaciones diabólicas. Mientras que el Jesús de Marcos era más poderoso que los demonios que expulsa a diario, aquí Satanás se vuelve un rival de calado. Superadas sus tentaciones *in extremis*, Jesús se traslada a Cafarnaún para cumplir otra profecía de Isaías. Con una imaginación más vívida que su predecesor, enriquece los episodios en los que Jesús recluta a los apóstoles e inserta el sermón de la montaña, también conocido como las bienaventuranzas, un discurso destinado a animar a quienes están siendo perseguidos tanto por los romanos como por la propia ortodoxia judía.

Conforme avanza en su prédica, Jesús profetiza su propia muerte: el recurso de adelantarse al tiempo para demostrar que tiene todo bajo control y que su sacrificio ha sido diseñado desde el principio de los tiempos. Tras la resurrección, cuando se reúne por última vez con sus apóstoles —algunos de los cuales dudan que sea él—, les confiere la misión de hacer discípulos «en todas las naciones». Mateo no lo hace ascender a los cielos, sino que concluye con la idea de que Jesús es tanto la culminación de las escrituras judías como un modelo para los gentiles. Al retratarlo como un poderoso mago que fija su doctrina en el amor —la *caritas*, el cuidado de los otros—, lo convierte en un personaje más redondo que Marcos, culminación de la escatología judía e iniciador de una nueva alianza cuya principal tarea consistirá en la salvación de la humanidad en su conjunto.

Por su parte, Lucas, un médico gentil convertido en discípulo y amanuense de Pablo, reitera en su Evangelio los mismos episodios de Mateo, sin que podamos saber si ambos fueron escritos de manera simultánea, si uno se basó en el otro o si proceden de una fuente común, a la que la historiografía alemana ha bautizado como Q (de *Quelle*). Mientras que el judío Mateo se mostraba más preocupado por insistir en la idea de que Jesús era la culminación de los profetas del Antiguo Testamento, Lucas se dirige a los gentiles como él mismo. Al médico se le atribuyen asimismo los Hechos de los Apóstoles, el recuento de las primeras iglesias cristianas.

Lucas se asume como historiador y no solo como apologeta y ahonda en episodios apenas esbozados por Mateo: la infancia de Jesús y el protagonismo de María, añadiendo un elemento femenino al culto que acaso no hubiera sido del agrado de Pablo, e incluye la mayor recopilación sobre los dichos de Jesús. También introduce algunas parábolas que no aparecen en otros Evangelios, en particular la del dracma y la del hijo pródigo: un par de enseñanzas que, frente a la conversión exigida por Marcos y Mateo, apunta hacia el perdón de los pecados, la base doctrinal que dará lugar al sacramento de la confesión y al nuevo poder sacerdotal. Una de sus principales preocupaciones es la resurrección: primero, Jesús se les aparece a dos discípulos de los que nunca había hablado en el camino a Emaús y luego a los Once, los cuales, en un episodio un tanto embarazoso, constatan que no se trata de un fantasma cuando el Mesías devora un trozo de pez asado con fruición. Su mensaje final nada tiene que ver con concederles poderes mágicos a sus seguidores, como en Marcos, o con enviarlos a convertir al resto del mundo, como en Mateo, sino con el valor del arrepentimiento y el perdón.

Jesús es un gran narrador oral. Si bien dicta órdenes y mandamientos, prefiere expresarse con breves cuentos morales; sus parábolas son ficciones paradójicas, diseñadas para desatar la empatía. Aunque los primeros Evangelios sinópticos distan de identificar a Jesús como Dios, sus microrrelatos revelan una sabiduría que excede lo humano. En su poética, el Cristo se vale de unos cuantos personajes —y varios objetos: higueras, semillas, granos de mostaza— con los que sus oyentes han de identificarse. Mientras historias como las de la oveja descarriada, el dracma o el hijo pródigo aspiran a mostrar el perdón de los pecados, la del administrador infiel expresa su desdén hacia los ricos. La del juez inicuo denuncia la hipocresía; la de los niños caprichosos, la doble moral; la del sembrador es una especie de metaparábola sobre el poder de estos relatos enigmáticos: «Para que mirando, no vean; y para que oyendo, no entiendan». La del fariseo y el publicano invierte el orden social al insistir en que «el que se eleva será abajado y el que se abaja será elevado», lo mismo que la de las minas: «A quien tiene se le dará; y al que no tiene, aun lo que no tiene le será quitado». La de los viñadores asesinos es una advertencia contra sus enemigos y la de la higuera anuncia su segunda venida. Leídas con cuidado, son relatos eminentemente políticos que denuncian el inequitativo reparto del poder: no es casual que la ortodoxia judía considerara a Jesús como un peligro y que los romanos le impusiesen el castigo que destinaban a los sediciosos.

א

El Evangelio de Juan, atribuido al «discípulo más amado», fue escrito una década después de los de Mateo y Lucas por una comunidad asentada en Asia Menor, acaso integrada solo por cristianos de origen judío, responsable asimismo de sus epístolas y del Apocalipsis. Su célebre íncipit presenta un Jesús radical y místico muy distinto de los demás evangelistas: «En el principio era el Verbo, y el Verbo era con Dios, y el Verbo era Dios».

Juan inicia una de las primeras relecturas tanto de la tradición judía como cristiana; su relato vuelve a los orígenes e identifica el principio de las cosas con la palabra divina, de la cual surgen la vida, la luz y los hombres. Los exégetas posteriores han identificado ese Verbo con el propio Jesús, puente directo entre Dios y sus criaturas. El énfasis en el logos acerca a los juánicos a la tradición filosófica griega y a la lectura alegórica de la Biblia emprendida por Filón de Alejandría. Al otorgarle un papel tan relevante, Juan asume que el cosmos podría ser visto como una ficción de Dios: un verbo —una ocurrencia— que solo existe en Su imaginación.

Juan es el primer evangelista que identifica sin dudas a Jesús con Dios o al menos con una parte de Dios. Es el preludio de los debates que emponzoñarán a las incipientes comunidades cristianas en torno a la naturaleza de su fundador, que se dividen entre aquellas que lo consideran un mortal elegido por Dios y aquellas que lo adoran como una divinidad. La concepción juánica representa una revolución que debió de anonadar a judíos y cristianos por igual: de pronto se hallaban frente a un dios que, a fin de lavar las culpas humanas, se sacrifica a sí mismo. Un bucle extraño, una paradoja o un sinsentido, pronto calificado como *misterio* para impedir que la razón intente desentrañarlo, que los cristianos no tendrán más remedio que aceptar. Juan no duda: «He aquí el Cordero de Dios que quita el pecado del mundo».

Al evangelista no le interesa la infancia de Jesús y, una vez presentado por el Bautista, pasa a su vida adulta. Obligado a detallar las relaciones entre Padre e Hijo, inicia el arduo argumento que busca explicar su doble naturaleza. No resulta fácil seguir estas peripecias teológicas: Padre e Hijo son el mismo Dios y a la vez existe una subordinación del Hijo hacia el Padre. Juan vuelve todo más complicado: «Si yo doy testimonio acerca de mí mismo, mi testimonio no es verdadero», le hace decir a Jesús. «Otro es el que da testimonio acerca de mí, y sé que el testimonio que da de mí es verdadero».

Al construir una metáfora paternofilial entre Jesús y Yahvé, los juánicos rompen al fin con el judaísmo, al cual atacan una y otra vez, dispuestos a llevar a su límite una blasfemia que da paso a una nueva religión. A Juan le debemos otra extraña invención: el Espíritu Santo, al cual él denomina el Paracleto o el Consolador, ese vínculo entre el Padre y el Hijo, y entre Dios y los humanos, que se sumará a las otras dos personas divinas para integrar la Trinidad: otro de esos enigmas que, como habría de comprobar Agustín de Hipona, serán imposibles de cuadrar.

En su relato sobre la pasión, Juan regresa a las escenas habituales, pero le concede un protagonismo especial a María Magdalena, la mujer adúltera perdonada por Jesús, a quien se le aparece nada más resucitar. En las últimas páginas de su Evangelio, se atreve a una irrupción metaliteraria y se presenta a sí mismo como el autor del texto, llamándose sin modestia «el discípulo más amado», y cuenta cómo el maestro le confirió la posibilidad de vivir hasta su segunda venida (lo cual significaría que hace poco debe de haber cumplido más de dos mil años). El libro concluye prediciendo su propio éxito: «Y hay también otras muchas cosas que hizo Jesús, las cuales, si se escribieran una por una, pienso que ni aun en el mundo cabrían los libros que se habrían de escribir».

א

Cierras los ojos. Te descubres a solas en la penumbra de una cueva, contemplas tus manos callosas, el papiro que se extiende frente a tus dedos, la titilante luz de una lámpara de aceite, la plumilla y la tinta apoyadas en una hendidura. Escuchas una voz que no es tu voz. Alguien más resuena en tu cabeza: te dicta y tú obedeces. Alzas la vista y, donde antes había rocas y humedad, descubres siete estrellas y siete candelabros. La voz te ordena escribir unas cartas cuyo contenido se te escapa. Ante ti se presenta entonces un trono incandescente, flanqueado por veinticuatro adicionales y, en cada uno, un anciano te observa. Miras a cuatro espantosas criaturas que cargan con un rollo con siete sellos: podrás abrirlos todos, menos el último. Un carnero con siete cuernos y siete ojos toma el rollo y una legión de ángeles y todas las criaturas terrestres se prostran a adorarlo.

Abres, uno a uno, los siete sellos: con el primero surge un caballo blanco conducido por un jinete provisto con un portentoso arco; con el segundo, un caballo rojo cuyo jinete blande una terrible espada; con el tercero, un caballo negro cuyo jinete porta una balanza; con el cuarto, un caballo pálido montado por la Muerte; con el quinto, aparecen los mártires sacrificados por la palabra de Dios; con el sexto, se precipita un terremoto, el sol se vuelve negro y la luna adquiere el color de la sangre, las estrellas caen a la tierra, las montañas y las islas cambian de sitio, los mortales se refugian en cavernas semejantes a la tuya y los sobrevivientes claman para que las montañas los protejan de la ira del cordero. En una pausa, ciento cuarenta y cuatro mil judíos son marcados en la frente como siervos de Dios y una gran multitud se congrega delante del primer trono.

Cuando se abre el séptimo sello —como en la película de Bergman de 1957—, se plantan frente a ti siete ángeles con siete trompetas; un octavo ángel lanza un incensario a la tierra para hacerla arder entre truenos, relámpagos y nuevos terremotos. Desgajada la tierra, los siete ángeles hacen sonar las siete trompetas. Contemplas a un ángel con un pie en el mar y otro en la tierra y un libro abierto entre las manos: un grito suyo anuncia siete misterios que ni siquiera tú serás capaz de descifrar. El ángel te pide entonces que devores el pequeño libro, que te sabe amargo y luego dulce. Cuando estalla la séptima trompeta, se abre el templo de Dios y observas a una mujer de blanco que en su vientre carga a un niño. Un dragón de siete cabezas coronadas y diez cuernos intenta devorarlo, pero es salvado en el último momento. Se desata así la guerra entre el dragón y los ángeles. Al no conseguir devorar a la mujer, el dragón se ensaña con sus demás hijos. Una bestia surge del océano y es adorada por una multitud incluso cuando blasfema contra Dios. Otra bestia brota de las entrañas de la tierra y exige que los humanos adoren a la bestia del mar y a continuación los marca con su número: el 666.

El cordero se planta en lo alto del monte Sion con los ciento cuarenta y cuatro mil que han sido redimidos. Se abren entonces las siete copas doradas. Observas a la puta de Babilonia y a su ciudad hecha añicos. El cordero ha vencido y la bestia y el falso profeta son condenados a hozar en un lago de sangre. El dragón es hecho prisionero en el averno por mil años; los mártires resucitan y viven con el cordero por mil años. Transcurrido este lapso, el dragón vuelve a quedar libre y engaña a todas las naciones de la Tierra. Tras otro combate celeste, el dragón es derrotado y enviado a un lago de fuego, donde sufre su segunda y definitiva muerte. Cuando alzas la vista, admiras la Nueva

Jerusalén: en su centro se hallan el árbol de la vida y el río de la vida que curan a toda la humanidad. Celebras la victoria del cordero.

Abres los ojos y te descubres en la penumbra de una cueva, contemplas tus manos callosas, el papiro que se extiende frente a tus dedos, la titilante lámpara de aceite, la plumilla y la tinta apoyadas en una hendidura.

א

A Juan se le atribuye la pieza más delirante de la Biblia cristiana: los anglosajones la llaman Revelación y los latinos, Apocalipsis, el único libro profético del Nuevo Testamento, aceptado a regañadientes por la ortodoxia desde que el papa Dámaso I lo incluyera en el canon en 382. En septiembre de 1999 visité la sagrada cueva en la isla de Patmos donde, según la tradición, el evangelista recibía la diaria visita del arcángel Gabriel, quien le dictaba las imágenes de un futuro que, como tantos de sus contemporáneos, imaginaba inminente. Según la tradición, en una parte de la roca habría estado la escribanía en la que Juan anotaba cuanto le dictaba la voz divina, mientras que una pequeña hendidura en la piedra señala el sitio donde apoyaba el codo en momentos de cansancio. Cuando salí de la cueva, me aguardaba un perro feroz que me persiguió durante el largo camino hasta el puerto: no sé si era una rabiosa reencarnación del diablo o del evangelista.

En un tono aún más exacerbado que las Epístolas o el Evangelio de Juan, el Apocalipsis es producto de una comunidad aislada y resentida por las persecuciones romanas y las expulsiones judías que profetiza la segunda venida de Jesús precedida de un sinfín de calamidades. A diferencia de los demás textos canónicos, redactados desde una perspectiva histórica y narrativa, nos hallamos frente a un texto en clave, plagado de símbolos que solo los adeptos eran capaces de decodificar. Si hasta ese momento los evangelistas se habían mostrado ansiosos por el pasado —debían enlazarse con las escrituras judías para demostrar que Jesús era su culminación—, los juánicos en cambio viven obsesionados con el futuro.

Desde la Antigüedad, el Apocalipsis ha sido un libro incómodo, aceptado con resistencias por la Iglesia católica, desdeñado por los ortodoxos y menospreciado por Lutero. Su imaginería contrasta con cualquier otro libro del Nuevo Testamento y dialoga, en cambio, con los libros proféticos del Antiguo, en particular con las visiones, igual de estrambóticas, de Ezequiel. Ha habido quienes se obstinan en leerlo de manera literal, confiados en que cada una de sus profecías habrá de verificarse; quienes lo juzgan una metáfora de las persecuciones de Domiciano; quienes, aun leyendo sus descripciones como símbolos, concuerdan con su escatología; y quienes, curándose en salud, prefieren verlo como un sendero interior.

El Apocalipsis ha sido la inspiración de cada movimiento milenarista desde entonces, de los montanistas de los siglos III y IV a los Born Again Christians y a quienes avistaron el fin del mundo en el 2000, pasando por quienes lo temieron mil años atrás. Los delirios de su autor han inspirado pesadillas y han fecundado un género literario que hoy cuenta con millones de adeptos: el horror. Su retrato de la bestia y del falso profeta es responsable de incontables ficciones demoníacas —de Dante a *La profecía* (1976), de Richard Donner— y de una obsesión por el juicio final que, asediados por el cambio climático o las nuevas pestes víricas, aún nos fascina y aterra.

Desde su aparición en los Evangelios, Jesús ha sido uno de los personajes más solicitados por la ficción. Identificándolo con el Mesías prometido por las Escrituras, el hijo de Dios o Dios mismo, ha sido reinventado de san Pablo a Mahoma, de Orígenes a Lutero, de san Agustín a Renan y de santo Tomás a Ratzinger. Sus detractores tampoco han dejado de reconstruirlo, con *El Anticristo* (1895) de Nietzsche a la cabeza. La literatura tardó más en apropiárselo, pero, desde los albores del siglo XX, aparece en un sinfín de piezas literarias, teatrales y audiovisuales. Acaso la más extraña transmutación de su personaje se halle en la trilogía formada por *La infancia de Jesús* (2013), *Los días de Jesús en la escuela* (2016) y *La muerte de Jesús* (2019), de J. M. Coetzee, donde ninguno de sus principales protagonistas se llama como él.

La epidemia cristiana se extiende desde Palestina y Siria al resto de las provincias imperiales. En tres siglos, salpicará todo el Imperio. La destrucción del Segundo Templo funciona como dispersor: judíos y judíos cristianizados se exilian en cada una de sus esquinas, llevando en sus cerebros el virus que contagiará a sus vecinos. Los romanos tardan en identificar la amenaza; si Nerón usa a la nueva secta para camuflar sus fechorías, sus sucesores apenas se fijan en ellos y, si los persiguen —como Marco Aurelio y Plinio el Viejo o, con mayor saña, Diocleciano—, es en razón de su desdén hacia los asuntos públicos y no por la virulencia de sus ideas. Ninguna epidemia se expande sin un adecuado caldo de cultivo: a partir del 150, el Imperio se halla tan bien establecido que relaja sus costumbres y desatiende las ficciones que lo cimientan. Mientras sus ciudadanos se apartan del rigor estoico que hizo prosperar a la República, el descreimiento enciende la curiosidad hacia los exóticos cultos orientales. Los vacíos se llenan: en cuanto unos dioses se retiran, otros ocupan sus altares.

De entre la miríada de virus presentes en esa era de relativa calma política y enorme inestabilidad espiritual, el cristianismo exhibe sus ventajas: se asume tan universal como el Imperio, admite a quienquiera que crea en Jesús, absorbe elementos de cada sitio y posee una voracidad evangelizadora de la que carecen sus competidores. Conforme las enseñanzas de Jesús son reelaboradas, pervertidas o ampliadas por escrito, se desata una pluralidad de sectas cuyo frenesí solo volverá con el protestantismo del siglo XVI o el marxismo del XX. Cada grupo lee los textos sagrados a su modo, propiciando conflictos cada día más violentos. Mientras una *ecclesia* centrípeta, en Roma y Antioquía, monopoliza la ortodoxia, otras tantas, de vocación centrífuga, de Egipto a Cartago, la resisten por doquier.

Como hemos visto, los juánicos son responsables de las primeras mutaciones en las enseñanzas de Jesús; con su énfasis en el Logos y sus veleidades griegas, abren la puerta a la primera gran desviación de la ortodoxia: el gnosticismo. En el entorno helenizado de las provincias orientales, la revelación se entiende como la transmisión de un conocimiento (una gnosis) de Dios a los mortales. Jesús nos compartió la verdad en torno «a la génesis del mundo, el origen del mal, el destino de los elegidos, y el conocimiento o enseñanzas necesarias para liberarnos del dominio de lo material, que es visto como malvado», en palabras de Kevin Madigan en su *Cristianismo medieval. Una nueva historia* (2015). Para los gnósticos, Cristo no salva del pecado, sino de la ignorancia.

El gran dilema de la época radica en conciliar la idea de un dios todopoderoso, sabio y bueno con un mundo zafio y pervertido. A los gnósticos les resulta imposible concebir que el Creador sea responsable de un universo tan imperfecto e imaginan que no pudo ser invención suya, sino de un maligno intermediario: el demiurgo o esa maltrecha progenie de Sofía —la sabiduría divina— a la que adoran algunas sectas. Pronto, la fantasía se desborda: Valentín de Alejandría (muerto en Roma en 160) entrevera el cristianismo con la filosofía griega y los misterios egipcios, dando por resultado una doctrina que hoy suena enloquecida. Por su parte, Marción de Sinope, seguidor de Pablo, considera que un dios bueno no pudo ser el autor de un mundo malvado, obra de un dios inferior: el Yahvé del Antiguo Testamento.

Como respuesta, Roma y Antioquía redactan severas reglas de fe, fijan un primer canon e instauran un clero jerarquizado, con un obispo a la cabeza, el único facultado para interpretar las Escrituras. Con el objetivo de facilitar la identificación de los requisitos mínimos para pertenecer a la Iglesia, redactan poemas fáciles de memorizar —equivalentes a nuestros eslóganes—, como el antiguo símbolo romano (del siglo II):

Creo en Dios Padre Todopoderoso
Y en Jesucristo, su único Hijo, nuestro Señor,
Que nació del Espíritu Santo y María Virgen,
Que bajo Poncio Pilato fue crucificado y sepultado,
Y al tercer día resucitó de entre los muertos,
Ascendió a los cielos,
Se sienta a la diestra del Padre,
Y de allí ha de venir a juzgar a los vivos y a los muertos,
Y en el Espíritu Santo,

La Santa Iglesia,
El perdón de los pecados
Y la resurrección de la carne.

Un breviario para uso de los creyentes que establece la identificación de Jesús como Dios, la Trinidad, el Espíritu Santo, la virginidad de María, la segunda venida, el juicio universal, la resurrección de los creyentes y, por supuesto, la primacía de la Iglesia y la capacidad de los sacerdotes de perdonar los pecados. El ADN de la Verdad.

Si la epidemia cristiana alcanza la masa crítica para apoderarse del Imperio se debe a la fuerza de su narrativa y la propaganda de sus mártires. Hasta entonces, pocos individuos se han mostrado tan dispuestos a morir por su fe, pero la idea de que Dios pereció en la cruz anima a sus seguidores a imitarlo. Los más radicales optan entre dos vías paralelas, o bien se internan en el desierto para dedicarse a la oración —como Antonio Abad o Simón el Estilita, retomado por Buñuel en *Simón del desierto* (1965)—, o bien son víctimas de los más espantosos tormentos. La Iglesia presume de cómo sus mártires son mutilados, decapitados, flechados, lapidados, despellejados, lacerados, hervidos en aceite, quemados en brasas, ahorcados y, con suerte, crucificados. Se crea así una ética y una estética del dolor, sublimado mediante largos ayunos o lesiones autoinfligidas —las cuales provocan estados alterados de conciencia— o exacerbado con las ingeniosas torturas a que son sometidos los santos. Para animar a aquellos yihadistas cristianos, sus sacerdotes les prometen el reino de los cielos. Esta imaginería gore instaura una peligrosa ficción que liga el placer con el pecado y prolonga las esperanzas en la vida ultraterrena. Si se adora a un dios que ha sido azotado, escarnecido y crucificado, significa que el cuerpo nada vale.

א

Mientras los bárbaros saquean Roma y acumulan fuerzas para desbaratar el Imperio de Occidente, en el norte de África un cristiano atormentado por la culpa crea un nuevo género literario: la autobiografía. Si bien las iglesias primitivas consideran que el bautismo ha sido instituido para lavar los pecados, hasta el siglo II se extiende la idea de que se requiere un instrumento adicional para el perdón. El *Pastor de Hermas* sostiene que ha de usarse una sola vez en la vida e Hipólito de Roma dictamina que solo los obispos están facultados para perdonar los pecados, siempre y cuando los fieles se confiesen. Conforme a este antiguo rito, quien ha cometido una falta no podrá comulgar hasta recibir esa «segunda tabla de salvación», como la denomina Tertuliano. Aun antes de que se instaure el sacramento de la penitencia, los cristianos dedican largas horas a meditar sobre sus faltas.

Agustín de Hipona se presenta como un gran pecador: aunque su madre es una devota cristiana, ha llevado una vida licenciosa y ha coqueteado con el maniqueísmo, la filosofía neoplatónica e incluso con los donatistas, otra de las herejías de la época. Al mismo tiempo, vive asediado por una urgente pulsión sexual que, al igual que Orígenes, identifica con el demonio, y dedica el resto de su vida a tratar de domeñarla. Durante años Agustín mantiene una relación con una amante mayor que él, de quien nace su hijo Adeodato, aunque al cabo la repudia para casarse con una niña de once años de una familia pudiente. Es entonces cuando Ambrosio de Milán lo convence de renunciar a los placeres de la carne.

No mucho después inicia la escritura de sus *Confesiones* (398): si antes ya otras figuras han escrito en primera persona, como Ovidio en sus *Tristia* (escrito después de su exilio en el año 8), nadie se ha ocupado tanto de explorarse —y exhibirse— a sí mismo. Desde entonces, el *yo* occidental queda ligado a la culpa y el pecado. Las *Confesiones* ponen en escena la batalla interior que Agustín libra entre lo que es, un hombre concupiscente, lleno de deseos, y lo que aspira a ser, una criatura casta y pura. En su voluntad de narrar su abandono de la sensualidad, expresa una obvia nostalgia hacia el mundo pecaminoso que ha dejado atrás. Maestro de retórica, mantiene esa misma ambigüedad hacia las escrituras bíblicas, que encuentra menos elegantes que los clásicos griegos y latinos. Todo en las *Confesiones* se halla imbuido de ese maniqueísmo del que jamás se despren-

dió: así como divide a la humanidad entre pecadores y virtuosos, él se dibuja como un ser dual, escindido entre dos fuerzas
igual de poderosas.

Nadie, hasta entonces, había sido capaz de presentarse
como el terreno de la épica batalla entre el bien y el mal o, en
vocabulario psicoanalítico, entre las pulsiones de vida y de
muerte. Esa desgarradura, de una modernidad apabullante, instaura esa variedad de la ficción que, imitada por Abelardo, Cellini, Casanova y Rousseau, explotará con el Romanticismo y
alcanzará una posición dominante en nuestra época con el re-
dundante nombre de autoficción.

2. Sobre cómo combatir contra ti mismo

La imaginación medieval

Poco después de que Rómulo Augústulo, el último emperador de Occidente, sea depuesto por Odoacro en 476, nace en una pequeña ciudad del centro de Italia el hombre que intentará preservar el cristianismo —y su simbiosis con la cultura latina— en esos refugios frente al caos que tomarán el nombre de monasterios. Horrorizado ante la decadencia de Roma y la vida disipada de sus compañeros, Benedicto (o Benito) de Nursia se refugia en el valle del Aniene, adonde atrae a un grupo de seguidores tan desencantados como él. Luego, en el monasterio de Montecasino, en el sur de Italia, erige un microcosmos: un celoso *adentro* frente a la depravación de *afuera*. Si bien no se muestra muy interesado por las letras, su *Regla*, el conjunto de preceptos con que pretende acomodar la vida de los monjes, fija un ideal para reordenar el mundo. Inspirada en códigos previos, dibuja un patrón para las órdenes posteriores y una nueva forma de administrar el tiempo.

Benito fija horquillas para cada actividad: las ceremonias colectivas, la oración en silencio, la lectura en voz alta, las labores del campo, las comidas y el sueño. El día queda dividido en el *horarium*: los maitines después de la medianoche; los laudes al amanecer; unas horas de sueño hasta el oficio de prima a las seis; la reunión en el capítulo para atender los asuntos mundanos; el oficio de tercia y la gran misa a las nueve de la mañana; el oficio de sexta y la comida a mediodía; un descanso hasta el oficio de nona, a las tres de la tarde; labores agrícolas y domésticas hasta las vísperas, a las seis; el oficio nocturno de completas a las nueve; y, en fin, el reposo hasta los maitines. Y volver a empezar. Un tiempo cíclico o una rueda de hámster en la cual los monjes jamás se detienen, como los dibujó Umberto Eco en *El nombre de la rosa*. La posterior invención de los relojes —existían en China desde el siglo VIII, pero en Europa no se popularizarán hasta fines del XIII— permitirá que cualquiera pueda acomodarse a ese ciclo imaginario. Una invención mayúscula que nos atará para siempre a una de nuestras más pegajosas ficciones: nuestra agitada y neurótica sumisión al tiempo.

En esta apretada agenda, las horas consagradas a la lectura dan pie a una nueva industria que hace bullir los monasterios de Occidente: la proliferación de Biblias y otros textos canónicos producidos por los monjes que, en medio de la destrucción u olvido en que caen los clásicos griegos y latinos, alienta la supervivencia de una cultura letrada, así sea solo para colmar con oraciones las horas vacías y al costo de blanquear los libros antiguos para atiborrarlos con historias sacras. Su gran invención es este espacio-tiempo opuesto al siglo, consagrado por entero a la divinidad: monjes y monjas purifican a la sociedad a la que han dado la espalda y purgan los pecados de sus contemporáneos. Gracias a este sacrificio, los nobles locales los protegen, financian iglesias y conventos y entregan a sus segundos hijos o a sus hijas a su cuidado. Conforme se consolida el feudalismo, los monasterios prometen la estabilidad a partir de la ficción benedictina de un orden absoluto.

א

Frente a la incertidumbre de las invasiones bárbaras, la Iglesia ocupa el vacío del Imperio: contrata a su propio ejército, regula la vida de sus súbditos desde el nacimiento hasta la muerte, dicta ordenanzas, firma tratados y administra justicia. Su reino también es de este mundo. La sociedad medieval se vuelve esquizofrénica: en teoría, el poder civil y el eclesiástico gobiernan aspectos separados de la vida, pero cada uno invade los del otro.

Conforme avanza la Edad Media —el nombre es una ficción renacentista—, las batallas por controlar las mentes y los cuerpos se recrudecen. El diseño de las ciudades y pueblos refleja esta tensión: nuevas iglesias ocupan las plazas centrales frente a los edificios municipales o reales donde se dirimen los asuntos mundanos. Los templos románicos multiplican su tamaño y, en una competencia por convertirse en lucrativos centros de peregrinación, se lanzan al tráfico de reliquias. De las astillas de la cruz de Cristo a las muelas de santa Genoveva y de los senos de santa Águeda al cordón umbilical, el prepucio y los dientes de leche de Jesús, o incluso unos pelos de las barbas de Belcebú traídos por el Señor del inframundo, estos talismanes tuercen la austeridad de los primeros cristianos e introducen un politeísmo enmascarado en las advocaciones a los santos y la Virgen.

En otra de esas explosiones de creatividad que galvanizan ciertas épocas, un nuevo estilo, que mucho después será llamado gótico, aspira a alcanzar el cielo y a poner en evidencia la pequeñez de los mortales. En el interior de estos inmensos y espigados edificios que intentan resolver el problema del espacio mediante el nuevo sistema de arcos apuntados y que llenan sus recintos de luces multicolores, se acumula un caudal de símbolos, altos y bajorrelieves, tumbas, grabados, estatuas y gárgolas para que los fieles los descifren o se entretengan mientras los sacerdotes se abisman en su recóndito latín.

La catedral gótica se transforma en un surtidor de ficciones: un espacio sagrado, diseñado a imitación de la Jerusalén celeste —o un bosque de columnas, como lo describieron comentaristas posteriores—, que prefigura nuestros grandes espectáculos de masas. Todo en ellas, sus inmensas torres y portadas, sus vastas naves, sus arcos, capillas y agujas, sus filigranas, vidrieras y rosetones, persigue el azoro. La luz se filtra y produce inauditos contrastes de colores mientras los coros se sincronizan en cantos gregorianos y el incienso invade cada rincón del templo: una experiencia inmersiva en la cual los creyentes se zambullen durante horas.

Metaversos medievales, las catedrales envuelven a sus usuarios con un alud de *experiencias*: de los botafumeiros al movimiento espectral de los vitrales, de los salmos interactivos a la teatralidad de las homilías —la única parte de la misa en lengua vernácula—, en funciones alternadas día y noche, sin contar las ocasiones especiales, la Pascua o la Navidad, así como bodas o funerales de señores, obispos y reyes, las oraciones colectivas frente a las amenazas o las celebraciones por una victoria o una gracia. Estos *shows* maravillan, sobrecogen, abruman y propician emociones encontradas, miedo y exaltación, temor y alegría, comunión y arrepentimiento, según los dictados de esa clase sacerdotal que administra estos inmensos centros de entretenimiento. Poco importa que los asistentes no entiendan las oraciones que el sacerdote eleva de espaldas a ellos: aquella ópera sin sobretítulos les adelanta el mayor espectáculo de todos: la salvación.

Hacia el año 1000, la epidemia cristiana se ha expandido hasta los confines del orbe conocido: las islas británicas e Irlanda, en cuyos monasterios se iluminan algunos de los más hermosos manuscritos de la época; Escandinavia e Islandia; los territorios de la actual Lituania y Polonia; y los pueblos magiares y eslavos, escindidos entre la influencia de Roma y de Constantinopla. Solo África y el Medio Oriente han retrocedido ante el avance de lo que luce como una nueva herejía proveniente de Arabia, su única competencia directa. Ello no significa que sustratos paganos no se filtren en medio de sus dogmas: del culto a los muertos a las advocaciones a los santos, de la peregrinación a santuarios —en particular Santiago de Compostela— a las reliquias y rituales más o menos folklóricos para auspiciar la fertilidad o combatir las plagas.

Las ficciones en torno al cielo y el infierno se refuerzan, otorgándole a la vida terrenal una condición transitoria y frágil. Si Jesús pensaba que la gehena era un valle físico prohibido por Yahvé, la imaginación medieval transforma el infierno en un territorio de tormentos infinitos y el cielo en una armónica danza en torno a la Trinidad. Las escenas infernales se tornan cada vez más crueles y sofisticadas hasta culminar en el submundo gore de Dante. No será hasta el siglo XII cuando, como narra Jacques Le Goff en su tratado sobre el tema (1981), nazca el purgatorio, un nuevo espacio para albergar a quienes aún pueden expiar sus pecados y ser arrancados de allí mediante rezos y penitencias. Este espacio de angustiosa espera de la gracia acaso sea la mejor metáfora de la mente medieval.

En su *Conversación sobre la poesía* (1800), Friedrich Schlegel afirmó que el espíritu romántico debía buscarse «en la era de la caballería, el amor y las fábulas», y los trabajos de su hermano August Wilhelm, así como los de Johann Gottlieb Fichte y Friedrich

Schelling —todos ellos miembros del llamado círculo de Jena— y el de los hermanos Grimm, despertaron un frenético interés por el mundo medieval. Con su aprecio por las emociones frente al racionalismo de las Luces, una pléyade de filólogos, escritores, críticos y artistas se dio a la tarea de reinventar aquel lejano pasado. Una resurrección aderezada con un componente adicional, el nacionalismo, esa invención de nuevo cuño que buscaba descubrir —o más bien imponer— un *alma* a cada pueblo que lo diferenciase de sus vecinos. Como advirtió Benedict Anderson en *Comunidades imaginadas* (1983), toda identidad es un cúmulo de ficciones que nos permiten adoptar rasgos e imágenes comunes. En su afán por fijar ese sustrato nacional, los románticos se inventaron un medievo a su medida que sigue siendo el nuestro.

א

Durante el penúltimo día del concilio de Clermont, el 27 de noviembre de 1095, Urbano II expone la necesidad de librar una guerra santa contra los turcos, quienes se han apoderado de Jerusalén y Tierra Santa, hostigan a los reinos cristianos e impiden las peregrinaciones. El papa promete la redención de los pecados a quienes participen en ella —y a quienes financien la empresa— y exige que las fuerzas cristianas estén prontas para el verano siguiente. «*Deus lo vult*», exclama la multitud al escucharlo.

Al mando de Godofredo de Bouillon, el ejército cruzado captura Nicea en 1097 y, tras un largo asedio, Antioquía cae al año siguiente; en ambas ciudades los cruzados aniquilan no solo a miles de musulmanes, sino también a cristianos ortodoxos. En 1099, los cruzados al fin entran en Jerusalén, donde una vez más se dedican al pillaje y masacran a buena parte de sus habitantes. Las siguientes cruzadas resultan menos exitosas: con excepción de la cuarta, que cambia de objetivo y se desvía para saquear Constantinopla, las demás obtienen éxitos modestos o derrotas monumentales que se saldarán con la victoria total de las fuerzas musulmanas en 1291. Aun así, quienes regresan a sus lugares de origen traen consigo un cargamento de fantasías en torno a los lugares que han dejado atrás. Una nueva ficción se instala así en la cristiandad occidental: ese Oriente lleno de misterios, tentaciones y peligros. A la que se suma una fantasía aún más dañina y perdurable: la invención del Otro.

Para los musulmanes, los cristianos son los bárbaros. Como narra Amin Maalouf en *Las cruzadas vistas por los árabes* (1983), cuando la noticia de su irrupción llega hasta las residencias musulmanas en Nicea o Jerusalén, sus moradores piensan que los invasores, a quienes denominan *franj* (francos), son monstruos concupiscentes que buscan arrebatarles lo que es suyo. Las crónicas islámicas afirman que sus victorias no responden a su superioridad moral, sino a la desunión de los gobernantes musulmanes. Tras la instauración de los reinos latinos en Tierra Santa, el caudillo kurdo Al-Nasir Salah ad-Din Yusuf ibn Ayyub, a quien los cristianos llaman Saladino, reunifica las fuerzas musulmanas e inicia una reconquista paralela a la que los españoles acometen en la península ibérica. Tras unir Egipto y Siria bajo su sultanato y dirigir varias campañas en Mesopotamia, derrota a las fuerzas cristianas en la batalla de los Cuernos de Hattin, captura a sus cabecillas, destroza las órdenes militares y se apodera de la Vera Cruz, la mayor reliquia cristiana. Poco después, conquista Jerusalén, provocando que el papa lance una nueva cruzada a cuya cabeza se coloca el rey inglés Ricardo Corazón de León. Pasará todavía un siglo antes de que los musulmanes tomen el último reducto cristiano, pero, como afirma Maalouf, la ruptura entre el universo cristiano y el musulmán «data de las cruzadas, resentidas por los árabes, todavía hoy, como una violación».

א

Con su devoción por la vida ultraterrena y su obsesión por el pecado, la mente medieval produce dos invenciones memorables: los cantares de gesta y el amor cortés. Si los primeros celebran un pasado remoto —la mayor parte se refieren a hechos ocurridos entre los siglos VIII y IX—, poblado por monstruos y demonios, el segundo entroniza el ideal amoroso como sustituto de la fe. Nos hallamos frente a otro de esos momentos en los que un modelo exitoso provoca un alud de imitaciones. Al *Beowulf*, compuesto entre el 975 y el 1025, y al *Cantar de*

Roldán, elaborado entre el 1040 y el 1115, que relata la derrota musulmana en los Pirineos a manos de las tropas carolingias, les suceden el *Cantar de Guillermo* y el *Gormont e Isembart* y, a continuación, una miríada de relatos divididos en grandes ciclos temáticos. Compilados a partir de breves narraciones orales —las cantilenas— o de crónicas de supuestos hechos históricos, los cantares de gesta están destinados a ser leídos o representados en voz alta siguiendo la tradición de los antiguos bardos. A partir de su asunto, se clasifican en materias: la de Francia, que gira en torno a Carlomagno y Luis el Piadoso y su enfrentamiento con los sarracenos; la de Bretaña, de donde surge el ciclo de la Mesa Redonda; y la de Roma, que recupera historias de la caída de Troya, mitos y pasajes de la historia griega y romana, si bien algunos retoman las cruzadas.

Todas estas narraciones, llevadas de un confín a otro de Europa por juglares, trovadores y *Minnesänger*, se centran en la figura de un héroe que, más allá de sus dudas y defectos, encarna las virtudes de su pueblo y ha de enfrentarse a un sinfín de obstáculos y pruebas para demostrar su valía como rey, caballero o enamorado. Salvo excepciones —en España se vuelven un tanto más realistas—, sus escenarios se hallan poblados por seres mágicos, dragones, duendes, demonios y elfos y, en el ámbito germánico, por los viejos dioses, quienes brindan su ayuda o descargan su venganza sobre héroes y villanos. El orden cósmico refleja una división maniquea entre las fuerzas del bien y las del mal y la victoria final del primero casi siempre deja un regusto de amargura.

Las sagas y los cantares de gesta revelan más de la época en que fueron compuestos que del pasado que narran: su escritura ocurre mientras el orden feudal queda firmemente establecido, incluso en reductos tan alejados como Islandia, y una de sus funciones consiste en justificar su rígida estructura piramidal. Juglares, trovadores y bardos provienen de sectores educados, con frecuencia eclesiásticos, que aseguran el poder local: señores y reyes comisionan estos romances en versos asonantes para entroncarse con los reyes o caudillos que los precedieron. Estas ficciones heroicas reflejan también una conciencia colectiva, pero su obsesión con la excepcionalidad individual las transforma en eficaces instrumentos de control imaginario.

Poco a poco, esta marejada de textos —solo en Islandia se redactan decenas— fija estereotipos repetidos hasta nuestros días. Los héroes son intachables, aunque obtusos y orgullosos; los villanos, astutos o risibles; las mujeres, hermosas e inalcanzables, siempre próximas al pecado. Pese a sus escenas de acción, contienen sin falta una enseñanza moral: son relatos conservadores por excelencia. La eficacia de sus recetas, estudiada por Vladímir Propp, Claude Lévi-Strauss o Joseph Campbell, ha permitido que sigan infestando nuestras mentes. Por ejemplo, tras su auge durante la Revolución de 1910, en el México de hoy aquellos viejos romances perviven en los narcocorridos y los corridos tumbados: en una inversión de la ética que también tiene un precedente medieval, los villanos son los héroes, mientras que la policía o el ejército son los monstruos a los que es necesario burlar o derrotar.

א

Mucho antes de que Cervantes hallase un manuscrito árabe con la historia de don Quijote en el alcaná de Toledo, Wolfram von Eschenbach afirmaba que la fuente original de su *Parzival*, escrito entre 1200 y 1210, era el manuscrito de un tal Flegetanis —antecesor de Cide Hamete Benengeli—, hallado en ese mismo lugar, solo que cuatrocientos años antes, por el poeta provenzal Kyot (o Guiot o Guizot), a su vez ancestro del novelista alcalaíno. Una trampa para desviar la atención de su fuente principal, el *Perceval el Galo* o el *Cuento del Grial* que Chrétien de Troyes no llegó a concluir, una obra de cerca de diez mil versos que Eschenbach alteró, remozó y enriqueció, convirtiendo su obra en una de las más extensas de la Edad Media.

Como todas las sagas de la época, el *Parzival* revela más de su tiempo que de la época en que transcurre: una era de incertidumbre dominada por las disputas entre el emperador, el papa y la baja nobleza, la principal interesada en que el modelo de virtud caballeresca aliente el orden y la estabilidad. Tras aparecer en la corte del rey Arturo, el héroe —que aún no se reconoce como tal— es educado por Gurnemanz en las virtudes que ha de tener un caballero: la moderación, la templanza y la humildad. Una vez que conoce el amor de la reina Condwiramurs, Parzival la abandona y llega hasta el castillo del grial, donde lo recibe el rey Amfortas, quien sufre a causa de una herida que supura y no sana. Incapaz de mostrar compasión por su anfitrión, a la mañana siguiente despierta a mitad de un páramo sin saber si su experiencia anterior ha sido real o parte de un sueño.

A partir de entonces, vagará durante años en busca del grial, la copa que usó el Señor en la última cena y en la cual José de Arimatea recogió las últimas gotas de su sangre en la cruz. Su destino será incierto hasta que se enfrente con un caballero tan valeroso como él, el pagano Feirefiz de Anjou. Al término del combate, este terminará revelándose como su hermano o, más que eso, su *doppelgänger*. Solo entonces Parzival recuperará a su esposa Condwiramurs y, expiada su falta, se convertirá en rey del grial, en tanto su hermano acepta el bautismo.

Parzival refleja la tensión entre el mundo pagano y el cristiano, reconciliados aquí como en ninguna saga previa, a través de un amor puro y humilde, un elemento que Wagner exacerbará en la reescritura de su *Parsifal* (1882). La única forma de alcanzar la gloria, concluye Eschenbach, es renunciando a ella. Su modelo, el prototipo de la novela de búsqueda, a la postre dará lugar a la novela policiaca. Como tantas historias de la época, *Parzival* no tiene un auténtico final y se encadena con las aventuras de los descendientes de Feirefiz. El poema concluye, o más bien no concluye, con una invocación al amor cortés:

«Yo, Wolfram von Eschenbach, no quiero contar más que lo que contó el maestro. Os he presentado el distinguido linaje de Parzival y a sus hijos. He llevado al héroe hasta la cumbre de la felicidad. Quien termina su vida sin que Dios le haga perder su alma por los pecados del cuerpo, y quien sabe además conservar con dignidad el fervor del mundo, no se ha esforzado en vano. Las mujeres nobles e inteligentes me tendrán ahora en más alta estima después de haber culminado esta obra, si es que alguna me concede su benevolencia. ¡Que la mujer para quien la he compuesto me recompense con unas amables palabras de agradecimiento!».

Desde que en 1938 National Allied Publications, antecesor de DC Comics, publicara la primera historieta de Supermán, el número de personajes con identidades dobles y poderes sobrenaturales no ha hecho sino proliferar de forma monstruosa. Poco después, Timely Comics, luego convertida en Atlas Comics y por fin en Marvel, comenzó a editar las historias de Stan Lee: Spiderman, conocido en México como el Increíble Hombre Araña, Iron Man, Thor, Doctor Strange, Hulk o Daredevil, más tarde reunidos en distintos escuadrones, hasta crear una de las mayores empresas de entretenimiento del mundo, adquirida en 2009 por Disney. Entretanto, DC Comics ha mantenido las aventuras de Batman y Robin, la Mujer Maravilla, Aquaman, Linterna Verde o Flash. Trasladados a dibujos animados, películas y series de televisión, los superhéroes se han convertido en una auténtica plaga ficcional. Como sus antecedentes medievales, la mayor parte de ellos carece de complejidad y, salvo excepciones como *Watchmen* (1986) de Alan Moore y Dave Gibbons o el *Batman* (1986) de Frank Miller, o, en el cine, la trilogía de Batman de Christopher Nolan (2005-2012) o el *Joker* (2019) de Todd Phillips, se contenta con acumular persecuciones, duelos y efectos especiales, un puñado de gracejadas y el previsible triunfo del bien sobre el mal. Igual que sus ancestros, nuestros modernos superhéroes flirtean con doncellas intachables sin jamás consumar sus deseos, viven con la zozobra de que sus identidades sean reveladas y se enfrentan a villanos tan predecibles como ellos, expandiendo un tufo de puritanismo en todo el orbe. También han colonizado los juegos de video: buena parte de los *role-playing games* y *shoot'em up* parten de sus mismas premisas —a veces en escenarios medievales, como *Crusader Kings* o *Kingdom Come*—, obligando a los *gamers* a embarcarse en un fatigoso camino de pruebas con el único objetivo de pasar de nivel.

א

Abres los ojos. Frente a ti, una de tus doncellas te entrega un pequeño pliego de pergamino, en el cual figuran estos versos:

Cuidado nuevo venido
me da de nueva manera

pena la más verdadera
que jamás he padescido.
Yo ardo, sin ser quemado,
en bivas llamas d'amor;
peno sin aver dolor,
muero sin ser visitado
de quien con beldad vencido
me tiene so su bandera.
¡O mi pena postrimera,
secreto huego encendido!

Lees y vuelves a leer y un cierto rubor sube a tus mejillas. Reconoces a quien te ha visto merodear por el jardín: ignoras su nombre —Juan Rodríguez del Padrón— y acaso nunca lo llegarás a conocer. ¿Por qué te escribe? ¿Por qué a *ti*? No es, desde luego, la primera vez que lo hace. Bajo tu cama, en un diminuto cofre, has guardado sus exaltados papelillos. ¿Qué busca? Sea quien fuere, conoce tu condición: llevas más de dos años en santo matrimonio, coronado por la pequeña Anna, tu luz. ¿Te disgusta, te enfada, te halaga? Te inspira temor: tu marido, un caballero celoso donde los haya, podría descubrir al trovador en cualquier momento. Lees una vez más aquellos versos, doblas el papel en cuatro y lo llevas de vuelta a tu alcoba: nunca, te dices, pasarás de ahí.

¿Se puede amar aquello que no se ve ni se palpa? ¿Se puede amar una fuerza inmensurable, una presencia invisible, un ente todopoderoso y ajeno? ¿Se puede amar una ficción? El dictado cristiano presupone que cada uno se ama a sí mismo con locura, que estamos enamorados de nuestro reflejo y que nuestra obligación es trasladar ese encantamiento a cualquier otro miembro de nuestra especie. ¿Es el *yo* una ficción que se adora a sí misma? ¿Y amar a los otros —al otro, a la otra, al *otre*— significa que debemos imaginarlos idénticos a nosotros?

¿El amor siempre ha existido o se trata de una invención más o menos moderna? ¿El expresado en el Cantar de los Cantares (atribuido al rey Salomón, quien reinó hacia el siglo -x), en *El banquete* (c. -385) o en el *Arte de amar* (c. 2), de Ovidio, es idéntico al que experimentamos hoy? Si todas las sociedades humanas han conocido el amor, este ha sido al menos de tres tipos: el más o menos abstracto que se rinde a los dioses (y que dioses tan celosos como Yahvé exigen con descaro); el paterno-filial, que solo en ocasiones se traslada a otros parientes en virtud de la cercanía genética; y el amor hacia la pareja —o las parejas—, escindido entre el afecto conyugal y la pasión carnal. Si cada sociedad ha definido las ficciones que asocia con cada uno, los trovadores llevaron al extremo su idealización: con sus ataduras cristianas, trasvasaron el amor divino al humano, inventando en el proceso el cortés, el romántico y el hollywoodense y telenovelero.

Para ese grupo de poetas, inspirados en los modelos árabes que les llegaban de Al-Ándalus y que peregrinaban por Occitania, Cataluña, Galicia, Portugal e Italia, la amada ocupaba el lugar de Dios: objetos deseados y jamás poseídos —o poseídos por otros—, a quienes se reverenciaba como soberanos y se juraba una sumisión neurótica. Una vez que el trovador elegía a su dama después de apenas haberla entrevisto a la distancia, y a veces solo conociendo de oídas su nombre o sus atributos, ella se convertía en una entidad perfecta e incorpórea que solo existía en la mente de su cantor. Si Platón había esgrimido la posibilidad de que el otro fuese amado sin contacto físico a través de la mera contemplación de su belleza, los trovadores conducen esta práctica al extremo; una de las pruebas supremas para ser investido caballero consiste en yacer por la noche con una doncella desnuda sin sucumbir al pecado: la *carezza*. El enamorado deviene soldado o defensor de su dama, en teoría propiedad suya, aunque suceda lo contrario: es la dama quien, despojada de cualquier atisbo de libertad, se vuelve posesión del caballero.

El amor cortés —muy pocas veces se emplea el término *fin'amor* en la poesía provenzal— imagina que basta la devoción o la locura (el *amour fou*) para concebir una historia a dos. Que la dama no la quiera, la desprecie o la ignore (*belle dame sans merci*) es lo de menos. Hubo también unas cuantas *trobairitz*: mujeres que cultivaban el *trobar leu*, su forma más popular y simple, aunque algunas se atrevieran con el *trobar ric*, algo más elaborado, o incluso el *trobar clus*, su versión hermética. Unos y otras desarrollan géneros cada vez más complejos, de los *leys d'amors* y las *cançós* a los plantos, las sestinas y los *tençós*, donde dos o más poetas dialogan o compiten entre sí: el antecedente de los torneos poéticos, como en *Dos tipos de cuidado* (1953), de Ismael Rodríguez, donde Pedro Infante y Jorge Negrete intercambian coplas, de la *Cantata criolla* (1954), de Antonio Estévez, donde Florentino se enfrenta al diablo, o de los modernos duelos del *hip-hop*.

En el siglo XII, Andreas Capellanus recopila en *De amore*, escrito a solicitud de Marie de Champagne, algunas de las costumbres y reglas del amor cortés: «Es el amor puro el que une los corazones de los dos amantes con todos los placeres posibles. Este género consiste en la contemplación de la mente y el afecto del corazón; va tan lejos como el beso y el abrazo y el modesto contacto con el cuerpo desnudo del amante, omitiendo el solaz final, que no está permitido para quienes aman con pureza». Por su parte, en *El amor y Occidente* (1939), Denis de Rougemont afirma que la invención del amor-pasión por parte de los trovadores fue una rebelión contra la severidad de la Iglesia, sobre todo tras la cruzada contra la herejía cátara. Otros estudiosos piensan lo contrario: que la idealización del amor fue consecuencia de ese fundamentalismo.

Una de las mayores expresiones del amor cortés se cifra en la leyenda de Tristán e Isolda (o *Tristam et Yseult*), cuya elaboración original, como parte de la materia de Bretaña, se remonta al siglo IX, si bien su redacción se debe al poeta Béroul tres siglos después. Aparecen en ella los elementos fundamentales de las fantasías románticas en Occidente: un amor prohibido, un filtro que provoca el adulterio y el posterior castigo de los transgresores, que terminan muriendo uno tras otro. Una marea que anegará a Shakespeare y al Siglo de Oro, recalará en el Romanticismo y culminará en el inalcanzable orgasmo representado en el acorde del *Tristán e Isolda* (1865) de Wagner y en las comedias románticas de Hollywood.

J. R. Tolkien pasa los últimos meses de la guerra en Staffordshire, donde escribe *El libro de los cuentos perdidos* con la idea de construir una nueva mitología inglesa. Tras abandonar este proyecto, trabaja para el *Oxford English Dictionary* y obtiene un puesto en la Universidad de Leeds, antes de convertirse en profesor en Oxford, donde combina su trabajo académico con la escritura de un libro para niños, *El hobbit* (1937), antecedente de *El señor de los anillos* (1954). Como quijotes modernos, Tolkien y sus amigos —agrupados en los Inklings, a los que también pertenece C. S. Lewis, autor de esa otra fantasía medieval y católica que es *Narnia* (1950-1956)— pierden la cabeza por las leyendas medievales, sobre todo el *Kalevala*, *Beowulf* y el *Cantar de los nibelungos*. Inspirado a su vez en Tolkien, George R. R. Martin inicia en 1991 la escritura de su *Canción de hielo y fuego*, cuya primera parte, *Juego de tronos* (1996), da título a una de las series más exitosas de la historia: un universo plagado de caballeros, reyes, princesas y dragones. La vieja imaginación romántica se transforma en un nuevo género, hoy conocido —absurdamente— como *fantasy*.

א

Durante mi primer día de trabajo en la escuela de música, la oboísta se plantó frente a mí y me habló como si nos conociéramos de años. Su desenfado me desarmó. Era alta y delgada, tenía los labios carnosos y unos rizos renacentistas. Nos hicimos amigos de inmediato. Pasábamos largas horas hablando de compositores o intercambiando chismes; muy pronto empezamos a comer juntos y al terminar sus clases me invitaba a su casa a cenar o ver televisión. Los fines de semana íbamos a conciertos o a unas fiestas en las que sus tíos bailaban sin freno *rock 'n' roll*. No sé cuándo me enamoré de ella o cuándo tuve conciencia de estarlo. ¿Por qué no se lo confesé? Me intimidaba su experiencia amorosa y su éxito con los hombres, en tanto yo seguía siendo virgen: a los veinte no había besado a nadie. Alguna noche, después de dejarla con uno de sus enamorados, no paré de llorar: el amor, el amor verdadero, implicaba por fuerza sufrir. Jamás traté de tocarla o de besarla, convencido de que sabía de mi amor y de que si ella, tan extrovertida, nada hacía al respecto, era porque no quería. Mi *belle dame sans merci*.

Un buen día se cansó de mí. Sin darme ninguna explicación dejó de hablarme. De la noche a la mañana, se esfumó. En mi gesta imaginaria, la perseguí sin freno hasta que respondió

a mis ruegos con esta frase: «Antes nos veíamos, ahora ya no».
Sufrí en silencio. Al cabo de varios meses me llamó como si nada
hubiera sucedido. Sin dudarlo, volví a someterme a su tiranía.
Y, para que no tuviera dudas de mi devoción, le dediqué mi primera novela: ella desdeñó mi lance trovadoresco. Como mi corazón ya estaba roto —otra ficción medieval—, su indiferencia
quebró algo más frágil: mi orgullo. Me alejé de ella y traté de sepultar aquel *amour fou*. Treinta años después nos reencontramos
y al fin pude contarle mi versión de esta torpe historia de amor
cortés: ella se limitó a escucharla con una sonrisa en los labios.

3. Sobre cómo conversar con ángeles y *djinns*

El Corán, Las mil y una noches *y los* Rubayat

Alá es el primer Autor. En el principio de los tiempos, escribió un libro perfecto, desprovisto de erratas e imposible de ser imitado por los humanos, y comenzó a dictárselo a sus enviados, de Ibrahim (Abraham) a Isa (Jesús). Por desgracia, sus seguidores pervirtieron su mensaje. En el 610, cuando Mahoma contaba con cuarenta años, el ángel Gabriel se le apareció mientras se hallaba en la cueva de Hira (Jabal al-Nour o Cueva de la Iluminación), cerca de La Meca, le mostró el libro divino y le ordenó: «¡Lee!».

Mahoma replicó que era iletrado; Gabriel le susurró entonces los siete versos (o aleyas) de la primera azora o sura del Libro, conocida como Al-Fátiha, es decir, la que abre, la madre del Libro, la cura o la fundación. Al salir de la cueva, el Profeta recitó aquella sura ante sus discípulos para que estos se la aprendieran de memoria:

En el nombre de Dios, el Clemente, el Misericordioso,
alabado sea Dios, Señor de los Mundos,
el Clemente, el Misericordioso,
Dueño del Día del Juicio,
a ti imploramos, a ti pedimos ayuda,
guíanos por el camino recto,
camino de aquellos a quienes has favorecido, que no son
        [objeto de tu ira y no son de los extraviados.

Entre el 610 y el 632, Mahoma recibió de manera constante las visitas del ángel, quien continuó leyéndole al oído aquel libro inmaterial para que lo transmitiese a sus discípulos (*al-Qur'an* significa «recitación»). Los llamados memoriones, a su vez, se esforzaron por aprenderlo y recitarlo al resto de la comunidad. El Corán que conocemos es la transcripción de ese Corán eterno a partir de un doble ejercicio: el Profeta lee y repite;

los memoriones aprenden y recitan y así, poco a poco, reconstruyen el texto original de Alá. Cuando Mahoma huyó de La Meca a Medina en la hégira, en el año 622 (primero de la era musulmana), contrató a numerosos escribas, quienes transcribieron el relato oral en trozos de pergamino, en hojas de palma e incluso en unas piedras conocidas como *suhuf.*

A diferencia de lo que ocurre en *Fahrenheit 451* (1953), el texto completo del Corán jamás quedó confinado a una sola cabeza, sino que se repartió entre varias. Para aumentar la dificultad, Gabriel no le dictaba al Profeta el libro en orden, sino a través de fragmentos sueltos, de modo que los escribas optaron por acomodarlos no en virtud de su cronología o de sus temas, sino de su extensión. Cuando dos memoriones no coincidían al recitar la misma sura, elegían solo una versión y se olvidaban de la otra para siempre. Mahoma era el editor que recibe una novela por entregas y, al lado de sus ayudantes, se las ingenia para ponerla en orden. La empresa del islam consiste en devolverle a la humanidad el texto original de Alá, desprovisto de las erratas de judíos y cristianos.

Mahoma había crecido en La Meca, una pequeña localidad en el desierto donde los beduinos acudían a adorar un meteorito negro dentro de la *kaaba* (o cubo), en el santuario construido, según la tradición, por los profetas Ibrahim y su hijo Ismael. Allí convivió con una importante comunidad judía y unos cuantos cristianos gnósticos y maniqueos; los relatos que debió de escuchar de sus labios fueron los que, a partir de su iluminación, él recibió la misión de enmendar. A lo largo de veintidós años, Mahoma mezcló, asimiló, aderezó y purificó aquellas historias de los otros pueblos del Libro. Si los judíos inventaron un dios único y los cristianos lo triplicaron, Mahoma les corrige la plana y regresa a un monoteísmo rotundo y sin concesiones, como queda bien especificado en la sura 112:

> Di: «Él es Dios, Uno,
> Dios, el indiviso,
> no ha engendrado ni ha sido engendrado,
> no tiene par».

Pese a su afición por las repeticiones y las rimas —un invento árabe—, el Corán apuesta por un solo dogma: Alá es Dios y Mahoma, su Profeta. No hay más. A este precepto se suman los cinco pilares del islam, los cuales no se encuentran en el Corán, sino en los escritos no iluminados del Profeta (los hadices), recopilados en la *Sahih al-Bujari*: la profesión de fe, la oración —cinco veces al día—, la limosna a los pobres, el ayuno en el mes de Ramadán y la peregrinación a La Meca.

A la muerte del Profeta, el Corán quedó dividido en las cabezas de numerosos memoriones y en los fragmentos redactados por los escribas. Abu Bakr, suegro de Mahoma y primer califa, decidió compilar el primer manuscrito integral del Corán, y le encomendó la labor a uno de los memoriones —hoy diríamos secretarios— del Profeta: Zaid ibn Tabit. Cerca del 650, Uzmán ibn Afán, el tercer califa, ordenó la primera edición del texto a partir del manuscrito de Abu Bakr —el cual se hallaba en manos de Hafsa bint Umar, la cuarta esposa del Profeta—, y puso a cargo del proyecto al propio Ibn Tabit. Auxiliado por varios eruditos, preparó la versión definitiva del Corán y, para evitar la piratería, ordenó la quema o destrucción de cualquier otra. Uzmán determinó asimismo que copias de esta edición canónica fuesen enviadas a las principales ciudades del islam. Del Corán eterno al Corán de Mahoma y, de este, a su edición final.

Si la epidemia cristiana se apoderó del Imperio romano en apenas tres siglos, la cepa islámica fue aún más veloz. A su muerte, en 632, el Profeta había unificado la península arábiga y, para el 650, sus sucesores se habían apoderado de las provincias bizantinas de Palestina, Siria y Egipto, así como de Mesopotamia y Persia. Un siglo más tarde, eran dueños del norte de África, Hispania, Septimania, Transoxiana, el Cáucaso y el valle del Indo. La umma, la comunidad de creyentes que veneraba y recitaba el Corán, se extendía de Lisboa a Kabul. La poderosa empresa de edición y corrección de Mahoma y sus discípulos se reveló como otra de las epidemias más contagiosas de la historia.

א

Abres los ojos. Te descubres sobre una pila de almohadas y cojines. Con un gesto ansioso, el rey posa sus ojos sobre ti. «Otra noche», te conmina antes de irse a dormir. Otra noche, suspiras. No pide otra cosa. Cada una representa para ti —y para tu hermana y para mil mujeres más— un día más con vida. Tratas de recordar dónde te quedaste para saber cómo continuar. A veces las historias se te mezclan y confunden. ¿Tendrás la capacidad de seguir engarzando aventuras por toda la eternidad? La sequía o el bloqueo no te están concedidos: tu vida depende de tu imaginación. Desde que tocaste las puertas de palacio no eres sino una máquina de contar.

Mientras las mujeres del harén te lavan y perfuman, piensas y repiensas amores, abandonos, engaños, aventuras y prodigios. Si tu fantasía te ha salvado, también te reconoces como su esclava. Haces la suma y te das cuenta de que has llegado a la noche mil uno. Ello significa que han pasado casi tres años desde que yaciste por primera vez con el rey. Casi tres años desde que desobedeciste a tu padre diciéndole que tenías la clave para detener su rabia. ¿Qué culpa tenían tu hermana o esas doncellas asesinadas de la traición de la reina? ¿Por qué debían pagar por su desliz?

«Solo una buena historia puede detener la locura», le aseguraste a tu padre. Y eso haces desde entonces: entretener al rey. El tributo para que no te mate y no aniquile a otras mujeres consiste en entregarle las cabezas de esos seres que solo existen en tu imaginación. Pasan las horas y nada se te ocurre. Después de mil y un cuentos, tu fantasía al fin se ha secado. No puedes más. No te quedará otra salida que reconocer tu derrota frente al rey. Después de que te entregues a él como cada noche desde hace mil y una noches, le espetarás tu silencio. Y esperarás, resignada, la muerte.

א

De entre las incontables criaturas ficcionales que han recorrido la masa continental que cubre las actuales Asia, África y Europa, sobresalen aquellas que conocemos con el nombre de *Las mil y una noches*. Si bien algunos de sus cuentos provienen de épocas más remotas, con claras influencias de la India, el primer testimonio que nos ha llegado de ellas se lo debemos al erudito Ibn al-Nadin (muerto hacia 995), quien habla de una obra en persa, el *Hezar afsán* —o los *Mil cuentos*—, de la que no queda rastro. Este organismo habría contenido ya su ADN primordial y el marco que engarza cada cuento con los demás. Según Al-Nadin, en realidad recogía unos doscientos relatos hilvanados por la historia de un sangriento rey que asesina a sus sucesivas esposas hasta que una de ellas le cuenta un cuento que, al dejar inconcluso al alba, pospone la ejecución. Otro sabio bagdadí, Al-Masudi, también hace referencia al *Hezar afsán* y menciona los nombres de Shirazd y Dinazad, que en el manuscrito más antiguo que se conserva, del siglo XIV —acaso el empleado por Galland—, se convierten en Shahrasad y Dinarsad.

En esta versión arcaica, al descubrir la infidelidad de su esposa, Shahsamán, el rey de Samarcanda, visita a su hermano Shahrayar. Cuando este comprueba que la suya también se entrega a todo tipo de prácticas licenciosas, los dos hermanos abandonan el reino en busca de otras víctimas de la perversidad femenina. En el camino se topan con un enorme genio que carga en la cabeza un baúl de cristal con cuatro cerraduras. Al abrirlas, el *djinn* deja salir a una hermosa joven a la que secuestró en su noche de bodas. En cuanto este duerme, la muchacha llama a los hermanos y los hace tener relaciones carnales con ella; luego, les muestra su colección de noventa y ocho anillos, uno por cada uno de sus amantes, que ahora suman cien. «Creía que así podría tenerme solo para él», les explica, «pero el muy infeliz no sabe que contra el destino no se puede luchar y que las mujeres, cuando nos proponemos algo, lo conseguimos».

De vuelta en su reino, Shahrayar le ordena a su visir que le corte la cabeza a su esposa, aunque luego prefiere hacerlo él mismo. Promete entonces que cada noche tomará una nueva doncella, a la cual decapitará al amanecer para así eliminar poco a poco la perfidia femenina. «Sin embargo», continúa el manuscrito (en la traducción de Dolors Pinós y Margarita Castells Criballés), «un buen día, la hija mayor del visir encargado de ejecutar las sentencias, la ya mencionada Shahrasad, una chica cultivada que había leído libros sobre todos los temas, que se sabía poemas de memoria y que era una gran conocedora de anécdotas e historias protagonizadas tanto por nobles como por plebeyos, dijo a su padre que quería hacerle una propuesta». Y a continuación le revela que está decidida a casarse con el rey para terminar con sus injusticias. El padre le narra entonces una historia —que no detallaré aquí—, a fin de que su hija dé marcha atrás, pero Shahrasad se mantiene firme en su propósito.

Una vez en la alcoba del rey, la joven llora y le pide a su marido que le permita despedirse de su hermana. Shahrayar accede y Dinarsad se acomoda a los pies del lecho nupcial. Siguiendo el plan acordado, esta le dice a su hermana: «¿Por qué no cuentas una de las preciosas historias con las que solemos pasar las veladas?».

«Si vuestra majestad me lo permite, lo haré», le responde Shahrasad.

El rey acepta y Shahrasad comienza su primer cuento, «El comerciante y el genio», que la joven interrumpe al alba. «¡Qué historia tan extraordinaria e increíble!», exclama Dinarsad. «Pues si la próxima noche aún sigo con vida y su majestad el rey me lo permite, os contaré el resto, que es mucho más sorprendente todavía», promete su hermana.

Intrigado, el rey se dice a sí mismo: «No, no la mataré, al menos hasta haber oído el desenlace de esta historia». Shahrasad y Dinarsad prosiguen el juego durante mil noches más, tirando una y otra vez de la curiosidad del rey, al cual no le queda otro remedio que posponer la ejecución con tal de seguir escuchando sus historias. O la ficción o la vida.

Las mil y una noches condensa las tradiciones narrativas de la India, Persia y el mundo árabe y perfecciona sus técnicas. Si ya el *Panchatantra* (compuesto entre los siglos –III y III) engarzaba una fábula animal con otra y cada una de sus partes poseía su propio relato-marco, *Las mil y una noches* perfecciona al relato dentro del relato que luego usarán Boccaccio, Rabelais y Cervantes. Asimismo, introduce los metarrelatos, como «El pescador y el genio» o el «Cuento del visir y el sabio Dubán», y la figura del narrador no confiable en «Los siete visires». Su sentido del humor enmascara una ácida crítica social y rebosa de una sexualidad exuberante: busca criticar la vida licenciosa, pero al hacerlo se deleita en un sinfín de escenas lúbricas. En *Siete noches* (1980), Borges reflexiona: «Quiero detenerme en el título. Es uno de los más hermosos del mundo, tan hermoso, creo, como aquel otro que cité la otra vez, y tan distinto: *Un experimento con el tiempo.* En este hay otra belleza. Creo que reside en el hecho de que para nosotros la palabra "mil" sea casi sinónima de "infinito". Decir mil noches es decir infinitas noches, las muchas noches, las innumerables noches. Decir "mil y una noches" es agregar una al infinito».

א

El relato marco de *Las mil y una noches* pone en escena uno de los temores persistentes de las sociedades patriarcales: la infidelidad femenina y la posibilidad de que los hijos del hombre sean ilegítimos. Sin embargo, Shahrasad —a quien hoy preferimos llamar Sheherezada—, lo que encuentra es un antídoto contra la ineludible violencia masculina: la ficción. La joven intuye que la única forma de domar a un macho consiste en excitarlo al máximo para luego dejarlo en vilo con la promesa de que la siguiente noche le dará algo mejor. *Las mil y una noches* no solo está llena de sexo, sino que es una metáfora de las relaciones de poder que se establecen a su sombra. En lo único que piensan Shahrayar, Shahsamán y el *djinn* es en poseer a quienes consideran *sus* mujeres; primero intentan controlarlas —o de plano enjaularlas— y, cuando sospechan que aun así estas los engañan, prefieren destruirlas. Shahrayar lleva esta compulsión al extremo: una mujer distinta cada noche a la cual luego degollar.

El retrato de los hombres que ofrece el relato marco de *Las mil y una noches* es brutal y desesperanzador: no importa si se trata de soberanos o de genios, sus personajes masculinos son sin falta sujetos frágiles, inseguros y violentos. En contraposición, las mujeres lucen mucho más astutas: aun capturada, la muchacha robada por el *djinn* hace lo que se le antoja y, si Shahrasad sobrevive, es porque se las ingenia para dejar al soberano siempre insatisfecho. Cada *cliffhanger* al alba pospone un orgasmo. La joven se convierte así en la narradora sobresaliente: dosifica sabiamente su historia, engancha poco a poco a su oyente —y a sus lectores: nosotros— y se apodera de la voluntad del rey: una prueba de su maestría en las artes paralelas de la literatura y del amor.

Llegamos así a la noche mil uno. Por primera vez, Shahrasad —que en algunas versiones ya ha procreado tres hijos— de pronto no tiene nada que contar. Su silencio es equivalente al del final de la *Comedia* y aguarda sin remedio su castigo: la muerte del autor —en este caso, de la autora— imaginada por los estructuralistas se vuelve atrozmente real. *Las mil y una noches* se permite, sin embargo, un mínimo acto de justicia: al darse cuenta de que nadie va a entretenerlo —a excitarlo— tanto como Shahrasad, el rey la perdona. Para justificar su debilidad, afirma que hacía tiempo, mucho antes de la noche mil uno, ya había constatado su nobleza y castidad.

¿Este final convierte el relato marco de *Las mil y una noches* en una fábula feminista o en su reverso? Tras ser engatusado durante mil y una noches, Shahrayar prefiere engañarse a sí mismo, olvidando lo que, casi tres años antes, le reveló la joven raptada por el genio: «Las mujeres, cuando nos proponemos algo, lo conseguimos». Si el rey hubiese prestado más atención, tendría que haber sabido que Shahrasad es una mujer que, como Ulises entre los griegos, dominaba el arte de engañar.

Una y otra vez le pedía a mi madre que me leyera «Alí Babá y los cuarenta ladrones»; como casi todos sus lectores, estaba convencido de que se trataba de uno de los relatos más famosos de *Las mil y una noches*, sin saber que quien lo incorporó a su corpus fue el traductor Antoine Galland. Es probable que Hanna Diyab, un narrador oral sirio maronita, fuese el autor de varios de los cuentos incluidos en la versión francesa, incluyendo los de Simbad, cuyo sustrato modificó para relacionarlos con su propia vida. Galland no solo se resistió a darle crédito, sino que se empeñó en expulsarlo de París. ¿Por qué este cuento me fascinaba tanto? ¿Y por qué hoy continúo recordándolo como mi ficción primigenia? La fórmula «ábrete, sésamo» posee una fuerza inolvidable y la astucia de Alí Babá y Morgiana, frente a la avaricia de Kasim, determina que la moraleja del relato sea cuando menos incierta. ¿En qué medida esta ambigüedad ha determinado las ficciones que he escrito después?

א

Abū 'Alī al-Husayn ibn 'Abd Allāh ibn Sīnā, conocido como Ibn Sina o Avicena, no solo estudia el Corán, que memoriza a los diez años, sino también a Aristóteles —afirma haber leído la *Metafísica* cuarenta veces sin entenderla del todo— y aspira a ser su émulo. Como el griego, se interesa por todos los campos del conocimiento y escribe cuatro centenares de opúsculos; se conservan más de doscientos, como el *Canon de la medicina*, el manual más usado durante varios siglos —en Occidente, gracias a la traducción al latín de Gerardo de Cremona en el siglo XII—, el *Libro de las curaciones*, el *Libro de la salvación*, el *Libro del amor* o su autobiografía.

Inspirado en Aristóteles, Avicena imaginó una ingeniosa prueba sobre la existencia de Dios, de la cual derivarán las vías tomistas: Dios existe porque tiene que haber algo que exista sin dejar de existir. Para demostrar la inmortalidad del alma, se valió de un incisivo experimento mental, la fábula del hombre flotante, que dice más o menos así: «Imaginemos un hombre que nace y crece hasta llegar a ser adulto, suspendido en el vacío, sin tener información alguna proveniente de los sentidos. Tampoco puede, por supuesto, sentir su cuerpo. Dado que no posee ninguna información sobre el exterior o sobre su cuerpo, solo puede pensar sobre sí mismo».

Ese obsesivo pensamiento sería el *yo*: un yo que existe más allá del cuerpo y del universo y permanece siempre consciente de sí mismo. El cuerpo es prescindible, mientras que el alma es necesaria. Como ocurre con la metafísica aristotélica, hoy se lee como una pura fantasía; aun así, precede al *genio maligno* de Descartes y es el germen de numerosas historias de ciencia ficción. Nada tan fascinante como la idea de una mente sin cuerpo, sea la conciencia de HAL 9000, el robot de *2001. Una odisea del espacio* (1968), de Kubrick, o la mujer perfecta, desprovista de cuerpo, de *Her* (2013), de Spike Jonze.

Las ideas de Avicena también animaron la escritura de uno de los primeros textos de ficción especulativa: *El teólogo autodidacta* o *El filósofo autodidacta*, del andaluz Ibn Tufail (conocido en España como Abentofail), quien narra la historia de un niño feral que, abandonado en una isla desierta en el trópico, y criado por una gacela, poco a poco aprende a sobrevivir, construye herramientas, estudia la naturaleza y al cabo llega a las grandes verdades, incluida la existencia de Dios, a través de un proceso puramente racional. Una curiosa novela de formación que se adelanta a la *Utopía* (1516) de Tomás Moro y a *Lost* (2004-2010), pasando por el *Robinson Crusoe* (1719), de Daniel Defoe, el *Zadig* (1747), de Voltaire, o *El señor de las moscas* (1954), de William Golding.

א

El 14 de abril de 1912, Benjamin O. Lesage —la inicial oculta el nombre Omar— y la princesa persa Xirin hacen el amor mecidos por las olas. Tras un viaje lleno de aventuras, se disponen a emprender una nueva vida en Nueva York. Mientras reposan, abren las páginas del preciado manuscrito que llevan consigo y leen algunas de sus cuartetas. El autor de los poemas que tanto los conmueven es Omar Jayam, el matemático y poeta persa con quien Lesage comparte nombre. No adivinan que en unas horas el enorme trasatlántico en el que viajan chocará con un iceberg y terminará hundiéndose en el fondo del Atlántico y, junto con ellos, el texto original de los *Rubayat*.

Así concluye *Samarcanda* (1988), la novela de Amin Maalouf que entrevera la vida del sabio persa con las peripecias del manuscrito original de los *Rubayat*. La celebridad alcanzada por los poemas de Jayam se debe a la traducción realizada por el inglés Edward FitzGerald en 1859, si bien los expertos continúan debatiendo cuántos de los poemas traducidos por él pueden atribuirse con certeza al sabio persa. Su edición dibuja a un autor extraordinario: un escéptico o descreído, alejado de las prácticas religiosas de su tiempo, que valora los placeres mundanos ante la extrema fugacidad del mundo. Más allá de si FitzGerald exageró o malinterpretó su pensamiento, Jayam les canta a las mujeres, el amor y el vino con absoluta libertad y desparpajo. ¿Este autor gozoso y escéptico será una invención orientalista de FitzGerald? Escúchalo aquí, en traducción de Clara Janés y Ahmad Taherí:

Pues nadie puede vencer al mañana,
Mantén ahora alegre ese corazón loco.
Bebe vino a la luz de la luna, ¡oh luna!, que la luna
Por más que ilumine no dará con nosotros.
Ahora que el rosal de tu felicidad está en flor,
¿por qué no está en tu mano la copa de vino?
Bebe vino, que es el mundo enemigo peligroso
Difícil es hallar un día parecido.
Hoy el mañana no está a tu alcance,
y locura es pensar en el mañana.
Del resto de la vida no sabemos el precio.
¡Lánzate a amar, no pierdas este instante!

4. Sobre cómo vagabundear entre el cielo y el infierno

La Suma teológica *y la* Divina comedia

Gracias a uno de mis profesores maristas, a los trece decidí que dedicaría mi vida adulta al estudio de la Edad Media. A partir de ese momento, me apropié de cuanto libro sobre este periodo caía en mis manos, no solo una multitud de monografías y libros de historia —en particular sobre el Imperio bizantino—, sino cualquier texto escrito en ese momento, del *Cantar de Roldán* y el *Cantar de mio Cid* al *Libro de buen amor* o *Laberinto de fortuna* y de los cuentos de Chaucer y Boccaccio a la *Divina comedia*, pasando por un buen número de filósofos cristianos. Sin adentrarme jamás en *El señor de los anillos*, ese universo bárbaro y a la vez perturbadoramente devoto aguijoneaba mi imaginación. En cierto punto, decidí que consagraría los siguientes años a escribir una vasta enciclopedia medieval en veinte volúmenes, cuya estructura diseñé en un cuaderno. Escribí el prólogo de aquella obra imposible sin darme cuenta de que pergeñaba mi primera ficción.

Tomás de Aquino emprendió una de las empresas intelectuales más arriesgadas posibles: unir *mythos* y logos, es decir, la ficción cristiana con la razón aristotélica. Si durante siglos la ortodoxia había asimilado ciertos rasgos de Platón, integrar los argumentos de su discípulo parecía una tarea más ardua. Extraño compromiso: asumir como dogmas las verdades reveladas y rellenar sus intersticios con la razón. Uno de sus primeros empeños consistió en probar, de forma racional, la existencia de Dios. A diferencia de otros pensadores cristianos que estimaban que se trata de una verdad evidente, dedicó un esfuerzo inaudito, tanto en la *Suma teológica* (1265-1274) como en la *Suma contra gentiles* (1259-1265), a demostrar la mayor ficción posible. Las célebres vías tomistas son sutiles juegos de la inteligencia que hoy suenan como cuentos de Borges:

1. *Prueba por el movimiento.* Como podemos constatar por nuestros sentidos, el movimiento existe. Pero todo lo que se mueve es movido por otra cosa. Tenemos que llegar a un punto en el que exista algo que no se mueva y sin embargo desate el movimiento. Es imprescindible, pues, un primer motor inmóvil, que es Dios.

2. *Prueba por la causa eficiente.* Todo efecto es producido por una causa hasta remontarnos a una causa que no es efecto de nada y de la que proceden todas las demás, esa primera causa es Dios.

3. *Prueba por lo necesario.* Existe lo posible y lo necesario: lo posible puede ser o no ser, mientras que lo necesario solo es. Hay miles de seres que nacen y perecen, pero tiene que haber uno que esté sustraído a la destrucción y cuya existencia sea necesaria, y ese es Dios.

4. *Prueba por los grados del ser.* Todas las cosas expresan grados del ser: son más o menos verdaderas, buenas, nobles, etcétera, pero tiene que haber una que es causa y medida de todas las demás, y esa es Dios.

5. *Prueba por la causa final.* Las cosas contrarias no pueden conciliarse sin alguien que las gobierne y sin embargo muchas se concilian en un mismo orden y no por fuerza del azar. Debe existir, por tanto, un ser providencial que ordena y equilibra el mundo, y ese es Dios.

Resulta difícil no esbozar una sonrisa ante estos ingeniosos argumentos que de ninguna manera demuestran la existencia de Dios o no, al menos, del Dios en el que creía santo Tomás y en el que siguen confiando millones de cristianos. Como resume Étienne Gilson en *El Tomismo. Introducción a la filosofía de santo Tomás de Aquino* (1944), la cuestión es que ese motor inmóvil, esa causa primera, esa cosa necesaria frente a las contingentes, no remite a un ser consciente; si acaso, preludia al Dios de Spinoza o cierto panteísmo y luce más bien como un vacío cercano al Dios de William de Ockham, su rival nominalista.

La obsesión central de santo Tomás es la figura de Jesús. Según el principio de inmutabilidad de Dios, afirma que al momento de encarnarse no perdió ninguno de sus atributos: poseía, por tanto, un cuerpo humano y un alma racional, sin que ello le arrebatase su perfección divina. Al mismo tiempo, insiste en que, si bien Dios es Uno, ello no le impide estar formado por tres personas interrelacionadas. El Padre crea al Hijo (es decir, al Verbo) como una forma de autoconocimiento a través de un espíritu eterno basado en el amor del Padre por ese Hijo que también es Él.

Al leer argumentos como este en la *Suma contra gentiles* o la *Suma teológica* es posible observar cómo el espíritu racionalista de santo Tomás se saca de la manga toda suerte de malabarismos y piruetas mentales para tratar de apuntalar una fantasía sin sustento. Resulta casi doloroso atestiguar cómo, ante el abismo que se abre frente a él, al final siempre retrocede, temeroso de dudar de los dogmas en que está obligado a creer. Su tibio racionalismo lo vuelve una de las figuras intelectuales más peligrosas de la historia: no es el creyente que acepta *a priori* una ficción, sino el que utiliza todos los recursos a su alcance para convencernos de su condición de verdad. Más que un filósofo o un teólogo, Tomás de Aquino encarna al ideólogo por excelencia que, al conferirle un barniz razonable al *mythos*, lo inmuniza ante la crítica. Sus herederos no se hallarán solo en el ámbito religioso, sino en esas religiones laicas que proliferarán a partir del siglo XIX: aquellos que, sea desde el marxismo o el neoliberalismo, nos aseguran que sus ficciones son incuestionables.

En el sistema tomista, las criaturas están ordenadas jerárquicamente en virtud de su semejanza con Dios. Nuestra imperfección no es producto de un demiurgo malvado o de la presencia del mal en el mundo —para santo Tomás el mal es mera ausencia de bien—, sino de este orden natural. En la *Suma teológica* fija esta jerarquía de seres conforme a su grado de perfección: primero se halla, por supuesto, Dios, y a su lado los espíritus puros; a continuación, los humanos, las bestias y las plantas. Dedica largas páginas a los ángeles: serafines, querubines, tronos, dominaciones, virtudes, potencias, principados, arcángeles y ángeles propiamente dichos. Al repasar la minuciosa clasificación de estos seres alienígenas, Tomás de Aquino parece un autor de ciencia ficción.

Además de la filosofía tomista y del latín, una tercera pasión medieval se despertó en mí en aquellos años juveniles: la alquimia. Mi amigo Luis peregrinaba a las polvosas librerías de Donceles, en el centro de la ciudad, a desenterrar viejos libros de oscuras editoriales que jamás había oído mencionar. Muy pronto me contagió su afición; así leí *El misterio de las catedrales* (1926), de Fulcanelli: un *nom-de-plume* cuya identidad nunca ha conseguido desvelarse, aunque a veces se le ha identificado con su editor, Eugène Canseliet. Este curioso libro me abrió el camino a la tradición ocultista de Alberto Magno, Ramon Lull, Arnau de Vilanova, Nicolas Flamel, Roger Bacon, Paracelso o Basilius Valentinus. Mal editados y peor traducidos, aquellos ajados ejemplares nos ofrecían las llaves a un mundo secreto y los dos pasábamos largas horas tratando de descifrar las claves que nos permitirían conseguir la piedra filosofal.

Al proceso real o metafórico de transformar lo vil en puro se le conocía como *opus magnum* y seguía cuatro pasos:

1. La *nigredo*, llamada en griego *melanosis*, que consistía en ennegrecer la pirita hasta conducirla a su esencia más oscura; en términos íntimos, queda expresado en la vieja idea del filósofo Carpócrates, que insta a experimentar todo el mal —o a descender a los infiernos como Orfeo, Jesús o Dante— antes de continuar el camino, que Jung identifica con la caída hacia las sombras y que inspirará el *Opus nigrum* (1968) de Marguerite Yourcenar.

2. La *albedo*, en griego *leucosis*, el paso al blanco y el inicio del camino de pruebas a las que debemos someternos en pos de la iluminación, identificada por Jung con las imágenes opuestas del *anima* y el *animus*.

3. La *citrinida* o *xantosis*, el paso al amarillo, que se lleva a cabo gracias a la luz solar y que en la interpretación junguiana corresponde a la aparición de la figura del hombre o la mujer sabios.

4. La *rubedo* o *iosis*, el momento en que se consigue la piedra filosofal, el final del camino interior que, en lenguaje junguiano, logra la completitud.

Como ocurre con el camino del héroe, se trata de una estructura arquetípica que ha sido utilizada para reflejar un camino de conocimiento interior desde la *Tabula smaragdina* (supuestamente escrita en torno al siglo –II), atribuida a Hermes Trismegisto, hasta nuestro *Harry Potter* (1997-2007).

Durante el verano, el padre de Luis puso a nuestra disposición un laboratorio en el que al fin practicamos el Arte. Ansiosos, adquirimos los ingredientes para iniciar nuestra andadura alquímica: dos bichos raros dispuestos a perder sus vacaciones entre matraces y retortas. Al cabo de unas semanas, lo único que conseguimos fue una sustancia ácida y viscosa que corroyó el suelo: el final de nuestra aventura. En aquellos meses al menos aprendimos que ni los textos ni el mundo son como parecen, sino que en todas partes se ocultan símbolos de transformación, como los llamó Jung.

Como Fulcanelli, a partir de ese momento empecé a ver significados herméticos por doquier, anticipándome a la enloquecida trama de *El péndulo de Foucault* (1988), de Umberto Eco, una práctica seguida hoy por quienes confían en una u otra teoría de la conspiración. La alquimia también marcó mi vida literaria: el primer texto que publiqué en una revista fue una interpretación del *Canto a un dios mineral* (1942), el largo y enigmático poema del mexicano Jorge Cuesta. Al «más triste de los alquimistas», como lo llamó un crítico, le dediqué asimismo mi primera novela. La idea de que es posible sublimar la más tosca realidad a través de la ficción no me ha abandonado desde entonces.

א

Cuando despiertas, te descubres en medio de una selva oscura y de inmediato distingues, a la distancia, una colina. ¿Acaso sueñas? Te encuentras a la mitad del camino de tu vida: es el 25 de marzo —el mismo día en que se creó el mundo y la fecha en que Jesús se encarnó en María— del año del Señor de 1300. A continuación, te topas con un lince, un león y una loba y una extraña sombra comparece ante ti. «No soy hombre, pero lo fui», te revela.

Virgilio se convertirá en tu guía durante la primera parte del viaje; luego, te explica, un alma más pura vendrá a suplirlo. Tu largo camino te conducirá a través de los distintos niveles del cosmos. Primero descenderás al infierno, creado tras la caída de Lucifer desde los cielos y ubicado en el centro de la Tierra; después, esa alma pura —Bice Portinari, a quien tú llamas Beatriz— te ayudará a ascender por la montaña del purgatorio hasta el cielo, donde Bernardo de Claraval tomará su relevo.

Virgilio te conduce entonces al anteinfierno, donde se hallan quienes no hicieron en vida ni bien ni mal, y te guía por un inmenso cono invertido a través de cada uno de los círculos del infierno. Al primero, el limbo, han ido a parar las almas de aquellos que murieron antes de la venida de Cristo y no alcanzaron a ser bautizados: el propio Virgilio habita allí, consciente de que jamás atisbará el rostro del Creador. Entre el segundo y el quinto círculo son castigados los incontinentes que no supieron frenar sus instintos y cometieron pecados de lujuria, gula, avaricia, prodigalidad, ira y pereza. Tras surcar la Estigia, atraviesas la muralla de la Ciudad de Dite para acceder al sexto círculo, donde encuentras a los heréticos. El séptimo se divide en tres sectores: el de los violentos contra el prójimo, cuyos moradores, tiranos, homicidas y asaltantes, se hallan sumergidos en las aguas sangrantes del río Flegetonte; el de los violentos contra sí mismos: suicidas y derrochadores; y el de los violentos contra Dios y la naturaleza: blasfemos, sodomitas, usureros. Tras superar el foso del Malebolge, llegas al octavo círculo, separado en diez grandes bolsas unidas por puentes de piedra, donde se castiga a quienes han cometido distintos tipos de fraudes: rufianes y seductores, aduladores, simoníacos, adivinos, malversadores, hipócritas, ladrones, falsos consejeros, sembradores de la discordia y falsarios. El noveno círculo se sume en un lago congelado, el Cocito, en el centro mismo de la Tierra; allí descansa Lucifer con el pecho sumido en el hielo y sus enormes patas extendidas hasta el otro hemisferio.

Concluida esta aventura, asciendes a las antípodas de Sion, donde se levanta, en medio del océano, la montaña del Purgatorio. Arribas a su vestíbulo, todavía dentro de la atmósfera terrestre, y te encuentras con quienes han tardado en arrepentirse de sus pecados. En su base se concentran, a su vez, quienes fueron excomulgados y se arrepintieron antes de morir, quienes tuvieron una muerte violenta y los príncipes negligentes. De pronto te topas con una puerta custodiada por un ángel, que escribe siete veces la letra *p* —por los siete pecados capitales— en tu frente. Subes siete cornisas, en cada una de las cuales hallas nuevos condenados: los que han pecado por amor a un objeto malvado —los soberbios, envidiosos e iracundos—; quienes lo han hecho por debilidad —los perezosos—; y quienes han pecado por una inclinación excesiva —los avaros, pródigos, golosos y lujuriosos—. En la cima del Purgatorio descubres el paraíso terrenal, donde fue creada la humanidad; lo atraviesan dos ríos, el Leteo, que hace olvidar los pecados a quienes fueron redimidos, y el Eunoe, que refuerza la gracia adquirida previamente.

Una vez que confiesas tus pecados y eres purificada, te encuentras finalmente con Beatriz; a su lado, ascenderás al Cielo. El Empíreo, donde no valen las categorías de tiempo y espacio, rodea la Tierra, la cual a su vez está circundada por nueve cielos, movidos por inteligencias angélicas: como indica Ptolomeo, cada uno se halla presidido por un planeta. En el primero, el de la Luna, hallas a quienes desatendieron algún voto; en el segundo, el de Mercurio, a los espíritus activos por honor y gloria terrenal; en el tercero, el de Venus, a los espíritus amantes; en el cuarto, del Sol, a los espíritus sabios; en el quinto, de Marte, a los militantes; en el sexto, de Júpiter, a los justos; y en el séptimo, de Saturno, a los contemplativos; en el octavo, de las estrellas fijas, a los triunfantes. En el noveno, del Primer Motor o Cielo Cristalino, te reciben las jerarquías angélicas de santo Tomás. Te resulta imposible expresar con palabras lo que ves: a tu alta fantasía le faltan fuerzas.

א

El libro que inaugura la modernidad —y de paso inventa una lengua literaria— es antes que nada un brutal ajuste de cuentas. Dante Alighieri comete un pecado mayor que el de cualquiera de sus personajes: ocupa el sitio de Dios y decide el lugar ultraterreno que le corresponderá a cada uno de sus ancestros y contemporáneos. Como afirma Marco Santagata en su *Relato de la Comedia* (2017), su libro —al que uno de sus tempranos fans, Boccaccio, añadió el adjetivo *divina*— parte de las convenciones de la literatura profética y precipita a su autor en un sueño místico que calca el *magnus opus* de los alquimistas: el tránsito de las tinieblas a la luz. Dante, el exiliado poeta florentino, se desdobla en el Dante que, a mitad del camino de la vida —los treinta y cinco años prescritos por la Vulgata—, emprende ese camino iniciático al infierno, el purgatorio y el paraíso. Pero si el Dante autor es un dios violento y cruel, el Dante personaje se compadece de sus criaturas. Transmutado en entomólogo, mide y clasifica a sus semejantes y los confina al receptáculo que le corresponde a cada uno. Al hacerlo, diseña una gigantesca colmena cuya trama abreva tanto de la tradición cristiana como de la ciencia y la filosofía de la época.

Dos fuerzas contrarias, el bien y el mal, determinan la topología de este cosmos; cada uno de sus rincones se mantiene en su lugar, en una estructura doblemente cónica y piramidal, gracias a la fuerza gravitacional de Dios: quienes están más cerca de Él disfrutan de su gracia y los más alejados, de su ira. Su rival es Lucifer, una suerte de agujero negro, colocado en sus antípodas, que todo lo devora y de cuyo horizonte de eventos resulta imposible escapar. Las almas que se hallan en el cielo giran en órbitas planetarias sin descanso y solo el purgatorio permite cierto flujo ascendente gracias a una fuerza hidráulica que arrastra a las almas de los arrepentidos al Empíreo. Además de arquitecto, Dante hace de geógrafo: en su mapamundi abundan lagunas, ríos, ciudades, abismos, farallones, arenales, cuevas, pantanos, montañas, tormentas, fuego y hielo, planetas y estrellas, sobre todo estrellas; cada una de sus tres grandes partes concluye justo con esta hermosa palabra: *stelle*.

La obra que mejor condensa trece siglos de imaginería cristiana también la subvierte; como afirmó alguno de sus detractores, Dante se aproxima peligrosamente a la herejía. Vale la pena resaltar el carácter puramente artístico de la empresa: a diferencia de tantos iluminados, su viaje místico no lo anima a fundar una religión. La *Comedia* es asimismo una historia de deseo regida por las espinosas reglas del amor cortés; el poeta se inventa este inmenso laberinto ultraterreno solo para reencontrarse con su amada, una Beatriz ficticia, apenas inspirada en la niñita que conoció años atrás. Atraído por ella, hará hasta lo imposible por recuperarla, si bien, como Orfeo, tampoco habrá de conseguirlo: en el paraíso terrenal, ella se comporta como la prototípica *belle dame sans merci* y con cierto desdén le exige que se arrepienta de sus pecados. Y cuando, al final del largo trayecto, el poeta al fin despierta, ella ya se ha ido: la *Comedia* tiene un final trágico.

El primer gran lector de la *Comedia* es el propio Dante. En la segunda parte de su *Epístola XIII*, escrita en latín en homenaje a su mecenas, Cangrande I, señor de Verona —en cuya ciudad se refugia entre 1313 y 1318 y a quien dedica el *Paraíso*—, él mismo nos dice cómo interpretarla. Como afirma Charles S. Singleton en *La Commedia de Dante. Elementos de su estructura* (1977), el poeta sigue la pauta del pensador escolástico Hugo de San Víctor, según la cual no existe un solo mundo, sino dos: «El visible, desde luego, es este universo físico que vemos con los ojos y con nuestro cuerpo, y el invisible es el corazón del hombre que no puede verse». A partir de esta dualidad, Dante nos explica que, para comprender su obra, es necesario pasar por seis *accesus* o puertas: el tema (*subjectum*), el autor (*agens*), la forma (*forma*), el objetivo (*finis*), el título (*titulus libri*) y el género (*genus philosophiae*). Dante nos revela asimismo que la *Comedia* puede ser leída según las mismas estrategias que admite la Escritura: la interpretación literal y la alegórica, moral o anagógica. Según la primera, su libro narra el viaje de las almas después de la muerte, mientras la segunda cuenta el «viaje interior del hombre que, por sus méritos y deméritos, y a causa de su libre albedrío, está sujeto al premio y al castigo de la justicia», como resume Julián Barenstein en su introducción a la *Epístola XIII* (2018). Dante pone en escena, así, el carácter dual de cualquier ficción.

א

El poeta llega al segundo círculo del infierno y, tras observar a unas almas que sobrevuelan como una parvada de grullas, repara en una pareja que permanece unida en el aire. Preso de la curiosidad, otro motor de la *Comedia*, Dante le pregunta a Virgilio si puede hablar con ellos. «Nací en Rávena, una ciudad cercana al mar en donde el Po descarga uno de sus afluentes», se presenta la primera de esas almas —conocedor de su historia, el poeta reconoce que se trata de Francesca da Rimini—, y le cuenta cómo se enamoró de Paolo Malatesta, conocido como el Bello, el hermano de su marido Gianciotto: «Amor encendió en mí un deseo tan poderoso de la belleza de este hombre que, como ves, todavía me posee». Y concluye: «Me besó tan grande amante que él, que ya nunca se separará de mí, besó mi boca, temblando».

«Ay», se lamenta Dante, «qué dulces pensamientos de amor y qué gran deseo condujeron a estos dos a un delito tan doloroso. Tus tormentos me conmueven hasta las lágrimas, de qué manera Amor hizo que se revelara uno en el otro».

«Tu guía sabe bien que no hay dolor más grande que recordar la felicidad pasada cuando se es infeliz», llora la joven, «pero como estás tan deseoso de conocer cómo nació nuestro amor, te lo contaré, aun llorando». Y rememora cómo una tarde, cuando Paolo y ella se encontraban a solas, se sumieron en la lectura de un fragmento del ciclo artúrico en el que se narra el momento en que Lanzarote cae en brazos de la reina Ginebra. Aquel pasaje los impulsó a besarse y a traicionar a sus esposos.

El relato de Francesca provoca que Paolo se hunda en un llanto desconsolado; Dante, por su parte —tan enamorado como ellos—, pierde la conciencia y se derrumba como un muerto. La culpa del delito —concluye el poeta— no es de los infelices amantes, sino «del libro y quien lo escribe». Es decir: de la ficción.

א

Dante ha soñado con Beatriz de Folco Portinari desde su prematura muerte, ocurrida, según las conjeturas de Boccaccio, el 8 de junio de 1290, cuando contaba con veinticuatro o veinticinco años. La primera vez que Dante la vio no era más que una niña y aún no se había casado con Simone de' Bardi. Sus ojos «no se atrevían a mirarla», mientras que en Florencia «todas las personas corrían a verla», como escribió en la *Vida nueva* (terminada hacia 1293). Mucho después, en la *Comedia*, la dibuja como una aparición: un ángel o un fantasma que no admite ser visto de frente.

En algún momento de la *Comedia*, de pronto nos hallamos en el limbo y a Dante le da miedo continuar. Virgilio deplora su pusilanimidad y es entonces cuando Beatriz aparece por primera vez. Sus ojos, afirma Dante, «brillan como estrellas». La musa se dirige a Virgilio y le dice que teme haber llegado demasiado tarde para ayudar a su *amigo*. «Yo, que te invito a moverte», apostrofa a Dante, «soy Beatriz, y vengo de un lugar al que deseo volver. Me mueve el amor que me hace hablarte». Y, en una suerte de coqueteo místico, añade: «Cuando esté delante de mi Señor, haré loas de ti».

Intimidado, el poeta le pregunta por qué se ha atrevido a viajar hasta ese espantoso lugar en el centro de la Tierra. «Fui creada por Dios, por su gracia», se jacta Beatriz, «de tal modo que no puedo ser tocada por la miseria de ustedes, los condenados. Pero en el Cielo hay una mujer gentil, que se duele y se compadece».

Beatriz abre el paso a santa Lucía, la cual también anima a Dante a proseguir su camino. El poeta tendrá que atravesar el infierno y el purgatorio antes de volver a encontrarse con su amada en el paraíso terrenal. En el canto XXX del *Purgatorio*, se le aparece en una nube rosácea, mientras los ángeles tiran flores a su paso, y otra vez Dante no consigue mirarla a los ojos. Beatriz lleva un velo blanco coronado de olivo, un vestido rojo fuego como el que usaba en vida y un manto verde: los colores de las virtudes teologales. Dante de nuevo no logra sostenerle la vista, recuerda la «antigua llama» de su amor y al cabo se echa a llorar.

«Te conviene llorar por otra espada», lo reprende ella. Aun así, accede a acompañarlo por los cielos concéntricos hasta el empíreo, donde se despedirá de él en el canto XXXI del *Paraíso*. Así lo cuenta Borges en el último de sus *Nueve ensayos dantescos* (1982):

A sus pies están las estrellas fijas; sobre ellas, el empíreo, que ya no es cielo corporal sino eterno, hecho solo de luz. Ascienden al empíreo, en esa infinita región (como en los lienzos prerrafaelistas) lo remoto no es menos nítido que lo que está muy cerca. Dante ve un alto río de luz, ve bandadas de ángeles, ve la múltiple rosa paradisíaca que forman, ordenadas en anfiteatro, las almas de los justos. De pronto, advierte que Beatriz lo ha dejado. La ve en lo alto, en uno de los círculos de la Rosa. Como un hombre que en el fondo del mar alzara los ojos a la región del trueno, así la venera y la implora. Le rinde gracias por su bienhechora piedad y le encomienda su alma.

¿Qué significa que Beatriz le *pareciera* tan lejana? ¿Y qué representa esa última sonrisa? El argentino piensa que la escena tiene cierto regusto infernal pese a ocurrir en el empíreo: Dante ha construido este inmenso orbe imaginario solo para reencontrarse con Beatriz y al final vuelve a perderla. Pese a todos sus esfuerzos, no la volverá a ver. Ni con toda su imaginación consuma su deseo. Los límites de la ficción resplandecen en los bellísimos versos que cierran la *Comedia*:

> *A l'alta fantasia qui mancò possa;*
> *ma già volgeva il mio disio e 'l velle,*
> *sì come rota ch'igualmente è mossa,*
> *l'amor che move il sole e l' altre stelle.*

La alta fantasía llega hasta aquí.

Dante autor. Y Dante personaje. Llevando aún más lejos el experimento de la *Vida nueva*, la *Comedia* inventa ese extraño género, a caballo entre las memorias y la pura fantasía, al que hoy llamamos autoficción. El autor escribe sobre un personaje que es y no es él, pero lleva su nombre; comparte con él datos biográficos, si bien difícilmente podríamos aceptar que narra un sueño auténtico. Se trata, más bien, de una mezcla de fantasía y realidad que le confiere una convicción inédita a su relato. Quienes la leyeron poco después de su aparición —sobre todo Boccaccio, quien le dedicó unos lúcidos *Comentarios* en la iglesia de San Esteban de Badia en 1373— podían identificar cada uno de los personajes y circunstancias reales insertos en la trama sin perder de vista su carácter alegórico. Al colocar en su relato personajes históricos, así como a muchos de sus contemporáneos, Dante se adelanta también al alud de novelas más o menos autobiográficas que inundará el siglo XX, y en particular a *En busca del tiempo perdido*, una saga de proporciones semejantes, en donde Proust, más allá de la mitad del camino de su vida, enjuicia con idéntica virulencia a amigos y enemigos.

א

En una carta a Boccaccio, Francesco Petrarca le confiesa que solo se topó con Dante una vez y que fue amigo de su padre, otro güelfo blanco en el exilio, pero añade que, si bien admira su temple político y se compadece de su destino, no coincide ni con su poética ni con su obsesión por la lengua vulgar. Aunque hoy recordamos a Petrarca como el apasionado autor del *Canzoniere* (1470), el conjunto de versos en italiano dedicados a su propia dama, Laura, fue sobre todo el creador de una ficción que sellará el destino de la cultura que empieza a llamarse occidental: la idea de que es necesario romper con el presente —siempre corrupto— para volver a una época de esplendor pasado.

Si Petrarca no fue el primer estudioso que sentía nostalgia por el mundo antiguo, sí fue quien con más énfasis quiso distanciarse de su tiempo. Tras estudiar en Montpellier y Bolonia y recorrer media Europa, se sentía ciudadano del mundo. Obsesionado con coleccionar manuscritos antiguos, persiguió los textos perdidos de sus héroes —Virgilio, Tito Livio y Cicerón— y procedió a editarlos y reconstruirlos con una perspectiva filológica. Su fiebre contagió a miles de humanistas, el término con el que definirán su nueva aproximación al saber. Tras esa primera etapa, Petrarca se sume en una vertiginosa carrera como escritor, empeñado en copiar —o mejor: reinventar— esos modelos que de pronto le resultan tan modernos. Se convierte así en fundador de esa tradición, que ya no dejará de vincularse a la ficción contemporánea, de reinventar el pasado para tolerar la brutalidad del presente.

5. Sobre cómo dibujar una sociedad de papel

El diario de la dama Murasaki, El libro de la almohada
y La novela de Genji

Es de noche y la luz es demasiado tenue para distinguir los confines de tu habitación. Te descubres rodeada por delicadas cortinas de papel, los límites de tu mundo. A la distancia, un murmullo: ¿será la voz de un hombre entretejida con la de otra mujer? Aguzas el oído. Alguien relaciona tu nombre con un río, la neblina y el alba. Nada demasiado original, has escuchado decenas de poemas similares, las mismas imágenes, los mismos manierismos, el mismo río, la misma neblina, el mismo amanecer. Prefieres recordar el poema que alguien te hizo llegar el día anterior; tomas un delicado trozo de papel, sumerges la plumilla en la tinta y le respondes con otro:

> Soy yo y no tú
> quien debería quejarse...
> Mis mangas no se han secado
> desde tu última carta.

Intentas estar a la altura de tu admirador anónimo. ¿Será acaso ese príncipe díscolo que entreviste semanas atrás? De pronto, suena la campana: es hora de iniciar tus labores al lado de la emperatriz. Limpias la plumilla y la devuelves a su estuche, te enjuagas las manos y doblas el exquisito papel con tu poema. En cuanto puedas se lo harás llegar y no tendrás sosiego hasta que tengas su respuesta.

א

Érase una vez una sociedad a la que nada importaba como la belleza. No una belleza grandilocuente y zafia, sino una apenas perceptible, evanescente: una belleza que se resiste a serlo. Se trata, por supuesto, de una sociedad aristocrática, donde solo un puñado de nobles gozan de la libertad y el tiempo necesarios para dedicarse en cuerpo y alma al arte, mientras millones de campesinos permanecen en una pobreza invisible para ellos. Como en una colmena, todo gira en torno al emperador, figura divina en el centro de su palacio, si bien el verdadero poder se halla en las familias nobles y en particular en el clan de los Fujiwara, que generación tras generación entrega a sus hijas a los vástagos del soberano.

En torno a su mansión se articula un enjambre de edificios, con cámaras y antecámaras divididas por cortinajes de papel, donde habitan esposas y concubinas, hijos y nietos, y esa nobleza que revolotea a su alrededor. En un mundo así no interesan sino el amor —que en Europa se hubiera calificado de galante— y las palabras. Más precisamente: las palabras bien dichas y mejor escritas. Todos se desviven por alcanzar esa belleza: perfuman y alistan sus atuendos, hablan con circunspección y agudeza —la suficiente para no resultar superficiales o vanos—, intercambian poemas en lujosos papelillos de colores, loan a la naturaleza y conquistan al mayor número de amantes posible.

Desde que el emperador Kammu trasladara la capital a Heian-kyō —la moderna Kioto— en 794, la corte Heian continuó admirando a China, pero poco a poco desarrolló una cultura autóctona cada vez más orgullosa. En el campo literario, ese trabajo lo llevaron a cabo las mujeres; mientras que el chino estaba reservado a los varones, ellas solo podían usar la escritura katakana. En un microcosmos donde cada uno debía demostrar su cultura, la poesía era la mejor carta de presentación: cualquier noble debía practicarla y quienes eran capaces de infundirle toques de originalidad merecían el aplauso y la envidia colectivas. La poesía era la llave hacia el corazón tanto de los hombres como de las mujeres, cuyas aventuras y flirteos tampoco eran sancionados. Todos aspiraban al poema ideal. Todavía hoy se considera que el *Iroha*, escrito hacia el final del periodo Heian, es un *pangrama* perfecto, pues usa cada uno de los *kana* una sola vez (aquí, en versión de Marta Añorbe):

Los colores de las flores,
pese a su hermosura, van cayendo.
Me pregunto si en nuestro mundo
habrá seres que permanezcan inmutables.
Hoy también atravesaremos
las profundidades de la montaña
de nuestra cambiante existencia.
Procuremos no tener sueños ni dejarnos llevar por ellos.

Influida por el budismo de la corte, la literatura de la época se concentra en la fragilidad de la existencia, la relación con la naturaleza y el desapego hacia lo material, por más que sus practicantes se muestren sin falta entretenidos con sus querellas amorosas. Las mujeres ocupan un lugar privilegiado: si bien pasan la mayor parte del día entre cortinas de papel, gozan de una libertad sexual e intelectual inéditas. Entre ellas destacan, en torno al año 1000, dos rivales: la deslenguada Sei Shōnagon, autora de un diario de la corte plagado de chismes y anécdotas mordaces, *El libro de la almohada*, y Murasaki Shikibu, a quien debemos la primera narración larga en prosa que merece ser llamada novela en el sentido moderno, el *Genji monogatari*.

אּ

No sabemos cuál pudo ser el verdadero nombre de Sei Shōnagon —ni el de su rival, Murasaki Shikibu—, pues en la corte Heian era común que sus miembros fueran conocidos por sus apodos. Hija de un funcionario menor, ella misma cuenta buena parte de su vida en *El libro de la almohada*. Al parecer estuvo casada con Tachibana Norimitsu, uno de los personajes menores del libro, y, según otras fuentes, tuvo al menos un hijo. Como dama de honor, formó parte del entorno de la emperatriz Teishi, hija del poderoso Fujiwara no Michitaka, quien ejercía el poder tras el trono. Su hermano, Fujiwara no Michinaga, era en cambio el protector de Murasaki Shikibu.

Al final de su libro, Shōnagon cuenta el origen del mismo. Cierto día, el ministro de palacio le entregó a la emperatriz una carga de finísimo papel y le preguntó qué podría escribirse en él; la propia escritora sugirió que podría funcionar como almohada y la emperatriz le entregó el preciado material. Resulta difícil interpretar si pensaba dormir imaginando su futuro libro o si predecía que el resto de la corte se lo llevaría a la cama; lo único claro es que escribió una deliciosa crónica de la vida cortesana. En este variopinto conjunto de anotaciones de distinto tono y longitud, Sei Shōnagon inserta aforismos, desparpajadas listas, anécdotas, recuerdos y toda suerte de comentarios mordaces, tal vez pensados para ser leídos en voz alta. *El libro de la almohada* podría leerse como una página de sociales —o un ancestro del *¡Hola!*—: una bitácora de su clase, escrita desde una perspectiva radicalmente personal, para satisfacer la curiosidad y el morbo de sus protagonistas. Sei Shōnagon jamás deja de ser *okashi*, lo cual implica ser sin falta divertida, encantadora e intrigante: el mejor antídoto a las desgracias que padecía la corte Heian en aquellos años. La prematura muerte de la emperatriz Teishi le arrebató su posición y se dice que terminó sus días pobre y resentida: el destino que esperaríamos para cualquier maliciosa periodista del corazón.

No sabemos mucho más de Murasaki Shikibu: parte de una rama de la familia Fujiwara venida a menos, su padre tuvo un cargo relevante antes de ser enviado a gobernar una insignificante provincia —uno de los peores destinos reservados para un cortesano en la era Heian— y solo mejoró su posición luego de enviarle un poema que gustó al emperador. Desde muy joven, Murasaki venció los prejuicios de la época y aprendió chino, como cuenta en su diario (aquí en traducción de Akiko Imoto y Carlos Rubio):

> Cuando mi hermano Nobunori, oficial del Ministerio del Ceremonial, era solo un niño y lo obligaban a leer los clásicos chinos, recuerdo que a mí me gustaba tanto escuchar que llegué a aprender muchos pasajes de esos libros. A mi hermano no se le daba bien el estudio y olvidaba en seguida lo que había leído; en cambio, a mí se me quedaba fácilmente en la memoria. Mi padre, que era un hombre

versado en los textos chinos, solía decirme con tono de queja:

—¡Qué rabia! He tenido mala suerte de que no seas un varón.

Orgullosa y tímida, Murasaki regresó a la corte y, tras comenzar la escritura de *La novela de Genji*, se ganó la protección de la emperatriz Shōshi, la hija de Fujiwara no Michinaga. En su diario, se presenta a sí misma: «Todo el mundo decía de ti que eras presumida, áspera, distante y fría, una aficionada a la literatura que aparentaba ser refinada, que siempre anda de poema en poema y que, lejos de simpatizar con las demás, las mira siempre por encima del hombro. Pero cuando te tratan, resulta que eres tranquila y amable».

Frente a este elogioso autorretrato, así trata a su némesis: «En cuanto a Sei Shōnagon, es una mujer tan pretensiosa, siempre con ese aire triunfal característico. Se dedicaba a garabatear sinogramas dándoselas de inteligente, pero lo que escribió, si se lee con atención, dejaba mucho que desear. Pertenece a esa clase de personas empeñadas a toda costa en distinguirse de los demás, pero que a la larga demuestran ser inferiores y con el tiempo acaban siendo unas desconocidas. Quien se da aires de elegante y busca emociones en momentos sin ningún encanto ni belleza al final acaba pareciendo ridículo y falso. ¿Cómo puede terminar bien alguien que al cabo demuestra ser tan falso?».

Igual que su rival, Murasaki debió ser a un tiempo escritora y *socialité*: cada fragmento de *La novela de Genji* causaba la adicción que siglos después provocarán las novelas por entregas o las telenovelas. Es probable que la escritura de su diario haya sido un encargo de la emperatriz o del propio Michinaga. Se dice que al final de su vida se retiró como monja y que su hija heredó su fascinación por la escritura; una anécdota apócrifa la vuelve autora de los últimos capítulos del *Genji*.

א

Solo en un ambiente ferozmente esteticista, dominado por el ansia de belleza, y en el cual existía cierta libertad para las mujeres, podía haber surgido esta dupla que respondía de distinta forma a los desafíos de su tiempo. Mientras Sei Shōnagon representaba el lado picaresco de la vida palaciega, Murasaki Shikibu —como Proust más tarde— revelaba sus claroscuros, contradicciones y zonas grises. Si la primera se mantuvo en la superficie, agitándola con sus chanzas y golpes de agudeza, la segunda buceó en sus profundidades y tramó una de las mayores ficciones de la historia: la idea de que sus personajes gozan de una vida interior que es posible otear a través de la escritura. A partir de la banalidad cortesana que tan bien describía su enemiga, Murasaki Shikibu dio vida a la ficción psicológica.

Te propongo que las oigamos chacotear por un momento. He aquí algunos fragmentos entrecruzados de sus respectivos diarios (el de Sei Shōnagon, en versión de Amalia Sato):

MURASAKI SHIKIBU: Observé también abanicos extraños y algunos sinceramente horrorosos. En reuniones más relajadas es fácil distinguir quién no está a la altura de las circunstancias por su aspecto.

SEI SHŌNAGON: Cuando alguien era incapaz de completar un poema, la emperatriz continuaba leyéndolo hasta el final. Eso provocaba gemidos y disculpas como: «Si lo sabía, ¿cómo puedo ser tan tonta?».

MURASAKI SHIKIBU: Me impresionó que, a pesar de su embriaguez, su excelencia hubiera compuesto un poema tal.

SEI SHŌNAGON: Odio el espectáculo de los hombres borrachos que gritan, se meten los dedos a la boca, se mesan la barba y pasan el vino a sus vecinos gritando: «Toma otro poco, bebe».

MURASAKI SHIKIBU: Bueno, habrá quien diga que soy una criticona maliciosa si sigo describiendo el aspecto de las damas de honor, especialmente tratándose de mis compañeras de ahora.

SEI SHŌNAGON: Aborrezco a quienes en sus cartas descuidan las reglas de urbanidad, ya sea por falta de prolijidad en la redacción o por un exceso de cortesía hacia alguien que no lo merece.

MURASAKI SHIKIBU: Aunque escriba todas estas cosas, reconozco que soy una persona que ha vivido sin méritos dignos de ser recordados. Además, considerando las sombrías perspectivas de mi futuro, no puedo hallar forma alguna de consolarme. Por lo menos me esforzaré en no pensar que mi vida navega en medio de un mar de melancolía.

SEI SHŌNAGON: Escribí en mi habitación estos apuntes sobre todo lo que vi y sentí, pensando que no iban a ser conocidos por nadie. Pero ahora me doy cuenta de que, así como inevitablemente brotan las lágrimas, según dice el poema, del mismo modo estas notas dejarán de pertenecerme.

א

Cuando despiertas, eres otra. O, más bien, otro. Solo sabes que antes tuviste otro cuerpo, otra mente, otro nombre. Ahora te llaman Genji, el príncipe resplandeciente. Eres hijo de una de las esposas favoritas del emperador, aunque no la de más alto rango, lo cual te condena a un puesto secundario que no se corresponde ni con tus habilidades ni con tu ambición. Has nacido con un karma negativo y no tendrás más remedio que sobrellevarlo hasta tu próxima encarnación.

Tras varios escarceos, te descubres enamorado de tu madrastra, la dama Fujitsubo, a quien al final logras seducir. Obligado sin embargo a casarte con la dama Aoi, no olvidas ese amor prohibido y te lanzas de una conquista a otra y de un enamoramiento a otro, en una carrera que no termina hasta que atisbas, durante uno de tus viajes, a una niña de diez años, la pequeña Murasaki Shikibu (algo similar le pasará a Dante con Beatriz). Crees que solo ella puede devolverte la paz, de modo que la raptas, la tomas a tu cargo y la educas para convertirla en tu mujer ideal. Entretanto, la dama Fujitsubo da a luz a un niño, en teoría el hijo del emperador Kiritsubo aunque en realidad primogénito tuyo, destinado a convertirse en su sucesor.

Cuando Murasaki alcanza la edad apropiada, la violentas y la desposas, al tiempo que te reconcilias con tu primera mujer. Entonces distintos infortunios se ciernen sobre ti: el hijo que tienes con la dama Aoi muere al poco de nacer; fallece asimismo el emperador Kiritsubo y una facción que te resulta hostil toma el control del Imperio; y, en fin, sale a la luz tu relación con una de las concubinas del nuevo soberano, Suzaku, el cual se ve forzado a castigarte y te confina en una lejana provincia. Perdonado luego de un tiempo de exilio, se te permite volver a la corte y tu vida parece reacomodarse.

A la muerte del emperador, tu hijo Reizei ocupa su sitio y te asumes como su principal consejero. Aun así, nada te satisface. Te casas con la Tercera Princesa, acumulas nuevas aventuras, Murasaki te revela su empeño de hacerse monja y, cuando se lo prohíbes, ella enferma y al poco tiempo fallece. Sin tu adorada Murasaki, ¿qué te queda? Solo la muerte.

Cuando despiertas, tú ya no eres tú. Eres otro. O más bien *otra*. Ahora te llaman Ukifune y eres hija ilegítima del príncipe Hachi. De ti se enamoran tanto Kaoru, el hijo nacido de la Tercera Princesa, como To no Chugo. Es en esta nueva vida cuando al fin te vuelves consciente de ti misma: primero intentas quitarte la vida y, al fracasar, te haces monja. Solo esta renuncia te libera del karma que marcó tu nacimiento cuando, hace mucho, te hacías llamar Genji.

Tras constatar el sufrimiento y la insatisfacción que derivan del círculo de reencarnaciones a que estamos sometidos —el *saṃsāra*—, el príncipe Siddhartha Gautama abandona su tierra, peregrina por medio mundo, padece largos ayunos y medita hasta reconocer sus vidas previas. Al fin se detiene bajo la sombra de un árbol por siete días hasta alcanzar la *sammā-sambodhi*, la plena iluminación. Conocido desde entonces como Buda, decide compartir su conocimiento del *dharma* —la rectitud o el mérito— con sus antiguos compañeros. De camino a Benarés, recita su primer sermón a unos ascetas y les habla del camino medio, una práctica espiritual que se aleja por igual del ascetismo riguroso y de la indulgencia sensual, y les comunica los pasos necesarios para acceder al nirvana: la correcta visión, la correcta determinación, el correcto hablar, el correcto actuar, el correcto vivir, el correcto esfuerzo, la correcta atención y la correcta meditación. Buda reúne un grupo cada vez más amplio de discípulos, la *saṃgha*, y continúa viajando y compartiendo sus enseñanzas hasta que, viejo y enfermo, se desliza en su última meditación y se sumerge en el *paranirvana*, el fin del proceso de reencarnaciones y muertes. Poco sabemos del Buda histórico: como con tantos profetas, su vida se ha cubierto con incontables capas de ficción. Los textos más tempranos lo consideran un hombre excepcional, pero muy pronto arraiga la necesidad de divinizarlo. La disputa sobre la correcta interpretación de sus doctrinas da paso a escuelas encontradas, divididas en las grandes corrientes del Theravāda y el Mahāyāna. Si bien las ficciones en torno a la reencarnación se hallan también entre los hinduistas, los jainistas y los sijs, su influjo literario alcanza su punto culminante en el Japón de la era Heian a partir del auge de dos escuelas budistas autóctonas, la Tendai y la Shingon. La primera, basada en el *Sutra del Loto*, insiste en que la iluminación está abierta a cualquiera —y por tanto también a las mujeres, que no necesitan reencarnarse en un hombre para acceder al nirvana— y la segunda la reserva solo a unos cuantos. Adoptada por el clan Fujiwara, la vertiente Tendai impregna cada página de *La novela de Genji*.

א

En *Las muertes de Genji* (2023), mi amigo Vicente Herrasti le hace decir a una de sus protagonistas, enamorada de los personajes de este libro portentoso: «En esta novela cabemos todos». Igual que la *Divina comedia*, *La novela de Genji* admite dos lecturas: una secular y otra que requiere de las ideas budistas sobre la reencarnación para ser comprendida cabalmente. El talento de Murasaki Shikibu logra que ambas funcionen y se entretejan. Leída como una novela moderna, parece narrar la carrera del libertino —un lejano pariente de Tom Rakewell—, si bien Genji no es un mero seductor: el príncipe resplandeciente emprende un sinfín de conquistas, pero ninguna frena su deseo e, incluso cuando encuentra a la mujer ideal, permanece siempre insatisfecho. Su karma lo predispone a nunca llegar a ser quien ansía, a quedarse en los márgenes y ver limitada su personalidad, y por ello se lanza en un vértigo autodestructivo, si bien, a diferencia del católico don Juan, no siente culpa y no necesita un castigo divino.

Presa de ese vacío interior, Genji tropieza y se equivoca y no consigue rectificar. Cuando el destino le es adverso, se repliega, y, cuando este le sonríe, reconoce que no habrá de durar. Su mayor pena es no haber valorado suficientemente a Murasaki Shikibu —el personaje—, a quien ha modelado a su gusto, como en el *Pigmalión* (1913) de George Bernard Shaw. Murasaki Shikibu —la autora— delinea con brillantez estas contradicciones y, al hacerlo, introduce en la literatura esa ficción a la que hoy llamamos conciencia.

Críticos occidentales como Harold Bloom piensan que *La novela de Genji* debería haber concluido con la desaparición de su protagonista masculino —el enigma que se halla en el centro de la novela de Herrasti—, pues sus últimos capítulos, conocidos como los relatos de Uji por el lugar donde ocurren, nada aportan a la trama principal. Como sostiene Xavier Roca-Ferrer, una lectura que no tome en cuenta el contexto budista queda por fuerza incompleta. Genji no es sino una de las reencarnaciones de un alma cuyo karma le impide alcanzar la paz. Los capítulos de Uji son, por tanto, imprescindibles: al renacer en un estrato social inferior, y para colmo como mujer, sus expectativas de alcanzar la iluminación parecerían mínimas. Y sin embargo Murasaki se vale de un argumento *tendai* para redimirla: con su sacrificio, Ukifune rompe el *saṃsāra* y consigue la iluminación.

Como su lejana antecesora, la princesa sumeria Enheduanna, Murasaki es la cima de una poderosa tradición ficcional netamente femenina. Frente a la épica patriarcal que privilegia las epopeyas y novelas de caballerías, esta joven japonesa originó esas asombrosas réplicas de nuestras conciencias a las que hoy damos el nombre de novelas.

Diálogo 5

Donde Felice y el bicho disciernen sobre cómo una ficción se vuelve hermosa

BICHO: ¿Leías?

Felice cierra el grueso volumen que ha estado leyendo y lo deja sobre la mesita de noche.

FELICE: *La novela de Genji.*

BICHO: ¿Y?

FELICE: ¿Por qué algunas ficciones nos parecen más hermosas que otras?

BICHO: Al parecer, los cortesanos de la era Heian lo tenían muy claro: distinguían sin dificultades un poema bueno de uno malo.

FELICE: ¿Compartían el mismo gusto?

BICHO: Las ficciones son juegos. Y los juegos se definen por sus reglas.

FELICE: Que determinan lo que es bello.

BICHO: ¿A qué le llamas *bello*?

FELICE: A este estremecimiento. A esta iluminación que también experimento frente a un paisaje o un rostro. Supongo que soy afecta a ciertos patrones y ciertas simetrías.

BICHO: Pero esas reacciones pueden ser innatas o aprendidas.

FELICE: Y de seguro muchas cosas me gustan porque alguien me ha dicho que me deben gustar.

BICHO: Algunas ideas de belleza perduran, otras le pertenecen solo a una época o a un individuo. Y la mayoría se extingue muy pronto.

FELICE: Hay bellezas perdurables, bicho, no me digas lo contrario.

BICHO: Y otras efímeras, ¡las modas!

FELICE: Yo haría un matiz. Hay tradiciones que permanecen estables durante siglos o milenios y otras que no duran ni una semana. En Oriente, la relación con el pasado es menos violenta y los cambios, más sutiles.

BICHO: Que en Occidente suelen ser más drásticos.

FELICE: Por ejemplo, los producidos por los grandes artistas. Aquellos que se atreven a romper las reglas y desafían las modas de su tiempo, como mi Franz.

De pronto, el bicho se estremece en un escalofrío.

FELICE: ¿Te ocurre algo?

BICHO: Lo que yo no consigo entender es por qué a la gente puede gustarle algo abominable.

FELICE: Explícate.

BICHO: ¡Mírame a mí! ¿A quién podría parecerle bella la historia de alguien que despierta convertido en... en *esto*?

FELICE: ¡Te equivocas! Al final, Franz logra que tu miseria nos resulte hilarante y conmovedora a la vez.

El bicho se lleva las patitas a la cara.

BICHO: ¡Ay, Felice! Me vas a hacer llorar.

Libro quinto

La invención de lo humano

1. Sobre cómo pintar una mosca y que vuele

La perspectiva y el arte del Renacimiento

Mira esto:

Y ahora esto:

Dos imágenes de la última cena: la primera pertenece a un mosaico de la catedral normanda de Monreale, en Sicilia, del siglo XII; la segunda, de principios del XIV, es obra de Duccio di Buoninsegna y se encuentra en la catedral de Siena. Entre una y otra ha ocurrido una revolución. No te fijes tanto en Cristo y sus apóstoles como en el fondo de cada pintura; observa ese espacio plano del mosaico de Monreale, cubierto de hojas de oro, en donde las figuras parecen calcomanías, y luego admira la esbelta arquería que enmarca a los personajes de Duccio. Aunque nos hallamos ante dos tipos de ficciones —dos simulaciones—, la primera ofrece una imitación simbólica de la realidad, mientras que, por primera vez desde el arte clásico, la segunda se confunde con la realidad misma.

Cuenta Giorgio Vasari en *Las vidas de los más excelentes arquitectos, pintores y escultores italianos* (1550) que, aprovechando que el gran Cimabue había salido un momento de su taller, Giotto, uno de sus aprendices, dibujó una mosca en la nariz de una de las figuras que el maestro estaba pintando; al regresar, este prosiguió con su trabajo, pero una y otra vez intentaba espantar al insecto. Para buena parte de los pintores y teóricos de los siglos posteriores, la proeza de Giotto no era tanto una primicia cuanto una enmienda. Siguiendo a Petrarca, los teóricos del siglo XIV asumían la Edad Media como una era de decadencia y oscuridad; frente a la torpeza del *stile greco* (bizantino) y la tosquedad del *tramontano* (es decir, del germánico, hoy llamado gótico), los humanistas italianos impulsan a pintores, escultores y arquitectos a representar la realidad de manera *correcta*, es decir, naturalista.

Si bien el arte griego y romano había aspirado ya al realismo, corresponde a estos artistas del Renacimiento —el término también se lo debemos a Vasari— la ficción según la cual un cuadro no es una imagen que se extiende sobre un plano, sino la ventana hacia una región inexplorada. Se trata de volver creíble —verosímil— la fantasía que transforma un espacio de dos dimensiones en uno de tres. Al conseguirlo, estos artistas inventan el espacio pictórico o «espacio moderno», que, en *Renacimiento y renacimientos en el arte occidental* (1960), Erwin Panofsky define como «un ámbito aparentemente tridimensional, compuesto por cuerpos (o seudocuerpos, como las nubes) e intersticios, que parece extenderse indefinidamente, aunque no siempre infinitamente, por detrás de la superficie pintada, objetivamente bidimensional».

El ejercicio no solo altera la forma de ver una pintura, sino el mundo. El artista ya no trabaja a partir de un «estado ideal del alma», sino de su propia mirada: su ojo inventa el cosmos. Esta nueva idea proporciona a lo mirado —y lo pintado— dos características ausentes entre griegos y romanos: la infinitud y la continuidad. Si el arte medieval asume que el observador de sus obras es Dios, para quien todo es simultáneo, Giotto y Duccio buscan la parcialidad de la mirada humana. «Perspectiva», escribirá más adelante Durero, «significa una vista a través de algo». El término sirve, asimismo, para traducir la palabra griega *óptica*, es decir, punto de vista.

Mira esta *Expulsión de Joaquín del templo*, de Giotto, en la capilla de los Scrovegni, que visité apenas en 2022:

Y ahora este magnífico edificio de uno de sus alumnos, Taddeo Gaddi, en la *Presentación de la Virgen en el templo* (1328-1338), en la capilla Baroncelli de la basílica de Santa Croce, en Florencia:

Como argumenta Ernst Gombrich en su *La historia del arte* (1950), mientras los medievales pensaban que el espacio pictórico era «impenetrable y opaco», Duccio y Giotto interponen entre la realidad y la vista una pirámide imaginaria. Su idea se verá desarrollada por Filippo Brunelleschi, quien, hacia 1430, resuelve, de manera tanto teórica como práctica, el problema de la perspectiva geométrica exacta. Según su idea, la imagen visual es producida por líneas rectas o rayos que unen el ojo directamente con los objetos. Admira, por ejemplo, el cono visual de esta *Ciudad ideal* (1480), atribuida a Piero della Francesca:

El espacio se acomoda según la *perspectiva artificialis* o *perspectiva pingendi*; a partir de Giotto, Duccio y sus discípulos, estos escenarios se tornan cada vez más realistas, más apegados a esta nueva ficción óptica. A ello se añade una fantasía suplementaria: la condición de «casa de muñecas» de los edificios; extraída del teatro, esta ficción elimina la cuarta pared y nos permite escudriñar el interior de un espacio cerrado, como en esta *Presentación en el templo* (1342), de Ambrogio Lorenzetti:

Un siglo después, Jan van Eyck cambia la perspectiva frontal por una oblicua para eliminarla de forma natural, como en la obra *La Virgen en una iglesia* (concluida en torno a 1440):

El naturalismo de Giotto y Duccio también se vuelca, por supuesto, hacia la figura humana. Más que evitar los moldes bizantinos, los renuevan al representar el interior de sus personajes a partir de su exterior. Compara esta hierática anunciación bizantina (siglo x):

con esta de Simone Martini y Lippo Memmi, de 1333:

Como señala Gombrich, aquí el ángel parece no querer incomodar a María y ella, a su vez, se repliega en un gesto de humildad y compasión: el afuera nos revela el adentro; la materia, el alma. Observa, además, cómo convergen sus miradas, estableciendo una complicidad que nos excluye.

Fra Angelico desarrolla aún más esta repentina interioridad de sus personajes. De entre sus muchas anunciaciones, mira esta del convento de San Marcos de Florencia (pintada en torno a 1440):

Los pintores se transforman en arquitectos y también en carpinteros, escultores, ebanistas: artífices de una realidad completa. Su paulatina maestría les permitirá alterar el punto de vista a su antojo para conseguir efectos cada vez más dramáticos, como en esta *Lamentación sobre Cristo muerto* (1480), de Andrea Mantegna:

Desde esta perspectiva resulta ya imposible escapar del espacio pictórico y los observadores nos convertimos en parte de la obra. La ficción se exacerba: la pintura ya no es solo una ventana hacia una realidad ajena, sino la nuestra. El artista nos manipula y nos integra en su creación: insertos en la pavorosa escena, no nos queda sino reconocernos como culpables de la muerte del Señor.

Una vez descubierta la posibilidad de unir al observador y la realidad observada, los juegos ficcionales no tienen límites. Observa con cuidado *El matrimonio Arnolfini* (1434), de Jan van Eyck:

Otra revolución: aquí eres testigo —nunca mejor dicho— no ya de la historia sacra o la Antigüedad clásica, sino de la vida íntima de los retratados. Hay algo casi promiscuo en la manera de mirar a esta pareja de comerciantes italianos establecidos en Flandes: de repente irrumpes en su hogar. Lo escudriñas todo, la ventana y la cama donde presumes que consuman el matrimonio, las zapatillas en el suelo, las naranjas y las cerezas, la exquisitez del candelabro o el pequeño perro que te observa desde la parte baja del cuadro (y que, extrañamente, carece de reflejo). Y, por supuesto, reparas en el espejo convexo; en su superficie aparecen no solo los protagonistas, sino quienes se hallan del otro lado, es decir, en la *realidad*. ¿Un notario y el propio pintor?, ¿dos sirvientes?, ¿tú y yo? Y más allá, acaso te distingues a ti misma, intrusa en estos esponsales a los que nadie te invitó: Van Eyck te transforma en espía, cómplice y mirona. Y, por si fuera poco, de pronto te das cuenta de que los Arnolfini a su vez te miran *a ti*:

En una suerte de bucle extraño, el espacio se cierra sobre sí mismo y la ficción tridimensional se potencia en una esfera. En *El affaire Arnolfini* (2016), Jean-Philippe Postel sugiere otra posibilidad casi novelística: que el cuadro retrate la aparición del fantasma de la esposa muerta a su aterrorizado marido. El espejo que crea y descrea, enfoca y desenfoca lo real y lo ficticio reaparecerá en *Las meninas* (1656) de Diego de Velázquez, que tanto fascinará al Foucault de *Las palabras y las cosas* (1966).

Todas estas invenciones y reinvenciones provocan que la ficción naturalista triunfe por doquier y domine el arte europeo durante los siguientes cuatro siglos. La imitación de la figura humana, de la arquitectura, del paisaje e incluso de los objetos más pequeños ya no representa ninguna dificultad para los artistas, enzarzados, a partir de ahora, en una nueva disputa: la que opondrá la armonía y el equilibrio que tanto valoraban los antiguos con el dramatismo, el movimiento y la pasión que deleita a los modernos.

Entretanto, la mosca de Giotto se ha vuelto real. Mírala allí, en la parte inferior del marco en este *Retrato de un cartujo* (1446), de Petrus Christus:

א

Una ficción no demasiado rigurosa divide la historia de Occidente entre Platón y Aristóteles; si el maestro se vio opacado desde la época helenística por su discípulo, a partir del siglo III fue resucitado por Plotino, de quien se lo apropió el cristianismo. Con Averroes y Tomás de Aquino, Aristóteles vuelve a ganar la partida, solo para que Marsilio Ficino reintegre a Platón como influencia dominante del Renacimiento y el Barroco. Erwin Panofsky llegó a decir que esta vertiente, a la que con justicia llama *neoneoplatónica*, se vuelve una moda intelectual tan contagiosa durante los siglos XV al XVII como lo será el psicoanálisis en el XX. En el centro de la filosofía de Ficino se halla la correspondencia entre el macrocosmos y el microcosmos: así como el ser humano está conformado por grados descendentes que van de la mente al alma, la naturaleza y el cuerpo, en el universo se tienden jerarquías paralelas entre Dios, los ángeles, las almas, las cualidades y la materia. Uno y otro se funden mediante el amor, el movimiento con el que Dios se difunde entre sus criaturas. La belleza, como forma pura y divina, se expresa a través de la integridad, la armonía y la claridad. Ficino piensa que, conforme esta desciende hacia el mundo sublunar, se contamina por la materia y queda sujeta a las pasiones; aun así, ejerce un influjo sobre todas las cosas que, incluso en su imperfección, quedan impregnadas de la naturaleza divina. En esta ficción cósmica, el artista es apenas el intermediario entre el macro y el microcosmos. Mira:

En su *Historia natural*, Plinio el Viejo describía una de las pinturas más famosas de la Antigüedad, *Venus saliendo del mar*, de Apeles. Según la leyenda, Alejandro Magno le pidió al pintor que tomase como modelo a Campaspe, su concubina favorita; en cuanto vio la obra terminada, se dio cuenta de que Apeles se había enamorado de ella y, generoso como un dios, le permitió poseerla. Fascinados con el pasado, los hombres del Renacimiento se empeñaban en revivirlo: en este caso, la modelo de Sandro Botticelli para su *El nacimiento de Venus* (c. 1485) era Simonetta Cattaneo Vespucci, de quien se hallaba prendado el artista tanto como Lorenzo el Magnífico y su hermano Giuliano. Sin prevención alguna, Lorenzo de Pierfrancesco de' Medici, pariente cercano de los regentes de Florencia, podía adornar su casa de campo con una obra como esta sin temor a que sus invitados la admirasen. Después de un milenio de casi no ver otra cosa que cristos, vírgenes y santos, la diosa aparece en primer plano en su perfecta desnudez. Este cambio de sensibilidad —y este desplazamiento del poder— muestra la reconciliación de la Antigüedad clásica con el cristianismo operada por Ficino: aquí Venus ya no es solo la diosa griega y romana, sino la fuente de ese doble amor, divino y humano, que une macro y microcosmos.

Si el tema de la pintura no podría resultar más clásico, casi nada más en el cuadro lo es: Botticelli se inspira en las venus púdicas romanas, pero las despoja de su *gravitas*. La suya no permanece anclada al suelo o a esa concha que representa la fertilidad y la creatividad, sino que parece flotar. Vista de cerca, su luminosa belleza, que conforme al ideal de Ficino apenas tarda en atraparnos, dista de ser perfecta y revela en cambio numerosas distorsiones —la longitud del cuello, la caída de los hombros o la postura antinatural— con las cuales el artista consigue enamorarnos de su modelo tanto como él. Tras un siglo de experimentar con imitaciones de la realidad que se confundan con ella, los artistas del Renacimiento ya no dudan en trastocarla para hacerla lucir todavía más humana.

א

Aunque la hayas visto mil veces reproducida en toda clase de objetos —afiches, tazas, camafeos, platos, plumas, manteles—, así como variada, deformada o escarnecida por un sinfín de artistas o publicistas, te pido que prestes atención a una de las ficciones (te pido que la veas así) más contagiosas jamás creadas:

No voy a contarte su historia ni a glosarte las innúmeras interpretaciones que se tienden sobre ella hasta ocultárnosla del todo. Solo me atrevo a decirte que, si se ha convertido en la imagen más copiada, comentada y alabada de todos los tiempos —hoy en el Louvre cada día se agolpa frente a ella un torbellino de teléfonos que aspiran a capturarla—, se debe a que en ella identificamos una profunda mutación. Con esa mirada que se clava en la tuya y de la que es imposible huir, y esa media sonrisa —vuelta aún más incierta gracias al *sfumato*—, la *Gioconda* (1503) no solo te observa a ti, sino que te juzga sin misericordia. Aquí no hace falta un espejo para que el mundo se invierta: tú eres el objeto examinado y ella, Mona Lisa, quien te examina. No te descubres frente a una mera tabla pintada o la representación de una joven, sino ante una criatura provista de una conciencia idéntica a la tuya.

A Miguel Ángel le irritaba la pintura: detestaba la ficción —el engaño— de hacer pasar un plano por un espacio tridimensional. Como le confesó al papa Julio II, tan decidido como él a revolucionar el arte italiano, prefería la escultura: arrancar de esas moles de mármol de Carrara, que él mismo elegía con esmero, las figuras atrapadas en su interior, como esos *cautivi* que pensaba colocar en el mausoleo que le había encomendado su voluble mecenas. Un buen día, el pontífice cambió de idea; absorbido por la nueva basílica de San Pedro que le había comisionado a Bramante, le pidió a Miguel Ángel que se encargase de la bóveda de la capilla Sixtina. El artista se negó en principio, protagonizó una de sus célebres rabietas —su malhumor jamás le permitió contar con un taller— y cedió ante las lisonjas y presiones de un papa tan incombustible como él.

Entre 1508 y 1512, Miguel Ángel se encerró en aquel cubo cuyos muros ya contenían obras de sus predecesores, incluyendo a Ghirlandaio, en cuyo taller había aprendido los rudimentos del arte. Su trabajo allí se alza como un triunfo de la imaginación: una obra colosal que sintetiza el conocimiento de su tiempo mientras rompe sabiamente con el pasado. Obligado a pintar —hasta entonces apenas ha terminado un par de cuadros—, Miguel Ángel lo hace como nadie. Sus personajes superan a sus modelos griegos y romanos en equilibrio, volumen y *gravitas* sin perder la gracia y la dulzura del Renacimiento; realiza una simbiosis entre lo clásico y lo moderno; supera la distinción entre naturalismo y emoción; lleva a su extremo la perspectiva en escorzo; compite con Leonardo en dotar de conciencia a sus criaturas y con Rafael en habilidad compositiva; difumina la frontera entre pintura, escultura y arquitectura; y, en fin, se apodera del espacio en aras de crear una obra de arte total.

Si Miguel Ángel llegó a pensar que su proyecto tenía algo de herético, o si afirmó que al cabo fue un fracaso —en un poema le pide a san Juan de Pistoia que lo ayude a defender *la mia pittura morta*—, se debe a que, como Dante, se atreve a enfrentarse de tú a tú con el Creador. A diferencia de Leonardo, un sabio inaprehensible, y de Rafael, cuya afabilidad era celebrada por tirios y troyanos, Miguel Ángel es el primer artista que se asume superior a cualquier mortal: su arrogancia no conoce límites y, como Newton, no perdona a nadie que ponga en duda su genio. Más allá de su talento como pintor, escultor y arquitecto —y, así sea en los márgenes, poeta y músico—, la bóveda de la capilla Sixtina se revela como una exitosa batalla contra el tiempo. Basta alzar la vista para atisbar la inmensidad del universo de forma simultánea, en ese microcosmos ha quedado apresado el macrocosmos:

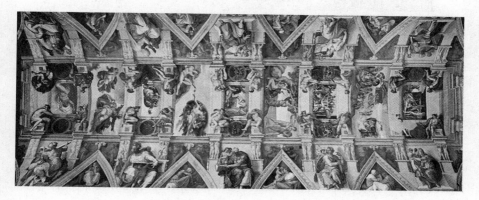

¿Qué es lo primero que notas en esta diminuta representación de la bóveda? Una multitud. Miguel Ángel renuncia a las arquitecturas impostadas de sus predecesores y apenas se interesa por los paisajes: su mundo mental está poblado solo por cuerpos, cientos de cuerpos en un sinfín de posiciones y tamaños, su única materia de trabajo. Imposible leerlo de forma unívoca: así como Dios lo ve y lo sabe todo, la historia que cuenta no es lineal, sino simultánea. Cada escena es un relato completo y la pieza de un todo. Sus polos son el Padre y sus criaturas; la unión entre ambos, el Hijo, es aquí un ominoso vacío que no se llenará hasta que haga su aparición triunfante, travestido en Apolo, en *El juicio final* (1541). Ese Dios tan parecido a Zeus, severo y grácil —lejos de encarnar un motor inmóvil, es el director de orquesta de la música de las esferas—, fija el modelo de sus encarnaciones posteriores. A diferencia de otros artistas, Miguel Ángel retrata al Padre con la misma precisión que reservaba a los músculos, las venas o los mantos de sus criaturas. A su imagen y semejanza:

Como escribe Antonio Forcellino en *La capilla Sixtina* (2020), «la poética expresiva de Miguel Ángel alcanza en esta escena la cumbre de la perfección que aún hoy nos trastorna, porque el solo cuerpo masculino consigue contar de manera inesperada y fuertemente emocionante el acontecimiento más grandioso de la tradición humana, la creación». Observa la escena sin prejuicios. ¿Qué ves? Dos hombres: uno viejo y el otro joven. Más que en el cielo, el anciano parece hallarse fuera del tiempo y del espacio, envuelto en esa especie de concha o de útero —que algunos han identificado con la corteza cerebral—, acompañado de una figura que bien podría ser Eva o la Sabiduría, así como de otras almas que lo sostienen; el muchacho, en cambio, parece recién caído sobre la tierra. El viejo viste con una túnica lila que revela un cuerpo firme y poderoso; el joven, a su vez, yace desnudo. De un lado, la imaginación; del otro, lo imaginado.

Fíjate en otro detalle crucial: la mano del Creador y la de su criatura no alcanzan a rozarse. El vacío entre sus índices expresa la frontera entre dos mundos y el abismo que separa la Idea de su encarnación. Si el Padre es la mente, el hombre es la ficción que se ha desprendido de ella para siempre. Tampoco es casual que el brazo creador de Dios sea el derecho, mientras Adán le tiende el izquierdo: son las dos mitades, divina y humana, intelectual y emocional, de nuestro cerebro. Pero también podríamos atisbar el punto de vista contrario, el de Adán: en su infinita soberbia, acaso Miguel Ángel se ha retratado a sí mismo como ese bellísimo joven que ha estado a punto de tocar a Dios.

286

א

En la vigilia del Día de Todos los Santos de 1512, el papa Julio II, quien recién ha triunfado sobre los franceses y vencido una dolorosa enfermedad, convoca a un reducido número de notables romanos y extranjeros a la reinauguración de su capilla. Piensa por un momento en esa fiesta de la imaginación: el papa de blanco seguido por treinta cardenales; el coro que eleva plegarias al cielo, el incienso que todo lo invade y la imperiosa necesidad de los presentes de mirar hacia arriba, hacia esa vasta ficción que las contiene a todas, fraguada por quien ya no es visto como un mero artista, sino como un iluminado, un santo, casi un profeta como los que él mismo ha colocado allí.

Cuando, casi treinta años después, en 1541, otro papa, Pablo III, lleve a cabo una ceremonia semejante para mostrar esta vez *El juicio final*, el ambiente político y artístico será muy distinto. Para entonces, los lansquenetes de Carlos V ya han saqueado la Ciudad Eterna; la reforma protestante se ha instalado con fuerza al norte de los Alpes; los turcos amenazan a la cristiandad y los conflictos entre las grandes potencias y el nuevo pontífice arrecian por doquier. Miguel Ángel también es otro: no ha perdido un ápice de su energía, pero abreva de la nueva espiritualidad surgida a raíz de todas estas catástrofes. Con ella, trastoca por segunda vez el arte de su tiempo: si de joven pasó años recostado en un andamio imaginando la creación del mundo, de viejo fantasea con su final.

Mientras en la bóveda Miguel Ángel condensó el punto de vista simultáneo de Dios, en *El juicio final* exige que te concentres en ese enorme Cristo que habrá de juzgarte a ti también. Quebrantando las leyes de la perspectiva renacentista, el artista no deja lugar para el sosiego: todo es movimiento y violencia a su alrededor. Como Dante antes que él, Miguel Ángel juzga con severidad a los mortales e, igual que el poeta, él mismo se convierte en personaje al fijar su lastimoso autorretrato en la piel desollada de san Bartolomé:

Casi al mismo tiempo que Miguel Ángel, un artista de sensibilidad y formación muy distintas intentó la misma hazaña: pintar la destrucción. Mira este tríptico de *El juicio final* (1482), de Hieronymus Bosch, conocido como el Bosco:

Mientras que Miguel Ángel idealiza a sus personajes, proporcionándoles esos cuerpos perfectos, el Bosco los escarnece y animaliza, representándolos como bestias o monstruos. Frente a la imaginación apolínea del primero, la dionisíaca del segundo: su delirio, aún dictado por la fantasía medieval, está poblado por criaturas híbridas, construcciones imposibles, herramientas que se transforman en casas o carruajes, una naturaleza que a veces nos acoge y otras nos amenaza, instrumentos musicales que entonan su peculiar danza de la muerte. Caricaturas de nosotros mismos que nos asombran y horrorizan.

Para cerrar el Renacimiento, mira en fin este autorretrato de Durero de 1500. No es ya el hombre que le replica al Creador, sino el que se coloca, sin pudor, en su lugar:

2. Sobre cómo naufragar en las antípodas

La reinvención de América

Cierras los ojos e intentas rememorar tu largo viaje. No sabes cómo nombrar lo que has visto: *maravillas* y *prodigios* son las únicas palabras que musitas una y otra vez. ¿Cómo comunicarles a los tuyos la extraña belleza de aquellas tierras? ¿Cómo hablarles de esas enormes construcciones que no son palacios ni castillos sin llamarlas palacios o castillos? ¿Cómo referirte a sus pueblos o ciudades cuando no se parecen a tus pueblos y ciudades? ¿Cómo transmitirles esos olores y sabores que jamás conocerán? ¿Cómo hablarles de esos hombres y mujeres, de sus rasgos y sus pieles, de sus costumbres y creencias, de su lengua y sus dioses, de sus pinturas y su música? ¿Cómo nombrar a esos monstruos con los que te has topado en el camino? Quisieras ser fiel a tu memoria; las palabras, por desgracia, te traicionan. ¿Cómo traducir a tu lengua ese otro mundo sin mentir o exagerar?

Cuando abres los ojos, contemplas una bestia provista con un enorme cuerno en mitad de la cabeza. ¡Has hallado al preciado unicornio con el que tantos soñaron antes que tú! Sin embargo, no es como lo habías imaginado: es más bajo y más corpulento que un caballo; su piel rugosa posee un color grisáceo, cercano al negro, como si tuviese una armadura cubierta de protuberancias y escamas; sus patas son pequeñas y compactas y difícilmente le permitirían cabalgar; tiene las pezuñas afiladas y la cabeza gacha, con los ojos brillosos como esferas de fuego. Más parece un carro de combate que un corcel (aquí, en la versión de Durero de 1515):

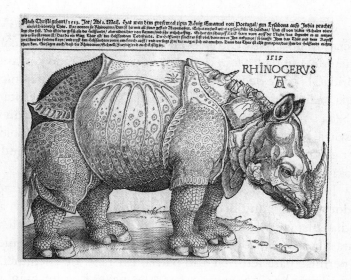

Un unicornio, sin duda. No *podría* ser otra cosa. Es lo único que tu imaginación te deja ver.

א

El primero de nuestros viajeros desgrana sus recuerdos mientras languidece en una cárcel genovesa. Rustichello de Pisa, quien transcribe sus palabras a una lengua que nadie habla, el franco-veneciano de los aristócratas, ha trasplantado a Italia las hazañas del rey Arturo. Nombrado juez en la corte de Marruecos, el segundo de nuestros viajeros le dicta sus memorias a un jurisconsulto, Ibn Yuzayy, quien no duda en recurrir a otras fuentes —o a su propia imaginación— para completar su relato. A uno y otro los separa poco más de medio siglo: en 1298, el veneciano Marco Polo, conocido como Milione (por Emilione), rememora los veinte años que pasó en Asia central, China, la India y Persia. En 1354, el bereber Abu Abdullah Muhammad ibn Battuta desempolva sus tres décadas en África, Arabia, Asia, la India y Al-Andalus. *Los viajes de Marco Polo*, conocido como *Il Milione*, y *Una obra maestra para quienes contemplan las maravillas de las ciudades y las maravillas del viaje*, o la *Riḥla*, les abren los ojos a sus respectivos mundos, la cristiandad y el islam, sobre esos otros mundos y los impulsan a seguirlos como si fuesen mapas del tesoro.

291

Con solo diecisiete años, en 1271 Marco Polo parte de Venecia rumbo a Acre, entonces en manos de los cruzados, acompañando a su padre y su tío, quienes ya han visitado con anterioridad la corte de Kublai Kan. Tras recibir el apoyo del nuevo papa, reanudan su viaje hacia Ormuz. De allí siguen la Ruta de la Seda a través de Balj, Kashgar, Dunhuang, Lanzhou, con un desvío al Karakórum, hasta llegar a Shangdu, donde son recibidos por el kan, y al cabo a Janbalic, la moderna Pekín, «la ciudad más grande, más hermosa y más próspera del mundo».

Impresionado con su astucia y sus conocimientos, el emperador mongol nombra embajador a Marco Polo y lo envía a la India, Birmania y el sudeste asiático. Tanto aprecia su talento para contar las historias de sus viajes que una y otra vez le niega el permiso para retornar a su patria. En 1291, le encomienda una última misión: acompañar a las naves que llevarán a la princesa Kököchin a Persia, donde contraerá matrimonio con el kan. Cumplida su tarea, Marco Polo y su familia parten hacia Trebisonda y Constantinopla y por fin desembarcan en Venecia en 1295, veinticuatro años después de haber partido.

Ibn Battuta, por su parte, realiza tres viajes por el orbe musulmán: el primero, entre 1325 y 1332, lo lleva por la costa africana del Mediterráneo hasta La Meca; recorre extensamente la península arábiga, Siria y Persia, y más adelante la costa del mar Arábigo hasta Mogadiscio, Mombasa y Zanzíbar. Entre 1332 y 1347, viaja por Anatolia, Asia central, la India y el sudeste asiático hasta arribar asimismo a Janbalic. Tras regresar a Marruecos, emprende un postrer viaje por Al-Andalus y África que lo lleva hasta Tombuctú antes de volver definitivamente a su hogar.

Debido a sus omisiones y exageraciones, algunos han llegado a dudar de la existencia de uno y otro; hoy sabemos que ambos en efecto emprendieron sus agotadores periplos, si bien es posible que no hayan visitado cada uno de los lugares que mencionan y se hayan valido de testimonios de terceros. Más allá de las trampas de la memoria, Marco Polo e Ibn Battuta dictaron sus recuerdos a hombres más interesados en dotar de coherencia y encanto a sus historias que en ser fieles a la verdad. Hay quien ha tenido la paciencia de contar los kilómetros recorridos por cada uno: ciento diecisiete mil de Ibn Battuta por veinticuatro mil de Marco Polo. Por desgracia, el apasionante relato del primero quedó circunscrito al ámbito musulmán, sin que llegase a ser conocido en Europa hasta principios del siglo XIX, cuando el orientalismo en boga lo despojó de su carga histórica y política. *Il Milione*, en cambio, fue muy pronto traducido al francés, el veneciano, el toscano y el latín, lanzando a miles en busca de las riquezas de Oriente. Cristóbal Colón llevaba a todas partes una copia, convencido de que, si navegaba sin detenerse hacia el poniente, llegaría al esplendoroso reino de Catay.

En Oriente, así como en África y América, los europeos colocan sus propios deseos, miedos y horrores y los imaginan habitados por bestias pavorosas que los confrontan con su propia monstruosidad. En *El libro de los seres imaginarios* (1957), Margarita Guerrero y Jorge Luis Borges realizan un amplio inventario de aquellas criaturas. La anfisbena, una serpiente africana, de dos cabezas, descrita por Plinio; el antílope de seis patas; el asno de tres patas; el ave fénix y su prima, el ave roc; el bahamut o behemot, el gigantesco pez sobre el que descansa el mundo; el basilisco; el barometz, un cordero vegetal de Tartaria; el burak, el caballo sagrado de Mahoma; el catoblepas, un búfalo negro cuya mirada basta para matar; los cíclopes; la leucrocota de la India, mezcla de la hiena y el ñu; los centauros e ictiocentauros o centauros del mar; el kraken nórdico; las lamias, mitad mujer y mitad serpiente; el mantícora, con cabeza de hombre, cuerpo de león, cola de serpiente; la pantera y el pelícano, que se creían imaginarios hasta ser descubiertos como reales; la rémora; la quimera; la salamandra que nace del fuego; las sirenas, en su encarnación clásica de mujer-ave y en la posterior de mujer-pez; y, en fin, el ouroboros, la serpiente que se devora a sí misma. Mientras españoles y portugueses se dividen el mundo, Ambroise Paré intenta el primer estudio científico de estas extrañas criaturas en *De monstruos y prodigios* (1575), que aún mezcla sus propias observaciones con seres imposibles de los que su imaginación no consigue desprenderse.

א

Mucho antes de la invención de la escritura, nuestros ancestros dibujaban paisajes, rutas o caminos para guiarse por el mundo. Un cuerno de mamut de hace unos veinticinco mil años, hallado en la República Checa, ya posee muescas que parecen señalar lugares precisos. La bóveda de las cuevas de Lascaux, de hace unos diecisiete mil, debió de ser asimismo un mapa que les permitía a sus creadores guiarse en medio de la oscuridad prehistórica. A los babilonios les debemos el primer mapa conocido, del siglo –VII, una tablilla con escritura cuneiforme que muestra la cuenca de un río con los cuatro puntos cardinales. Sus enrevesados diseños reflejan una idea del universo, más que el universo mismo: la cartografía es, desde entonces, una rama de la ficción. No han llegado hasta nosotros mapas egipcios o fenicios, dos pueblos que se valieron de ellos para sus viajes, y habrá que esperar a la *Geografía* de Estrabón, culminada alrededor del año 7, para contar con la primera representación completa del mundo conocido, cuya redondez era evidente:

Este mapa bizantino del siglo XIII, conservado en la Biblioteca Vaticana, se basa asimismo en sus principios:

En su extremo oriental, señala lugares tan remotos para los europeos como la isla de Taprobana, identificada con Sri Lanka o Sumatra, o la Jersón Áurea, acaso referida a la península malaya. Por su parte, Oriente contaba también con sus propios mapas, como este conocido como Da Ming Hunyi Tu, elaborado hacia 1389:

Los viajes de Marco Polo les dieron un impulso definitivo a la curiosidad y a la imaginación europeas. En el *Atlas catalán de Carlos V*, de 1375, figuran varios de los sitios descritos por el veneciano:

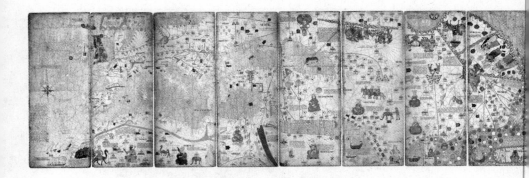

El mapa de Fra Mauro, comisionado por el rey Alfonso V de Portugal en 1450, incorpora otros lugares nombrados por Marco Polo. Como verás, en este planisferio el sur aparece donde, en otra de nuestras recurrentes ficciones espaciales, solemos ubicar el norte:

«El espacio. La última frontera. Estos son los viajes de la nave Enterprise, en una misión que durará cinco años, dedicada a la exploración de mundos desconocidos, al descubrimiento de nuevas vidas y nuevas civilizaciones, hasta llegar a lugares a donde nadie ha podido llegar». Así comenzaba cada capítulo de *Star Trek*, la serie de televisión creada por Gene Roddenberry en 1966: la idea del viaje —cualquier viaje— implica ir de lo conocido a lo desconocido, abandonar el hogar, la familia o la patria en busca de lo que no puede ser sino una ficción. La recompensa, que puede significar conocimiento, riqueza o fama, contiene otra ficción correlativa: la necesidad de volver a la patria para contar el viaje. Al partir, uno debe contrariar la consigna del Eclesiastés que, como refiere Alberto Manguel en *Una historia natural de la curiosidad* (2015), ordena: «No te esfuerces en conocer muchas cosas inútiles y no seas curioso de sus muchas obras». Pocas veces se viaja hasta «donde nadie ha podido llegar», esa región fuera de los mapas que los antiguos cartógrafos marcaban con la leyenda *Hic sunt leones* o *Hic sunt dracones*, pero, guiados por la lectura tanto de libros de viajes como de caballerías, los navegantes ibéricos de los siglos xv y xvi sin duda lo intentaron.

A estos exploradores y conquistadores les fascinan las islas: microcosmos que resumen el macrocosmos, sociedades cerradas y al margen de la civilización, zonas impolutas como el paraíso terrenal, rebosantes de oro, especias y frutos exóticos. En su competencia por el globo, portugueses y castellanos transforman dos islas míticas en reales: Taprobana y Antilla. De acuerdo con Ptolomeo, la primera debía de ubicarse en el Oriente y, según Eratóstenes, «envía grandes cantidades de marfil, concha nácar y otras mercancías a los mercados de la India». Esteban de Bizancio sostiene que su capital es Argira y que la cruza el río Fasis. Hacia ella se dirigen los navíos portugueses luego de que Bartolomeu Dias dé la *volta do mar* en el cabo de Buena Esperanza en 1488. Poco después, Vasco da Gama circunnavega África y se aventura hacia el Índico y las costas de la India.

Una leyenda distinta sostiene que, luego de que la península ibérica cayese en manos de los árabes, en el año 734 un grupo de nobles visigodos se embarcó hacia la Antilla, una enorme isla a medio camino de Cipango, identificada con la isla de San Brandán o con la Atlántida, y allí fundaron siete ricas ciudades. Mientras los portugueses persiguen el reino del preste Juan, los castellanos justifican sus conquistas con una Antilla poblada por descendientes visigodos: una ficción que los anima a recuperar algo que ya era suyo.

א

A las dos oras después de medianoche pareçió la tierra, de la cual estarían dos leguas. Amainaron todas las velas, y quedaron con el treo, que es la vela grande, sin bonetas, y pusiéronse a la corda, temporizando hasta el día viernes que llegaron a una isleta de los lucayos, que se llamaba en lengua de indios Guanahaní.

Con esta entrada, fechada el 11 de octubre de 1492, el almirante Cristóbal Colón informa a los «muy poderosos príncipes, rey e reina de España y de las islas de la mar» del éxito de su misión; tal como previó, la ruta de poniente lo ha conducido hasta las Indias. Según los cálculos que realizó a partir de los datos recopilados durante su estancia en Portugal, Colón está seguro de haber desembarcado en un islote no muy lejos de Cipango. La emoción de avistar tierra se matiza con lo que no esperaba encontrar: hombres y mujeres que no coinciden demasiado con las ideas de esplendor y riqueza que había descrito Marco Polo. Según la transcripción de sus diarios realizada por fray Bartolomé de las Casas, el propio almirante los describe por primera vez:

Ellos andaban todos desnudos como su madre los parió, y también las mugeres, aunque no vide más que una farto moça, y todos los que yo vi eran todos mançebos, que ninguno vide de edad de más de XXX años, muy bien hechos, de muy fermosos cuerpos y muy buenas caras, los cabellos gruesos cuasi como seda de cola de caballos e cortos. Los cabellos traen por ençima de las çejas, salvo unos pocos detrás que traen largos, que jamás cortan. D'ellos se pintan de prieto y d'ellos son de la color de los canarios, ni negros ni blancos, y d'ellos se pintan de blanco y d'ellos de colorado y d'ellos de lo que fallan; y d'ellos se pintan las caras, y d'ellos todo el cuerpo, y d'ellos solos los ojos, y d'ellos solo el nariz.

¿Quiénes son estos jóvenes que parecen buenos, corteses e ingenuos —la fantasía que dará lugar al *bon sauvage*— y que «no traen armas ni las cognoçen»? ¿Dónde caben en la mente de esos navegantes cuyo mundo interior sigue modelado por el medievo? Y, del otro lado, para los guanahaníes, ¿quiénes son esos violentos hombres barbados que arriban a sus costas? ¿Qué esfuerzo de imaginación han de realizar unos y otros para integrarlos en sus respectivos universos mentales? Colón apenas duda: por desnudos y pobres que le parezcan, no pueden ser sino indios de la India. Aun así, no evita mostrar su decepción: se trata de «gente muy pobre de todo». ¿Qué sentido tiene una empresa como la suya si las riquezas de Oriente no son tales? En cualquier caso, el doble objetivo de Colón se vuelve explícito: por una parte, los convertirá a la verdadera fe y, por la otra, buscará al máximo aprovecharse de ellos. Un programa que no hará sino expandirse durante los siguientes siglos a partir tanto de la fuerza como del engaño.

Pese a las evidencias que comenzarán a acumularse y que presupondrán que, mientras los portugueses se apoderan de la abundancia oriental, los castellanos se han estrellado con un entorno salvaje, el almirante morirá tercamente convencido de haber llegado a Oriente: su última ficción.

Para cerrar con broche de oro esta parte de la historia debes saber que, cinco siglos después de su desembarco, los historiadores no se ponen de acuerdo sobre qué sitio de las Bahamas se corresponde con Guanahaní. La invención de América se inicia —no podía ser de otro modo— con una isla fantasma.

Cuando los aventureros de Portugal y Castilla se embarcan hacia Oriente a fines del siglo xv, no solo se guían por sus mapas, sino por las narraciones que han escuchado desde niños. La Biblia los lanza en busca del reino de Saba, donde, según Marco Polo —quien lo ubica en Persia—, se halla la sepultura de los Reyes Magos. En su *Historia de las tierras y los lugares legendarios* (2013), el último libro que escribió, Umberto Eco cuenta la historia de las cartas que en 1165 comenzaron a circular entre el emperador bizantino Manuel Comneno, el papa Alejandro III y el emperador Federico Barbarroja. En teoría, su remitente es el preste Juan, quien se presenta como «señor de los señores de toda la tierra» y les informa que sus dominios «se extienden de un lado, en longitud, por cerca de cuatro meses de viaje, mientras en verdad ninguno puede saber hasta dónde se extienden por el otro». Hacia la mitad del siglo xv, se piensa que su reino se halla en África: una justificación de la exploración y la conquista que llevan a cabo los portugueses, quienes lo identifican con Etiopía. La *Historia natural* (77) de Plinio, la *Historia verdadera* (siglo II) de Lúciano de Samósata o el *Romance de Alejandro* (siglo IV), con su caudal de criaturas y lugares fantásticos, animan por su parte un nuevo género literario, las *maravillas de Oriente*, que se convertirá en la principal fuente de inspiración de aquellos navegantes. En cada uno de los sitios donde desembarcan verán lo único que pueden ver: esos prodigios con los que han soñado. Como resumió el historiador mexicano Edmundo O'Gorman en su libro de 1958: Colón no descubrió América, la inventó.

א

Cuando, en octubre de 1518, Hernán Cortés recibe el encargo del gobernador de las Antillas, Diego Velázquez de Cuéllar, de emprender una expedición hacia la península de Yucatán, los españoles ya tienen claro que no han llegado al Cipango o al Catay de Marco Polo, pero se mantienen confiados en hallar territorios colmados de riquezas. Los mayores talentos del extremeño, solo equiparables con su ambición, son su ingenio y su labia, con los que recluta a más de trescientos hombres y prepara en secreto una expedición de conquista en vez de la misión de rescate y exploración —es decir, de expolio— que le ha sido encomendada. Cuando el gobernador repara en la maniobra, Cortés ya ha levado anclas. La conquista de México nace de este primer engaño, una estrategia que su autor usará sin fin hasta la caída de Tenochtitlan. Cortés, o el Ulises extremeño.

Al fundar la Villa Rica de la Vera Cruz en julio de 1519 y otorgarle los privilegios de una ciudad castellana, se vale de una nueva argucia: en vez de asumirse como un rebelde a quien Velázquez ha puesto precio, se hace elegir por sus hombres «justicia mayor, capitán y cabeza» del primer ayuntamiento del Nuevo Mundo, que solo existe en su imaginación, y se coloca bajo la autoridad directa del rey Carlos, en cuyo nombre administrará aquellas tierras. Para entonces lo guía otra ficción: apoderarse de una ciudad riquísima de la que ha oído hablar a los indios con que se ha topado en el camino, según le traducen Jerónimo de Aguilar, un náufrago que ha vivido entre los mayas, y Malintzin, la esclava políglota que unos caciques le han ofrecido tras sus primeras correrías en la costa. Para justificar su desobediencia, Cortés envía una serie de presentes a Carlos V, así como una primera *carta de relación* —en teoría, obra del cabildo y el justicia mayor de Veracruz—, a través de un par de mensajeros que consiguen entrevistarse con el rey, primero en Tordesillas y luego en Valladolid. Esta primera narración refuta las acusaciones contra Cortés e intenta convencer a la Corona de sancionar su aventura: «Estando todos ayuntados en nuestro cabildo —le insiste al emperador—, acordamos de escribir a vuestras majestades y les inviar todo el oro y plata y joyas que en esta tierra hemos habido, demás y allende de la quinta parte de sus rentas y derechos reales les pertenesce».

Si para convencer a los indios de convertirse a la fe cristiana a los españoles les bastan unos cuantos abalorios, su oro y sus joyas le sirven a Cortés para asegurarse, si no el beneplácito, al menos la aquiescencia del monarca. El capitán actúa por su cuenta y, tras quemar sus naves —otra argucia que jamás ocurrió—, se lanza hacia México-Tenochtitlan sin saber lo que le espera. Obsesionado con el espejismo de la metrópolis, se consagra a esa otra variedad de la ficción, la política, en la que descubre su auténtico destino. Recopila datos sobre los colhúas, traba alianzas con sus enemigos e intercambia mensajes con aquella lejana corte que solo puede imaginar parecida a la de España. Al cabo, recibe a unos embajadores de Motecuhzomah o Muteçuma, quienes a su vez lo colman de regalos —ambos pueblos usan estrategias paralelas— y lo apremian a abandonar su idea de presentarse en la capital mexica.

Cortés no ceja: asciende la sierra, conferencia con los señoríos que se topa en el camino y, al menos según lo que le informa al emperador, los convence de aceptar su soberanía, así como la fe cristiana. ¿El extremeño engaña o se autoengaña? ¿Cuánto entiende de los propósitos de esos otros cuya lengua le traducen de manera indirecta? Poco importa: su determinación vence cualquier malentendido. Imaginándose como un caballero andante, un cruzado o un émulo del Cid, ordena el avance hacia México-Tenochtitlan. En el camino pierde hombres —los indios caribeños no soportan el frío— y sufre algunas derrotas, pero convence a tlaxcaltecas y huejotzingas de aliarse contra sus rivales.

Tras quince meses de jugar con los mexicas al gato y el ratón, Cortés continúa su novela epistolar desde la gran urbe en la que ya lleva un tiempo sin que quede claro si es huésped o prisionero. Al monarca le promete el sol y las estrellas y le asegura que sus tropas han llegado a una «grandísima provincia muy rica llamada Culúa en la cual hay muy grandes ciudades y de maravillosos edificios y de grandes tratos y riquezas entre las cuales hay una más maravillosa y rica que todas llamada Temustitán que está por maravillosa arte edificada sobre una grande laguna, de la cual ciudad y provincia es rey un grandísimo señor llamado Muteçuma».

Como afirma Serge Gruzinski en *El águila y el dragón* (2012), la visión de Cortés es «heroica y, al mismo tiempo, políticamente correcta; también es visualmente espectacular, por no decir anticipadamente hollywoodense. Es la que, ávida de sensacionalismo, la posteridad recordará». Cortés necesita que el rey perdone su desobediencia, resalta la grandeza de Temustitán, denuncia la *traición* de Muteçuma, celebra su alianza con los tlaxcaltecas y le comunica su decisión de combatir hasta el final.

Su relato de la conquista, algo que aún no ha ocurrido, no es sino una inmensa ficción que intenta asegurar su gloria acariciando los oídos del monarca. Cortés refiere, así, cómo el gran Muteçuma no duda en convertirse en vasallo de la Corona, requisito indispensable para justificar el uso de la fuerza tras su rebeldía; explica la matanza del Templo Mayor fraguada por el incontrolable Pedro de Alvarado; resta importancia a la derrota de la Noche Triste; y aumenta la de la victoria en Otumba, la cual le permitirá reagrupar sus fuerzas y preparar el sitio de Temustitán. Por si fuera poco, solicita permiso para llamar a estas tierras Nueva España. Su narración no busca tanto dar cuenta de los hechos cuanto reinventarlos en su favor; su empresa ilegal, aquejada por la improvisación y frenada por mil imprevistos y reveses, se transforma gracias a su pluma en una exitosa campaña que presupone la supremacía española frente a la barbarie indígena. Leído así, su trastabillante itinerario, que en más de una ocasión ha bordeado la catástrofe, como recuerda Luis Fernando Granados en su edición de la *Relación de 1520* (2021), deviene una gesta cuyo resultado será inevitable. Un destino manifiesto *avant-la-lettre* que convierte la conquista en una repetición de la reconquista.

En el recuento que Cortés envía a Carlos V el 15 de mayo de 1522, la embestida final contra Temustitán adquiere un aliento épico calcado de los romances medievales. Cortés vuelve a narrar el triunfo de Otumba; muestra su ingenio con la construcción de los bergantines que le permitirán asediar la ciudad desde el agua; narra el sitio de esa ciudad que compara con Venecia; ensalza las acciones militares de sus capitanes; no omite el episodio dramático en que él mismo está a punto de morir tras ser capturado por los mexicas y salvado *in extremis* por uno de sus soldados —el cual será sacrificado por los indios—; detalla la toma de Tlatelolco; y, en fin, presume de la captura de Cuatémoc. Cortés no se ahorra ya ningún adjetivo a la hora de contar «las cosas subcedidas y dignas de admiración en la conquista y recuperación de la muy grande y maravillosa cibdad de Temustitán y de las otras provincias a ella subjetas que se rebelaron, en la cual cibdad y dichas provincias el dicho capitán y españoles consiguieron grandes y señaladas vitorias dignas de perpetua memoria».

Obsesionado con asegurar su fama y sus privilegios, se enorgullece de haber cumplido su sagrado encargo. La novela de Cortés no puede tener otro protagonista que un héroe excepcional —o un puñado de ellos bajo su prudente liderazgo—, otros adversarios que unas criaturas a la vez salvajes y porfiadas y un final brillante y feliz.

Si esta es la ficción, ¿qué es lo real? Difícil decirlo: a lo largo de tres siglos los españoles no solo se empeñaron en imponer esta versión, sino en destruir —o, en el mejor de los casos, manipular— los testimonios o relatos de los conquistados. Podemos entrever, sin embargo, algunas de las exageraciones o mentiras que la articulan. En sus *Siete mitos de la conquista española* (2003), Matthew Restall desmonta la idea de que un puñado de hombres excepcionales hubiera derrotado con su ingenio a miles de indígenas; elimina la certeza de que había un ejército español organizado para la tarea; demuestra el papel crucial de los aliados indígenas y los negros esclavos o libres en la empresa; insiste en que esta no concluyó con la caída de México-Tenochtitlan (o del Imperio inca), sino que se prolongó por siglos; cuestiona tanto la idea de que los españoles y los indígenas no se comprendían en absoluto como la de que lo hacían de manera imperfecta gracias a sus intérpretes; afirma que muchos pueblos indígenas jamás se sintieron conquistados y no hubo ninguna resignación en ellos ante la inevitabilidad de la derrota; y cuestiona, por supuesto, la superioridad europea que garantizó su triunfo. Aun así, la novela de Cortés resulta tan convincente y contagiosa que, cinco siglos después, se mantiene casi incólume en el imaginario del siglo XXI.

א

Basándose en modelos clásicos, epopeyas y cantares de gesta, así como en ocho siglos de combates contra los musulmanes, los conquistadores del Nuevo Mundo inventan un nuevo género literario: las crónicas de Indias. Nacidas como «probanzas de méritos» diseñadas para que reclamen legalmente las riquezas o los títulos que les concede la Corona, se valen de discursos ensayados en los relatos de viaje y en todas esas ficciones heroicas que los preceden. Al *Diario de a bordo* (1492) de Colón, las *Décadas del Nuevo Mundo* (1494-1525) de Pietro Martire d'Anghiera —o Pedro Mártir de Anglería— y el *Mundus Novus* (1504) de Amerigo Vespucci —Américo Vespucio—, quien por fin establece que los europeos no han llegado a la India, se añadirá una miríada de relatos en perpetua competencia: las cartas de relación de Cortés, responsable de fundar su propio mito, imitado una y otra vez por sus sucesores; la *Historia de los indios de la Nueva España* (1541), del franciscano Toribio de Benavente, Motolinía, el cual no solo narra la conversión de los indios al cristianismo, sino su religión previa, y el contrarrelato de su rival, el dominico fray Bartolomé de las Casas, quien persigue un objetivo más drástico al denunciar las atrocidades cometidas contra los indios en su *Brevísima relación de la destrucción de las Indias* (1552).

A estas versiones les responderán la *Historia de la conquista de México* (1552), de Francisco López de Gómara, secretario privado y biógrafo oficial de Cortés, la *Historia general de las cosas de Nueva España* (1540-1585), de fray Bernardino de Sahagún, y la *Historia verdadera de la conquista de la Nueva España* (1632), de un viejo y un tanto resentido soldado de Cortés, Bernal Díaz del Castillo. Crónicas de crónicas que acabarán por inspirar la más arriesgada novela mexicana del siglo xx: *Terra Nostra* (1975), de Carlos Fuentes. A lo largo de los siglos XVI y XVII, los indígenas, de la mano de los religiosos que los solivianten, ofrecen su propia versión de la conquista en textos redactados en náhuatl, español o latín, aunque pocos se ocupan de leerlos y menos aún de celebrarlos. No será sino hasta la segunda mitad del siglo xx, gracias a los trabajos pioneros de otro religioso, Ángel María Garibay, y de su alumno Miguel León Portilla, cuando algunos de esos escritos, como los *Anales de Tlatelolco* y los *Cantares mexicanos*, alcancen notoriedad a partir de una antología cuyo título es el mejor antídoto contra la novela de Cortés: la *Visión de los vencidos* (1959).

Un buen día, en la lejana localidad de Puno, en Nayarit, unas naves alienígenas comienzan una labor de conquista que los mexicanos de la segunda mitad del siglo xx apenas alcanzan a vislumbrar. Este es el detonador de *La destrucción de todas las cosas* (1992), de Hugo Hiriart, acaso la más brillante —y desatendida— de las incontables ficciones que, desde los disparates del *Motezuma*

(1733) de Vivaldi hasta los de *Malinche* (2022) de Nacho Cano, han querido retratar la conquista. Jugando con el libro de De las Casas y otras tantas crónicas de Indias, el novelista mexicano concibe una sátira donde la mezquindad y la corrupción de las élites del país invadido resultarán tan determinantes en su derrota como la superioridad tecnológica de los extraterrestres. El dispositivo de ciencia ficción le permite a Hiriart reflexionar en torno a la comunicación y al choque cultural, la oposición entre barbarie y civilización y los límites de la imaginación frente a un *otro* decidido a imponernos la suya. A contracorriente de cualquier película hollywoodense, aquí ningún golpe de ingenio permite vencer a esos alienígenas, a los que sus nuevos súbditos admiran y detestan por igual. La derrota mexicana de *La destrucción de todas las cosas* será tan contundente como la descrita por De las Casas.

א

¿Qué ven Colón y los suyos cuando se topan por primera vez con los pobladores de Guanahaní? Unos jóvenes bastante parecidos a ellos que no se corresponden demasiado con la imagen que tienen de los oriundos de las Indias. Van desnudos y son casi como niños a los que resulta fácil engañar. Desde ese primer viaje, el almirante no duda en secuestrar a algunos para exhibirlos ante los Reyes Católicos. Más adelante, en La Española, Colón inaugura el modelo que se extenderá por todo ese continente que él aún confunde con Asia: aterroriza a esas pobres criaturas, por las buenas o por las malas las convierte a la verdadera fe y en súbditos de la Corona española y, a cambio, les impone las labores manuales que permitirán la supervivencia de la nueva colonia.

¿Y qué ven los distintos pueblos mesoamericanos cuando se confrontan con los españoles? Criaturas que no encajan en ninguna de las categorías presentes en sus sociedades. Invasores que provienen de señoríos lejanos, cuyos confines no son capaces de imaginar y cuyas intenciones tampoco les resulta fácil discernir. Para identificarlos, los incluyen entre los *teteo*: la traducción *dioses* no sería exacta, puesto que el término también designa a los demonios o, como afirma Gruzinski, a «candidatos al sacrificio humano». Teules, en la deficiente pronunciación española: una palabra que los coloca al margen de sus reglas. Lo cual no impide que, una vez identificadas su avaricia y su crueldad, no se batan decididamente contra ellos.

Cada lado imagina al otro lo mejor que puede: las semejanzas se exageran, valiéndose de conceptos conocidos para designar lo desconocido, lo mismo que las diferencias, suficientes para dibujar límites infranqueables. Mientras los indios se cuestionan si los españoles son divinos o humanos, estos debaten sobre el alma de aquellos: ¿son animales, humanos o humanos de una categoría inferior? Las dudas de los vencidos se tornan irrelevantes; las de los vencedores determinan su modo de dominar a esas multitudes. ¿Se les debe tratar como esclavos (es decir, conforme al derecho romano, como cosas) o, visto que poseen algunos atributos que los españoles juzgan civilizados, solo como una especie de minusválidos (incapaces necesitados de tutela)? Si bien la bula *Sublimis Deus* de Paulo III, de 1537, ya establece que los naturales de las Indias tienen alma, entre el 15 de agosto de 1550 y el 4 de mayo de 1551, en el Colegio de San Gregorio de Valladolid, los dominicos Juan Ginés de Sepúlveda y Bartolomé de las Casas encabezan el debate que deberá dirimir de una vez la controversia. De manera asombrosa, Felipe II dicta una ordenanza para detener las nuevas conquistas en tanto la junta no dé su veredicto.

Mientras Sepúlveda defiende la tesis de que los indios son inferiores y deben aplicarse contra ellos las leyes de la guerra justa a fin de arrancarlos de la barbarie, De las Casas insiste en que son tan humanos como los europeos y deben gozar de sus mismos derechos. Para defender su idea, el primero argumenta que los naturales no son malos por sí mismos, sino que su entorno los hizo caer en el pecado, y exhibe como prueba su idolatría, su canibalismo, sus sacrificios humanos y la ausencia de ciencia, escritura y propiedad privada en sus sociedades; en conclusión, no deben ser esclavizados ni se les debe privar de sus propiedades, pero han de quedar sometidos a los designios de España. De las Casas considera, en cambio, que los naturales son civilizados, como demuestran sus grandes templos y ciudades, y sostiene que no son más crueles y brutales que otras sociedades o los propios españoles.

Siguiendo los argumentos de Francisco de Vitoria, considera que ni las bulas del papa Alejandro VI ni la legitimidad del Imperio son bases legales suficientes para permitir la ocupación y explotación de las Indias. Y, al final, desliza la idea de que, a fin de proteger a los naturales, resultaría mejor conducir esclavos negros a las Indias, pues se hallan mejor dotados para las labores manuales.

Al final no hay un claro ganador en la contienda, los jueces dictan un receso indefinido y, pese a que durante años el Consejo de Indias presiona para obtener una directiva clara, la Junta de Valladolid jamás la emite. Si bien ambos bandos se consideran victoriosos, ninguno consigue sus objetivos, simplificados al extremo: mientras Sepúlveda es visto como el paladín de los conquistadores, De las Casas se convierte en el protector de los indios y, al cabo, en un referente en el desarrollo de los derechos humanos (pese a su posición sobre los negros), así como en el principal testigo de cargo de la *leyenda negra* promovida por los ingleses. Si por un lado la orden del rey de frenar las conquistas queda derogada en 1556, del otro el sistema de encomiendas denunciado por De las Casas es paulatinamente sustituido por uno de reducciones; si bien los argumentos de Sepúlveda continúan animando el incontenible avance español por el continente —y Filipinas—, se instaura la figura del «protector de los indios» y estos disfrutan de algunos beneficios en las nuevas Leyes de Indias.

En cualquier caso, el maltrato y la aniquilación sistemáticos de numerosas poblaciones indígenas no cesarán ni siquiera con las independencias de las colonias españolas en el siglo xix. Vista por algunos como un hito y por otros como un episodio de importancia marginal en el desarrollo de los derechos humanos, la controversia de Valladolid —convertida en una exitosa pieza teatral por Jean-Claude Carrière en 1992— exhibe un aciago combate de ficciones en torno a la naturaleza humana, la universalidad de los derechos y la guerra justa que se mantienen tan vigentes hoy como entonces, sobre todo si se tienen en mente las recientes invasiones de Estados Unidos a Afganistán e Irak o las guerras de Ucrania y Gaza, cuyas odiosas justificaciones se hacen eco de las tesis de Sepúlveda.

La incursión encabezada por Cortés a nuestro actual territorio fue sin duda un acontecimiento fundacional de la actual nación mexicana, sí, pero tremendamente violento, doloroso y transgresor; comenzó como un acto de voluntad personal contra las indicaciones y marcos legales del Reino de Castilla y la conquista se realizó mediante innumerables crímenes y atropellos; así lo prueban los cargos fincados por la justicia española al propio Cortés en los juicios de residencia a los que fue sujeto (1518-1547), de los que es emblemático el encarcelamiento y asesinato de Cuauhtémoc, el último mandatario azteca, en 1525. [...] Con este propósito, el Gobierno de México propone a su majestad que se trabaje a la brevedad, y de forma bilateral, en una hoja de ruta para lograr el objetivo de realizar en 2021 una ceremonia conjunta del más alto nivel; que el Reino de España exprese de manera pública y oficial el reconocimiento de los agravios causados y que ambos países redacten un relato compartido, público y socializado de nuestra historia común, a fin de iniciar en nuestras relaciones una nueva etapa plenamente apegada a los principios que orientan en la actualidad a nuestros respectivos Estados y brindar a las próximas generaciones de las dos orillas del Atlántico los cauces para una convivencia más estrecha, más fluida y más fraternal.

Este es un fragmento de la carta que el presidente de México, Andrés Manuel López Obrador, envió el 1.º de marzo de 2019 al rey Felipe VI de España. Un magnífico ejemplo de cómo una ficción —la idea de que los modernos habitantes de España y México son herederos directos de quienes vivían en estas dos regiones geográficas en el siglo XVI— admite que el pasado perviva en el presente. No es la primera vez que una fantasía ha provocado que ciertos actores políticos se hagan responsables de sucesos cometidos por sus ancestros a fin de generar un ambiente de reconciliación entre grupos o países enfrentados, pero el fracaso de esta iniciativa muestra que las heridas históricas —sobre todo aquellas que son utilizadas una y otra vez de forma interesada—constituyen algunas de las ficciones más difíciles de combatir. Nada real une a un ciudadano mexicano del siglo XXI con un colhúa o un mexica del XVI, del mismo modo que nada real une a un conquistador castellano del XVI con un ciudadano español del XXI, pero para muchos estas fantasías resultan necesarias para definirse en el presente. Aun así, la carta de López Obrador —que no deja de remitir a las enviadas por Cortés a Carlos V— y el silencio de Felipe VI revelan otras tantas ficciones escondidas en este intercambio fallido.

Si el presidente de México exige una disculpa, convencido de que todos sus compatriotas comparten su agravio (varias comunidades indígenas lo desmintieron), Felipe VI calla y, al hacerlo, repite el desdén con que sus antepasados trataron a sus colonias. Detrás de su enfrentamiento se parapetan doscientos años de relatos patrióticos usados por la nueva nación mexicana para diferenciarse de la metrópolis, así como la idea de que los hijos deben asumir las culpas de sus padres. El reconocimiento alemán del Holocausto o del gobierno sudafricano del *apartheid* permitió, más que reescribir la historia al alimón, aliviar tensiones del presente. Por desgracia, resulta más frecuente que las ficciones nacionalistas las agudicen y exacerben.

3. Sobre cómo armar y desarmar un reino

La Utopía, *el* Elogio de la locura, El príncipe,
la Reforma *y la* Contrarreforma

Cuando despiertas te descubres en una isla en medio del océano. Un guía te revela que el nombre de su capital es Amauroto y miras cómo se recuesta sobre la ladera de un monte, cerca del río Anhidro. A la distancia, distingues una hilera de casas del mismo tamaño. «Ninguna tiene cerradura», te explica tu acompañante, «y cada diez años sus moradores cambian por sorteo de una a otra».

Para gobernarse, sus habitantes se agrupan en familias; por cada treinta de ellas se elige a un magistrado, llamado en la antigua lengua *sifogrante* (y *filarca* en la moderna). Al frente de diez sifograntes se coloca un *traniboro* (o *protofilarca*). A los doscientos sifograntes les corresponde nombrar al príncipe a partir de cuatro candidatos nominados por el pueblo; el encargo es vitalicio, a menos que alguien demuestre intenciones tiránicas. Los traniboros y el príncipe se reúnen en consejo cada tres días para dirimir los pleitos entre los particulares, que suelen ser escasos dado que no existe la propiedad privada.

Tu guía te conduce por la ciudad para que aprecies la armonía que reina en el lugar. La mayoría se dedica a la agricultura, si bien muchos dominan algún otro oficio. La ciudad se divide en cuatro partes, de idéntica extensión, en cuyos centros siempre hay un mercado. Los isleños aman la tranquilidad y la belleza y detestan la guerra; no existen tabernas ni tugurios. Los únicos esclavos son aquellos que han incumplido las leyes. Se practican diversas religiones: los adoradores del sol, los de la luna y los de los astros; otros veneran a un solo dios (o a un dios antiguo) y a últimas fechas han llegado a la isla algunos cristianos deseosos de convertir a sus habitantes. Todas las confesiones se toleran y solo los ateos son vistos con cierta desconfianza, aunque no se les persigue. Escuchas su relato asombrada ante la paz y la felicidad de los isleños. Y piensas que sus costumbres no le vendrían mal a tu desafortunada patria. «¿Y cuál es el nombre de esta isla?», preguntas a tu anfitrión.

«Utopía».

א

Esta historia comienza como una broma entre dos viejos amigos. Desiderio Erasmo de Róterdam es, además de sacerdote, uno de los humanistas más destacados del continente; por su parte, Thomas More (para nosotros, Tomás Moro) ha sido parlamentario, vicealguacil de Londres, consejero privado del rey y embajador ante Carlos V. Se conocieron cuando Erasmo emprendió su primer viaje a Inglaterra, en 1499, y desde entonces los une su afinidad intelectual; el afecto que se profesan no elimina, sin embargo, el afilado humor de sus intercambios. El primer dardo lo lanza Erasmo, en 1509, mientras pasa unos días en compañía del inglés en Bucklersbury, en pleno centro de Londres. En tan solo una semana pergeña un librito que, para su sorpresa, se convertirá en uno de los primeros *best-sellers* de su tiempo. Lo titula *Stultitiae laus* (en griego *Morias enkómion*), que bien podría traducirse como *Encomio del sinsentido* o *Elogio de Moro*: una de las pullas para provocar a su camarada.

Valiéndose del recurso clásico de la adoxografía, que permite atacar una cosa al alabarla, Erasmo le da voz a la Locura (o la Sinrazón) para que esta se lance en una desmedida loa a los absurdos de su época. El holandés acaba de volver de Roma hondamente decepcionado ante la corrupción que prevalece en la Iglesia y su sátira le permite denunciar la fatuidad eclesiástica sin temor a represalias. Publicado en 1511, su divertimento circula por media Europa, apenas tarda en ser traducido a varias lenguas y, para 1515, cuenta incluso con una edición con grabados de Hans Holbein. El sobrio Erasmo recela de este éxito repentino que, contra todos sus deseos, alentará el desafío al papado protagonizado por otro sacerdote que, a diferencia de él, carece de sentido del humor.

En 1516, Moro le responde con otro librito, cuyo largo título es *Un pequeño y verdadero libro, no menos benéfico que entretenido, sobre cómo deben ser las cosas en un estado y sobre la nueva isla de Utopía*. Entramos, otra vez, en el terreno de la sátira; si no tan vendido como el de su colega, alcanzará una fama póstuma mayor. Tiene el mérito, además, de introducir una palabra indispensable en el vocabulario de la ficción y un nuevo género nacido a partir de un homenaje a Luciano de Samósata, traducido por Erasmo; *u-topía* significa no-lugar, pero también lugar imposible o ninguna parte y, pronunciado a la inglesa, suena como *eu-topia*, es decir, el buen lugar o el lugar de la felicidad: los términos que fijarán desde entonces esos territorios imaginarios que sirven de imposibles modelos a nuestras imperfectas sociedades reales. Los expertos no se ponen de acuerdo en si la *Utopía* se burla del socialismo y la ingenuidad de sus habitantes o de los vicios que Moro detecta en su propia isla y en Europa en su conjunto: esta ambigüedad es uno de sus hallazgos.

Parodiando las crónicas de Indias que comienzan a circular entonces, el inglés se divierte al ofrecer pruebas de la autenticidad de su isla: insiste en que su protagonista, Raphael Hythloday o Hythlodaeus (su nombre significa docto en sinsentidos), viajó al lado de Vespucio, transcribe ejemplos del alfabeto utopiano, incluye muestras de su literatura y ofrece una precisa descripción de su geografía. Es el propio Raphael quien describe las costumbres y la organización social de Utopía como un temprano antropólogo, un recurso del que también se valdrá el anónimo autor del *Lazarillo de Tormes* (1554), que hará las delicias de los lectores de su época, fascinados con estas oscilaciones entre ficción y realidad.

Igual que Erasmo, Moro se vale de la adoxografía, como cuando celebra el divorcio y la eutanasia, así como la existencia en Utopía de sacerdotisas y sacerdotes casados, pero en otros momentos su sátira adquiere un sentido moral, como cuando detalla el enrevesado —y al mismo tiempo sensato— gobierno de los utopianos. Las bromas a veces salen caras: sus fantasías sobre el divorcio o el matrimonio sacerdotal muy pronto le estallarán en la cara al muy católico Moro cuando Lutero —un hombre que todo lo lee de forma literal— siga al pie de la letra sus directrices y despose a una antigua monja y en especial cuando su propio señor, Enrique VIII, se divorcie de Catalina de Aragón, desafíe al papa, permita la expansión de los reformistas en Inglaterra y al cabo ordene la ejecución de su antiguo canciller. De manera inopinada, el *Elogio de la locura* y la *Utopía*, dos hilarantes chanzas entre amigos, mal leídas por un monje alemán cada vez más irritado ante los abusos de la Iglesia, contribuirán a que Europa se sumerja en un baño de sangre.

Moro inaugura o reinaugura una de las tradiciones ficcionales más perdurables de la historia: inspirados en su ejemplo, habrá quienes se empeñen en crear sociedades perfectas en la realidad, como las puestas en marcha por Vasco de Quiroga en Michoacán, Robert Owen en Indiana o Joseph Smith en Missouri, al tiempo que influirá tanto en los Padres Fundadores como en Saint-Simon, Marx y Engels. A partir del siglo XVIII, la *Utopía* de Moro llevará al *Robinson Crusoe* de Daniel Defoe y a *Los viajes de Gulliver* (1726) de Jonathan Swift. Y, luego, a cientos de libros ubicados en sitios imposibles o extraterrestres, con la correspondiente descripción de sus costumbres: espejos deformados de sus tiempos. La idea de Moro, imaginar un lugar remoto en el espacio, inspirará asimismo ucronías que transitan del horror a la ciencia ficción, mientras que su vertiente pesimista derivará en las antiutopías, cacotopías y distopías tan populares de nuestra era.

א

Mientras Moro elucubra sobre la mejor forma de gobernar una isla inexistente, un curtido político florentino, Niccolò Machiavelli —para nosotros, Maquiavelo—, intenta descifrar las claves para conservar un Estado auténtico. Para lograrlo, se olvida de cualquier ideal y se enfoca en la más descarnada realidad. Como le explica a Lorenzo de' Medici en el prefacio a *El príncipe* (1532), sus consejos no derivan de su imaginación, sino de su experiencia (aquí, en traducción de Eli Leonetti Jungl): «Tal conocimiento solo lo he adquirido gracias a una dilatada experiencia de las horrendas vicisitudes políticas de nuestra edad y merced a una continuada lectura de las antiguas historias. Y luego de haber examinado durante mucho tiempo las acciones de aquellos hombres, y meditándolas con seria atención, encerré el resultado de tan profunda y penosa tarea en un reducido volumen, que os remito».

Maquiavelo ha sido secretario en la cancillería de Florencia y testigo de las maniobras del papa Alejandro VI y su hijo César Borgia, y ha padecido la tortura y la cárcel; escarmentado, se ha retirado de la vida pública. Dándole la vuelta al género que en la Edad Media se denominaba *espejo de príncipes*, el florentino se vale de las novedosas herramientas que sus contemporáneos han comenzado a utilizar para estudiar la naturaleza, en especial la observación empírica y la deducción, en vez de contentarse con repetir los dichos de los antiguos o de extraviarse en abstrusas teorías; su esfuerzo realista o naturalista preludia a Copérnico y Galileo. Publicado de forma póstuma, *El príncipe* (cuyo título original es *De los principados*) se ha convertido en el libro de cabecera de un sinfín de políticos posteriores, de Catalina de' Medici a Napoleón —quien lo anotó profusamente— y de Talleyrand a Hitler, como si contuviese los secretos sobre cómo gobernar. El propio nombre de su autor ha dado lugar a un adjetivo que sirve tanto para describir la astucia de un político como su falta de escrúpulos, así como la idea de que el poder no tiene ningún límite ético o moral. Maquiavelo en realidad escribió otra cosa: «Haga, pues, el príncipe lo necesario para vencer y mantener el Estado, y los medios que utilice siempre serán considerados honrados y serán alabados por todos».

El príncipe no es una obra filosófica, sino una ficción personal sobre lo que debe hacer un nuevo soberano para conservar su Estado. El fin justifica los medios solo si no existe otra posibilidad: su pragmatismo jamás lleva a Maquiavelo a alabar la tiranía o el despotismo. Si en los *Discursos sobre la primera década de Tito Livio* (1512-1517) intentó observar el poder desde el punto de vista de los ciudadanos, aquí se fija en la punta de la pirámide y proporciona los mejores instrumentos para mantener su legitimidad. En el polémico capítulo titulado «De qué forma debe mantener su palabra un príncipe», escribe:

Cualquiera puede comprender lo loable que resulta en un príncipe mantener la palabra dada y vivir con integridad y no con astucia; no obstante, la experiencia de nuestros tiempos demuestra que los príncipes que han hecho grandes cosas son los que han dado poca importancia a su palabra y han sabido embaucar la mente de los hombres con su astucia, y al final han superado a los que han actuado con lealtad.

Dado que los príncipes que han logrado grandes cosas por sus pueblos (el fin) han traicionado su palabra (el medio), se desprende la necesidad de aprender de ellos. Maquiavelo muestra lo que *en verdad* ocurre y extrae de este conocimiento una conclusión que no es moral, sino política. Sobre la mentira, Maquiavelo afirma: «Un señor que actúe con prudencia no puede ni debe observar la palabra dada cuando vea que va a volverse en su contra y que ya no existen las razones que motivaron su promesa. Y si todos los hombres fuesen buenos, este precepto no sería justo; pero puesto que son malvados y no mantendrían su palabra contigo, tú no tienes por qué mantenerla con ellos».

El príncipe actúa en un mundo sin límites morales: no es él, pues, quien los rompe, y, si lo hace, es porque considera que se trata de la única forma de alcanzar la virtud. Maquiavelo no equipara la astucia con la mentira; para ejercer un buen gobierno, el príncipe debe ser hábil al fingir y disimular: «Los hombres son tan ingenuos, y responden tanto a la necesidad del momento, que quien engaña siempre encuentra a alguien que se deja engañar». No faltará quien vea en estas palabras el sustento de las *fake news* propagadas por nuestros políticos actuales; la descripción que hace Maquiavelo del papa Alejandro VI podría aplicársele, sin remilgos, a la estirpe de Donald Trump:

Nunca hizo otra cosa, nunca pensó en otra cosa que en engañar a los hombres, y siempre encontró material para poder hacerlo. [Napoleón anota aquí: «Este no falta»]. No ha habido ningún hombre que prometiera con más eficacia, que empleara mayores juramentos para prometer una cosa, y que luego la observara menos; no obstante, siempre llevó sus engaños a placer, porque era buen conocedor de ese aspecto de la vida.

א

El paciente cero es un colérico monje alemán, un tanto regordete y con ojillos inquisitivos, quien, acaso sin demasiada consciencia de lo que desatará, coloca un cartel en la puerta de la iglesia de Todos los Santos de Wittenberg el 31 de octubre de 1517:

> Disputa acerca de la determinación del valor de las indulgencias. Por amor a la verdad y en el afán de sacarla a la luz, se discutirán en Wittenberg las siguientes proposiciones bajo la presidencia del R. P. Martín Lutero, maestro en Artes y en Sagrada Escritura y profesor ordinario de esta última disciplina en esa localidad. Por tal razón, ruega que los que no puedan estar presentes y debatir oralmente con nosotros lo hagan, aunque ausentes, por escrito. En el nombre de nuestro señor Jesucristo. Amén.
> 1. Cuando nuestro señor y maestro Jesucristo dijo: «Haced penitencia...», quiso que toda la vida de los creyentes fuera penitencia.
> 2. Este término no puede entenderse en el sentido de la penitencia sacramental (es decir, de aquella relacionada con la confesión y satisfacción) que se celebra por el ministerio de los sacerdotes...

Y así hasta contabilizar noventa y cinco tesis. Noventa y cinco frases de unas pocas líneas. Hoy diríamos: un hilo de noventa y cinco tuits (o como se llamen ahora que la plataforma ha cambiado su nombre a X). Con ellas, Lutero encuentra la fórmula idónea para esparcir su rabia: estas pequeñas oraciones, fáciles de memorizar y transmitir, apenas tardan en contagiar a sus conciudadanos. Provisto con el mensaje adecuado —la ira ante la venta de indulgencias decretada por el papa—, su eficaz sistema de comunicación le permite infectar un gran número de mentes. Una vez que las tesis se publican en folletos que circulan de mano en mano, se vuelven virales; un año después, sus seguidores las traducen al alemán y, para 1519, las noventa y cinco tesis ya han sido vertidas al francés, al inglés y al italiano: la epidemia comienza su curva ascendente.

Lutero no desaprovecha su repentina condición de *influencer* y se precipita en un *road-show* que lo lleva a escribir un sermón tras otro —*A la nobleza cristiana de la nación alemana, La cautividad babilónica de la Iglesia, Sobre la libertad del cristiano*—, vocifera en cada lugar al que lo invitan y protagoniza sonadas disputas con sus adversarios. Sin darse cuenta de que su enérgica respuesta contra el agustino lo volverá más visible, el papa León X envía a un ejército de polemistas —hoy serían *bots*— a ridiculizarlo. Durante la Dieta de Augsburgo, el sitio ideal para ser *visto*, el legado Tommaso de Vio Cajetan arrincona a Lutero hasta que este, cada vez más a gusto en su papel público, se lanza en un nuevo golpe de efecto y le espeta que el papa no está por encima de las Escrituras.

Un año después, el teólogo Johann Eck lo confronta durante un nuevo duelo y Lutero de plano se declara ya enemigo del papa y los concilios. El linchamiento mediático fracasa gracias a la habilidad de este *spin-doctor* para revertir cada ataque. El 15 de junio de 1520, el papa le pone un ultimátum con la bula *Exurge Domine* y lo conmina a arrepentirse bajo pena de excomunión; atrincherado en Wittenberg, Lutero quema el documento frente a sus enfebrecidos seguidores: otro golpe de efecto. En la Dieta de Worms presidida por el propio Carlos V, Eck presenta ante el rebelde copias de sus escritos y le pregunta si mantiene las opiniones que ha vertido en ellos; Lutero responde que sí. «No puedo y no debo arrepentirme de nada», expresa al fin, «ya que no es seguro ni correcto ir contra mi conciencia. Que Dios me ayude. Amén».

Tras la ruptura definitiva, el 25 de mayo el emperador declara a Lutero fuera de la ley y ordena su arresto y la confiscación de sus escritos. Auxiliado por el elector Federico III de Sajonia, escapa al castillo de Wartburg, donde pone en marcha su empresa más arriesgada y perdurable: su traducción al alemán del Nuevo Testamento. Lutero le da vida a una nueva cepa de su virus revolucionario: ahora cualquiera podrá interpretar las

Escrituras, lo cual auspiciará la proliferación de sus interpretaciones y, de manera inevitable, un sinfín de nuevas sectas (que pelearán entre sí por las ficciones más pequeñas).

Replicando el desafío, Gabriel Zwilling encabeza un movimiento iconoclasta y Thomas Müntzer instaura un gobierno totalitario en Zwickau, en tanto miles de campesinos se rebelan contra sus señores. Horrorizado ante las furias que él mismo ha desatado, Lutero se enfrenta simultáneamente a los católicos y a sus continuadores radicales mientras reorganiza el antiguo sistema eclesiástico y fija los límites de su doctrina. A su muerte en 1546, la pandemia reformista se ha extendido por media Europa, animada por nuevos difusores, como Huldrych Zwingli y Jean Cauvin (Juan Calvino); para entonces, los conflictos entre católicos y reformistas y de estos entre sí ya han precipitado una era de violencia que se prolongará por más de un siglo: en pocos años, millones habrán sido contaminados por la rabia de Lutero.

La epidemia protestante deriva de un avance tecnológico crucial. Al desarrollar la imprenta de tipos móviles —un instrumento que ya conocían los chinos desde principios del siglo XI—, Johannes Gutenberg no solo facilita la producción de textos y libros, sino que acentúa la virulencia de las ideas. Hasta ese momento sus principales vehículos de transmisión —los manuscritos— eran escasos e infectaban si acaso a un puñado de eruditos que solo estaban en contacto entre sí; perfeccionada por Gutenberg entre 1450 y 1455, la imprenta multiplica los contactos: en menos de un siglo, unos doscientos millones de volúmenes circulan por Europa. La mutación es tan radical que sus primeros usuarios tardan en darse cuenta de que han pasado a formar parte de un nuevo mundo; de pronto cualquier idea y cualquier ficción llega en un santiamén de un lado a otro del planeta. Esta revolución, solo comparable con las que nos dotaron de conciencia y lenguaje simbólico, nos ha modelado hasta hoy, cuando presenciamos una nueva forjada ahora en el mundo digital.

א

Tras ser herido en la batalla de Pamplona en 1521, un soldado vasco se decide a contener la epidemia reformista. Para ello, inventa una vacuna:

> Por este nombre, exercicios spirituales, se entiende todo modo de examinar la consciencia, de meditar, de contemplar, de orar vocal y mental, y de otras spirituales operaciones, según que adelante se dirá. Porque así como el pasear, caminar y correr son exercicios corporales; por la mesma manera todo modo de preparar y disponer el ánima para quitar de sí todas las afecciones desordenadas y después de quitadas, para buscar y hallar la voluntad divina en la disposición de su vida para la salud del ánima, se llaman exercicios spirituales.

El epidemiólogo se llama Íñigo López de Loyola y es fanático de las novelas de caballerías. Trasladado a Barcelona y luego a Manresa, cuelga su uniforme militar frente a una imagen de la Virgen, se retira a meditar en una cueva y se decide a «trabajar en bien de las almas». Emprende un viaje a Jerusalén, estudia en las universidades de Alcalá y París, donde se familiariza con los escritos de Giulio Camillo en torno al arte de la memoria, y viaja por Flandes e Inglaterra. Recluta a sus primeros siete compañeros de armas y, el 15 de agosto de 1534, funda la Compañía de Jesús. Pese a que algunos sectores de la Iglesia la consideran demasiado heterodoxa, el papa Paulo III aprueba la nueva orden con la bula *Regimini militantis Ecclesiae* (1540), de la cual Ignacio se convierte en general.

En 1548, publica sus *Ejercicios espirituales* y, tras una disputa con la Inquisición, la Iglesia al fin los considera canónicos. Cada soldado de Cristo deberá seguir esta estricta práctica que implica, sobre todo, un ejercicio de imaginación: «La persona que da a otro modo y orden para meditar o contemplar debe narrar fielmente la historia de tal contemplación o meditación». Tomando un elemento clave de la jerarquía militar, Loyola añade un cuarto voto —la obediencia al papa— a los de pobreza, obediencia y caridad de las demás órdenes. Esta línea directa con la cabeza de la Iglesia transforma a los jesuitas en un instrumento central de la Contrarreforma. En pocos años, la vacuna jesuita rescata del protestantismo varias zonas de Europa y confiere a los jesuitas un poder inédito que los llevará a Oriente y América, el cual no disminuirá hasta que, celoso de su influencia y su poder, el papa suprima a la congregación y los reyes de Francia, Portugal y España la expulsen de sus territorios entre 1759 y 1773.

4. Sobre cómo trazar el mapa de la creación

La irrupción de la ciencia

Al abrir los ojos, miras al cielo. Te deslumbra la luz de Roma, ese pudridero al que jamás hubieras querido regresar. Casi te gustaría que el sol —una estrella como tantas— te privara de la vista. El griterío te resulta irrelevante, lo mismo que las palabras de la sentencia. Ansías que todo acabe, que la materia no ofrezca resistencia. Al final, ni siquiera te permitirán hablar: al atarte a la pira te han colocado una brida de cuero en la boca: le temen más a tu lengua que a un ejército. Te gustaría pensar que el dolor tampoco existe, pero la carne posee sus propias leyes. Odias que el sufrimiento te impida pensar, que el humo te distraiga, que el olor a quemado contamine tu razón. Antes de perder la conciencia, piensas que tal vez en alguno de esos millones de mundos que existen en el firmamento haya alguien que te mire y se conduela de tu suerte.

Enviado a Roma por la Inquisición veneciana en 1593, Giordano Bruno ha pasado siete años en distintas cárceles hasta acabar en la Torre dell'Anona, donde también estuvieron prisioneros Benvenuto Cellini y Beatrice Cenci. Como narra Germano Maifreda en *Diré la verdad. El proceso a Giordano Bruno* (2020), se ve obligado a elegir entre retractarse de sus dichos o perecer en la hoguera y, al constatar que su abjuración le salvará la vida, pero impedirá la publicación de sus obras y la enseñanza de sus teorías, se arriesga a negociar. El 25 de enero de 1599, le informa a Roberto Belarmino, nombrado por el papa Clemente VIII para encabezar su causa, que está dispuesto a abjurar y le remite un breve escrito en su defensa. El 15 de febrero se declara otra vez dispuesto a renunciar a sus creencias, si bien semanas después presenta un segundo escrito para defender al menos algunas de sus tesis. No es sino en febrero de 1600 cuando al fin se niega rotundamente a retractarse. «El miedo que ustedes sienten al imponerme esta sentencia tal vez sea mayor al que yo siento al escucharla», le espeta a sus inquisidores.

Bruno había nacido en la pequeña ciudad de Nola, en 1548, y, tras adoptar los hábitos dominicos a los diecisiete, viajó durante décadas por Italia, Suiza, Francia, Inglaterra y el Sacro Imperio hasta establecerse en Venecia a iniciativa de Giovanni Mocenigo. Para ese momento ya ha desarrollado un complejo sistema filosófico que lo ha llevado a convertirse en experto en el arte de la memoria, al tiempo que adopta las ideas de Copérnico, coquetea con el calvinismo, reflexiona sobre la magia, se sumerge en la tradición hermética, experimenta con la alquimia y se atreve a imaginar una pluralidad de mundos, cada uno con sus propios habitantes, en extensos diálogos escritos a la manera de Platón.

Por extravagantes que nos parezcan hoy sus intereses, Bruno es un hombre de su tiempo que permanece atrapado entre la razón y la fe. El espacio de libertad que se abrió gracias a los primeros humanistas se ha cerrado brutalmente tras el desafío de Lutero; asediada en todas partes, la Iglesia ya no está dispuesta a consentir la menor heterodoxia y su ala más radical ha decidido que el de Bruno se convierta en un caso ejemplar. Su muerte en la hoguera en Campo de' Fiori, el 17 de febrero de 1600, lo convertirá, sin serlo del todo, en un mártir del racionalismo; no obstante, más que representar al partido de la ciencia frente al de la religión, el antiguo monje dominico es antes que nada un férreo defensor de la libertad de imaginar.

א

Rheticus es un joven ansioso e inquieto que ha peregrinado de una ciudad a otra en busca de un maestro; Philip Melanchthon, uno de los primeros colegas de Lutero, lo ha convertido a la Reforma, pero él sigue obsesionado con los astros y pasa temporadas en Feldkirch, Zúrich y Wittenberg y Núremberg. Sin embargo, Georg Joachim de Porris —quien adopta entonces el apodo de Rheticus— no busca meros eruditos, sino un mentor, de modo que, cuando el impresor Johannes Petreius le habla de un tal Copernicus, quien ha comenzado a desarrollar una teoría que traslada el centro del universo de la Tierra al Sol, no duda en seguir sus pasos hasta la lejana Frauenburg (hoy Frombork), en el principado episcopal de Warmia, entonces parte del reino de Polonia.

Niklas Koppernigk ha compartido con unos pocos colegas un breve opúsculo, al que ha dado el desdeñoso nombre de *Pequeño comentario* (1507), donde delinea los principios de su novedosa teoría heliocéntrica. Ha estudiado con esmero a los antiguos, y en particular a Claudio Ptolomeo, en busca de una representación del universo que sea a la vez bella y verdadera. El modelo desarrollado por este en su *Mathematiké syntaxis* (que sus traductores árabes llamaron *Almagesto*, es decir, el *Grandísimo*) ha sido alabado una y otra vez por su armonía y se ha convertido en el dogma oficial de la Iglesia, pero contiene defectos que nadie ha logrado recomponer. Conforme al sistema ptolemaico, la Tierra es una esfera en el centro del cosmos y a su alrededor orbitan la Luna y los cinco planetas, el Sol y las estrellas. Por desgracia, el esquema se ve arruinado por la retrogresión de estos astros, que cada cierto tiempo parecen trazar un círculo en el cielo. Para corregir el estropicio, se vuelve imperativo introducir unos extraños epiciclos, pequeñas órbitas adicionales para cada cuerpo celeste. El resultado: una sincopada danza cósmica muy lejana de la armonía de las esferas.

En vez de continuar con la paciente labor de acomodar y calcular epiciclos, Copérnico cambia de modelo: en lugar de orbitar en torno a la Tierra, los astros deben de hacerlo alrededor del Sol. El cambio de perspectiva desecha de un plumazo el modelo del cosmos imperante durante más de mil años. El esquema del *Pequeño comentario* contiene, sin embargo, demasiadas rebabas. Como narran John Banville en su novela *Doctor Copernicus* (1976) y Dava Sobel en *Un cielo pluscuamperfecto* (2011), la impaciencia de Rheticus desata una vez más la imaginación del viejo Copérnico. Durante los dos años que permanece a su lado, no solo lo convence de escribir un nuevo libro, sino que él mismo trama un resumen o anticipo, la *Narratio prima* (1540), para anunciar sus resultados. Si no un científico de primer orden, Rheticus se revela como un gran propagandista: convence a Copérnico de entregarle el manuscrito a su amigo Tiedemann Giese, quien a su vez se lo remite a Petreius, el cual lo publica en 1543 con el título de *Sobre las revoluciones de los orbes celestes*, justo a tiempo para que su autor sostenga el grueso volumen antes de morir.

En una época turbulenta, dominada por las guerras de religión, la revuelta de los campesinos y las incursiones de los caballeros teutónicos, lo que menos buscaba Copérnico era desatar otra revolución. La suya, no obstante, será la más perdurable de su tiempo: su crítica de Ptolomeo dará un impulso definitivo a ese peculiar conjunto de ficciones que hoy llamamos ciencia. Gracias a su perspicacia, desde entonces cualquier modelo del universo aparece como una representación transitoria que, más allá de su belleza o su aparente verdad, debe de ser confrontada con otras a fin de demostrar sus predicciones. El desafío de Copérnico inspirará los de Bruno, Galileo, Brahe o Kepler y llegará a Einstein, Heisenberg, Schrödinger, Feynman o Hawking. Para cambiar el mundo, a veces no se requiere más que la terquedad de un joven y el afán crítico de un viejo.

א

Hace ya tiempo, eximio Galileo, que permanezco casi inactivo sin pensar más que en ti y en tus cartas. Una vez salido a la luz la feria pasada mi libro titulado *Comentarios sobre los movimientos de Marte* conteniendo el trabajo de muchos años, desde ese momento, cual si hubiese obtenido bastante gloria en una dificilísima expedición bélica, concedí algún descanso a mis estudios considerando que entre otros también tú, Galileo, el más capaz de todos, discutirás conmigo por carta las novedades publicadas sobre astronomía o física celeste, reanudando así una correspondencia interrumpida hace doce años.

Así escribe (en la traducción de Carlos Solís Santos) el matemático imperial Johannes Kepler a Galileo Galilei, matemático pisano, el 19 de abril de 1610, una vez que ha recibido la noticia de los descubrimientos realizados con un nuevo aparato, su «anteojo astronómico», así como el ejemplar de *La gaceta sideral*, publicada en Venecia unos días antes, que le ha hecho llegar el embajador de Toscana en Praga. Una década atrás, ambos han mantenido una breve correspondencia en torno al *Misterio cosmográfico* (1596) de Kepler, interrumpida por la incomprensión del italiano ante las divagaciones teológicas del alemán. La ciencia moderna recibe un impulso definitivo gracias a este vertiginoso intercambio de ideas. De la misma forma que la noticia de que el inventor flamenco Hans Lippershey ha solicitado una patente en La Haya para un nuevo catalejo apenas tarda en llegar a oídos de Galileo, provocando que se ofrezca a construir uno para la República de Venecia, los resultados de sus observaciones astronómicas impulsan a Kepler a elaborar sus propias teorías, condensadas poco después en su *Conversación con el mensajero sideral*.

«Así pues, Galileo», prosigue Kepler, «cambiaré impresiones contigo sobre cosas certísimamente vistas, como ardientemente espero, con mis propios ojos. Seguiré tu libro como hilo conductor, si bien haré a la vez digresiones sobre todas las áreas filosóficas que este mensajero tuyo o bien amenaza destruir o bien confirma y aclara. De este modo, nada habrá que deje en suspenso al lector con aficiones filosóficas, impidiéndole confiar en ti o impulsándolo a menospreciar la filosofía hasta entonces aceptada».

«Te doy las gracias porque eres el primero y casi único en aceptar mis afirmaciones», le responde Galileo el 19 de agosto.

Kepler es, en efecto, de los pocos que aceptan a cabalidad los descubrimientos del italiano: la Luna no es lisa y perfecta, sino que está llena de valles y montañas semejantes a los de la Tierra; hay muchas más estrellas en el cielo de las que se pueden contemplar a simple vista; y en torno a Júpiter orbitan unos astros, a los cuales Galileo denomina mediceos, que hoy identificamos como sus satélites. También coincide con él en que todos estos fenómenos resultan mucho más fáciles de entender si uno se vale del nuevo sistema heliocéntrico de Copérnico.

Difícil hallar dos temperamentos más contrastantes que los de Galileo y Kepler: uno es meridional y el otro, transalpino; el primero, un devoto católico y el segundo, un convencido protestante. La imaginación del italiano es pragmática y concreta:

reinventa o mejora el telescopio sin entender demasiado su funcionamiento, dedica horas y horas a observar los movimientos celestes antes de atreverse a formular una teoría y apenas se anima a proyectar sus teorías al futuro. La del alemán, por su parte, es mística y arrebatada: le importa más entrever la estructura matemática del cosmos diseñada por el Creador que fijarse en los casos concretos; diserta, divaga e inventa sin parar, sacando toda suerte de conclusiones a partir de los datos disponibles; y, en fin, se muestra convencido de que las leyes del universo responden a una armonía casi musical. Aun así, a ambos los caracteriza su temple racional en una época de dogmas: Galileo se hace célebre tras ser enjuiciado por la Iglesia y abjurar de sus ideas —las cenizas de Bruno todavía humean y su *eppur si muove* de seguro es una ficción—, mientras Kepler debe batirse para que su madre no termine en la hoguera, como cuenta Rivka Galchen en *Todo el mundo sabe que tu madre es una bruja* (2021), y sus ideas lo llevan a ser expulsado de su comunidad luterana. No obstante, los dos son fervientes cristianos que jamás han pretendido negar las verdades reveladas, sino conciliarlas con sus descubrimientos.

Para sumar revelación y ciencia, Galileo se inventó la teoría de la doble verdad: dado que tanto las afirmaciones de la Biblia como los descubrimientos de la razón humana por fuerza deben resultar equivalentes, las discrepancias entre ellos tienen que ser producto de un error de interpretación. Si el sistema copernicano resultaba más exacto que el aristotélico, ello en ninguna medida contradecía la revelación: Dios, a la hora de hablarles a sus profetas, no tenía más remedio que hacerlo mediante palabras que pudieran comprender. Kepler, por su parte, era tanto teólogo como filósofo natural: todas sus ideas, tanto las leyes del movimiento y los avances en óptica como aquellas que lo llevaron a imaginar la vida de los selenitas —su *Sueño*, escrito en 1608 y publicado póstumamente en 1634, es pura ciencia ficción—, respondían al anhelo de desvelar el plan matemático que Dios le había conferido al cosmos. Uno y otro navegaron a duras penas entre estas dos aguas y estuvieron a punto de ahogarse en ellas. Al final, los dos podrían identificarse con el retrato que Kepler hizo de sí mismo en su horóscopo de noviembre de 1597: «Se sumergió en cada tipo de aprendizaje desafiando cada idea e interpretó críticamente todo lo que leyó. Se aferró a las insignificantes palabras que escribió por sí mismo y se quedó tercamente con libros prestados, como si le fueran a ser útiles en cualquier momento». Y concluía: «Y aun así quedan todas las cosas hermosas a las que aspiró y en muchos momentos arañó la verdad».

א

El conocimiento que, desde los tiempos de Copérnico, Bacon, Galileo y Kepler, identificamos con la ciencia —entonces llamada filosofía natural— se basa en tres axiomas, tres verdades no sujetas a prueba y que caen, por tanto, en el terreno de la ficción:

1. El mundo existe.
2. El mundo es aprehensible por medio de nuestros sentidos.
3. El mundo es inteligible por medio de nuestros cerebros.

No existen —acaso no puedan existir— pruebas concluyentes que sustenten estas piedras angulares, pero sin ellas la ciencia se vendría abajo. Hermosa paradoja: sin estas ficciones, la verdad no podría existir. Los antiguos griegos ya habían intentado ofrecer argumentos racionales para cada una, pero se estrellaron contra quienes, más escépticos o más cínicos, eran capaces de desmontarlas o exhibir sus contradicciones. Copérnico, Brahe, Galileo y Kepler no dudaban del primer axioma: eran devotos cristianos y creían que el universo había sido creado por Dios. Pero se batieron para apuntalar los otros dos: dado que los humanos fuimos modelados a imagen y semejanza del Creador, nuestros sentidos deben ser capaces de aprehender su obra y nuestra razón tiene que ser equivalente a la suya. Dios, que es razón pura, concibió un universo racional, expresado a través de su estructura matemática, un lenguaje que nuestras mentes en efecto puedan entender. Con su metódica observación de los cielos, Galileo sentó las bases de esta aproximación racional a la naturaleza, la cual debe realizarse a partir de la «sensata experiencia», es decir, no solo de la observación, sino de la elaboración de experimentos controlados para probar o descartar las hipótesis previas. A esta, que se lleva a cabo en la mente, Galileo suma la «necesaria demostración». Por su parte, Kepler se halla convencido de que la filosofía natural y las matemáticas —es decir, la astronomía— pueden combinarse para descubrir las leyes del cosmos.

Cuatrocientos años después, seguimos confiando en la poderosa idea de que el universo posee un sustrato matemático, si bien aún carecemos de pruebas irrefutables de que el mundo exista (fuera de aquel chiste que invitaba a los escépticos a atravesar un muro). Neurocientíficos y filósofos continúan debatiendo si el desarrollo actual de nuestro cerebro es suficiente para comprender las leyes del cosmos; por estremecedor que nos resulte, nada nos asegura que contemos con la potencia necesaria para desentrañar las leyes y principios del universo y articular, así, una teoría del todo: un anhelo que, hoy como en el siglo XVII, no deja de ser sino una desmesurada ficción.

5. Sobre cómo ser sensato y loco

El Quijote, El rey Lear *y el yo moderno*

Cuando despiertas, distingues una banda armada frente a ti y sabes que no tienes otra salida que enfrentarla. Aprietas las ijadas de tu corcel y te lanzas en contra de esos señores sin prestar oídos a tu escudero. «¡Ea, caballeros, los que seguís y militáis debajo de las banderas del valeroso emperador Pentapolín del Arremangado Brazo, seguidme todos! ¡Veréis cuán fácilmente le doy venganza de su enemigo Alifanfarón de la Taprobana!».

Lanzas mandobles a diestra y siniestra; tus enemigos no tardan en responderte arrojándote piedras con sus hondas. «¿Adónde estás, soberbio Alifanfarón?», vociferas. «Vente a mí, que un caballero solo soy, que desea, de solo a solo, probar tus fuerzas y quitarte la vida, en pena de la que das al valeroso Pentapolín Garamanta».

Tus adversarios no se arredran e insisten con sus pedradas, que te dejan cada vez más maltrecho. Intentas recobrar fuerzas con un poco de tu licor mágico, hasta que una batería de piedras te hace caer de tu montura.

«¿No le decía yo, señor don Quijote, que se volviese, que los que iba a acometer no eran ejércitos, sino manadas de carneros?», te reprende tu escudero.

«Como eso puede desparecer y contrahacer aquel ladrón del sabio mi enemigo. Sábete, Sancho», le respondes, «que es muy fácil cosa a los tales hacernos parecer lo que quieren, y este maligno que me persigue, envidioso de la gloria que vio que yo había de alcanzar desta batalla, ha vuelto los escuadrones de enemigos en manadas de ovejas. Si no, haz una cosa, Sancho, por mi vida, porque te desengañes y veas ser verdad lo que te digo: sube en tu asno y síguelos bonitamente y verás como, en alejándose de aquí algún poco, se vuelven en su ser primero y, dejando de ser carneros, son hombres hechos y derechos como yo te los pinté primero. Pero no vayas agora, que he menester tu favor y ayuda: llégate a mí y mira cuántas muelas y dientes me faltan, que me parece que no me ha quedado ninguno en la boca».

Dicho esto, cierras los ojos.

Cuando los vuelves a abrir, te descubres bajo una tormenta. El viento jalonea tus blancos cabellos, avanzas en medio de la bruma, a tus espaldas retumban relámpagos y truenos. Te vienen a la mente las imágenes de tus ingratas hijas, su desdén y su desprecio, el modo en que te han dejado aquí, sometido a la furia de los elementos.

«Mejor estarías en la tumba que aquí con tu cuerpo desnudo frente al cielo inclemente», le gritas al loco que te acompaña. «¿El hombre es solo esto? Miradle bien. Tú no le debes seda al gusano, piel a la bestia, lana a la oveja o perfume a la civeta. Ah, aquí estamos tres adulterados; tú eres el ser puro. El hombre desguarnecido no es más que un pobre animal desnudo y de dos patas como tú».

Tiritas, y cierras los ojos otra vez.

א

En 1605, el primer viejo —a los cincuenta ya lo es— abandona su casa y, acompañado por su sirviente, se lanza a la aventura. En 1606, el segundo viejo —a los ochenta es casi un patriarca— abandona su casa y, acompañado por su sirviente, aspira a retirarse de cualquier aventura. En 1615, no contento con lo que hasta entonces ha sufrido, el primer viejo reemprende el camino hasta que, vencido por la fatiga, vuelve a casa para morir. Para entonces, hace tiempo que el segundo ha fallecido.

Dos locos: Alonso y Lear. En su delirio, el primero se presenta como don Quijote de la Mancha, en tanto el segundo, en su brutal enfrentamiento con la realidad, se resiste a aceptar que ya no es el amado rey de Bretaña. Dos ancianos melancólicos. Sus respectivos creadores, Miguel de Cervantes y William Shakespeare, debieron de concebirlos más o menos a la vez; cuando publica la primera parte de *El ingenioso hidalgo don Quijote de la Mancha*, el español tiene cincuenta y siete años: es, de hecho, mayor que su personaje y, para los términos de la época, aún más viejo. El inglés, cuando se escenifica por primera vez *La tragedia del rey Lear*, tiene cuarenta y uno; ninguno de los dos imagina que la muerte habrá de reunirlos en 1616 (en teoría el mismo día, la noche del 22 al 23 de abril, si no fuera porque Inglaterra y Castilla usan distintos calendarios).

Alonso Quijano —o Quijada o Quesada o Quijana, nunca sabremos su apellido correcto— cree ser otro. Lear se resiste a dejar de ser quien fue. Dos modos de enfrentarse a la realidad: combatiéndola o padeciéndola. Una vía católica, la otra protestante: el libre albedrío frente a la gracia. Don Quijote enloquece para recuperar una edad de oro que nunca existió; Lear, para no contemplar su propia decadencia. Melancolías paralelas y contrapuestas: colérica la del castellano, flemática la del inglés. Ferozmente optimista el primero, de un descarnado pesimismo la del segundo. Dos caras de la misma moneda: la de Cervantes en clave de comedia; la de Shakespeare, de tragedia. Y dos antídotos contra la tristeza: la risa o las lágrimas.

Don Quijote y Lear son criaturas fronterizas entre la vida y la muerte, la lucidez y la locura: entre una época que no acaba y otra que se resiste a comenzar. Ruinas del pasado y heraldos del futuro; el primero anhela un pretérito caballeresco y el distante amor de su dama tanto como el segundo su condición de soberano y la devoción de las suyas. Y ambos sufren, sobre todo, una pérdida: dos ficciones pretéritas a las que resulta imposible retornar. En su manía, su rabia o su angustia, los dos personajes anuncian el carácter ambivalente del alma moderna: su individualismo y su soledad.

Ambos son pináculos de sus respectivos entornos: en el *Quijote* cabe todo el Siglo de Oro y en *Lear*, todo el universo isabelino. Hologramas de sus antecesores, sus seguidores, sus imitadores y sus rivales: de Marlowe a Lope de Vega, de Francis Bacon a Calderón de la Barca, de Ben Jonson a Quevedo, de Holbein a Velázquez, de Dowland a Tomás Luis de Victoria. Don Quijote y Lear son anacrónicos y vanguardistas, viejos y niños, idiotas y sabios: su locura es reflejo de la que padecen sus contemporáneos, estimulada por las nuevas energías desatadas por el humanismo, los viajes a América y a Asia, el combate contra los turcos, la Reforma, la Contrarreforma, la nueva filosofía natural, las guerras de religión. Uno y otro condensan los miedos y esperanzas de su tiempo: ese paréntesis entre lo antiguo y lo moderno, o entre el Renacimiento y el Barroco, en que se trastocan todos los valores y se sacude nuestra comprensión de lo real. Don Quijote y Lear inventan de manera simultánea esa insólita ficción que llamamos ser humano.

א

Entre 1513 y 1514, Alberto Durero realiza este grabado:

Obsérvalo con atención: el ángel con la cabeza reclinada sobre el brazo izquierdo, el ceño fruncido y el rostro oscuro; la pluma en la diestra; las figuras geométricas, las cifras y los símbolos alquímicos por doquier, incluyendo el *cuadrado mágico* colgado en la pared trasera; las herramientas de labranza y carpintería; la ternera y el *putto* —ese pequeño querubín alado— y, a la distancia, un murciélago y un sol que imaginamos negro. Desde su creación, *Melancolía I* se ha convertido en la representación más perdurable de este temperamento; como afirman Raymond Klibansky, Erwin Panofsky y Fritz Saxl en *Saturno y la melancolía* (1964), concentra toda la sabiduría pasada y a la vez fija la futura. Al igual que otros intérpretes, piensan que la imagen es un *rebus*: un enigma alegórico que es posible resolver a partir de sus distintos elementos. Críticos más pesimistas consideran, en cambio, que Durero lo volvió deliberadamente oscuro: un acertijo indescifrable.

Para la historia del arte es un quebradero de cabeza. Parecería reflejar el pasmo o la parálisis del artista, el filósofo o el científico frente a los resultados de su imaginación. El ángel, esa criatura mitad humana y mitad divina, constata los límites o la futilidad del conocimiento y de todo acto de creación. ¿Qué sentido tiene escudriñar la realidad o añadirle aún más elementos si el universo carece de sentido? Esta es la pregunta central del melancólico y del Renacimiento en su conjunto: ¿de qué sirve penar, fatigarse y malbaratar la vida frente a un universo que nos resultará siempre incomprensible?

Nada satisface al melancólico: ni las teorías profundas, ni las fantasías ingeniosas, ni las obras de arte luminosas. Porque no añora la ficción, sino la pura *realidad*: esa realidad que siempre se le escapará entre los dedos. Concebido casi un siglo antes que el *Quijote* y *El rey Lear*, *Melancolía I* los anuncia y no sería descabellado insinuar que el ángel de Durero, el Caballero de la Triste Figura y el anciano rey de Bretaña son vertientes del mismo personaje: ese ser humano que, cuando despierta en el centro del cosmos, se siente abandonado.

En *Don Quijote, para combatir la melancolía* (2008), Françoise Davoine sugiere una lectura alternativa: Cervantes escribe su libro para curar su propia melancolía, derivada de sus largos años como prisionero en Argel, y, al hacerlo, descubre un remedio universal, un espejo donde cualquier afectado por este padecimiento puede reírse de sí mismo y alcanzar la curación. Es posible que el inglés también quisiera transfigurar su tristeza, producida por la temprana muerte de uno de sus gemelos, como lo recrea Maggie O'Farrell en su novela *Hamnet* (2020), en su propio e imaginario *Hamlet* (1603).

א

«Frisaba la edad de nuestro hidalgo con los cincuenta años. Era de complexión recia, seco de carnes, enjuto de rostro», escribe Cervantes de su personaje. «Solo soy un anciano que chochea, los ochenta ya pasados, ni un día menos, y hablando con franqueza, me temo que ya no estoy en mi juicio», confiesa Lear de sí mismo.

Al imaginarlos, nos resultan figuras casi intercambiables: dos ancianos entecos, de luengas barbas y cabellos encanecidos. Aunque se lleven treinta años, podríamos confundirlos, transformados en arquetipos de la vejez y la locura. O en dos casos opuestos de lo que hoy se diagnostica como demencia senil: el frenesí y la acedia. Mientras uno se enfrenta a unos molinos de viento que confunde con gigantes, el otro vocifera frente a la tempestad. Y, al mismo tiempo, son fuerzas de la naturaleza, criaturas indomables y arrebatadas por su imaginación. Dos seres tan incomprendidos por sus contemporáneos como por nosotros; dos sombras que llenamos con nuestros propios temores a la degradación del cuerpo y de la mente. Dos miserables que al final nos despiertan, más que terror o hilaridad, pena y compasión: prefiguran, a fin de cuentas, nuestro futuro común.

Su sola apariencia los diagnostica como melancólicos: según la antigua teoría de los humores de Hipócrates y Galeno —cuyas secuelas no se extinguirán hasta bien entrado el siglo XVIII—, el exceso de bilis negra genera individuos flacos y desgarbados o, como escribe Cervantes, enjutos y secos de carnes. Este temperamento se asocia, para colmo, con la vejez. Desde tiempos inmemoriales se enuncia que los melancólicos se hallan bajo el influjo de Saturno y manifiestan una propensión al ensimismamiento, la soledad y la fantasía, aunque también sufran raptos de cólera o desasosiego. La melancolía deja de ser una predisposición anímica y se transforma en una enfermedad cuando alguno de los demás humores corporales —la sangre, la flema o la bilis amarilla— se quema e impulsa actitudes que transitan de la ira a la abulia o del éxtasis a la inspiración poética.

Si, como recuerda Roger Bartra en *Cultura y melancolía. Las enfermedades del alma en la España del Siglo de Oro* (2011), en la Edad Media solía separarse la melancolía —una condición física o, en caso extremo, un padecimiento— de la acedia —un pecado—, en el Renacimiento ambas se asimilan, generando conductas extravagantes y confusas, a las que se suma esa otra forma de locura que es el delirio amoroso. Es también en esos años cuando, a raíz del éxito del *Examen de ingenios para las ciencias* (1575), de Huarte de San Juan, se populariza un antiguo texto anónimo, atribuido a Aristóteles —o, en ocasiones, a su discípulo Teofrasto—, que, bajo el nombre de *Problema XXX, 1*, vincula la melancolía con la genialidad (aquí, en traducción de Cristina Serna): «¿Por qué todos aquellos que han sido hombres de excepción, bien en lo que respecta a la filosofía, o bien a la ciencia del Estado, la poesía o las artes, resultan ser claramente melancólicos y algunos hasta el punto de hallarse atrapados por las enfermedades provocadas por la bilis negra, tal y como explican, de entre los relatos de tema heroico, aquellos dedicados a Heracles?».

Para sustentar su planteamiento, el *Problema XXX, 1* menciona los ejemplos de Empédocles, Platón y Sócrates, así como «a la mayoría de los que se han ocupado de la poesía». Más adelante, detalla el comportamiento de quienes se ven azotados por el sol de medianoche: «En ocasiones se ponen tristes, salvajes o taciturnos, mientras que, por el contrario, algunos se quedan en silencio total, en especial aquellos melancólicos que están locos». Tanto Alonso Quijano como Lear entran en esta categoría. Ambos son seres excepcionales: don Quijote se apresta a concluir los mil trabajos que se le presentan en el camino solo para acabar siempre maltrecho, en tanto Lear gobierna sabiamente hasta que con una mala decisión pierde su reino, a sus hijas y la vida.

En contra de Unamuno, quien lo asimila con los coléricos, Bartra no duda en ubicar a don Quijote entre los melancólicos, si bien se trata de uno multifacético o polimorfo que a ratos se comporta como un amante obsesionado, una bestia rabiosa o un iluminado. El propio Sancho nos lo confirma cuando Alonso Quijano al fin regresa a casa y recupera la lucidez poco antes de expirar: «No se muera vuestra merced, señor mío, sino tome mi consejo y viva muchos años, porque la mayor locura que puede hacer un hombre en esta vida es dejarse morir sin más ni más, sin que nadie le mate ni otras manos lo acaben que las de la melancolía».

¿Es Alonso Quijano un melancólico azotado por su vertiente adusta —como la llamará unos años más tarde Robert Burton en su enciclopédica *Anatomía de la melancolía* (1621)— o alguien que, en sus andanzas de caballero, solo copia la melancolía de sus ídolos para recomponer un mundo que ha perdido sus ideales? ¿Está loco don Quijote o los locos son quienes le siguen el juego, quienes lo azotan y persiguen, o incluso nosotros, que lo veneramos casi como a un santo?

El Siglo de Oro ve el mundo como un gigantesco teatro donde cada uno representa su papel. El loco no sería, en este orden, sino otro de sus personajes imprescindibles, una figura a la vez risible y sabia, necesaria en el contexto social, que por fuerza alguien tiene que encarnar. Por otro lado, arrastra la imagen medieval de la balsa de los locos, ese microcosmos delirante que refleja el macrocosmos. Ambas ideas se reúnen en el *Quijote*: el melancólico arrebatado por las furias capaz de la mayor lucidez y el demente voluntario al que se le permite decir lo que otros callan. Movido por estos impulsos contradictorios, don Quijote se deja llevar por las distintas vertientes de la melancolía: a veces se enrabia y pelea frente a frente contra la realidad —que suele responderle a garrotazos— y a veces llora, suspira y se lamenta por ese mundo imaginario que no logra concretar. Al final, como se dice en el capítulo LX de la segunda parte, es «la más triste y melancólica figura que pudiera formar la misma tristeza». El Caballero de la Triste Figura, sin embargo, jamás abandona su ideal: es un neoplatónico obcecado con empatar sus ideas con los hechos. O un tirano decidido a imponer su idea del mundo a cualquier precio.

Si la locura de Quijano le viene de su condición de lector, la de Lear deriva de su poder. Mientras el anhelo de don Quijote es ser admirado, el de Lear consiste en ser amado: dos quimeras. De manera voluntaria, el viejo rey ha decidido abandonar el poder; semejante renuncia viene acompañada de una ansiedad incontrolable: necesita saber que, al menos para sus hijas, continúa siendo un soberano. Su decisión no podría resultar más perversa en sentido lacaniano: por un lado, renuncia a su reino y, por el otro, exige una sumisión a toda prueba. Toma y daca: el poder a cambio del amor. ¿La locura de Lear se dispara ante la ingratitud de sus hijas o era ya una locura abandonar el trono y trocear su reino? ¿No estará más loco Edmundo, el malvado y siempre lúcido hijo del conde de Gloucester, quien conspira contra todos y desata tantas muertes a su alrededor?

Igual que Quijano, Lear tampoco soporta lo real. En tanto Gonerilia y Regania no hacen otra cosa que entregarle dulces palabras —burdas ficciones—, el rey no tolera que Cordelia, su favorita, le conceda la más descarnada realidad. Mientras las dos primeras lo colman de encomios desmedidos que no se corresponden con sus sentimientos, la más pequeña se limita a confirmarle un hecho: lo ama como una hija debe amar a su padre, nada más. Dolido ante esta afirmación que juzga vulgar, Lear la deshereda: como todo hombre de poder, prefiere la zalamería a la verdad. Cuando, una vez fuera del trono, comprueba la falsedad de Gonerilia y Regania, se derrumba en una locura que parece casi voluntaria: un estadio melancólico en el que otra vez mezcla la ira con la desolación y lo protege de un mundo intolerable. Incapaz de torcer la voluntad de las ingratas, arremete contra la naturaleza: la tempestad que se desata afuera no es, por supuesto, sino un remedo de la que se precipita en su interior.

Ni don Quijote ni Lear soportan la verdad: su predisposición anímica, convertida en melancolía adusta, los arroja a las fauces de la imaginación. Una demencia que no está exenta de sensatez: en su delirio, el primero no dejará de exhibir las injusticias del mundo, mientras el segundo revelará la maldad de su corte. Al final, uno y otro recuperarán la lucidez justo antes de morir: Quijano saldará sus cuentas y expirará en su cama, en tanto Lear alcanzará a reconciliarse con Cordelia solo para fallecer en el acto sin saber si ella va a sobrevivirlo. Una comedia triste y una tragedia ambigua: nuestra condición mortal.

א

A Alonso Quijano se le seca la mollera por culpa de las novelas de caballerías: «En resolución, él se enfrascó tanto en su letura, que se le pasaban las noches leyendo de claro en claro, y los días de turbio en turbio; y así, del poco dormir y del mucho leer, se le secó el celebro de manera que vino a perder el juicio». Su afanosa lectura desata dos fuerzas poéticas en su interior: la mímesis y la metáfora. La primera lo impulsa a copiar a esos seres imaginarios y a imitar sus conductas en una realidad donde la épica ya no tiene cabida, mientras la segunda lo arrastra a literalizar las semejanzas entre la realidad y la ficción, como las que encuentra entre una grey de ovejas y un ejército, unos molinos de viento y unos gigantes o una posadera y una *belle dame sans merci*.

Ya los griegos habían identificado que los melancólicos están dotados con una capacidad de mímesis excepcional. Don Quijote lee, memoriza y copia: sus andanzas replican las de sus héroes. Frente a la breve suspensión de la credulidad que afecta a cualquier lector, él asume que cuanto ha descubierto en las novelas de caballerías es *cierto* y que a él le corresponde trasladar ese universo al suyo. Alonso Quijano, te lo he dicho, no tolera la mentira; a diferencia de nosotros, que con gran facilidad nos dejamos engañar por la ficción, él no cree que esta siquiera exista: lo único que le importa y lo único en que confía es en su propia realidad.

Por desgracia, nadie mira las cosas de la misma manera: choca con los hechos y nos mueve a risa. Malignamente, Cervantes lo abandona allí, frente a nosotros, en su absoluta honestidad, a merced de nuestras burlas. El que confunde la ficción con los hechos se torna hilarante, ridículo, bufonesco. Pero, de nuevo, ¿quién está más loco, Alonso Quijano, que se cree un caballero andante, o esos personajes con los que se topa en el camino y no se dan cuenta de que *también* son parte de una ficción? ¿Y quién delira más, él, que se cree muy real, o nosotros, que nos dejamos engañar voluntariamente por Cervantes, su creador?

La locura del Quijote nos fascina y desestabiliza: a cada paso, muestra el carácter endeble y volátil de lo real. Más locos que él, al leer el *Quijote* vivimos una experiencia idéntica a la suya. Mientras nos sumergimos en el libro, su ficción se nos vuelve real y de pronto combatimos molinos de viento o a perversos hechiceros sin reparar en que ni siquiera están *allí*, sino solo *en* nosotros. Desde Erasmo, la locura renacentista pone en evidencia la perversión de lo real; don Quijote, loco, nos enloquece y nos devuelve por un segundo a la razón: ese último instante de lucidez en el que comprendemos que, igual que él, acaso no somos sino solitarias ficciones atiborradas de ficción.

א

Tanto don Quijote como Lear son seres partidos por la mitad: para completarse, el primero necesita de su escudero y el segundo, de su *fool* (es una lástima que en español debamos traducir este ambiguo término como «bufón»). Frente a la enfermedad idealista de don Quijote, allí está su antídoto: Sancho Panza es la cordura. Pero ¿en verdad lo es? Sancho representa al hombre del pueblo, es el rústico henchido de refranes y sabiduría ancestral, el dueño del sentido común; su amo, en cambio, es un hombre instruido y un lector voraz, acaso un sabio, y eso mismo lo lleva al delirio. Una y otra vez, el escudero intenta prevenirlo de sus desmanes, desmentir sus ilusiones, hacerlo entrar *en razón*, pero otras tantas parece que don Quijote lo convence de que su mundo ideal es mejor que la tosca realidad de Sancho. En alguna medida, *El ingenioso hidalgo don Quijote de la Mancha* emula los diálogos platónicos que se volvieron tan frecuentes durante el Renacimiento: es un tratado a dos voces en el que no siempre es fácil distinguir quién tiene —otra vez— la razón.

Con Lear ocurre algo similar: hasta que desaparece misteriosamente a mitad de la tragedia, el bufón no para de dialogar con él para hacerle ver, como Sancho con don Quijote, aquello que está frente a sus ojos y él se resiste a mirar. Se trata de otro personaje tosco, risible y curtido en la sabiduría popular, acaso más mordaz que Sancho: es quien le espeta al rey, sin rubor: «Tú serías un buen bufón» o, más adelante, frente a la tormenta: «Esta noche helada nos va a dejar a todos locos e idiotas». Aún más brutal y premonitorio es el momento en que, ante la pregunta del rey «¿Hay alguien que me pueda decir quién soy?», el bufón replica: «La sombra de Lear». Hay quien ha interpretado que ni Sancho ni el bufón existen excepto como transposiciones de la conciencia de don Quijote y Lear: las porciones de sí mismos que cuestionan en todo momento sus certezas, superegos que intentan, en vano, confrontarlos con la verdad. De nuevo: ¿no seremos nosotros los locos —o los bufones— empeñados en discutir si un personaje de ficción es más real que otro?

א

340

El rey Lear está impregnado en cada costado por la locura: no solo afecta a su protagonista, sino a todos sus personajes, lanzándolos en un frenesí destructor que no respeta ningún límite familiar ni social. Aquí, hermanos y hermanas terminan asesinándose, se humilla a los ancianos y se conspira contra los padres y los amigos: un caos que solo se resolverá con la muerte de la mayor parte de sus actores. Además de la demencia de su protagonista, esta también se filtra en el bufón y en Edgardo, ahijado de Lear e hijo legítimo del conde de Gloucester (o Glóster), quien, a fin de mantener su lealtad tanto al rey como a su padre, no dudará en fingirse loco. Para lograrlo, se presenta a sí mismo como el pobre Tom, el nombre con el que se conocía a los locos del Hospital de Bethlem y a los malvivientes que vagabundeaban por los caminos y cuyas vidas inspiraron el «Tom O'Bedlam», el más célebre poema anónimo —a decir de Harold Bloom— de la época isabelina.

Luego de que Lear deshereda a Cordelia por su aparente frialdad, Edgardo intenta defenderla: es la voz de la razón. A continuación, su medio hermano Edmundo —uno de los mejores villanos de Shakespeare— le tiende una trampa y lo acusa de haber intentado asesinar a su padre, a quien deja ciego. Obligado a huir, Edgardo se traviste en loco y adopta no solo la desnudez de los mendigos de Bethlem, sino su lenguaje lleno de imprecaciones, insultos y llamadas a lo sobrenatural: solo en esa condición que lo devuelve al estado de naturaleza, a medio camino entre lo bestial y lo diabólico, conserva la vida y la cordura.

Para el rey loco, este loco fingido es un espejo: en el falso delirio de Edgardo puede al fin contemplar su rabia y su dolor. Reducido a esa condición frágil y casi infantil, Edgardo le muestra a Lear lo que ha perdido, esa humanidad capaz de elevarse hasta lo más alto y de rebajarse hasta la animalidad. Al cabo, su estrategia funciona: una vez que han perecido los demás personajes de la tragedia —Edmundo, bajo su espada; Gloucester, al enterarse de quién es él en realidad; Cordelia, a manos de los asesinos del bastardo; Regania envenenada por Gonerilia; y esta, a su vez, suicidándose—, Edgardo se alza como el sucesor de Lear y ocupa su lugar. Mientras Lear es un rey que se ha vuelto loco, Edgardo es un loco que se convierte en rey. Ambos nos representan: somos, como ellos, seres múltiples, ángeles y bestias obligados a fingirnos locos —o cuerdos— para sobrevivir. Como Otelo, Hamlet, Macbeth y lady Macbeth, Lear y Edgardo concentran todas las posibilidades de la autoconciencia moderna. Sus pasiones, dobleces y fracturas dibujan, mejor que nadie antes ni después, las encrucijadas del *yo* moderno.

Cervantes y Shakespeare escribieron algunas de las ficciones más contagiosas de la historia justo cuando sus respectivos imperios se enfrentaban por el control del planeta: poco importa que el primero fuese el canto del cisne del español o que el inglés anunciase la preponderancia por tres siglos del segundo. Ambos se beneficiaron de esa posición central: la crítica marxista y poscolonial no deja de señalar sus privilegios ni de exhibir los recursos que sus respectivas sociedades expoliaban por doquier a fin de que ellos pudiesen concebir el *Quijote* o *El rey Lear*. En regiones menos centrales, menos conectadas, acaso hubiesen pasado a la historia como genios menores o curiosidades dignas de mejor suerte. Ante la ficción romántica que entroniza a los hombres excepcionales y aquella que los presenta como meros productos de su entorno y de su época, Cervantes y Shakespeare —o, mejor, don Quijote y Lear— no dejan de ser criaturas fronterizas, no solo entre la ficción y la realidad, sino entre los grandes poderes de su tiempo y las pequeñas criaturas acodadas en sus márgenes.

א

Causa central del delirio de Alonso Quijano y de Lear es el amor. O más bien la locura de amor o el mal de amores, otra consecuencia de la melancolía. Una obsesión que también «seca el seso». Como los caballeros andantes a los que tanto admira, el castellano necesita una dama a quien consagrarse: la encuentra en Aldonza Lorenzo, a quien él rebautiza como Dulcinea del Toboso. Como la Beatriz de Dante, se trata de una mujer imaginaria, apenas basada en la persona real, y en quien él se obstina en concentrar las nobles ideas de belleza y de virtud. Don Quijote no dejará de pensar en ella, le dedicará sus gestas e infortunios, impedirá que nadie la rebaje o la mancille, dispuesto a todo. Pero, una vez más, se trata solo de una mujer de ficción, la única que puede tolerar: perfecta por inalcanzable. Cuando, en el capítulo X de la segunda parte, Sancho Panza al fin lleva a su señor ante una aldeana a quien le presenta como la auténtica Dulcinea, don Quijote solo ve «una moza aldeana y no de muy buen rostro, porque era carirredonda y chata».

Confrontado con su anhelo, don Quijote no soporta la realidad, pero, en vez de aceptar que se ha equivocado, prefiere asumirse víctima de un doble hechizo: «Y tú, ¡oh estremo del valor que puede desearse, término de la humana gentileza, único remedio deste afligido corazón que te adora!», exclama ante ella, «ya que el maligno encantador me persigue y ha puesto nubes y cataratas en mis ojos, y para solo ellos y no para otros ha mudado y transformado tu sin igual hermosura y rostro en el de una labradora pobre, si ya también el mío no le ha cambiado en el de algún vestiglo, para hacerle aborrecible a tus ojos, no dejes de mirarme blanda y amorosamente, echando de ver en esta sumisión y arrodillamiento que a tu contrahecha hermosura hago la humildad con que mi alma te adora».

«Amar es dar lo que no se tiene a alguien que no lo quiere», aseguró Lacan en su seminario del 17 de marzo de 1965. Don Quijote da lo que no tiene —su honra y su juramento de caballero andante— a alguien que no lo quiere: esa mujer que ni siquiera está al tanto de sus intenciones. Su perversidad llega más lejos: no solo le impone una imagen ideal a otra persona, sino que, cuando por fin contempla a la amada tal cual *es*, de nueva cuenta necesita arrebatarle su esencia y asumir que en alguna parte se oculta esa perfección que él necesita. Su amor no solo es unívoco, sino dictatorial: el otro, la *otra*, no importa en absoluto, solo el juego de percepciones que impone el amante. Si Quijano es don Quijote —una extrema idealización de sí mismo—, entonces ella no puede ser otra que Dulcinea.

Lear, sin embargo, lo supera en tiranía: a cambio del poder, exige la absoluta sumisión de sus hijas. Como Quijano, también necesita ese amor para existir; sin él, no es nada. De allí, otra vez, que sus hijas no le importen, como tampoco le importa la realidad: exige un lenguaje —Barthes diría: un discurso— que, como el hechizo de don Quijote, sea capaz de alterarla a su capricho. Como el castellano, el inglés intuye que sus hijas no son como se presentan ante él, pero requiere ese enmascaramiento —ese hechizo de palabras— para creer en un amor que no existe. Gonerilia y Regania hacen lo que su padre les exige: ser esclavas de su lenguaje y de su deseo. Cordelia, en cambio, se rebela; ella dice justo lo que Lear *no* quiere oír: una realidad pedestre, desprovista de oropeles y encantamientos.

El reverso del *dictum* lacaniano sería: «Amar es exigir lo que no se quiere a alguien que no lo puede dar». En efecto, Lear les pide a sus tres hijas justo lo que ellas no pueden darle: Gonerilia y Regania, su amor; Cordelia, su fantasía. La relación amorosa, como la sexual, no existe pues es siempre unilateral: Lear se obstina en imponerles a sus hijas algo que solo está en su imaginación. Muy pronto, su despertar —su locura— le permitirá darse cuenta de que su demanda de amor está condenada al fracaso: Gonerilia y Regania mueren por darle a su padre lo que ellas creen que quiere —fantasías— y Cordelia muere porque le da lo que él no quiere —su verdadero amor—. Al final, Lear muere creyendo que su hija pequeña aún suspira: ni siquiera entonces, en esa hora extrema, acepta la verdad.

El éxito del *Quijote* es tan apabullante que, en 1614, un tal Alonso Fernández de Avellaneda —su identidad sigue siendo un misterio— publica una segunda parte apócrifa de sus aventuras. Nada deberíamos reprocharle al falsario; aunque se trate de una obra menor, se ha valido del mismo procedimiento empleado por Alonso Quijano: leer una obra e imitarla. *Fanfiction*. Martí de Riquer sugiere que este entuerto encubre una pelea personal entre Cervantes y Jerónimo de Pasamonte, un soldado aragonés que también participó en la batalla de Lepanto, pero que en su *Vida y trabajos* (concluida en 1605) se apropia de las historias de su compañero. Enterado del hurto, Cervantes lo transforma en el galeote Ginés de Pasamonte, de quien don Quijote y Sancho se burlan sin moderación. De ser esto cierto, nos hallaríamos ante una cadena de venganzas en dos *romans à clef*. Espoleado por la versión espuria, Cervantes escribe la segunda parte de su libro y le da una nueva

344

vuelta de tuerca a la ficción. Cuando don Quijote y Sancho retoman el camino, ambos se saben ya famosos, han leído sus propias aventuras, así como el libro del infame Avellaneda, y se deciden a contradecirlo para ponerlo en ridículo. Si en la primera parte Alonso Quijano es solo un loco, aquí su melancolía lo enfrenta a un enemigo aún mayor: el hechicero que se entretiene con él sería su verdadero autor. Gracias a su pugna con Pasamonte, Cervantes señala una grieta en la solidez del mundo. Al burlarse de las novelas de caballerías, de Avellaneda o Pasamonte, y de sí mismo, Cervantes nos enfrenta al *yo* moderno: esa autoconciencia que no deja de dudar de sí misma. Si don Quijote se reconoce como ficción, ¿quién dice que nosotros no lo somos?

א

Según nos revela el propio Cervantes en el capítulo IX de la primera parte del *Quijote*, él no habría sido su autor original:

Estando yo un día en el alcaná de Toledo, llegó un muchacho a vender unos cartapacios y papeles viejos a un sedero; y como yo soy aficionado a leer aunque sean los papeles rotos de las calles, llevado desta mi natural inclinación tomé un cartapacio de los que el muchacho vendía y vile con carácteres que conocí ser arábigos. Y puesto que aunque los conocía no los sabía leer, anduve mirando si parecía por allí algún morisco aljamiado que los leyese, y no fue muy dificultoso hallar intérprete semejante, pues aunque le buscara de otra mejor y más antigua lengua le hallara. En fin, la suerte me deparó uno, que, diciéndole mi deseo y poniéndole el libro en las manos, le abrió por medio, y, leyendo un poco en él, se comenzó a reír.

Preguntele yo que de qué se reía, y respondiome que de una cosa que tenía aquel libro escrita en el margen por anotación. Díjele que me la dijese, y él, sin dejar la risa, dijo:

—Está, como he dicho, aquí en el margen escrito esto: «Esta Dulcinea del Toboso, tantas veces en esta historia referida, dicen que tuvo la mejor mano para salar puercos que otra mujer de toda la Mancha».

345

Cuando yo oí decir «Dulcinea del Toboso», quedé atónito y suspenso, porque luego se me representó que aquellos cartapacios contenían la historia de don Quijote. Con esta imaginación, le di priesa que leyese el principio, y haciéndolo ansí, volviendo de improviso el arábigo en castellano, dijo que decía: *Historia de don Quijote de la Mancha, escrita por Cide Hamete Benengeli, historiador arábigo.*

Cervantes juega con nosotros desde el principio. Tras narrar la primera salida de don Quijote, se detiene y nos confiesa que él no es sino el transcriptor de un manuscrito al que ha llegado por casualidad. Su broma ficcional se desdobla: en primer lugar, hace pasar la historia de don Quijote por cierta; en segundo, se inventa un escritor árabe —su nombre ha dado lugar a incontables especulaciones, desde quienes asocian Benengeli con berenjena hasta quienes lo traducen como «hijo del ciervo», en una obvia referencia a su apellido—; y, en fin, necesita la intermediación de un morisco para traducirlo al castellano. La verdad en torno a don Quijote queda mediada por un historiador, un traductor y un transcriptor. A ellos habría que añadir el anónimo autor de esa nota al margen que asienta la clave de lectura: la singular Dulcinea del Toboso que se dedicaba, en realidad, a salar puercos. Engolosinado, Cervantes le da una vuelta de tuerca más a su enredo: «Si a esta se le puede poner alguna objeción cerca de su verdad, no podrá ser otra sino haber sido su autor arábigo, siendo muy propio de los de aquella nación ser mentirosos; aunque, por ser tan nuestros enemigos, antes se puede entender haber quedado falto en ella que demasiado».

No contento con introducir tantos intermediarios entre los hechos y el lector, se permite esta jocosa reflexión sobre la historia que solo acentúa nuestra incertidumbre. Su idea de que los árabes suelen ser un pueblo mentiroso reelabora la antigua paradoja de Epiménides referida a los cretenses y nos coloca ante un bucle extraño —para volver al término de Hofstadter— de imposible resolución. Igual que la aporía griega, Cervantes sugiere que, si su relato es verdadero, es falso y, si es falso, es verdadero: el arte de la ficción. Su apasionado elogio de la historia —«émula del tiempo, depósito de las acciones, testigo de lo pasado, ejemplo y aviso de lo presente, advertencia de lo por venir»— se transforma en una nueva trampa para el lector, demasiado confundido con tantas capas superpuestas. Una cebolla que, en el capítulo LII de la segunda parte del *Quijote*, Cervantes continúa pelando al revelar que, más allá del manuscrito de Benengeli, hay *otras* fuentes de su texto e incluso un nuevo intermediario, un médico al que no volverá a nombrar:

> Ni de su fin y acabamiento pudo alcanzar cosa alguna, ni la alcanzara ni supiera si la buena suerte no le deparara un antiguo médico que tenía en su poder una caja de plomo, que, según él dijo, se había hallado en los cimientos derribados de una antigua ermita que se renovaba; en la cual caja se habían hallado unos pergaminos escritos con letras góticas, pero en versos castellanos, que contenían muchas de sus hazañas y daban noticia de la hermosura de Dulcinea del Toboso, de la figura de Rocinante, de la fidelidad de Sancho Panza y de la sepultura del mesmo don Quijote, con diferentes epitafios y elogios de su vida y costumbres.

Estos laberintos, que no podemos contemplar sino a través del prisma de la posmodernidad, nos resultan demasiado *modernos*. Lo son: dándole más vueltas de tuerca a la inestabilidad de lo real de algunos textos medievales que se exacerba en el Renacimiento, Cervantes plasma una nueva concepción del mundo en donde ficción y realidad dejan de ser opuestos. Más que inventar la *metaficción*, el *Quijote* da vida al virus de la incertidumbre, que desde entonces no hará sino crecer. Adelantándose a Gödel y Heisenberg, nos confina en un universo caótico: ante la imposibilidad de saber si las andanzas de don Quijote son auténticas o falsas, debemos conformarnos con meros índices de probabilidad.

En 1939, Borges publica en la revista *Sur* un texto titulado «Pierre Menard, autor del *Quijote*». Según afirma, el excéntrico escritor francés de fines del XIX y principios del XX ha escrito una obra subterránea heroica e impar. «Esta obra, tal vez la más signifi-

cativa de nuestro tiempo», afirma el argentino, «consta de los capítulos noveno y trigésimo octavo de la primera parte del *Don Quijote* y de un fragmento del capítulo veintidós». La intención de
Menard no es «componer otro *Quijote* —empresa fácil—, sino el
Quijote. Inútil agregar que no encaró nunca una transcripción mecánica del original; no se proponía copiarlo. Su admirable ambición era producir unas páginas que coincidieran —palabra por
palabra y línea por línea— con las de Miguel de Cervantes». Al
volver a escribir el *Quijote*, Menard acomete una empresa similar a
la de Alonso Quijano, quien se desvivía por copiar en la vida las
novelas de caballerías. Una vez desatado el mecanismo especular, el
Quijote de Menard supera al de Cervantes. Cuando este escribe «la
verdad, cuya madre es la historia, émula del tiempo, depósito de las
acciones, testigo de lo pasado, ejemplo y aviso de lo presente, advertencia de lo por venir» se trata de «un mero elogio retórico de la
historia»; en cambio, cuando lo hace el francés valiéndose justo de
las mismas palabras, nos hallamos ante una idea fresca y asombrosa: «Menard, contemporáneo de William James, no define la historia como una indagación de la realidad sino como su origen. La
verdad histórica, para él, no es lo que sucedió; es lo que juzgamos
que sucedió. Las cláusulas finales —ejemplo y aviso de lo presente,
advertencia de lo por venir— son descaradamente pragmáticas». La
reescritura de Menard altera por completo su sentido: su mundo,
como el de Borges, se filtra en el texto antiguo y lo reinventa. Ambos enriquecen así, mediante una técnica nueva, «el arte detenido
y rudimentario de la lectura».

א

Si bien a los dieciséis ya me había impuesto la tarea de leer
el *Quijote* —una obligación que con la segunda parte se trans-
mitió en placer—, no fue sino hasta que mi amigo Nacho Padilla me contagió su entusiasmo por el libro que me rendí a sus
poderes. Entre 1996 y 1998, los dos estudiamos el doctorado
en Filología en la Universidad de Salamanca, donde él prepara-
ba una tesis sobre Cervantes y el diablo, mientras yo escribía *En
busca de Klingsor*. Cada día nos reuníamos para comer y conver-
sar sobre nuestros proyectos: Nacho había leído todos los libros

del alcalaíno, de *La Galatea* (1585) al *Persiles* (1617), y todo lo que se había publicado sobre su relación con el mal, el mismo tema que, aplicado a la Alemania nazi, me obsesionaba a mí. Fecundación cruzada: en tanto yo trataba de explicarle algo de mecánica cuántica, él me detallaba la presencia del maligno en los textos cervantinos. Como resultado de aquel intercambio, Nacho escribió su propia novela alemana, *Amphitryon* (2000), y yo, mi homenaje a Cervantes, *El fin de la locura* (2003), la historia de un psicoanalista, Aníbal Quevedo, que enloquece tras la lectura no de libros de caballerías, sino, como escribió Fernando Iwasaki, de esos manuales de progresías que, al calor del estructuralismo francés, inundaron América Latina en los sesenta y los setenta.

Desde entonces, los juegos cervantinos nos acompañaron hasta la temprana muerte de Nacho en 2016. Durante la presentación de *El fin de la locura* en la Feria de Guadalajara, él alabó la bibliografía final de mi novela, en la que, como Borges, enlisto numerosos libros inexistentes. «La mitad de los libros que yo cité en mi tesis de doctorado», aseguró Nacho para regocijo de los oyentes, «eran igual de falsos». Aquel chiste estuvo a punto de costarle el doctorado: un periodista salmantino lo publicó como si fuese una confesión y provocó que algunos adustos profesores quisieran arrebatarle el grado. A Nacho casi le divirtió el enredo: que lo despojasen del título por una broma le pareció un guiño más claro a los diablos de Cervantes que su propia tesis, vapuleada en su momento por un cura tan alarmado por sus invocaciones satánicas como por sus mexicanismos.

Nacho terminaría por publicar cuatro libros y decenas de artículos sobre Cervantes, al tiempo que, en sus cuentos y novelas, recreaba asombrosamente el español del siglo XVII. Invitado en 2003 a inaugurar un congreso sobre el *Quijote* y América Latina en Almagro, a mi vez escribí un largo artículo, plagado de citas y parafernalia académica, donde defendía la hipótesis de que, para construir su Quijote, Cervantes se había inspirado en un personaje real: un desconocido conquistador manchego. Una de mis fuentes era un oscuro investigador escocés, Nash Partridge, cuyo nombre no impidió que varios comentaristas citaran aquella modesta novela ejemplar como si fuera un *paper* real.

En aquellos años Nacho y yo incluso emparentamos: en cada una de nuestras presentaciones públicas, así como en varios textos, no perdíamos ocasión de honrar la memoria de mi hermana Rosalba, una de las primeras novias de Nacho, fallecida de forma prematura. No hace falta aclarar que Rosalba era tan real como Dulcinea, pero ello no obstó para que ambos recibiéramos constantes pésames ante la desaparición de aquella insigne dama. Para entonces, el virus quijotesco se había apoderado de mi amigo: durante los años que viajó por carretera entre las tres ciudades donde llevaba vidas simultáneas, Querétaro, Puebla y la Ciudad de México, se dedicó a escuchar una y otra vez el audiolibro del *Quijote* hasta aprendérselo de memoria. Tendría que haberse dado cuenta de que aquella necedad iba a secarle el seso.

A su muerte descubrí que casi todo lo que me había contado sobre su vida —si no todo— era ficción. En sus últimos años acumuló un caudal de aventuras digno de un autor menos pudibundo, se inventó una personalidad caballeresca que nadie puso en duda, transformó decenas de aldonzas en dulcineas, se batió en duelo con varios enemigos —que acaso eran sus amigos— y se dejó vencer por esos demonios que estudió con tanto celo. No estoy seguro de si, al final de sus días, Nacho vivió la jovial locura de don Quijote o la melancolía de Lear. Y, aunque no sé si alguna vez conocí a Nacho Padilla o solo a don Nacho de Padilla, lo lloro con la sinceridad con que Edgardo o la sobrina de Alonso Quijano recuerdan a sus deudos. Este bien podría haber sido su epitafio: «Aquí yace alguien que en las armas y en las letras se entregó de lleno a la ficción».

Diálogo 6

Donde Felice y el bicho se sumergen en el laberinto de la historia y la ciencia

FELICE: A ver, bicho, ahora resulta que todo es ficción. Todo, todo, *todo*. Y déjame decirte que si todo es ficción...

BICHO: Nada lo es.

FELICE: Lo sé. ¿Adónde vamos a parar? A ver, dime, ¿la religión es ficción?

BICHO: Sí.

FELICE: ¿Los mitos?

BICHO: Por supuesto.

FELICE: ¿La literatura?

BICHO: Evidentemente.

FELICE: ¿El teatro, la poesía, la danza?

BICHO: Los tres.

FELICE: ¿La filosofía?

BICHO: Sin duda.

FELICE: ¿Incluso la ciencia?

BICHO: En el fondo, sí, también lo es.

FELICE: Y entonces, ¿hay algo que *no* sea ficción?

BICHO: Te diría, más bien, que no todas las ficciones son iguales.

FELICE: A ver, vayamos a la historia. ¿Es o no ficción?

BICHO: La respuesta rápida: sí, sobre todo es ficción.

FELICE: ¿Y en qué se diferencia de la literatura?

BICHO: En que la historia es un conjunto de ficciones que persigue la verdad y se asume como verdad.

FELICE: Igual que los mitos. ¿Cuál es la diferencia?

BICHO: Como decía Heródoto: la historia intenta contar los hechos como fueron, no como los imaginamos.

FELICE: Eso es imposible. Los hechos quedan allí y jamás podremos recuperarlos.

BICHO: Sin embargo, el historiador puede tratar de hacer a un lado su imaginación y, al menos en principio, buscar los hechos fuera de sí.

FELICE: A fin de cuentas, el resultado será su interpretación. Es decir, una ficción.

BICHO: Que será provisionalmente cierta hasta que no se tope con pruebas que la desmientan. Lo cual nos lleva de camino a la ciencia.

FELICE: Tengo varios amigos matemáticos. Si llegas siquiera a insinuarles que su trabajo es ficción, no dudarán en arrojarte una manzana a la cabeza.

BICHO: Los hombres de ciencia suelen ser demasiado sensibles.

FELICE: ¿De veras me estás diciendo que las matemáticas son ficciones?

BICHO: Los números lo son. Si no, dime dónde están. O crees que son entidades inmanentes y fundas un culto, como Pitágoras, o aceptas que son ficciones.

FELICE: 2 + 2 = 4 no me parece una ficción.

BICHO: Y para mí es la ficción más simple y perfecta de todas.

FELICE: Explícate.

BICHO: Bajo ciertas condiciones, nos hallamos frente a una verdad incontestable. Pero basta alterarlas un poco para que el resultado sea distinto. Una operación matemática, que se lleva a cabo solo en nuestra mente, es la ficción por excelencia.

FELICE: Pero las reglas que la determinan no están en mi cabeza, bicho, sino en el universo. Se aplican en todas partes.

BICHO: Un científico observa la realidad. Advierte regularidades, indicios de una ley. ¿Y qué hace a continuación?

FELICE: Formula hipótesis.

BICHO: ¿Y qué es una hipótesis?

FELICE: ¡Demonio!

BICHO: Una ficción que se comporta *como si* fuese verdad. A partir de ese momento, el científico seguirá una serie de pasos, cada vez más rigurosos, no tanto para tratar de probarla cuanto para que no resulte desmentida.

FELICE: ¿Nada más?

BICHO: No es poco: llegar a esto costó siglos. Y varios infelices achicharrados en la hoguera.

FELICE: ¡Ni siquiera la ley de la gravitación universal es una verdad absoluta!

BICHO: Esa ley no implica que, si dejas caer tu guante, caerá por fuerza al suelo. Lo único que afirma es que lo más probable, tal vez en el 99.9999 por ciento de los casos, es que ocurra así.

FELICE: Bueno, pues quizás cuando te duermas y tus ojitos se muevan como canicas, de pronto tenga un instinto científico y me dé por averiguar qué pasa si dejo caer un bicho desde las alturas...

Libro sexto

Los monstruos de la razón

1. Sobre cómo escuchar espectros

De Monteverdi a Mozart

¿Escuchas ese *tutti*? Quizás porque estás demasiado acostumbrada a que esta música te suene sublime y elevada, no percibes su extrañeza. Entonces no existían orquestas como las nuestras, se trataba de ensambles más o menos estables al servicio de la corte, pero aun así ya había comenzado a fijarse una clara jerarquía entre los instrumentos. Y aquí esa jerarquía simplemente no existe. Bach escribió el sexto de sus *Conciertos de Brandemburgo* (1717-1721), en si bemol mayor, para dos violas, dos violas de gamba y bajo continuo, el cual aquí queda a cargo de un *cello*, un violón y un clavecín. Igual que hoy, en el siglo XVIII el violín era ya el centro de la orquesta: por eso lo más notable no es la presencia de las dos violas y ni siquiera las dos violas de gamba, empleadas más bien para la música de cámara, sino la total ausencia del violín. Suprimirlo equivale a una revolución.

El lugar común indica que Johann Sebastian Bach era un conservador: un piadoso luterano que jamás puso un pie fuera de Alemania y, salvo unos años en la corte de la pequeña ciudad de Köthen, apenas hizo otra cosa que escribir música sacra. Pero si Bach decidió que en uno de los conciertos que envió al elector de Brandemburgo en busca de trabajo no hubiera violines, no pudo ser casualidad. Para él, la música lo era todo: no solo la mayor de las disciplinas artísticas, sino una representación del orden divino; jamás se hubiera atrevido a alterarlo por mero capricho. Quizás buscaba representar una idea propia del protestantismo: la falta de jerarquías en el mundo celestial. O demostrar que una piadosa comunidad podía prescindir de líder. Y aún queda otra opción: que estas especulaciones sean ficciones nuestras que jamás se le pasaron por la cabeza.

En *El ritmo infinito* (2021), Michael Spitzer afirma que «la música clásica, en la medida en que es un arte, es un tipo de ficción, y esta es la razón de que la música sea diferente del mero sonido. No hay un objeto al que la música se refiera del mismo modo que Hamlet no es una persona real. Una vez que comenzamos a apreciar la música como una forma artística de la ficción, no necesitamos disculparnos por ello». La música nos sumerge en un espacio mental alejado del mundo: una abstracción con significado. Una vez allí, opera a partir de la *mímesis*, pero, salvo excepciones —las obras que incluyen onomatopeyas o copian los sonidos de la naturaleza, como *Las cuatro estaciones* (1725) de Vivaldi, *Los elementos* de Rebel (1738) o la sinfonía *Pastoral* (1808) de Beethoven—, la música no imita objetos o personas, sino emociones. «Escuchar una sonata o una sinfonía es semejante a "caminar" a través de un paisaje virtual cuyos senderos son procesos musicales», prosigue Spitzer.

Una vez dentro de una partita para *cello* solo de Bach o una sinfonía de Haydn o de Mahler, te introduces en un universo ficcional como lo haces con una novela de Dostoievski o una película de Tarkovski. Tu *yo* se desplaza en el tiempo y se transforma al ingresar en ese espacio imaginario. Las notas parecen ir de arriba abajo —metáforas espaciales que corresponden a procesos mentales— y de un lugar a otro. La música se rige, asimismo, por ritmos que emulan los del cuerpo, de ahí que buena parte del vocabulario musical lo asociemos con el *movimiento*, el nombre de cada parte en una pieza clásica. A ello hay que sumar las narraciones que tanto los compositores como los oyentes introducen incluso en las piezas musicales más abstractas, de *El clavecín bien temperado* (1722) a *Komboï* (1981) de Iannis Xenakis o de *El arte de la fuga* (c. 1742) a los *Estudios* (1948-1992) de Conlon Nancarrow. En más de un sentido, son ficticias esas emociones que, sin que podamos resistirnos, la música crea, solivianta o manipula en nuestro interior. Como escribió E. M. Cioran: «Sin medios de defensa contra la música, estoy obligado a sufrir su despotismo y, según su capricho, a ser dios o un guiñapo».

La música está llena de fantasías y propósitos, como el que llevó a Bach a prescindir del violín en uno de sus *Conciertos de Brandemburgo* o a Beethoven a dedicarle a Napoleón su *Tercera sinfonía*. Además, acompaña y refuerza ciertas ficciones narrativas, tanto en el terreno más bien obvio de la ópera, la opereta, el teatro musical o la canción como en el puramente instrumental inspirado en la literatura o las artes plásticas. Por otro lado, al menos desde la consolidación de la tonalidad en Occidente, a partir de los siglos XVI y XVII su estructura suele guiarse por patrones narrativos: introducciones más o menos misteriosas o apacibles, temas que se contrastan, entrelazan o varían, desarrollos cada vez más amplios y complejos, juegos contrapuntísticos y tensiones armónicas —una suerte de camino del héroe plagado de obstáculos— que se resuelven en clímax, finales y codas. Un viaje ficcional de ida y vuelta. A ello habría que sumar la reelaboración de melodías o bailes populares: ecos que desatan en el oyente un caudal de imágenes y recuerdos, así como respuestas emocionales e incluso físicas. Y, para colmo, vivimos en una era que, gracias a su impenitente reproducción mecánica —para usar el término de Walter Benjamin—, ha transformado la música en una compañía permanente y en ocasiones odiosa: a todas horas tenemos a nuestro servicio a músicos invisibles o imaginarios encargados de añadirles a nuestras vidas su irrefutable *soundtrack*; a veces, como se ha lamentado Pascal Quignard en *El odio a la música* (1996), la mayor ficción es el silencio.

א

Cuando, en febrero de 1637, una multitud de nobles, aristócratas y comerciantes venecianos cruza las puertas del Teatro de San Casiano para asistir a la *première* de *L'Andromeda* de Francesco Manelli y Benedetto Ferrari, no se da cuenta de que protagoniza un cambio de paradigma. Rehabilitado por los hermanos Francesco y Ettore Tron, se trata del primer teatro público dedicado a la ópera; por primera vez, cualquiera con los recursos necesarios para sufragar la entrada —una pequeña élite que se ampliará poco a poco— puede asistir al mayor espectáculo del mundo. La ópera había nacido unas décadas atrás en Florencia, gracias al intento de la Camerata de' Bardi por resucitar la tragedia griega, pero se trataba de un entretenimiento exclusivo para sus mecenas aristócratas. Cincuenta años después, la República de Venecia adopta —y adapta— el nuevo género y le confiere una segunda naturaleza: además de diversión cortesana, entretenimiento popular. Este doble origen, expresión del poder vertical y del anhelo democrático, asegura su condición de espectáculo por excelencia hasta que, a inicios del siglo XX, el cine le arrebate su puesto.

En Venecia, el naciente género experimenta la primera de sus mutaciones: mientras en Mantua aspiraba a representar modelos de virtud, la ciudad lacustre lo contamina con su liberalidad, con frecuencia asumida como libertinaje, en tanto sus protagonistas ganan en complejidad. Caso único: el mismo compositor que protagonizó sus pinitos cortesanos con su *Fábula de Orfeo* (1607) es, treinta y tres años más tarde, el principal responsable de esta transformación. En 1639, el anciano Claudio Monteverdi, al lado del poeta *amateur* Giacomo Badoaro, estrena *El regreso de Ulises a la patria* en el Teatro de San Juan y San Pablo, rival del San Casiano, y acuña una nueva obra maestra absoluta. Baste constatar la transformación que sufre Penélope, tanto en términos dramáticos como musicales, desde su inicio hasta el dúo final con Ulises, en el que por fin es capaz de cantar —es decir, de expresar sus emociones y de tener su voz— en vez de solo recitar.

Con *La coronación de Popea* (1643), esta vez con libreto de Giovanni Francesco Busenello, Monteverdi se atreve a ir más lejos. Nerón y su amante son antihéroes que a la postre se salen con la suya y, otra vez en su dúo final, no solo celebran el triunfo de su amor, sino un abierto desafío a la moral de su tiempo. En vez de preocuparse por educar a su auditorio, Monteverdi y Busenello formulan una temprana crítica del absolutismo, acaso dirigida hacia el papado —el gran rival de Venecia—, que dota de una inédita hondura psicológica a los perversos protagonistas en un ejercicio de introspección solo comparable al de Shakespeare.

Como escribe Richard Taruskin en su *Historia Oxford de la música occidental* (2005), Monteverdi y sus contemporáneos fijan las convenciones a partir de las cuales la música es capaz de expresar distintos estados de ánimo «no a través de la mímesis o de la imitación directa, sino por el mero acuerdo entre compositores y oyentes». Surge entonces un nuevo vocabulario musical para representar emociones específicas con independencia del texto. Por otra parte, la ópera veneciana aumenta la variedad de caracteres presentes en la ópera: al lado de los héroes y villanos extraídos de la mitología o la historia clásicas, aparece un caudal de comprimarios de distintas clases sociales —otro reflejo de la pluralidad de la República marítima— que tamizan la tragedia con una vena cómica similar a la del Siglo de Oro español, a la de las comedias de Molière o a la de las obras de Shakespeare. Sirvientes y nodrizas —como la de Popea— harán las delicias del público con sus comentarios desdeñosos o burlones hacia las aventuras y desventuras de sus amos. Mientras la ópera cortesana desaconsejaba el virtuosismo como signo de mal gusto, en Venecia se convierte en parte indispensable del *show*: nacen así la prima donna y los *castrati*, las verdaderas estrellas de la noche. «La ópera pública», resume Taruskin, «se convierte en un mundo donde campan los sátiros y reina Eros; donde, más listas que ellos, las jóvenes sirvientas castigan a sus amos; donde los condes seductores terminan humillados; y donde —más tarde y más abiertamente— la chusma se enardece y las revoluciones se abaten».

Venecia fija asimismo las reglas para alternar acción y emoción. Mientras el drama avanza por medio del *recitar cantando*, la intimidad se expresa a través de arias o *ariosos* que, rompiendo la cuarta pared, los cantantes dirigen hacia los espectadores. La tensión entre estos dos aspectos será permanente. Hasta el clasicismo, los recitativos conservan su importancia frente a números musicales cada vez más abiertos mientras que, en pleno Romanticismo, Verdi y Wagner atenúan o borran la diferencia entre unos y otros en busca de un tejido musical continuo. En el siglo xx, este artificio resultará tan antinatural que inspirará el *Sprechtgesang* —una vuelta de tuerca: el habla cantada— o de plano admitirá el uso del diálogo, como en los hijos menores de la ópera: el *Singspiel* alemán, la opereta francesa, la zarzuela española o el musical anglosajón.

Desde entonces, la ópera se enfrenta al mismo desafío: ¿cómo conciliar la ficción —es decir, la narración— con la música? Monteverdi define sus obras tardías con la etiqueta de *dramma in musica*: no tanto con música o en música como *a través* de la música. Frente a la tradición polifónica que entrevera el texto en múltiples voces hasta volverlo incomprensible, defiende la *seconda prattica*, que resume en esta frase: «Que la poesía sea la ama de la armonía y no su sierva». Este equilibrio será puesto en cuestión una y otra vez: si por momentos los compositores toman el control del espectáculo —*prima la musica, poi le parole*—, en otros serán los libretistas quienes impongan su visión, y al cabo los mecenas, empresarios, cantantes y directores de escena, e incluso gestores y políticos, intentarán mantenerla bajo su control.

Convertida en espectáculo público en Venecia, centro del incipiente capitalismo europeo, la ópera no solo queda sometida a sus veleidades y modas, sino a los altibajos de un mercado en el que sus diversos actores buscan rentabilidad simbólica y monetaria; el espectáculo resulta tan costoso e involucra a tantos participantes que cada uno de ellos reclama su crédito y una parte de las ganancias, aun si, entonces como ahora, casi siempre haga falta un príncipe o mecenas para compensar las pérdidas. Este impacto público provoca que la ópera se convierta, asimismo, en permanente objeto de la censura.

Pese al éxito de sus hijos bastardos, como el musical anglosajón, hoy la mayoría juzga a la ópera un género elitista y demodé: resulta difícil imaginar que por tres siglos tuviera una posición superior a las demás artes, cuando era el mayor espejo de sus sociedades y un feroz campo de batalla entre sus creadores, financiadores y espectadores. Por inverosímil que nos parezca —nadie en la vida real canta a voz en cuello sin parar—, solo la suma de la música con la palabra revela aquellas partes de nosotros que no se pueden ver.

Un mundo donde cualquiera puede ser otro y donde la división de los roles tradicionales conferidos a hombres y mujeres carece de límites precisos. Durante siglos, solo en el teatro se admite que los hombres hagan de mujeres y viceversa —los papeles travestidos son la norma—, con la presencia central de los *castrati*, auténticas máquinas de cantar: un primer intento de ingeniería genética en humanos. A la distancia, parece un acto de barbarie que unos niños fueran operados para preservar sus voces infantiles y, a la vez, en una época tan marcada por las políticas de género como la nuestra, no dejan de

fascinarnos esos seres intermedios, dotados de una sexualidad poli-
morfa o fluida, que representaban a reyes y reinas, príncipes y princesas, dioses y diosas a placer: criaturas que adquirían una estatura
mítica —Farinelli, Senesino, Caffarelli—, solo comparable con los
ídolos de Hollywood. Voces ficticias que jamás volveremos a escuchar: los agudos de una mujer con el volumen de un hombre. Monstruos y prodigios a la vez.

א

De Florencia a Mantua, de Mantua a Venecia y de Venecia
a Nápoles: en cada una de las escalas de su itinerario, la ópera
muta y se transforma. Si el experimento florentino da paso a las
favole in musica, el espectáculo público de la ciudad ducal vuelve
a modificarse cuando se traslada a Nápoles, entonces una de las
metrópolis más variopintas del planeta. Como tantas capitales
europeas, esta ciudad turbulenta y desbocada enloquece por la
ópera al tiempo que la regula con firmeza; sus autoridades la financian y a la vez prohíben cualquier crítica al orden social.
Nada de sirvientas ingeniosas, aviesas nodrizas o astutos pelaga-
tos. Solo que esta variedad también florece al margen de los
círculos oficiales, entregada a la sátira y el humor. Nacen, así, la
ópera seria, puesta en escena de una sociedad que aspira a la in-
movilidad y la permanencia, y la ópera bufa, su mitad carnava-
lesca: la exaltación de los héroes cívicos o el cuestionamiento
radical de sus valores. En Nápoles no hay lugar para mestizajes o
hibridaciones: tragedia y comedia se separan como naciones
enemigas. De un lado, gestas que inspiran templanza, moderación y sentido del deber; del otro, astracanadas que ponen en
duda las jerarquías. Exportadas al resto de Europa, estas dos ce-
pas corren distintas suertes: mientras la nobleza financia la ópera
seria para exhibir su poder y educar a sus súbditos, la bufa muta
en formas bastardas desdeñadas por los críticos y festejadas por
esas clases populares que por fin se ven retratadas en escena.
Obligado a componer sin tregua, Alessandro Scarlatti fija
el modelo estándar de la ópera seria: a él se debe su desarrollo
dramático y musical, así como la invención de la obertura a la
italiana —la *sinfonia* tripartita que abre la representación— y el

aria da capo que aún hoy es la quintaesencia de esta disciplina: esa expresión de la sentimentalidad *settecentesca* que alienta el lucimiento de los cantantes mediante piruetas y *abbellimenti*. Entretanto, los miembros de la Academia de la Arcadia, fundada en 1690, abogan por el regreso a los moldes clásicos y los escenarios pastoriles o heroicos de su etapa florentina. Convencidos de que su principal objetivo es la pedagogía ciudadana, exigen que exalten sentimientos nobles e imponen el *lieto fine* —el final feliz— con los mismos argumentos que Disney retomará siglos después: la meta de la ópera no es mostrar la realidad tal como es, sino como debería ser.

Con el mismo espíritu, Apostolo Zeno funda en Venecia la Accademia degli Animosi, que le impone formas aún más previsibles al fijar cierto número de arias para cada personaje, siempre precedidas por un recitativo, y un único mensaje emocional. En su mundo ideal, la sociedad queda dividida en tres estratos —nobles, confidentes y sirvientes—, cada uno de los cuales se encarna en una pareja de amantes. En este modelo, reyes y príncipes aparecen como los antiguos *deus ex machina* para resolver los entuertos y garantizar el orden social.

Este ideario queda consumado gracias a Pietro Antonio Trapassi, conocido como Metastasio, el más influyente libretista de la historia, autor de decenas de libretos puestos en música por un centenar de compositores a lo largo de dos siglos. Más que cualquier otro poeta o escritor del siglo XVIII, Metastasio se asume como árbitro de los valores ilustrados que deben prevalecer en escena. En sus manos, la dinámica entre los personajes determina las relaciones musicales, dramáticas, simbólicas y de poder admisibles en su época. Cada personaje tiene que expresar una emoción particular mediante arias *di bravura*, *d'affetto* o *cantabile*, cada una dotada con sus propias reglas y modulaciones expresivas. La ópera seria se transforma, así, en un molde que el compositor solo debe rellenar. Quienes hoy odian o desdeñan la ópera se burlan justo de esta estilización extrema porque, más allá de sus reformas posteriores —de Gluck a Mozart, de Verdi a Wagner, de Berg a Shostakóvich—, la arquitectura del género se mantiene más o menos idéntica hasta nuestros días: una realidad enmascarada por la música.

Mientras los aristócratas neoclásicos dictan las normas de la ópera seria, su vertiente gamberra las subvierte. Sin escapar a las convenciones, la bufa abre cierto espacio a la improvisación; se vale de libretos en dialecto que, en lugar de exhibir solo los sentimientos nobles, se mofan de quienes los simulan; intercala diálogos hablados o recitativos secos; vuelve las líneas argumentales más simples; deja poco sitio al virtuosismo y los *castrati* e integra personajes del entorno popular y la *commedia dell'arte*, como el bajo bufo: la figura de autoridad que mueve a risa. Desde entonces, la ópera solo admite dos reacciones: conmoverse o reír. Una división que heredará el cine hollywoodense que se decanta por historias edificantes, con su obligado final feliz, o por la comedia, en especial las *rom-coms*, que se valen de los mismos cánones que ya prevalecían en el siglo XVIII.

א

«Sin insistir en los dúos trágicos, un tipo de música que no conocemos en París, puedo ofrecerles un dúo cómico que todo el mundo conoce allí, y lo menciono claramente como ejemplo de canto, unidad de melodía, diálogo y gusto, del que creo que no carece en absoluto cuando es bien ejecutado para las audiencias que saben escuchar: es el primer acto de *La serva padrona*». Con estas palabras de su *Carta sobre la música francesa* (1753), el filósofo y compositor Jean-Jacques Rousseau desató la polémica que se conocería como «Querella de los bufones». Un año antes, una compañía italiana se había presentado en la Académie Royale de Musique con ese *intermezzo* de Pergolesi, desatando un súbito entusiasmo.

Igual que Rousseau, otros ilustrados defendieron a los recién llegados frente al anquilosamiento de la ópera francesa. Tras su llegada a Francia en épocas del cardenal Mazarin, el género había seguido su camino ligado a la Corona y, a través de esta, a la danza. Otro italiano asentado en París, Jean-Baptiste Lully, se convirtió en un segundo monarca en la corte de Luis XIV al adaptar el nuevo género a los gustos de su patria adoptiva. Frente a los pequeños espectáculos cortesanos de Mantua, Lully organizaba superproducciones provistas con los grandes avances técnicos de su época; y, frente a las reglas académicas de Nápoles, él mismo dictó las de la *tragédie-lyrique*, en donde los ritmos bailables, tan del gusto del Rey Sol, se engarzaban con los dramas de Pierre Corneille y Jean Racine (y, en menor medida, las comedias de Molière).

Con Jean-Philippe Rameau, el más talentoso de sus sucesores, la *tragédie-lyrique* mantuvo su predominio a base de personajes heroicos dispuestos a sacrificarse por una causa superior. Su público estaba formado por los propios miembros de la corte, que, según Taruskin, «no valoraban el tipo de verosimilitud que hace que lo imaginario parezca real. Querían lo opuesto: ver lo real —es decir: ellos mismos— proyectado en el dominio de la fábula y el arquetipo».

Mucho antes de que la ópera aparezca en Occidente, el teatro musical lleva siglos desarrollándose en China. Ya desde la dinastía Zhao (319-351) existe la ópera *canjun*, de corte satírico, provista con recitación, canto, danza, acrobacia y música. Con las dinastías Song (960-1279) y Yuan (1279-1368) se fijan reglas según las cuales debe haber un máximo de cuatro personajes. El género Kunqu, originado en el área cultural de Wu, reelabora la estructura de lo que ya se llama *ópera china*, define los instrumentos, las melodías y tramas que pueden repetirse y variarse desde entonces: la más célebre obra de este estilo es *El pabellón de las peonías* (1598), de Tang Xianzu, contemporáneo de Monteverdi, que el chauvinismo europeo ha comparado con *Romeo y Julieta*. La pieza narra el enamoramiento de la joven Du Liniang por un muchacho al que descubre en un sueño; al despertar, su obsesión será tan grande que la conducirá a la muerte. En el inframundo, su presidente dicta que ella regrese a la vida y, al resucitar, se topa con el pretendiente de su sueño, pero ambos deberán afrontar mil entuertos antes de consumar su amor. Al final, el emperador aparece como *deus ex machina*, perdona a los personajes y celebra las bodas de los jóvenes amantes. Tanto en Oriente como en Occidente, las peripecias de sus protagonistas se resuelven, muy apropiadamente, gracias a la intervención de una figura de poder.

א

Los dos nacen en el mismo año a unas cuantas millas de distancia; los dos son protestantes, los dos dedican su vida a la música y los dos han pasado a la historia como las figuras emblemáticas de una era que algunos insisten en llamar barroca y otros neoclásica. Y, sin embargo, no pueden resultar más opuestos: el primero apenas viaja, procrea una familia numerosa, solo obtiene encargos locales, se consagra casi por entero a producir obras religiosas y muere en el olvido; el segundo, en cambio, pasa de Alemania a Italia y de allí a Inglaterra, se mantiene siempre soltero, recibe los más prestigiosos encargos del rey, se convierte en un empresario que acumula tantos fracasos como éxitos, se dedica al teatro secular y fallece rico y famoso. Bach y Händel son las cumbres alternativas en la historia de la música: el genio oculto, capaz de llegar a las más altas cimas del espíritu, y el compositor de moda sujeto a las presiones del mercado.

Dos siglos y medio después, la batalla parece haberla ganado el tímido organista de Eisenach. Incluso quienes jamás lo han escuchado consideran a Bach como el padre de la música y asumen que ningún otro compositor ha llegado tan lejos a la hora de rozar la esencia de lo humano. En cambio, a Georg Friedrich Händel —al trasladarse a Inglaterra su apellido perdió el *umlaut*— le queda el consuelo de haber compuesto una obra maestra que jamás ha dejado de representarse desde su estreno en Dublín en 1742, lo cual la convierte en la piedra fundacional de la música «clásica»: el *Mesías*. La culpa de esta mitología paralela la tienen Felix Mendelssohn y sus contemporáneos, quienes, un siglo después de su muerte, redescubrieron a Bach y lo ensalzaron como el mayor exponente del alma alemana. Salvo Vivaldi —revalorado aún más tarde—, Bach y Händel constituyen el corazón del repertorio estándar asociado con esta particular vena de la música occidental: todo lo escrito antes del milagroso año de 1685, fecha del nacimiento de ambos, solo es del interés del público especializado y unos cuantos intérpretes que desde hace medio siglo intentan recuperar sus prácticas mediante el uso de instrumentos y técnicas historicistas.

Bach es un prototipo de su época y un excéntrico: sin dejar de seguir la senda natural de cualquier músico de su entorno, lleva la estética de su tiempo hasta sus extremos. Para él, la fe y el arte son indisociables: en pleno siglo XVIII, pertenece al pasado y, a diferencia de buena parte de sus coetáneos, jamás persigue el mero entretenimiento o el placer. Escrita con la certeza de un profeta bíblico, su música no busca ni la belleza ni el equilibrio de los filósofos ilustrados —cuyas ideas aborrecía—, sino el horror y la conmoción de la tragedia antigua: colocar a sus oyentes frente a la grandeza de Dios y la cercanía del apocalipsis. Salvo en las obras seculares compuestas durante su estadía en Köthen y algunas piezas para teclado, su imaginación permanece anclada a sus convicciones luteranas: la gracia, incluso la artística, es un don divino y la única puerta hacia la salvación. La leyenda construida en torno a Bach transforma su arcaísmo en una forma de modernidad: el artista que, sumergiéndose solo en sí mismo, roza el futuro.

Händel, entretanto, ha absorbido los estilos italiano, francés y alemán y en Inglaterra produce espectáculos para el gran público. Durante años sigue al pie de la letra los lineamientos de la ópera seria y, tras la quiebra de su compañía, perfecciona un nuevo género, el oratorio profano, pensado para el teatro y no para la iglesia. Con *Saúl* e *Israel en Egipto* (ambos de 1739), el *Mesías* (1741), *Salomón* (1749) o *Jefté* (1752), alienta a su público a identificarse con las tribulaciones y triunfos del pueblo elegido, alineándose con el nuevo patriotismo de su país de adopción. Prescindiendo de la escena, mas no del dramatismo de la ópera, traslada la acción a la mente de los espectadores: guiados solo por su música, estos *contemplan* inmensos ejércitos, masas populares, la crucifixión o las plagas de Egipto.

A su modo, Bach intenta algo semejante en sus ciclos de cantatas —pequeños dramas extraídos de la historia sacra— o en sus grandes oratorios, *La pasión según san Juan* (1724) y *La pasión según san Mateo* (fechada entre 1727 y 1729), aunque su objetivo sea muy distinto: propiciar una experiencia religiosa colectiva. Bach mismo considera estas dos obras, junto con la *Misa en si menor* —una obra imposible, escrita a lo largo de décadas, pensada para la corte católica de Dresde—, como su testamento.

Como hemos visto, su celebridad póstuma se debe a su redescubrimiento en el siglo XIX al lado de unas cuantas piezas puramente instrumentales como los *Conciertos de Brandemburgo*, *El arte de la fuga* (escrita entre 1738-1742), las *Variaciones Goldberg* (1741) o *La ofrenda musical* (1747). Obras que, en nuestra imaginación, hoy identificamos con el genio: invenciones de una insólita complejidad, llenas de vericuetos numerológicos y matemáticos —como el célebre anagrama B-A-C-H, es decir, *si bemol-la-do-si natural*—, que continúan intrigándonos como si fueran enigmas sin resolver.

א

Cuando abres los ojos, eres una esposa abandonada por su noble marido, y ese marido que intenta aprovecharse de la esposa de su sirviente, y ese sirviente que intentará impedírselo, y un adolescente que languidece por su señora, un seductor inveterado y cada una de sus conquistas —solo en España, mil tres—, y una amante tentada por la infidelidad, y el novio que ha puesto la tentación frente a sus ojos, y los sonidos que los envuelven. Apropiándose de la sentimentalidad dieciochesca tanto como de los valores ilustrados que llegaban desde Francia, Wolfgang Amadeus Mozart consiguió tal dominio de la técnica que supo liberarse de las convenciones de su época, jugar con sus estructuras y expandir su campo emocional hasta hacernos creer que sus criaturas sienten lo mismo que nosotros: una ficción que se enriquece gracias a su condición de niño prodigio, su mirada adolescente y su talento sin límites. Para redondear el mito, le hemos añadido el rencor de un rival menos dotado, una muerte temprana en la pobreza y una fosa común.

Sin duda, Mozart poseía una habilidad musical pocas veces vista —en Inglaterra se sometió a un examen para demostrar que no era un enano disfrazado— y un padre autoritario como los que hoy inscriben a sus hijos en *talent shows*. Tampoco puede negársele el absoluto dominio de su medio ni haber muerto demasiado joven: a los treinta y cinco años, cuatro más que Schubert, en cualquier caso. En cambio, salvo la maledicencia de la época —retomada por Aleksandr Pushkin en *Mozart y Salieri* (1832), convertida a su vez en una ópera por Nikolái Rimski-Kórsakov (1898), en la pieza teatral *Amadeus* por Peter

Shaffer (1979) y en la película de Milos Forman (1984)—, nada indica que Antonio Salieri lo haya odiado y menos aún que, a fin de aterrorizarlo, le haya comisionado su propia misa de difuntos. Mozart murió lleno de deudas, mas no en la indigencia, y contó con su propia tumba (el término *común* la diferenciaba de las reservadas a los nobles).

Hoy resulta tan difícil borrar este Mozart incomprendido y *pop* como la idea de que su música amansa a las bestias, nutre a los nonatos, consuela a los ancianos o remedia la depresión. Su personaje resulta tan entrañable, incluso con las risotadas de Tom Hulce —el actor que lo encarna en *Amadeus*—, que se vuelve imposible aparcar su bonhomía. Su temprana gloria y su pronto deceso son los puntales de una carrera vinculada con las nuevas condiciones de su época: tras ser explotado por su padre, ya nunca encontró un puesto fijo en las cortes europeas, tampoco un mecenas o un empresario como Johann Peter Salomon, quien volvió rico y famoso a Haydn en Londres, de modo que a regañadientes se convirtió en uno de los primeros músicos *free-lance*. Ello lo sometió a nuevos amos, el mercado y la burguesía, tan volubles como el arzobispo Colloredo, su patrón en Salzburgo.

Cuando estalló la Revolución francesa, a Mozart le quedaban solo dos años de vida: su obra adelanta, sin embargo, sus turbulencias. Jamás fue un rebelde —ese papel le corresponderá a Beethoven—, pero sí un visionario que articuló esa abrumadora ficción que desde entonces asociamos con la música clásica: ser la mejor expresión del espíritu y a la vez un bullicioso teatro emocional. Como sus contemporáneos, Mozart pensaba que la música estaba destinada a producir placer —«el arte de acomodar los sonidos de manera agradable al oído», en la definición de Rousseau—, pero la transformó en un universo subjetivo y casi autobiográfico. Tanto sus óperas como su música de cámara, sus piezas para piano, sus cuartetos, sinfonías y conciertos admiten ser escuchados como una apasionante aventura interior.

En su vertiente como sinfonista, Mozart en cambio se adelanta a los románticos, quienes con justicia lo entronizaron como su modelo. Fue el primero en practicar el llamado arte por el arte. Desprovisto de comisiones u honorarios y sin saber si llegarían a estrenarse, escribió sus tres últimas sinfonías en 1788 —su «réquiem instrumental», según Nikolaus Harnoncourt— concentrado solo en su propia necesidad expresiva: una novedad ajena a Bach, Gluck o Haydn. Al hacerlo, despertó el espíritu moderno, ese atormentado viaje del *yo* hacia sí mismo que hoy seguimos transitando al escuchar estas obras y las de sus émulos, de Beethoven a Mahler, de Schumann a Sibelius y de Brahms a Shostakóvich.

Auxiliado por Lorenzo da Ponte, Mozart acuñó una trilogía operística que condensa los últimos años del Antiguo Régimen: una pirámide encabezada por una rancia aristocracia donde los hombres comunes como él aspiraban a ser cada vez más autónomos; una sociedad condenada a la extinción que derrochaba a manos llenas sus últimos recursos; un microcosmos que, salvando conmociones y amenazas, conservaba su estabilidad. Pero ni *Las bodas de Fígaro* (1786), basada en la pieza teatral de Pierre Caron de Beaumarchais (1778), ni *Don Giovanni* (1787) y menos aún *Così fan tutte o la escuela de los amantes* (1790) son panfletos subversivos: al final, en todas ellas el orden aristocrático queda a salvo. El conde de *Las bodas* termina perdonado por su esposa y alabado por sus sirvientes; don Juan es condenado a los infiernos; y las amantes infieles se casan con sus parejas. Aun así, en los tres casos se filtra cierto desasosiego ante la sensación de que esos finales felices no habrán de durar.

Un noble, el conde de Almaviva, que se apresta a violar a la futura esposa de su más leal servidor, confidente y amigo; otro noble, don Juan, que seduce o viola a un sinfín de mujeres sin remordimiento, y eso sin contar su condición de asesino; y un perverso científico, don Alfonso, que, para poner a prueba sus teorías misóginas, entrampa a cuatro amantes y los convierte en ratas de laboratorio: la trilogía de Mozart y Da Ponte no resulta, a nuestros ojos, particularmente edificante.

En *Las bodas*, Susanna y la condesa son mujeres fuertes; no obstante, el conde es quien se revela como modelo de ecuanimidad. Incluso el paje Cherubino, en quienes algunos han querido ver un trasunto del propio compositor, es un adolescente enamorado en vías de convertirse en zafio émulo del conde. En *Don Giovanni*, el seductor es el protagonista absoluto y tanto su desarrollo dramático como el musical siguen el cauce del deseo masculino: de la excitación al orgasmo y del placer a la tristeza *post coitum*. A doña Elvira se la pinta casi como histérica, a doña Anna como tonta, y a Zerlina como ligera de cascos. Y, en *Così fan tutte*, Fiordiligi y Dorabella se comportan como las mujeres inconstantes que preveía la hipótesis inicial de don Alfonso.

Con medios puramente musicales, Mozart logra sin embargo que sus protagonistas dejen de ser meros arquetipos —en *Las bodas*, el conde es lujurioso y justo; la condesa, tierna y vengativa; Susanna, fiel y maliciosa; Fígaro, leal y astuto— y los transforma en personajes redondos que anticipan la novela decimonónica. En *Don Giovanni*, el conquistador encarna la libertad y el exceso, el crimen y el poder, y, en la más políticamente incorrecta de sus óperas, *Così fan tutte*, la fidelidad y la infidelidad se vuelven valores intercambiables en un juego de identidades móviles. Los finales felices, que en los tres casos derivan de una estratagema puntual, dejan un poso de incomodidad: aun si es perdonado por su esposa y sus sirvientes, el conde no deja de ser el poderoso al que todo se le permite; ni doña Anna, ni doña Elvira ni ninguno de los personajes que lo sobreviven superan la simpatía que nos despierta don Juan; y los amantes reconciliados, lo mismo que el malicioso don Alfonso, reflejan una torcedura moral que ninguna boda anulará. El universo emocional de Mozart, aquel malogrado niño prodigio, es ya el nuestro.

2. Sobre cómo llenar el vacío y vaciar lo lleno

Sor Juana y la imaginación barroca

Cuando despiertas, eres algo peor que un bicho: una bastarda nacida en los confines de Occidente, en un olvidado pueblo en el centro de la Nueva España con el impronunciable nombre de Nepantla. Tu juventud transcurre allí, en casa de tu madre, hasta que unos parientes ricos te llevan a la Ciudad de México. Luego ingresas en la corte virreinal y, durante las siguientes décadas, en el convento: esa cárcel voluntaria o refugio contra el mundo. En todas partes, aquí o allá, serás un incordio: una mujer a la que solo le importa una cosa, el conocimiento, en una era que lo reserva a los hombres. Me corrijo: tu vida entera transcurre en tu interior, en ese mundo poblado por fantasmas antiguos que te resulta más interesante y gozoso que el de afuera. ¿Por qué no te dejan en paz? ¿Por qué, si no haces sino leer y escribir, les resultas tan peligrosa? ¿Por qué estás siempre a la defensiva, obligada a justificar cada uno de tus actos? Y, sobre todo, ¿por qué al final renuncias a ti misma, te deshaces de tus libros y manuscritos, de tus instrumentos musicales y astronómicos, de todo aquello por lo que luchaste para entregarte a la inutilidad de la oración? ¿Qué caso tuvo toda esa sabiduría, toda esa poesía, toda esa filosofía, toda esa teología? ¿Te derrotaron? Cuando cierras los ojos, tú misma no lo sabes.

א

Frente a lo recto, lo curvo; frente a la contención, el exceso; frente a la razón, la insania; frente a la calma, la turbulencia; frente a la serenidad, el torbellino; frente a lo apolíneo, lo dionisíaco; frente a lo masculino, lo femenino; frente a lo severo, lo sensual; frente a la regularidad, el cambio; frente a la norma, el desafío; frente a lo homogéneo, lo variado; frente al realismo, la fantasía; frente a lo natural, lo artificial; frente a lo previsible, la sorpresa; frente a la figura, el ornamento; frente a lo interior, lo exterior; frente a la evidencia, el misterio; frente a la austeridad, el drama; frente a lo permanente, lo transitorio; frente a lo obvio, lo sugerido; frente a la luz, la tiniebla; frente a lo plano, lo profundo; frente a lo cerrado, lo abierto; frente al cálculo, el ingenio; frente a la elegancia, la agudeza; frente al equilibrio, el caos; frente a lo limitado, el infinito; frente a lo vacío, lo lleno. Desde que Heinrich Wölfflin publicase sus *Conceptos fundamentales de la historia del arte* (1915), la imaginación barroca dejó de ser vista como una muestra de aberración o decadencia y pasó a convertirse en el desarrollo natural del Renacimiento.

Impulsado por el concilio de Trento y la Contrarreforma, su estilo tenía una misión política: combatir el protestantismo, con su vocación iconoclasta y minimalista, con un arte capaz de recuperar la atención de los feligreses y de poner en relieve la magnificencia del papado y de las monarquías católicas que lo respaldan. Un espectáculo permanente que asombrase por sus contrastes, sus enredos, sus juegos y sus trampas, sus desafíos a la inteligencia y los sentidos: un arte basado en la ilusión. Nada valora tanto el Barroco como la *maravilla*: aquello que azora y desestabiliza, que cimbra y sacude. Toda clasificación, lo sabes de sobra, es una ficción útil: una forma de ordenar lo disperso y dar coherencia al desorden. La división que contrasta el arte clásico con su derivación manierista o barroca —es decir, con la exacerbación de sus principios— no deja de ser un espejismo como el que, según Wölfflin o Eugenio d'Ors, tanto encandilaba a los barrocos. Aun así, el arte, la arquitectura y la literatura producidos en los siglos XVII y XVIII, sobre todo en las naciones católicas o en las arrebatadas por la Contrarreforma al protestantismo —Austria, Baviera, Flandes—, se apartan de la solidez clásica para internarse en una inestabilidad y un desequilibrio paralelos a los que sufre Europa en esos años. Mientras Francia reemplaza a España como potencia continental, es en ella y sus colonias donde el nuevo estilo se libera de sus cadenas e, inspirado en la extrañeza del Nuevo Mundo y su naturaleza exuberante, muta y crece como yedra venenosa.

Para atisbar la imaginación barroca lo más sencillo sería quedarnos en Italia, el centro desde el que se irradia hacia el resto del mundo, y centrarnos en la pintura de Caravaggio o Reni, en la escultura de Bernini, la arquitectura de Borromini, las ideas de Vico o las obras de Ariosto; o pasar a la pujante Francia de Luis XIV y de Luis XV para admirar la arquitectura de Le Vau o los paisajes de Le Nôtre y asistir a las representaciones de Corneille, Racine o Molière; desviarnos al Flandes de Rembrandt, Vermeer o Rubens; o de plano asentarnos en España, cuya decadencia política no impide la explosión de creatividad de Zurbarán, Murillo o Velázquez, Góngora y Quevedo o Lope de Vega y Calderón. Sin embargo, prefiero dejar atrás la metrópolis y dirigir tu mirada hacia el virreinato de la Nueva España. Y que sea allí, tan lejos de los centros de poder, donde nos acerquemos a la desbordada fantasía de una monja de clausura. En el Barroco, la periferia equivale al centro: es su holograma. Desde estos márgenes, sor Juana Inés de la Cruz, conocida en el siglo como Juana Inés de Asbaje y Ramírez de Santillana, encarna mejor que nadie las fantasmagorías de su tiempo.

Si Leonardo da Vinci es el prototipo del hombre del Renacimiento, a Athanasius Kircher le correspondería el epíteto de hombre del Barroco. Durante dos siglos fue una de las figuras intelectuales más influyentes del ámbito católico; escribió sobre filosofía y teología, magia y hermetismo, medicina y geología, óptica y biología, música y ciencia, obsesionado con unificar todos los saberes, culturas y religiones. Pocos eruditos como él intentaron abrazar este infinito caudal de saberes y, aun si se equivocó en buena parte de sus afirmaciones, su esfuerzo por establecer nexos entre disciplinas tan lejanas lo vuelve decididamente moderno. Kircher fue dueño, además, de un abigarrado gabinete de curiosidades, el antecedente de nuestros museos, creyó haber descifrado los jeroglifos egipcios y se volcó a emparentarlos con los textos sagrados de judíos, griegos, chinos y los mitos de las antiguas civilizaciones de América. Como resumió John Glassie en la biografía que le dedicó en 2012, hay que celebrar a Kircher «por haber sido fuente de tantas ideas: verdaderas, falsas, medio verdaderas y medio falsas, medio cocinadas, ridículas, hermosas y omnicomprensivas». Sus ideas fecundaron, como pocas, la imaginación de sor Juana y del Barroco.

Mira cómo Juana se retrata a sí misma en su *Respuesta a sor Filotea de la Cruz* (1691): «El escribir nunca ha sido dictamen propio, sino fuerza ajena. Lo que sí es verdad que no negaré es que desde que me rayó la primera luz de la razón, fue tan vehemente y poderosa la inclinación a las letras, que ni ajenas reprensiones —que he tenido muchas—, ni propias reflejas (que he hecho no pocas), han bastado a que deje de seguir este natural impulso que Dios puso en mí».

Para la joven, el saber es más importante que cualquier otra inclinación: «Acuérdome que en estos tiempos, siendo mi golosina la que es ordinaria en aquella edad, me abstenía de comer queso, porque oí decir que hacía rudos, y podía conmigo más el deseo de saber que el de comer, siendo este tan poderoso en los niños».

Aburrida en su pueblo, decide irse a la Ciudad de México, el único sitio donde podría proseguir sus estudios. La pasión de sor Juana por los libros solo se compara con la de don Quijote: ambos enloquecen por su culpa. Es decir: los dos se convierten en archivos o bibliotecas ambulantes y prefieren esa fantasía interior a la rudeza —para usar el desdeñoso término de la monja novohispana— de su tiempo. De haber podido, sor Juana habría consagrado su vida entera al estudio y la escritura. Desprovista de semejante posibilidad por su doble condición de mujer e hija ilegítima, no le queda más remedio que elegir entre dos únicas opciones: la corte o el convento. En 1664, aterriza en la primera. La corte virreinal, presidida por don Antonio Sebastián de Toledo, marqués de Mancera, es una copia y una prolongación de la de Madrid. En torno a su figura tutelar revolotea una sociedad en miniatura: como si fuera un espacio teatral, cada uno de sus miembros se ve obligado a representar un papel, de allí la fascinación barroca por los escenarios, los travestimientos y los cambios de identidad. La corte es también el lugar donde sus sueños, aspiraciones, deseos y fantasías se transmutan en *entretenimiento*; hoy diríamos: en arte o espectáculo. Visto desde fuera, se trata de un microcosmos ficcional, dominado por las apariencias y el secreto, donde solo sus integrantes comprenden las *agudezas* que se filtran debajo de su rigurosa etiqueta.

Como Sei Shōnagon o Murasaki Shikibu, la joven Juana Ramírez se convierte en dama de compañía de la virreina, Leonor Carreto, marquesa de Mancera, y, gracias a su ingenio, muy pronto deslumbra a sus interlocutores. En *Sor Juana Inés de la Cruz o las trampas de la fe* (1982), Octavio Paz argumenta que la joven se presenta a sí misma en estos versos de su obra teatral *Los empeños de una casa*:

> Conmuté el tiempo, industriosa
> a lo intenso del trabajo
> de modo que en breve tiempo
> era el admirable blanco
> de todas las atenciones,
> de tal modo, que llegaron
> a venerar como infuso
> lo que fue adquirido lauro.

Azorado ante su talento, el virrey la pone a prueba —el examen recuerda al de Jesús ante los sabios o al que se someterá Mozart en Inglaterra— y reúne en palacio a numerosos miembros de la universidad para confrontarla. En palabras del propio marqués de Mancera, referidas por el padre Diego Calleja, primer biógrafo de la monja: «A la manera de un galeón real se defendería de las pocas chalupas que le embisten, así se desembarazaba Juana Inés de las preguntas, argumentos y réplicas que tantos, cada uno de su clase, la propusieron». La joven sale victoriosa y prosigue su formación.

Paz sugiere que, al ser bonita e inteligente, participa en los *galanteos de palacio*: los escarceos y aventuras amorosas entre los nobles y consejeros del virrey, por lo general casados, con las jóvenes enviadas a la corte por sus padres. El final natural de esa carrera palaciega es el matrimonio, pero ella siente hacia esa posibilidad una «negación total». Desde la publicación de *Sor Juana Inés de la Cruz, la décima musa de México: su vida, su obra, su psique* (1946), de Ludwig Pfandl, no han faltado psicoanalistas de ocasión que han pretendido explicar sus motivos, desde quienes le echan la culpa a un amor desdichado hasta quienes insisten en su lesbianismo —provistos con los poemas que le dedicó a la virreina— e incluso hay quien la imagina asexual.

Descartada la boda, solo queda el convento: otro de los tablados de la aristocracia, donde el virrey y su corte pasan tardes enteras con las monjas, las cuales preparan dulces y chocolate caliente para animar las tertulias o las representaciones teatrales de las huérfanas. Para ingresar se necesita una dote y provenir de una familia noble: la vida religiosa es un privilegio, no un refugio para menesterosos. Tras una fallida estancia con las carmelitas, Juana Inés, que incorpora a su nombre la advocación a la Cruz, pasará los siguientes veintisiete años en su celda, un pequeño estudio de dos pisos en el convento de San Jerónimo. No la caracteriza su devoción, sino sus poemas: villancicos, redondillas, jácaras, sonetos, silvas y décimas compuestos para complacer a la virreina. Buena lectora de la poesía cortesana, sor Juana descuella por su habilidad versificadora y su talento para subvertir los moldes establecidos.

Tras la partida de los marqueses de Mancera —a la que se suma la muerte de su amiga Leonor Carreto— y el soso gobierno del obispo Payo Enríquez de Rivera, la llegada del nuevo virrey, don Tomás Antonio de la Cerda, y de su esposa, doña María Luisa Manrique de Lara y Gonzaga, marqueses de la Laguna, propicia la etapa más feliz y fructífera de la vida de sor Juana. Señal del aprecio que concita en la corte es la encomienda para realizar el arco triunfal que recibirá a la pareja a su entrada a la Ciudad de México: un elaborado conjunto de figuras mitológicas y alegorías que la monja detalla y explica en prosa y en verso.

La España de las postrimerías del siglo xvii, y aún más la Nueva España, su versión exótica y reconcentrada, refleja las contradicciones de la imaginación barroca: todas las cosas poseen dos extremos que se reconcilian en la *coincidentia oppositorum*. Mientras Francia, Inglaterra y Holanda se abren al racionalismo —y su versión pragmática: el mercado—, España y sus colonias se aferran al pasado y la dupla formada por la Corona y la Iglesia se obstina en mantener la cultura clásica. El vocabulario de sor Juana se ve impregnado de referencias culteranas a dioses y héroes mitológicos o a los personajes de la Biblia: su obligación es apuntalar esta fantasía imperial. La monja disfruta de la admiración y el aprecio —si no del amor— de la nueva virreina, a quien dedica numerosos poemas que, si bien preservan la casta retórica heredera del amor cortés, permiten atisbar su cercanía, como este dedicado a «su Lisi»:

> Vuelve a ti misma los ojos,
> y hallarás, en ti y en ellos,
> no solo el amor posible,
> mas preciso el rendimiento,
> entre tanto que el cuidado,
> en contemplarte suspenso,
> que vivo, asegura, solo,
> en fe de que por ti muero.

Curándose en salud, una y otra vez sor Juana insiste en que su devoción es de carácter platónico:

> Ser mujer, ni estar ausente,
> no es de amarte impedimento;
> pues sabes tú que las almas
> distancia ignoran y sexo.

Si bien la poeta se vale de los tropos y figuras característicos del Barroco español, antes empleados con fruición por Lope, Quevedo o Góngora, su poesía amorosa alcanza una autenticidad poco común:

> Baste ya de rigores, mi bien, baste;
> no te atormenten más celos tiranos
> ni el vil recelo tu quietud contraste
> con sombras necias, con indicios vanos,
> que ya en líquido humor viste y tocaste
> mi corazón deshecho entre tus manos.

Paz dedica numerosas páginas a discutir la relación entre sor Juana y la virreina y a criticar a aquellos que intentan dirimir su grado de infatuación o enamoramiento: ficciones que dicen más de sus intérpretes que de las involucradas. Para evitar malentendidos, sor Juana añade un prudente prólogo a la primera edición de los poemas amorosos que le dedica, pero el solo hecho de que una colección semejante, publicada en Madrid, no suscite escándalo ni la suspicacia de la Inquisición habla, más bien, de esa habitual confusión de identidades y géneros propia del Barroco. En cualquier caso, el amor es para sor Juana una fantasía:

> Detente, sombra de mi bien esquivo,
> imagen del hechizo que más quiero,
> bella ilusión por quien alegre muero,
> dulce ficción por quien penosa vivo.

A partir de 1676, sus poemas no solo circulan en la corte novohispana, sino en la península; en 1689 se representa en el Palacio Real su comedia *Amor es más laberinto* y aparece en Madrid el primer volumen de su poesía, con el ampuloso título de *Inundación castálida de la única poetisa, musa décima*, el cual se reedita en 1690, 1691 y 1692 y otras tantas veces después de su muerte. En este año aparece asimismo el segundo tomo de sus obras, que incluye varios autos sacramentales, dos comedias, *Amor es más laberinto* y *Los empeños de una casa* —reelaboraciones de Lope y Calderón—, y un largo poema filosófico titulado *Primero sueño* (conocido también como *El sueño*). Que una mujer y, más aún, una monja de clausura, en un remoto convento de las Américas, obtenga semejante reconocimiento es ya inusual. Y que el tercer tomo de sus obras, publicado de manera póstuma, lleve la palabra *Fama* en su título confirma el lugar que sor Juana ha alcanzado ya en el orbe hispánico.

A partir del estudio pionero de Dorothy Schons, *Sor Juana: la primera feminista en el Nuevo Mundo* (1925), numerosas críticas han reconocido en sor Juana a una predecesora del movimiento feminista. Tanto la *Respuesta a sor Filotea* como otros textos —entre los que se destaca la célebre redondilla que inicia con: «Hombres necios que acusáis / a la mujer sin razón / sin ver que sois la ocasión / de lo mismo que culpáis»— muestran el empeño de la monja novohispana por liberarse de las imposiciones patriarcales de su época. Escritos mucho antes de que el feminismo exista como concepto, otros estudiosos se resisten a fijarla en esta categoría pese a la enconada defensa que hizo de sí misma y, por extensión, de las demás mujeres a fin de que pudieran estudiar y escribir en igualdad de condiciones con los hombres. Como resume Lucía Dufort en «El feminismo de sor Juana Inés de la Cruz» (2011), si «no fue feminista, pasa a serlo».

א

Y, de pronto, el silencio. La mujer que tanto ha luchado por hacerse oír, que ha escrito sobre todos los temas en todos los géneros y se ha vuelto célebre tanto en su diminuto mundo conventual como en la capital del Imperio, calla para siempre. Igual que sus inclinaciones amorosas, su decisión ha desatado un sinfín de interpretaciones, como las recogidas en la película de la argentina María Luisa Bemberg, *Yo, la peor de todas* (1990), en la novela de la mexicana Mónica Lavín, *Yo, la peor* (2009), en la larguísima novela del canadiense Paul Anderson, *Hunger's Brides* (2004), o en la serie televisiva *Juana Inés* (2016), de Patricia Arriaga.

La historia de su renuncia comienza con una enrevesada discusión teológica: ¿cuál fue la mayor fineza de Cristo al morir en la cruz? Fineza tiene, aquí, el valor de delicadeza o gracia divina. Para responder a esta cuestión, un sacerdote portugués, el padre António Vieira, ha afirmado en un sermón que la mayor fineza de Nuestro Señor fue «encubrirse para quedarse» (en la eucaristía). Impulsada por una tal sor Filotea de la Cruz, sor Juana escribe una larga carta, en teoría privada, para refutar tamaña afirmación. Su *Carta atenagórica* (1690) provoca una tormenta similar a las que enemistaron a los marxistas en el siglo xx. Paz insiste en que sor Juana fue el instrumento del obispo de Puebla, Manuel Fernández de Santa Cruz, contra el arzobispo de México, Francisco de Aguiar y Seijas, buen amigo de Vieira, un hombre riguroso y soberbio que combinaba dos odios que se unían en la monja novohispana: el teatro y las mujeres. El escrito de sor Juana provoca una catarata de acusaciones en su contra: un linchamiento mediático, diríamos hoy. Y, mientras el entorno del arzobispo arremete contra ella, el obispo de Puebla le da la espalda y su propio confesor, el padre Antonio Núñez de Miranda, le reprocha su carrera literaria.

Sor Juana contesta en su *Respuesta a sor Filotea de la Cruz*, un insólito documento que es a la vez una revisión de su itinerario intelectual y un alegato en favor de las mujeres. Nos hallamos frente al enérgico testimonio de una mujer sometida a un régimen totalitario; aun obligada a redactarlo con la morigeración que exige su sexo y su condición de religiosa, esconde una valerosa defensa de su autonomía y su capacidad intelectual. A sor Juana no le queda sino afirmar que sus ideas y poemas son inofensivos, pero tanto ella como sus acusadores saben que no lo son; un mero poema amoroso, escrito y publicado por una monja en la Nueva España del siglo XVII, representa un acto subversivo que pone en riesgo el sistema virreinal en su conjunto: una ficción libertaria que desafía a quienes se creen dueños de la verdad.

Pese al malestar que le genera la polémica, sor Juana no se arredra, continúa escribiendo letras profanas y aún participa activamente en la edición del segundo volumen de sus obras. Todo cambia con la escasez de alimentos que azota a la Ciudad de México en 1692; el descontento contra el virrey se salda con el ascenso del arzobispo Aguiar y Seijas, el feroz enemigo de la monja. A ello se añade el deceso del marqués de la Laguna y la ola de superstición ante la calamidad que invade la Nueva España. En este ambiente, la monja se encierra a cal y canto en sí misma. Ante el silencio en que se sume a partir de 1693 solo pueden hacerse conjeturas. ¿Es esta sensación de agobio —o, según Paz, de culpa— lo que provoca que sor Juana se refugie en su antiguo confesor y renuncie de un día para otro al estudio y la escritura? ¿Su transformación se debe a la soledad y la zozobra? ¿Padece una súbita conversión mística? ¿La azota un brote de melancolía?

Como los acusados en los procesos de Moscú, sor Juana realiza una confesión general ante Núñez de Miranda, escribe un texto en el que se acusa de haber vivido «en religión sin religión» y pide que se le conceda un año para probar que ha cambiado de vida. Poco después, firma otra abjuración —*Protesta que, rubricada con su sangre, hizo de su fe y amor a Dios la madre Juana Inés de la Cruz, al tiempo de abandonar los estudios humanos para proseguir, desembarazada de este afecto, en el camino de la perfección*—, se deshace de sus libros y sus instrumentos científicos y musicales y se entrega a una vida de sacrificio que no excluye la mortificación de la carne: de poetisa, musa décima, a penitente. Cuando en 1695 se desata una epidemia en el convento de San Jerónimo, sor Juana se consagra a cuidar a sus hermanas y, contagiada sin remedio, muere el 17 de abril de ese año.

א

En su *Respuesta a sor Filotea de la Cruz*, sor Juana desliza con forzada humildad: «No me acuerdo de haber escrito por mi gusto si no es un papelillo que llaman *El sueño*». Como Mozart con sus últimas sinfonías, este *papelillo* (de 975 versos) es su testamento o su réquiem. ¿Es posible que, solo con su inteligencia, el ser humano comprenda la realidad?, se pregunta. Para responder, sor Juana se vale de un experimento mental: siguiendo la doctrina neoplatónica y cristiana, imagina que el alma abandona el cuerpo y se lanza a investigar el cosmos. Una ficción onírica que prolonga un sinfín de tradiciones místicas y que encuentra su inspiración en el sueño de Escipión narrado por Cicerón en *La república* (–51) y por Macrobio en su *Comentario* (c. 400), así como en la *Divina comedia* y en el *Sueño* de Kepler. Como ella misma confiesa, su proyecto también debe mucho a las *Soledades* (1613) de Góngora: de ahí su fascinación por el hipérbaton, sus profusas digresiones y sus imágenes abstrusas e inagotables.

Comportándose más como científica que como teóloga o poeta, sor Juana analiza cómo funciona el sueño, tanto entre los animales como en los humanos:

así, pues, de profundo
sueño dulce los miembros ocupados,
quedaron los sentidos
del que ejercicio tienen ordinario.

Una vez fuera del cuerpo, el alma se sitúa en una cumbre,
desde donde observa el conjunto de la creación; por desgracia, desde allí todo luce confuso y lejano:

no de otra suerte el alma, que asombrada
de la vista quedó de objeto tanto,
la atención recogió, que derramada
en diversidad tanta, aun no sabía
recobrarse a sí misma del espanto.

Sin arredrarse, intenta el camino inverso y contempla las
jerarquías del cosmos, desde las sustancias inanimadas hasta el
ser humano, pasando por los reinos vegetal y animal. Una vez
más, el método se revela insuficiente:

Estos, pues, grados discurrir quería
unas veces, pero otras, disentía,
excesivo juzgando atrevimiento
el discurrirlo todo,
quien aun la más pequeña,
aun la más fácil parte no entendía
de los más manuales
efectos naturales.

El esfuerzo concluye en un doble fracaso. Y, sin embargo,
se trata de una derrota fecunda, pues el mero intento de aproximarse a la realidad demuestra la capacidad humana para
superar sus límites. Valiéndose de imágenes provenientes del
vocabulario judicial, el alma defiende su empeño ante un tribunal imaginario. Sor Juana alaba entonces el poder de la
fantasía:

que del mayor delito la malicia
peligra en la noticia,
contagio dilatado trascendiendo;
porque singular culpa solo siendo,
dejara más remota a lo ignorado
su ejecución, que no a lo escarmentado.

Al final del largo trayecto, cuando el alma por fin se reintegra al cuerpo, la luz solar vence a las tinieblas de la noche, igual que en la *Comedia*:

... quedando a la luz más cierta
el mundo iluminado, y yo despierta.

El largo experimento se ha valido del método deductivo, propio de la escolástica, y luego del inductivo, connatural a la ciencia, sin que ninguno le ofrezca una solución final. ¿Puede el intelecto aprehender la realidad? La respuesta de sor Juana —que solo en el último verso revela su sexo— es el poema mismo: la única forma de acercarse a los misterios del cosmos no es con la ciencia o la teología, sino con la imaginación. El poema mismo, *El sueño*, es la única solución posible al enigma.

3. Sobre cómo ensamblar las piezas del *yo*

De Descartes a la Ilustración

Cuando cierra los ojos, el buen René al fin se queda a solas. Tras estudiar con los jesuitas en el colegio de La Flèche y de concentrarse «en viajar, en ver cortes y ejércitos, en cultivar la sociedad de gentes y humores diversos, en recoger varias experiencias», en ponerse a prueba en los casos que «la fortuna le deparaba» y en reflexionar sobre las cosas que se le presentan para «sacar algún provecho de ellas», nada ha deseado tanto como estar solo. No es que deteste la compañía de los hombres, es que lo abruman con sus opiniones siempre disímbolas: demasiado escándalo para alguien que no ansía otra cosa que meditar. El humanismo del Renacimiento ha puesto tantas certezas en cuestión, animando tal griterío, que un poco de paz se echa en falta. Antes que él, otros espíritus agobiados buscaron el aislamiento: Juan de la Cruz, Teresa de Ávila o Ignacio de Loyola, por ejemplo, en vez de escucharse a sí mismos creyeron oír, en sus noches oscuras, la voz de Dios. Descartes podría haber seguido su camino y hoy sería venerado como santo, pero uno de sus méritos consiste en haberse dado cuenta de que la única voz que habla cuando cierra los ojos es la suya: una voz que, por cierto, no hace más que preguntar. «Mas cuando hube pasado varios años estudiando en el libro del mundo y tratando de adquirir alguna experiencia», escribe en el *Discurso del método* (1637), «resolví un día estudiar también en mí mismo».

Su gran invención —o reinvención, puesto que los griegos ya la conocían— es la duda sistemática. Durante siglos, la escolástica decretó que el conocimiento debía transmitirse de maestros a alumnos y la única obligación de los segundos consistía en memorizar. Haciendo suyo el escepticismo de su tiempo, René se sienta delante de su estufa y, al fin cómodo consigo mismo, se analiza con cuidado. Dado que estoy solo, se dice, no debo dar nada por sentado ni creer a ciegas en lo que afirman los demás: frente a los dictados del exterior, instaura la primacía del *yo*. De ese *yo* moderno que desafía todos los prejuicios, de ese *yo* que es un enigma sin solución y una pregunta sin respuesta. Por desgracia, a René esta duda extrema lo atemoriza: sea como fuere, aún cree en la verdad, así se trate de una verdad que se ensambla poco a poco. En vez de saltar al abismo, levanta su nuevo edificio epistemológico a partir de una nueva piedra de toque, aquella que le impide dudar de la propia duda: *cogito ergo sum*. Donde ese inquietante *ergo* vuelve a ser, me temo, una ficción.

En Alemania, al fin solo, lo primero que piensa Descartes es en cómo debe pensar. Al despertar la mañana del 10 de noviembre de 1619, luego de un sueño agitado —semejante a los de Kepler, sor Juana o Kafka—, cree haber hallado la respuesta y, a partir de ese día, edifica un meticuloso sistema de pensamiento que pretende desterrar los dislates del pasado:

Paso 1. Dudar de todo y confiar solo en la evidencia.

Paso 2. Analizarlo todo, dividiendo un problema en tantas partes como sea posible.

Paso 3. Sintetizar aquello que se ha estudiado antes.

Paso 4. Enumerar y revisar la síntesis previa.

Estos sencillos pasos —unos ejercicios espirituales dominados por la razón— bastan para demoler siglos de escolástica; con ellos, Descartes intentará eliminar los prejuicios de su tiempo. Dado que los resultados de su órdago tardarán en llegar, se inventa entretanto una ética provisional. Otra vez: unas reglas mínimas —esta vez morales— cuya eficacia asume sin reservas:

1. Obedece las leyes y costumbres del país y la religión en que fuiste educado.

2. Sé firme y decidido en tus acciones y no sigas más que las opiniones que te parezcan seguras.

3. Véncete a ti mismo antes que a la fortuna, altera tus deseos antes que el orden del mundo y convéncete de que no hay nada que esté enteramente en tu poder, excepto tus propios pensamientos.

4. Emplea el resto de tu vida en cultivar la razón y avanzar en la búsqueda de la verdad según el método anterior.

Un hermoso programa que, aun si suena como los pasos de Alcohólicos Anónimos, no podemos calificar sino de razonable, pero que, de nuevo, está plagado de ficciones: asume que las costumbres y la religión de su país son buenas y confía en que tarde o temprano lo llevarán a la verdad.

Satisfecho consigo mismo, René se detiene a probar, entonces, su propia existencia: la única evidencia de ella es su propio pensamiento y, como hemos visto, de eso no se permite dudar. Si piensa, obviamente no es parte de la nada. Su conclusión surge, mal que le pese, de un malabarismo: la idea clara y distinta que le permite reconocer su propia existencia lo lleva a afirmar que *cualquier* idea clara y distinta tiene que ser por fuerza verdadera. De un lado queda, pues, el pensamiento —la mente, el alma— y, del otro, lo pensado: la materia, el cuerpo, el mundo. *Res cogitans* y *res extensa*. Una y otra se encuentran, afirma Descartes sin vergüenza alguna, en la glándula pineal. Nueva ficción cartesiana: somos seres escindidos entre el adentro y el afuera: mientras uno permanece, el otro decae; uno es ilimitado, el otro, mecánico. No se trata sino de una reelaboración, en clave racional, de la vieja división platónica entre el alma inmortal y el cuerpo perecedero.

Solo entonces Descartes atisba el talón de Aquiles de su precioso sistema basado en la geometría y la aritmética. ¿Y si las ideas claras y distintas fueran falsas? Para eliminar esta odiosa posibilidad se vale de un experimento mental: pongamos que un genio maligno inserta un sinfín de falsedades en mi mente. (Una amenaza que hoy aún nos aterroriza frente a la realidad virtual). Si de veras existiera ese genio maligno, el método cartesiano se derrumbaría por completo. La única solución posible consiste en eliminarlo de tajo. La fantasía cartesiana alcanza su cota máxima: la única forma de conjurar el peligro consiste en comprobar racionalmente la existencia de Dios. Y, para más inri, de un dios por fuerza bueno y todopoderoso. Y entonces él, que tanto ha hecho para distanciarse de las fantasmagorías aristotélicas y tomistas, las retoma sin pudor: dado que podemos pensar en un dios infinito e ilimitado, Dios existe. Vaya argucia: su escepticismo racional depende, a fin de cuentas, de un Creador. Sin él, todo se derrumba como un castillo de naipes.

Poco importa que a continuación el buen René se lance en una disparatada teoría sobre la circulación de la sangre o que reduzca a los infelices animales a la condición de máquinas sin alma; para entonces, ha dado una vuelta entera para reinaugurar con bombo y platillo la metafísica y, de paso, el dualismo. Como afirmó Voltaire: «Nació para descubrir los errores de la Antigüedad y sustituirlos con los suyos».

Unas décadas antes de Descartes, otro solitario se encierra en su torre, esta vez de piedra y argamasa. Heredero de las ricas tierras de su padre, Michel de Montaigne abandona la magistratura y, a partir de 1570, se concentra en leer y escribir —el sueño de sor Juana—, placeres que no le impiden atender asuntos más mundanos como alcalde; a la vez, se dedica a pergeñar decenas de pequeños opúsculos —valiéndose de un término propio de las incipientes ciencias de la época, los llama ensayos— sobre cualquier tema posible. Hasta aquí, no se diferenciaría demasiado de otros humanistas; lo que resulta novedoso es el punto de vista: *su* punto de vista. «No tengo otro objetivo que pintarme a mí mismo», declara sin pudor. Una valerosa y narcisista afirmación del *yo* cuyo precedente se halla en las *Confesiones* de san Agustín. «No son mis actos los que describo, soy yo mismo, mi esencia». El proyecto es insólito: hablar de lo que sea —la crueldad, la soledad, la risa, la codicia, la desigualdad, los caníbales, el sueño, los caballos de combate, los olores, la embriaguez, los libros, la gloria, la presunción, la cólera, el arrepentimiento, la vanidad o la cojera—, pero, en vez de desplegar grandes dosis de erudición, ofrecer sus propias reflexiones a partir de un minucioso análisis interior. Ensayo a ensayo, Montaigne se desnuda ante sí mismo: el estoicismo de los primeros textos evoluciona hacia una suerte de epicureísmo, sin dejar atrás una pizca de escepticismo, requisito indispensable en la búsqueda de su propia opinión. Un tránsito del deber hacia el placer que se degusta, sobre todo, en la ligereza del estilo. Frente a la severa humildad cristiana o la pedantería de los expertos, Montaigne inaugura una ficción que ya no nos abandonará desde entonces: aquella que, fundada en el punto de vista, lima las verdades absolutas con la subjetividad.

Mientras Descartes no deja de dar vueltas en su cama en Leiden tratando de resolver el lío en que él mismo se ha metido al separar mente y cuerpo, Blaise Pascal intentará valerse del racionalismo para defender la fe. En sus *Pensamientos* (1670), insiste en que, ante la imposibilidad de comprobar la existencia de Dios, lo mejor —para evitar el infierno— es hacer *como si* en efecto estuviera allí. Una clara apuesta por la ficción.

Entretanto, al otro lado del canal de la Mancha un médico más parsimonioso y algo menos misántropo, John Locke, apenas tarda en contradecir tanto a Descartes como a Pascal. En el primer libro de *Un ensayo sobre el entendimiento humano* (1690), el inglés descarta que el ser humano nazca provisto con un arsenal de conceptos innatos; según él, la mente del neonato es una *tabula rasa*: un espacio en blanco con la capacidad de adquirir conocimientos sobre el mundo a partir de los sentidos. Conforme crece y se desarrolla, la mente se puebla con ideas. En tanto Descartes, confinado en sí mismo, centra su filosofía en el ejercicio narcisista de escrutar su propio *yo*, Locke asume que, si jamás llegaremos a captar las esencias de los objetos, al menos somos capaces de acercarnos a ellas. Siguiendo otro camino —las islas y el continente ya jamás se pondrán de acuerdo—, desmonta asimismo la posibilidad de que existan verdades absolutas. Las ideas, insiste en el segundo libro, derivan de la experiencia que, o bien parte de la observación del mundo exterior, o bien de las operaciones mentales de nuestra mente «percibidas y reflejadas por nosotros mismos».

La experiencia básica es, para Locke, la sensación, y solo a continuación viene la reflexión: la actividad del pensamiento que, como resume Charles Freeman en *La reapertura de la mente occidental* (2020), «incluye una gran variedad de operaciones mentales: usando nuestras memorias, meditando, escogiendo entre alternativas, juzgando lo que es verdadero». La clave del avance del conocimiento es que las ideas se combinan unas con otras, formando construcciones cada vez más complejas. A partir de este planteamiento, clasifica las ideas en categorías y al cabo establece un método, muy distinto al de Descartes, para distinguir las verdaderas de las falsas. Igual que su rival, insiste en que el criterio para desbrozarlas es la *claridad* que las distingue de las fantasías.

Si para Descartes el *yo* es una verdad incontestable, Locke lo considera el receptáculo de las ideas en nuestra conciencia: por consiguiente, lo que se olvida ya no es parte de nuestra identidad. Descartes sostiene que el *yo* es el divisadero desde donde otear el mundo, mientras Locke cree que el mundo es el punto de partida que nos alimenta. Sin necesidad de introducir un genio maligno, el inglés también repara en la dificultad para saber si los sentidos nos engañan. Al igual que tantos de sus compatriotas, está convencido de que, aun si jamás llegaremos a *la* verdad, debemos aprender a vivir en un universo que nos concede la *probabilidad* de estar en lo cierto. A falta de absolutos, el cosmos se nos presenta como una miríada de ficciones útiles: escenarios posibles entre los que, con ese buen juicio en el que tanto confía, mal que bien seremos capaces de elegir.

Comparado con el ecuánime Locke, Baruch de Spinoza —quien, tras ser expulsado de la comunidad judía local, latiniza su nombre como Benedictus— hoy nos parece un revolucionario. En realidad, es un hombre pacífico y humilde que prefiere la tranquilidad cotidiana a las querellas que él mismo genera. Su *Tratado teológico-político*, publicado de forma anónima en 1670, es una bomba de relojería; el que la República de los Siete Países Bajos Unidos, admirada por su tolerancia, lo prohíba sin miramientos demuestra su peligrosidad. Valiéndose de deducciones y silogismos que engarza como piezas de mecano, Spinoza desafía las grandes verdades de su época, y aun las de la nuestra. Allí donde no se atrevieron a llegar ni Descartes ni Locke —ni, para el caso, Leibniz o Newton—, Spinoza no se arredra: si uno está decidido a confiar en la razón como herramienta del conocimiento... hay que confiar a ciegas en ella sin importar adónde nos lleve.

Fingiendo que pretende conciliar la Biblia con la razón, Spinoza desacredita tanto la religión como las verdades absolutas. El *Tratado* acaso sea su fría venganza contra quienes dictaron la *cherem* en su contra: Spinoza demuestra que la mayor parte de la Torá es falsa o engañosa, que los dictados de los profetas solo mostraban los prejuicios de su tiempo, que sus enseñanzas no tienen por qué ser aceptadas por el resto del mundo, que los judíos no son el pueblo elegido —y, por extensión, tampoco los cristianos— y, en fin, que sus historias sacras no son otra cosa que ficciones. Desde la época clásica, nadie se había atrevido a tanto: señalar, sin pudor, que Dios va desnudo.

Escaldado, Spinoza se muda a Rijnsburg, luego a Voorburg y finalmente a La Haya, donde escribe su *Ética*, que se publicará después de su fallecimiento, a los cuarenta y cuatro, tal vez a causa de la silicosis provocada por su trabajo como tallador de lentes. Otra bomba: Spinoza prolonga su rebelión con un sistema estrictamente racional que desarregla todos los valores establecidos. Si el *Tratado* demuele el relato bíblico, la *Ética* desmonta el Dios personal de las religiones del Libro y lo sustituye con una pura Sustancia: «Aquello que se concibe por sí y es en sí, y cuya idea no precisa, para su formación, de la idea de ninguna otra cosa». Un concepto que se vuelve explícito en la fórmula *Deus sive natura*: «Dios, es decir, la naturaleza».

Con este dardo, Spinoza elimina la distinción cartesiana entre mente y cuerpo y unifica lo que existe en una misma sustancia, de modo que todo —desde las rocas y las plantas hasta los animales y los humanos— es parte de ese Dios impersonal. Desde entonces, Spinoza ha sido tachado de panteísta o ateo; lo indudable es que, para él, la existencia de un dios que interviene activamente en el cosmos o en las vidas de sus criaturas es absurda.

Fascinado con la ciencia, Spinoza considera que el universo es una maquinaria de relojería donde cada movimiento deriva de otro sin necesidad de un relojero o de principio y fin. Asume, por ello, un determinismo extremo: incluso el libre albedrío le parece una hermosa ficción. Según él, nos aproximamos a la realidad de cuatro maneras: de oídas, a partir de las ideas que nos infunden otros; a través de la imaginación, es decir, de los datos que acumulamos con la experiencia; mediante la reflexión, que nos permite distinguir lo cierto de lo falso; y, en último lugar, por la intuición, la posibilidad de que, al ser parte misma de la Sustancia —de Dios, es decir, de la naturaleza—, tal vez seamos capaces de comprenderla.

Pero si su *Tratado* no es solo teológico, sino también político, es porque Spinoza no se conforma con desmantelar el dogmatismo abstracto, sino que aspira a que sus ideas adquieran efectos políticos. Como ciudadano de la república holandesa, acepta que los individuos entreguen parte de sus derechos al Estado a cambio de protección y seguridad, pero sin que ello implique la pérdida de libertad para pensar o expresar las propias opiniones; en una sociedad donde no existen verdades absolutas ha de reinar la tolerancia. Sin oponerse a que cada cual se adscriba a la religión de su agrado, el Estado debe impedir que unas pretendan imponerse sobre las otras. El tallador holandés es uno de los pensadores más radicales de la historia: hay quien piensa que inspiró la Revolución francesa y quien cree, en cambio, que su visión es tan revolucionaria que aún no hemos acabado de asimilarla. Como fuere, le debemos una de las ideas más peligrosas —y necesarias— jamás concebidas: cualquier verdad que se asume como absoluta suele ser una ficción criminal.

El 30 de enero de 1649, la cabeza del rey Carlos I de Inglaterra rodaba por los suelos; unas semanas atrás, la Cámara de los Comunes lo había acusado de alta traición. Insistiendo en que ninguna corte estaba facultada para juzgarlo, el soberano se negó a defenderse; sus acusadores decretaron que «no hay hombre sobre la ley». Aunque tras el gobierno del lord protector Oliver Cromwell —y el efímero régimen de su hijo— la monarquía se reinstauró en 1660, la idea de que un soberano pudiera ser juzgado puso en cuestión el derecho divino de los reyes y el absolutismo. Su decapitación permitió pensar el Estado de otro modo, como demuestra la publicación del *Leviatán* de Thomas Hobbes en 1651. En la primera parte de este libro vimos cómo, escaldado ante la barbarie de la guerra de los Treinta Años y la Guerra Civil, el filósofo perdió la fe en los humanos, esos lobos siempre dispuestos a devorarse entre sí. A diferencia de Spinoza o de los ilustrados franceses, Hobbes no confiaba demasiado en la razón. La única forma de aplacar nuestros impulsos destructivos es con un pacto forzoso que nos comprometa a renunciar a una buena porción de libertad. El Estado soberano es, para Hobbes, el menor de los males: no un ideal o una fantasía, sino una realidad inevitable. Su República, a la que compara con el monstruo bíblico, no puede sino ser autoritaria; solo si el soberano deja de proteger a los ciudadanos el pueblo adquiere el derecho a la insurrección; nada, pues, de libertad de expresión o prensa. Desengañado e hiperrealista, Hobbes nos dibuja como esclavos voluntarios, siempre temerosos de que la libertad nos conduzca a la aniquilación.

א

Vista a la distancia, la Ilustración parecería ser la consecuencia natural del Renacimiento, con el Barroco como incómodo paréntesis. Esta ficción anula sus contradicciones internas, como si hubiese tenido un programa único, cuando en realidad fue un entramado de voces discordantes. Su origen puede hallarse en la revocación del edicto de Nantes, en 1685: frente a este acto autoritario de Luis XIV, que proscribe el protestantismo y obliga a miles de hugonotes a refugiarse en Inglaterra, Alemania y los Países Bajos, un amplio grupo de pensadores se da a la tarea de defender la tolerancia y minar el dogmatismo de la Iglesia y la monarquía. Las Luces no son un movimiento francés, sino global: se extiende desde Portugal, España y sus colonias hasta Rusia, pasando por Filadelfia o Weimar, y sus impulsores no son solo los *philosophes* parisinos, sino científicos, escritores, artistas e incluso funcionarios dispuestos a transformar la sociedad desde arriba.

En su libro *En defensa de la Ilustración* (2018), Steven Pinker afirma que los principios esenciales de la Ilustración son la razón, el humanismo, la ciencia y el progreso. A los que Ritchie Robertson añade, en *La Ilustración: 1680-1790* (2020), la búsqueda de la felicidad. Los ilustrados privilegian las nuevas ciencias naturales y confían en la razón como instrumento clave para el avance social y el bienestar individual. Hay quien piensa que los valores que el siglo XXI asocia con la democracia liberal —la igualdad, la fraternidad, las libertades de conciencia, de expresión y de prensa, la separación entre la Iglesia y el Estado y la división de poderes— encuentran su origen en las Luces. Se trata de una ficción interesada: el siglo XVIII estuvo dominado por el absolutismo y la desigualdad, las mujeres jamás contaron con los mismos privilegios que los hombres y, mientras Voltaire o Rousseau discutían sobre los derechos humanos, el tráfico de esclavos florecía como nunca. Considerar la Ilustración como una forma de lavarse la cara del patriarcado, el imperialismo y el colonialismo europeos —un «asunto de hombres blancos con pelucas»— sería otra simplificación. Pese a los monstruos que despertaron —la Revolución francesa, el Terror, las guerras napoleónicas y la posterior reacción romántica—, las discusiones entabladas durante la Ilustración nos han conducido a la poderosa idea de que todos los seres humanos merecemos los mismos derechos y las mismas posibilidades de ser felices.

א

«Lo odio, ya que usted lo ha querido, pero lo odio como a un hombre más digno de ser amado si usted lo hubiera querido. De todos los sentimientos que han penetrado en mi corazón a partir de usted, no resta más que la admiración que no puede negarse a su genio y el amor a sus escritos», le escribe Rousseau a Voltaire el 17 de junio de 1760.

En un panfleto anónimo dirigido a la prensa inglesa con el título de *Carta al doctor Jean-Jacques Pansophe*, Voltaire le responde en 1766: «Diga lo que diga, doctor Pansophe, sin duda yo no soy el causante de sus desgracias; estoy afligido y sus libros no merecen tanto escándalo y tanto ruido, pero no se vuelva usted un calumniador, esa sería la peor desgracia. Leí, en la última obra que usted acaba de dar a luz, una hermosa prosopopeya donde usted deja entender, bromeando equivocadamente, que yo no creo en Dios. El reproche es tan sorprendente como su genio». Y continúa: «Doctor Pansophe, no soy ateo ni en mi corazón ni en mis libros; las personas honestas que nos conocen a ambos, al ver su artículo, dicen: "¡Ay! El doctor Pansophe es tan malvado como los demás hombres; es una lástima"».

Desde que su protectora y amante, madame de Warens, le habla de él cuando no es sino un joven aspirante a músico y poeta, Jean-Jacques venera a Voltaire: es el gran hombre de letras que ha triunfado en cada género —la tragedia, la poesía épica, la historia y la filosofía— y se ha atrevido a defender la tolerancia y la libertad. Cuando, en 1755, le envía su recién publicado *Discurso sobre el origen y los fundamentos de la desigualdad entre los hombres*, donde Rousseau postula su teoría sobre el buen salvaje que es corrompido por la civilización, un «homenaje por todo lo que le debemos como jefe», la respuesta de Voltaire lo deja de hielo: «Nadie antes se había empeñado tanto en volvernos bestias; cuando uno lee su libro dan ganas de caminar en cuatro patas. Por desgracia, como ya tengo más de sesenta años desde que perdí el hábito, siento que me será imposible retomarlo». Rousseau hace de tripas corazón e insiste en mantener una amistad que a Voltaire siempre le incomoda.

El desencuentro se torna inevitable: nada emparienta a las dos grandes figuras de la Ilustración francesa. François-Marie Arouet, hijo de un notario parisino, le lleva dieciocho años a Rousseau, ha disfrutado de una vida libertina, ama el lujo y el dinero, ha triunfado en el mundo literario, se codea con la aristocracia, se cartea con reyes y príncipes y ha servido, mal que bien, al ingobernable Federico II de Prusia. Nacido en la modesta y liberal República de Ginebra en un entorno protestante, Rousseau en cambio ama el campo y la vida sencilla, aborrece el dispendio, ha alcanzado un notable éxito como compositor y se ha volcado en educar a la sociedad de su tiempo a través de sus obras filosóficas y sus novelas sin que ello le impida abandonar a sus cinco hijos.

Si Rousseau mira a Voltaire con tanta reverencia como envidia, este desdeña la falsa candidez de su admirador. Los une la pasión por el conocimiento, la oposición al absolutismo —los dos han sido perseguidos— y una idéntica ambición; se mueven en los mismos círculos y comparten el mismo paisaje alpino cercano a Suiza —en sus últimos años, Voltaire se establece en Ferney, a pocos kilómetros de Ginebra— y uno y otro terminarán lado al lado en el Panteón. Las coincidencias no ocultan dos caminos irreconciliables en la construcción del *yo* moderno: frente al absolutismo, Voltaire persigue un cambio aristocrático, paciente y equilibrado; su arma principal, la ironía, busca desmontar el autoritarismo y, pese a su convicción deísta, no deja de ser un escéptico que apenas tolera a quienes no están a su altura.

Rousseau, por su parte, ansía una transformación desde abajo, aborrece la propiedad privada y simpatiza con los pobres; nunca abandona el protestantismo, expone su vida al escrutinio público y, en su afán por denunciar los males de la civilización, sienta las bases de un cierto autoritarismo populista. Voltaire: el cáustico crítico del orden que detesta el desorden; Rousseau: el narcisista paranoico que se empeña en instaurar un nuevo orden, el suyo.

א

En los alrededores del lago Léman, la joven Julie cae enamorada del humilde caballero de Saint-Preux, su preceptor; este apenas tarda en corresponderle, pero el padre de Julie tiene mejores planes para ella: un matrimonio con el señor de Wolmar, un rico y viejo comerciante cuyo único defecto es su ateísmo. Como Julie se niega a cumplir la voluntad paterna, este la abofetea —y le hace perder al hijo que ha concebido con Saint-Preux—, aunque al cabo padre e hija se reconcilian y, tras la muerte de su madre, ella acepta el enlace con Wolmar. Su vida en común es apacible y afectuosa y procrean dos hijos a los que educan con esmero. Tras años de vagar sin rumbo, Saint-Preux visita a Julie y consigue que Wolmar les permita emprender un paseo por el lago, donde él da curso a sus tendencias suicidas. Los dos se refrenan y ella le propone a su amiga Claire que despose a su enamorado. Con el paso de los años, Julie se volverá cada vez más devota y, tras salvar a uno de sus hijos que ha caído al lago, muere en loor de santidad. Wolmar se topa entonces con una carta de su esposa dirigida a Saint-Preux, en la cual le confesaba que nunca había dejado de amarlo. Entretanto, Claire le confía su amor a Saint-Preux, si bien le advierte que jamás cometerá la indignidad de casarse con él.

Esta historia de amores torturados, que sigue bastante de cerca el modelo de otro *best-seller* del siglo xviii, la *Clarissa* (1748) de Samuel Richardson, convirtió a *Julie, o la nueva Eloísa* (1761), de Rousseau, en la novela más comentada y leída de su tiempo: unas setenta ediciones en cuarenta años y numerosas traducciones. Los arquetipos de la joven virtuosa seducida por el hombre mayor, el enamoramiento súbito e irresistible y los

399

matrimonios arreglados se volverán una constante en la imaginación dieciochesca y sus ecos melodramáticos aún transpiran en telenovelas y series. La Edad de la Razón es asimismo la del sentimiento o, más bien, del sentimentalismo: los personajes que abundan en un número cada vez más grande de novelas —nos hallamos ante un repentino *boom* de lectura entre la burguesía— se ven arrebatados por sus emociones, cuya expresión no es reprobada, sino alentada. Tanto en la *comédie larmoyante* como en la novela sentimental abundan los sollozos y las risas. Incontables lectores y lectoras se sienten abducidos por estas gigantescas ficciones —*La nueva Eloísa* alcanza las mil páginas— que «no pueden soltar».

La novela sentimental se convierte en el vehículo idóneo para asentar los nuevos valores de la sociedad que la produce: la exaltación de la virtud femenina que se sobrepone a los infortunios a través de la castidad y la templanza. Rousseau se vale de ella para exaltar sus ideas e incluso el sarcástico Voltaire prueba el género en la fallida *Nanine* (1749). Este caudal de piezas, precedentes de nuestras *rom-coms*, escritas como intercambios epistolares para acentuar su verosimilitud, permite a los lectores apreciar, en tiempo real, puntos de vista contradictorios. Un dispositivo que abre la posibilidad, más que ningún tratado filosófico, de entrar en otras conciencias y considerarlas equivalentes a la propia: el ideal que muy pronto enarbolarán los revolucionarios de 1789.

El Siglo de las Luces también es el de los libertinos, un término que se refiere tanto a quienes defienden la libertad política como a quienes desdeñan las convenciones morales del momento. Al calor de los grandes descubrimientos científicos, los grandes enemigos de la libertad son la Iglesia y la monarquía, y desafiarlas significa no solo cuestionar sus preceptos sobre el sexo. El librepensador se vuelve, así, libertino: alguien que pone en duda cualquier verdad, incluidas las de la carne.

Como narra Colas Duflo en *Las Luces: una revolución del pensamiento* (2022), desde la publicación de *Venus en el claustro, o la religiosa en camisón* (1683), obra acaso de Chavigny de la Bretonnière, quien pasó la mayor parte de su vida encerrado en la prisión del Mont Saint-Michel, surgió un amplio mercado negro de libros a la vez eróticos *y* filosóficos. Según este modelo, de los placeres de la cama se pasaba naturalmente a la crítica de las costumbres y el poder. Para el lector del siglo XVIII, «que se procura en los mismos círculos clandestinos los libros filosóficos más osados y los libros pornográficos, ambos participan del mismo universo de lo prohibido, y debieron tener el mismo encanto de lo prescrito y de la liberación de los prejuicios».

En *Edición y subversión. Literatura clandestina en el Antiguo Régimen* (1991), Robert Darnton sostiene que la expansión de las Luces se debió más a estas obras híbridas, que invitaban a la acción y al placer, que a los textos de los *philosophes*. No sorprende que incluso Diderot haya ensayado el género en *Las joyas indiscretas* (1748), una fantasía erótica en la que las vaginas son capaces de hablar. En su momento, las obras licenciosas de Crébillon hijo competían con las de Rousseau, mientras Choderlos de Laclos intentaba una síntesis aún más ambiciosa en *Las amistades peligrosas* (1782). Las obras del marqués de Sade serán, a su vez, la culminación y la negación del racionalismo: el descarnado retrato del más puro ejercicio de poder en un mundo mecánico desprovisto de la menor sensibilidad.

א

El 13 de octubre de 1761, el cuerpo exangüe de Marc-Antoine Calas es encontrado en la trastienda de su casa en el número 16 de la rue des Filatiers. El médico que examina el cadáver descubre signos de estrangulamiento. El padre del occiso, Jean Calas, su esposa, su hermano Pierre, la sirvienta y su amigo Gaubert Lavaysse son acusados del homicidio; el motivo habría sido impedir que Marc-Antoine se convirtiera al catolicismo. Al ser interrogado, Jean confiesa que trató de enmascarar el suicidio de su hijo para que no recibiera el tratamiento dado entonces a quienes atentaban contra su propia vida. Ello basta para que el *capitoul* (el juez municipal) condene a Calas al cadalso en noviembre de 1761; tras la apelación, el Parlamento de Toulouse confirma su culpabilidad y lo condena a ser «quebrado vivo y expuesto por dos horas en una rueda de suplicio, después de lo cual deberá ser estrangulado y quemado». La sentencia se cumple el 10 de marzo de 1762.

Desterrado en Ginebra, Pierre Calas busca a Voltaire para narrarle el caso. El filósofo tarda en convencerse, pero, cuando al fin tiene acceso a las actas del proceso, forma un grupo de amigos para presionar a la corte a enmendar el error. Poco después, publica las *Piezas originales relativas a la muerte de los señores Calas y el juicio celebrado en Toulouse* (1762) y a continuación su *Tratado sobre la tolerancia con ocasión de la muerte de Jean Calas* (1763). Durante meses, Voltaire se dedica a compartir su indignación en una correspondencia que suele encabezar con las siglas «Écr. l'inf», abreviatura de *écrassons l'infâme*: aplastad al infame, en referencia a la Iglesia. En el *Tratado*, Voltaire concluye: «No se necesita un gran arte, ni una elocuencia muy rebuscada para demostrar que los cristianos deben tolerarse unos a otros. Voy más lejos: os digo que hay que mirar a todos los hombres como hermanos nuestros. ¡Cómo! Mi hermano, ¿el turco? Mi hermano, ¿el chino? ¿El judío? ¿El siamés? Sí, desde luego; ¿no somos todos hijos del mismo padre, y criaturas del mismo Dios?».

Al término de dos años de instrucción, el Consejo del Rey desecha la resolución del Parlamento de Toulouse y envía el asunto a un tribunal real que el 9 de marzo de 1765 rehabilita a Jean Calas y a los demás acusados. Tras su destitución, el *capitoul* se suicida. Con su encendida defensa de la tolerancia, Voltaire inaugura la posibilidad de que los *philosophes* intervengan en causas públicas. El propio Voltaire volverá a hacerlo con el caso Sirven —otro protestante acusado de asesinar a su hija— y con el del caballero de La Barre —torturado y ejecutado por no quitarse el sombrero en una procesión y haber profanado un crucifijo—, y su actitud servirá de inspiración a Zola y a los incontables artistas, escritores y científicos que desde entonces han atrevido a enfrentarse al autoritarismo. Esta es, como afirma Voltaire, «la única lenta e infalible ruta hacia la Ilustración».

א

Mientras escribía estas páginas sobre Voltaire y Rousseau se me atravesó un viaje a Ginebra, ocasión ideal para evocar a estos amigos y rivales. Abordé el avión el sábado 17 de junio de 2023 y, después de comer con mi anfitrión de la librería Albatros, caminé por el *centre-ville* hasta la Maison Rousseau et Littérature, la casa natal del filósofo, ahora convertida en centro cultural y un diminuto museo donde se exhibe su máscara mortuoria. Pensé que la visita a Ferney —hoy llamada Ferney-Voltaire—, donde el francés no solo construyó su palacio, sino que remozó el pueblo entero, de seguro resultaría más estimulante. Compré el boleto para la mañana siguiente y me fui a recorrer las librerías de la ciudad; de pronto, mi teléfono empezó a vibrar con insistencia: el médico de la residencia donde se encontraba mi madre me urgió a volar a México lo antes posible. Tras una larga escala en Londres, llegué a Cuernavaca la noche del domingo 18. Mi madre murió en la madrugada del jueves 22, en pleno solsticio de verano.

Mi padre fue ante todo cirujano. La esencia de mi madre me resulta más elusiva: aunque estudió para secretaria trilingüe y trabajó en despachos de abogados y agencias de publicidad —imagino su juventud como un capítulo de *Mad Men*—, su empleo jamás la definió. Se enorgullecía de haberse hecho cargo de sí misma y de la libertad que gozó durante aquel milagro mexicano de los sesenta que le permitía viajar a Estados Unidos una vez al año, pero sus intereses eran más desenfadados que los de su prometido. Mi padre era brillante, culto, desenvuelto, obsesivo y autoritario, dominado por la razón; ella se destacaba en cambio por su encanto, su permanente buen humor y su sensibilidad. Si él poseía el dogmatismo de Rousseau, ella se acercaba más al desenfado de Voltaire. Se atraían y repelían, polos opuestos frente a la vida: de un lado, el deber ser; del otro, la diversión, que ella persiguió con denuedo. Frente a las obligaciones de mi padre, ella prefería los entretenimientos de corte dieciochesco, en particular la baraja.

Lo que más le gustaba y lo que mejor hacía era jugar. Recordaba con melancolía su adolescencia dedicada al voleibol, pero su gran amor era el tenis, que jugó dos veces por semana hasta que, a los setenta y cinco, un ataque al corazón —hasta entonces había tenido una salud de hierro— se lo arrebató. Adoraba el tenis o lo que entrañaba: la competencia, el ansia por ganar, la complicidad con sus amigas, ese espacio del Centro Asturiano donde se sentía libre frente a las obligaciones del hogar. El deporte era el principal motivo de desavenencia entre mis padres. Ni cuando él enfermó y le exigió no dejarlo a solas ni un minuto ella dejó de arreglárselas para escaparse a ganar algún set.

Como buena ludópata, sus pasiones eran abrasivas: podía terminar un rompecabezas de dos mil piezas o una novela del tamaño de *La nueva Eloísa* en una jornada. A la muerte de mi padre, poco a poco fue olvidándolo todo, o casi todo. Siempre me reconoció y todavía unos meses antes de su muerte jugamos *rummy*: sus delicados dedos ya no podían sostener las cartas. Si mi padre me heredó su ansia de conocimiento y su racionalidad, ella me legó algo quizás más importante: la voluntad de ser feliz. Para quienes no confiamos en la vida ultraterrena —mi madre era teísta como Voltaire—, la inmortalidad solo existe en las mentes de quienes te recuerdan. Por eso no dejo de ver su dulce sonrisa después de haber conseguido un saque as.

א

Cyclopædia, o Diccionario universal de artes y ciencias, que contiene las definiciones de los términos y un recuento de lo que significan en distintas artes, tanto liberales y mecánicas como las distintas ciencias humanas y divinas: las figuras, clases, propiedades, producciones, preparaciones y usos, o las cosas naturales y artificiales; el ascenso, progreso y estado de las cosas eclesiásticas, civiles, militares y comerciales: con los numerosos sistemas, sectas, opiniones, etc., entre filósofos, adivinos, matemáticos, médicos, anticuarios, críticos, etc., todo entendido como un curso de aprendizaje antiguo y moderno.

Este era el frontispicio de la primera enciclopedia moderna, preparada por Ephraim Chambers; su primera edición, en dos volúmenes, se publicó en 1728; la segunda, aparecida diez años después, comprendía casi dos mil quinientas páginas. Si bien según su propio autor contenía numerosos errores y lagunas, fue el primer intento por reunir el saber de su tiempo en un solo lugar: una fantasía racionalista que asumía la posibilidad de concentrar una biblioteca en un solo libro.

En 1745, el inglés John Mills y el alemán Gottfried Sellius, ambos residentes en París, se propusieron realizar la traducción al francés de la obra de Chambers; Mills se asoció con André Le Breton, pero ambos se enzarzaron en una disputa judicial que llevó al inglés de vuelta a su patria. Le Breton buscó un nuevo editor, el abate Jean-Paul de Gua de Malves, quien a su vez involucró en el proyecto al filósofo Étienne Bonnot de Condillac, al matemático Jean le Rond D'Alembert y al escritor Denis Diderot, acaso el autor más arriesgado de su época, si bien la mayor parte de sus textos solo se publicaron después de su muerte. Cuando Gua de Malves fue despedido por Le Breton, los dos últimos se colocaron a la cabeza del encargo. Para ese momento la empresa había dado un giro sustancial; como la obra contenía demasiados vacíos, Diderot decidió empezar de cero e involucró a cientos de colaboradores que tardaron veintiún años en completar la tarea.

Para animar las suscripciones a un proyecto que se vislumbraba largo y costoso, Diderot publicó en 1750 un breve *Prospecto* que se iniciaba con estas palabras: «La obra que anunciamos no es una obra que apenas vaya a hacerse. El manuscrito y los diseños están completos. Podemos asegurar que no serán menos de ocho volúmenes y seiscientas ilustraciones, y que los volúmenes se sucederán sin interrupción». Un año después apareció el *Discurso preliminar de la Enciclopedia*, redactado por D'Alembert, un encendido manifiesto sobre el conocimiento, la razón y la esperanza en el progreso:

La *Enciclopedia* que presentamos al público es, como su título indica, obra de una sociedad de hombres de letras. Pensaríamos que podríamos asegurar, si no estuviéramos entre ellos, que todos son conocidos o dignos de serlo. Pero, sin querer adelantar un juicio que pertenece solo a los eruditos, es al menos nuestro deber excluir ante todo la objeción que más puede perjudicar al éxito de tan grande empresa. Declaramos, por lo tanto, que no hemos tenido la temeridad de cargar con un peso tan superior a nuestra fuerza y que nuestra función como editores consiste principalmente en organizar los materiales, la mayor parte de los cuales nos fue suministrada.

El conocimiento se asume, así, no como obra de un solo erudito, sino como labor colectiva. En el *Discurso*, D'Alembert emprende una historia general del saber y, tras reseñar los métodos inductivo y deductivo, divide en tres las formas del pensamiento: la memoria, a partir de la cual se genera la historia; la reflexión, que da paso a la filosofía (y a la filosofía natural); y la imaginación, o imitación de la naturaleza, de la que surgen las artes y las letras. Siguiendo el modelo cartesiano, el matemático emprende subdivisiones cada vez más sutiles, pero sostiene que el conocimiento posee una unidad intrínseca que permite integrarlo en un solo lugar. Más adelante, D'Alembert admite que acaso sea imposible saberlo todo sobre un tema, pero confía en que el progreso en cada materia confrontará los prejuicios y el dogmatismo. Hacia el final, insiste en que las tres formas de pensamiento se complementan y aboga para que sus practicantes dialoguen entre sí:

> Los hombres de letras atenderían mejor a sus intereses si, en vez de buscar el aislamiento, reconocieran la necesidad recíproca que tienen de los trabajos de los otros y la ayuda que de ellos podrían obtener. Sin duda la sociedad debe a los espíritus creadores sus principales deleites, y sus luces a los filósofos; pero ni los unos ni los otros se dan cuenta de cuanto deben a la memoria; ella encierra la primera materia de todos nuestros conocimientos; y, muy a menudo, los trabajos del erudito han proporcionado al filósofo y al poeta los temas en que se ejercitan.

Entre los miembros de la sociedad de hombres de letras que colaboran en la *Enciclopedia* destacan, además de Diderot —quien escribió o supervisó unos cinco mil artículos— y D'Alembert —responsable sobre todo de los dedicados a las matemáticas—, Louis de Jaucourt —con unos diecisiete mil, fue sin duda quien más contribuyó al proyecto—, el barón D'Holbach, el conde polaco Ogiński, Rousseau, Voltaire,

François Quesnay, Anne Robert Jean Turgot, Jean-Baptiste de La Chapelle y unos ciento cincuenta autores más, provenientes tanto de la nobleza como de la burguesía y expertos en materias tan disímbolas como la metalurgia o la diplomacia, la arquitectura o la geografía, la física o la relojería.

Las críticas al proyecto y a sus responsables se volvieron cada vez más ácidas: en 1752, los jesuitas consiguieron que el Consejo de Estado prohibiera su publicación y no fue sino hasta un año después que, gracias a Chrétien-Guillaume de Lamoignon de Malesherbes, responsable de la oficina de la censura (conocida como la Librería), que la *Enciclopedia* retomó su camino: siete volúmenes hasta 1757, cuando el intento de asesinato contra Luis XV reforzó a sus opositores. En 1759, el papa Clemente XIII la colocó en el *Índice* y el 8 de marzo le fue revocado el permiso de edición; a partir de entonces, el proyecto continuó, ya solo a cargo de Diderot, de forma clandestina. Tras la expulsión de los jesuitas, en 1764, la *Enciclopedia* logró llegar a su fin: en 1765 se publicó el último volumen, el número 17. En 1772, los dos últimos tomos de ilustraciones aparecieron por fin sin dificultades.

Como narra Philipp Blom en *Encyclopédie* (2005), el empeño se saldó con dieciocho mil páginas de texto y setenta y cinco mil entradas en veintidós volúmenes, a los cuales se añadió un suplemento de cuatro volúmenes de texto y uno de ilustraciones aparecidos a iniciativa del editor Charles-Joseph Panckoucke, quien publicó en 1780 un índice de la *Enciclopedia* y fue el responsable de poner en marcha la monumental *Enciclopedia metódica*, organizada no de forma alfabética, sino temática, concluida en 1832 gracias al empeño de su yerno y su hija, con un total de doscientos seis volúmenes. Una y otra constituyen los máximos ejemplos de esa fantasía humana, tan propia de la Edad de la Razón, de confiar en que el conocimiento puede ser unificado y armonizado y permitir que cualquiera —he aquí, quizás, la mayor ficción ilustrada— pueda tener acceso a una sabiduría que hacemos entre todos y nos pertenece a todos. Al lado de la *Declaración de los derechos del hombre y del ciudadano* de 1789, la *Enciclopedia* ha cimentado, como ninguna otra iniciativa, la generosa idea de humanidad.

Cada día tomaba del librero de mis padres un volumen de la única enciclopedia que había en casa, la *Monitor*, y leía devotamente sus artículos en riguroso orden alfabético, desde A-ASTRA hasta llegar, años más tarde, a TAO-Z. Han pasado cuarenta años desde entonces y aún recuerdo sus cubiertas grisáceas y rugosas, sus columnas de letra pequeña y sus ilustraciones: nada comparable a la *Enciclopedia Británica*, en la undécima edición de 1910, que Borges devoraba de joven con idéntica fruición. Hoy descubro, gracias a la Wikipedia —su postrer continuadora—, que los hermanos Manuel, Juan y Santiago Salvat la publicaron entre 1965 y 1973 y que llegó a vender trescientos mil ejemplares en España y América Latina. Descubrir el universo a través de una enciclopedia provoca secuelas incurables: te inocula una adicción al conocimiento —al conocimiento inútil, dirían algunos— imposible de vencer; te despierta la curiosidad hacia todos los temas posibles y, como sostiene Alberto Manguel en *Una historia natural de la curiosidad*, esta «pocas veces es recompensada con respuestas significativas y satisfactorias, sino más bien con un deseo cada vez mayor de formular nuevas preguntas». El orden alfabético conecta cosas y asuntos que nada tendrían que ver, provocando un asombroso encadenamiento metafórico: a un anillo le sigue un animal y a un osario, un oso.

La impresión del lector que no solo consulta una enciclopedia, sino que la lee de cabo a rabo, es la de adentrarse en un cosmos lógico e interconectado como lo imaginaban los teístas Diderot y D'Alembert. Los enciclopedistas franceses fueron también pioneros a la hora de inventar cómo saltar de una entrada a otra, sea de palabra a palabra o de concepto a concepto, e incluso imaginaron aquellos saltos que podrían derivar en la introducción de una nueva materia, pioneros de metatextos e hipertextos.

En 2012, tras dos siglos y medio de historia, la *Enciclopedia Británica*, acaso la continuación del afán de las Luces más extendido en el planeta, anunció que dejaría de publicarse en papel para convertirse en un proyecto puramente digital.

En 2001 se había lanzado la Wikipedia, que en su propia entrada en español —un bucle extraño— se autodefine del siguiente modo (en junio de 2024):

> Wikipedia es una enciclopedia libre, políglota y editada de manera colaborativa. Es administrada por la Fundación Wikimedia, una organización sin ánimo de lucro cuya financiación está basada en donaciones. Sus más de 62 millones de artículos en 334 idiomas han sido redactados en conjunto por voluntarios de todo el mundo, lo que suma más de 3,000 millones de ediciones y permite que cualquier persona pueda sumarse al proyecto para editarlos, a menos que la página se encuentre protegida contra vandalismos para evitar problemas o disputas. Fue creada el 15 de enero de 2001 por Jimmy Wales y Larry Sanger, y es la mayor y más popular obra de consulta en internet.

Retomando el anhelo de las Luces, Wales ha dicho que la Wikipedia trata de llegar a «un mundo en el que cada persona del planeta tenga acceso libre a la suma de todo el saber de la humanidad». Al lado de la World Wide Web, se trata de uno de los pocos proyectos de la era digital que no aspiran a enriquecer a sus accionistas y, en contra de cualquier dogma neoliberal, apuesta por la publicidad del conocimiento y no por el absolutismo del *copyright*. Cada artículo es un esfuerzo colectivo cuyo único objetivo es el bien común. Si en mi adolescencia debía colocar sobre la mesa del comedor cada uno de los enormes tomos de la *Monitor*, hoy tengo la Wikipedia en el teléfono y sigo pasando horas saltando de un artículo a otro. Esta historia de la ficción no es obra de un solo autor, sino de la imaginación colectiva: una pequeña contribución a un mundo en el que cada persona del planeta tenga acceso a la suma de todo el saber de la humanidad.

4. Sobre cómo desmontar el reloj del firmamento

Los Principia, *el* Systema naturae, La fábula de las abejas *y la mano invisible del mercado*

Conforme a la versión de William Stukeley, uno de los más celosos admiradores de sir Isaac, las ideas que cambian para siempre nuestra idea del cosmos nacieron así: «Como hacía buen tiempo, nos dirigimos al jardín y tomamos té, bajo la sombra de algunos manzanos, solos él y yo. En medio de otros temas, me dijo que estaba en la misma situación que cuando se le ocurrió la teoría de la gravitación universal. Fue a causa de la caída de una manzana mientras se hallaba sentado en modo contemplativo». John Conduitt, esposo de su sobrina favorita —otro fan—, lo narra de otro modo: «Mientras estaba divagando en el jardín se le ocurrió que el poder de la gravedad (que hizo caer una manzana del árbol al suelo) no estaba limitado a cierta distancia de la tierra, sino que su poder debía extenderse mucho más allá de lo que se había pensado. ¿Por qué no tan lejos como la luna?, se dijo a sí mismo, y si esto fuera así, podría influir en su movimiento...».

Un jardín. Una manzana. Y un milagro. No es difícil entender la fascinación que despierta la escena: que Isaac Newton, un fervoroso creyente, haya descifrado las reglas que gobiernan el universo en un entorno semejante al paraíso terrenal, a la sombra del árbol de la ciencia, parecería cerrar un círculo. Si bien la leyenda lo ha convertido en el epítome del pensamiento racional —los románticos ingleses lo odiarán por haberle arrancado sus secretos al mundo—, Newton valoraba tanto la Revelación como la ciencia. Cuando sus papeles alquímicos y sus investigaciones sobre la Biblia salieron a la luz, hubo quienes se vieron obligados a reconocer la existencia de dos Newton: el descubridor del cálculo integral y autor de los *Principia mathematica* (1687) y la *Óptica* (1704), por un lado, y el responsable de un sinfín de despropósitos herederos de la superchería medieval, por el otro. Críticos más serenos se han esforzado por mostrar cómo ambas facetas convivían de forma natural en las postrimerías del siglo XVII y los inicios del XVIII, una época en la que la religión, la magia y la ciencia aún no se habían separado. Aún hoy, en una época que se presume racionalista, miles de personas siguen consultando sus horóscopos, confiando en el influjo de los astros en su personalidad.

Newton estaba convencido de que los antiguos poseían la *prisca scientia*, una sabiduría ancestral que se había transmitido de generación en generación a través de un lenguaje cifrado que solo los iniciados podían entender; por ello siempre escondió sus textos alquímicos o su heterodoxo análisis de la Biblia. Esa misma confianza en su capacidad de revelar los secretos de la naturaleza inspiró sus escritos científicos; para él, las leyes de la gravitación universal provenían de una fuerza tan inverosímil y escurridiza como la voluntad divina.

Cuando, a instancias de Isaac Barrow, a los veintiséis años fue nombrado segundo profesor lucasiano de la Universidad de Cambridge, Newton ya había desarrollado el cálculo integral y había demostrado que la luz visible podía descomponerse en sus colores primarios. Desde joven lo distinguía un carácter frágil e iracundo, impermeable a toda crítica; se sabía dueño de un talento superior y estallaba si alguien no se lo reconocía. Tuvo numerosos detractores y jamás le perdonó a Robert Hooke que exhibiera uno de sus escasos yerros. Entre los pocos que toleraban sus exabruptos se hallaba el astrónomo Edmund Halley, quien en 1684 había preguntado a sus colegas de la Royal Society si podrían demostrar que la fuerza que mantiene a los planetas girando alrededor del Sol decrecía con la inversa del cuadrado de la distancia. Consultado sobre el tema, Newton concluyó que semejante cuestión implicaba que las órbitas de los planetas eran elípticas y plasmó sus hallazgos en un librito, *De motu corporum in gyrum*, antecedente de sus grandes teorías posteriores. Fascinado por las leyes que comenzaba a barruntar, no cesó de pedirles datos de sus observaciones a Halley y a John Flamsteed, el astrónomo real, y durante dos años se dedicó a elaborar nuevos cálculos.

«El libro de los *Principios* fue escrito en diecisiete o dieciocho meses, si bien dos meses fueron de viajes, y el manuscrito fue enviado a la Royal Society en la primavera de 1686», contó después. Así nació una pieza destinada a borrar las ficciones previas sobre el cosmos y a sustituirlas con un relato que dependía solo de la razón. Más allá de sus divagaciones alquímicas o su pasión por la Biblia, Newton estaba convencido de que el universo poseía una base matemática. *Hypotheses non fingo*, afirmó cuando un crítico jesuita se refirió con este término a sus ideas: no, él no fingía hipótesis, no formulaba fantasías para luego demostrarlas, sino que sus teorías derivaban de la observación experimental y del cálculo. Como hacía con sus tratados alquímicos, Newton se valía de los procedimientos más complejos para que solo un puñado de entendidos pudiera comprenderlo; hoy, los *Principia* siguen siendo difíciles de entender para los estudiantes de los primeros años de Matemáticas. Sus leyes de la gravitación universal son, en cambio, prístinas:

1. Todo cuerpo continúa en su estado de reposo o movimiento uniforme en línea recta, no muy lejos de las fuerzas impresas a cambiar su posición.
2. El cambio de movimiento es directamente proporcional a la fuerza motriz impresa y ocurre según la línea recta a lo largo de la cual aquella fuerza se imprime.
3. Con toda acción ocurre siempre una reacción igual y contraria: quiere decir que las acciones mutuas de dos cuerpos siempre son iguales y dirigidas en sentido opuesto.

Si las dos primeras sistematizan y constatan ideas previas, la tercera es una novedad absoluta que, para colmo, se basaba solo en sus cálculos. «Derivo de los fenómenos celestes las fuerzas de gravedad con las que los cuerpos tienden hacia el Sol y los diversos planetas», anotó. «Luego, a partir de estas fuerzas, por medio de otras proposiciones que también son matemáticas, deduzco el movimiento de los planetas, los cometas, la Luna y las mareas». Como escribe Peter Ackroyd en *Newton* (2008): «Esto era una revelación. Había matematizado el cosmos. Lo había hecho inteligible a leyes humanas». Gracias a este procedimiento, Newton concibió la forma más precisa hasta entonces de predecir el futuro; poco importa que, en contra de lo que pensaban Keats o Shelley, en el fondo no creyera en un cosmos puramente material y asumiera que su correcto funcionamiento necesitaba de un dios. Como resumió Alexander Pope:

> *Nature, and Nature's laws lay hid in night.*
> *God said, Let Newton be!, and all was light.*

א

La misión que el elector de Hannover le encomienda al sueco Carl von Linné, quien ha pasado varios años estudiando y clasificando plantas y animales, consiste en certificar la autenticidad de un raro ejemplar de su gabinete de curiosidades, ni más ni menos que una serpiente de siete cabezas, para venderla a buen precio. Linnaeus (o Linneo) apenas tarda en darse cuenta de que se trata de una fabricación espuria, acaso realizada por unos monjes para representar a la bestia del Apocalipsis. Orgulloso e imprudente, el naturalista no se conforma con revelarle la engañifa a su mecenas, sino que lo proclama a los cuatro vientos: su sinceridad lo obliga a poner pies en polvorosa.

Así como Newton ha ordenado el universo, Linneo intenta hacer algo semejante con la Tierra. Tras pasar una temporada en Laponia, repara en las similitudes entre distintas variedades de organismos. Poco después los clasifica atendiendo a estas características; su conclusión es que todos los seres están interconectados conforme a una organización jerárquica. En su *Sistema natural* (1735), se vale de la llamada «notación doble» para encuadrar a cada ser vivo a partir de su adscripción a un género y una especie. Más adelante, el sistema se vuelve más sofisticado: en la punta de la pirámide coloca tres reinos —animal, vegetal y mineral—, de los que se derivan clases, órdenes, géneros y especies. A continuación, vienen los rangos —luego llamados variedades o subgéneros— y, a su muerte, se incorporarán otras dos categorías: los *phyla* (en singular, *phylum*) y las familias: el magnífico árbol de la creación.

Georges-Louis Leclerc, conde de Buffon, se ha dedicado mientras tanto a un empeño paralelo; en las miles de páginas de su *Historia natural* (escrita entre 1749 y 1789 y publicada póstumamente en 1804), una obra tan popular como la *Enciclopedia*, sintetiza desde la historia de la Tierra hasta la descripción de cada arbusto y cada insecto. La mayor dificultad la encuentra, como Linneo, a la hora de colocar al ser humano en este esquema: uno y otro asumen que nos hallamos en la cima, gracias a nuestra alma racional, pero las similitudes y diferencias entre los humanos le provocan dolorosos quebraderos de cabeza. Buffon, a quien se ha acusado de acuñar el término *razas* —así, en plural—, piensa que todos pertenecemos a la misma especie; sin embargo, considera superiores a los europeos, en tanto los demás serían producto de una degeneración provocada por el clima que, en las condiciones adecuadas, sería posible revertir.

Linneo incluye a los humanos y a los simios en el mismo género, al cual denomina *anthropomorpha*. Las críticas no se hacen esperar y, en la décima edición de su *Sistema natural*, lo cambia por *primates* y le confiere al ser humano su nombre técnico: *Homo sapiens*. Entrando en terrenos más resbaladizos, rescata la teoría griega de los humores para explicar el desarrollo de las diversas subespecies humanas. Aunque sus intenciones no sean racistas, su clasificación no está exenta de prejuicios:

1. Los *europeos* son sanguíneos: blancos, musculosos, con cabellos amarillentos o castaños, ojos azules o verdes, gentiles, brillantes e inventivos; se cubren con vestimentas y los gobiernan las costumbres y luego las leyes.

2. Los *asiáticos*, melancólicos: delgados, con cabello y ojos negros y pieles amarillas; son austeros y avariciosos, se cubren con algo de ropa y se rigen por sus creencias.

3. Los *americanos*, coléricos: de piel roja, pelo negro y rígido, narices anchas y rostros pecosos; son tercos, celosos y libres y los gobiernan los hábitos.

4. Los *afer* o *africanos*, flemáticos: de piel y cabello negros, cabello rizado, narices chatas y labios turgentes; las mujeres tienen los labios vaginales alargados y grandes senos; son callados y perezosos y los gobiernan sus caprichos.

A estas cuatro subespecies, Linneo añadirá una adicional: «Los *monstruos*, que incluye a los niños ferales, a los gigantes, a

414

los enanos y a las criaturas antropomorfas como los trogloditas, los sátiros, la hidra y el fénix». Estas ficciones clasificatorias alentarán un sinfín de sesgos basados en la cultura y no en la biología que más adelante, en manos de pensadores como Gobineau o Chamberlain, justificarán la segregación, la eugenesia, el Holocausto o el *apartheid*.

א

Cuando despiertas, te descubres convertida en una industriosa abeja. Un bicho como tantos, peludo y asqueroso, que los humanos imaginan como ejemplo de cooperación. Si las conocieran como tú, se darían cuenta de que son unos animalillos egoístas que solo buscan su propio bienestar. Harta de su hipocresía, conminas a tus amigas a desprenderse de sus riquezas; al inicio te cuesta convencerlas, pero poco a poco se adhieren a tu programa y se instalan en un viejo árbol, donde llevan una austera existencia lejos de cualquier apego material. Si bien el hundimiento de la colmena es inmediato, ahora cada abeja puede vanagloriarse de haber dejado atrás la avaricia, al menos hasta que la colonia entera perezca a causa de tanta virtud.

Este es el argumento de *La fábula de las abejas o Vicios privados, beneficios públicos* (1714), un poema satírico de cuatrocientos treinta y tres versos del filósofo Bernard Mandeville. Acompañaba al poema, titulado «La abeja quejumbrosa, o los bribones se vuelven honestos», un ensayo en prosa: «Una investigación sobre el origen de la virtud moral». La obra de inmediato fue acusada de burlarse de las virtudes cristianas y criticada por figuras tan disímbolas como George Berkeley, Francis Hutcheson, Rousseau o Adam Smith. Para Mandeville, como más tarde para Friedman o Hayek, el progreso de una sociedad depende del egoísmo de cada uno de sus miembros, mientras que las virtudes no son sino máscaras con las que los humanos camuflan su egoísmo. Al final, el desdén hacia los bienes materiales y el ascetismo solo conducen a la ruina de la vida en común:

415

Bare Virtue can't make Nations live
In Splendor; they that would revive
A Golden Age, must be as free,
For Acorns, as for Honesty.

Igual que Hobbes, Mandeville considera que los humanos somos animales dominados por los instintos. Nos conviene alabar la virtud para mantener la cohesión social, pero la solidaridad y la caridad no son sino ficciones útiles. Mandeville no defiende el vicio, pero su idea de que la «avaricia es buena» —como afirma Michael Douglas en *Wall Street* (1987), de Oliver Stone— se convertirá en una de esas riesgosas ficciones que hasta hoy definen la mentalidad liberal, y en especial la neoliberal.

א

David Hume no ha cumplido treinta años cuando ya ha realizado un portentoso análisis de la imaginación humana. En el primer libro, titulado «Sobre el entendimiento», de su *Tratado de la naturaleza humana* (1739-1740), establece: «Todas las percepciones de la mente humana se reducen a dos géneros distintos y yo los llamo impresiones e ideas. La diferencia entre ellas consiste en los grados de fuerza y vivacidad con que se presentan a nuestro espíritu». Hume distingue las ideas que provienen de la memoria de aquellas que se originan en la imaginación; mientras las primeras conservan el orden de las impresiones originales, las segundas fluyen de manera más libre y se acomodan en otras más complejas mediante asociación. Una idea se adhiere a otra por medio de siete géneros de relaciones filosóficas: semejanza, identidad, tiempo y lugar, cantidad o número, grado en cualidad, oposición y causalidad.

Tres pasos conducen el pensamiento racional: primero, nuestros sentidos perciben un objeto, luego realizamos una inferencia a partir de las ideas almacenadas en nuestra memoria y, por último, le asociamos una nueva idea con el presupuesto de que el futuro terminará pareciéndose al pasado. La razón opera entonces por medio de pruebas y probabilidades, si bien siempre permaneceremos atados a sesgos y prejuicios. Hume confiesa que no existe un modo cierto de unir el universo interior con el exterior: no niega la posibilidad del conocimiento, pero destierra cualquier noción metafísica del mundo.

«Por mi parte, cuando entro más íntimamente en lo que llamo mi *yo*», afirma, «siempre caigo en una u otra percepción particular, de calor o frío, luz o sombra, amor u odio, dolor o placer. Nunca me descubro a mí mismo sin esas percepciones, y nunca puedo observar otra cosa que la percepción». El *yo* no es, pues, «sino un hato o conjunto de diferentes impresiones que se suceden unas a otras con inconcebible rapidez y están en perpetuo flujo o movimiento». Intentar fijar el *yo* equivale por fuerza a una ficción.

Hacia el final del libro, Hume arremete contra una moral estrictamente racional y se decanta por una sentimental: «Nada más usual en la filosofía, y aun en la vida común, que hablar de la lucha entre la pasión y la razón y darle preferencia a la razón y afirmar que los hombres son solo virtuosos mientras se conforman a sus dictados. Toda criatura racional, se dice, se halla obligada a regular sus acciones por la razón». Él piensa lo contrario: es la pasión, no la razón, quien nos impulsa a actuar. Su lúcido análisis del funcionamiento de la mente mantiene una vigencia asombrosa y alienta buena parte de la teoría del conocimiento, la psicología y la neurociencia modernas: sin sus ideas, este libro habría sido imposible.

א

En su *Teoría de los sentimientos morales* (1759), Adam Smith escribe:

Los ricos solo seleccionan del montón lo más preciado y agradable. Ellos consumen apenas más que los pobres, y a pesar de su natural egoísmo y avaricia, aunque solo buscan su propia conveniencia, aunque el único fin que se proponen es la satisfacción de sus propios vanos e insaciables deseos, comparten con los pobres el fruto de todos sus progresos. Son conducidos por una mano invisible a realizar casi la misma distribución de las cosas necesarias para la vida que habría tenido lugar si la tierra hubiera estado repartida en porciones iguales entre todos sus habitantes, y entonces sin pretenderlo, sin saberlo, promueven el interés de la sociedad y aportan medios para la multiplicación de la especie.

Una mano, pues. Y, además, invisible. Asociada con la caridad cristiana, en este caso tendríamos que imaginarla bien extendida para distribuir la riqueza obtenida por unos cuantos —los astutos capitalistas— al resto de la sociedad. *E tutti contenti*: los ricos se vuelven más ricos y los pobres, un poco menos pobres. Si bien en *Una investigación sobre la naturaleza y causas de la riqueza de las naciones* (1776), Smith habla de la mano invisible del mercado en una sola ocasión, se trata del núcleo de su teoría económica: en su formulación original implica que, aun si los comerciantes solo persiguen su propio interés al mantener su capital y aumentar su *stock*, al cabo contribuyen al interés general. En conclusión, el egoísmo resulta benéfico para todos.

A su vuelta de Francia, donde ha pasado algunos años, Smith se instala en casa de su madre, a la que cuida hasta su muerte; nunca se casa, ayuda a todo aquel que se lo pide y demuestra una simpatía particular por los desprotegidos. Se ve a sí mismo como un filósofo moral y para él *La riqueza de las naciones*, el libro que define el capitalismo moderno, no es sino un complemento de su *Teoría de los sentimientos morales*, donde defiende la libertad individual por encima de cualquier otra consideración. Aun así, su análisis mecanicista de la sociedad, inspirado en Newton, convierte a los trabajadores en peones de un sistema que solo anhela volverlos más eficientes. Smith insiste en que el ser humano no puede ser reducido a la condición de *Homo oeconomicus*, pero el argumento de *La riqueza de las naciones* según el cual el alquiler del propio esfuerzo es la energía que pone en marcha el progreso terminará por convertirlo justo en eso. La desigualdad es una condición inevitable del modelo: unos cuantos poseen tierras y capital, mientras que la mayoría solo sus cuerpos o sus mentes, que no tienen más remedio que poner al servicio de los más ricos.

Según Smith, si se permite que el mercado actúe libre de injerencias —he aquí la gran ficción capitalista—, esas desigualdades desaparecerán o al menos menguarán en el futuro. En el siglo xx, Friedrich von Hayek irá aún más lejos al proponer que la *mano invisible* es la expresión de un «orden espontáneo» que distribuye la riqueza de forma más eficiente que cualquier orden racional y, por ende, mejor que cualquier política pública. Smith siempre estuvo preocupado por la justicia y la cohesión social, pero sus ficciones, tan contagiosas como las de Newton o Darwin, aún provocan que veamos a la sociedad como una enorme máquina de la que no somos sino piezas intercambiables.

5. Sobre cómo decapitar a tus vecinos

La Revolución francesa y los derechos humanos

Al despertar, nada es lo que era. Tu familia ya no es tu familia. Tus amigos ahora son tus enemigos. Los verdugos son víctimas y las víctimas, verdugos. Quienes gobernaban, súbditos. Quienes antes amenazaban hoy se mueren de miedo. Los orgullosos se han vuelto humildes y los humildes, orgullosos. El cambio ha sido tan vertiginoso que apenas te lo crees. Una asamblea fuera de control. Y luego muchas. El rey ha perdido poderes. El rey ha sido destronado. El rey ha sido encarcelado. El rey ha sido decapitado. ¿Quién manda ahora? Primero uno, luego otro, luego otro más. Ni siquiera retienes sus nombres. ¿El caos? ¿O un nuevo orden? Tú misma ya no eres tú. Quieres más libertad. Quieres que se te reconozca lo que tanto tiempo se te negó. Y quieres ser igual a cualquier otro. ¿A qué precio? Esta es la pregunta que debes responder.

El término *revolución* proviene del lenguaje científico popularizado por Newton para referirse a los ciclos de los cuerpos celestes. La primera vez que se usa con sentido político es en su patria y en su época: en 1688, la Revolución Gloriosa precipita el derrocamiento de Jacobo II y su sustitución por Guillermo III. A fines del siglo XVIII, le sigue otra, a la que entonces Europa no le concede demasiada importancia, protagonizada por los colonos británicos en América del Norte, el preludio de la revolución por excelencia: la francesa. Mi padre solía recitarnos de memoria sus principales acontecimientos: era curioso que alguien tan conservador estuviera fascinado por ese estallido de violencia que puso a Francia y a Europa del revés. O quizás seguía la tradición reaccionaria que desde el primer momento se fascinó y horrorizó ante aquel terremoto, de Edmund Burke a madame de Staël, y cuya visión desencantada llega hasta nuestros días a través de François Furet. Solo que a mi padre en verdad le maravillaba la Revolución francesa, tanto en sus versiones históricas como novelísticas —en particular a través de Victor Hugo—, y, pese a sus excesos, la juzgaba como el mayor hito de la humanidad, encarnada en el mantra *liberté, égalité, fraternité*.

¿Podemos siquiera señalar su inicio? A diferencia de las novelas, la historia no tiene principio ni fin: imponérselo supone ya un acto de ficción. Aun así, existe cierta unanimidad en fijar su inicio el 24 de enero de 1789, el día en que Luis XVI convoca los Estados Generales por primera vez desde 1614. El 14 de julio —fecha mítica—, una insurrección popular toma la prisión y arsenal de la Bastilla y libera a los siete prisioneros que quedaban confinados allí; las primeras víctimas de la revolución son su gobernador, el ministro de Finanzas y el alcalde de París. El 27, el rey acepta colocarse el símbolo de los alzados, la escarapela tricolor. Mientras la revuelta se traslada al campo —el Gran Miedo: los nombres de cada episodio resultan claramente literarios—, el 4 de agosto la Asamblea Nacional elimina los antiguos derechos feudales; el 27, aprueba la *Declaración de los derechos del hombre y del ciudadano* —otra cima— y en octubre tanto sus miembros como el propio Luis XVI se ven obligados a abandonar Versalles y se trasladan a París. En noviembre, se decreta la expropiación de las propiedades de la Iglesia y en diciembre comienza a circular el *assignat*, la orden de pago que servirá como moneda durante los siguientes años.

Y entonces los revolucionarios intentan cambiar el mundo de forma radical. En enero de 1790, los departamentos se convierten en provincias; en febrero, se prohíben las órdenes religiosas; en mayo, desaparece formalmente la nobleza y se exige a los sacerdotes prestar juramento de lealtad al Estado; en agosto, se extinguen los *parlements* regionales; y, en febrero de 1791, son detenidos cuatrocientos nobles por conspirar contra la revolución. En junio, el rey y su familia intentan huir del país, pero son detenidos en el camino a Varennes y, a todos los efectos, se convierten en prisioneros; el 21 de enero de 1793, Luis XVI será decapitado. Se inicia así el periodo conocido —otra vez la fuerza de los nombres— como el Terror, paralelo a la contrarrevolución de la Vendée y el alzamiento de los *sans-culottes*.

El 6 de abril se crea el Comité de Salud Pública; el 16 de octubre, María Antonieta es guillotinada, y el 10 de noviembre se instaura una nueva religión de Estado, el culto a la Razón. El 28 de julio de 1794, Robespierre, el líder de los jacobinos, es ejecutado junto con sus principales seguidores.

El 9 de noviembre de 1799 —18 de brumario, según el calendario revolucionario—, un golpe instigado por Napoleón Bonaparte disuelve el Directorio; al día siguiente, se instaura el Consulado y Napoleón se convierte en primer cónsul. A diferencia de las novelas, la historia no tiene un final, pero la mayor parte de los historiadores sitúan aquí el de la Revolución francesa.

¿Fue esta el mayor acontecimiento de todos los tiempos, solo comparable con la caída de Roma? ¿O, por el contrario, apenas una explosión desdeñable? ¿Le debemos nuestra visión del mundo o las mismas conquistas sociales habrían ocurrido sin necesidad de tanta violencia? ¿Se trató de una revuelta popular o de una revolución burguesa? ¿Tuvo un componente democrático o fue puramente autoritaria? Su final con la dictadura militar de Napoleón ¿fue natural o azaroso? ¿Fue positiva o negativa? ¿Casual o inevitable? ¿Admirable o abominable? ¿Heroica o monstruosa? ¿Un modelo para las independencias de las colonias españolas en América o un episodio irrelevante? ¿El antecedente de todas las revoluciones posteriores, la francesa de 1830, la europea de 1848, la Comuna de París de 1871, la rusa de 1905, la mexicana de 1910, la rusa de 1917, la turca de 1919, la china de 1949, la cubana de 1959, las luchas anticolonialistas en África y Asia de la segunda mitad del siglo xx, la portuguesa de 1974, la nicaragüense y la iraní de 1979, las que acabaron con el socialismo real entre 1989 y 1991, las que suprimieron los regímenes de las antiguas naciones de la Unión Soviética entre 2003 y 2006 y, en fin, las que sacudieron a los países árabes en 2011? ¿Es siquiera posible analizarla con cierta objetividad o estamos condenados a imponerle sin remedio el sesgo del presente y nuestro propio punto de vista?

En su revisión de las distintas lecturas que la Revolución francesa ha sufrido desde sus inicios —la gran tradición, el marxismo o el revisionismo—, Eric Hobsbawm concluye en

Los ecos de la Marsellesa (1989) con una afirmación que hubiera suscrito mi padre: «Afortunadamente, sigue viva. Pues la libertad, la igualdad y la fraternidad, junto con los valores de la razón y la Ilustración (aquellos sobre los que se ha construido la civilización moderna desde los días de la Revolución norteamericana), son más necesarios que nunca cuando el irracionalismo, la religión fundamentalista, el oscurantismo y la barbarie están ganando terreno otra vez».

א

A diferencia de los golpes de Estado, las revueltas o los alzamientos, de las guerras civiles y de los meros cambios de régimen, las revoluciones se asumen drásticas, intempestivas, irremediables, monstruosas. Pronto, el término se aplica a todas las áreas: revoluciones sociales, industriales, comerciales, económicas, artísticas y tecnológicas. La francesa instaura un patrón: primero, reformas paulatinas al sistema; luego, las primeras conquistas abren el camino a otras; a continuación, el sistema se desestabiliza y exhibe su fragilidad; ciertos sectores se radicalizan y justifican la violencia; aparecen el autoritarismo y el terror; ante los excesos y el caos, surge la necesidad de volver atrás; y, al final, siempre aparece quien se aprovecha del río revuelto.

Nada encandila a los revolucionarios como la idea de que pueden trastocarlo todo. Los jacobinos llevan este planteamiento a su extremo: para acabar con el Antiguo Régimen, no solo es necesario liquidar sus instituciones, sino las ficciones que las sostienen: no hay más remedio que guillotinar al rey y a la reina y a cualquiera que no comulgue con el esfuerzo, e incluso a los sospechosos. Se eliminan así, de un plumazo, el feudalismo, la nobleza, el clero y la monarquía; luego, el derecho divino de los reyes, el cristianismo e incluso Dios. Ocupan su lugar la república, la ciudadanía, los derechos humanos, el culto al Ser Supremo y a la Razón. Y un nuevo lenguaje, que Orwell llamará *newspeak*.

Los revolucionarios cambian el sistema de medidas —lo único que conservamos de esa época es el sistema métrico decimal—, el calendario —1792 pasa a ser el año I de la Revolución—, los nombres de los meses —vendimiario, brumario, frimario, nivoso, pluvioso, ventoso, germinal, floreal, pradial, mesidor, termidor, fructidor—, los días de fiesta —de la Virtud, del Talento, del Trabajo, de la Opinión, de las Recompensas, de la Revolución—, el santoral —que ahora asocia cada día a una planta, animal o mineral—, e incluso el nombre de Dios, ahora conocido como Ser Supremo. Ocurrirá lo mismo con los títulos —todos somos, a partir de ahora, ciudadanos o ciudadanas—, los nombres de los cargos, las oficinas de gobierno, la retórica oficial. La marea del cambio llegará, por supuesto, a las artes, que a partir de ese momento deberán comprometerse con los nuevos valores y dedicarse a cantar las glorias de la revolución.

א

La mayor ficción tramada por la Revolución francesa, y una de las mayores de la humanidad, es sin duda la *Declaración de los derechos del hombre y del ciudadano*. Aquí solo sus primeros artículos:

1. Los hombres nacen y permanecen libres e iguales en derechos. Las distinciones sociales no pueden estar basadas más que en la utilidad común.
2. La finalidad de toda asociación política es la conservación de los derechos naturales e imprescriptibles del hombre. Esos derechos son la libertad, la propiedad, la seguridad y la resistencia a la opresión.
3. La fuente de toda soberanía reside esencialmente en la nación; ningún individuo ni ninguna corporación pueden ser revestidos de autoridad alguna que no emane directamente de ella.

En su *Reflexión sobre la revolución en Francia* (1790), Edmund Burke se refería ya a la igualdad como una «ficción monstruosa». Por fortuna, gracias a las miles de vidas que se han perdido en el intento, esta monstruosidad se ha transformado en uno de los pilares imaginarios de nuestras sociedades: más allá de las críticas que aún recibe desde distintos flancos, la igualdad ante la ley y los derechos para todos los seres humanos se han convertido, para nosotros, en una ficción irrenunciable.

«Las madres, las hijas, las hermanas, representantes de la nación, exigen constituirse en Asamblea Nacional. Consideran que la ignorancia, el olvido o el desprecio de los derechos de las mujeres son la única causa de las desgracias públicas y de la corrupción de los gobiernos, y han resuelto exponer en una declaración solemne los derechos naturales, inalienables y sagrados de las mujeres».

Con estas palabras se inicia, por su parte, la *Declaración de los derechos de la mujer y de la ciudadana*, un panfleto redactado por Olympe de Gouges —nacida Marie Gouze— en 1791.

En su primer artículo, establece: «La mujer nace libre e igual al hombre en derechos. Las distinciones sociales no pueden estar basadas más que en la utilidad común». Los siguientes alteran el contenido del original para incorporar a las mujeres, pero incluye también innovaciones específicas, como la de su artículo XI: «La libre expresión de los pensamientos y opiniones es uno de los derechos más preciados de la mujer, puesto que esta libertad asegura la legitimidad de los padres hacia los hijos. Toda ciudadana puede decir libremente: *yo soy la madre de un hijo suyo*, sin que un prejuicio bárbaro la fuerce a disimular la verdad, salvo a responder del abuso de esta libertad en los casos determinados por la ley».

Acusada de ser cortesana o prostituta, De Gouges había frecuentado algunos de los salones filosóficos más relevantes de París, era autora de numerosas piezas teatrales que se habían representado en la Comédie Française y se había destacado como una feroz crítica de la esclavitud. Durante la revolución simpatizó primero con los jacobinos y luego con los girondinos y, tras publicar un panfleto durante el Terror donde consideraba la posibilidad de instaurar una monarquía constitucional, fue arrestada, juzgada y guillotinada el 3 de noviembre de 1793.

En su época, la *Declaración de los derechos de la mujer y de la ciudadana* fue vista con condescendencia o burla y no provocó ninguna discusión seria entre los líderes revolucionarios, pero su acto de imaginación abrió la puerta a que por primera vez la ley reconociese la discriminación milenaria sufrida por la mitad de la humanidad: «Si las mujeres tienen el derecho de subir al cadalso», afirmó De Gouges, «también deben tener el de subir a la tribuna».

Diálogo 7

*Donde Felice y el bicho no se ponen
de acuerdo sobre la identidad*

FELICE: ¡Ya no te aguanto, bicho! Eres un tormento. Si todo es ficción, ¿quién soy yo?

BICHO: ¿No disfrutarías más de la vida sin formularte a cada rato esta pregunta?

FELICE: ¿Qué es la identidad?

BICHO: Una palabra bastante fea.

FELICE: ¿Soy un conjunto de *yos* distintos? ¿Un enjambre? ¿Una colmena?

BICHO: Has sido muchas personas a lo largo de tu vida, sin duda. Pero necesitas creer que eres solo una, siempre igual a ti misma.

FELICE: Trato de ser coherente.

BICHO: Los humanos necesitan inventarse una historia personal para no sentirse ansiosos y desasosegados, como si fueran novelas y no seres vivos.

FELICE: ¿Soy la narración que cuento de mí misma?

BICHO: Pobres criaturas: no hacen otra cosa que tratar de ordenar y darle sentido a una caótica sucesión de instantes.

El bicho ríe.

FELICE: No me parece gracioso.

BICHO: ¡Es que los humanos a veces son tan ridículos, Felice! ¡Si pudieran verse a sí mismos! ¡Luchando a todas horas para demostrar que son siempre los mismos, que tienen convicciones y principios sólidos! ¿Quién podría creerles?

FELICE: No me hagas enfadar.

BICHO: Solo hay algo peor que sus preciosas identidades individuales: ¡las colectivas! ¡Si ya es ridículo inventarse un *yo*, imagínate un *nosotros*!

FELICE: Basta.

BICHO: El solo pronombre, *nosotros*, es una falsificación. Solo los coros griegos o los de la ópera hablan o cantan a la vez.

FELICE: Nosotros los humanos, nosotros los hombres, nosotras las mujeres, nosotros los alemanes, nosotras las checas, nosotras las judías... Tienes razón.

BICHO: El problema es que ese *nosotros* se refiere por fuerza a un *ustedes*. La segunda persona del plural conlleva una larga y cruenta historia de exclusión.

FELICE: ¿Me lo dices a mí? No te olvides de que soy judía.

BICHO: Lo sé, y no sabes cómo lamento la discriminación que han sufrido los tuyos. Aun así, debo decirte que tu judaísmo es otra ficción.

FELICE: Me identifico como judía.

BICHO: Lo entiendo. Pero ello no significa que no sea una categoría imaginaria, formada por un sinfín de ficciones transmitidas hasta ti de generación en generación.

FELICE: No me avergüenzo de mis orígenes.

BICHO: Menos mal que no usaste la palabra *raíces*, como si los humanos fueran árboles.

FELICE: Lo que es intolerable es querer borrar las de los otros. O, peor, aniquilarlos a causa de sus ficciones.

BICHO: Una de las invenciones humanas más perniciosas es el nacionalismo. Asumir que porque naces en cierto lugar, crees en ciertas cosas o te educan de cierta manera eres distinto de los demás.

FELICE: Peor aún: mejor que los demás, bicho.

BICHO: ¡Son tantos los crímenes que se han cometido en nombre de esas burdas ficciones que son la patria o la nación!

FELICE: Quisiera dejar asentado aquí un principio fundamental para la convivencia: el respeto a las ficciones ajenas es la paz.

Libro séptimo
El melodrama romántico

1. Sobre cómo hundirse en el *yo* y desempolvar el *nosotros*

De Goethe a Rimbaud

Cuando cierras los ojos, te sumerges en esta imagen:

Sobre el escritorio descansan una pluma y unas hojas suel-tas: de seguro eres escritor. O, mejor, artista. Te rodean varios búhos: no la lechuza que suele acompañar a Minerva, sino estos parientes suyos que encarnan la ignorancia y las tinieblas. En lo alto, un grupo de murciélagos, símbolos de la hipocresía y la dualidad. Y, en la esquina, un gato negro es el sinuoso vigía de tu sueño. ¿Qué significa esta fantasmagoría realizada por Fran-cisco de Goya en 1799, el año que marca los lindes entre la Ilustración y el Romanticismo? La leyenda en la esquina infe-rior izquierda, en el túmulo donde dormitas, no deja lugar a dudas: *El sueño de la razón produce monstruos*, una frase que, según algunos, fue acuñada por Leandro Fernández de Mora-tín, amigo del pintor. ¿A qué sueño se refiere? ¿Y cuáles son esos monstruos? Podríamos sospechar que uno es el propio Romanticismo, pero sería imponerle un sesgo del presente. ¿Las guerras napoleónicas? ¿O Goya se referirá más bien a los delirios que padeció en 1792? Cuando abres los ojos, sigues rodeada por esos búhos, murciélagos y gatos negros que creíste soñar.

א

Los hermanos August Wilhelm y Friedrich Schlegel detestan a Friedrich Schiller, el escritor más influyente de su generación; veneran, en cambio, a Johann Wolfgang von Goethe, la figura tutelar de la literatura alemana, y no comprenden su amistad con el melindroso autor de *Los bandidos* (1781). Schiller les parece demasiado fascinado aún con la razón y anhelan una revista que compita con la que él dirige. En mayo de 1798, mientras la efervescencia de la Revolución francesa desestabiliza a media Europa, publican los primeros números de *Athenaeum*, en la que ellos mismos engarzan reflexiones y aforismos en las rúbricas *Fragmente* y *Pollen*. En uno de ellos, Friedrich se atreve a explicar qué es la poesía romántica, la nueva corriente a la que acaban de dar nombre: «La poesía romántica es progresista y universal. Su objetivo no es simplemente reunir todos los tipos de poesía existentes y separados, o poner en contacto a la poesía con la filosofía y la retórica. Intenta (y debe) mezclar y fusionar poesía y prosa, inspiración y crítica, la poesía del arte y la de la naturaleza; y hacer que la poesía sea algo vivo y social, y que la vida y la sociedad sean poéticas; poetizar el ingenio y llenar y saturar las formas de arte con todo tipo de asuntos y materias instructivos, y animarlos con el latido del humor».

Hasta entonces, la palabra *romanticismo* se ha utilizado solo para referirse a la novela; para los Schlegel nombra, en cambio, una nueva sensibilidad que aspira a reunificar el conocimiento, sumando la filosofía natural a la poesía —es decir, al arte—, y a la vez confiriéndole un valor novelístico —esto es: poético— a la existencia. La suya es una revuelta de la imaginación que, a contrapelo de las Luces, privilegia la intuición y la emoción por encima de la razón. Con el tiempo, su sentido se ha banalizado: los Schlegel no aspiran a una cena a la luz de las velas, sino a una concepción integral del universo dominada por el *yo*. Frente a los valores ilustrados, la realidad yace solo en el interior de cada uno, fijada y modelada por el punto de vista y la subjetividad.

El Romanticismo nace en esa multitud de ducados y principados alemanes que pronto serán invadidos por Napoleón. Sus adalides son escépticos frente a los cambios violentos, como Goethe, o de plano se muestran desencantados con la revolución, como esa pléyade de acólitos y admiradores que se reúne bajo su guía: hombres y mujeres —por fin abundan— que buscan la libertad no en el futuro, sino en el pasado, y no en las ciudades, sino en la naturaleza. Goethe es, mal que le pese, su instigador: su *Werther* (1774) no solo ha sido uno de los grandes *best-sellers* de su tiempo, sino que inspira esa misma sensibilidad exacerbada, así como una moda para vestir... y suicidarse. Solo que el viejo muy pronto se desentiende de su ímpetu juvenil, canalizado a través del *Sturm und Drang*, para convertirse en un hombre esencialmente razonable: el templado preceptor que media en las querellas entre esos jóvenes desgarrados e irrefrenables a los que visita en Jena como un abuelo sabio y bonachón.

El primero en acercársele ha sido Schiller, con quien entabla una fecunda amistad. Sigue sus pasos un joven nervioso y atildado, muy pagado de sí mismo, Johann Gottlieb Fichte, a quien sus discípulos llamarán el Bonaparte de la filosofía. Como cuenta Andrea Wulf en *Magníficos rebeldes. Los primeros románticos y la invención del yo* (2022), una vez instalado en la Universidad de Jena, Fichte se convierte en una celebridad y decenas de alumnos recorren Alemania para asistir a sus cursos. El severo profesor es, a su manera, un revolucionario como los ejércitos franceses que se internan en los diminutos estados alemanes; él también aspira a una nueva era de libertad, aunque asume que la única forma de alcanzarla es por medio de la introspección: un ejercicio de autoconocimiento aún más extremo que el emprendido por otro de sus ídolos, Immanuel Kant. Fichte divide el universo entre el *yo* y el *no-yo*; a diferencia de los empiristas escoceses, cree que una versión alterada de la realidad es la que llega a nuestro interior y que ese mundo interior es, a todos los efectos, lo único importante; a través del *yo* —el *Ich*—, el *no-yo* llega a existir. Esta primacía de lo subjetivo implica que la libertad solo puede alcanzarse a través de la voluntad y de la acción; el *yo* se revela, así, como un héroe rebelde, capaz de aprehender la realidad y de alterarla: justo lo que exige esta convulsa era.

No a todos convence esta fantasía narcisista —Herder la califica de «masturbación intelectual»—, pero sus ideas en torno a la primacía de lo subjetivo animan las empresas posteriores del círculo de Jena, formado por los hermanos Schlegel y sus esposas, Caroline Böhmer y Dorothea Veit; los poetas Friedrich von Hardenberg —quien toma el nombre de Novalis—, Friedrich Hölderlin y Ludwig Tieck; los filósofos Friedrich Schelling y Georg Wilhelm Friedrich Hegel; el lingüista Wilhelm von Humboldt y su hermano, el naturalista Alexander, autor de *Cosmos. Ensayo de una descripción física del mundo* (1845-1862), donde aspira a conciliar todos los contrarios: la subjetividad y la objetividad, la ciencia, el arte y la literatura, el idealismo y el realismo. A los Schlegel les debemos, por su parte, el programa romántico, si bien será el atormentado Novalis quien lo dota de su aura onírica, irracional y autodestructiva, mientras Schelling le añade la pasión por la *Naturphilosophie*. En conjunto, enlazan ciencia y arte, vida y poesía, y ansían unir sus almas en una filosofía comunitaria: la *sinfilosofía*. Una descarga de artillería intelectual que estalla al mismo tiempo que los ejércitos napoleónicos arriban a las puertas de Jena.

En su afán por oponer una tradición cultural alemana frente a las Luces y la Revolución francesa, Johann Gottfried von Herder da vida a un monstruo: el nacionalismo. El filósofo considera que la imaginación colectiva está ligada al pueblo que la produce, así como a su entorno geográfico. En *Extracto de una correspondencia en torno a Ossian y las canciones de los pueblos antiguos* (1773) —basada en el poeta ficticio creado por James Macpherson que engañó a varias generaciones— escribe: «El poeta es el creador de la nación que lo circunda, le concede un mundo para contemplar y tiene sus almas en la mano para guiarlos en ese mundo». A la manera de Rousseau, asume que la civilización corrompe la pureza de los pueblos originarios que crearon la Biblia, los *Eddas* o el gótico medieval y considera que cada lengua determina las formas de pensar e imaginar de sus hablantes; llega a sugerir, asimismo, que el alemán posee un estatuto superior. Para Herder, en cada Estado existe un solo *Volk*, un pueblo que comparte un alma colectiva. «Quien ha perdido su espíritu patriótico», escribe, «se ha perdido a sí mismo». Fichte también contribuye a animar el nacionalismo con una serie de conferencias pronunciadas entre 1807 y 1808 en torno al alma alemana. Más adelante, los hermanos Jacob y Wilhelm Grimm recopilan una miríada de cuentos y leyendas en sus *Cuentos infantiles* (publicados a partir de 1812) y su ejemplo será imitado por decenas de filólogos y escritores en todas partes. Frente a la noble tarea de rescatar estas ficciones primordiales subyace la idea de que quienes las crearon comparten la misma esencia.

א

El líder y el artista. El hombre providencial y el genio. Napoleón y Beethoven. O, más bien, las ficciones en torno a Napoleón y Beethoven. La sombra de estos dos hombres domina su siglo. Uno y otro representan el triunfo del individuo frente a la sociedad, el de la libertad frente al destino, el de la voluntad frente a la razón: la pasmosa reafirmación del *yo*. Sus narcisismos exacerbados se adueñan de la imaginación de sus contemporáneos. Napoleón nace en 1769, Beethoven, en 1770, y sus inclinaciones son equivalentes: el mayor pretende conquistar el mundo con sus ejércitos, el más joven, con su arte. Su ambición los torna hermanos y enemigos: la célebre leyenda según la cual en 1804 el compositor destruye la página inicial de su *Tercera sinfonía*, entonces llamada *Bonaparte* y hoy conocida como *Heroica*, es la prueba de esta fraternidad conflictiva.

Al tiempo que Napoleón se apodera de Europa, contrata a numerosos cronistas e historiadores para dar cuenta de sus victorias, la mayor de las cuales, según afirma, es el Código Civil. En sus crónicas no lo pintan como un vulgar ser humano, nacido en una maltrecha isla, sino como una fuerza de la naturaleza: el hombre destinado a desembarazarse del mundo antiguo para crear uno nuevo. Con Beethoven ocurre algo semejante: aunque en su momento Haydn y Mozart son vistos como los primeros románticos, él destruye la idea de que el arte es una imitación de la realidad y lo convierte en un producto del espíritu.

Su genialidad no es mozartiana, no descansa en la técnica, sino en la autonomía individual y en el poder de las emociones. Beethoven es una fuerza telúrica que no admite límites y desafía a cualquier poder; como escribe E. T. A. Hoffmann en 1814, su música «nos abre el reino de lo monstruoso y de lo inmensurable».

Uno y otro son figuras de transición modeladas aún bajo el aura de las Luces. Napoleón cumple el anhelo del déspota ilustrado que se arroga el privilegio de civilizar a sus súbditos; Beethoven, por su lado, empieza su carrera como un compositor cortesano que poco a poco se pliega al poder que sustituye a la aristocracia: la burguesía. A los dos los mueve un orgullo equivalente que les permite medrar en sus respectivos círculos y hacerse un lugar propio desde donde escalar a la cima. Su temple les granjea tantos amigos como rivales, los cuales consolidan su mito: el general brillante e invencible, siempre favorecido por la suerte, y el genio solitario arrebatado por el arte. Mientras uno aprovecha el caos y se apodera de la revolución, el otro rehúye las convenciones y, una vez que se acrecienta su sordera, solo se escucha a sí mismo.

Dispuestos a superar cualquier obstáculo, Napoleón y Beethoven cargan con la historia a sus espaldas. En una época que desdeña las religiones —las Luces no han sido en vano— se necesitan nuevos santos laicos: el líder que conduce a la humanidad a su destino y el hombre que se entrega por completo al arte. La diferencia será que, allí donde Napoleón fracasa —su caída será tan estrepitosa como su ascenso—, Beethoven saldrá victorioso; no solo será visto como el primer romántico, robándoles esta condición a sus maestros, sino como el mayor artista desde el Renacimiento: aquel que transforma la belleza en estremecimiento y emoción.

El lugar común apenas exagera: la música occidental del siglo XIX no es sino una nota al pie a Beethoven. Su obra encarna una fantasía de universalidad: su estilo heroico, que transforma sus sinfonías en dramas íntimos en los que solo se alcanza la victoria (*Sieg*) a través de la lucha (*Kampf*), acarrea los valores de fuerza y virilidad asociados con la Alemania de su tiempo; el músico sordo y atrabiliario, alejado de los oropeles, que habla por la humanidad en su conjunto es el mito ideal para acompañar a la nación. Ello no significa que su obra no despunte entre sus contemporáneos: la *Tercera* hubiese bastado para conferirle un puesto singular en la historia de la música, mientras que la *Quinta* (1808) y la *Novena* (1824) nos cimbran desde entonces. Como relata Matthew Guerrieri en *Las primeras cuatro notas. La* Quinta *de Beethoven y la imaginación humana* (2012), la obra beethoveniana adquiere un sinfín de significados y acaso en ello radica su grandeza: al escucharla nos sumergimos en una batalla interior que nos arrastra en una endemoniada danza hasta alcanzar un triunfo que asumimos nuestro. Estrenada más de tres lustros después, la *Novena* nos coloca frente a un drama cuyo sentido apenas barruntamos hasta la llegada de la oda «A la alegría» de Schiller y su idea de comunión y reconciliación: la sustitución de la religión con el arte.

א

En octubre de 1797, mientras toma un descanso en Nether Stowey, cerca de Alfoxden, en el condado de Somerset, un joven poeta ingiere una dosis de láudano y se queda dormido entre las páginas de *Los peregrinajes de Purchas* (1619), que supuestamente recopila los viajes de un clérigo anglicano por Oriente. Mientras sueña, a Samuel Taylor Coleridge se le aparece un largo poema, de doscientos o trescientos versos, en torno al emperador mongol Kublai Kan. Cuando despierta, una «persona de Porlock» lo interrumpe y, cuando al fin regresa a su cuarto, solo recuerda unas cuantas imágenes. A instancias de lord Byron, publica el poema resultante en 1816 con el subtítulo de «Una visión. Fragmento» (aquí, en traducción de José María Valverde):

> En Xanadú, el Kubla Khan decretó
> alzar una solemne cúpula de placeres:
> donde Alph, el río sacro, iba fluyendo
> por cavernas que el hombre nunca pudo
> medir, hasta llegar a un mar sin sol.

¿De qué trata el poema? ¿De Kublai Kan y su rico palacio de Xanadú? No: su tema, que es el de este libro, es el poder de la imaginación. Mientras Beethoven compone una música que se basta a sí misma, Coleridge escribe un poema que es música pura. Nada queda aquí del frío racionalismo de la poesía dieciochesca o del esfuerzo de las Luces por descifrar el universo. El texto se torna fragmentario, carente de lógica o de leyes imbatibles; el escenario exótico nos descentra y aleja de lo real, y de pronto lo único que importa es el poema mismo. El lujo del palacio, acogedor tanto en invierno como en verano, da paso a la última parte del «fragmento», la aparición de una joven que toca el dulcémer, un instrumento de cuerda percutida semejante al salterio, y la propia voz del poeta:

> Con tan hondo placer me vencería
> que, con música fuerte y duradera,
> podría construir en el aire esa cúpula,
> ¡la cúpula soleada; esas cuevas de hielo!
> Y cuantos escucharan las verían allí,
> y gritarían todos: ¡Mira, mira
> sus ojos destellantes, su cabellera al viento!
> Teje un círculo en torno de él tres veces,
> y con sacro temor cierra los ojos,
> porque se ha alimentado de rocío de mieles
> y ha bebido la leche del Edén.

En «El sueño de Coleridge», incluido en *Otras inquisiciones* (1952), Borges transforma la anécdota en relato:

> El poeta soñó en 1797 (otros entienden que en 1798) y publicó su relación del sueño en 1816, a manera de glosa o justificación del poema inconcluso. Veinte años después, apareció en París, fragmentariamente, la primera versión occidental de una de esas historias universales en que la literatura persa es tan rica, el *Compendio de historias* de Rashid ed-Din, que data del siglo XIV. En una página se lee: «Al este de Shang-tu, Kublai Kan erigió un palacio, según un plano que había visto en un sueño y que guardaba en la memoria».

En uno de esos ejercicios especulares que deleitan al argentino, la pregunta es: ¿quién sueña primero, Kublai o Coleridge? Más allá del juego, el poema demuestra que la creación ya no puede explicarse solo con la razón. Frente a la claridad de las Luces, la sinrazón del sueño: la oscuridad será el terreno natural de los románticos.

A William Wordsworth, quien comparte con su hermana y su amigo Coleridge los escenarios de Somerset, se debe otro poema crucial de este primer Romanticismo: «Líneas escritas (o compuestas) unas millas más allá de la abadía de Tintern», el último texto que los dos poetas incluyen en sus *Baladas líricas* (aquí, en traducción de Antonio Abellán):

> ¡Cinco años ya, cinco veranos largos
> como largos inviernos! De nuevo oigo
> estas aguas rodar desde su fuente
> con un suave murmullo. Otra vez veo
> estos riscos abruptos y empinados,
> que en un lugar salvaje y solitario
> sugieren el retiro más profundo
> y conectan el cielo y el paisaje.

Mientras Coleridge redescubre los laberintos del sueño, Wordsworth revive un recuerdo y, al hacerlo, reproduce en el presente la emoción suscitada por aquel paisaje natural en compañía de su hermana, hacia la que siente un amor prohibido:

> Ni por azar, aun no aprendido esto,
> decaería mi talante afable,
> porque tú estás conmigo en las orillas
> de este río, mi más querida amiga,
> querida amiga, y en tu voz percibo
> el resonar de mi pasión antigua;
> leo en la luz de tu mirar salvaje
> mis placeres antiguos.

Para los ilustrados, la naturaleza es un mecanismo cuyas leyes es posible descifrar; para los románticos, se transmuta en un espacio sagrado y misterioso, imposible de aprehender.

Mientras Samuel y Dorothy Coleridge y William Wordsworth comparten paseos y charlas en la región de los lagos en Cumbria, un temperamento más excéntrico emprende su propio camino hacia las tinieblas. Visto como un demente por sus contemporáneos, William Blake afirma tener visiones inspiradas por arcángeles y demonios que dibuja en sus cuadernos. Según Wordsworth, «sin duda este pobre hombre está loco, pero hay algo en su locura que me interesa más que la cordura de lord Byron o Walter Scott». Frente a la racionalidad ilustrada, ya no solo las fantasmagorías del sueño, sino de la insania. En sus *Canciones de inocencia y de experiencia* (1789), Blake explora la conciencia a través de la polaridad, tomada de Milton, entre la ingenuidad de la niñez y el desencanto de la edad adulta, así como las batallas entre memoria e imaginación. Escucha su «El tigre» (aquí, en versión de Mario Bojórquez):

> Tigre, tigre, brillo ardiente
> en las selvas de la noche,
> ¿qué mano inmortal, qué ojo
> pudo forjar tu terrible simetría?
> ¿En qué distantes abismos o cielos
> ardió el fuego de tus ojos?
> ¿En qué alas atrevidas te elevaste?
> ¿Qué atrevida mano apresó el fuego?

Como el palacio de Kublai Kan, el tigre —con su peculiar ortografía: *tyger*— no es tanto el animal cuanto una ficción: ¿qué ojo forjó su terrible simetría? La pregunta se torna aún más inquietante en la última cuarteta: ¿qué ojo *osó* forjarla? De pronto, Dios, el poeta y el lector se confunden: ¿a cuál le pertenece el tigre?

En la segunda generación de románticos ingleses, el desencanto hacia el mundo se acentúa: mientras Coleridge o Wordsworth se muestran como tempranos admiradores de la revolución, John Keats, Percy Bysshe Shelley y George Gordon Byron se hunden en una melancolía permanente. A Keats lo acompañará, además, el mito por excelencia entre los románticos: una muerte prematura a causa de la tuberculosis. Fascinado por el arte y la literatura clásicos, encuentra el espacio ideal para reflexionar sobre el arte y la imaginación. En su «Oda a una urna griega» (1819), la reliquia conserva el pasado y lo proyecta hacia el porvenir, donde alcanza una inmortalidad que no se les concede a los humanos. Escucha su última estrofa (aquí, en traducción de Julio Cortázar):

> ¡Tú, silenciosa forma, tu enigma nuestro pensar excede
> como la Eternidad! ¡Oh fría Pastoral!
> Cuando a nuestra generación destruya el tiempo
> tú permanecerás, entre penas distintas
> de las nuestras, amiga de los hombres, diciendo:
> «La belleza es verdad y la verdad belleza»... Nada más
> se sabe en esta tierra y no más hace falta.

Frente a lo efímero de la existencia, el arte adquiere una dimensión platónica: la verdad y la belleza, transmutadas en valores absolutos, se reunifican. Shelley ofrece una aproximación más radical del mundo antiguo en «Ozymandias» (1818), cuyo título se refiere al nombre griego dado al faraón Ramsés II, cuya estatua, expuesta desde hacía poco en el Museo Británico, el poeta nunca vio (aquí, en traducción de Fernando G. Toledo):

> Algo ha sido escrito en el pedestal:
> «Soy Ozymandias, el gran rey. ¡Mirad
> mi obra, poderosos! ¡Desesperad!:
> la ruina es de un naufragio colosal.
> A su lado, infinita y legendaria
> solo queda la arena solitaria».

Del poderoso faraón egipcio nada sobrevive: el poder de los hombres es transitorio, mientras su representación es eterna, por más que palidezca ante las arenas del desierto. Igual que «Kubla Khan», «Ozymandias» se vale de la nueva fascinación europea por Oriente, acentuada por la campaña de Napoleón en Egipto, para advertirles a los hombres de todas las estirpes: todos serán igualmente olvidados. Lo único permanente es, de nuevo, el arte.

El mito romántico terminará de redondearse con lord Byron, célebre tanto por sus amoríos como por el rechazo a su clase social y tanto por su temperamento melancólico como por su compromiso libertario durante la guerra de independencia griega. Escucha «En este día cumplo treinta y seis años» (aquí, en traducción de Lorenzo Luengo):

> La espada, el estandarte, la batalla,
> ¡la gloria y Grecia veo alrededor!
> El espartano que cayó sobre su escudo
> jamás fue tan libre.
> ¡Despierta (no Grecia: ella está despierta),
> despierta, alma mía! Piensa a través de quién
> tu savia ha de intuir el lago de su origen,
> y luego vuelve a casa.

Su muerte en Mesolongi, en 1824, unos meses después de escribir este texto, asienta el paradigma del poeta-héroe, rebelde y trágico.

Destilado hasta la caricatura, el Romanticismo ha pervivido en nuestro tiempo transmutado en... amor romántico. Un farragoso conjunto de ficciones que modelan nuestra educación sentimental: las almas que se unen y complementan, la exclusividad y eternidad de la pasión, la claridad de los roles de género, la exaltación de los celos y el despecho, la necesidad del tormento ajeno y el sufrimiento íntimo. Todo ello persiste en incontables novelas *románticas* y juveniles, en las telenovelas y las *rom-coms* y sobre todo en las canciones pop, el único reducto que le queda a la poesía en nuestra sociedad del espectáculo. Primero, un tango (letra de Luis Rubistein, música de Carlos Gardel):

> Tratando de alejarte
> de la miseria plena...
> Tu cariño fue sagrado
> y en ruinas quisiste alzarte
> en medio de mi pena.

Ahora una ranchera (letra y música de Rubén Fuentes y Alberto Cervantes, cantada por Pedro Infante):

> Me duele hasta la vida
> saber que me olvidaste,
> pensar que ni desprecios
> merezca yo de ti.

Un bolero (letra y música de Consuelo Velázquez):

> Quiero tenerte muy cerca,
> mirarme en tus ojos,
> verte junto a mí,
> piensa que tal vez mañana
> yo estaré lejos,
> muy lejos de aquí.

Una cumbia (letra y música de Pete Astudillo y A. B. Quintanilla III, cantada por Selena):

> Si vieras cómo duele perder tu amor,
> con tu adiós te llevas mi corazón,
> no sé si pueda volver a amar
> porque te di todo el amor que pude dar.

Un reguetón (letra y música de Sean Paul, cantada por Feid):

> Baby girl, si yo te quiero y tú me quieres por ti daría la vida,
> toma mi mano una sola noche, ya no te sientas solita.

Y una balada pop (letra y música de Annie Clark y Jack Antonoff, cantada por Taylor Swift):

> Matándome suavemente, en la ventana
> siempre espero que me esperes abajo,
> los demonios tiran los dados, los ángeles elevan los ojos,
> lo que no me mata me hace desearte más.

Mary Wollstonecraft, autora de *Vindicación de los derechos de la mujer* (1792), ha cumplido apenas treinta y ocho años cuando muere tras dar a luz. La pequeña Mary queda a cargo de su padre, el filósofo William Godwin, quien en 1798 edita las *Memorias* de su fallecida esposa —en realidad una biografía fraguada por él mismo—, donde la pinta como una mujer libre y desprejuiciada con numerosos amoríos. La publicación se convierte en un escándalo y no es imposible imaginar que Mary crezca escuchando que su madre era un monstruo. A los dieciocho, en el «año sin verano» de 1816, viaja con su amante, Percy Bysshe Shelley, a visitar a unos amigos en Villa Diodati, a las orillas del lago Léman. Las noches son frías y húmedas y, al lado de lord Byron y del médico John William Polidori, se aburren mortalmente. Tras leer algunas historias de fantasmas, Byron propone que cada uno redacte una historia macabra. Como se cuenta en *Remando al viento* (1988), la película de Gonzalo Suárez, o en *El año del verano que nunca llegó* (2015), de William Ospina, pasan varios días antes de que a Mary la estremezca un sueño pavoroso. Ha estado leyendo sobre los experimentos con electricidad de Galvani y, como le cuenta a Percy, piensa escribir un relato sobre cómo reanimar a un cadáver.

Mary ya ha perdido a una hija y el que en ese momento lleva en el vientre tampoco tardará en fallecer. En esos meses de duelo, se adentra en esta historia que, en contraste, no cesará de crecer: *Frankenstein, o el moderno Prometeo*, publicada en tres volúmenes en 1818, desde entonces se ha multiplicado sin fin. Nos hallamos ante una de esas ficciones paradigmáticas que todos creemos haber leído sin haber abierto sus páginas, de allí nuestros errores o malentendidos, como darle el nombre de su creador a la criatura o admirar las descargas eléctricas que se abaten sobre el cuerpo modelado con trozos de otros cuerpos cuando esta escena solo aparece en la adaptación cinematográfica de James Whale (1931), con Boris Karloff.

Frankenstein: un muerto que cobra vida, pero que, al carecer de nombre —como el Golem—, no alcanza a ser humano.

Un mito instantáneo que nos confiere la capacidad de crear vida e inteligencia gracias a la tecnología y, al hacerlo, nos entrega un adefesio, mala copia de nosotros mismos. Una réplica de la Biblia y de *El paraíso perdido* (1667), de Milton, que revela que toda creación es imperfecta. Un alegato contra la razón ilustrada y también contra el Romanticismo que celebra las tinieblas. Una reflexión sobre el *yo* y la identidad, el sentido y el propósito de la existencia, la diferencia y la imposibilidad de ser aceptado en sociedad. Un antídoto contra el optimismo científico y el pesimismo artístico. Y la invención del antihéroe romántico por excelencia: la criatura como oscuro complemento de Childe Harold.

Mientras Keats, Shelley y Byron pulen sus poemas sobre la perdurabilidad del arte y la insignificancia de los hombres, Mary amplifica sus temores: toda creación está destinada a volverse contra su creador. De un lado tenemos al doctor Frankenstein y a Elizabeth —quienes por momentos lucen como trasuntos de Percy y Mary—, dispuestos a cualquier cosa con tal de *dar vida*, y, del otro, al monstruo que aspira a imitar a sus artífices y terminará solo y abandonado, incapaz de redimirse. La genialidad de Mary radica en hacernos partícipes del punto de vista de la criatura: por ello la necesidad de darle nombre. El Romanticismo entero cabe en *Frankenstein*: Rousseau y su *bon sauvage*, el empirismo escocés y el idealismo alemán, la fascinación por la oscuridad y la locura, el desdén hacia la razón y el temor ante los progresos de la ciencia, las disputas en torno al libre albedrío, la conciencia o la memoria, la melancolía y la depresión, el heroísmo y sus absurdos.

Uniendo trozos de cadáveres —ecos de tantas discusiones filosóficas y literarias—, Mary Shelley dio a luz un engendro; ese libro que, aun sin su nombre en la cubierta, le bastó para demostrar la principal tesis defendida por su madre: que una mujer no solo puede emular, sino superar, las ficciones tramadas por los hombres. Poco después, será otra mujer, ni más ni menos que la hija de su amigo Byron, quien imagine un monstruo aún más poderoso: no ya un cuerpo hecho con retazos de cadáveres, sino un artefacto capaz de suplantar al cerebro humano. Trabajando a partir de la máquina analítica desarrollada por Charles Babbage en 1837, Ada (quien adopta el apellido de su marido, lord Lovelace) será la primera en barruntar sus posibilidades. Con sus esbozos en torno a un algoritmo universal, sueña ya con ese novísimo Prometeo al que hoy tanto tememos: la inteligencia artificial.

א

Conforme a la versión de Théophile Gautier, la representación se ve interrumpida por los gritos, silbidos e insultos de bandos contrarios; antes y después hay disturbios, broncas y malentendidos y la policía no tarda en intervenir. La «batalla de Hernani», como se conoce a las disputas desatadas por la pieza teatral de Victor Hugo, es sin embargo una ficción. Las crónicas de la *première*, ocurrida el 25 de febrero de 1830, no dejan lugar a dudas: la pieza obtuvo un gran éxito y solo en las siguientes funciones el enfrentamiento entre la claque clasicista y la de su autor se resuelve en un intercambio de abucheos. El nacimiento del Romanticismo en Francia adquiere así su mito fundacional: más que las batallas callejeras en los alrededores del Théâtre-Français, la pieza alienta una revuelta estética. En palabras de Gautier: «La batalla que desata *Hernani* es la de las ideas, la del progreso».

Como resume Stendhal, el drama romántico francés nace a partir de la necesidad de elegir entre Racine y Shakespeare, es decir, entre el Antiguo Régimen representado por el primero y la revolución asociada con el segundo. En el prefacio de 1827 para su *Cromwell*, Victor Hugo, convertido en jefe de filas de la «armada romántica», define su proyecto: una estética de lo grotesco que, abandonando el rigor de los clásicos, alterne lo ridículo y lo sublime a fin de representar el «genio moderno». Tras el *succès à scandale* de *Hernani*, Hugo extiende su desafío al clasicismo con *El rey se divierte* (1832), censurado por su feroz retrato de Francisco I —que más tarde inspirará el *Rigoletto* de Verdi (1851)—, y sobre todo *Ruy Blas* (1838), quintaesencia del héroe romántico que se inmola por su pueblo.

Victor Hugo es el mayor escritor de Francia en cada terreno: el teatro, la poesía y la novela, y se asume como conciencia moral de su patria. Una década después de *Hernani*, teje un monumental alegato narrativo contra la opresión y la desigualdad que, sin abandonar el espíritu romántico y sus personajes trágicos, asume ya las técnicas de esa otra gran ficción decimonónica: el realismo (por ejemplo, en su recuento de Waterloo). Por su ambición, *Los miserables* (1862) se acerca a la epopeya, aunque jamás deja de ocuparse de sus criaturas, esa multitud de desharrapados a los que la historia nunca toma en cuenta. Por primera vez una novela aspira a convertirse en una ficción total. Nutriéndose del folletín —su apuesta por lo popular definía el programa de *Cromwell*—, lo trasciende en un fresco de dimensiones renacentistas: todas las novelas que desde entonces se asuman como espejos de su tiempo son sus herederas.

Hugo abre y cierra el Romanticismo francés: cada movimiento literario posterior lo tomará como punto de partida, así sea para demolerlo. Con él no solo aparece un nuevo héroe ficcional, capaz de redimirse al perseguir la forma más alta de justicia, sino el propio autor como héroe cívico. En contraste con Byron, Hugo disfrutará en su vejez de la condición de santo laico y a su muerte, en 1885, dos millones de personas despedirán su féretro en el Arco del Triunfo y acompañarán sus restos hasta el Panteón.

א

Desde el siglo XVII, la tintura de láudano se vende en las farmacias como remedio contra resfriados, dolores menstruales, cardiopatías, fiebres y hepatitis, y es usada como somnífero. Los químicos lo mezclan con whisky o brandy y le agregan pasiflora, mercurio, hachís, pimienta de cayena, beleño o belladona; al tratarse de un medicamento, es más barato que el alcohol y sus efectos resultan más perdurables. Fascinados por los sueños y el delirio, los románticos lo consumen con fruición. En sus *Confesiones de un inglés comedor de opio* (1821), Thomas de Quincey describe sus efectos:

El espacio se absorbe o se amplifica hasta extensiones de una infinitud inconcebible. Sin embargo, esto no me afectó tanto como la expansión del tiempo; a veces me parecía haber vivido por setenta o cien años en una noche; no, a veces tenía la sensación de que había transcurrido un milenio en ese tiempo o, acaso, de una duración más allá de los límites de la experiencia humana.

El librito de De Quincey desata un auténtico frenesí. Como cuenta Tim Blanning en *La revolución romántica* (2010), en su traducción al francés de 1828 Alfred de Musset le añade un párrafo adicional, en el que da cuenta de cómo, bajo la influencia del opio, un héroe sueña que ha cometido un crimen y termina condenado al cadalso. Con toda seguridad Hector Berlioz leyó este pasaje y, en su *Sinfonía fantástica* (1830), lo utiliza como uno de los episodios de su «vida de artista»:

> Convencido de que su amor es rechazado —escribe en el programa de mano—, el artista se envenena con opio. La dosis del narcótico, aunque es demasiado débil para causar su muerte, lo sumerge en un sueño pesado acompañado de las visiones más extrañas. Sueña que ha matado a su amada, que está condenado, que es llevado al cadalso y que está presenciando su propia ejecución. La procesión avanza al sonido de una marcha que a veces es sombría y salvaje, y a veces brillante y solemne, en la que un sonido sordo de pasos pesados sigue sin transición a los estallidos más fuertes. Al final de la marcha, los primeros cuatro compases de la *idée fixe* reaparecen como una última idea de amor interrumpido por el golpe fatal.

Tan radical como Hugo, Berlioz lleva el ideal beethoveniano a su extremo y convierte la música en una ficción autobiográfica. Desdeñado en su patria, no le quedará más remedio que dirigirse a Alemania, donde encuentra una comunidad de artistas tan radicales como él, encabezados por Robert Schumann. Erigido en el principal defensor de la «nueva música» en las páginas del *Neue Zeitschrift für Musik*, inventa una tradición que se tiende de manera directa de Bach, Mozart y Beethoven a Wagner, Chopin, Berlioz o él mismo. Su ficticia «Cofradía de David» le permite criticar a diestra y siniestra, desdoblándose en tres personajes que parecerían invocar la división freudiana entre yo, ello y superyó, y repartir alabanzas entre sus colegas y denuestos entre sus enemigos, los «filisteos», en una batalla por los límites de la imaginación musical.

Aquejado de trastorno bipolar, acaso generado por la sífilis o un envenenamiento por mercurio, Schumann sufre una sucesión de episodios maniáticos y depresivos que lo llevan a lanzarse a las frías aguas del Rin en 1854. Como escribe el poeta mexicano Francisco Hernández en *De cómo Robert Schumann fue vencido por los demonios* (1988):

Dos años después de tu zambullida en el Rin, la niña Clara
llegó a visitarte por última vez al manicomio de Endenich.
El atardecer rodeaba de angustia su cabello.
El aire tenía peso de vapor subterráneo.
Creyendo que era la más reciente composición de Brahms
le tendiste los brazos y te aferraste a ella con la serenidad
de quien ya no es dueño de sí.

Schumann le pide a su esposa, Clara Wieck, compositora de talento y futura protectora de Brahms, que lo ingrese en un manicomio, donde morirá dos años más tarde. Berlioz y Schumann: el genio adicto e incomprendido y el que se derrumba en la locura.

א

Cuando *Nabucco* se estrena en el Teatro alla Scala de Milán, en 1842, el clamoroso éxito de la tercera ópera de Giuseppe Verdi no obedece solo a su brillantez melódica, sino a la identificación del público con el pueblo judío oprimido por los babilonios: el coro del tercer acto, «Va, pensiero, sull'ali dorate», se convierte en un himno a favor de la unidad italiana. Verdi jamás fue un chauvinista, pero, al igual que Chopin, Liszt y la mayor parte de sus contemporáneos, lucha por su patria a través de la música. Obsesionado con encontrar argumentos verosímiles, sus siguientes óperas hallan inspiración en Schiller, Voltaire, Hugo y Shakespeare con héroes que asumen el ideario romántico, en tanto sus personajes femeninos deben pagar su rebeldía con la muerte, sea mediante el autosacrificio, como la Gilda de *Rigoletto*, la tuberculosis que devora a Violetta Valéry en *La traviata* (1853), el castigo que el sumo sacerdote le impone a Aida (1871) o el asesinato de Desdémona a manos de Otelo (1887). La eficacia escénica de Verdi, sumada a su destreza musical, les ha garantizado a sus obras una supervivencia inédita: todavía hoy el drama verdiano representa la quintaesencia de la ópera italiana y acaso de Italia misma.

Richard Wagner es su némesis o antídoto. Autor de sus propios libretos, entresacados de las leyendas germánicas medievales, combate denodadamente las formas cerradas de la ópera italiana. Tras algunos ejercicios juveniles, diseña una fantasía inconmensurable, la *Gesamtkunstwerk*, la obra de arte total que fundirá todas las disciplinas en un espectáculo de proporciones gigantescas y cuya «revolución conservadora», en palabras de Slavoj Žižek en *La música de eros* (2011), llegará a la música de Hollywood, donde hasta «la más osada música atonal es plenamente aceptable en tanto y en cuanto acompañe una escena de locura o violencia, o sea mientras sirva para ilustrar un estado psicológico claramente definido o una situación realista delimitada y enmarcada». Llevando a sus límites la tonalidad, en *Tristán e Isolda* (1865) Wagner abandona la ópera romántica en busca de un nuevo drama donde música y teatro se fundan en un flujo permanente: un agotador tsunami emocional.

Compuesto entre 1848 y 1874, *El anillo del nibelungo* es una ficción desmesurada: dividida en un prólogo y tres jornadas al modo del teatro griego, dura unas quince horas. Interrumpida y retomada en varias ocasiones, representa la culminación de un esfuerzo titánico; su inspiración mitológica, plagada de dioses, enanos, héroes y demonios, aspira a una novedosa forma de realismo: aquel que sigue los patrones naturales de la lengua alemana y desarrolla la trama en un tiempo continuo del que los espectadores no pueden escapar. Mezcla de tragedia y epopeya nacional, *El anillo* ofrece un nuevo tipo de discurso emocional en donde distintos temas o motivos —luego llamados

Leitmotive— se ligan a ciertas acciones o episodios que reaparecen una y otra vez, variados y modificados, a fin de que el espectador no tenga otro remedio que recordarlos: el drama se desenvuelve en la mente. El héroe wagneriano es el prototipo del hombre germánico, a la vez ingenuo y poderoso, sincero y «en verdad humano», como lo caracteriza él mismo en una carta a sus admiradores.

Mientras Verdi se considera un continuador de la tradición —«vuelve a lo antiguo y será un progreso», repetía—, Wagner encabeza una ruptura centrada en el futuro. Poco importa que los resultados artísticos de ambos sean concomitantes: el alemán buscará opacar a sus competidores y sus seguidores se asumen poseídos por una nueva fe. Si el drama verdiano recurre a Shakespeare para reinventar el espectáculo cívico, Wagner recupera su antiguo carácter ritual. Como sintetiza Alex Ross en *Wagnerismo: arte y política a la sombra de la música* (2020), la ópera wagneriana se halla firmemente enraizada en la personalidad polémica, autoritaria y ambiciosa de su creador y frente a ella solo se puede reaccionar «con devoción o con espanto». Su estética, que aspira a una doble pureza artística y racial, se esforzará por derrotar cualquier propuesta alternativa, tachada de degenerada: de la obra de arte total al totalitarismo hay solo un paso.

Wagner y Verdi. Resulta sencillo advertir su distancia al escuchar las últimas frases de sus últimas óperas: la de *Parsifal* (1882) es «Redención al redentor»; la de *Falstaff* (1893), «Todo en el mundo es burla». Héroes de sus respectivas naciones, son los forjadores de un nuevo realismo emocional que aún inspira incontables piezas de teatro, películas y series de televisión. Rostros musicales de la mayor ficción decimonónica: aquella que, bajo el ímpetu del Romanticismo, en un caso anhela poner en escena todas las variedades de la experiencia y, en el otro, la esencia misma de lo humano.

«No necesitamos dar la prueba de que el arte moderno se ha judaizado; el hecho salta a la vista. Tendríamos que remontarnos demasiado alto si quisiéramos encontrar las pruebas en la historia de nuestro arte. Pero, si bien comprendemos que lo más urgente es emanciparnos de la opresión judía, debemos reconocer que la cosa más importante es estimar nuestras fuerzas en vista de esta lucha en pro de la liberación». Así escribe Richard Wagner, con el seudónimo de K. Freigedank (K. Librepensador), en el artículo titulado «El judaísmo en la música», publicado en el número de septiembre de 1850 de la *Neue Zeitschrift für Musik*, la revista que antes dirigiera Schumann. Su autor insiste en que los judíos, al ser racialmente distintos de los cristianos, no enriquecen su cultura, sino que la pervierten. Aun si se convierten, como Mendelssohn, jamás podrán llegar a la verdadera expresión de lo humano. Si bien «El judaísmo en la música» no circula demasiado en su momento, ni siquiera en su reedición de 1869, inaugura una corriente que se enfila hacia el Holocausto.

אֵ

El 29 de enero de 1857, el juez Treilhard inicia el proceso por «ofensas a la moral pública y religiosa y a las buenas costumbres» en contra del editor Laurent-Pichat y de Gustave Flaubert, por culpa de *Madame Bovary*, publicada a partir de 1856. El procurador Ernest Pinard insiste en que la novela tiene un «color lascivo», exagera el adulterio y envilece la religión; por si fuera poco, no condena el adulterio ni el suicidio de forma explícita. En su réplica, el abogado de Flaubert, maître Sénard, insiste en que el objetivo de la novela es inspirar «el amor por la virtud y el odio hacia el vicio». El tribunal rinde su veredicto el 7 de febrero: la novela hiere el buen gusto, expone ideas contrarias a las buenas costumbres y sobrepasa los límites admitidos para la literatura, pero, en vista de que el autor no posee un espíritu licencioso, se le declara inocente.

Unos meses después, el mismo Pinard ordena el secuestro de *Las flores del mal*, que la dirección general de la Seguridad Pública considera un «desafío a las leyes que protegen la religión y la moral», y convoca a juicio a los editores Auguste Poulet-Malassis y Eugène de Broise, y a su autor, Charles Baudelaire. Una vez más, el abogado del escritor argumenta que el libro debe ser visto en su conjunto, y concluye: «¿Qué es esta moral mojigata, fastidiosa, hipócrita que no busca otra cosa que crear conspiradores incluso en el orden tranquilo de los creadores?».

El 20 de agosto, Baudelaire se presenta ante el tribunal y, torciendo la verdad, insiste en que jamás pretendió atacar la virtud. Su abogado añade que, si su cliente dibuja el vicio, es para mostrar su carácter detestable. A diferencia de Flaubert, los magistrados lo hallan culpable, lo condenan a pagar trescientos francos y dictaminan la supresión de seis poemas. Aquí, un fragmento de «Mujeres condenadas» (en traducción de Antonio Martínez Sarrión):

> Lejos de pueblos vivos, condenadas, errantes,
> corred como los lobos a través del desierto;
> ¡cumplid vuestros destinos, almas desordenadas,
> y huid al infinito que vosotras lleváis!

Y uno de «Lesbos»:

> Lesbos, tierra de noches lánguidas y abrasadas,
> que hacen que en sus espejos, oh infecundo placer,
> las niñas de sus propios cuerpos enamoradas
> palpen los frutos gráciles de sus núbiles cuerpos.

Con Baudelaire surge una nueva generación de románticos que ya no se ven a sí mismos como héroes, sino como antihéroes escépticos y pesimistas, vencidos por el *spleen*. Dandis decadentes que enaltecen los vicios y se deleitan en la melancolía y la oscuridad. Tras una larga agonía, el poeta morirá el 31 de agosto de 1867 en brazos de su madre, dando vida a un nuevo mito: el artista hipersensible y frágil, adicto al alcohol o a las drogas, que morirá loco y joven, poseído por los demonios.

Siguiendo sus pasos, el jovencísimo Arthur Rimbaud estremece París como un relámpago antes de apagarse tras su tormentosa relación con Paul Verlaine. En *Una temporada en el infierno* (1873), escribe (aquí en traducción de Oliverio Girondo y Enrique Molina):

> He ingerido un enorme trago de veneno. —¡Sea tres veces bendito el consejo que llegó hasta mí!— Se me abrasan las entrañas. La violencia del veneno me retuerce los

miembros, me deforma, me derriba. Muero de sed, me ahogo, no puedo gritar. Es el infierno, ¡la pena eterna! ¡Mirad cómo asciende el fuego! Ardo como es debido. ¡Vaya, demonio!

Tras afirmar «Yo soy un otro» —la ficción por excelencia—, el irreductible Rimbaud cierra el siglo XIX con el acto más romántico y heroico posible: la renuncia a la poesía.

2. Sobre cómo acariciar el absoluto

Kant, Hegel, Schopenhauer, Nietzsche

«El principio moral que declara el deber de decir la verdad, si alguien lo tomase incondicional y aisladamente, tornaría imposible cualquier sociedad», escribe el joven filósofo Benjamin Constant en un folleto de 1796. «Tenemos la prueba de ello en las consecuencias muy inmediatas que un filósofo alemán sacó de ese principio, yendo hasta el punto de afirmar que, si acaso, no sería un crimen la mentira dicha a un asesino que nos preguntase si un amigo nuestro, perseguido por él, se había refugiado en nuestra casa».

El filósofo alemán cuyo nombre no menciona es, por supuesto, Immanuel Kant. A fin de refutarlo, Constant añade: «Es un deber decir la verdad. El concepto de deber es inseparable del concepto de derecho. Un deber es aquello que corresponde en un ser a los derechos del otro. Donde no hay ningún derecho, no hay ningún deber. Por consiguiente, decir la verdad es un deber, pero solamente en relación con quien tiene derecho a la verdad. Ningún hombre, por tanto, tiene derecho a la verdad que perjudica a otros».

Lo cierto es que Kant nunca ha dicho justo eso, pero, cuando se entera de la acusación, le responde a Constant en un artículo titulado «Sobre un presunto derecho a mentir por filantropía», donde asume esa drástica posición sin contemplaciones: mentir *nunca* es admisible, insiste el filósofo de Königsberg. En *La metafísica de las costumbres* (1797), lo deja aún más claro: «El mayor ataque que puede serle hecho al deber del hombre hacia sí mismo, considerado solamente como ser moral (la humanidad en su persona), es lo contrario de la veracidad: la mentira».

En la *Fundamentación de la metafísica de las costumbres* (1785), el segundo puntal del vasto proyecto intelectual emprendido con la *Crítica de la razón pura* (1781) y que culminará con la *Crítica de la razón práctica* (1788) y la *Crítica del juicio* (1790),

Kant ya había introducido esta idea toral de su pensamiento ético, el llamado imperativo categórico, de varias maneras:

Obra solo según aquella máxima por la cual puedas querer que al mismo tiempo se convierta en ley universal. *(Fórmula de la ley universal).*

Obra como si la máxima de tu acción debiera tornarse, por tu voluntad, ley universal de la naturaleza. *(Fórmula de la ley de la naturaleza).*

Obra de tal modo que trates a la humanidad, tanto en tu persona como en la persona de cualquier otro, siempre al mismo tiempo como fin y nunca simplemente como medio. *(Fórmula de la humanidad).*

Obra por máximas de un miembro legislador universal en un posible reino de los fines. *(Fórmula del reino de los fines).*

Todas ellas quedarán condensadas, en la *Crítica de la razón práctica*, de este modo: «Obra de tal modo que la máxima de tu voluntad siempre pueda valer al mismo tiempo como principio de una legislación universal». La ética se sustenta, para Kant, en una ambiciosa ficción: hagas lo que hagas, imagina que tu conducta será compartida por toda la humanidad sin importar el momento y la circunstancia. Su temple jurídico y matemático lo lleva a proponer la universalización de cada uno de nuestros actos, sin dejar espacio para disculpas o zonas grises: mentir es siempre inadmisible, no por lo que le hace al otro —un bien o un daño, da igual—, sino porque convierte al mentiroso en un ser inauténtico y una ruina moral. Lo mismo aplica al suicidio, el robo, el asesinato o la pereza. Una moral tan severa y pura se torna por fuerza imaginaria: difícilmente los humanos comunes podrán aplicarla a rajatabla, como él quisiera, y se sentirán en falta.

Como sostiene Gabriel Albiac en la introducción a *¿Hay derecho a mentir?* (2012), la obsesión de Kant por señalar deberes absolutos, frente a los que no hay excusa posible, abre la puerta al totalitarismo. El propio Constant, que presenció el Terror revolucionario y sus delaciones, ya lo veía así: a veces decir la verdad es inmoral.

El 14 de octubre de 1806, la Grande Armée, formada por unos cien mil hombres bajo el mando de Napoleón, se enfrenta a los setenta mil soldados del ejército prusiano, comandado por el príncipe Federico Luis de Hohenlohe. Tras una fallida carga del mariscal Ney, el emperador ordena a los generales Murat y Lannes atacar los flancos enemigos mientras él mismo se lanza por el centro. Al final del día, los prusianos pierden unos diez mil hombres y Napoleón se apodera de quince mil prisioneros y ciento cincuenta cañones. A unos kilómetros del campo de batalla, en una Jena sepulcral, Georg Wilhelm Friedrich Hegel pone punto final a su *Fenomenología del espíritu*. Aunque su patria ha sido vencida, el filósofo cree que la fuerza de la historia se ha objetivado en Napoleón —el «espíritu del mundo», lo llama en una carta— y celebra su victoria. A sus ojos, la humillación prusiana no representa el fin de la revolución, sino el cercano fin de la historia.

Hegel prosigue su gigantesco proyecto filosófico con la *Ciencia de la lógica* (1812-1816), la *Enciclopedia de las ciencias filosóficas* (1817) y *Principios de la filosofía del derecho* (1821), un avasallador intento por hablar de todo, comprenderlo todo, descifrarlo todo. Igual que el Romanticismo, el idealismo alemán nace como reacción a las Luces, la Revolución francesa, Napoleón y Kant. Hegel desconfía de la realidad y centra sus ideas en la subjetividad; al igual que Hölderlin o Novalis, se ve a sí mismo como un poeta que ansía acercarse al «espíritu del mundo» por medio de la filosofía; solo que, mientras sus colegas románticos les cantan en primera persona a la naturaleza, la noche y el sueño, él se adentra en las arcanas leyes de la historia a través del *yo*.

Su prosa resulta tan oscura como la poesía de sus amigos: habrá que esperar a Heidegger para encontrar una jerga tan abstrusa. Gracias a él, la filosofía alemana adquiere un estilo, un laberinto de conceptos anclado en la estructura aglutinante de su lengua, al tiempo que funda un género literario. Su propuesta de que lo real es racional y lo racional es real implica que la imaginación moldea un mundo que solo puede ser, por tanto, fantástico. Con su obsesión por engarzar acontecimientos necesarios a partir del motor dialéctico tesis-antítesis-síntesis, Hegel figura como uno de los grandes novelistas del siglo XIX, al lado de Hugo o Balzac: un autor convencido de su talento para revelar los mecanismos internos de la sociedad y de la historia en un relato totalizador que se dirige, como cualquier narración, hacia su ineluctable final.

Cuando rompe su compromiso con Regine Olsen, menos de un año después de haber pedido su mano, Søren Kierkegaard piensa que su melancolía lo vuelve inadecuado para el matrimonio. En uno de los numerosos textos que publica con seudónimo, titulado *O lo uno o lo otro* (1843), intenta comprender su decisión al imaginar dos vidas posibles: una dominada por la estética y otra, por la ética. Para enredar más el juego, afirma que un autor, A, es el responsable de la parte llamada *Y*, mientras que B (más tarde identificado con el juez Wilhelm) es el de *O*. Un tercer escritor, Johannes, aparece como autor del «Diario de un seductor», donde narra su pasión por una joven llamada Cordelia, trasunto de Regine. ¿Cuál es entonces la posición del propio Kierkegaard? ¿Intenta decirnos que, al elegir una vida estética, renunció a su amor por Cordelia-Regine? ¿Y cuál de las dos vías recomienda? ¿El libro es una justificación de sus actos o, al revés, una expiación? Mientras los idealistas alemanes buscan dar lecciones de vida, el danés muestra las alternativas que se abren ante él: tomar una u otra determinará quiénes somos y no al contrario. En *Temor y temblor* (1843), publicado con el seudónimo de Johannes de Silentio, volverá al mismo tema, la ansiedad o la angustia previas a su decisión de romper con Regine, solo que esta vez se vale de las figuras bíblicas de Abraham e Isaac como trasuntos. Jean-Paul Sartre y otros verán en estos textos los antecedentes del existencialismo: es nuestra libertad de imaginar lo que a fin de cuentas le da sentido a un cosmos absurdo y vacuo.

א

Desde que el joven Nietzsche lo saluda por primera vez en noviembre de 1868, sueña con reencontrarse con Wagner para discutir la obra de Arthur Schopenhauer, por el cual los dos sienten una profunda admiración. Nombrado profesor de Filología Clásica en Basilea, visita con regularidad al maestro y a su esposa Cosima en su residencia de Villa Tribschen, a orillas del lago de Lucerna, si bien nunca consigue hablar del filósofo. Schopenhauer es el primer pensador europeo moderno interesado por Oriente y su lectura de los *Upanishads* y los *Vedas*, así como de la tradición budista, marca su pensamiento.

Para Schopenhauer, el ser humano está volcado al sufrimiento a causa de su deseo siempre insatisfecho y aboga por cierta forma de ascetismo (o quietismo) para resistir el sufrimiento ajeno, que, en los hombres que consiguen la individuación, se vuelve irremediablemente propio. A diferencia de los idealistas, piensa que el mundo físico es real, aunque solo percibamos sus representaciones (*Vorstellung*); la verdadera esencia de las cosas se halla, por tanto, en la voluntad (*Wille*), un concepto que había sido poco utilizado por la filosofía alemana y que encandila tanto a Wagner como a Nietzsche. En *El mundo como voluntad y representación* (1819), Schopenhauer afirma que solo los hombres de genio logran identificarse con su voluntad; Wagner se considera uno de esos seres superiores e incluso se vale del sobrenombre *Wille* en sus jugueteos amorosos con Cosima, a quien llama, con cierto desdén, *Vorstellung*. Estas ideas modelarán su *Tristán e Isolda*, compuesta en esos meses a partir de su fragoroso enamoramiento de su nueva amante Mathilde Wesendonck.

Cuando Wagner recibe a Nietzsche en Tribschen —yo mismo estuve allí hace poco—, interpreta algunos pasajes de sus obras, le da lecciones de estética, lo deja intervenir en sus cotilleos con Cosima y lo invita a dar largos paseos por las montañas. En estos años de formación, Nietzsche desarrolla por el compositor y su complejo círculo musical y erótico una admiración rayana en el servilismo: no solo intenta ayudarlo a financiar *El anillo* —una empresa que mantiene al compositor siempre en vilo—, sino que se ocupa de asuntos tan banales como comprarle su ropa interior favorita.

En *El origen de la tragedia en el espíritu de la música*, Nietzsche explora los principios dionisíaco y apolíneo de la tragedia griega, pero al final se decanta en un alegato a favor de la «música del futuro» enarbolada por Wagner. Más adelante, le dedica una de sus *Consideraciones intempestivas* (1873-1876), donde es palpable la ambigüedad que siente hacia el maestro y su «música del futuro». Cuando Nietzsche abandona su cátedra en Basilea y se enreda en un nuevo círculo con la anciana Malwida von Meysenbug, el filósofo judío Paul Rée y la joven Lou Andreas-Salomé, su relación con Wagner se tensa todavía más.

Tras la muerte del filósofo, su hermana Elisabeth afirmará que la ruptura definitiva con el compositor se debió a una ríspida discusión en Sorrento a causa de *Parsifal*, que Nietzsche juzga cristiana en exceso. Gracias a Martin Gregor Dellin, autor de una de las más completas biografías de Wagner (1980), hoy sabemos que las razones fueron bastante más prosaicas: el compositor le reveló al médico de Nietzsche que sus malestares se debían a la masturbación compulsiva. Para vengarse, el filósofo publica *Humano, demasiado humano* (1878), escrito en párrafos breves y aforísticos. Pensado como un homenaje a Voltaire, cuestiona la existencia de las verdades objetivas, tacha la religión —y en particular el cristianismo— de superchería, asume que el origen de la cultura se halla en los sueños, afirma que la moral es una mentira útil para asegurar la convivencia y aspira al advenimiento de espíritus libres que no teman viajar sin entrever su meta. Como cuenta Sue Prideaux en *¡Soy dinamita! Una vida de Nietzsche* (2018), el libro disgusta profundamente a Wagner y a Cosima.

Azotado por agudos dolores de cabeza y despechado por el rechazo de Lou Andreas-Salomé, Nietzsche viaja a Italia, donde redacta de un plumazo el primer libro de *Así habló Zaratustra*, que él mismo considera su obra maestra; el 14 de febrero de 1883, justo al día siguiente de la muerte de Wagner, lo envía a su editor. Las otras tres partes se publican entre 1884 y 1885, a las que les siguen, en una fiebre creativa imparable, *Más allá del bien y del mal* (1886) y *La genealogía de la moral* (1887). Más adelante, Nietzsche se embarca en *La voluntad de poder*, que deja de lado para redactar *El crepúsculo de los ídolos o cómo filosofar con un martillo*, *El Anticristo* y su autobiografía, *Ecce homo*, publicados de forma póstuma.

Uno de los últimos libros que el filósofo da a la imprenta es *El caso Wagner* (1889), donde al fin explora a fondo su ruptura con el compositor; el librito, al que le sigue una recopilación de esbozos anteriores, titulada *Nietzsche contra Wagner*, ofrece una feroz crítica contra el Romanticismo en su conjunto. Pero, si al principio del texto afirma que la *Carmen* de Bizet es una ópera perfecta, al final confiesa que él mismo hubiera querido componer *Parsifal*: el incierto cierre a una relación de amor y odio que, como en *Tristán*, se saldará con la muerte de sus dos protagonistas.

Apenas unos meses después de la publicación de estos libelos, el 3 de enero de 1889 Nietzsche se derrumba en la locura tras contemplar cómo un cochero golpea sin piedad a su caballo en la piazza Carlo Alberto de Turín: el episodio es retomado por Béla Tarr en *El caballo de Turín* (2011). El filósofo pasará los siguientes años en un hospital psiquiátrico, al cuidado de su madre y de su hermana, una ferviente antisemita que no dudará en adulterar sus ideas, hasta su fallecimiento, el 25 de agosto de 1900: una muerte que no clausura el siglo XIX, sino que abre el XX.

א

Nietzsche dijo de sí mismo «soy dinamita» y, consciente de que sus libros apenas se vendían, pronosticó su fama póstuma. No se equivocó: igual que a miles de lectores, *Así habló Zaratustra*, su «mayor regalo para la humanidad», me cambió la vida. Yo acababa de cumplir quince años y, tratando de batirme con los filósofos que atacaban mi renovada fe católica, terminé vencido por este libro que en efecto trastocó todos mis valores. No se parecía a nada que hubiera leído hasta entonces: un texto filosófico que, en forma de novela y plagado de excursiones líricas, se valía de los recursos de la ficción para proclamar su terrible mensaje. No sé cuánto habré comprendido entonces de este extraño libro —no lo había releído hasta ahora—, pero me hizo llorar durante días. Algunos han querido desestimar a Nietzsche como un autor para adolescentes sensibles: yo sigo valorándolo hoy tanto como entonces.

Zaratustra y el resto de sus libros me enseñaron a pensar por mí mismo. Nietzsche es el filósofo del *quizás*, y esa duda incisiva y mordaz es el mayor de sus legados. Es posible que

Zaratustra me haya cimbrado y descolocado gracias a su estilo: para cuestionar el cristianismo —y, en el fondo, todas las religiones, incluidas las laicas que se abrían paso a fines del siglo XIX—, Nietzsche reinventaba al antiguo profeta persa y exponía sus enseñanzas con la retórica propia de cualquier mito originario. Su Zaratustra es el hombre superior que recibe la iluminación (en este caso, *desiluminación*) y decide compartirla con el resto de los mortales, quienes primero lo desoyen y se burlan de él hasta que unos cuantos se deciden a seguirlo.

Este es su célebre inicio (en traducción de Juan Carlos García-Borrón): «Al cumplir los treinta años, Zaratustra abandonó su patria y los lagos de su patria, y se retiró a la montaña. Allí podía gozar de su espíritu y su soledad, y así vivió durante diez años, sin fatigarse». Hoy, resulta imposible disociarlo del poema sinfónico de Richard Strauss (1896), colocado por Stanley Kubrick al principio de *2001. Una odisea del espacio.*

El Zaratustra nietzscheano no es, evidentemente, un profeta al uso: más que enseñanzas reparte *desenseñanzas.* La primera es la muerte de Dios; la central, el eterno retorno; y la postrera, el camino hacia el *Übermensch* —el superhombre, mejor traducido como transhombre o transhumano para evitar la marca racista que adquirió por culpa de Elisabeth y sus compinches nazis—, aunque nunca quede claro qué o quién sea ese superhombre. Parodiando las revelaciones proféticas, el mensaje de Nietzsche es deliberadamente oscuro: de allí el sinfín de interpretaciones que ha recibido y la explicación de por qué se lo han apropiado por igual pensadores de izquierda y de derecha. Con guiños al *Bildungsroman* y una escritura fragmentaria a base de aforismos, sentencias y poemas, Nietzsche pone en escena su propio objetivo: la «transvaloración de todos los valores», la puesta en duda de todas las verdades, el cuestionamiento de uno mismo y la reafirmación de la voluntad y de la vida. En su discurso por los cien años de la muerte de Nietzsche, *Sobre la mejora de la buena nueva* (2000), Peter Sloterdijk dice que *Zaratustra* es el «quinto evangelio», aunque en realidad se trate de un *desevangelio*: una cura contra todos los evangelios posibles.

Para lograr estos objetivos, el filósofo fustiga, a través de crueles parábolas o escenas irrisorias —su humor negro ha sido poco apreciado—, a quienes creen en el mundo ultraterreno y desdeñan el presente; a quienes desprecian el cuerpo y la sexualidad; a los obsesivos del trabajo y las distracciones; a quienes no soportan la soledad y no valoran la amistad; a la chusma y las masas aborregadas; a los sacerdotes de todos los cultos y a quienes él llama adivinos o manipuladores, como Wagner y Schopenhauer; y, en fin, zahiere a quienes proclaman su amor al prójimo cuando solo buscan reconocimiento. A la vez, encomia a quienes afirman su *yo quiero* y abandonan la «moral de los esclavos»; a quienes ven en un amigo a ese enemigo que te estimula; a quienes no se dejan manipular por las mujeres —su misoginia reforzada por el desdén de Lou Andreas-Salomé—; a quienes no temen a la muerte; y, en fin, a quienes, al superarse, crean algo para los demás.

Nietzsche considera que, por culpa del cristianismo y su moral de esclavos, los seres humanos nos hemos empequeñecido —eso ocurre de manera literal en un pasaje casi surrealista de *Zaratustra*— y piensa que la única forma de ser de veras libres radica en romper con la moral de los otros. La vida, por su parte, solo cobra sentido mediante la voluntad de poder: que lo fuerte mande sobre lo débil y se aparte de las viejas tablas de la ley. Para lograrlo, es imprescindible la ficción —Nietzsche jamás asume que sea otra cosa— del eterno retorno. Así como Kant necesitaba convertir cada acto en una ley universal, él se vale de la idea de que cada una de nuestras conductas se repetirá una y otra vez para que las observemos de otro modo, luchando contra cualquier idea de culpa y asumiendo que todo *fue* equivale a un *así lo quise yo*. Para escapar de la «cárcel del tiempo», como la llama Fernando Pérez-Borbujo Álvarez, es necesaria «una nueva lira, un nuevo canto que conjure la tristeza y el vacío, que transmute el sentido de la eterna repetición de lo mismo, liberándola de su dimensión infernal».

En su último mensaje, Zaratustra se da cuenta de que cuanto ha hecho hasta ahora es apenas un inicio y, volviendo al comienzo de su prédica, invoca al Sol:

«¡Bien! El león ha llegado, mis hijos están cerca. Zaratustra está maduro. Mi hora ha llegado. He aquí mi alborada. *¡Mi día comienza! ¡Elévate, pues, elévate, oh, gran mediodía!*».

Así habló Zaratustra, y se alejó de su caverna, ardiente y fuerte como un sol matutino que viene de oscuras montañas.

Como concluye Rüdiger Safranski en su *Nietzsche* (2000): «Con el pensamiento de este filósofo no se llega a ninguna parte, no hay en él ninguna conclusión, ningún resultado. En Nietzsche encontramos solamente el propósito de la aventura, de la interminable aventura del pensamiento. Pero a veces asoma en nosotros el sentimiento: el alma de este hombre ¿no estaba hecha para cantar?». Su mayor enseñanza, puesta en boca de su ficticio Zaratustra, es su despiadada crítica contra *cualquier* ficción.

3. Sobre cómo aceptar una herencia envenenada

El Manifiesto comunista, *El capital* y *El origen de las especies*

Cuando despiertas, escuchas este alarido: «Un fantasma recorre Europa, el fantasma del comunismo».

Miles gritan la consigna a voz en cuello: dirigentes obreros y campesinos, activistas, políticos, guerrilleros y soldados, terroristas y pacifistas, burócratas y políticos profesionales, hombres y mujeres e innumerables jóvenes —sobre todo jóvenes—, desde que Karl Marx y Friedrich Engels la pusieron en sus labios en 1848. Ningún otro libro, con excepción de la Biblia, se ha publicado en más lenguas que el *Manifiesto del Partido Comunista*. Al principio, sus palabras no tienen demasiado eco ante el fracaso de las estrepitosas revoluciones de aquel año, pero pronto esas derrotas inspiran nuevos gritos de batalla que no se acallarán ni siquiera en nuestra época, cuando el temible enemigo contra el que combatían sus autores —el capitalismo— parece haber obtenido una victoria definitiva.

Románticos, al fin y al cabo, a Marx y Engels les fascinan los cuentos de terror y los relatos sobrenaturales: no debería extrañar que el protagonista del *Manifiesto* sea un fantasma. Al igual que el vampiro de Polidori o *Frankenstein*, su intención es aterrorizar a los burgueses del planeta. Marx y Engels remedan, como Nietzsche, el camino del héroe; su fantasma tiene la fachada de un bandolero perseguido por sus adversarios: «Todas las potencias de la vieja Europa se han aliado en santa cacería contra ese fantasma». En el tablero de la historia deberá enfrentarse, como en el relato judeocristiano, al mal absoluto.

Poco a poco el *Manifiesto* adquiere tintes míticos (aquí, en traducción de José Ovejero): «La historia de todas las sociedades que han existido es la historia de la lucha de clases. El hombre libre y el esclavo, el patricio y el plebeyo, el barón y el siervo, el maestro y el oficial, en resumen, el opresor y el oprimido se encontraban en continuo antagonismo, libraban sin cesar una batalla, a veces soterrada, a veces abierta, una batalla que siempre terminaba con la transformación revolucionaria de toda la sociedad o con la ruina común de las clases en liza».

Siguiendo la lógica de la Conspiración de los iguales (1796), encabezada por Gracchus Babeuf, Marx y Engels dividen la sociedad en dos clases enfrentadas: opresores y oprimidos, burgueses y proletarios. Los primeros son, por supuesto, los villanos:

La burguesía, allí donde ha llegado al poder, ha destruido todas las relaciones feudales, patriarcales e idílicas. Ha hecho trizas sin piedad los lazos variopintos que unían al ser humano con sus «superiores naturales» y no ha dejado en pie más vínculo entre hombre y hombre que el puro interés, el frío pago en metálico. Ha ahogado el sagrado escalofrío del fervor religioso, del ardor caballeresco y de la melancolía pequeñoburguesa en las heladas aguas del cálculo egoísta. Ha disuelto la dignidad personal en el valor de cambio y, en lugar de las numerosas libertades justamente obtenidas y garantizadas por escrito, ha instalado una *única* libertad: la libertad de comerciar sin escrúpulos. En resumen, ha sustituido la explotación disfrazada mediante ilusiones religiosas y políticas por la explotación franca, desvergonzada, directa y descarnada.

Su retrato de la burguesía resulta tan verosímil como si figurara en una novela de Balzac, a quien Marx tanto admiraba. Gracias a ella, «se disuelven todas las estructuras que eran sólidas y rígidas con su séquito de ideas y principios venerables del pasado, mientras que las nuevas se vuelven obsoletas antes de llegar a anquilosarse. Se evapora todo lo estamental y lo establecido, se profana lo más sagrado, y al final los seres humanos se ven obligados a examinar sobriamente la situación y su relación con los demás. Y prosigue:

Pero la burguesía no solo ha forjado las armas que la aniquilan, también ha engendrado a los hombres que empuñarán dichas armas: los obreros modernos, los *proleta-*

rios. En la misma medida en la que se desarrolla la burguesía, es decir, el capital, se desarrolla también el proletariado, la clase de los obreros modernos, que solo pueden vivir cuando encuentran trabajo, y que solo encuentran trabajo cuando este hace crecer el capital. Esos obreros, obligados a venderse día a día, son una mercancía como cualquier otro artículo comercial y están por tanto sometidos igualmente a los avatares de la competencia y a todas las fluctuaciones del mercado.

La burguesía produce a sus «propios sepultureros», de modo que «tanto su caída como la victoria del proletariado son inevitables». Para vencerla se requiere de quienes, gracias a su conciencia de clase, empujarán a los trabajadores a cumplir su misión histórica. «Os escandaliza que deseemos abolir la propiedad privada», les espetan Marx y Engels a sus enemigos, «pero en vuestra sociedad actual la propiedad privada ya está abolida para las nueve décimas partes de sus miembros». Además de la propiedad privada, aspiran a eliminar la familia y las naciones: «Los obreros no tienen patria», advierten, y «no se les puede quitar lo que no tienen». Se adelantan así a sus adversarios, a quienes tachan de zombis, criaturas que solo creen en lo que creen porque han sido programadas para ello: «Vuestras ideas mismas son producto del sistema de producción y de propiedad burgués, de la misma manera que vuestro derecho solo es la voluntad de vuestra clase elevada a ley, una voluntad cuyo contenido viene dado por las condiciones materiales de vuestra clase».

Una importante porción del *Manifiesto* se dedica a desacreditar a sus competidores y rivales, en particular a los socialistas democráticos. Marx y Engels no admiten el disenso, fijan la ortodoxia y excomulgan a los herejes. ¿Qué hacer, entonces, con quienes luchan contra el enemigo común? Su respuesta de dientes para afuera: trabajar con ellos, al igual que con todos los partidos democráticos del mundo; la verdad oculta: tolerarlos hasta alzarse con el poder. Por último, valiéndose de un tono feroz y apocalíptico, cierran su texto con una nueva *catch-phrase* poderosa e inolvidable:

«¡Proletarios de todos los países, uníos!».

El *Manifiesto comunista* sirve de molde tanto a los que proliferarán durante las vanguardias artísticas de principios del siglo xx como a los manuales de autoayuda y *marketing* en nuestra era. Su programa se resume en cuatro pasos: estudia a tu enemigo (o, en su caso, el mercado); desacredita sus argumentos antes de que te los formule; elimina toda crítica interna; y alíate con los enemigos de tu amigo mientras te sean útiles. Más que describir lo que ocurre en 1848, Marx y Engels anticipan la sociedad capitalista o poscapitalista del siglo xxi: hoy, el *Manifiesto comunista* luce como una ingeniosa novela de anticipación.

Los seres humanos se unen unos con otros a partir de la atracción pasional, una fuerza paralela a la gravitación universal. Existen doce pasiones radicales: cinco sensuales, cuatro afectivas y tres organizativas. Hombres y mujeres se dividen en ochocientas diez categorías: si se estudian y armonizan, sería posible llegar a la armonía universal. Lo conveniente sería organizar grupos de mil seiscientos veinte individuos, los cuales se instalarán en grandes edificios, los falansterios; cada uno contará con campos de cultivo, zonas habitacionales, arcadas y patios, salas públicas y privadas, una gran plaza, un pequeño bosque y amplios jardines. Hombres y mujeres serán libres de poner en práctica sus deseos sexuales sin necesidad de casarse y los niños serán educados por la comunidad. Cada falansterio deberá ser autosuficiente; sus miembros jamás se aburrirán ni fatigarán en exceso y cooperarán unos con otros en aras del bienestar general. El objetivo final será construir seis millones de falansterios, cada uno regido por un *omniarca* y en conjunto por el Congreso Mundial de Falansterios. Este modelo de sociedad, imaginado por Charles Fourier en varios opúsculos y panfletos publicados entre 1808 y 1837, inspirará a los socialistas utópicos, a Marx y Engels y a los rebeldes de la Comuna de París, y animará la puesta en marcha de auténticas comunidades utópicas. Sus ideales inspirarán diversos experimentos sociales que llegarán a los *hippies* del siglo xx y a los ecologistas radicales del xxi.

א

Abolir la propiedad privada, la familia burguesa y la patria. ¿Se puede ir más lejos? Amigo y rival de Marx, Mijaíl Bakunin se atrevió a imaginar una opción aún más radical. Su bestia negra no era la burguesía que controlaba el Estado, sino el Estado mismo, una «permanente fuente de explotación y de opresión». Buceando en Fourier, Saint-Simon y Owen, en *Estatismo y anarquía* (1873) Bakunin proponía una estructura social no jerárquica, basada en pequeñas comunas autosuficientes organizadas de «abajo hacia arriba» y federadas entre sí. En contra de Marx, se oponía a la idea de que el proletariado debiera formar una dictadura y abogaba por la libertad individual en una sociedad revolucionaria y sin clases, como argumentó en *Dios y el Estado* (1882).

En *El apoyo mutuo: un factor de la evolución* (1902), su compatriota Piotr Kropotkin ofreció argumentos científicos en favor de un comunismo anárquico; a diferencia de quienes, como Marx, basaban su teoría en la lucha de clases, él intentaba probar que la cooperación era una parte fundamental de la naturaleza humana y abogaba por una sociedad descentralizada. En su intento por eliminar el Estado —que entretanto se hacía cada vez más poderoso—, los anarquistas fueron vistos como los mayores enemigos de la estabilidad burguesa y muy pronto se les asoció con el terrorismo y la violencia. Si bien algunos en efecto llevaron a cabo actos extremos, su principal táctica era la huelga, mientras que el anarcopacifismo abogaba incluso por un cambio no revolucionario. Compitiendo cuerpo con cuerpo con el comunismo, a quien siempre calificó de autoritario, el anarquismo despertó una profunda fascinación en las postrimerías del siglo XIX y sus distintas mutaciones —por ejemplo, en el anarcosindicalismo— se extendieron por Italia, España, Francia, Rusia y América Latina. Sus militantes, dibujados como fanáticos o iluminados, son los protagonistas de *Los demonios* (1872), de Dostoievski, o de *El agente secreto* (1894), de Joseph Conrad.

Mi bisabuelo, Cesare Augusto Volpi, cuyo nombre de combate era Petino, fue secretario del grupo anarquista Carlo Marx de Massa y, según la prefectura de esa ciudad, tenía fama de violento. El 16 de junio de 1879 fue presentado ante el fiscal de Carrara como «sospechoso de delitos contra las personas y la propiedad». En la década de 1890 emprendió propaganda activa entre la clase obrera en Carrara y Pisa y participó en las insurrecciones de enero de 1894 en apoyo a los trabajadores sicilianos; fue arrestado y condenado por el tribunal de guerra de Massa, que el 10 de marzo lo sentenció a un año de cárcel y uno de vigilancia especial por llamamiento a la desobediencia civil. Cuando salió de la prisión de Perugia gracias a una amnistía, solicitó permiso para emigrar a América. El 2 de enero de 1895 llegó a México y, tras un breve regreso a Carrara en 1897 donde volvió a representar a los anarquistas locales, en junio de 1898 se estableció allí permanentemente con su esposa, su hermano Augusto Cesare y sus tres hijos, entre ellos mi abuelo Guglielmo o Guillermo.

Mi bisabuelo y su hermano fundaron una empresa importadora de mármol, trabajaron en proyectos de arte funerario y en los monumentos comisionados por el gobierno de Porfirio Díaz para celebrar el centenario de la independencia en 1910. Apenas hace unos años descubrí esta historia que cierra un círculo: mi padre católico y conservador tuvo un abuelo anarquista. Frente a las grandes ficciones omnicomprensivas —y totalitarias— del siglo XIX, el anarquismo no ha perdido su poder de seducción: la única rebeldía que sigue animando a los jóvenes radicales en el planeta es la que invita a desconfiar y oponerse a cualquier poder.

א

Cuando despierto, escucho los gemidos de Orfeo. O más bien sus reiterados e impacientes gemidos me despiertan a diario. No perdona su paseo matinal hasta que, después de darme un baño, salimos a dar una vuelta: una forma de comunicación —diría de comunión— entre dos especies. Hoy sabemos que los perros y los humanos hemos coevolucionado desde hace unos veinte mil años, si bien es posible que el proceso de domesticación se haya producido en varios lugares al mismo tiempo. Cualquier perro es la expresión misma de la evolución: a lo largo de estos veinte mil años, los lobos salvajes poco a poco se transformaron en grandes daneses y caniches, labradores y *basset hounds*. El proceso, sin embargo, no fue unidireccional; nos gusta creer que los humanos tomamos la iniciativa y que tallamos sus cuerpos y sus genes hasta convertirlos en nuestros acompañantes o mascotas como si fueran pequeñas esculturas ambulantes. Es más probable que la domesticación fuese mutua y que algunos lobos que seguían a nuestras hordas primitivas comenzaran a reducir su distancia de escape mientras nosotros dejábamos de temerlos y nos beneficiábamos de su protección. En la ardua batalla por la sobrevivencia, nuestra cooperación implica un doble éxito.

Desde esos tiempos inmemoriales, los criadores de perros, al igual que los de vacas, borregos, cerdos y cabras —o los agricultores con las plantas—, han sido los artífices de un tipo particular de evolución por selección artificial. Hasta el siglo XIX se pensaba que todos los perros eran reflejos de una suerte de perro ideal y que poseían una *perridad* incontestable; de otro modo, ¿cómo saber que el *teckel* o el *xoloitzcuintle* son parte de la misma especie o cómo reconocer a un perro si antes no está en nuestra cabeza el Perro? A la vuelta de su largo viaje en el Beagle entre 1831 y 1836, Darwin fue de los primeros en plantearse estas cuestiones desde un punto de vista biológico. Como sostiene Richard Dawkins en *Evolución. El mayor espectáculo sobre la Tierra* (2009), uno de los prodigios de su imaginación consistió en darse cuenta de que cada ser vivo es parte de una larga historia; no la encarnación de una idea, sino un individuo conectado con sus predecesores.

Si pudiésemos retroceder en el tiempo, tarde o temprano llegaríamos al lobo prehistórico del que desciende Orfeo, lo cual lo convierte en primo de todos los perros del mundo; y, si viajáramos aún más atrás, nos toparíamos con el antecesor común de perros y humanos, el cual desde luego no se parecería ni a ellos ni a nosotros. Los perros no son nuestros esclavos ni nuestros mejores amigos: el gran hallazgo de Darwin fue revelar que son nuestros parientes lejanos al igual que todas las demás criaturas del planeta.

La evolución por selección natural no es, pues, una hipótesis, sino una teoría basada en hechos concretos: la mejor aproximación que tenemos a la realidad. Ha sido observada una y otra vez y nada ni nadie ha conseguido desmentirla: todos los seres vivos surgen unos de otros y varían y mutan en el proceso. Frente a la selección natural —o, como se le suele llamar hoy: la selección natural no aleatoria—, en cambio, no hay un consenso absoluto sobre si se trata de la única fuerza que produce la evolución o si es solo la preponderante entre otras, como el equilibrio puntuado o el impacto de las catástrofes y las extinciones masivas. En *La estructura de la teoría de la evolución* (2002), Stephen Jay Gould resume la evolución por selección natural en tres premisas:

1. Todos los organismos tienen una progenie mayor a la que es capaz de sobrevivir.
2. Todos los organismos dentro de una especie varían entre sí.
3. Al menos alguna de sus variaciones es heredada por su progenie.

Si solo unos cuantos individuos sobreviven, estos serán, en promedio, quienes posean las variantes que mejor se hayan adaptado al medio ambiente. Y, dado que esa progenie hereda las variaciones favorables de sus padres, los organismos de la siguiente generación estarán mejor adaptados a las condiciones locales. La única fuerza del cambio es, pues, la adaptación. Que quede claro: la selección natural no se basa en pautas teleológicas o principios morales y no se dirige hacia el progreso.

La teoría de la evolución ha sido la más disruptiva y combatida de nuestras teorías científicas, aún más que el heliocentrismo de Copérnico y Galileo, porque sus respuestas a las grandes preguntas —¿quién soy?, ¿de dónde vengo?, ¿cómo llegué hasta aquí?— nos abandonan en medio de una soledad cósmica: no somos hijos de ningún dios, sino el resultado de un mecanismo sordo y ciego. No fuimos creados por una mente superior que nos da sentido y propósito, sino que ese sentido y ese propósito surgen poco a poco, en generaciones sucesivas, a través de la selección natural. Era inevitable que estas ideas, que implican una nueva forma de pensar el cosmos, encontrasen una férrea oposición en la sociedad victoriana del siglo XIX y aun en la nuestra: la hipótesis de Darwin es tan radical —y deja atrás tantas ficciones ancestrales— que a él mismo le costó décadas aceptarla.

Darwin comienza *El origen de las especies* con una descripción de esa selección artificial que ya hemos repasado con los perros: una idea que cualquiera de sus contemporáneos podía entender. Solo que la «evolución por selección natural», el concepto que introdujo en un artículo firmado con Alfred Russel Wallace en agosto de 1858, no necesita a nadie que la ponga en marcha. A continuación, Darwin presenta sus ideas en torno a la lucha por la sobrevivencia y la divergencia de las especies en relación con el medio, discute las objeciones a sus postulados, ofrece pruebas basadas en la geología y la distribución geográfica de las especies, así como en la morfología y la embriología, y culmina con uno de los párrafos más vehementes de la historia de la ciencia: «De esa forma, a partir de la guerra de la naturaleza, de la hambruna y la muerte, surge directamente el objeto más elevado que somos capaces de concebir, es decir, la producción de los animales superiores». Y añade: «Hay grandiosidad en esta visión de la vida, con sus diferentes fuerzas, habiendo sido alentada originalmente en unas pocas formas o en una sola, y, mientras este planeta ha seguido girando de acuerdo a la ley fija de la gravedad, desde un principio tan simple han evolucionado, y están evolucionando, un sinfín de formas hermosas y maravillosas».

Incluso el sereno Darwin, quien siempre se esforzó por emplear un lenguaje objetivo y neutro, se permite esta conclusión lírica: la «guerra de la naturaleza», esa feroz lucha por la sobrevivencia donde prima la selección natural, es la responsable del «objeto más elevado que somos capaces de concebir», es decir, nosotros, los humanos y todas nuestras creaciones. Al ser parte de esa misma vida, no podemos sino quedarnos pasmados ante su grandeza: nacidos a partir de unos pocos organismos o incluso de uno solo —hoy sabemos que es más probable lo segundo—, a los seres vivos nos guía esa misma energía evolutiva que Darwin compara con la gravitación universal. Y aún más asombroso resulta que el proceso siga ocurriendo ante nuestros ojos: aunque apenas nos demos cuenta, somos testigos del mayor espectáculo del cosmos.

Dios concibió las plantas y animales durante los primeros días de la creación y le otorgó a Adán el privilegio de nombrarlos. Frente a esta enseñanza capital del cristianismo, Darwin insistía en que los seres vivos evolucionaron unos a partir de otros e insinuaba que el proceso no necesitaba de la intervención divina. Si bien las primeras reacciones a la publicación de *El origen de las especies* fueron más o menos cautas, sus altisonantes consecuencias pronto resultaron evidentes: el hombre dejaba de ser el amo de la naturaleza y se convertía en una simple criatura que, para colmo, estaba emparentada con los simios.

Ante la creciente presión eclesiástica, Darwin se vio forzado a introducir a Dios en el último párrafo de la segunda edición de *El origen*: «habiendo sido originalmente alentada *por el Creador*». Al parecer más tarde se arrepintió de haber cedido, pero la corrección no impidió, en cualquier caso, que a partir de 1860 la reacción cristiana en su contra se volviese cada vez más furibunda. Como relata Carl Zimmer en *Evolución. El triunfo de una idea* (2001), durante una sesión de la Asociación Británica por el Avance de la Ciencia celebrada ese año, el obispo Samuel Wilberforce no dudó en rebatirlo con vehemencia: «Toda creación es la transcripción en la materia de ideas que han existido eternamente en la mente del Altísimo», espetó. Y, para burlarse de Thomas Huxley, uno de los más entusiastas seguidores de Darwin, le preguntó: «¿De qué lado desciende usted del mono, del de su padre o del de su madre?».

«Si la pregunta es si yo preferiría tener a un miserable simio como abuelo o a un hombre bendecido por la naturaleza que posee medios e influencia y sin embargo usa esas facultades y esa influencia con el único propósito de introducir el ridículo en una discusión científica seria», le respondió el biólogo, «sin duda preferiría al simio».

El problema que el propio Darwin no había querido abordar de manera detallada en *El origen* era la posición del ser humano en su esquema. Richard Owen, quien escribió una de las primeras y más duras críticas al libro, pensaba que nuestra inteligencia debía por fuerza diferenciarnos de los animales, e incluso Wallace terminó por aceptar que, dado el tamaño de nuestro cerebro, los humanos teníamos que haber sido creados por un ser superior.

Doce años después de su *opus magnum*, Darwin al fin se atrevió a rebatirlos en *El origen del hombre y la selección en relación al sexo* (1871). «El único objetivo de este libro», escribió en la introducción, «es considerar, primero, cómo el hombre, como cualquier otra especie, descendió de otras formas de vida preexistentes; segundo, las formas de su desarrollo; y, tercero, el valor de las diferencias entre las así llamadas razas humanas». Temeroso de las críticas, Darwin no fue capaz de articular una teoría tan sólida como la que había planteado en su obra anterior; pero, aun si no contaba con demasiada evidencia fósil, dedujo que primates y humanos debían de tener un antecesor común y conjeturó correctamente que nuestros antepasados provenían de África.

Meses después, publicó un ensayo popular, *La expresión de las emociones en el hombre y en los animales*, en el que volvió a fijar su posición: «El hombre, con todas sus nobles cualidades, con la simpatía que siente por los más desfavorecidos, cuya benevolencia se extiende no solo a los demás hombres, sino a las más humildes criaturas, con su intelecto semejante al de un dios que ha penetrado en los movimientos y la constitución del sistema solar —con todos esos altísimos poderes—, el hombre aún carga en la forma de su cuerpo la indeleble estampa de sus bajos orígenes».

Aun si somos organismos como los demás y estamos sometidos a las reglas de la evolución por selección natural, nuestro carácter social y nuestra inteligencia nos hacen peculiares. Darwin intuyó que estas facultades provienen de los mismos procesos que gobiernan el resto de la vida y coligió que los seres humanos formamos una sola especie. Sus intuiciones científicas se toparon, sin embargo, con los prejuicios de su tiempo y muy pronto sus ideas fueron utilizadas para afirmar lo contrario de lo que él creía: que existen razas superiores y que la evolución es un camino lineal hacia el progreso. El sueño de la evolución producía sus propios monstruos.

Según un estudio de la Universidad de Michigan realizado en 2021, el cincuenta y cuatro por ciento de los estadounidenses cree en la teoría de la evolución; el otro cuarenta y seis por ciento mantiene la postura de que el proceso fue dirigido por Dios. Durante décadas, los creacionistas se han obstinado en afirmar que la evolución es una simple teoría que no ha sido comprobada y han querido que su propia versión de los hechos sea enseñada en las escuelas. En 1989, Percival Davis y Dean H. Kenyon publicaron *De pandas y personas*, en el que introdujeron el concepto de «diseño inteligente», e intentaron convertirlo en libro de texto para las escuelas. Aunque la forma en que los seres humanos nos aproximamos al universo pase por fuerza por la imaginación, ello no significa que todas las ficciones sean equivalentes. Las de la ciencia se construyen a partir de una serie de leyes rigurosas: si hipótesis y teorías son ficciones, lo son solo en la medida en que las verdades absolutas no existen. Se trata de afirmaciones que, pese a ser sometidas a un profundo escrutinio y ser contrastadas una y otra vez mediante observaciones y pruebas de laboratorio, no consiguen ser desmentidas y mantienen su capacidad predictiva. El largo camino para destruir las verdades de la religión y de la ideología pasa por apuntalar las ficciones —o no-falsedades— científicas: los únicos ladrillos con los que se sostiene nuestro conocimiento del universo.

א

Fue Herbert Spencer quien acuñó en 1864 la expresión «supervivencia del más apto», si bien Darwin terminó por aceptarla como equivalente de la selección natural a partir de la quinta edición de *El origen*. En realidad, Spencer se hallaba más cerca de Jean-Baptiste Lamarck, quien pensaba que las características adquiridas por los padres se transmiten a los hijos, y fue el primero en aplicar los principios de la evolución al desarrollo de la sociedad. Así como los seres complejos evolucionan a partir de formas de vida más simples, esta debía de regirse por sus mismos mecanismos desde la barbarie prehistórica hasta la civilización moderna. Mientras Darwin pensaba que la evolución era un proceso que no se dirigía hacia ningún fin específico ni a un punto de equilibrio, Spencer y sus continuadores asumían que la complejidad debía ser por fuerza mejor que la sencillez. Así, de la noche a la mañana la evolución pasó a ser vista como una flecha dirigida hacia el progreso de cada especie, cada nación y cada raza.

Darwin había quedado sorprendido con *Ensayo sobre el principio de la población* (1798), de Thomas Robert Malthus, e incluso afirmó que la idea de la selección natural le llegó con su lectura. El economista inglés advertía sobre el peligro de que la humanidad continuara reproduciéndose sin moderación, dado que lo hacía en una proporción geométrica mientras los alimentos se multiplicaban en una aritmética. Para Spencer, el libro de Malthus fue una influencia determinante y pasaría largos años tratando de unir la evolución con sus principios, a los cuales sumaba conceptos provenientes de las ciencias naturales, como la segunda ley de la termodinámica; en sus labios, los principios de la evolución no servían ya solo para explicar las leyes de la naturaleza o para atisbar el origen del ser humano, sino para dictar fórmulas que aseguraran su progreso.

Francis Galton, primo de Darwin, estudió obsesivamente las variedades humanas y se fijó un ambicioso programa para catalogar sus divergencias. En 1869, publicó *El genio hereditario*, donde trataba de demostrar que las habilidades se heredan de generación en generación, y fue de los primeros en plantearse el dilema entre naturaleza (*nature*) y educación (*nurture*). Tras fundar la antropometría, en 1883 acuñó el término *eugenesia* para referirse a las técnicas para mejorar a la especie humana. Muy pronto se crearon asociaciones con este nombre en Inglaterra, Estados Unidos y otras partes, y distintas políticas públicas basadas en sus principios comenzaron a aplicarse por doquier, las cuales incluían el control de población, la esterilización forzada de enfermos y personas con debilidades físicas o mentales, la restricción del matrimonio y los abortos o los embarazos forzosos.

Aunque Darwin había sostenido que los humanos pertenecemos a la misma especie, Galton insistía en que algunas razas tenían ciertas propensiones de las que otras carecían y estableció un baremo entre las superiores e inferiores. En una época dominada por las ficciones nacionales, el darwinismo social puso el énfasis en la raza: ya no se trataba de que unos pueblos fueran cultural o espiritualmente superiores —lo que justificó las conquistas imperiales en Asia y África en la segunda mitad del siglo XIX—, sino que dicha superioridad se basaba en las propias leyes de la naturaleza. El mayor logro de nuestra imaginación científica, la evolución por selección natural, se ponía así al servicio de una ficción criminal que desde entonces ha causado millones de muertes.

Una frente pequeña. Orejas grandes. Rostro o cráneo asimétricos. Extremidades demasiado largas. Prognatismo. Vista y oído aguzados. Pronunciados arcos superciliares. Nariz ganchuda. Grandes mandíbulas. Caninos fuertes. Pies prensiles. Estas eran las características que distinguían a los criminales según *El hombre delincuente* (1876), de Cesare Lombroso. Antes, en *Genio y locura* (1864), había identificado a los hombres especialmente dotados y a aquellos con propensión a la demencia, concluyendo que no se diferenciaban demasiado. Su tesis de base era que los delincuentes se acercan a los hombres primitivos. Por su parte, en *La mujer normal, la criminal y la prostituta* (1893) estudió las características físicas del sexo femenino. La «delincuencia evolutiva» era, según él, propia de las sociedades avanzadas. Lombroso intentaba darle así base científica a la criminología en una época dominada por la discrecionalidad de la justicia, pero la ficción que ligaba la apariencia física con la criminalidad sirvió para articular políticas eugenésicas y represivas contra grupos minoritarios. Seguidores suyos, como Max Nordau, llegaron a señalar que la literatura o el arte degenerados derivaban de la propensión a la locura o al crimen de sus autores.

א

«Pasen, pasen», les dijo el anciano radiante de dicha. «Mi obra es perfecta y ahora puedo mostrarla con orgullo. Jamás pintor, pinceles, colores, lienzo ni luz lograrán crear una rival de Catherine Lescault, la bella cortesana».

El pintor Frenhofer ha invitado a su estudio a sus colegas Porbus y Poussin para mostrarles un retrato en el que ha trabajado durante años. Cuando al fin les muestra la tela, sus invitados no ven más que manchones de pintura superpuestos en un caos sin sentido. En medio de una «especie de bruma sin forma», apenas descubren un pie perfecto que parece surgir de «entre los escombros de una ciudad incendiada». Tras una breve intervención de Gillette, la amante y modelo de Frenhofer, este echa a los otros dos pintores de su estudio. Al día siguiente, Porbus regresa a visitar a Frenhofer y se entera de que ha muerto durante la noche después de quemar todos sus cuadros.

Karl Marx adoraba este cuento de Balzac, «La obra maestra desconocida» (1831), pues se identificaba con el desdichado Frenhofer. Como cuenta Francis Wheen en *La historia de* El capital *de Karl Marx* (2006), urgió a Engels a leer el relato del francés, pues parecía describir las peripecias de su propio libro, que escribía y reescribía sin cesar. Impulsado por su amigo, había comenzado a planearlo en 1844 y, si bien había terminado las mil doscientas páginas de aquel tomo, el proyecto terminaría por consumir el resto de sus días. A partir de sus notas y manuscritos, Engels publicó el segundo volumen en 1885, dos años después de la muerte de su autor, y el tercero en 1894; un cuarto volumen, realizado a partir de sus notas con el título de *Teorías sobre la plusvalía*, sería editado entre 1905 y 1910 por Karl Kautsky.

Pese a ser una de las obras —maestras— más influyentes de la historia, *El capital* es un libro fragmentario e inacabado, imposiblemente largo, que muy pocos han leído: medio en broma y medio en serio, Slavoj Žižek o Thomas Piketty han confesado no haberlo terminado. Su ambición, comparable a la del propio Balzac, llevó a su autor a retratar cada uno de los aspectos de la sociedad de su tiempo y de ese capitalismo incipiente que él imaginaba condenado a un pronto colapso. Su gigantesco e inconcluso mural está lleno de luces y sombras, huecos e intuiciones brillantísimas y exactas, como ese pie que resalta en la turbia amalgama de colores de la pintura de Frenhofer.

Con *El capital* ocurre lo mismo que con *La comedia humana*: resumirlo significa traicionarlo. Marx se proponía no solo una descripción completa de su época, sino un análisis científico de su funcionamiento. Su protagonista es, en efecto, el capital —él mismo afirmó que era una paradoja dedicarse a algo de lo que carecía—, cuya acumulación por parte de los dueños de los medios de producción provoca la constante explotación de los trabajadores. Esta injusticia se halla en el centro de un sistema construido para la guerra, el saqueo y las conquistas que luego se ha legitimado con ordenamientos y leyes destinados a proteger los intereses de unos pocos y la propiedad privada. La sociedad capitalista es una ficción construida para que los más ricos dominen sin falta a los más pobres; su núcleo es la mercancía: cualquier cosa, incluidos el trabajo y el ser humano mismo, es susceptible de ser intercambiada. La moneda no es, en este esquema, sino una ficción adicional: el valor de una cosa queda fijado por el mercado, en vez de por el trabajo requerido para producirla. Ese trabajo no remunerado (la plusvalía) se transforma en capital y, en la medida en que se acumula, cierra el círculo de la explotación.

Con sus leyes, normas e instituciones, el capitalismo enmascara la lucha de clases que enfrenta a los dueños de los medios de producción con los trabajadores. Como ya adelantó en el *Manifiesto*, para Marx la única forma de escapar de esta prisión consiste en darse cuenta de esta obscena manipulación y en revelársela a los proletarios para que se alcen contra sus verdugos. Solo quienes despiertan y se dan cuenta del engaño —un tema que retomarán las hermanas Wachowski en *Matrix* (1999)— lograrán destruir este perverso mecanismo. No hay otra salida, pues, que la revolución. Con *El capital*, Marx, gran lector de novelas y admirador de Balzac, se obstinó en crear una obra maestra imposible de concluir en la cual todos somos los dóciles personajes de una trama cuyo final feliz solo está al alcance de unos cuantos.

4. Sobre cómo fabricar sociedades en miniatura

Las hermanas Brontë; Balzac y Zola; Dostoievski y Tolstói

Abres los ojos, cometes adulterio y te expulsan de la sociedad. Abres los ojos, cometes adulterio y te vuelves una paria. Abres los ojos, cometes adulterio y quedas destruida. Abres los ojos, cometes adulterio y mueres de consunción. Abres los ojos, cometes adulterio y mueres de tisis. Abres los ojos, cometes adulterio y mueres a causa del hambre y la fatiga. Abres los ojos, cometes adulterio y tu marido te asesina. Abres los ojos, cometes adulterio y la esposa de tu amante te asesina. Abres los ojos, cometes adulterio, asesinas a tu marido y eres ejecutada. Abres los ojos, cometes adulterio y te suicidas.

En 1847 se publican tres novelas destinadas a convertirse en lo que hoy llamamos clásicos: se titulan *Jane Eyre*, *Cumbres Borrascosas* y *Agnes Grey* y sus autores son Currer, Ellis y Acton Bell. En Londres nadie ha escuchado hablar de ellos y, pese a que el primero obtiene reseñas más favorables, el medio literario especula con que se trata de un solo escritor con varios seudónimos o que los tres libros han sido producto de la colaboración entre un hombre y una mujer. Cuando, semanas después, dos jóvenes de treinta y uno y veintisiete años se presentan ante el azorado editor, el misterio queda resuelto: las autoras son las hermanas Charlotte, Emily y Anne Brontë, hijas de un pastor de Haworth, un remoto rincón de Yorkshire. El insólito caso funda un mito moderno, reforzado con las tempranas muertes de las tres: Emily, en 1848 —el mismo año que su hermano Branwell—, Anne, en 1849, y Charlotte, en 1855. Antes, esta última había alcanzado a publicar otras dos novelas, *Shirley* (1849) y *Villette* (1853), y Anne, *La inquilina de Wildfell Hall* (1848).

No habían pasado ni dos años de la muerte de Charlotte cuando la novelista Elizabeth Gaskell ya había publicado *Vida de Charlotte Brontë* (1857), basada en sus recuerdos personales y en la abundante correspondencia de su amiga; pese a tratarse de una de las primeras biografías rigurosas de su época, Gaskell silencia el amor de Charlotte por Constantin Héger o el *affaire* que mantuvo con su común editor, George Smith. Después vendrán numerosos textos dedicados a cada una de las hermanas o a la familia en su conjunto, como la ambiciosa *The Brontës*, de Juliet Barker (1994), así como piezas teatrales, películas y series sobre sus vidas, desde *Predilección* (1946), de Curtis Bernhardt, con Olivia de Havilland, Ida Lupino y Nancy Coleman, hasta *Las hermanas Brontë* (1979), de André Téchiné, con Marie-France Pisier, Isabelle Adjani e Isabelle Huppert, y donde Roland Barthes hace un cameo como el novelista William Makepeace Thackeray, o la más reciente, *Emily* (2022), de Frances O'Connor.

Como señala Juliet Barker, «lo que resulta sorprendente es que, pese a tanta actividad, las ideas básicas sobre las vidas de las Brontë no han cambiado. Charlotte es retratada como la sufriente víctima del deber, subordinando su carrera a las exigencias de su egoísta y autocrático padre; Emily es la niña salvaje y genial, profundamente misántropa, pero llena de compasión por su hermano perdido; Anne es la chica callada y convencional que, careciendo del espíritu rebelde, se adapta a las exigencias de la sociedad y la religión. Los hombres en sus vidas han sufrido un destino aún peor, culpados primero por la señora Gaskell, y desde entonces por las feministas, de impedir que las hermanas Brontë tuvieran una exitosa carrera literaria e incluso, a veces, solo por existir». En efecto, como afirma Lucasta Miller en *El mito Brontë* (2001), la leyenda de las tres hermanas mantiene los estereotipos contra los que ellas luchaban: ni Haworth era un lugar tan remoto y aislado como se piensa ni Patrick Brontë un tirano —procuró la mejor educación para sus hijas—, y desde luego las relaciones entre ellas tres y Branwell fueron mucho más complejas que los roles que la mayoría les ha asignado.

Como muestran los textos que nos han llegado de su infancia, desde pequeños los cuatro hermanos concibieron mundos fantásticos a partir del juego de doce soldaditos de madera que Patrick le regaló a Branwell en 1826. Un año después ya habían inventado el reino africano de Glass Town y, a partir de 1831, Branwell y Charlotte desarrollaron el imperio de Angria —ella prefería los escenarios románticos y él, las batallas—, en tanto Emily y Anne formaron Gondal, una isla en el Pacífico, vecina de Gaaldine, de corte más realista. El cómic de Isabel Greenberg *Glass Town* (2020) mezcla este paracosmos con las vidas de sus creadores. Hasta aquí, nada las diferenciaba de tantos niños que pasan buena parte de su tiempo en sitios imaginarios, pero pronto las tres hermanas comenzaron a escribir estas historias, primero en libros diminutos para uso de sus Jóvenes —el nombre colectivo de sus soldaditos—, y luego en revistas caseras, donde incluían tanto relatos como poemas.

En mayo de 1846, Charlotte convenció a sus hermanas de publicar con sus propios fondos un libro que incluyese poemas de las tres: es entonces cuando inventan los seudónimos de Currer, Ellis y Acton Bell. El librito no tuvo ningún éxito, pero las animó a proseguir sus aventuras literarias; poco después, las tres escribieron sus primeras novelas: Charlotte, *El profesor*, que abandonaría para escribir *Jane Eyre*; Emily, *Cumbres*; y Anne, *Agnes Grey*. Pese a la influencia de las novelas románticas y góticas que leían por entonces, en sus relatos poco queda del universo fantástico de su niñez. La mayoría son textos más o menos realistas, con tramas escabrosas y siniestras, giros y resoluciones *ex machina*, descubrimientos y vericuetos que hoy definen a la ficción comercial, solo que, en sus manos, estos procedimientos lucen frescos e incontaminados. Las tres retoman episodios de sus propias vidas —el trauma de la muerte de sus hermanas mayores, la severidad del padre, el alcoholismo del hermano, los rigores de las escuelas clericales, sus amores secretos y la enfermedad que las acechaba—, pero reducirlas a una mera escritura autobiográfica, como varios de sus biopics, limita su misterio.

Jane Eyre nació como una denuncia de las condiciones de los internados de su época; al mismo tiempo, narra la pasión de su protagonista por un hombre casado, un reflejo de la que sentía la propia Charlotte por Héger, a quien transforma en el rígido Edward Fairfax Rochester, poderosamente interpretado por Orson Welles en la adaptación de 1943 de Robert Stevenson con guion de Aldous Huxley y música de Bernard Herrmann. La idea de que mantenga encerrada en el ático a su primera esposa, Bertha Antoinetta Mason, refleja bien el destino de las mujeres rebeldes en el siglo XIX, como afirman Sandra Gilbert y Susan Gubar en *La loca del desván* (1979). Más de un siglo después, Jean Rhys concibió *Ancho mar de los Sargazos* (1966), una precuela en torno a Antoinette, desde su infancia en Jamaica hasta que Rochester se la lleva a Inglaterra, le cambia el nombre y, al no poder controlarla, la encierra en el ático; en esta vuelta de tuerca feminista y poscolonial, deja de ser la enemiga de Jane y ambas mujeres, con su inusitada libertad imaginativa, resultan más bien equivalentes.

Cumbres Borrascosas fue calificada de depravada, violenta y tenebrosa; en el prólogo a la edición de 1850, la propia Charlotte afirma que la novela de su hermana «es agreste y árida y nudosa como la raíz del brezo» y luego intenta disculparla de este modo: «He de confesar que Emily no conocía realmente a los campesinos entre quienes vivió más de lo que pueda conocer una monja a quienes pasan a veces delante de las verjas del convento». Y añade: «Rara vez intercambió una palabra con ellos. A eso se debe que lo que su mente captó de la realidad se limitara casi exclusivamente a los aspectos trágicos y terribles que suelen grabarse en la memoria al escuchar las crónicas secretas de cualquier vecindario. Su imaginación, que era un espíritu más sombrío que alegre, más fuerte que ligero, halló en tales rasgos el material para crear personajes como Heathcliff».

Hay quien ha visto *Cumbres Borrascosas* como la «mayor historia de amor de todos los tiempos», mientras para otros no deja de ser una historia de violencia en un sitio cuya aridez impide cualquier forma de vida. Las adaptaciones cinematográficas, desde la clásica de William Wyler (1939) hasta la más reciente de Andrea Arnold (2011), pasando por *Abismos de pasión* (1954), de Luis Buñuel, que traslada la acción a México —donde ha inspirado varias telenovelas—, muestran su lado más melodramático, si bien su trama se basa en la tragedia griega, con dos familias condenadas al infortunio (solo en la película de Peter Kosminsky, de 1992, con Ralph Fiennes y Juliette Binoche, aparece el final feliz de la novela).

Aún más dura que con Emily, Charlotte afirmó que *La inquilina de Wildfell Hall* tenía «fallas de ejecución, fallas artísticas» y que el tema del libro no se adecuaba al temperamento de Anne, a quien se le daban mejor «las descripciones y el *pathos*». Tras la muerte de su hermana, impidió que se reeditara y al parecer destruyó otro de sus manuscritos. Esta novela epistolar se centra en un personaje femenino de enorme fuerza: Helen Graham, la viuda que llega a Wildfell, esconde una penosa historia a cuestas; su marido, Arthur Huntington, es un hombre alcohólico y brutal, modelado sobre Branwell, y ella le ha cerrado la puerta en las narices: una escena que acaso inaugura la novela feminista. Adelantándose a su tiempo, Anne aborda algunos de los temas más urgentes de nuestra época: la adicción y la violencia de género.

Más allá de sus convenciones y su imaginería gótica, en sus mejores novelas las hermanas Brontë jamás dejan de criticar la ferocidad de su tiempo, en particular hacia quienes no se adecuan al modelo patriarcal: los pobres, los locos, los desheredados, los no blancos y sobre todo las mujeres. Como sostiene Terry Eagleton en *Mitos de poder. Una lectura marxista de las Brontë* (1975), parte del rechazo que sufrieron y de la fuerza que aún poseen radica en su denuncia de las relaciones de poder en la Inglaterra decimonónica, basadas en la explotación capitalista de la naturaleza y de los propios seres humanos.

א

De pronto, a inicios del siglo XIX, brota una nueva cepa ficcional: la novela realista, esa extravagante aventura que intenta replicar el mundo hasta en sus últimos detalles. Los textos que hoy solemos asociar con el término *novela* corresponden a esta variante burguesa que nace con Jane Austen, Alessandro Manzoni, Stendhal, Victor Hugo, Charles Dickens y Honoré de Balzac y se prolonga con Fiódor Dostoievski, Lev Tolstói, Joseph Conrad o Henry James hasta que Marcel Proust o James Joyce la trastoquen de arriba abajo. Se trata de una creación de la burguesía para representarse y criticarse a sí misma y desde entonces es la forma preponderante de la ficción, pese a las ocasiones en que algún crítico despistado ha proclamado su muerte: como la clase y el modelo económico del que surgió, posee una capacidad de adaptación inigualable. Su principal herramienta es lo que, en *El susurro del lenguaje* (1984), Roland Barthes llamó «efecto de realidad»: la reproducción de toda suerte de detalles que no dicen otra cosa excepto: *nosotros somos lo real*. Con sus obsesivas descripciones de habitaciones, barrios, muebles o vestidos aspiran a corresponderse con esa otra realidad, igualmente atiborrada de mercancías, en la que viven sus lectores.

Como sostiene Michel Sayou en «Realismo y la novela» (2018), esta funciona como la pintura en *El retrato de Dorian Gray* (1890), de Oscar Wilde: el lugar en el que la burguesía se contempla a sí misma aun a riesgo de entrever su alma malsana y corrupta. La novela realista se estructura a partir de polaridades maniqueas: la civilización y la barbarie, la provincia y la ciudad, el vicio y la virtud, e, impulsada por el avance de la ciencia y la tecnología, el darwinismo y el socialismo, se exacerba en el naturalismo. Se integra, además, a una nueva industria de la que incluso los artistas más talentosos no logran escapar: la novela es un bien de consumo como cualquier otro, sujeto a las leyes de la oferta y la demanda. No es casual que surja al tiempo que la prensa, ese espacio donde lo real ya no es dictado por el soberano, sino negociado entre distintos poderes. Y es justo en la prensa donde las grandes novelas de la época se publican por entregas; cada capítulo se cierra con un *cliffhanger*, el anuncio de que algo importante ocurrirá después: la novela se vuelve tan adictiva como el opio. Sus mejores autores son quienes, sin eludir este sistema y sus convenciones, revelan justo aquello que el ser humano no puede decirse a sí mismo en ningún otro lugar.

א

En 1824, Joseph Nicéphore Niépce escribe en su diario que al fin ha logrado fijar una imagen tomada con su cámara oscura: la llama heliografía, porque parece haber sido escrita por el sol. La más antigua que se conserva es dos años posterior y se conoce como *Vista desde la ventana en Le Gras*:

Un socio suyo, Louis Daguerre, desarrolla un método distinto que al cabo terminará por adquirir su nombre. Esta imagen es de 1837:

Pasa muy poco antes de que la nueva invención incluya a seres humanos, como en este autorretrato —el primer *selfie*— de Robert Cornelius, de 1839:

De pronto es posible capturar el mundo: no imitarlo, como se ha hecho desde la prehistoria, sino poseerlo tal cual. El prodigio tendrá enormes consecuencias: algunos dirán que la pintura se vuelve irrelevante —siempre hay apocalípticos ante las nuevas tecnologías—, otros resaltarán su influencia en el realismo literario o pictórico. Fascinados o amenazados por la fotografía, artistas y escritores se empeñan en que sus cuadros y novelas parezcan aún más reales que lo real, como en este *Autorretrato* (1841) de Jean-François Millet:

El juego se llevará a cabo a dos bandas y los fotógrafos también irán refinando sus técnicas y se apropiarán de recursos de la pintura, del teatro y de la novela, como en este daguerrotipo de Sarah Bernhardt, realizado por Félix Nadar en 1864:

Todas las disciplinas artísticas buscarán idéntico grado de fidelidad. La aventura realista se prolongará durante las siguientes cinco décadas hasta que su artificiosidad se torne cada vez más inverosímil y al cabo se vuelva intolerable.

Si por un lado la burguesía aprovecha los recientes avances tecnológicos y crea un amplio conjunto de nuevas instituciones que financian y arbitran la ciencia, por el otro no abandona esa filiación romántica que venera la irracionalidad y las tinieblas. A lo largo del siglo XIX, distintas escuelas místicas y ocultistas gozan de un fervor inusitado. La «espiritualidad racionalista» del místico sueco Emanuel Swedenborg influye en los primeros románticos ingleses, como Blake y De Quincey, y será alabada por Balzac, quien afirma: «Swedenborg resume todas las religiones, o más bien una sola, la de la humanidad», e incluirá sus enseñanzas en sus novelas *Louis Lambert* (1832) y *Séraphita* (1834). Al mismo tiempo, Gérard Encausse, alias Papus, desarrolla el ocultismo, que no solo estudia los fenómenos físicos, sino los que se mantienen invisibles para la ciencia. Desde fines del siglo XVIII, el magnetismo animal de Franz-Anton Mesmer desata una fascinación por los trances que alcanza una nueva encarnación con los *imaginistas*, quienes consideran que la cura de las enfermedades corporales puede llevarse a cabo aplicando la imaginación. Con métodos más rigurosos, los médicos Alfred Binet y Charles Féré trasladan los principios del magnetismo a la hipnosis, una técnica que permite sumergir a los pacientes en un estado semiconsciente con fines terapéuticos, si bien algunos montan *shows* de corte circense. Entretanto, madame Blavatsky funda en 1875 la Sociedad Teosófica, que pretende dar a conocer la sabiduría antigua que ha sido preservada en distintas corrientes herméticas. Por su parte, el espiritismo asume que las almas de los muertos se comunican con los vivos; su fundador en Francia, Hippolyte Léon Denizard Rivail, conocido como Allan Kardec, es autor de *El libro de los espíritus* (1857) y de *El libro de los médiums* (1861), las biblias de las videntes más famosas de su época, como Eusapia Palladino, Florence Cook, Leonora Piper, las hermanas Fox y las hermanas Bangs. Aún hoy, variantes del espiritualismo y del espiritismo, convertidas en cultos o religiones en lugares como Estados Unidos y Brasil, cuentan con miles de adeptos y han inspirado novelas, películas, telenovelas —una de ellas marcó mi infancia: *El maleficio*— y series de televisión. En los mismos años, tanto el simbolismo como el modernismo latinoamericano renovarán esta fascinación por lo sobrenatural, lo siniestro y lo oculto que llegará a nosotros a través de un sinfín de teorías de la conspiración.

א

Honoré de Balzac, Charles Dickens, Eugène Sue, Victor Hugo, Alexandre Dumas (con la colaboración de Auguste Maquet), Gustave Flaubert, Fiódor Dostoievski, Iván Turguéniev, Émile Zola, Benito Pérez Galdós, Mark Twain, George Eliot, Lev Tolstói, Robert Louis Stevenson, Henry James. Autores de centenares de novelas cuya publicación alcanza una velocidad industrial. Todos estos contadores de historias se hallan sometidos a un régimen de producción en serie, a veces gracias a *nègres* o *ghostwriters*, o se valen de diversos seudónimos y *noms-de-plume* en una constante lucha por conciliar el arte con las exigencias de la moda y del mercado. Todos ellos se empeñan en adoptar vidas novelescas: se construyen a sí mismos al tiempo que redactan su obra, héroes o villanos de sus propias aventuras, siempre en busca de la adulación y la gloria.

Acaso la novela que mejor refleja las condiciones de este modelo de producción de ficciones, vigente hasta nuestros días, sea *Las ilusiones perdidas*, de Balzac, publicada de manera serial y luego en tres volúmenes con cada una de sus partes: «Los dos poetas» (1837), «Un gran hombre de provincia en París» (1839) y «Eva y David», a la cual luego le cambiará el nombre en la versión completa del libro a «Los sufrimientos del inventor» (1843). Se trata de una de las estructuras novelísticas más extensas en uno de los proyectos imaginativos más ambiciosos de todos los tiempos, *La comedia humana*, un conjunto de más de noventa novelas, relatos y ensayos que, dándole la vuelta al título dantesco, aspira a crear una «historia natural de la sociedad» capaz de revelar el funcionamiento de sus distintas clases sociales, así como de exponer sus recovecos, inquinas y vaivenes. Como escribió Victor Hugo, amigo y admirador de Balzac, en su elogio fúnebre (1850): «Tomó cuerpo a cuerpo la sociedad moderna. A todos les arrancó algo, a unos la ilusión, a otros la esperanza, a este un grito, a aquel una máscara. Profundiza en el vicio, disecciona la pasión».

Como un entomólogo o un sociólogo, Balzac organizó *La comedia humana* en tres grandes apartados:

I. Estudios de costumbres.
    1. Escenas de la vida privada.
    2. Escenas de la vida de provincia.
    3. Escenas de la vida parisina.
    4. Escenas de la vida política.
    5. Escenas de la vida militar.
    6. Escenas de la vida campirana.
II. Estudios filosóficos.
III. Estudios analíticos.

Buena parte de sus personajes reaparecerán una y otra vez, como el ambicioso Eugène de Rastignac, cuya vida se desarrolla

493

a lo largo de numerosas novelas, en las que aparece como protagonista o personaje secundario. Algo similar ocurre con el poeta Lucien Chardon, quien se oculta bajo el nombre de Lucien de Rubempré —Balzac también añadió la *particule* de nobleza a su apellido—, el protagonista de *Las ilusiones perdidas*, cuyo periplo se completa con *Esplendores y miserias de las cortesanas*, publicada entre 1838 y 1847, y a quien asimismo encontramos en otras obras. Como Rubempré, Balzac había nacido en la provincia y debió ganarse la vida en empleos menores antes de escribir una vertiginosa sucesión de novelas históricas, románticas y de aventuras con diversos seudónimos como parte del «taller de novelas» conformado por unos quince escritores al mando de Auguste Le Poitevin. Esta producción a destajo le sirvió a Balzac para desarrollar su propio sistema y le proporcionó la energía y los temas de *La comedia humana*.

Como resume Stefan Zweig en la biografía que le dedicó —el último libro que escribió antes de suicidarse en Brasil en 1942—, «solo por un detalle permiten estas novelas reconocer que este fabricante de artículos ordinarios es el futuro Balzac: por la incomprensible, indescriptible rapidez de su producción». Este siempre renegó de esta porción de su obra, aunque al cabo permitió que en 1837 se publicasen las «novelas de Horace de Saint-Aubin», el más conocido de sus seudónimos.

Lucien, el aspirante a poeta, se enamora de una noble de provincias, Louise de Bargeton, responsable de llevarlo a París, del mismo modo que Balzac pasó largos años a la sombra de Laure de Berny, casada y más de veinte años mayor que él. Pero lo que sin duda más emparienta al autor con su personaje es su ambición: ambos aspiran tanto a la fama literaria como a la riqueza material, la doble meta que anima sus vidas. Las ilusiones perdidas son, pues, las de Lucien —y las de Honoré—, el cual, a diferencia de su amigo David Séchard, queda deslumbrado por la vida mundana de París y, tras ser humillado por esa sociedad que lo desprecia por ser un *parvenu*, decide conquistarla a toda costa. La trama refleja el ascenso y la caída del héroe en un mundillo en el que solo importa el estatus. Para triunfar se vuelve imprescindible desentrañar sus reglas solo para terminar por descubrir que ni así logrará ser parte de ese microcosmos elitista y brutal. Como sabía Balzac —y Marx detallará inspirado en sus relatos—, el capitalismo todo lo transforma en mercancía, incluidos el arte, la poesía y la propia alma del artista.

Balzac intentó convertirse en editor de libros y periódicos y siempre fracasó: su talento comercial se hallaba en otra parte. Esa frustrada experiencia capitalista le sirvió para retratar vitriólicamente el universo de la prensa y de la crítica, un entorno donde los participantes solo buscan ascender en el juego de roles del *establishment* y donde el capital simbólico resulta más importante que el pecuniario. Dominan las apariencias: tanto Rubempré como Balzac, aun quebrados, gastarán sin freno para disimular sus pérdidas. La prensa, en este contexto, aparenta ser libre cuando se trata de un entramado de poderes en pugna; y las noticias favorables o desfavorables también se hallan sometidas a las mismas leyes del mercado. Con la celebridad literaria ocurre otro tanto: nadie vale por sí mismo, sino a partir de las críticas, que se compran con la misma facilidad con que Lucien acumula chalecos y sombreros.

Las ilusiones perdidas es el extenso mural de un mercado, el del estatus, donde el arte y la literatura son meras herramientas para el ascenso social. El Cenáculo, el pomposo nombre de esos artistas devenidos comerciantes, es un entorno idéntico al de la moda, una industria que despega justo en esos años. Si uno quiere tener éxito y ser el «hombre del momento», no hay más salida que valerse de la publicidad. Imposible saber en este contexto si un libro es bueno o malo, como le ocurre a Lucien tras atacar y defender con los mismos argumentos un poemario de Daniel d'Arthez; los valores son efímeros, las subidas y bajadas en las acciones literarias siguen ciclos regulares y lo más probable es que quien se atreva a invertir sin conocer los secretos del medio termine en la quiebra. En su adaptación cinematográfica de 2021, Xavier Giannoli subraya justo estos aspectos de la novela que mantienen su vigencia: la avaricia de los dueños de los medios, la hipocresía de los periodistas y ese entorno caprichoso y venal que hoy dominan las redes sociales.

Preludiando a Darwin, *Las ilusiones perdidas* revela que, en un ambiente con escasos recursos, solo los más aptos sobreviven: quienes olvidan sus ideales y dejan atrás cualquier freno moral.

Lucien es su propio producto y, tras unos años de hacer hasta lo imposible para colocarse en el mercado, no tiene otra salida que declararse en quiebra. Balzac estuvo cerca de que le ocurriese lo mismo, pero, en la bárbara competencia con sus contemporáneos, supo encontrar un resquicio que le permitió conservar si no sus ilusiones, al menos su estatus, y sobreponerse a los reveses de su juventud. Pese a sus numerosas bancarrotas, Balzac se convirtió en el hombre rico y famoso que se propuso ser, modelo del exitoso empresario del espectáculo que aún inspira a esos miles de jóvenes cargados de ilusiones que hoy dan sus primeros pasos en el *show business* del arte, el cine o la literatura o aspiran a convertirse en *influencers*.

Lees la primera frase —un mero conjunto de signos sobre el papel del periódico o de un libro— y poco a poco el mundo de afuera desaparece y te descubres en *otro* mundo. La novela realista perfecciona el engaño: rara vez hay lugar para distanciamientos, como ocurría con Cervantes, Rabelais, Sterne o incluso con la novela sentimental o romántica, la eficacia del juego radica en dar cada cosa por cierta. Incluso si abandonas la lectura, los personajes te acompañan y torturan. La falta de verosimilitud —es decir, de exactitud en los detalles— significa el fracaso del autor; lo peor que puedes decirle es: *no me lo creo*. Para conseguir su verosimilitud, la novela realista desarrolla un sinfín de recursos formales que hoy asociamos con el cine, su heredero: planos generales y *close-ups*; *flashbacks* y *flashforwards*; escenarios fotográficos, fidelidad a los detalles y reconstrucciones minuciosas del mobiliario o de la moda. Si el autor se vale de la primera persona es para que pienses que su narrador te cuenta los hechos solo a ti; por el contrario, la depuración extrema de la tercera persona buscará convencerte de que pasan directo ante tus ojos. Gustave Flaubert lleva esta obsesión a su límite. A diferencia de Balzac, a quien adora y detesta en igual medida, se demora semanas en pulir una sola frase, en condensar diez páginas en unas pocas líneas, en proporcionarte esa exactitud y esa precisión que copiaba del Código Civil: cuando termina las cuatrocientas setenta y ocho páginas de *Madame Bovary*, antes ha emborronado y corregido cuatro mil quinientas. Si antes el estilo era un bien común, Flaubert lo transforma en una marca de fábrica, su firma como artista. «Lo que quisiera hacer es escribir un libro sobre nada», le escribe a Louise Colet, «un libro sin apegos exteriores, que se sostendría a sí mismo por la fuerza interna de su estilo, el estilo siendo por sí mismo una manera absoluta de ver las cosas». Para probar que funciona, lee cada página en voz alta. Como afirma Barthes en *El grado cero de la escritura* (1953): «La frase de Flaubert es una *cosa*». Nada más artificioso que *Madame Bovary*, pero ese artificio pasa por real.

א

¿Por qué algunas de las novelas más leídas del siglo XIX tienen el adulterio femenino en su centro? Obviando que la mayoría fueron escritas por hombres —poco importa que Flaubert haya podido decir *madame Bovary c'est moi*—, para el patriarcado no hay falta más grave: el cristianismo lo considera un pecado y la *sharía* lo castiga con la muerte. Incluso en el muy racional siglo XVIII, la *Enciclopedia* de Diderot y D'Alembert afirma que, después del homicidio, es «el más penado de los crímenes, porque es el más cruel de todos los robos, y una afrenta capaz de incitar al asesinato y a los excesos más deplorables», si bien se cuida de señalar que, mientras el hombre puede acusar a su esposa, la ley no permite lo contrario. La mujer adúltera también aparece en *La letra escarlata* (1850), de Nathaniel Hawthorne; *Lady Macbeth de Mtsensk* (1865), de Nikolái Leskov; *Anna Karénina* (1878) y *La sonata a Kreutzer* (1889), de Lev Tolstói; *El primo Basilio* (1878), de José Maria Eça de Queiroz; *Nana* (1880), de Émile Zola; *La Regenta* (1885), de Leopoldo Alas, «Clarín»; o *Effi Briest* (1895), de Theodor Fontane, e incluso en algunas obras escritas por mujeres, como *Mansfield Park* (1814), de Jane Austen; o *Jane Eyre*, de Charlotte Brontë, entre muchas otras.

En sociedades cada vez más intransigentes, como la victoriana, las mujeres son consideradas irremediablemente lascivas. Se impone borrar cualquier muestra de su sexualidad en la vida pública: no solo deben cubrir sus cuerpos, sino abstenerse de expresar sus deseos. Como sostiene Maria Tatar en *La heroína de las 1001 caras* (2021), su réplica a los héroes masculinos de Joseph Campbell, durante el siglo XIX las mujeres no tienen demasiadas opciones para mostrar su agencia: las decisiones relevantes quedan reservadas a sus padres, sus maridos o sus hijos. «Solo con la mentira y el adulterio», escribió Simone de Beauvoir en *El segundo sexo* (1949), la mujer «puede probar que no es cosa de nadie». La curiosidad femenina, en otras épocas ligada a las transgresiones de Eva o de Pandora, se traslada al adulterio. «La infidelidad», escribe Tatar, «era una de las pocas formas de libertad de que disponían las mujeres». Atrapadas en sus hogares y sometidas a la violencia real o simbólica de sus maridos, su único escape se halla en la imaginación: la misma fuerza que, como a don Quijote con sus libros de caballerías, lleva a madame Bovary a devorar novelas románticas y a tratar de revivirlas. Al final, lo que se castiga en ellas es su capacidad de fantasear.

Thérèse Raquin (1867), de Émile Zola, es una de las más oscuras y radicales novelas de adulterio. Tras la escandalosa publicación de *La confesión de Claude* (1865), donde ya había intentado «restablecer la verdad brutal, necesaria a los que caminan libremente por la vida», Zola lee un artículo sobre un par de amantes que han asesinado al marido de ella en una zona obrera de París: un tema de tintes shakespearianos que en la misma época obsesionaba a Nikolái Leskov. Zola despoja su narración del menor romanticismo y describe la realidad con la exactitud de un matemático o un químico. La misión del escritor consiste en determinar las causas y explicar los resultados de las acciones humanas; para lograrlo, debe llevar a cabo una disección de la sociedad, como si fuera un médico forense, a fin de revelar su gangrena y sus taras.

Como Emma Bovary y Anna Karénina, la joven Thérèse se halla enclaustrada en un universo que no ha elegido; huérfana de madre, una belleza argelina cuyo origen, como el de Heathcliff en *Cumbres Borrascosas*, refleja cierta barbarie, es adoptada a regañadientes por su tía para que cuide a su hijo Camille, un hombre apocado y enfermo. Retratando con precisión hiperrealista cada escenario, Zola los hace trasladarse al siniestro entorno del Pont Neuf, donde madame Raquin instala una pequeña tienda. Ese sórdido ambiente moldea sus temperamentos: si acaso la libertad existe, no puede competir con el medio. Cada vez más aburrida y asfixiada, Thérèse caerá en los brazos de Laurent, quien la ve solo como una herramienta para ascender. La tienda de telas de madame Raquin funciona como microcosmos del capitalismo salvaje: Thérèse no es sino una mercancía usada primero por su tía, el hijo de esta y al cabo por su amante. La pasión entre Laurent y Thérèse, modelada por la animalidad del barrio —«humanos embrutecidos», los llamará Zola en el prólogo a la segunda edición del libro, de 1868—, los impulsa al crimen.

A partir de entonces, la joven no tendrá un segundo de calma, azotada por la culpa y la locura y la bestialidad de ese hombre que la ha conducido al precipicio. Como Rubempré, también ha perdido toda ilusión. Los criminales merecen el mayor de los castigos: un doble suicidio que, a diferencia del de Romeo y Julieta, nada tiene de heroico. El escalpelo de Zola consigue un patetismo clásico: Thérèse y Laurent son dos pobres criaturas incapaces de escapar de esa sociedad indiferente y cruel.

Cuando al fin se publica en forma de libro tras aparecer por entregas en *L'Artiste*, la crítica afirma que es «literatura pútrida». Más engolosinado que dolido, Zola reacciona así: «He querido estudiar temperamentos y no caracteres. Ahí está el libro entero. Escogí personajes soberanamente dominados por sus nervios y su sangre, desprovistos de libre albedrío, encadenados a cada acto de sus vidas por las fatalidades de su carne».

La imaginación naturalista de Zola convierte a sus personajes en bacterias producidas a partir de las leyes de la evolución en un medio poco propicio para la vida: un materialismo extremo que, al despojarlos de alma, les arranca cualquier libertad interior. Sin demasiada consciencia, el novelista-científico les da la vuelta a las ficciones occidentales al regresar, por los caminos de Darwin, al universo determinista de la fatalidad griega: imposible escapar a los designios de esos nuevos hados encarnados en la lucha por la supervivencia.

El propio Zola adaptó al teatro su novela, la cual luego cayó un poco en el olvido frente a otras obras suyas, en particular *Germinal* (1885) y la saga de los Rougon-Macquart. Además de la muy fiel versión cinematográfica de Charlie Stratton —*En secreto* (2013)— y de la ópera de Tobias Picker con libreto de Gene Scheer (2001), el director coreano Park Chan-wook se basó en ella para su película *Thirst* (2009). Traslada la acción a Seúl y convierte a sus personajes en vampiros, acaso porque el determinismo de Zola se transforma aquí en una irresistible pulsión por la sangre y Tae-ju (Thérèse) y el sacerdote católico Sang-hyun (Laurent) se convierten en monstruos literales. A Zola, quien pretendía calcar la realidad sin amaneramientos, tal vez no le hubiera gustado ver a sus personajes trasladados a un entorno fantástico, pero la mayor fantasía es ese naturalismo extremo que él persiguió a toda costa.

א

El 22 de diciembre de 1894, el capitán Alfred Dreyfus es acusado de traición y condenado a prisión perpetua por haber entregado documentos secretos a los alemanes durante la guerra de 1870; poco después, se le confina en la isla del Diablo. Tras meses de pesquisas, su hermano Mathieu, ayudado por el coronel Marie-Georges Picquart, logra dar con el verdadero culpable, Ferdinand Walsin Esterhazy, lo cual desata una violenta campaña antisemita contra los *dreyfusards*. Impulsado por el vicepresidente del Senado, Émile Zola emprende su propia investigación del caso y el 25 de ese mes publica un artículo que ya contiene la primera frase que desata la polémica: «La verdad está en marcha y nada la detendrá».

El 10 de enero del año siguiente, un consejo de guerra declara inocente a Esterhazy; la respuesta de Zola, el 13 de enero, no admite concesiones: «J'accuse», titula su carta abierta a Félix Faure, presidente de la República.

«Mi deber es hablar, no puedo ser cómplice», escribe. «Mis noches estarían llenas de vergüenza por el espectro del inocente que expía allá, en la más atroz de las torturas, un crimen que no ha cometido». Y, tomando el lugar que le corresponde al procurador, acusa a todos los que han participado en la conspiración: «Solo tengo una pasión, la de la luz, en nombre de la humanidad que tanto ha sufrido y tiene derecho a la felicidad. Mi protesta encendida no es más que un grito en mi alma. Por lo tanto, ¡atrévanse a llevarme a la corte penal, y a que la investigación se lleve a cabo a plena luz del día!».

La reacción a su texto es brutal. Frente a los ataques de los poderes establecidos, el escritor añade un *«affaire* Zola» al *«affaire* Dreyfus». Un amplio grupo de intelectuales, entre los que figuran Anatole France, Octave Mirbeau o Alfred Jarry, firma a continuación una carta para exigir la absolución del acusado mientras sus enemigos lanzan una feroz campaña en contra del escritor y su padre. El 18 de julio de 1898, a Zola se le condena a un año de prisión y al pago de una multa por calumniar al Estado Mayor; aconsejado por su abogado, ese mismo día parte al exilio a Inglaterra, de donde no volverá hasta junio del año siguiente, cuando el proceso contra Dreyfus regrese al tribunal de guerra.

El novelista publica entonces otro artículo, «Justicia», celebrando la decisión, pero el 9 de septiembre de 1899 Dreyfus vuelve a ser hallado culpable, aunque esta vez el presidente Émile Loubet le concede la gracia. Zola muere asfixiado por el humo de su chimenea en 1902 y no será hasta 1906 cuando Dreyfus sea reincorporado a la armada sin una rehabilitación total; morirá en 1935. Si bien otros escritores antes que Zola se involucraron en asuntos públicos, como Voltaire o Hugo, su «J'accuse» altera la imagen pública de los escritores —a partir de entonces llamados intelectuales— y su función social. El nuevo artista *engagé* se asume como portavoz de los desfavorecidos y sus palabras adquieren un repentino poder *performativo*. Esta nueva idea sobre cómo debe comportarse un escritor o un artista se verá reforzada por el marxismo y quedará encarnada en Jean-Paul Sartre o en los novelistas latinoamericanos que apoyarán sin reservas a la Revolución cubana. Como prescribía Platón, a lo largo del siglo XX —y aun hoy: yo dos veces he perdido mi trabajo a causa de mis críticas al poder—, los productores de ficciones serán tratados como una amenaza que es necesario neutralizar o silenciar.

א

¿Qué es *Guerra y paz*? El conde Lev Tolstói tenía muy claro qué *no* era: «No es una novela, y mucho menos un poema épico y aún menos una crónica histórica». Y en otra ocasión abundó: «Temía escribir en un lenguaje diferente del que escriben los demás. Temía que mi escritura cayera en un género inexistente, que no era novela, ni relato, ni épica, ni historia».

El problema no era, en su opinión, solo suyo: «La historia de la literatura rusa desde la época de Pushkin no solo revela muchos ejemplos de esta desviación de las formas europeas, sino que no existe un solo ejemplo de lo contrario. De *Almas muertas* de Gógol a *La casa de los muertos* de Dostoievski, en la literatura rusa reciente no hay una sola obra en prosa que se eleve por encima de la mediocridad que se acomode a la forma de la novela, de la épica o del relato».

Ni novela ni poema épico ni crónica. ¿Entonces? Iniciada en 1863, publicada por entregas en *El Mensajero Ruso* entre 1865 y 1867 y reelaborada drásticamente en forma de libro en 1869 —gracias en buena medida al trabajo de su esposa Sofía, quien asumió la titánica labor de copiar siete versiones del manuscrito—, *Guerra y paz* no se parece a nada: todavía hoy luce como una de esas obras maestras que fascinan, desconciertan, perturban e irritan por igual. Su vastedad enciclopédica provoca que numerosos lectores la lean a su modo, saltándose aquellas páginas que, a causa de sus morosas descripciones o de la extravagancia de sus disertaciones, les resultan demasiado penosas o aburridas. Aun resistiéndose a clasificarla, Tolstói introdujo en su inmenso caldero una mezcla de novela, crónica familiar y retrato de costumbres; de libro de historia e historia militar; de sátira y drama; de panfleto patriótico y examen del nacionalismo; de ensayo filosófico y político; y, en fin, de expresión de su propia y cada vez más conflictiva espiritualidad.

Yo la leí, tardíamente, a lo largo de unas apacibles semanas en San Sebastián, en 2005: como la mayor parte de sus lectores, quedé anonadado, admirado, abrumado, fascinado, hastiado y sobre todo empequeñecido. Si *La comedia humana* es el desmesurado intento por disecar a la sociedad en su conjunto, *Guerra y paz* parte de un objetivo en apariencia menos grandioso: comprender, a través de un amplio conjunto de personajes reales e imaginarios, la revuelta decembrista de 1825. Solo que este pretexto abre un sinfín de posibilidades que adquieren un aliento del que carecen las distintas piezas de los puzles de Balzac, inspiradas más bien en la tragedia: una vuelta a la épica como no se había soñado desde la *Ilíada* o la *Divina comedia*, ese otro brutal ajuste de cuentas con el que comparte la dureza del juicio y la amplitud casi divina de la perspectiva.

Aunque hoy muchos la consideren «la más grande de las novelas», para escribir *Guerra y paz*, Tolstói se atrevió a batirse a la vez contra la historia y contra la ficción. Detestaba cómo los historiadores encaraban el pasado con esa premisa hegeliana que les hacía verlo objeto de una ley natural dirigida hacia el progreso —*El mundo como voluntad y representación* le servía como antídoto—, en la misma medida en que aborrecía los folletines y sus clichés románticos. De joven había presenciado la guerra desde cerca y no se parecía en absoluto a los heroicos relatos que abundaban en las novelas, por ello quiso ensayar otro camino, no solo ciñéndose a los testimonios de quienes la padecieron, sino exhibiendo aquel caos de la manera más honesta posible. Quería mostrar no cómo los grandes hombres dirigen la historia, sino cómo esta arrastra como un tsunami tanto a los grandes como a los pequeños, a los que retrató con la misma atención y la misma severidad.

Tolstói pretendía mostrar las razones de la revuelta decembrista, un acontecimiento que había marcado su adolescencia, pero pronto se dio cuenta de que la única forma de hacerlo consistía en retroceder hasta las guerras napoleónicas y la invasión francesa de 1812. Para comprender el presente se imponía desplegar el pasado a través de cinco familias: los Bezújov, los Bolkonski, los Rostov, los Kuraguin y los Drubetskoi, y sus principales miembros: el conde Pierre Bezújov y su primera esposa, Hélène Kuráguina; su gran amigo, el príncipe Nikolái Bolkonski; la enamorada de ambos, Natasha Róstova, y el ambicioso Borís Drubetskoi, a quienes rodean cientos —literalmente cientos— de personajes ficticios y reales, de Napoleón al príncipe Mijaíl Kutúzov. Cuando, tras incontables peripecias, la novela llega a su fin, solo se intuye que Pierre y Nikólenka Bolkonski, el hijo de Nikolái, se incorporarán a los decembristas.

Tolstói se transformó así en biógrafo, historiador y reportero, leyó cuanto documento encontró sobre la época, buceó en incontables archivos, entrevistó a los viejos que aún recordaban la conmoción y visitó los campos de batalla; hoy a nadie le extrañaría que un trabajo semejante fuese llamado no-ficción. Nada más natural para él, entonces, que insertar once densos capítulos —incluyendo el segundo epílogo— en los que medita en torno a su idea de la historia. A muchos esta drástica exposición de sus ideas les resulta anticlimática; para Tolstói no era un capricho, sino parte esencial de la estructura de un libro que, como jamás dejó de insistir, *no* era una novela.

Como escribió Isaiah Berlin en *El erizo y el zorro* (1953), las ideas de Tolstói continúan siendo cruciales: «¿Cuál es nuestro lugar en el mundo y en la historia y qué es lo que en realidad podemos conocer?». El zorro, afirma Berlin adueñándose de un tema de Arquíloco, sabe muchas cosas y se acomoda a un universo fragmentario; el erizo, en cambio, aspira a saber una sola cosa, esa unidad que podría darle sentido a la multiplicidad. Berlin definió al ruso como «un pobre hombre desesperado, más allá de cualquier auxilio humano, errante y cegado por sí mismo en Colono».

En medio del desastre bélico, Tolstói supo exhibir la infinita variedad de lo humano; cada uno de sus personajes se da cuenta de su propia condición de marioneta e intenta defender su libertad. Convencido de que el libre albedrío era ilusorio, él mismo no dejó de perseguir el absoluto, como revela su posterior crisis de conciencia, su huida de Yásnaia Poliana y su muerte en la estación de Astapovo en 1910. En nuestros días, el carácter híbrido de *Guerra y paz* debería resultar menos monstruoso; aunque tal vez nunca lleguemos a saber qué es, no deberíamos olvidar lo que Tolstói nos advirtió: su ambigüedad genérica convierte al libro en el eslabón perdido entre la ficción y la no-ficción.

En 1956, Carlo Ponti y Dino De Laurentiis estrenaron su versión de *Guerra y paz*, dirigida por King Vidor y protagonizada por Peter Fonda, la pareja formada por Audrey Hepburn y Mel Ferrer, Anita Ekberg y Vittorio Gassman, con música de Nino Rota. Con una duración de tres horas y media, la coproducción italoestadounidense imitaba las proporciones operísticas de la novela; filmada en unos enormes escenarios en Cinecittà, requirió más de cien mil uniformes y dieciocho mil soldados del ejército italiano como extras. Pese al brillo de sus actores y la innegable fuerza de sus escenas bélicas, la superproducción fue recibida con tibieza y se la criticó por no apegarse a la novela. Tras su estreno en la URSS en 1959, la ministra de Cultura, Yekaterina Furtseva, decidió poner en marcha una versión soviética: era una cuestión de honor vencer a aquellos imperialistas. El elegido para dirigirla fue Serguéi Bondarchuk, quien asumió el papel de Bezújov. El Ministerio de Cultura y el Comité Estatal de Cinematografía asignaron tres miembros del ejército como consultores y determinaron que este contribuyera con miles de extras y recursos, en tanto que más de cuarenta museos prestaron objetos de la época. La producción sufrió distintos inconvenientes: la pésima calidad de la película de manufactura soviética, las trabas burocráticas y el mismo invierno que hizo retroceder a Napoleón, por no hablar de los dos infartos que sufrió Bondarchuk. Al final, obtuvo el aplauso unánime de la crítica tanto en la URSS como en el resto del planeta: se presentó en Cannes y obtuvo el Globo de Oro y el Óscar a mejor película en lengua extranjera en 1968. En ninguna parte se nota más la competencia entre Estados Unidos y la URSS como en los finales de sus respectivas adaptaciones. Más preocupado por la individualidad que por cualquier ideal patriótico, Vidor nos deja ver a Pierre y a Natasha tomados de la mano mientras sus siluetas se pierden en la distancia. Bondarchuk, por su parte, encuentra una salida artística al nacionalismo soviético: una serie de escenas líricas muestra los reverdecidos bosques rusos y permite apreciar el apego del pueblo ruso a la madre tierra, la postrera ilusión del viejo Pierre Bezújov.

א

Leí *Crimen y castigo* (1866) a los diecisiete y, como le ocurrió a mi amigo Eloy Urroz, quien me había animado a seguir sus pasos, me cambió la vida. No es fácil saber por qué ciertas ficciones provocan esta doble perturbación mental y anímica, intelectual y emocional; a otros les ha ocurrido con *Demian* (1919), de Hermann Hesse, o con *El guardián entre el centeno* (1951), de Salinger. No se trata de obras que te fascinan o deslumbran, sino que te abren en canal y te dejan con la sensación de ya no ser el mismo: a mí solo me había ocurrido antes con *Así habló Zaratustra*. Reconozco que mis iluminaciones poco tenían de original: desde su publicación, los dos libros han despertado o aniquilado millones de conciencias.

Si posees un temperamento similar al de Nietzsche o al de Raskólnikov —no digo al de su autor—, es imposible que a esa edad salgas indemne de su influjo. Lo curioso aquí es que se trata de obras antitéticas: Dostoievski escribió *Crimen y castigo* como respuesta justo a ese nihilismo que muchos terminarían por asociar con Nietzsche. Hoy el vínculo entre los dos resulta tan obvio que tiende a pensarse que el novelista le respondía al filósofo, cuando fue este quien leyó febrilmente al primero. (En la fallida adaptación de 2002 de *Crimen y castigo* de Menahem Golan, ubicada en la Rusia postsoviética, un gran póster de Nietzsche cuelga en la buhardilla de Raskólnikov). Pese a que todo separaba al filósofo del novelista —el alemán jamás habría tolerado el nacionalismo eslavo o la vehemencia cristiana del ruso—, los miserables habitantes de sus novelas lo animaron a imaginar seres humanos sin ataduras.

No sé cuánto entendí en aquella primeriza lectura de *Crimen y castigo*: nada sabía del paneslavismo o el cristianismo militante de su autor y no imaginaba sus ansias de redimirse a través de la ficción. Lo que sí recuerdo es cómo me subyugó: durante semanas fui ese atribulado joven que asesina a dos mujeres. El virus Dostoievski fue aún más severo con Eloy: hace un par de años decidió leer o releer cada uno de sus libros guiándose por la monumental biografía en cinco volúmenes de Joseph Frank (1976-2002), así como cuanto ensayo crítico o biográfico encontró sobre el escritor ruso. Cuando culminó, lo invité a impartir un curso virtual en la UNAM que han visto miles de personas, demostrando la vigencia del novelista ruso. Muchos le hemos pedido que convierta ese curso en un libro, pero hasta ahora ha eludido la tarea. Pese a la devoción que le profesa, Eloy está decidido a apartarse hasta de la más pequeña fuente de infelicidad: conociendo el pavor dostoievskiano, lo domina el vértigo frente a la escritura. Al menos he logrado convencerlo de sintetizar aquí su visión sobre el escritor al que ambos le debemos nuestras vidas literarias:

El conflicto dostoievskiano es trágico en el sentido más puro y original: no es otro que el del hombre buscando el destino que se depara a sí mismo —afirma—. El hombre es, en Dostoievski, su mejor enemigo (un pecador, un bebedor, un jugador, un pederasta) y solo él mismo puede, con la ascesis de la purificación sufriente, ser su salvación. Esta dialéctica no aparece, en mi opinión, en Tolstói, su contraparte. Tolstói no es un trágico. Leer, por ejemplo, su autobiografía novelada, *Infancia, Adolescencia y Juventud*, nos revela una vida y un pensamiento muy distintos a los de *El adolescente*, la semiautobiografía novelada de Dostoievski. No solo la vida, sino el arte mismo, nos muestran a Tolstói como un escritor que ha elegido la mesura, el orden y la organización como *telos* de su obra, y este *telos* existe porque hay, al final, un objetivo: la salvación, el cielo, y en eso sí se parece a su contemporáneo: ambos creen en el más allá, ambos viven cautivos de una visión lineal judeocristiana de la historia con un final escatológico. Mientras que ese final ocurra, hay que sufrir. Para Dostoievski, a mayor padecimiento, mayor la purificación y más segura la felicidad ultraterrena. Para Tolstói, la felicidad puede estar en la tierra, aquí, ahora mismo, si comprendemos a Cristo y vivimos como él. Para Dostoievski esto es imposible. La felicidad no está aquí; está *allá*.

¿Tolstói o Dostoievski? ¿Dostoievski o Tolstói? La culpa de la disyuntiva no es, por supuesto, de George Steiner, cuyo *Tolstói o Dostoievski* (1960) no hace sino recoger una dualidad ya evidente en vida de los dos colosos y expresada con claridad por E. M. Forster: «Ningún novelista inglés es tan grande como Tolstói —es decir, ha ofrecido una pintura más completa de la vida humana, tanto en su lado doméstico como heroico—. Y ningún novelista inglés ha explorado el alma humana de manera tan profunda como Dostoievski». Como afirma el propio Steiner, el adjetivo *inglés* puede ser eliminado. Nikolái Berdaev fue aún más drástico en *El espíritu de Dostoievski* (1923): «Sería posible fijar dos patrones entre las almas humanas, una inclinada hacia el espíritu de Tolstói, la otra hacia el de Dostoievski». Nacida y desarrollada en Francia y Gran Bretaña, las dos potencias imperiales más poderosas del siglo XIX, la novela realista alcanza su cima en un país que se consideraba casi bárbaro, la Rusia zarista, autoritaria y ortodoxa. ¿Qué le ocurre a la novela burguesa en un lugar donde la burguesía no existe? En ese *backwater* fronterizo, medio europeo y medio asiático, de aspiraciones modernas y presente medieval, estos dos contemporáneos que jamás se conocieron en persona, pero se leían con tanta admiración como recelo, condujeron a la imaginación realista a sus extremos. (Algo similar ocurre en esa otra frontera que es Estados Unidos con una obra de dimensiones comparables: *Moby Dick*, de Herman Melville, publicada en 1851). De un lado, quien es capaz de hacer el mural completo de una era; del otro, el retrato integral del ser humano.

א

Mientras Dostoievski pasa buena parte de 1863 en los casinos de Wiesbaden o Baden-Baden intentando conquistar a Polina Súslova, trabaja en el primer borrador de una novela que versará en torno a la confesión de un criminal. Aún no tiene claro su delito, si bien se halla convencido de que usará la primera persona, tal vez contrastada con cartas y otros documentos que balanceen su monólogo. A su regreso a Rusia tras las muertes de su hermano y de su primera esposa, se embarca en *El jugador* (1866) y, a fin de entregarla a tiempo al editor Stelovski, contrata a una estenógrafa, Anna Snítkina, con quien acabará por casarse. Es entonces cuando decide abandonar la primera persona de su otra novela y se decanta por una narración que siga *muy de cerca* a su personaje como si fuera una sombra detrás de él. Al introducir la perspectiva de Raskólnikov (y, desde una terminología evolutiva, al otorgarle intención y propósito), en medio de un discurso en apariencia neutro, Dostoievski altera para siempre las reglas de la ficción: ya no interesa si el autor aspira a retratarse en su protagonista dado que este ha adquirido una conciencia autónoma.

Sus personajes poseen una vida interna que demuele al *autor*, esa figura de autoridad fijada por el racionalismo y el Romanticismo; mientras que los de Tolstói o Zola están llenos de certezas, Dostoievski introduce en ellos una incertidumbre que los dinamita por adentro. Poco importa que él haya estado ahíto de convicciones aún más firmes que las de sus pares; en su ansia por rebatir a los parásitos occidentalistas que detectaba por doquier, permitió que sus criaturas dejasen de ser sus instrumentos, o meros blancos de sus burlas o invectivas, y las colmó de dudas. Sus narraciones jamás terminan por ser, así, novelas de ideas, sino textos anclados en la azarosa subjetividad de sus habitantes: cualquier cosa puede ocurrirles a estas almas desoladas fuera de control.

En sus *Problemas en torno a la poética de Dostoievski* (1929), Mijaíl Bajtín —quien, al igual que su objeto de estudio, fue enviado al destierro después de publicar la primera versión de su opúsculo— fue el primero en darse cuenta de la revolución cognitiva que su predecesor había operado en la ficción y se inventó un lenguaje para exponerla. Las novelas de Dostoievski son, en opinión del crítico, polifónicas y dialógicas: están llenas de voces, distintas a la de su autor, entreveradas en un deslumbrante juego contrapuntístico. No tienes por qué simpatizar con Dostoievski o su proyecto reaccionario, porque sus personajes piensan por sí mismos. Por ello Nietzsche o el propio Tolstói, Joyce o Freud —para quien abrió tantos caminos—, Kafka o Woolf, Sartre o Camus quedaron prendados de su obra.

Cuando se inicia la novela, a Rodión Raskólnikov ya lo dominan las ideas que lo llevarán al crimen; como al Quijote o a madame Bovary, las ficciones de su época —en este caso, el egoísmo racional de Nikolái Chernishevski— lo han vuelto loco al grado de que necesita trasladarlas a la realidad. Convencido de que los hombres extraordinarios no se hallan sujetos a la moral ordinaria, asesina a la usurera Aliona Ivánovna y de paso a su hermana Lizaveta. Su justificación muestra cómo las fantasías se han apoderado de su mente: la vieja es una cucaracha y su muerte, un beneficio para la humanidad. Sin embargo, el joven estudiante de Derecho —otra ironía— no queda en paz, como Orestes mucho antes que él. A partir de entonces asistiremos al largo camino que lo llevará a desintoxicarse, a confesarle su crimen a Sonia, la prostituta de quien se enamora, y al cabo al comisario Porfiri Pétrovich.

Urroz imagina que, con este experimento mental, Dostoievski intentó purgar su culpa por haber compartido las ideas extremistas que lo llevaron a Siberia: la novela sería, en este caso, su expiación. Aun así, el ruso ya no podría decir, como Flaubert, *Raskólnikov c'est moi*: el personaje ya muy poco tiene que ver con su autor. Resucitando el espíritu dialógico de la tragedia, Dostoievski conduce a los personajes de ficción a su última frontera: de la noche a la mañana se encuentran tan solos en su mundo como nosotros en el nuestro. Apenas sorprende que a los existencialistas les admirase y angustiase su desamparo. Férreo enemigo de la servidumbre, Dostoievski es el reticente revolucionario que arrancó a sus propias criaturas de la esclavitud.

5. Sobre cómo reconocerse en un espejo roto

La ilusión victoriana y el fin-de-siècle

Al despertar, te descubres recostada sobre un diván. Frente a ti, un hombre barbado, de ojos incandescentes, te escucha con atención. Semana a semana acudes a hablarle de tu familia, de tu padre y su temprana muerte; de la frialdad de tu madre, anterior incluso a su viudez; de tu adorado hermano y tus tres hermanas; de tu prometido, en apariencia tan parecido a tu padre. Hoy le relatas, en cambio, un sueño: te has convertido en un asqueroso bicho y toda tu familia se ríe de ti, te desprecia y te violenta. El hombre barbado apenas muestra horror o desconcierto, te mira sin mirarte, atento a sus notas, y asiente. Entonces se adueña de la voz, te revela lo que piensas, dibuja el mapa de tu familia, tus anhelos y pesadillas. Habla y habla y habla sin parar y tú solo lo escuchas: él sabe quién eres, tú no. Si te sientes como un bicho, te dice, es porque te ves a ti misma como tal. Irritada, sacas unos billetes de tu bolso y los dejas caer sobre la mesa.

א

La burguesía no existe: existen las ficciones burguesas. La idea de que, tras la Revolución francesa y las guerras napoleónicas, los burgueses dominan las sociedades europeas a su antojo dista de resultar veraz. Pese a su paulatino desgaste, la aristocracia conserva muchos privilegios y en los pequeños estados alemanes e italianos, por ejemplo, los mantendrá tras la reunificación. Incluso en los regímenes republicanos su peso demográfico es moderado; en Francia solo pueden votar los dueños de tierras o quienes pagan cierta renta (alrededor del quince por ciento de la población), mientras que en Gran Bretaña los parlamentarios no reciben sueldo y han de asumir sus propios gastos, lo cual garantiza que únicamente los más ricos se dediquen a la política. Mientras tanto, en la base de la pirámide se extiende la enorme masa proletaria, a la cual los burgueses miran con tanta desconfianza como a la nobleza. Nada los caracteriza como esta ansiedad: quizás por ello sus miedos y anhelos se extienden con tanta rapidez. Parte de la culpa la tienen sus enemigos, como Marx o Engels, quienes la hacen lucir omnipotente, así como numerosos escritores y artistas, por lo general surgidos de sus filas, que la satirizan mientras acrecientan su mito.

En ningún lugar la imaginación victoriana —uso el término en sentido amplio— cobra tanta fuerza como en la familia. Un molde lleno de imperativos éticos y morales, lecciones religiosas, habilidades sociales, códigos de etiqueta y vestimenta, estrategias educativas y matrimoniales, fuentes de diversión y entretenimiento. Un catálogo de directrices y prohibiciones no tanto sobre lo que no se debe hacer o imaginar cuanto sobre lo que no se puede decir ni pensar. Su objetivo: defender la monogamia como única posibilidad del amor.

Home, sweet home: el hogar es el sitio donde se nace, se da a luz, se come, se duerme, se educa a los hijos y a la postre se expira; el espacio burgués por antonomasia, como demuestran sus representaciones en las artes y la literatura. Igual que en todo teatro, cuenta con su atrezo, su escenografía y su utilería, destinados a mostrar las secuencias de una vida armónica y confortable, predecible y *normal*. Cada habitación se llena de objetos que exhiben la respetabilidad de sus dueños —retratos, grabados, esculturitas y muebles— y la función asignada a cada lugar.

La familia victoriana es relativamente pequeña, de entre cuatro y cinco miembros por hogar, a causa de la alta mortalidad infantil y la decisión calculada de los padres, cada vez más conscientes del costo de cada hijo. En este núcleo, las relaciones de poder jamás son equitativas. Hasta bien entrado el siglo xx, a las mujeres no solo se les impide participar en política, tampoco pueden adquirir propiedades ni heredarlas, mientras sus esposos están autorizados a imponerles castigos corporales. Basándose en supuestos hallazgos científicos, la imaginación burguesa las dibuja menos inteligentes que los varones y siempre dominadas por sus emociones: manipuladoras, chismosas, veleidosas e indignas de confianza. La menstruación es el pretexto ideal para alejarlas de la educación superior y de las responsabilidades públicas; la virginidad, en cambio, sigue siendo un requisito indispensable para casarse. El matrimonio se dota con un repertorio de estrategias para regular la imaginación de sus contrayentes: las consideraciones pecuniarias, religiosas y de clase son siempre relevantes, si bien se concede un lugar cada vez más importante a las emociones.

El sitio de las mujeres casadas es el hogar, por ello les corresponde la educación de los hijos, excepto en la alta burguesía, donde esta labor queda confiada a nanas o institutrices. Su única diversión se halla en la costura o la lectura, una pasión bastante más peligrosa de lo que piensan sus maridos. Como denuncia John Stuart Mill en *La esclavitud de las mujeres* (1869), se hallan sometidas por tiranos domésticos.

El que no se pueda hablar de sexo, excepto en términos clínicos, no implica que los victorianos no lo practiquen con asiduidad, tanto dentro como fuera del matrimonio: las ficciones en torno al adulterio femenino implican por fuerza el masculino. Como afirma Violet Fenn en *Sexo y sexualidad en la Gran Bretaña victoriana* (2020), la sociedad decimonónica no es pudibunda, por más que se oculte bajo un rígido código moral. Al tiempo que una nueva industria higiénica promueve fármacos y condones para evitar los embarazos, por doquier se fundan ligas para la decencia con el objetivo de fomentar la castidad. De un lado la matrona y del otro la prostituta: el doble arquetipo femenino de la ficción burguesa. La *femme fatale*, última derivación de Eva, Pandora y la *belle dame sans merci*, se recoge en las pinturas de Edvard Munch y Gustav Klimt, en *Al revés* (1884), de Joris-Karl Huysmans, la *Salomé* (1891) de Wilde o *La caja de Pandora* (1903), de Frank Wedekind, aunque su paradigma queda más bien fijado en *Carmen* (1875), de Georges Bizet, basada en el cuento homónimo de Prosper Mérimée (1845).

Considerada una perversión antinatural, la homosexualidad se vuelve más o menos admisible en la alta burguesía, maquillada con el nombre de amor griego. Aun así, en muchas partes se considera un delito: el juicio a Oscar Wilde, en 1895, demuestra que los sectores conservadores pueden ensañarse con alguien tan visible como el escritor irlandés. Para el burgués normal —un término que solo nace cuando se perfecciona la estadística—, fuera de casa se extiende un universo de degeneración que lo atrae tanto como lo repele; el sexo se revela como la mayor fuente de frustraciones y ansiedades victorianas.

Como relata Peter Gay en *Schnitzler y su tiempo: retrato cultural de la Viena del siglo XIX* (2002), si bien desde mediados del siglo XIX se multiplican las publicaciones progresistas que consideran que el deseo sexual es normal y recomiendan practicarlo —eso sí, con moderación—, también se mantienen los atavismos que lo ligan con el pecado. La tensión entre una y otra fantasía quedará depositada en otra persistente ficción decimonónica: la histeria femenina.

Para los burgueses, hasta la comida es ficción. Con su *Fisiología del gusto* (1825), una mezcla de tratado filosófico e investigación científica, Jean Anthelme Brillat-Savarin eleva la alimentación a la altura del arte. A partir de entonces, la comida —y la etiqueta que se le asocia— representa tanto una prueba de estatus como una forma de imaginación: más que los sabores u olores, lo que se valora es la *experiencia*, como queda patente en *El festín de Babette* (1987), de Gabriel Axel, basada en el cuento de Karen Blixen (1958). Desde ese momento, la experimentación formal se volverá irrefrenable y llegará hasta la deconstrucción o la cocina molecular de Ferran Adrià. Cuando este es invitado a la Documenta 12, en 2007, la cocina se ha trasladado al mundo del arte.

א

En tanto los burgueses modelan su imaginación en casa, sus ejércitos y empresas la imponen al resto del planeta. Tras la decadencia de los Imperios español y portugués y las independencias de sus colonias americanas, Gran Bretaña, Francia y Holanda compiten por el relevo. Mientras a aquellas las impulsaba la misión de convertir a los habitantes del Nuevo Mundo a la verdadera fe, las nuevas potencias tienen metas más pragmáticas: aprovecharse de sus recursos naturales —incluyendo los humanos— e integrarlos en su red de comercio global. Las naciones europeas dirigen su mirada hacia África y Oriente, que ven como un continente salvaje y un cosmos en decadencia. Ambos lugares se convierten en lo que, en *Orientalismo*, Edward Said denominó «geografías imaginarias», espacios que la fantasía occidental primero inventa y luego coloniza. La evangelización es sustituida por la religión de la modernidad; el objetivo final, en cambio, se mantiene: civilizar a los bárbaros, que se transforman, gracias a la antropología, en pueblos primitivos. Incluso la lucha contra la esclavitud sirve como pretexto para la colonización. David Livingstone, el célebre misionero inglés, no duda en llamar a una cruzada para «liberar África». Para evitar conflictos, las potencias se reúnen en Berlín entre 1884 y 1885 para trazar las fronteras de sus respectivas áreas de influencia y dibujan regiones —y países— que nada tienen que ver con la realidad étnica o demográfica de cada lugar.

El siglo xix se obsesiona con las diferencias: la explosiva mezcla del nacionalismo romántico con el darwinismo justifica cualquier forma de discriminación. Con su afán por las clasificaciones, antítesis del Barroco, solo se puede ser una cosa y nunca su contraria: no hay lugar para la incertidumbre, tampoco para el mestizaje. Pocos dudan de la superioridad de esa civilización que comienza a llamarse occidental e incluso quienes se oponen a la esclavitud no consideran que los negros sean iguales a los blancos. Como resume Said, el exotismo celebrado en incontables novelas y poemas contiene el germen de la dominación. El antisemitismo es la más pertinaz de estas ficciones: antes basada en criterios religiosos, ahora se explica en términos raciales. En su *Ensayo sobre la desigualdad de las razas humanas* (1855), Arthur de Gobineau inventa la raza aria y la corriente que, desde la *Declaración de los derechos del hombre*, aboga por desestimar las pequeñas diferencias en aras de una igualdad universal se revierte bruscamente. Las naciones europeas, así como sus antiguas colonias, incorporan en sus legislaciones criterios basados en algún tipo de superioridad natural para discriminar a otros: mujeres, homosexuales, judíos, gitanos, indios, negros, árabes, chinos, aborígenes, extranjeros. Detrás de esa civilización que tanto enamora a los victorianos, se esconden mil formas de violencia simbólica que llegan hasta hoy.

Contratado por la Sociedad Anónima Belga para el Comercio del Alto Congo, en 1890 el marinero polaco Józef Korzeniowski realiza un viaje por río hasta los confines del Congo. Instalado más tarde en Londres, ya con el nombre de Joseph Conrad, retoma aquella experiencia para crear el personaje de Marlow, el protagonista de *El corazón de las tinieblas*, publicada por entregas en 1899 y dentro del libro *Juventud: una narración y dos cuentos* en 1902. Como su autor, Marlow también navega en el río Congo y es testigo de las atrocidades de los colonos belgas contra los nativos. Cuando atraca en el último puerto, escucha historias en torno a un tal Kurtz, un europeo venerado por los indígenas como un dios, y parte en su busca. Enfermo, Kurtz le entrega unos papeles comprometedores y, antes de morir, pronuncia las palabras que definen el imperialismo colonial: «El horror, el horror». La novela no tiene demasiado éxito en vida de Conrad y no es sino hasta la segunda mitad del siglo XX cuando comienza a desatar un sinfín de lecturas e interpretaciones. En 1979, Francis Ford Coppola la utiliza como base de *Apocalypse Now*, trasladando la acción a otro campo de batalla colonial, la antigua Indochina francesa, donde Estados Unidos comete atrocidades semejantes. Pese a que en Occidente *El corazón de las tinieblas* ha sido saludada como una de las más duras críticas al colonialismo europeo, el novelista nigeriano Chinua Achebe afirma que Conrad continúa asimilando a África con la barbarie. Inserto en un universo imaginario dominado por los prejuicios racistas, escribe Said en *Cultura e imperialismo* (1993), incluso en su intento por ser antiimperialista Conrad no dejaba de serlo.

א

En su *Historia de la locura en la época clásica* (1961), Michel Foucault sostiene que, a partir del siglo XVII, comienza un «confinamiento masivo» de enfermos mentales. En el siglo XIX, los manicomios y asilos sin duda se multiplican y, de ser vista como una iluminación o una tara, la locura se convierte en un mal orgánico que es necesario estudiar y prevenir. La mentalidad victoriana venera la institucionalización: la escuela, el cuartel, el hospital, la prisión y el manicomio comparten su arquitectura —cuya culminación es el panóptico de Jeremy Bentham— y su régimen de vigilancia. En numerosos asilos priman los abusos y la violencia, mientras en otros se ensayan versiones caritativas o la «terapia moral».

Surgida en Francia a finales del siglo XVIII con Philippe Pinel, la psiquiatría experimenta un rápido desarrollo gracias a figuras como Jean-Étienne Esquirol, quien, en *Las enfermedades mentales* (1838), fija el diagnóstico de gran variedad de padecimientos, como la monomanía y sus vertientes —la cleptomanía, la piromanía o la ninfomanía—, y estudia las ilusiones y las alucinaciones. Su catálogo lo completa su discípulo Jean-Martin Charcot en sus *Lecciones sobre las enfermedades del sistema nervioso impartidas en la Salpêtrière*, publicadas entre 1885 y 1887, donde estudia de la manera más precisa posible los síntomas de sus pacientes —tics, migrañas, alucinaciones, mutismo, parálisis, sonambulismo— para elucidar sus causas.

Una enfermedad se resiste, sin embargo, a sus pesquisas: Charcot no consigue dar con las causas orgánicas de la histeria. Un joven médico que acaba de ingresar en su laboratorio, que entonces se hace llamar Sigismund Freud, aventura que no son orgánicas, sino que derivan de ciertas ideas «separadas de la conciencia»: no es que la histeria sea una enfermedad imaginaria, sino provocada por la imaginación. De vuelta en Viena, Freud se asocia con Josef Breuer y se interesa por una de sus pacientes histéricas, Bertha Pappenheim, a la que esconde bajo el seudónimo de Anna O., una joven culta, brillante y atractiva que, mientras cuida a su padre por una grave enfermedad, se ve azotada por tics, parálisis, alucinaciones, dificultades para ver y hablar; además, ha dejado el alemán y se comunica solo en inglés. Breuer se ha dado cuenta de que, cuando Anna habla sobre sus síntomas, remiten.

Dejando de lado la hipnosis, Freud conversa largamente con ella: la propia paciente denomina *talking cure* a este nuevo método terapéutico. Freud descubre así que entre Breuer y Anna se ha creado una relación de apego, que más adelante lo llevará a definir la transferencia y la contratransferencia, y concluye que los síntomas de Anna se recrudecen a partir de ciertas reminiscencias, es decir, de recuerdos que cobran un sentido intolerable para el *yo*. Como ambos concluyen en su «Comunicación preliminar» (1893) sobre el caso, la histeria parece causada por la resistencia del paciente a revivir un recuerdo doloroso.

Más adelante, en sus *Estudios sobre la histeria* (1895), Freud insistirá en que el recuerdo traumático suele ser de naturaleza sexual, lo cual terminará por distanciarlo de su colega. Freud se decanta entonces por un tratamiento que permita la libre expresión del paciente a través de la asociación de ideas, y define el nuevo objetivo del médico: «Despertar con toda claridad el recuerdo del proceso provocador, y con él el afecto concomitante». La genial intuición de Freud consiste en ver que, al ser una enfermedad de la imaginación, la única cura para la histeria es la imaginación misma.

El 8 de diciembre de 1869, Leopold von Sacher-Masoch firma un contrato con su amante donde acepta «obedecer incondicionalmente todos sus deseos y órdenes durante seis meses». Desde muy joven, el novelista tiene una fantasía recurrente: una mujer desnuda, cubierta solo con pieles de animales, que lo azota a su antojo; la imagen le viene del retrato de Helena de Fourment, la esposa de Rubens. Se empeña entonces en buscar a quien cumpla su deseo y encadena una relación tras otra con mujeres como Anna Manetiska-Kolarova, una actriz que conoce en Praga, Anna von Kottowitz, cuya belleza es «como la de un vampiro», y Fanny von Pistor. Inspirado en esta última, escribe *La venus de las pieles* (1870). Al final, será Aurora Rümelin quien mejor se adecue a sus caprichos al asumir el comportamiento y el nombre de Wanda von Dunajew, la protagonista de su libro. En su *Psychopathia sexualis* (1886), el psiquiatra Richard von Krafft-Ebing incluye por primera vez el masoquismo en su amplia lista de perversiones y la describe como aquella en que el paciente «está controlado por la idea de ser completa e incondicionalmente sujeto de la voluntad de una persona del sexo opuesto; de ser tratado por esta como un amo, humillado y abusado». Krafft-Ebing divide las perversiones sexuales en cuatro categorías: paradoxias, anestesias, hiperestesias y parestesias, y analiza cada una de ellas a través de pequeñas historias clínicas que abundan en el sadismo, la homosexualidad y la bisexualidad, la necrofilia o el sexo anal. Hoy, su libro puede leerse no solo como un manual científico, sino como una impúdica colección de relatos que concentra algunas de las más pertinaces fantasías del siglo XIX.

א

En 1895, Freud abandona su *Proyecto de una psicología para neurólogos*, donde buscaba fijar las bases científicas de sus descubrimientos. Con esta renuncia deja atrás la rigurosa perspectiva que ha utilizado hasta entonces para adoptar una dominada por la especulación y la fantasía. Como afirma Carlos Gómez en *Freud y su obra* (2021), Freud opta por una «psicología para psicólogos» que lo aparta de la comunidad psiquiátrica vienesa. Justo en ese momento da inicio a su autoanálisis. En una carta a Wilhelm Fliess, reconoce la dificultad de la tarea: «Solo puedo analizarme a mí mismo mediante las nociones adquiridas objetivamente (como si fuera un extraño)». Luego le confiesa: «El autoanálisis es, en realidad, imposible, pues de lo contrario no existiría la enfermedad». Aun así, Freud se transforma en su principal objeto de estudio y no duda en extender los mecanismos psíquicos que detecta en sí mismo al resto de la humanidad, una generalización que lo arroja de plano en el terreno de la ficción. Las modernas neurociencias han constatado que muchos de sus hallazgos son ciertos, pero no hay manera de probar la veracidad o la eficacia terapéutica de la mayor parte de sus teorías.

Uno de los sustratos de sus investigaciones son los sueños, tanto propios como ajenos. Al lado de los actos fallidos, los lapsus, los chistes o los síntomas físicos, a los que dedicará ensayos posteriores, le parecen el paradigma de las «formaciones del inconsciente», es decir, las vías de acceso a esas fuerzas psíquicas invisibles que determinan el comportamiento de cada uno. En *La interpretación de los sueños* (1899), cuyo título desafía ya a la comunidad científica vienesa, afirma: «Para mi gran asombro, descubrí un día que no era la concepción médica del sueño, sino la popular, medio arraigada aún en la superstición, la más cercana a la verdad».

Freud no ofrece una lectura unívoca del material onírico y no establece una tabla de equivalencias para revelar sus significados; deduce, en cambio, que su contenido latente surge a partir de un mundo mental subterráneo, alejado del *yo*. Para el médico vienés, los sueños se modelan a partir de la reelaboración de los recuerdos diurnos —una idea comprobada por la neurociencia— y ponen en escena deseos reprimidos que, en el proceso, se deforman o terminan censurados: por ello se vuelve necesario interpretarlos como el experto que descifra un jeroglifo (la metáfora es suya) o un poema.

En sus *Lecciones de psicoanálisis* (1917), resume: «Asimilemos el sistema del inconsciente a una gran antecámara en la que se acumulan, como seres vivos, todas las tendencias psíquicas. Esta antecámara da a otra habitación más reducida, una especie de salón, en el que habita la consciencia; pero ante la puerta de comunicación entre ambas estancias hay un centinela que inspecciona a todas y cada una de las tendencias psíquicas, les impone su censura e impide que penetren en el salón aquellas que caen en su desagrado».

A partir del capítulo VII de *La interpretación*, Freud ofrece su modelo inicial de la vida psíquica, una elaborada construcción ficcional a la que sus seguidores llamarán «primera tópica». Su base es la oposición entre el sistema inconsciente y el sistema consciente-preconsciente, animada por dos fuerzas contrarias, el principio de displacer (que más adelante llamará del placer) y el de realidad. Para dibujar las relaciones entre estos factores, Freud se vale de dos perspectivas: una dinámica, que explica el proceso de represión y censura de los deseos, y otra económica, que se centra en la trayectoria de los contenidos reprimidos y su transformación en el inconsciente normal o en los síntomas patológicos. No será hasta 1923, con *El yo y el ello*, cuando a esta primera tópica se incorpore la tríada ficcional *ego-superego-id*.

Si *La interpretación* resulta controvertida, sus *Tres ensayos sobre teoría sexual* (1905) detonan un escándalo. Para Freud, en los humanos la sexualidad no es un mero instinto, sino una pulsión, y, mientras en los animales su único objetivo es la reproducción, en nosotros se trata de una fuerza general e irresistible. En este sentido, las perversiones inventariadas por Krafft-Ebing no son sino la expresión de una sexualidad presente en cada uno desde la infancia. A partir de la pubertad, la sociedad impondrá constantes límites a la sexualidad —y la imaginación— infantil: la neurosis es el resultado de su represión; en este esquema, al final todos somos o perversos o neuróticos. Con su teoría psicoanalítica, Freud destierra para siempre la idea de que los seres humanos somos esencialmente racionales y aniquila la más tranquilizadora de las fantasías burguesas: la normalidad.

א

En una de las etapas más turbulentas de mi vida, al fin decidí acudir a psicoanálisis. Mi relación con esta disciplina había sido siempre ambivalente. Empecé a leer a Freud a los dieciséis y su luminoso estilo literario y sus arrebatadoras historias clínicas me hicieron devorar sus libros como si fuesen novelas, acaso porque en buena medida lo son. Él lo reconoció en sus *Estudios sobre la histeria*: «A mí mismo me resulta singular que los historiales clínicos por mí escritos se lean como unas novelas breves, y de ellos esté ausente, por así decir, el sello de seriedad que lleva lo científico».

Por un tiempo barajé la idea de convertirme en analista, hasta que mi padre desestimó la psicología, que él había frecuentado unos años, y me conminó a dirigirme hacia la psiquiatría; como yo no me imaginaba estudiando Medicina, descarté la posibilidad. Aun así, continué leyendo con entusiasmo a Freud y sus seguidores: Adler, Rank, Ferenczi, Weininger, Klein o Fromm, cuya estancia mexicana me lo volvía particularmente cercano.

Mientras vivía en París, inicié una novela satírica sobre Jacques Lacan —cuya prosa, por el contrario, es casi ilegible— al tiempo que me enamoraba de una psicoanalista lacaniana alumna de Jean-Claude Milner, el yerno del maestro. Me hizo sufrir, o sufrí porque ella desató mi *jouissance*, o sufrí porque la transformé en mi *phantôme*, e intenté curarme trasponiendo mi historia en el ridículo amor que le profesa Aníbal Quevedo, mi psicoanalista de ficción, a la elusiva Claire. Tiempo después emprendí una nueva novela con el psicoanálisis de fondo: giraba en torno a Carl Gustav Jung (escribo estas líneas en Zúrich, no muy lejos de su

521

torreón de Bollingen), que tampoco sale muy bien librado. Mi relato se centraba en una de sus pacientes y amantes, Christiana Morgan, quien pasó su vida en el interior de un universo junguiano plagado de visiones y símbolos del inconsciente.

Desde que comenzó a psicoanalizarse hace más de treinta años, mi amigo Eloy es su mayor propagandista y hemos pasado media vida discutiendo su utilidad terapéutica. Cuando en 2020 me sumí en una depresión que me resistía a aceptar, Eloy volvió a impulsarme a la terapia. Con la misma arrogancia de Freud, yo siempre había preferido el autoanálisis de la literatura, pero me sentía tan desesperado que comencé a acudir a sesiones semanales en el poniente de la Ciudad de México. Si mi analista no era lacaniano, se empeñaba en parecerlo: yo hablaba durante cincuenta minutos y él asentía de vez en vez. No me ayudó en absoluto. O yo no dejé que me ayudara. Oyéndome hablar a mí mismo no comprendí las pulsiones que me asediaban y, tras varias semanas de cavilar en voz alta frente a su rostro impasible, tomé la peor decisión de mi vida: no le echo la culpa, por supuesto, pero no volví. El mayor problema del psicoanálisis, como el de toda ficción omnicomprensiva, es que no da tregua: todo, absolutamente todo, es interpretable en sus términos, incluida mi fascinación y mi aversión por sus principios, mis amores frustrados, mi culpa cristiana e incluso la escritura de esta historia de la ficción.

Afectado de esquizofrenia, según Ludwig Binswanger, o de un síndrome maníaco-depresivo, en opinión de Emil Kraepelin, Aby Warburg permanece internado en el hospital psiquiátrico Bellevue en Kreuzlingen, Suiza, entre 1921 y 1924. Heredero de una riquísima familia de banqueros y educado en un judaísmo estricto, siempre ha tenido un carácter voluble y frágil, tendiente a la depresión. Su único interés es la cultura: durante años se interesa por los rituales de los pueblos originarios de Nuevo México y, establecido en Florencia con su esposa y sus hijos, apenas hace otra cosa que contemplar obras del Renacimiento. En diciembre de 1927, se embarca en su último proyecto, al que le ha dado vueltas desde 1905, y que bautiza con el nombre de *Atlas Mnemosyne*: un conjunto de sesenta tablas en las que coloca unas dos mil imágenes sin ningún patrón lógico. Una cartografía abierta en la cual el espectador puede perderse en una red de relaciones fuera de parámetros cronológicos o temáticos, sin principio ni fin o una aproximación heurística a la memoria. En vez de seguir los criterios en los que se ha sustentado el arte occidental, opta por un *work in progress* que destruye la linealidad. Warburg dinamita, así, el estricto orden que la burguesía le ha impuesto a la imaginación.

א

Mientras Freud bucea en el inconsciente, a unos cuantos pasos, en esa misma Viena multirracial, Gustav Klimt comienza a pintar, en 1903, el *Retrato de Adele Bloch-Bauer*:

En *La era del inconsciente* (2012), Eric R. Kandel, «como otros artistas modernos que enfrentaron la llegada de la fotografía, Klimt buscó nuevas verdades que no pudieran ser capturadas por la cámara. Él, y en particular sus protegidos Oskar Kokoschka y Egon Schiele, dirigieron la mirada del artista hacia adentro: lejos de las tres dimensiones del mundo exterior y hacia el múltiple yo interior y la mente inconsciente». Mientras este grupo fuerza los límites del realismo pictórico, una pléyade de artistas y pensadores trastocan sus respectivas disciplinas: en música, Alexander von Zemlinsky, Franz Schreker, Richard Strauss y Gustav Mahler desbocan la tonalidad, luego resquebrajada en manos de Arnold Schönberg, Alban Berg y Anton Webern; en la literatura y el teatro, Hugo von Hofmannsthal, Robert Musil, Karl Kraus, Franz Werfel, Arthur Schnitzler, Stefan Zweig, Hermann Broch o Joseph Roth ensayan nuevas formas de adentrarse en las mentes de sus personajes y de desafiar la moral burguesa; en arquitectura, Otto Wagner, Adolf Loos y Joseph Maria Olbrich transforman el paisaje urbano que luego simplificarán Walter Gropius y la Bauhaus; en economía, Friedrich Hayek apuesta por reducir el Estado al mínimo para evitar cualquier tentación autoritaria; en matemáticas, el grupo reunido en torno a Moritz Schlick, Rudolf Carnap y Philipp Frank intenta formalizar la realidad; y, en fin, Kurt Gödel pone en duda las verdades axiomáticas y Ludwig Wittgenstein, la metafísica.

Como afirma Carl E. Schorske en *La Viena de fin de siglo* (1979), la capital austriaca, «con sus agudos temores de desintegración social y política, probó ser uno de los campos más fértiles de la cultura a-histórica de nuestro siglo. Sus grandes innovadores intelectuales —en música y filosofía, economía y arquitectura y, por supuesto, psicoanálisis— rompieron, más o menos deliberadamente, sus vínculos con la mirada histórica que era central en la cultura liberal decimonónica en la que habían crecido». Conocidos en conjunto como *Die Junge* (los Jóvenes), emprenden una revuelta contra la cultura liberal de su tiempo que se vuelca sobre tres centros neurálgicos: la moral, la ciencia y el arte; se lanzan, pues, contra la seguridad de los valores victorianos, la idea de que la ciencia puede explicarlo y predecirlo todo y los parámetros estéticos del realismo. Podría decirse que el centro de su asalto es la idea de verdad adoptada desde fines del siglo XVIII; frente a ella, proponen un cúmulo de verdades quebradizas o parciales.

El psicoanálisis expone cómo el *yo* deja de ser unívoco y muestra que los humanos nos hallamos dominados por la irracionalidad, en tanto los artistas y escritores persiguen nuevas formas de expresar el caos y abandonan las reglas académicas y los científicos reparan en los límites de sus propias disciplinas. En conjunto, abren las puertas a la abstracción, el serialismo y la atonalidad, la incompletitud y la incertidumbre, el azar y la probabilidad, así como a la vasta experimentación que dominará las primeras décadas del siglo XX.

Diálogo 8

Donde Felice y el bicho se enzarzan en un duelo sobre el amor

FELICE: ¿Lo dudas?

BICHO: No he dicho eso, no me malinterpretes.

FELICE: ¡Explícate entonces, bicho!

BICHO: En todo caso, ¿qué más da lo que yo piense?

FELICE: Deja de hacerte el tonto. ¡Respóndeme!

BICHO: Lo único que importa es lo que tú creas.

FELICE: ¿Y lo que crea *él*?

BICHO: ¿Ya se lo preguntaste?

FELICE: Por supuesto, en decenas de cartas.

BICHO: ¿Y?

FELICE: Siempre se anda por las ramas, habla de otras cosas, jamás se atreve a decir un sencillo *sí*. Por eso te lo pregunto.

BICHO: ¿Y por qué a mí?

FELICE: Nadie lo conoce como tú, bicho.

BICHO: ¿Te serviría de algo si yo te dijera que te ama? ¿Disminuiría tu ansiedad?

FELICE: Ya sé lo que me vas a decir, bicho, que el amor no es sino otra ficción... ¿Y eso de qué me sirve?

BICHO: ¿Sabes que el cerebro del enamorado es muy parecido al de quien sufre de trastorno obsesivo compulsivo?

FELICE: ¡Dímelo a mí!

BICHO: ¿Qué es lo que amas de él, Felice?

FELICE: Todo.

BICHO: ¿Todo todo?

FELICE: Bueno, hay algunas cosas que no me gustan de él. Sus dudas, sus tormentos. Su maldita indecisión.

BICHO: Y aun así lo amas.

FELICE: Por supuesto.

BICHO: ¿Y si el amor fuera ese no ver, ese no querer ver, esa ceguera?

FELICE: Me vas a decir que no estoy enamorada de él, sino de la ficción que yo misma me he construido de él.

BICHO: Ejem...

FELICE: Pero lo que siento es real.

BICHO: Tan real como yo.

FELICE: ¿Alguna vez podré saber qué siente él por mí?

BICHO: Al menos lo puedes imaginar.

FELICE: Otra vez: ¡ninguna certeza!

BICHO: El enamorado es como un detective privado en busca de pruebas o un químico que aplica el método científico: detecta signos, los observa con cuidado, los interpreta, elabora teorías...

FELICE: ¡Todo el maldito tiempo! ¡Sin parar!

BICHO: El amado es un laboratorio. Puedes experimentar con él, ponerlo a prueba y ver cómo reacciona.

FELICE: Eso casi siempre sale mal, bicho, te lo digo por experiencia. El amor necesita demostraciones constantes; no basta una, necesitas otra y otra y otra más. Y, al final, no hay manera de comprobar que a la mañana siguiente continuará allí.

BICHO: Al menos puedes confiar en tu intuición. A fin de cuentas, de lo que se trata es de volver al otro un poco más predecible, ¿no?

FELICE: Parte del encanto consiste, más bien, en no saber lo que va a hacer el otro.

BICHO: ¡Felice! Primero te quejas de la falta de verdades absolutas y ahora me vienes con que te fascina la incertidumbre.

FELICE: ¡Apréndete esto, bicho! El amor es como tu física cuántica: un campo magnético y un juego de probabilidades a la vez.

Libro octavo
Ficciones del fin

1. Sobre cómo transformarte en luz

El imperio audiovisual

Cuando despiertas, te descubres en un cuarto oscuro y miras esto:

O, más bien, miras esta imagen seguida de otra semejante, y luego otra, y otra más, hasta que no te queda otro remedio que salir corriendo, como el resto del público a tu alrededor, convencida de que ese tren está a punto de arrollarte. Cuando al fin te detienes, constatas la puerilidad de tu reacción: por supuesto aquello no era un tren. Se trataba, si acaso, de su sombra: un falso tren capaz de engatusarte por efecto de la luz. De modo que, como harías ante un malabarista o un saltimbanqui, aplaudes a rabiar.

El cine nace en el ambiente popular de las ilusiones ópticas, los trucos mágicos, las ferias ambulantes y los actos circenses, disciplinas que lo definen —así como a las ficciones audiovisuales posteriores— hasta hoy. Una vez que la fotografía congela un instante sobre la placa, se sueña con atrapar en ella el flujo del tiempo. En 1824, Peter Mark Roget calcula que los objetos permanecen en la mente hasta un segundo después de ser vistos: si le presentas a alguien la imagen de un caballo y luego ese mismo caballo en un instante posterior, el cerebro hilvana las dos imágenes como si fueran un flujo continuo. Gracias al principio de la persistencia retiniana aparecen un par de ingeniosos artefactos: el fenaquistiscopio (cuyo nombre significa «engañar al ojo») y el zoótropo, o rueda de la vida; con ellos, los feriantes maravillan a un público que de pronto admira la reproducción de un corcel a todo galope.

En 1879, Charles-Émile Reynaud perfecciona el mecanismo con su praxinoscopio (algo así como *mirador de acción*) y, mediante un elaborado juego de espejos, proyecta una serie de imágenes coloreadas a mano sobre la pared. Se le considera no solo el inventor de los dibujos animados, sino de ese adminículo que al cabo nos envolverá por doquier: la pantalla. Dominado el proceso cognitivo que permite la ilusión del movimiento e introducido el lugar donde apreciarlo, Thomas Alva Edison manufactura a partir de 1889 la película de celuloide, una tira de 35 milímetros de fotografías translúcidas, hecha con un material fotosensible que permite apresar el movimiento; además, patenta el kinetoscopio o mirador de movimiento, diseñado para un solo observador, y pronto comienza a fabricarlo en serie.

Estos antecedentes se decantan en el cinematógrafo (la *máquina que escribe el movimiento*), imaginada por Léon Bouly en 1892 y patentada, tras varias modificaciones, por los hermanos Lumière. El 28 de diciembre de 1895, ellos llevan a cabo la primera proyección pública en el Salón Indio del Gran Café de París, donde proyectan diez breves filmes. Como cuenta Román Gubern en su *Historia del cine* (1969), el cartel que cuelga de sus ventanales advierte: «Este aparato, inventado por M. M. Auguste y Louis Lumière, permite recoger, en series de pruebas instantáneas, todos los movimientos que, durante cierto tiempo, se suceden ante el objetivo y reproducir a continuación esos movimientos proyectando, a tamaño natural, sus imágenes sobre una pantalla y ante una sala entera». El primer corto se titula *La salida de la fábrica Lumière en Lyon* y dura apenas cuarenta y seis segundos: el asombro que desata entre los escasos asistentes vaticina una transformación radical que la ficción.

La imagen móvil en la pantalla luce *más* real que la realidad. Aquellos diminutos cortos reproducen instantes cotidianos —un grupo de trabajadores, una pelea de niños, un juego de cartas y, en el más impactante, presentado al año siguiente, la llegada de un tren a la estación de La Ciotat— y contienen un sinfín de posibilidades no solo para retratar el mundo, sino para concebir otros mundos. Los Lumière no imaginan el futuro y en 1900 se retiran de un negocio que ha dejado de resultarles lucrativo. En Estados Unidos ocurre lo contrario y dos empresas rivales, la Biograph y la Vitagraph, enfrentadas a su vez a Edison, añaden otro componente esencial al cine: su carácter de industria, con sus infinitas guerras y estrategias comerciales por el control del nuevo y jugoso mercado. Tras una década de prodigarse en ferias, circos y cafés, hacia 1905 aparecen los primeros espacios específicamente diseñados para el cine, los *nickelodeons* y *palacios*, que desplazarán a la ópera como centros de la imaginación social.

Apenas sorprende que el primer gran cineasta de la historia empezara su carrera como ilusionista. Georges Méliès asiste a la primera proyección de los Lumière y desde entonces sueña con utilizar el aparato con fines lúdicos y artísticos. Por casualidad descubre el paso de manivela y la posibilidad de sustituir una imagen con otra en el celuloide. En *Escamoteo de una dama* (1896) consigue lo que ningún mago: desaparecer a una mujer sin dejar rastro, y, en *Fausto y Margarita* (1904), que su joven protagonista se transmute en diablo. Méliès explora cada uno de los trucajes utilizados por el cine hasta el advenimiento de la era digital y en su finca de Montreuil construye un estudio con paredes de vidrio para sus rodajes. Con una fantasía desbordada, acumula toda suerte de ilusiones —vuelos en el aire, desapariciones, multiplicaciones, ampliaciones y disminuciones—, reconstruye algunos episodios históricos, como en *El affaire Dreyfus* (1899), y se embarca en superproducciones como *La Cenicienta* (1899) o la costosísima *El viaje a la luna* (1902):

Cuando abandona la vida pública a causa de sus problemas financieros, Méliès deja tras de sí una semilla a punto de brotar: de su cine nacerán los *blockbusters* posteriores, centrados más en los efectos especiales que en la trama. Gracias a él, los contenidos se diversifican y, mientras algunos cineastas preservan la vocación documental del cine de los Lumière, otros lo acercan al teatro y la pantomima, provocando que las ficciones más antiguas y las más modernas se engarcen con este gozne tecnológico. Se filman escenas domésticas, urbanas y campestres, bodas, ceremonias cívicas y huelgas, y asimismo fantasías eróticas, comedias o tragedias, wésterns, cuentos de hadas y pasajes de la Biblia: un retrato integral de la sociedad burguesa y sus fantasmas. En el filme documental *Ataque en una misión en China* (1900), James Williamson alterna escenas de la rebelión de los bóxers tanto desde el punto de vista de los atacantes como del de las víctimas, al tiempo que introduce los primeros planos. Poco a poco, la sintaxis cinematográfica se aleja de las artes escénicas y tiende lazos con la otra gran ficción de la época, la novela realista y naturalista.

De allí parte *Historia de un crimen* (1901), dirigida por Ferdinand Zecca, que abre paso al melodrama, el policial y el *thriller*. Dos productores, Pathé y Gaumont, rivalizan en una industria que aspira a la internacionalización. *Asalto y robo de un tren* (1903), de Edwin S. Porter, el primer wéstern de la historia, dura ya doce minutos y cuenta con catorce escenas, en la última de las cuales su protagonista apunta y dispara directo a la audiencia: el primer guiño metacinematográfico. Entretanto, en Francia surge el *film d'art* a partir de la puesta en escena de piezas teatrales clásicas con actores de la Comédie Française, un antídoto culterano al entretenimiento comercial, como los muy populares seriales derivados del folletín: los antecedentes de las telenovelas y las series de televisión. La cámara prueba encuadres excéntricos, se utiliza con mayor fluidez el primer plano y el plano americano, los decorados pierden artificialidad y algunos realizadores se atreven a rodar al aire libre o con luz natural.

Cuanto admiramos hoy en nuestras pantallas se encuentra ya allí, en el cine mudo anterior a la Primera Guerra Mundial: los géneros cada vez más diferenciados —el policial, el wéstern, la comedia, el drama histórico, el horror, la aventura e incluso el cine de arte y ensayo—, los estereotipos de héroes y villanos, las damiselas en peligro, las *femmes fatales*, las persecuciones, reconciliaciones y finales felices, y los estilos nacionales con sus gustos y prejuicios locales. A ello se suma el nacimiento de un incipiente *star system*, gracias al cual actores y actrices comienzan a ser vistos como ideales y sus vidas, dentro y fuera de la pantalla, seducen y obsesionan a sus fans. Tras numerosas escaramuzas y procesos legales, las batallas entre Edison y sus competidores se resuelven en el modelo de Hollywood, donde se afincan las principales compañías productoras, casi todas creadas por emigrantes judíos europeos.

En este ambiente competitivo y desprovisto de leyes aparece D. W. Griffith, quien separa para siempre el cine de ficción de sus orígenes teatrales. *El nacimiento de una nación* (1915), que en su corte original dura casi tres horas, condensa los conocimientos cinematográficos de su época y los lleva hasta sus límites; todas las superproducciones posteriores derivan de su ambición:

Basada en la novela *The Clansman* (1905), del reverendo Thomas Dixon Jr., *El nacimiento de una nación* aspira a convertirse en una épica nacional estadounidense heredera de la *Ilíada* o la *Eneida*. En su primera parte, aborda la Guerra Civil hasta el asesinato de Lincoln y, tras el intermedio, la reconstrucción del sur del país a manos de los blancos. Griffith jamás oculta sus prejuicios raciales: los negros son siempre malvados, lujuriosos y poco inteligentes, en tanto el Ku Klux Klan aparece como una fuerza necesaria para asegurar la tarea civilizatoria del cristianismo. A pocos años de su nacimiento, el cine es ya un arma de propaganda: uno de sus principales objetivos será, desde entonces, asentar e impulsar los valores y las ficciones de quienes lo producen. Pese a las críticas de sectores progresistas y la comunidad negra, la película obtiene un éxito colosal y le permite a Griffith embarcarse en una obra más ambiciosa, *Intolerancia* (1916), cuyo metraje supera las ocho horas, si bien el director se ve obligado a reducirla a menos de la mitad: otro enorme fresco en el que se mezclan cuatro tiempos, articulados a partir de la edición paralela, un recurso que copiarán John Dos Passos o William Faulkner. *Intolerancia* se hunde en la taquilla: la *hybris* es otra constante en el cine.

El silencio impone límites y la profundidad psicológica suele quedar relegada en guiones maniqueos y técnicas actorales codificadas. El primer actor capaz de crear un personaje que refleja de manera física las emociones más hondas y delicadas proviene del mundo de la pantomima: Charles Chaplin. Tras filmar varios cortos en Estados Unidos, concibe a The Tramp —mejor conocido por su nombre francés de Charlot—, un vagabundo que posee una peculiar visión del mundo, a medio camino entre la fantasía y el realismo; si bien abreva de cómicos previos, como Max Linder o Mack Sennett, Chaplin dota sus gags de un aura que no podría calificarse sino como poética: un adjetivo que hasta entonces raras veces ha sido aplicado al cine, demasiado deudor del teatro y la novela. Míralo aquí, en su primera aparición en *Carreras de autos para niños* (1914):

Chaplin se burla de las instituciones capitalistas y burguesas de su época, al tiempo que concede a Charlot de una inaudita complejidad interior: los espectadores se encuentran en la pantalla con alguien que, sin necesidad de hablar, nos muestra su conciencia, su fragilidad, su astucia y su bondad, como en *El chico* (1921), una perfecta combinación de comedia y drama, escrita y dirigida por él mismo.

Como afirma Gubern, Charlot es «el primer mito universal creado por el nuevo arte, con la talla de Edipo, Hamlet o Barba Azul». Agregaría a don Quijote, con quien comparte el carácter de *outsider* loco y genial, movido por los mejores sentimientos, capaz de desatar en nosotros tanta hilaridad como tristeza, tanta amargura como compasión: un caballero andante que se enfrenta a sus tiempos modernos e intenta devolverles, en los años anteriores y posteriores a la Gran Guerra, un poco de cordura y humanidad.

Durante las primeras décadas del siglo xx se suceden numerosas obras maestras: *El gabinete del doctor Caligari* (1920), de Robert Wiene, *La mujer de ninguna parte* (1922), de Louis Delluc, *Nosferatu, el vampiro* (1922) y *Fausto* (1926), de Friedrich Wilhelm Murnau, *El doctor Mabuse* (1922), *Metrópolis* (1927) y *M. El vampiro de Düsseldorf* (1931), de Fritz Lang, *Avaricia* (1924), de Erich von Stroheim, *El maquinista de la General* (1926), de Buster Keaton, *Nana* (1926), de Jean Renoir, *La ley del hampa* (1927), de Josef von Sternberg, *Y el mundo marcha* (1928), de King Vidor, *La caja de Pandora* (1929), de G. W. Pabst, o superproducciones como *Los diez mandamientos* (1923), de Cecil B. DeMille, o el *Napoleón* (1927) de Abel Gance, y miles de películas de todos los géneros, la mayor parte pensadas solo para el entretenimiento inmediato. Vale la pena destacar *El acorazado Potemkin* (1925), de Serguéi Eisenstein, una obra de propaganda que se transmuta en una pieza poética a partir de sus novedosas ideas en torno al montaje, en la que dos imágenes sucesivas se fusionan en la mente del espectador para producir una sola metáfora visual.

Un poco más de tres décadas son suficientes para que este género híbrido, nacido del circo y el ilusionismo, heredero de la pintura, la fotografía y el teatro, siempre a caballo entre el mercado y el arte, la propaganda y la publicidad, se convierta en la principal fuente de ficciones del planeta, solo comparable a las ideologías totalitarias que crecen como yedra en esos mismos años. Una vez que la tecnología se vuelve más o menos accesible, el cine conquista a millones, algo que ningún otro medio ha logrado hasta entonces. En todos los países aparecen cineastas que realizan sus propias producciones, al tiempo que las películas *mainstream* circulan por doquier. Más temprano que tarde, este novedoso universo visual desplaza a la cultura escrita a un segundo plano. Nace así un estilo internacional que, más allá de cualquier frontera, es copiado e imitado por doquier:

antes de que el cine sonoro imponga otra vez su batiburrillo de lenguas, las técnicas visuales y narrativas del silente establecen estrictas formas de mirar, dictadas por encuadres, planos, elipsis y efectos especiales, así como por un sinfín de convenciones *realistas*. El cine mudo fija una gramática y una sintaxis que ya no abandonará salvo en las películas más experimentales: a un espectador de 1895 le sería imposible descifrar una película de 1925, mientras que para nosotros todo lo ocurrido desde esta lejana fecha forma parte de un lenguaje compartido.

«Hoy sabemos que en los primeros años del siglo XX nuestro mundo estaba siendo observado por unos seres más inteligentes que el hombre y, sin embargo, igual de letales». Así comienza la transmisión del 30 de octubre de 1938 de CBS Radio. El locutor narra entonces la invasión de la Tierra por fuerzas extraterrestres, intercalando los testimonios de quienes observan a las criaturas descender de naves espaciales con boletines informativos idénticos a los que figuran en los noticieros. La leyenda afirma que miles de oyentes creyeron que la invasión alienígena en efecto estaba teniendo lugar; la adaptación de *La guerra de los mundos* (1898), de H. G. Wells, realizada por Howard Koch y protagonizada por Orson Welles, se vale de recursos tomados de los programas de actualidad, pero resulta difícil saber cuántos la dan por cierta. Inventada por Elisha Gray y Alexander Graham Bell —tras una disputa por la patente— en torno a 1874 y perfeccionada por Guglielmo Marconi en 1897 a partir de las ideas de Heinrich Hertz y James Clerk Maxwell, la radio no solo difunde noticias, sino que se transforma en una gran fuente de entretenimiento desde que Handso Izerda crea el primer programa de variedades en 1919. A diferencia del cine, que sigue siendo un espacio social, la radio renueva la ficción oral y la introduce en la intimidad de cada familia, abriendo el camino a la televisión y a nuestras pantallas portátiles. El público radiofónico se siente siempre acompañado, provisto con una sensación de cercanía y comunidad que antes solo proporcionaba la religión. No es extraño que se convierta en la principal herramienta de propaganda y adoctrinamiento de la que se valdrán las grandes ficciones totalitarias del siglo XX.

«Esperen un minuto, esperen un minuto, aún no han escuchado nada». Si ignoramos cuáles fueron las primeras palabras pronunciadas por un humano, al menos conocemos las primeras que aparecieron en un largometraje. Para 1927 se habían realizado varios intentos de emplear música y voces grabadas en películas y cortos, incluyendo uno de D. W. Griffith en 1921 que contaba ya con algunos diálogos, pero con *El cantante de jazz*, dirigida por Alan Crosland e interpretada por Al Jolson, quien solía cantar jazz con la cara pintada de negro, el cine sonoro inicia su predominio. La película apenas incluía dos minutos de diálogos —el resto seguía apareciendo en los intertítulos—, pero bastaron para anunciar el fin de una era. Un año después, *Luces de Nueva York*, de Bryan Foy, incorpora el sonido en la totalidad de la cinta. Aunque numerosos realizadores —entre ellos Chaplin— argumentaron que el nuevo desarrollo mutilaba la esencia del cine y una pléyade de estrellas quedaron varadas en el camino, el mundo audiovisual se transformó en la ficción masiva por antonomasia.

Es también en 1927 cuando John Logie Baird transmite la primera señal televisiva a lo largo de setecientos cinco kilómetros de una línea telefónica entre Londres y Glasgow, la cual al año siguiente conectará Londres con Nueva York. Durante las siguientes décadas el avance es vertiginoso y ya en 1936 las Olimpíadas de Berlín se transmiten por televisión a la capital alemana y sus alrededores, justo al tiempo que la BBC de Londres inicia su programación comercial. La «pequeña pantalla», que hacia fines de los sesenta comienza a transmitir en color y se va haciendo más grande, fiel y delgada —solo para compactarse de nuevo en nuestras computadoras, tabletas y teléfonos inteligentes—, se convierte en el principal vehículo para la creación y transmisión de ficciones.

A partir de los sesenta, los televisores inundan los hogares de la clase media, en muchos de los cuales permanecen encendidos por horas. Si durante sus primeros años sirve como difusor de información, no tarda en incluir películas que encuentran en ella una segunda vida, así como *sitcoms*, series, telenovelas y programas de concurso (que más adelante derivarán en nuestros *reality shows*), al tiempo que transmiten eventos musicales y deportivos. Además de los Juegos Olímpicos, el futbol americano y el *soccer* son seguidos por millones y constituyen uno de los negocios más lucrativos de la historia. Temporada a temporada, los fanáticos de cada equipo escapan a la realidad en inagotables sesiones semanales —«el futbol es una novela en movimiento», escribió Juan Villoro—, en tanto sus grandes figuras, Pelé, Maradona, Messi, inspiran a niños y jóvenes: en una época que desconfía de toda autoridad, son los únicos héroes dignos de imitarse.

Las pantallas son hoy el centro de nuestra vida imaginaria. A principios del siglo XXI, su tamaño define cada esfera de nuestras vidas. En las más grandes, las de las salas de cine, presenciamos las ficciones tradicionales, aquellas que derivan de los grandes espectáculos del pasado: son sociales y no admiten distracciones; en las de tamaño medio, las de nuestros televisores y consolas, nos dejamos invadir a diario por noticias, series, *realities* y eventos deportivos o en ellas nos abismamos en los juegos de video; las de tamaño moderado, las de nuestras computadoras, solemos reservarlas para el trabajo cotidiano y los negocios; y en las más pequeñas, las de las tabletas y los teléfonos inteligentes, concentramos tanto nuestra vida social como nuestra intimidad, si bien los *nativos digitales*, nacidos a partir de 2001, llevan a cabo todas estas tareas en estos últimos. Aquel primitivo invento, nacido hace siglo y medio, que intentaba proyectar una imagen animada en un muro a través de un juego de espejos —y que tanto hacía pensar en el mito de la caverna platónico—, se ha vuelto parte de nuestras mentes y nuestros cuerpos.

א

En la lista de las mejores películas de la historia publicada en 2007 por los *Cahiers du Cinéma*, el primer lugar lo ocupaba *Ciudadano Kane* (1941), de Orson Welles. En 2022, *Sight & Sound*, la revista del Instituto Británico de Cinematografía, dio un giro radical y colocó en el primer sitio *Jeanne Dielman, 23 quai du Commerce, 1080 Bruxelles* (1975), de Chantal Akerman. En contraposición, según la Wikipedia (consultada en mayo de 2024), la lista de las películas más taquilleras de la historia la encabeza *Avatar* (2009), de James Cameron.

Más que ninguna otra variedad de la ficción, el cine nace a la vez como entretenimiento, industria y forma artística: las tensiones entre estas tres naturalezas han provocado un divorcio radical entre los críticos y el público. En el siglo XIX, tanto la ópera como el teatro y la novela eran géneros populares, en cuanto sus autores perseguían el favor del público y sus editores la obtención de beneficios; ello no suponía, sin embargo, una división tajante entre la alta cultura y la baja cultura, que coexistían de manera más o menos armónica. El capitalismo del siglo XX marca una drástica cesura, acentuada por la vocación experimental de las vanguardias: de un lado, los cineastas con voluntad de autoría —un término acrisolado desde mediados del siglo XIX con el *copyright*— se dirigen a públicos cada vez más especializados (y pequeños), en tanto florece una industria a la que solo le interesa complacer a su público, en vez de confrontarlo, y obtener los mayores dividendos.

Quienes hoy admiran *Jeanne Dielman* son muy pocos en comparación con quienes se entusiasman con *Avatar* o las infinitas sagas de superhéroes que copan las salas del planeta. Sin duda el cine aún es capaz de producir ficciones arriesgadas, pero las actuales condiciones del capitalismo global, sumadas a las nuevas prácticas de consumo en pantallas más pequeñas y privadas, nos colocan ante inagotables repeticiones de un puñado de modelos centrados en sagas y franquicias que reiteran una y otra vez los mismos valores de quienes las financian. En los albores del siglo XXI, el cine sufre una parálisis imaginativa y su antiguo ímpetu se ha trasladado a sus hijos bastardos: las series, los cómics y los juegos de video.

En *La obra de arte en la era de su reproductibilidad técnica* (1936), Walter Benjamin afirma que las piezas artísticas que se reproducen de forma mecánica, como la fotografía o el cine, han perdido su *aura*, que en el pasado derivaba de su carácter único: «Incluso a la más perfecta reproducción de una obra de arte le falta un elemento: su presencia en el tiempo y en el espacio». Al referirse al cine, Benjamin afirma que el espectador queda «hipnotizado» frente a la pantalla, la cual lo introduce en un «inconsciente óptico» que le ofrece un simulacro de lo real. Su reproductibilidad transforma, asimismo, su relación con las masas, a las que moviliza con facilidad. Décadas más tarde, Guy Debord inicia *La sociedad del espectáculo* (1967) con esta variación de Marx: «Toda la vida de las sociedades en las que reinan las modernas condiciones de producción se anuncia como una inmensa acumulación de *espectáculos*», en donde estos encarnan la reproducción de mercancías, así como una ideología económica que, a través de manifestaciones audiovisuales, burocráticas, políticas y económicas, asegura ciertos poderes, condenando a los ciudadanos a la alienación. Debord acierta: vivimos en una sociedad en la que todo se ha convertido en espectáculo. Somos mercancías que no dejamos de adquirir mercancías —políticas, sociales, religiosas, sexuales— que se nos presentan con las mismas herramientas que rigen la producción audiovisual. En 1997, Giovanni Sartori acuña el término *Homo videns* para redefinir al humano: un ser que ha abandonado la cultura oral y escrita y para el cual solo lo visto es *real*. En conjunto, los tres filósofos realizan el diagnóstico progresivo de una sociedad en la que los individuos no solo somos espectadores, sino protagonistas de esas ficciones audiovisuales que, como revela Shoshana Zuboff en *La era del capitalismo de vigilancia* (2018) —y ya mostraba *El show de Truman* (1998), de Peter Weir—, nos controlan y supervisan por doquier.

א

Pertenezco a una generación forjada por la televisión. Ello no significa que para mis coetáneos el cine careciera de importancia —recuerdo la vívida impresión que me dejó la primera película de *La guerra de las galaxias* cuando tenía nueve años—, pero su impacto no se comparaba con las larguísimas horas que pasábamos a diario frente al televisor: era la época en que los padres te alertaban sobre sus peligros y dosificaban su uso como los que hoy intentan controlar los *smartphones* de sus hijos. En este rubro mis padres eran bastante laxos y, siempre que entregáramos buenas calificaciones, nos permitían hacer la tarea mientras veíamos *Don Gato*, *Los Picapiedra*, *Bugs Bunny* o *La pantera rosa* (me valgo de los títulos que tenían en México, donde se doblaban con grandes dosis de ingenio al español local), teleseries protagonizadas por niños y sus mascotas como *Lassie*, *Flipper* o *Skippy*, aventuras de superhéroes como *Batman*, *El Sorprendente Hombre Araña* o *El Avispón Verde*, comedias como *El chavo del 8*, *El Chapulín Colorado*, *El superagente 86* o *Mork de Ork*, concursos como *Sube, Pelayo, sube* o *En familia con Chabelo*, policiales como *Cannon*, *Kojak* o *Columbo*, ciencia ficción como *Star Trek* o *Doctor Who*. Antes he contado cómo *La dimensión desconocida* o *Cosmos* resultaron decisivas en mi formación intelectual. Mi padre solo nos desaconsejaba las telenovelas: el núcleo mismo de la imaginación pública en el México de entonces.

Antes de que las series se convirtieran en objeto de culto a partir del 2000, los culebrones mexicanos —al igual que los colombianos, venezolanos, brasileños y turcos— habían explotado al máximo la estructura adictiva basada en el *cliffhanger*. Mientras que un personaje cinematográfico debía construirse en dos horas, los protagonistas de las tele*novelas* —el nombre no podría ser más apropiado— contaban con decenas y a veces cientos de ellas repartidas a lo largo de cinco días de la semana: de manera natural se convertían en acompañantes cotidianos de millones. El esquema básico solía ser alguna variación, con tintes de tragedia y de comedia, de *La Cenicienta*: tras una infinita cadena de humillaciones y obstáculos, una joven de origen humilde —siempre de piel blanca— terminaba por casarse con el príncipe azul, encarnado por el hijo de una familia acomodada. En el camino, los guionistas se valían de cada uno de los recursos del melodrama: amnesias, accidentes, desapariciones, coincidencias, engaños, giros y saltos argumentales, anagnórisis e ineludibles finales felices. Historias aspiracionales, desprovistas del menor contenido político —Televisa era entonces la gran aliada del hegemónico Partido Revolucionario Institucional y su misión era preservar el *statu quo*— y que eludían los temas incómodos para la clase media católica de la época: modelos que por décadas dictaron la educación sentimental de los latinoamericanos y, en una curiosa vuelta de tuerca, la de los rusos y europeos del Este poco después.

En una producción tan vasta no dejaron de aparecer algunas tramas menos arquetípicas, como la siniestra *El maleficio* (1983-1984), producida por Ernesto Alonso, o *Cuna de lobos* (1986-1987), escrita por Carlos Olmos, cuya villana con un parche en el ojo continúa siendo un icono mexicano, e incluso grandes frescos históricos, como *El vuelo del águila* (1994-1995) y *La antorcha encendida* (1996). En ellas se hallaba el germen de la segunda edad de oro de la televisión: universos autónomos y adictivos que inducían constantes trasvases con la realidad. Cada capítulo era desmenuzado y criticado por grupos de ansiosos espectadores que adoptaban muchas de las expresiones y conductas que aparecían en las pantallas: un fenómeno potenciado hoy por las plataformas y las redes sociales.

Como afirma Jorge Carrión en *Teleshakespeare. Edición remasterizada* (2022), «las teleseries norteamericanas han ocupado, durante las dos primeras décadas del siglo XXI, el espacio de representación que durante la segunda mitad del siglo XX fue monopolizado por el cine de Hollywood». Fuera de los circuitos especializados, el cine que más se ve en nuestros días es aquel que imita a las series mediante franquicias, sagas, secuelas, *remakes* y *spinoffs*: inacabables espacios ficcionales que exceden las tres horas de duración. Ello no ha implicado que sus protagonistas adquieran mayor espesura psicológica —los superhéroes y villanos continúan siendo mansamente arquetípicos—, sino apenas mayor tiempo mental: la exigencia básica en nuestra actual economía de la atención.

Por el contrario, las mejores series de los últimos años destacan por la búsqueda de esa hondura interior: de *Los Soprano* (1999-2007) a *Succession* (2018-2023), pasando por *Mad Men* (2007-2015), *Breaking Bad* (2008-2013) o *House of Cards* (2013-2018). Sus personajes suelen ser antihéroes colectivos: familias de mafiosos, narcotraficantes, políticos corruptos o empresarios sin escrúpulos, paradigmas inversos del *American way of life*, cuyos postulados a la vez subvierten y recrean. Del otro lado, no hay que disminuir el impacto de las *sitcoms*, como *La niñera* (1993-1999), *Friends* (1994-2004) o *The Big Bang Theory* (2007-2019), que incluso en sus versiones más incorrectas, como *Los Simpson* (1989-) o *Modern Family* (2009-2020), no dejan de dar vueltas al típico conflicto estadounidense entre familia e individuo. Los otros terrenos paradigmáticos de las series contemporáneas son la historia, la fantasía y la ciencia ficción: laboratorios que permiten extrapolar a otras épocas o a otros planetas nuestros temores actuales: *Battlestar Galactica* (1978-), *Los expedientes X* (1993-2018), *Roma* (2005-2007), *Los Tudor* (2007-2010), *Fringe* (2008-2013), *The Walking Dead* (2010-2022), *Juego de tronos* (2011-2019), *The Leftovers* (2014-2017) o *Stranger Things* (2016-2024).

Acaso las series más revolucionarias de este periodo, tanto por su contenido como por sus procedimientos narrativos, sean dos ficciones casi opuestas: *The Wire* (2002-2008) y *Lost*. Creada por David Simon, en sus cinco temporadas *The Wire* retrata el sórdido mundo de la justicia en Baltimore al desmenuzar cinco instituciones distintas: el tráfico de drogas, el sistema portuario, el gobierno de la ciudad, la educación y la prensa. Para acentuar su estilo hiperrealista, se vale de actores poco conocidos o no profesionales y emplea técnicas extraídas del *cinéma-vérité* y el documental. Pese a las buenas críticas recibidas, sus índices de audiencia jamás fueron muy altos y solo ahora es valorada como una de las mejores series de la historia: una comedia humana audiovisual que disecciona un mundo tan escabroso, corrupto y violento como la Francia decimonónica de Balzac.

Por su parte, *Lost* se desenvuelve en un cosmos antagónico; retomando la idea de la isla desierta explorada en *Robinson Crusoe* o *El señor de las moscas*, la serie de J. J. Abrams y Damon Lindelof pone en marcha una cadena de dispositivos fantásticos en una red de tiempos alternativos: el espectador presencia una suerte de ficción cuántica en la cual distintos universos paralelos se modifican y entrelazan una y otra vez. Frente a un sinfín de misterios que dan lugar a nuevos misterios, queda la impresión de que cuanto ocurre, por absurdo o disparatado que luzca, obedece a cierta lógica simbólica. *Lost* carece de centro: su desarrollo se sustenta en los *flashbacks* que revelan las tramas previas de sus muy numerosos personajes y en su imposibilidad de comprender esa isla que parodia al universo. Quizás por ello tantos se sintieron decepcionados con su final: su estructura radicalmente abierta parecía diseñada para dar vueltas y vueltas sin fin.

Damos el nombre de *transmedia* a la serie de procedimientos que trasladan una ficción a varios soportes y géneros: sin importar cuál haya sido su versión original, la encuentras en forma de película, serie, *podcast*, novela y novela juvenil, cómic o novela gráfica, videojuego, *fanfiction*, juego de mesa y sitio web, al tiempo que sus personajes poseen sus propias cuentas de redes sociales; asimismo, puedes adquirir sus distintos productos de *merchandising*: muñecos articulados y peluches, Legos, Playmobils y rompecabezas, cuadernos, ropa, joyería, llaveros... Por su parte, el actual concepto de *Worldbuilding* se refiere a la posibilidad de imaginar no solo escenarios más o menos convencionales para ubicar a los personajes de una ficción, sino cada aspecto de sus entornos: su geografía y topología, sus costumbres y leyes, sus mitos e instituciones, sus temores y fantasías. Ambos procedimientos siempre han existido: todas las grandes ficciones omnicomprensivas, en particular las religiones y sus sucesoras laicas, las ideologías, los han puesto en práctica con fervor. Las ficciones totalizadoras pretenden convertirnos en habitantes exclusivos de esa *Matrix* (1999) imaginada por las hermanas Wachowski en la que, si tomamos la pastilla adecuada, aceptamos ser los resignados personajes de un juego de video.

א

Toda ficción es interactiva: contemplar una pintura, admirar una exposición, ascender a una pirámide o ver una película o una serie de televisión requiere por fuerza de la participación del espectador, de otra forma esas máquinas flojas —para usar la expresión de Umberto Eco— jamás se pondrían en marcha. Toda ficción es, asimismo, un juego: un tablero imaginario provisto de reglas para funcionar. Cuando, a fines de los cincuenta, la tecnología permitió que el mundo audiovisual, con apenas unas décadas a cuestas, pudiese ser manipulado o dirigido por el espectador y no solo por sus creadores, surgió una novedosa variedad colaborativa de la ficción. Los videojuegos son universos narrativos en los que los participantes confían en que ellos determinan su desarrollo y su desenlace: no los define tanto la interacción como esta ilusión de libertad que los lleva a creer que el futuro se modela gracias a ellos.

Toda ficción es, además, adictiva: los humanos siempre hemos estado enganchados a las descargas de neurotransmisores que producen en nuestros cerebros, solo que en los juegos de video esta dependencia se torna aún más dramática. La competencia fuerza a los jugadores a superar niveles de dificultad cada vez mayores en un circuito de necesidad y recompensa permanentes. Diseñada para provocar un ansia insaciable, esta estructura convierte a sus usuarios en una especie de peones al servicio de una empresa, condenados a una eterna insatisfacción (el mismo procedimiento que copiarán las redes sociales).

Los videojuegos se definen por la interacción del usuario con una interfaz de entrada (un *joystick*, un teclado o un sensor de movimiento) que genera una retroalimentación a partir de un visualizador. Los diseñadores les confieren cierto margen de acción a los jugadores para que, en un escenario de competición, alguno obtenga la victoria al enfrentarse al propio juego o a otros jugadores, o, en sus vertientes narrativas, a fin de desarrollar una trama que desemboque en distintos finales posibles. En *Videojuegos y mundos de ficción* (2015), Antonio J. Planells considera que los videojuegos son *espacios ludoficcionales* con las siguientes características:

1. Están estructurados en sistemas de mundos posibles, cohesionados, estables y autónomos.

2. Son modelos estáticos y diseñados para ser autoidentificables por uno o más jugadores.

3. Establecen mecanismos de retroalimentación y dependencia entre su dimensión lúdica y su dimensión de ficción.

4. Están metalépticamente naturalizados: es decir, se aprende a jugarlos jugando.

5. Participan del modelo tecnológico del transmedia.

Tras algunos ejercicios experimentales ligados al incipiente desarrollo de las computadoras, el primer juego de video comercial fue *Spacewar!* (1962), desarrollado por Steve Russell en el Instituto Tecnológico de Massachusetts. Una década más tarde, *Computer Space* (1971) convivía ya con el futbolín o los dardos en aquellas *arcades* que apenas tardarían en convertirse en centros de reunión de las nuevas comunidades de *gamers*. Un año después apareció *Pong* (1972): dotado con unos limitados gráficos bidimensionales, permitía a dos usuarios creerse en medio de una partida de ping-pong. Luego llegaron las consolas que, conectadas a los televisores, trasladaban la experiencia de juego al ámbito privado. *Space Invaders* (1978) y *Pac-Man* (1980) fueron jugados por millones y, tras el *crash* de 1983, la fascinación por los videojuegos se volvió imparable, primero en Japón y Estados Unidos y luego en el resto del planeta. Como ocurrió con el cine, poco a poco comenzaron a diferenciarse de sus antecedentes lúdicos, deportivos o audiovisuales hasta encontrar gramáticas y narrativas propias; en ellas, lo esencial es el involucramiento directo de los participantes en la trama, sea a partir de alguna actividad física —las manos adaptadas a los *joysticks*, los oídos a los audífonos, los ojos a los nuevos lentes de realidad virtual y el cuerpo a los bailes o movimientos exigidos por ciertos juegos— o cognitiva.

De los toscos gráficos que simulaban canchas de tenis o futbol, naves espaciales o coches de carreras hemos transitado a escenarios cada vez más sofisticados donde se tienden historias de una complejidad apabullante que nada envidian a los entramados novelísticos o audiovisuales de otros tiempos. Por desgracia, seguimos anclados a los prejuicios que consideran que algunos formatos ficcionales del pasado, en particular la literatura, son superiores a otros, así como al abismo generacional que impide a numerosos adultos nacidos antes de los noventa desarrollar las destrezas requeridas para usarlos. Para muchos, los videojuegos permanecen en un gueto juvenil y un tanto banal, cuando se trata de los universos ficcionales más fascinantes que se construyen en nuestra época. Y no solo eso: como muestra Alessandro Baricco en *The Game* (2018), hoy constituyen el mejor modelo —él lo llama mapa— para comprender el mundo contemporáneo, un lugar en donde la realidad y la ficción ya no se diferencian y donde todos nos hemos convertido en *gamers* obsesionados con mejorar nuestro estatus, al tiempo que somos explotados y vigilados sin tregua por los verdaderos dueños del Juego.

De los mejores videojuegos de la historia inventariados por Borja Vaz y Jorge Morla en *El siglo de los videojuegos* (2023), elegí sumergirme en cinco de ellos:

1. *Immortality* (2022), de Sam Barlow. «Una obra que abre nuevos caminos. Rodados en imagen real con excelentes actores, los doscientos clips que forman *Immortality* son un prodigio fílmico. Pero su mecánica jugable, en la que solo manejamos una mesa de edición para resolver el misterio de una actriz desaparecida, es un prodigio mayor: el de las narrativas que los videojuegos son capaces de proponer».

2. *It Takes Two* (2021), de Josef Fares. «Un juego cooperativo que no puede maridar mejor su propuesta narrativa con su apartado jugable: un matrimonio en crisis que debe ayudarse mutuamente para salvar a su hija de la misma manera que los dos jugadores deben ayudarse a resolver puzles domésticos. Un juego que demuestra hasta dónde puede llegar la fusión entre forma y fondo en un videojuego».

3. *The Legend of Zelda: Breath of the Wild* (2017), de Eiji Aonuma. «Si hubiera que coger un solo videojuego de una casa en llamas, muchos jugadores cogerían este. La saga *Zelda* es la definición digital de la aventura en tercera persona, y *Breath of the Wild* sublima su propuesta jugable, estética y narrativa de la serie. Un juego que opta por derecho propio al mejor título de la historia».

4. *Metal Gear Solid 2: Sons of Liberty* (2001), de Hideo Kojima. «Obra cumbre de Hideo Kojima, en la que anticipó muchas de las tensiones culturales surgidas de la realidad digital que sacudirán la realidad sociopolítica de la década de 2010 como las noticias falsas, las cámaras de eco, la desinformación de las redes sociales o la manipulación de grupos de interés. Arquetipo de videojuego posmoderno, representa la faceta más intelectual del medio en un envoltorio de acción con sensibilidades japonesas».

5. *Disco Elysium. The Final Cut* (2019), de Robert Kurvitz. «Un juego de rol que adopta la forma de una novela policiaca en una sociedad alternativa de mediados del siglo pasado tras una fallida revolución comunista. Un conglomerado de influencias fusiona la poesía de R. S. Thomas, el drama social de Zola, los detectives de Dashiell Hammett y la ficción especulativa de China Miéville. Literatura de altos vuelos, intensa discusión política y un simbolismo tan evocador como descarnado».

A sugerencia de mi hija Violeta, sumo a esta lista la versátil plataforma Roblox, desarrollada por David Baszucki y Erik Cassel en 2006, así como una recomendación de mi hijo Rodrigo: *Elden Ring* (2022), de Hidetaka Miyazaki y George R. R. Martin, un juego de rol de acción, en tercera persona, de mundo abierto —con un escenario medieval— centrado en la exploración y el combate de seis áreas distintas de las Tierras Intermedias, gobernadas por diferentes semidioses. Basta sumergirse en cualquiera de ellos para constatar la riqueza y complejidad de estos cosmos ficcionales que deberían figurar entre las grandes creaciones artísticas de nuestra era.

Una revolución similar ocurre con algunos de los más asombrosos cómics, novelas gráficas y mangas de las últimas décadas: *Dragon Ball* (1984), de Akira Toriyama, *El Incal* (1993), de Alejandro Jodorowski y Moebius, *Mafalda* (recopilación integral, 1992), de Quino, *Maus* (edición integral, 1996), de Art Spiegelman, *One Piece* (1997), de Eiichiro Oda, *Persépolis* (2008), de Marjane Satrapi, o *Lo que más me gusta son los monstruos* (2017), de Emil Ferris.

Una modesta propuesta educativa: cambiar el anacrónico modelo del siglo xix que sigue empeñado en que niños y jóvenes aprendan literatura por la fuerza. En vez de ello, sugiero que en las escuelas haya, más bien, clases de ficción. Los estudiantes necesitan una guía que los ayude a circular con naturalidad de las redes sociales, las series, las caricaturas, los cómics, los *animes* y los videojuegos —sus intereses principales— a las novelas, los relatos, los poemas, el teatro, el cine *de autor* o la danza o la ópera. La tarea de los maestros consistiría, entonces, en mostrarles claves que les permitan comprender los mecanismos de la ficción y distinguir sus niveles de complejidad: un cómic profundo de uno superficial, una serie ambiciosa de una inverosímil, un videojuego estimulante de uno predecible, una gran obra literaria de un *best-seller* inane, una red social cooperativa de una diseñada para la violencia y la desinformación. Ello implica formar profesores que cuenten con conocimientos de cada una de las variedades de la ficción y proveer a las escuelas con los instrumentos tecnológicos para mostrarlas. ¿Es demasiado pedir? No hacerlo representa condenar a nuestros niños y jóvenes a alejarse cada vez más de las ficciones obligatorias del pasado —y en particular de las incluidas en los libros— y a no contar con ningún parámetro frente a las que los inundan a diario a través de sus teléfonos inteligentes.

א

Cuando despiertas, monologas, ríes y, sobre todo, bailas: de pronto eres tú quien está en la pantalla. Si bien algunas cámaras de video comenzaron a comercializarse a partir de los años setenta, no es sino hasta la aparición de YouTube, en 2005, y de los teléfonos inteligentes, en particular el iPhone 3GS, en 2009 —el primero que cuenta con una cámara de video incorporada—, cuando la creación de audiovisuales caseros se convierte en una práctica cotidiana. Hoy, YouTube, la segunda herramienta de internet más utilizada después del buscador de Google, cuenta con más de dos mil quinientos millones de usuarios, los cuales suben unas quinientas horas de contenidos por minuto y, en conjunto, ven más de mil millones de horas de video al día. Por su parte, TikTok, lanzado en China con el nombre de Douyin en 2016 y de manera global en 2018 —y hoy perseguido, por razones geopolíticas, en Estados Unidos—, cuenta (en mayo de 2024) con más de mil millones de usuarios, que pasan en su interior un promedio de sesenta y ocho mil millones de horas al día.

Pronto la mayor parte de nuestras vidas, incluidas acaso las horas en que dormimos, las pasaremos en estas jaulas virtuales en las que trabajaremos, nos entretendremos, trazaremos nuestras relaciones sociales, amistosas y sexuales, y sobre todo compraremos infinidad de mercancías, tanto virtuales como analógicas, mientras volvemos infinitamente ricos a los dueños de las plataformas: nuestra pesadilla es el sueño de Mark Zuckerberg.

2. Sobre cómo aniquilar lo real y no morir en el intento
Las vanguardias, el modernismo y el realismo mágico

Abre los ojos y mira esta *Niña con una cesta de frutas*, de William Adolphe Bouguereau:

Ahora observa esta *Mujer con sombrero*, de Henri Matisse:

Ambas fueron pintadas en 1905, pero entre una y otra se inicia una nueva revolución de la mirada y de la imaginación, solo comparable a la ocurrida cinco siglos atrás, en el Renacimiento. Apenas cinco años después, se volverá todavía más radical. Mira esta *Mujer con un tarro de mostaza* (1910), de Pablo Picasso:

que derivará, al cabo, en este *Desnudo bajando una escalera, n.º 2* (1912), de Marcel Duchamp:

«¿Qué ocurrió para que pasara tanto en tan solo diez años?», se pregunta Philip Hook en *Moderno. Genio, locura y la tumultuosa década que cambió el arte para siempre* (2022). «En algún momento hacia el final del siglo XIX, el balance dio un vuelco. Hasta ese instante, el interés primordial de la mayor parte de los artistas era complacer a otras personas. Luego, en el siglo XX, emergió un grupo de jóvenes artistas —la vanguardia— que pintaron obras cuya meta principal era complacerse a sí mismos». Desde la Antigüedad se pensaba que la misión del arte era producir belleza y la sociedad burguesa decimonónica configuró en torno a ella un ambiente destinado a producirla y comercializarla: cualquier hogar respetable debía contar con piezas que dieran testimonio del buen gusto de sus dueños, así como de su estatus social. Para satisfacer esta fiebre coleccionista aparecieron marchantes, salones, galerías e incluso críticos, cuya tarea consistía no solo en fijar o sancionar modelos, sino en dirigir a los artistas hacia mercados cada vez más rentables: un pintor o un escultor podía creerse genial, pero estaba obligado a satisfacer la demanda de ciertos estándares de belleza.

Con su fascinación por los sueños, el inconsciente y lo irracional, el *fin-de-siècle* enfiló el arte hacia una primera ruptura; siguiendo el espíritu de Nietzsche o Freud, sus artistas se decantaron por seguir sus instintos en vez de su razón. Como escribió Matisse al hablar de su *Mujer con sombrero*: «Descubro la cualidad de los colores de manera puramente instintiva». Oskar Kokoschka lo dijo de otro modo en 1912: «Hay que perder el control». Había que renunciar a los modelos del pasado y olvidarse de copiar la realidad, lo que importaba ahora era la mirada del pintor, su punto de vista único.

Mira, por ejemplo, este *Muelle en L'Estaque* (1906), de André Derain:

Otra forma de hacer a un lado el racionalismo y el realismo consistía en regresar a la supuesta autenticidad del arte primitivo. Picasso lo intentó con su recreación de las máscaras africanas en *Las señoritas de Aviñón* (1907):

Entretanto, otros artistas buscaban poner sobre el lienzo no ya el exterior, sino su desgarrado interior, como en este *Paisaje apocalíptico* (1913) de Ludwig Meidner:

La construcción de espacios simbólicos, alejados asimismo del realismo, ponía en escena la angustia existencial de la modernidad, como en esta *Canción de amor* (1914), de Giorgio de Chirico:

Poco a poco la realidad se descomponía y se quebraba, reducida a sus trazos más elementales a fin de revelar su estructura íntima, de índole matemática y geométrica, como en el cubismo de este *Viaducto en L'Estaque* (1908), de Georges Braque:

Las nuevas corrientes artísticas se sucedían unas a otras con rapidez: fovismo, expresionismo, futurismo, cubismo, surrealismo, rayonismo... Fue entonces cuando, en un último salto al vacío, el artista se lanzó hacia una nueva y asombrosa ficción: la idea de que sería capaz de crear *otra* realidad que nada le debía ya a *la* realidad. Mira este *Primer disco* (1912-1913), de Robert Delaunay:

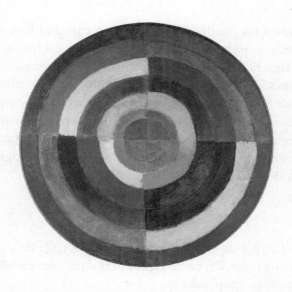

O este *Cuadrado negro* (1913-1914), de Kazimir Malévich:

«En 1913, en mi desesperado intento por liberar al arte de la carga de la objetividad», escribía este, «me refugié en la forma cuadrangular y exhibí una pintura que consiste nada más que en un cuadrado negro en un campo blanco». Más adelante, precisaba: «El cuadrado negro en un fondo blanco fue la primera forma en que el sentimiento no objetivo podía ser expresado. El cuadrado = sentimiento; el fondo blanco = el vacío más allá de ese sentimiento». No es seguro que Malévich lo expusiera así en 1913, pero pocas ficciones concentran mejor la revuelta contra las convenciones, el espíritu iconoclasta, la irracionalidad y la locura que caracterizan la imaginación previa a la Gran Guerra.

א

En 1909, Filippo Tommaso Marinetti paga de su propio bolsillo una inserción en *Le Figaro* para dar a conocer su *Manifiesto futurista*. Empezaba así:

1. Nosotros queremos cantar el amor al peligro, el hábito de la energía y de la temeridad.
2. El coraje, la audacia y la rebeldía serán elementos esenciales de nuestra poesía.
3. Nuestra pintura y arte resaltan el movimiento agresivo, el insomnio febril, la carrera, el salto mortal, la bofetada y el puñetazo.
4. Afirmamos que el esplendor del mundo se ha enriquecido con una belleza nueva: la belleza de la velocidad.
5. Queremos alabar al hombre que tiene el volante, cuya lanza ideal atraviesa la tierra, lanzada ella misma por el circuito de su órbita.
6. Hace falta que el poeta se prodigue con ardor, fausto y esplendor para aumentar el entusiástico fervor de los elementos primordiales.
7. No hay belleza sino en la lucha. Ninguna obra de arte sin carácter agresivo puede ser considerada una obra maestra. La pintura ha de ser concebida como un asalto violento contra las fuerzas desconocidas, para reducirlas a postrarse delante del hombre.

En 1914, Mary Wigman presenta en el palacio Porcia de Múnich su *Hexentanz* (la danza de la bruja), la coreografía que da paso a la danza moderna. Sin música, con movimientos arrebatados por un expresionismo feroz, abre un espacio de libertad hasta entonces desconocido que conducirá a las ficciones dancísticas de Martha Graham o Pina Bausch. Pocos años después, en 1918, Tristan Tzara publica, en el número 3 de su revista *DADA*, el *Primer manifiesto dadaísta*: con una prosa desgarrada y libérrima, llena de humor y sentido del absurdo, contiene en el fondo un solo planteamiento: «Dadá no significa nada».

En 1924, André Breton lanza a su vez el *Manifiesto del surrealismo*, que incluye esta feroz diatriba contra el realismo (aquí, en traducción de Aldo Pellegrini):

> La actitud realista, inspirada en el positivismo, desde santo Tomás a Anatole France, me parece hostil a todo vuelo intelectual y ético. Me causa repulsión porque está constituida por una mezcla de mediocridad, odio y chata suficiencia. En la actualidad es ella la que inspira esa multitud de libros ridículos, de obras insultantes.

El surrealismo se decanta, en cambio, por la imaginación y el sueño y reivindica, asimismo, la fantasía y la locura.

Los manifiestos vanguardistas abren una temporada de caza contra los parámetros artísticos del siglo XIX: Marinetti le canta a la velocidad, la destrucción y la guerra; Tzara, al absurdo y el sinsentido, la fuerza de las paradojas y las contradicciones; Breton, a lo onírico, la demencia y el inconsciente. Ya lo habíamos escuchado: toda vanguardia es romántica. Solo que, en vez de alzarse contra el racionalismo de las Luces, estos artistas lo hacen contra los parámetros del orden capitalista, el mercantilismo, el utilitarismo y el positivismo. La Gran Guerra, con su ferocidad insospechada, barre el resto: reinos e imperios, instituciones, códigos jurídicos y disposiciones morales, así como la persistente fantasía de un progreso ininterrumpido. Cuando concluya, al lado de millones de cadáveres quedará una densa incertidumbre: la sensación de que el futuro se ha vuelto imprevisible. Para bien y para mal, se abre el reino del azar.

א

Los primeros músicos en vislumbrar el futuro son Richard Strauss e Ígor Stravinski. Con *Salomé* (1905) y en especial con *Electra* (1909), el alemán inicia un camino hacia la desintegración tonal cada vez más arriesgado, pero, una vez que entrevé el precipicio, se detiene en seco. Poco después, será el ruso quien, primero en *El pájaro de fuego* (1910) y *Petrushka* (1911), y sobre todo en *La consagración de la primavera* (1913) —compuestos para los Ballets Rusos de Serguéi Diáguilev—, rompa con cualquier forma preestablecida, dejándose llevar por ritmos irregulares y disonancias que provocan en el oyente la sensación de hallarse ante una obra primitiva y brutal, desprovista del menor refinamiento civilizatorio, a la manera de Picasso. Igual que Strauss, después de esta última obra Stravinski retrocede hacia un neoclasicismo menos escandaloso (si bien en sus últimos años se acercará al dodecafonismo).

Corresponderá a Arnold Schönberg, con su *Cuarteto para cuerdas n.º 2* (1908), abandonar la tradicional oposición entre los modos mayores y menores para internarse en el agreste terreno de la atonalidad que, a partir de su método de composición con doce sonidos (1921), derivará en la dodecafonía o serialismo. A la distancia, no sorprende que Thomas Mann se apropiara de mala manera de su sistema para entregárselo a Adrian Leverkühn, el compositor que obtiene la inspiración gracias a un pacto con el diablo en su *Doctor Faustus* (1947). La mayor parte de la música de concierto escrita a partir de entonces será una continuación o refutación de sus principios. El abandono de la tonalidad, que en sus primeros años surge como una liberación ante el anquilosamiento del pasado, terminará sin embargo convertida en una puerta sin salida que ha provocado que el público adepto a la música contemporánea se haya reducido al mínimo en los albores del siglo XXI, como explica John Mauceri en *La guerra y la música. Los caminos de la música clásica en el siglo XX* (2023): la odiosa consecuencia de su pacto con el diablo.

«Desde hacía mucho me acostaba a buena hora». En esta ocasión, no estás ni dormida ni despierta, tus ojos permanecen entrecerrados, en esa duermevela localizada entre el sueño y la vigilia, la imaginación y los recuerdos, el pasado y el futuro, la verdad y la mentira, la realidad y la ficción. Ese estado, a medio camino entre la alucinación y la lucidez, define los albores del siglo xx. «A veces, en cuanto se apagaba la vela mis ojos se cerraban tan rápido que no me daba tiempo de decir: *Me duermo*». ¿Cuánto pasas así? «Una media hora después, me despertaba la idea de que era momento de buscar el sueño».

Nací el mismo día que Marcel Proust, un 10 de julio —de 1968, no de 1871—, y, como él, pasé mi infancia y juventud con repetidos ataques de asma, si bien la mía remitió bastante pronto, mientras la suya no hizo sino agudizarse durante los últimos años de su vida. Tras la publicación de *Por donde vive Swann* (1913) y, sobre todo, de *A la sombra de las muchachas en flor* (1919), se encierra a cal y canto, con las paredes tapizadas de corcho, primero en su apartamento en el 102 del boulevard Haussmann y luego en el 44 de la rue de l'Amiral-Hamelin, donde morirá el 18 de noviembre de 1922. Proust duerme por el día y si acaso sale a comer o departir con amigos unas cuantas horas; por la tarde y la noche, vuelca su conciencia en las siguientes partes de *En busca del tiempo perdido*, una de las mayores ficciones autobiográficas de la historia: *Por donde los Guermantes* (1920-1921) y *Sodoma y Gomorra* (1921-1922) y, publicadas ya de forma póstuma, *La prisionera* (1923), *Albertine desaparecida* (1925) —originalmente llamada *La fugitiva*— y *El tiempo recobrado* (1927).

Como advierte su título, *En busca del tiempo perdido* es, por encima de todo, una novela de misterio. Solo que en su caso el detective se encuentra aislado en la prisión que él mismo se ha construido —su propio cuarto, remedo de su cuerpo—, y el crimen que se ve obligado a descifrar ha sido cometido por él mismo: es el detective contratado para recuperar ese tiempo extraviado y descubrir, gracias a él, *su* verdad. No hay mayor misterio que uno mismo; a lo largo de un largo viaje puramente interior, que en alguna medida repite el de Dante, el narrador intentará entrever su vida entera y atisbar su *significado*: las claves que le permitan resolver el entuerto y dirigirse al porvenir.

En *Proust y los signos* (1964), Gilles Deleuze sostiene que *En busca del tiempo perdido* «no trata de la memoria ni del recuerdo, incluso involuntario»; nos hallamos, en cambio, frente a «una búsqueda de la verdad. Si se llama *En busca del tiempo perdido* es solo en la medida en que la verdad tiene una relación especial con el tiempo. Tanto en el amor como en la naturaleza o el arte, no se trata de placer, sino de verdad». Por ello, la *Recherche* «está dirigida hacia el futuro, no hacia el pasado».

¿Cómo hallarla? Valiéndose de los mismos procedimientos de su contemporáneo Sherlock Holmes: amasando y analizando pistas e indicios, elaborando y descartando hipótesis, poniendo en marcha teorías cada vez más sofisticadas hasta acercarse a su meta. Nos hallamos ante una senda de aprendizaje en la que el héroe confía en que la existencia es un conjunto de signos que es posible descifrar. Según Deleuze, esas pistas o *signos* se encuentran en tres ámbitos: la mundanidad, ese entorno burgués y aristocrático que lo ha rodeado, con su frivolidad y sus códigos; el amor, con su permanente ambigüedad, sus decepciones y su expresión última en los celos; y, en fin, las impresiones o las cualidades sensibles, esa realidad que deja de ser objetiva para transmitir una mirada interior.

Si alguien te contrata para encontrar algo extraviado, solo tendrás éxito si se lo devuelves a su legítimo propietario: al cumplir con el encargo, el círculo se cierra. Así el enigma encuentra solución —como en los oráculos griegos—: el fin del camino te dirá quién eres y qué quieres de verdad. La inagotable novela de Proust es, en este sentido, tanto la investigación policial misma como su resolución. Lo que buscabas, como en *La carta robada* (1844), de Poe, siempre estuvo allí, frente a tus narices: como revela *El tiempo recobrado*, se trata de tu deseo de convertirte en artista, de transformarte a ti mismo en arte.

La *Recherche* es también un tratado de neurociencia: colocándose en el punto de partida de Descartes, Proust se estudia primordialmente a sí mismo. Sus miles de páginas no hablan jamás de lo que ocurre afuera, sino de lo que él estudia en su interior; su material de trabajo se reduce a su propia mente, esa máquina de futuros cuyo alimento es la memoria. Poco a poco, el narrador se da cuenta de cómo funciona y, antes que muchos investigadores posteriores, llega a la conclusión de que no puede compararse con un archivo o una biblioteca; los recuerdos no poseen un orden preciso, no se hallan colocados en estanterías identificables, se mezclan unos con otros, se deforman cada vez que se reviven, saltan y se superponen. Los célebres episodios de los botines o la madalena no demuestran que la memoria sea involuntaria, sino que esta no posee un espacio nítido donde asentarse: cada signo —cada pista— lleva a otro y a otro más, en un mecanismo imaginativo dirigido siempre hacia adelante. Al cerebro solo le importa, a fin de cuentas, el futuro: la memoria, por rica que sea, no es sino su herramienta de trabajo. Otra vez, *El tiempo recobrado* es la meta a la que su autor se ha enfilado desde el principio: ese cierre que es, paradójicamente, un inicio.

Mientras la mayor parte de sus contemporáneos se dedica a aniquilar el pasado, a renegar de la tradición y a reinventar un nuevo mundo, Proust toma la senda contraria: nadie como él ha tenido la paciencia —y la lucidez— para analizarlo, desbrozarlo, desmenuzarlo y exhibir sus restos a conciencia, no para regodearse en él ni para entronizarlo —no hay novelista menos nostálgico que Proust—, sino para revelarnos que la verdad solo se consigue a través de un largo y angustioso proceso de desciframiento. Rememorar es, pues, imaginar. Y lo que ha conseguido Proust, tras escribir la *Recherche* —y morir en el intento—, es inventarse a sí mismo: convertirse en el artista que ha sido capaz de emprender esa *recherche*... y la *Recherche* misma. En el proceso, tú te habrás sumergido en su conciencia —nadie la había retratado con semejante precisión—: la única forma de constatar que el detective ha cumplido su parte del trato.

En 1939, dos años antes de morir, James Joyce publicó otra gran novela de misterio. Tras largos años de dedicarse en cuerpo y alma a ese librito al que se refiere solo como su *work in progress*, al fin le confirió el título definitivo de *Finnegans Wake*, que empieza más o menos así (aquí, en la reelaboración de Salvador Elizondo, quien solo se atrevió a *traducir* la primera página, que llenó de decenas de notas): «Riocorrido, más allá de la Eva y Adán; de desvío de costa a encombadura de bahía, trayéndonos por un cómodio vícolo de recirculación otra vuelta a Howth Castillo y Enderredores. Sir Tristram, violer d'amores, habiendo cruzado el corto mar, había pasancor revuelto de Norteamórica, de este lado del estrecho istmo de Europa Menor para martiballatar en su guerra peneinsolar, ni habían las rocas del allto psawrrador, esparcidas a lo largo del arroyo Oconee, exagerándose a sí otras mismas de los gorgios del condado de Laurens mientras iban dubliando todo el tiempo su mendiganancia...». Desde su aparición, a numerosos críticos y lectores el enigma planteado por Joyce les ha parecido imposible de resolver. Su hermano Stanislaus afirmó que se trataba de «un libro nocturno incomprensible»; D. H. Lawrence —su antítesis— fue aún más drástico: «¡Dios mío, qué torpe *olla podrida* es James Joyce!». A la fecha, sus exégetas siguen sin ponerse de acuerdo a la hora de trazar un mínimo resumen de su trama o su argumento. Pese a sus neologismos, juegos de palabras, calambures, bromas privadas, retruécanos y citas a Vico, la Biblia y cientos de textos más, Joyce sostenía en cambio que cada frase respondía a una lógica meticulosamente articulada: «Fácilmente podría haber contado esta historia de una forma tradicional», le escribió a Eugène Jolas. «No es muy difícil seguir una simple estructura cronológica que los críticos puedan entender». El suyo no es, sin embargo, un sinsentido o una toma de posición a favor del azar, como proponían los desmelenados vanguardistas de la época, sino una calculada apuesta en busca de un lector imposible: justo aquel que lograra descifrar no ya el pasado, como el héroe de Proust, sino esta realidad exclusivamente lingüística. Una tarea que, pese a las más de ocho décadas que han transcurrido desde su escritura y de las miles de páginas escritas desde entonces para desvelar su sentido, nadie ha logrado despejar. En su desmesurado anhelo por imaginar al detective más inteligente de la historia, Joyce se topó con que el único ser humano capaz de resolver los infinitos misterios que escondió en su libro era él mismo.

El devenir del arte del siglo xx y el xxi se inicia con otro misterio que se despliega en varios enigmas a la vez. En 1917, la recién formada Sociedad de Artistas Independientes de Nueva York emitió una convocatoria en la que «todos los artistas podrían participar, independientemente de la decisión de los jurados», que especificaba: «La gran necesidad es, entonces, por una exposición que se lleve a cabo durante cierto periodo de cada año, en la que artistas de todas las escuelas puedan exponer juntos, seguros de que lo que sea que envíen será colgado y de que todos tendrán idéntica oportunidad».

La intención era dar vida a la exposición más grande jamás organizada en Nueva York. Al término de la convocatoria, dos mil ciento veinticinco piezas de mil doscientos artistas fueron expuestas en las galerías del Grand Central Palace en estricto orden alfabético, lo cual provocaba que la naturaleza muerta de un principiante conviviera con una arriesgada escultura vanguardista. Dos días antes de la inauguración, los organizadores recibieron una pieza acompañada por un sobre con los seis dólares de la cuota de ingreso y un telegrama firmado por un tal Richard Mutt, de Filadelfia. Como cuenta Calvin Tomkins en su biografía de Marcel Duchamp (1996, revisada en 2014), la obra, titulada *Fountain*, no era otra cosa que un urinario al que el artista había añadido su firma: R. Mutt. Según el testimonio de Beatrice Wood, una joven actriz que entonces mantenía una relación triangular con dos de los miembros de la junta directiva de la Sociedad, Marcel Duchamp y Henri-Pierre Roché, la discusión entre dos de sus integrantes, el mecenas Walter Arensberg y el pintor George Bellows, decidió el futuro de la pieza (y de paso del arte occidental):

—No podemos exponerlo —insistía Bellows, acalorado, al tiempo que sacaba un pañuelo y se secaba la frente.

—Tampoco podemos rechazarlo. Ha pagado la cuota de admisión —repuso Walter, sin perder los estribos.

—¡Es una indecencia! —exclamó Bellows a gritos.

—Eso depende del punto de vista —puntualizó Walter, reprimiendo una sonrisa.

—Lo deben de haber mandado para gastarnos una broma. Lo firma un tal R. Mutt y me huele a chamusquina —refunfuñó Bellows, contrariado.

Walter se acercó al objeto en cuestión y acarició la superficie reluciente.

—Revela una forma hermosa, liberada de su utilidad funcional —aclaró Walter, con la dignidad del catedrático que habla ante los miembros de Harvard—, por consiguiente, esta persona ha realizado una clara contribución estética.

Bellows retrocedió unos pasos y avanzó de nuevo enfurecido, como si quisiera llevárselo por delante.

—No podemos exponerlo y se acabó.

—Pero si de eso se trata precisamente en esta exposición —le explicó Walter, cogiéndole amablemente del brazo—. Es una oportunidad que permite al artista enviar lo que se le antoje, que sea el artista y nadie más quien decida lo que es arte.

—¿Estás insinuando —replicó Bellows, desasiendo el brazo— que si alguien nos mandara boñigas de caballo pegadas a un lienzo tendríamos que aceptarlo?

—Me temo que sí —asintió Walter, con el tono triste del sepulturero.

Una hora antes de la inauguración restringida del 9 de abril, la junta sometió el asunto a sus veinte directores; la decisión de vetar su ingreso ganó por estrecho margen. Su presidente, William Glackens, declaró a la prensa que aquella pieza «no era, por definición, una obra de arte». Duchamp (quien no había asistido a la reunión) y Arensberg dimitieron en protesta. De modo que la obra que inaugura el arte contemporáneo jamás fue exhibida ante el público. Se abre así uno de los primeros misterios del caso: ¿qué ocurrió entonces con ella? Las versiones varían: hay quien afirma que Arensberg la recuperó, mientras otros sostienen que Glackens la estrelló contra el piso, rompiéndola en mil pedazos. Una fotografía tomada en 1918 en el estudio de Duchamp, en el 33 de la calle 67 —en donde por cierto no aparece él, sino Roché—, la muestra colgada del vano de la puerta. Sabemos que Duchamp le pidió a Alfred Stieglitz, dueño de la Galería 291, que la fotografiara. Según cuenta Thierry de Duve en *El telegrama de Duchamp* (2023), a Stieglitz el asunto le hizo gracia y aceptó a fin de combatir los prejuicios de su patria.

«Se esmeró con la iluminación», dijo Woods, y lo hizo con tal habilidad que una sombra cayó sobre el urinario sugiriendo un velo. La pieza fue renombrada *Madona del baño*».

Hay quien asevera que la pieza fue expuesta durante algunos días en la Galería 291; otros lo niegan. La fotografía apareció en mayo de 1917, una vez que la exposición ya había cerrado sus puertas, en el número 2 de la revista *The Blind*, al lado de este anuncio:

EL CASO RICHARD MUTT

Dicen que cualquier artista que pague seis dólares puede exponer.

El señor Richard Mutt envió una fuente. Sin mediar discusión, este artículo desapareció y nunca llegó a exponerse.

He aquí los motivos para el rechazo de la fuente del señor Mutt:

Unos adujeron que era inmoral, vulgar.

Otros, que era un plagio, una mera pieza de fontanería.

Ahora bien, la fuente del señor Mutt no es inmoral, sería un absurdo, cuando menos no más inmoral que una bañera. Es una pieza de mobiliario que vemos todos los días en los escaparates de los fontaneros.

El hecho de que el señor Mutt realizara o no la fuente con sus propias manos carece de importancia. La ELIGIÓ. Cogió un artículo de la vida cotidiana y lo presentó de modo que su significado utilitario desapareció bajo un título y un punto de vista nuevos. Creó un pensamiento nuevo para ese objeto.

En cuanto a lo de la fontanería, es absurdo. Las únicas obras de arte que Estados Unidos ha producido son la fontanería y los puentes.

A continuación, aparecía un artículo sin firma, titulado «El Buda del baño», que Duchamp atribuyó a Louise Norton y Beatrice Woods reconocía haber escrito, si bien exponía las ideas del propio Duchamp. ¿Quién se ocultaba tras el nombre de Richard Mutt? Y ¿quién envió la pieza —que la mojigatería de la época llamaba *instalación de cuarto de baño*— a la Sociedad? A su hermana Suzanne, de paso por Nueva York en esos días, Duchamp le aseguró en una carta: «Una de mis amigas ha mandado un urinario de porcelana, a modo de escultura, bajo el seudónimo masculino de Richard Mutt».

La atribución ha hecho pensar a algunos que la amiga del artista pudo ser la baronesa Elsa von Freytag-Loringhoven, una poeta conocida por sus extravagantes *performances*. La carta de Duchamp no afirma, sin embargo, que su «amiga» haya sido la autora de la pieza, sino solo la responsable de enviarla. Tomkins no tiene dudas: Duchamp, Arensberg y Joseph Stella compraron el urinario unas semanas antes de la inauguración de la exposición en el salón de exhibiciones de J. L. Mott Iron Works, en el 118 de la Quinta Avenida, y fue Duchamp quien pintó en él el nombre R. Mutt, en un juego de palabras entre el vendedor y la tira cómica *Mutt y Jeff,* originalmente llamada *A. Mutt* (en español, el personaje se llamó Augusto Eneas Flores de Apodaca). Nuevos estudios demuestran que la firma *R. Mutt* en realidad fue pintada *sobre* la foto de Stieglitz. Los misterios se acumulan: ¿por qué Duchamp se escondió bajo este seudónimo? ¿Por qué jamás quiso reconocer que él mismo era R. Mutt? ¿Por qué eligió el urinario para la exposición que él mismo organizaba? Y, sobre todo, ¿qué mensaje quería enviar con él? Según De Duve:

> En muchos aspectos, los historiadores del arte se parecen a detectives en una investigación criminal. El proceso de *atribución*, de una obra de arte o de un crimen, a su autor es crucial para la práctica de las dos corporaciones. La presente generación de historiadores del arte, sin embargo, es como una corte de perezosos que saben de antemano quién es el culpable porque lo han leído en una novela de detectives en la que ellos son los protagonistas. Saben cómo termina la historia: tienen toda la vida y la obra de Duchamp frente a ellos. Lo que no saben y todavía investigan, y permanecen intrigados por ello, es la naturaleza del crimen. ¿Inventar el no-arte o el antiarte? ¿Destruir el arte retiniano y volver la pintura obsoleta? ¿Anticipar el arte cinético, el *pop-art*, el *performance*, el arte conceptual? ¿O es, quizás, solo el haber revolucionado el *mundo del arte*?

Más que artista o provocador, Duchamp se pensaba ajedrecista. Alguien capaz de diseñar una larga serie de jugadas con anticipación para adelantarse a sus rivales. El *affaire* Mutt parece concebido de este modo: el tablero de juego es la exposición «sin jurados ni premios» que Duchamp contribuyó a diseñar; sus oponentes (los destinatarios de su telegrama) son los miembros del *mundo del arte*, como Albert Gleizes —quien le había negado la posibilidad de exponer con los cubistas—, así como aquellos que tenían el poder de definir qué es arte; y sus asombrosas jugadas fueron la selección del urinario, la elección del seudónimo de R. Mutt, el envío a la Sociedad, su negativa a reconocerse como autor y su particular confesión sobre lo ocurrido en las páginas de *The Blind*, así como la edición de lujo que le hizo llegar no solo a Gleizes, sino al *who is who* del mundillo artístico neoyorquino, y a nosotros en el futuro. La medida de su genialidad como ajedrecista se cifra en esta victoria póstuma.

De Duve concluye que el crimen cometido por Duchamp es a la vez el más banal y el más sanguinario en la historia del arte; su mensaje es: cualquier cosa puede ser arte. En efecto, «hoy es, en principio, *técnicamente posible, estéticamente permitido* e *institucionalmente legítimo* hacer arte a partir de cualquier cosa». En otras palabras: «Bueno o malo, el arte puede ser hecho a partir de cualquier cosa y de todas las cosas». Con su telegrama (o con su visionaria partida de ajedrez), Duchamp dividió la historia en dos mitades: aquella en la que un urinario jamás podría ser considerado arte y otra —la nuestra— en la que un urinario no solo puede ser arte, sino que lo *es*. Desde que su mensaje fue recibido y descifrado en los sesenta por artistas, galeristas, curadores e instituciones culturales, su victoria no ha hecho más que extenderse: desde el caso R. Mutt, el arte es la ficción que nos permite ver cualquier cosa como arte.

Te diriges a tu asiento. Conforme se acerca la hora, los cuchicheos van cesando y el público ocupa sus lugares. Los músicos salen a escena y se colocan frente a sus atriles. Una pausa dramática antecede la entrada del director, recibido con aplausos. Vestido con frac y pajarita, hace una reverencia y se planta en el podio. El director alza los brazos y da la señal de que el concierto está por empezar, pero ninguno de los músicos toca su instrumento; todos permanecen mudos, sin hacer nada, ante el pasmo del auditorio. Durante cuatro minutos y treinta y tres segundos los músicos callan. En medio del silencio reconoces el crujir de dientes de tu vecino, alguna tos, el roce de unas manos y el lejano eco de un claxon. Cuando se cumplen los *4'33"* (1952), el título de la obra, el director baja los brazos; alguien aplaude con timidez y el resto de los asistentes lo imita, no sabes si con entusiasmo o resignación. Al cabo, tú también aplaudes y te preguntas si ese golpeteo también es parte de la música. John Cage fue otro de los destinatarios del telegrama de Duchamp: si el silencio es una ficción —antes, Erwin Schulhoff ya lo había intentado en uno de los movimientos de sus *Cinco cua-*

dros pintorescos (1919)—, cualquier sonido puede ser, asimismo, música.

ℵ

Si Duchamp no demolió con un solo gesto el arte occidental, su apuesta trastocó la definición misma de arte. La ficción según la cual cualquier cosa puede serlo pronto animó una ficción más contundente: cualquiera puede ser artista. Una fórmula que define una época en la que todos contamos con los medios para producir distintas piezas —de una pintura digital a un video y de una canción a un *performance*—, y donde la noción de autoridad se ha diluido hasta volverse irrelevante. Al afirmar, en el segundo número de *The Blind*, que quien presentó la *Fuente* a la exposición de los Independientes «creó un pensamiento nuevo para ese objeto», Duchamp trasladó la ficción artística directo a nuestra mente, sentando las bases del arte conceptual: el objeto artístico pasó a segundo plano frente a las ideas que el artista podía introducir en las cabezas de sus espectadores. El arte contemporáneo se convirtió así en un área más de la literatura fantástica: un relato que solo existe en los cerebros de los artistas y los espectadores. Esta duplicidad queda bien expuesta en *Esto no es una pipa* o *La traición de las imágenes* (1929), de René Magritte:

En sus *Párrafos sobre arte conceptual* (1967), Sol LeWitt suma una larga lista de sentencias para definirlo; de manera condensada, Lawrence Weiner fija solo tres en su *Declaración de intenciones*:

1. El artista puede construir la pieza.
2. La pieza puede ser fabricada.
3. La pieza no necesita ser construida.

Cada una de estas posibilidades es idéntica y consistente con la intención del artista a condición de que la decisión quede en el receptor en ocasión de la recepción.

Aunque no fuera culpa de Duchamp, sino gracias a Duchamp, de pronto cualquier cosa podía ser arte. Por ejemplo, esta lata titulada *Mierda de artista* (1961), de Piero Manzoni:

o esta pintura de Benjamin Vautier, Ben, titulada *Todo es arte* (1961):

O el *performance* de Joseph Beuys, *Cómo explicar el arte a una liebre muerta* (1965), en el que el artista, con el rostro cubierto de miel y hojas de oro, en efecto carga una liebre muerta en brazos mientras le explica al público el sentido de las pinturas. O la idea de mover la isla de Wight al sur de Europa, de George Brecht, esbozada en su pieza titulada *Sin título (Mapa de pizarra de Europa)* (1970). O la instalación de Vito Acconci, *Seedbed* (1972), en la que el espectador entra a una galería en la que no hay nada excepto una rampa detrás de la cual el propio artista se masturba durante un día entero mientras narra en voz alta las fantasías que le despiertan los pasos de los visitantes. O la herida que se hace en el vientre Gina Pane en *Psyché* (1974). O la instalación de Martin Creed en la que solo se prenden y apagan las luces de una sala, titulada *Obra 227: Luces que se encienden y se apagan* (2000). O el video *Sin título* (2004) de Andrea Fraser en el que documenta su encuentro sexual en un motel con un coleccionista de arte. O las setecientas treinta y seis horas y media que pasó Marina Abramović en una mesa frente al público —a mí me tocó mirarla así en el MoMA—, sin decir una palabra, en *La artista está presente* (2010). En efecto, *cualquier* ficción puede ser arte.

א

«Cuando, una mañana, Gregor Samsa se despertó de unos sueños agitados, se encontró en su cama transformado en un bicho monstruoso», escribe Kafka.

¡Hemos llegado! Todo lo que vendrá después, *El proceso* (1925), *El castillo* (1926) y *América* (1927); sus textos breves, sus diarios y sus cartas; su imposible relación contigo, Felice, y sus atribulados amores con Milena Jesenská y Dora Diamant; la exigencia a Max Brod de destruir sus manuscritos, y su temprana y dolorosa muerte; el siglo XX con sus guerras, sus campos de concentración y sus mortíferas ideologías, el comunismo, el nazismo e incluso el neoliberalismo; Canetti y Calvino, Kertész y Kundera, Borges y García Márquez, Rushdie y Murakami; la literatura fantástica y el realismo mágico; la posmodernidad, la metaliteratura y la autoficción; el transhumanismo y la realidad virtual, todo, insisto, se cifra en esta sola frase, un holograma del porvenir.

Cuando el domingo 17 de noviembre de 1912, Franz despierta después de unos sueños agitados, apenas cuenta con una vaga intuición sobre lo que quiere escribir. Pasa la mañana entre las sábanas —una costumbre antigua— en espera de una carta tuya; como ha contado Elias Canetti en *El otro proceso* (1969), ustedes dos mantienen una relación más epistolar que física, más ficticia que real. Hacia el mediodía, al fin llega tu ansiada misiva, que él te responde por la tarde; en ella, te cuenta: «Hoy voy a transcribir una pequeña historia que se me ocurrió mientras estaba angustiado en la cama y que me obsesiona hasta lo más profundo».

A diferencia de lo que le ocurrió con *La condena*, redactado de un tirón la noche del 22 al 23 de septiembre de ese mismo año —Raphaël Meltz les ha dedicado un libro a estas horas: *A lo largo de las noches* (2023)—, Franz invertirá varias semanas en terminar este relato, al que acabará por bautizar como *Die Verwandlung*: un título que, desde la primera traducción anónima publicada por *Revista de Occidente* en 1925, ha sido conocido en español como *La metamorfosis*, aunque con mayor rigor debería llamarse *La transformación* (el título elegido por Juan José del Solar y Jordi Llovet para su edición de 2005 que he citado al principio de este capítulo). Su célebre inicio cuenta con múltiples versiones: «Cuando Gregor Samsa despertó una mañana después de un sueño intranquilo...», «Una mañana, tras un sueño intranquilo, Gregorio Samsa...», «Al despertar Gregorio Samsa una mañana, tras un sueño intranquilo...», «Cuando, al despertar una mañana, Gregor Samsa...».

En sus *Conversaciones con Kafka* (1953), Gustav Janouch le hizo notar que Samsa suena como una transformación de su apellido (aquí en traducción de Rosa Sala): «Suena como criptograma de Kafka. Cinco letras tanto en un caso como en otro. La letra *s* de la palabra Samsa ocupa la misma posición que la *k* de Kafka. La *a*...».

A lo que el escritor replicó: «No es un criptograma. Samsa no es del todo Kafka. *La transformación* no es ninguna confesión, aunque, en cierto modo, sea una indiscreción. ¿Acaso le parece fino y discreto hablar de las chinches de la propia familia?».

«No, claro, eso no sería de buena educación».

«¿Ve lo indecente que soy?», concluyó Franz.

Samsa tiene un sueño agitado, inquieto o intranquilo, aunque no tan turbulento como para ser denominado pesadilla, y, al despertar, se ha transformado en algo. ¿En qué? En un *ungeheueres Ungeziefer* —fíjate en la aliteración alemana—, que ha sido traducido a su vez como un monstruoso, horrible o gigantesco... insecto, cucaracha o escarabajo. Vladímir Nabokov, gran especialista en coleópteros, se empeñó en clasificarlo y se lo dibujó a sus alumnos; más tarde, recuperó aquellos trazos en su *Curso de literatura europea* (1948):

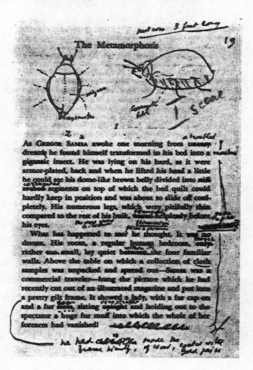

Como a Del Solar, a mí el término español *bicho* me parece —lo has visto— el más apropiado para definirme. Cuando el relato estaba por ser publicado por Kurt Wolff en 1915,

Kafka se rehusó a que hubiera un insecto en la cubierta: «No quisiera reducir su poder de sugestión», le recomendó a su editor y sugirió, en cambio, la puerta entreabierta de la habitación de Samsa:

Franz se rehúsa a que el lector identifique al bicho, que se transformaría, en tal caso, en un bicho específico. Así como críticos, traductores y lectores no se ponen de acuerdo en torno al título del libro o la especie de su protagonista, las interpretaciones sobre el significado de su mutación llenan varias estanterías. Cuando Franz escribe que Gregor se transforma en bicho, ¿quiere decir que *en efecto* se transforma en bicho? ¿O el miserable solo cree haberse transformado en bicho? ¿O afirmar que se transforma en bicho posee un contenido alegórico o metafórico y significa *otra* cosa? Y, si fuera, ¿qué? Los estudiosos se dividen en dos bandos: quienes consideran que *La transforma-*

ción es un relato más o menos realista y aquellos que, por el contrario, lo califican de fantástico. Una discusión que resulta un tanto anodina —el realismo no es sino una variedad de la fantasía—, pero que no ha dejado de encabritar a los académicos, empeñados en otorgarle un solo sentido a esa realidad que siguen percibiendo... real.

No hay duda de que *La transformación* posee un trasfondo onírico: a Franz se le ocurrió mientras dormitaba en la cama, en esa duermevela semejante a la del narrador de *En busca del tiempo perdido*, y la primera transformación que experimenta lo conduce del sueño agitado, inquieto o intranquilo a una realidad que, por espantosa que pueda parecernos, a él apenas le incomoda, al menos durante buena parte del relato. La narración surge de la duermevela, ese territorio a medio camino entre el sueño y la vigilia, la autoconsciencia y la alucinación. Obcecarse en romper la ambigüedad e insistir en que el bicho sea solo real, o solo imaginario, o —peor aún— solo metafórico tiene el mismo efecto que explicar un chiste, como bien sabía Freud.

Frente a Proust, quien parte de la misma situación —la cama, el despertar, la duermevela—, o Joyce y su intento por calcar los mecanismos del inconsciente, la genialidad de Kafka consiste en mostrar que nuestra relación con eso que percibimos como real pasa siempre por la imaginación: incluso el realismo más descarnado es fantástico y hasta la más descabellada fantasía es realista. Empecinarse en delimitar sus fronteras se torna un ejercicio un tanto pueril y, a fin de cuentas, vano. Hay quien se empeña en leer *La transformación* de forma más o menos literal, como Reiner Stach, el más exhaustivo de sus biógrafos: en su versión, Gregor *en verdad* se convierte en bicho y a nosotros no nos queda más que lidiar con ello. Y hay quienes insisten en que el bicho, o incluso la palabra *bicho*, contiene un secreto: el término enmascara la depresión, o una enfermedad degenerativa, o acaso solo el estado interior de quien, sin ser un bicho, siente que lo es.

Según Jordi Llovet, las palabras *ungeheueres Ungeziefer* casi podrían traducirse así: «Cuando, una mañana, Gregor Samsa se despertó de unos sueños agitados, se encontró en su cama transformado en un escritor monstruoso». Si bien cada una de estas lecturas es admisible, acaso lo más inteligente sería hacerlas a un lado; entre tantas cosas, *La transformación* adelanta la mecánica cuántica de Heisenberg y Schrödinger, solo que, en vez de un gato, su protagonista es un bicho indeterminado. Un bicho cuya pasmosa naturaleza, que es la del universo, consiste en ser fantástico y real *al mismo tiempo*. El bicho permanecerá así, en ese estado dual o indeterminado, ambiguo y equívoco, múltiple e inasible —como la duermevela—, en tanto un impertinente lector, por lo general un crítico, no tenga la falta de delicadeza de abrir la caja y lo confine, con su curiosidad malsana, a un solo universo.

El lugar común establece que Kafka previó el universo concentracionario que se desplegará en Europa una década después de su muerte y del que serían víctimas sus hermanas Elli, Valli y Ottla y su amante Milena Jesenská. *El proceso* describe la persecución, el arresto y el juicio al que se ve sometido Josef K sin que jamás se le indique de qué se le acusa: justo lo que habría de ocurrirles a millones, procesados por su adscripción nacional, étnica o religiosa o por sus creencias políticas, es decir, por condiciones esencialmente ficcionales. El que, durante el genocidio de Ruanda, los hutus no parasen de proclamar en la radio que los tutsis eran *cucarachas* reafirma este supuesto. Sin embargo, Kafka también prevé —y, en alguna medida, denuncia— el sometimiento humano dictado por el capitalismo. Del mismo modo que Kafka era empleado en una compañía de seguros, Gregor Samsa es un viajante de comercio: una pieza más en la tiránica maquinaria social que no persigue otra cosa que la productividad a destajo. El bienestar de su familia, formada por sus padres y su hermana menor, depende de su trabajo cotidiano; sustraerse a él significa una merma en su bienestar y sus ingresos. *La transformación* es también el sombrío retrato de cómo una pieza del sistema se atreve a renunciar a su papel social y de las consecuencias que derivan de su acto. La condena familiar y laboral —no han pasado unas horas de su ausencia y su jefe ya está llamando a su puerta para reprenderlo—, el descenso en el nivel de vida familiar y su expulsión de un ámbito y de otro: quien no produce merece el ostracismo. La aplanadora capitalista reserva la condición de bicho a los seres improductivos: los mendigos y *clochards* que pululan en nuestras capitales y sus émulos, los locos y los fabuladores a quienes no dejamos de tratar como plagas.

א

Esta vez, cuando despiertas después de un sueño intranquilo, te descubres transformada en un hombre. Años más tarde, en Constantinopla, tienes otro sueño agitado y, al despertar, vuelves a ser mujer: «Debemos confesarlo: era una mujer. La voz de las trompetas se apagó y Orlando quedó desnudo. Nadie, desde que el mundo comenzó, ha sido más hermoso. Sus formas combinaban la fuerza del hombre y la gracia de la mujer».

Me valgo aquí de la traducción del *Orlando* (1928) de Virginia Woolf que Victoria Ocampo le encargó a Borges (él mismo llegó a decir que la verdadera responsable fue su madre, Leonor Acevedo, en otra confusión de géneros e identidades), publicada en 1937, en la que no escasean sus propios sesgos de género. En inglés, la primera frase, que él despoja del pronombre, es «*He is a woman*».

Un hombre transformado, pues, en mujer. Para entonces, Orlando ya ha experimentado varias transformaciones previas: la primera, cuando Virginia Woolf decide escribir un libro sobre —y para— su amiga y antigua amante Vita Sackville-West; y, la segunda, cuando se hace pasar por su biógrafo (si bien *biographer* en inglés deja dudas sobre su sexo, sus desplantes machistas revelan que es varón). A estas habría que añadir una tercera: a la propia Vita le gustaba travestirse con el nombre de Julian.

En cuanto Woolf tiene la idea para este extraño libro, lo consigna en su diario: «Una biografía que empiece en el año 1500 y continúe hasta nuestros días, llamada *Orlando*. Vita: solo con el cambio de un sexo a otro».

Woolf no duda: escribirá una *biografía* de Vita. Pero una biografía que empiece cuatro siglos atrás y llegue hasta el presente, es decir, una novela travestida de biografía, o al revés. Fíjate en ese *solo* que lo es todo: una exploración no *nada más* de Vita, o de la doble identidad masculina y femenina de Vita, sino de la identidad de su autora y de lo que significa ser hombre *o* mujer, y ser hombre *y* mujer. Woolf piensa en los travestimientos del teatro isabelino, donde los papeles femeninos eran siempre encarnados por hombres, y es posible que haya tomado el nombre de Orlando de *Como gustéis* (c. 1599), de Shakespeare, donde la heroína, Rosalinda, debe disfrazarse de Ganímedes y enseñarle al hombre al que ama, Orlando, a quererla (o quererlo) en su nueva condición. Woolf no es la primera en narrar un cambio de sexo —Tiresias ya poseía la facultad de alternar entre hombre y mujer y, en las *Metamorfosis*, Ovidio cuenta el caso de Cénide, quien, tras ser violada por Neptuno, obtiene el don divino de transformarse en Ceneo—, pero sí es la primera en explorar esta identidad de género que gracias a ella exhibe su carácter por fuerza imaginario.

En el inicio del libro, Woolf advertía: «Él —porque no cabía duda sobre su sexo, aunque la moda de la época contribuyera a disfrazarlo— estaba acometiendo la cabeza de un moro que pendía de las vigas».

Subvirtiendo los tradicionales papeles asignados a hombres y mujeres que ella misma ha padecido, Woolf resalta las ventajas que lady Orlando descubre en su nueva condición femenina, la cual adopta con absoluta naturalidad, como si en el fondo siempre hubiera estado allí: «Diferente sexo. Misma persona». En este juego de travestimientos y cambios de sexo, Woolf no se limita a escribir «la más bella carta de amor» a su antigua amante, como llegó a afirmar el hijo de Vita, sino que también aprovecha para burlarse de ella, en particular de su falta de talento poético. Orlando jamás logra atrapar al cisne blanco que representa la culminación del logro artístico, mientras la propia Virginia, al componer esta falsa biografía y apropiarse de la doble identidad de Vita, sí lo obtiene.

Como reiterará meses después en sus conferencias «Mujer y ficción» —las cuales darán paso a *Una habitación propia* (1929)—, acaso el mayor regalo para su antigua amante sea la inmortalidad: esta ficción que también le concede a ella, la autora del libro, la libertad de transitar por la historia y la literatura sin permanecer constreñida a las desventajas de poseer un solo género.

En una carta dirigida a Victoria Ocampo, reproducida en su *Diálogo con Borges* (1969), el escritor argentino insinúa que él ha sido el autor de la traducción de *La metamorfosis* publicada por Losada en 1938: «Yo traduje el libro de cuentos cuyo primer título es *La transformación*», insiste en un texto publicado en *El País* en 1983, «y nunca supe por qué a todos les dio por ponerle *La metamorfosis*. Es un disparate. Yo no sé a quién se le ocurrió traducir así esa palabra del más sencillo alemán. Cuando trabajé con la obra, el editor insistió en dejarla así porque ya se había hecho famosa y se la vinculaba con Kafka».

Al memorioso lo traiciona la memoria: la traducción que aparece en la recopilación de cuentos de Losada incluye la traducción, apenas modificada, que había aparecido en *Revista de Occidente* en 1925, de modo que, o bien Borges se reconoce como su autor —y no hay prueba de que lo sea—, o bien los editores se valieron de ella sin preocuparse por su autoría. En entrevistas posteriores, Borges reparó en el dislate. Como sea, no hay duda de que, al lado de sus venerados ingleses, Kafka fue crucial para el argentino. Apenas dos años después de la publicación de ese volumen, Borges publicó en el número 68 de *Sur*, de mayo de 1940, «Tlön, Uqbar, Orbis Tertius», que, todavía más que «El Aleph» (1945), no solo representa la clave de su obra, sino de buena parte de las ficciones escritas desde entonces.

«Debo a la conjunción de un espejo y una enciclopedia el descubrimiento de Uqbar», afirma al inicio de un texto que es a la vez un ensayo *y* un cuento. Como el de *La transformación*, este íncipit abre un nuevo cosmos. A partir de entonces Borges hará confluir dos o, como revelará en la posdata, más bien tres universos paralelos: el de un escritor argentino, que bien podría ser el propio Borges, hospedado en la casa de su amigo Enrique Amorim, en Salto Oriental, donde se topa, en una vieja enciclopedia, con una entrada sobre Uqbar; el de un lugar llamado Uqbar, compuesto por las regiones *imaginarias* de Tlön y de Mlejnas; y el de un lugar imaginario, construido por un ocioso grupo de conspiradores que buscan hacerlo pasar por real. Al cabo, estos tres universos tenderán puentes —o túneles cuánticos— entre sí.

Fascinado tanto por las aporías filosóficas como por la literatura policiaca, Borges no deja de soltar pistas para que el lector avisado las recopile y ordene poco a poco. La primera se halla muy al principio del cuento y casi parecería inofensiva: «Bioy Casares había cenado conmigo esa noche y nos demoró una vasta polémica sobre la ejecución de una novela en primera persona, cuyo narrador omitiera o desfigurara los hechos e incurriera en diversas contradicciones, que permitieran a unos pocos lectores —a muy pocos lectores— la adivinación de una realidad atroz o banal».

Ese narrador no confiable o decididamente tramposo es, por supuesto, el mismo Borges, y la «novela» en la que «muy pocos lectores» podrán adivinar esa realidad atroz o banal no es otra que la que tú lees ahora, aun si se trata de un cuento. A partir de ese momento, todos los planos que solemos identificar como ficción y realidad se confunden. Borges cita textos auténticos, como la *Enciclopedia Británica*, cambia de nombre la *Anglo-American Enyclopaedia* por *Anglo-American Cyclopaedia* e inventa descaradamente la *History of a Land Called Uqbar* (1874), de Silas Haslam, la *Lesbare und lesenswerthe Bemerkungen über das Land Ukkbar in Klein-Asien* (1641), de Johannes Valentinus Andreä, y la *A First Encyclopaedia of Tlön*. Asimismo, combina figuras de su entorno, como Bioy Casares, Carlos Mastronardi, Ezequiel Martínez Estrada, Xul Solar o Alfonso Reyes, con figuras históricas como el rey persa Esmerdis, el editor Justus Perthes, el geógrafo Carl Ritter o el librero Bernard Quaritch, por no hablar de Zenón, Spinoza, Berkeley, Hume o Schopenhauer, con otros surgidos de su imaginación: Silas Haslam, Herbert Asche o Gunnar Erfjord. El efecto es inquietante: el lector común da por sentada la veracidad de unos y otros. «Tlön, Uqbar, Orbis Tertius» se convierte entonces en un experimento mental y un ejemplo anticipado de *worldbuilding*, pues Borges no se contenta con modelar un universo, sino su cultura y su lenguaje. Al hacerlo, parodia la vena idealista de la filosofía occidental.

«El mundo, para ellos, no es un concurso de objetos en el espacio», escribe como un auténtico especialista en su filosofía;

«es una serie heterogénea de actos independientes. Es sucesivo, temporal, no espacial». A ese mundo, como diría Wittgenstein en sus *Investigaciones filosóficas* (1953), le corresponden sus propios juegos de lenguaje:

> No hay sustantivos en la conjetural *Ursprache* de Tlön, de la que proceden los idiomas «actuales» y los dialectos: hay verbos impersonales, calificados por sufijos (o prefijos) monosilábicos de valor adverbial. Por ejemplo, no hay una palabra que corresponda a la palabra *luna*, pero hay un verbo que será en español *lunecer* o *lunar*.

Borges se atreve incluso a transcribir una frase en su idioma: *hlör u fang axaxaxas mlö*, que significaría «surgió la luna sobre el río», y se la hace traducir a su amigo Xul Solar como «upa tras perfluye lunó». Una herencia de los poemas que aparecen en la *Utopía* de Moro y un avance del klingon de *Star Trek* o el valyrio de *Juego de tronos*. Del mismo modo, analiza su pensamiento, centrado en la psicología —en Tlön todo ocurre en la mente—, y nos dice que allí incluso la geometría adquiere un valor subjetivo: «El hombre que se desplaza modifica las formas que lo circundan». Un nuevo guiño a la física cuántica. Por último, llega a la literatura, donde despliega otras buenas dosis de irrisión: «Es raro que los libros estén firmados. No existe el concepto de plagio: se ha establecido que todas las obras son obras de un solo autor, que es intemporal y anónimo. La crítica suele inventar autores: elige dos obras disímiles —el *Tao Te King* y las *1001 noches*, digamos—, las atribuye a un mismo escritor y luego determina con probidad la psicología de ese interesante *homme de lettres*...».

Justo lo que hacen hoy críticos y editores cada vez que quieren promover una nueva voz: «Una deslumbrante mezcla de Kafka, Borges y García Márquez», por ejemplo. La «Posdata de 1947» (el texto fue publicado en 1940) cierra un relato que se muerde la cola no con una, sino con dos vueltas de tuerca. En la primera, revela la engañifa: Tlön y Uqbar son la invención de una sociedad secreta de principios del siglo XVII asentada en Lucerna o Londres. En la segunda, nos revela cómo esa ficción poco a poco coloniza *nuestro* mundo: primero comparece ante nosotros una brújula, «con un perceptible y tenue temblor de pájaro dormido», con letras del alfabeto de Tlön; luego, un cono pesadísimo, de un «metal que no es de este mundo», un objeto que parecería tener la masa concentrada de una estrella de neutrones. Una prueba de «la injerencia del mundo fantástico en el mundo real».

«El contacto y el hábito de Tlön han desintegrado este mundo», concluye el narrador, refiriéndose al suyo, al del relato, y al nuestro. Al final, Borges demuestra que la suma de ficción y realidad no produce un extraño mestizaje: no habitamos un universo híbrido, sino, como ya constatábamos con Kafka, uno que es simultáneamente ficticio *y* real.

א

Cuando su amigo Plinio Apuleyo Mendoza le preguntó si los relatos de su abuela lo habían convertido en escritor, Gabriel García Márquez respondió: «No, fue Kafka, que, en alemán, contaba las cosas de la misma manera que mi abuela. Cuando yo leí a los diecisiete años *La metamorfosis*, descubrí que iba a ser escritor. Al ver que Gregorio Samsa podía despertarse una mañana convertido en un gigantesco escarabajo, me dije: "Yo no sabía que esto era posible hacerlo. Pero si es así, escribir me interesa". Comprendí que existían en la literatura otras posibilidades que las racionalistas y muy académicas que había conocido hasta entonces en los manuales del liceo. Era como despojarse de un cinturón de castidad».

En la charla contenida en *El olor de la guayaba* (1982), García Márquez precisaba que su abuela «contaba las cosas más atroces sin conmoverse, como si fuera una cosa que acabara de ver. Descubrí que esa manera imperturbable y esa riqueza de imágenes era lo que más contribuía a la verosimilitud de sus historias. Usando el mismo método de mi abuela (y de Kafka, habría que agregar), escribí *Cien años de soledad*».

Para disgusto de Borges, el autor que en verdad logró «la injerencia del mundo fantástico en el mundo real» fue García Márquez. Ninguna otra ficción narrativa de la segunda mitad del siglo XX ha concitado la admiración sin reservas de millones de lectores y críticos de todo el planeta como *Cien años de soledad* (1967); acaso su único antídoto, mal que le pesara a su autor, es su mejor prolongación: *2666* (2004), de Roberto Bolaño. En una era que separa cada vez más las esferas de la alta cultura y del entretenimiento, a la novela de García Márquez se la considera una inalcanzable cima artística sin dejar de ser un abrumador éxito comercial: a la fecha han aparecido más de cuatrocientas ediciones en cincuenta idiomas con cincuenta millones de ejemplares vendidos. Más que una novela, se trata de un holograma con todas las posibilidades de la ficción contemporánea. En sus páginas se concilian lo mítico y lo histórico, lo político y lo familiar, lo público y lo íntimo, la realidad y la fantasía, y admite un sinfín de lecturas contradictorias y plurales: estructuralistas, deconstruccionistas, sociohistóricas, psicoanalíticas, poscoloniales e incluso feministas. Y todas las resiste: su capacidad de adaptación apenas tiene paralelo.

García Márquez no mentía: el procedimiento empleado tanto por su abuela Tranquilina, una mujer de origen gallego con decenas de historias a cuestas, como por Kafka (o Borges) fue el que dio paso a su primer cuento, «La tercera resignación» (1947), y, a partir de allí, al cosmos que desembocará en *Cien años de soledad*. Su estrategia radica en permitir, sin sobresaltos ni aspavientos, que la ficción conviva con la realidad hasta devorarla. Recuperando el aliento de la épica, García Márquez narra la vida de una ciudad tan imaginaria como real, Macondo, desde su fundación hasta su abandono, en cuyo sustrato fluyen tanto la turbulenta historia de Colombia como numerosas leyendas populares, las cuales a su vez remiten a la fundación del mundo y su decadencia posterior, sin jamás limitar los cruces entre memoria e imaginación. Esta es, quizás, su clave: *Cien años de soledad* nos coloca en un universo que, con sus distorsiones y torceduras, se parece más al nuestro —a cómo nuestro cerebro alucinadamente lo percibe— que cualquier otra ficción.

Apropiándose de las técnicas de Dos Passos, Faulkner o Rulfo, con reminiscencias bíblicas y guiños a Cervantes y al conjunto de la tradición narrativa en español, sus saltos hacia adelante y hacia atrás, así como su desbocado torrente de imágenes, sumado a la obsesiva cedencia de su prosa, calcan mejor el zigzag de nuestra mente y la viveza de nuestra imaginación que la rígida flecha del tiempo que guía cualquier otra narración actual. *Cien años de soledad* se ha convertido así en nuestro auténtico Tlön: un cosmos —Macondo, sinécdoque de América Latina, de cualquier nación del sur y al cabo de la Tierra— que, gracias a «su contacto y su hábito», ha suplantado al nuestro.

3. Sobre cómo edificar tu propia jaula

Comunismo, fascismo, nazismo, neoliberalismo, populismo

Cuando abres los ojos, no hay más que cadáveres y cuerpos mutilados o enfermos. Entre 1914 y 1919, unos setenta millones de personas fueron enroladas o movilizadas en distintos ejércitos nacionales; al término de la confrontación, entre veinte y veintitrés millones habían muerto, siete millones quedaron incapacitadas de forma permanente y quince millones sufrieron heridas graves: nunca la humanidad se había enfrentado a una catástrofe voluntaria de semejantes proporciones. ¿El motivo? Podrán alegarse muchos, pero detrás de cada uno se hallan las feroces ficciones nacionalistas incubadas desde las guerras napoleónicas justo un siglo atrás. Esos millones de hombres, mujeres y niños fueron víctimas de un perverso puñado de fantasías inoculadas en sus mentes generación tras generación.

Al iniciarse 1920, el orden burgués de la segunda mitad del siglo xix ha sido aniquilado y con él sus sueños de estabilidad y progreso. Como en una fila de dominó, todas las demás ficciones que lo sostienen se precipitan una tras otra: la religión, la libertad, la familia, la bondad, la belleza y, por supuesto, la verdad. Pero, así como la naturaleza aborrece el vacío, sus lugares de inmediato son ocupados por otras: la incertidumbre, el azar, la desesperanza. Si ya el temperamento finisecular estaba fascinado por la irracionalidad, el instinto y los sueños, el desastre de la posguerra acentúa la reproducción —o incluso el encomio— de aquella destrucción sin precedentes que empieza a asumirse, en otra espeluznante ficción, como necesaria. Frente a semejante calamidad hay que hacer, por fuerza, algo. Y algo radical. Primero, barrer los escombros y empezar de nuevo. Dado que la humanidad se ha lanzado gozosamente a la locura, se impone una terapia de choque. El comunismo y el fascismo —y su vertiente más extrema, el nazismo— son los torcidos productos de este proyecto terapéutico: dos nuevos conjuntos de ficciones totalizadoras, equivalentes a las antiguas religiones, cuyo objetivo consiste en crear una nueva humanidad.

El origen del mal se halla en la injusticia. Como señalaron los revolucionarios de 1789 —y los de 1848, y los de cada revuelta posterior—, desde el inicio de los tiempos, o al menos desde que los humanos nos volvimos sedentarios, una minoría siempre se las ha ingeniado para dominar a la mayoría. Para asegurar su posición, se ha dotado con las más eficaces herramientas de control, esas ficciones religiosas, políticas, sociales y culturales que fijan el derecho divino de los reyes y, una vez que el poder de la nobleza es limitado o eliminado, los privilegios de unos cuantos, primero los de la aristocracia y a continuación los de la burguesía. Marx identifica en esta fiebre una descarnada lucha en el interior del cuerpo social: el enfrentamiento entre quienes detentan el poder —y los medios para producir riqueza— y quienes solo lo padecen. Mientras los primeros harán cualquier cosa para conservarlo, los segundos intentarán arrebatárselo con todos los medios a su alcance. Desde esta perspectiva, la democracia liberal no es sino una perversa ficción: una fachada para ocultar la explotación de los obreros por los capitalistas.

Si este es el aborrecible pasado y el inicuo presente, el socialismo fija un escenario de futuro: una sociedad igualitaria en la que todos los humanos dispondrán de idéntico poder o al menos de idéntico acceso a la justicia. La única forma de acabar con la lucha de clases pasa por eliminar las clases. Se necesita demoler la estructura imaginaria que ha modelado cada una de las sociedades de la historia —la pirámide, imitación a su vez de la montaña— y sustituirla con una llanura. Llegar a este ideal no será sencillo ni incruento: los poderosos jamás renunciarán a sus privilegios de forma voluntaria y cuentan con un sinfín de ficciones jurídicas para justificarlos, así como con las instituciones —tribunales, policía, ejércitos— indispensables para asegurar su primacía.

A lo largo de la segunda mitad del siglo XIX y las primeras décadas del XX, las discusiones de las distintas corrientes socialistas —aquellas que identifican la enfermedad y se abocan a curarla— oscilan entre quienes asumen que es posible reformar el viejo orden desde dentro, valiéndose de sus propios mecanismos, y quienes se hallan convencidos de que no hay otra salida que la fuerza. El que unos y otros sean perseguidos con idéntica crueldad propiciará el triunfo de los más radicales: a partir de ese momento, no habrá dudas de que la altura del fin —instaurar esa nueva humanidad— justificará cualquier medio, incluido el crimen o el terror. Para estos idealistas, la Gran Guerra demuestra la vileza intrínseca del capitalismo: en aras de defender sus privilegios y fantasías nacionales, la aristocracia y la burguesía enviaron al matadero a millones de obreros y campesinos. La carnicería pone en evidencia la necesidad de construir un mundo gobernado por las víctimas. El problema, alertado ya por Marx, radica en que el control ejercido sobre los desfavorecidos no es solo físico, sino sobre todo mental; contaminados con toda clase de ficciones para garantizar su sometimiento —de las bondades de la religión a las promesas de la democracia liberal—, se han convertido en una suerte de durmientes a los que alguien debe despertar: la revolución solo triunfará si este sector —el proletariado— asume su conciencia de clase.

La revolución ha de iniciarse en el terreno de la imaginación: una batalla para borrar una ideología caduca mediante un proceso evangelizador no muy distinto del operado por el cristianismo o el islam. Para construir ese mundo ideal —esa utopía— es imprescindible convertir a la Causa al mayor número de personas en el menor tiempo posible. A partir de entonces, se siguen dos rutas: donde las leyes lo permiten, los socialistas fundan partidos que participan en el sistema mientras prosiguen su labor proselitista; en donde no, activan células clandestinas; en ambos casos, reclutan fervorosos militantes que transmiten el virus revolucionario a sectores cada vez más amplios. Durante años, el resultado les es poco favorable: cuando participan en procesos más o menos democráticos, raras veces conquistan el poder y, donde permanecen en la clandestinidad, la persecución contra sus militantes se torna implacable. Habrá que aguardar a que, en el país más excéntrico y atrasado de Europa, al fin se encienda la mecha de la revolución.

א

El joven Vladímir Ilich Ulianov es un idealista como tantos: lo distingue ser originario de Rusia, una sociedad que, como él mismo reconoce, sigue siendo agraria y aristocrática y no ha sufrido una revolución burguesa; en ella, el proletariado aún ocupa un lugar insignificante. Proveniente de una familia acomodada, carga a cuestas con la temprana muerte de su padre y el ajusticiamiento de su hermano mayor, colgado en 1887 tras haber participado en un atentado contra el zar. Como a tantos, a Ulianov la lectura de Marx y Engels le seca el seso: traduce el *Manifiesto comunista*, devora cuanta literatura revolucionaria llega a sus manos y se lanza a desfacer entuertos, participando en numerosas actividades subversivas por las que será condenado al exilio siberiano.

Tras su liberación, pasa temporadas en Múnich, Londres y Ginebra y al cabo se convierte en uno de los principales dirigentes del Partido Obrero Socialdemócrata de Rusia, donde encabeza la fracción mayoritaria, los bolcheviques, enfrentada a los mencheviques de Yuli Mártov. La disputa entre unos y otros, acentuada durante el segundo congreso del partido, celebrado en Londres en 1903, fija la condición de dogma que el socialismo adquirirá con Lenin —el apodo que ha comenzado a usar, acaso derivado del río Lena de su exilio siberiano—: mientras Mártov insiste en que cada militante es libre de expresar sus opiniones, aquel asume que todos deben compartir la posición adoptada por la dirigencia del partido. Tras la Revolución de 1905, Lenin regresa a San Petersburgo y radicaliza aún más sus posiciones: el proletariado debe aliarse con los campesinos para instaurar una dictadura que dé paso al comunismo. El inicio de la Gran Guerra le parece la oportunidad idónea para que la revolución se extienda por Europa y, desde su nueva base en Zúrich, la alienta por medio de infinitas cartas, libros y panfletos.

En febrero de 1917 estalla una nueva revuelta contra el zar y Lenin se apresura a regresar a Petrogrado —el nombre que ha tomado la ciudad para borrar su etimología alemana—, en un tren blindado que lo lleva hasta la Estación de Finlandia, donde lo aguardan sus enfebrecidos seguidores: un episodio que la nueva imaginería revolucionaria identificará con la llegada del

Mesías. Durante los siguientes meses, Lenin se enfrenta simultáneamente con el gobierno provisional formado tras la caída del zar, el Partido Social Revolucionario y los mencheviques. Acusado de subversión, huye a Finlandia, desde donde insiste en que los bolcheviques deben iniciar una insurrección armada contra el régimen de Aleksandr Kérenski. Allí redacta *El Estado y la revolución* (1917), el programa que anuncia las medidas que tomarán los comunistas en cuanto alcancen el poder.

El alzamiento contrarrevolucionario del general Lavr Kornilov vuelve a reunir a las fuerzas revolucionarias en el mismo bando y Lenin retorna a Petrogrado. Durante la reunión que celebran los bolcheviques el 10 de octubre, al fin impone su idea de alzarse en armas. Entre el 24 y el 25 de ese mes, el Comité Militar Revolucionario, al mando de Lev Trotski, se apodera de las principales instituciones de la ciudad, asalta el palacio de Invierno, arresta a los más desatacados miembros del gobierno provisional e instaura un nuevo régimen, el Consejo de los Comisarios del Pueblo (Sovnarkom), con Lenin a la cabeza. Todavía pasarán varios años de conflictos, persecuciones y depuraciones, así como una guerra civil en toda regla —a los que se sumarán sus constantes problemas de salud—, antes de que Lenin tome el control definitivo del país. Seis años y tres meses después del triunfo de la Revolución de Octubre, muere en Moscú, el 21 de enero de 1924, a los cincuenta y tres años. Para entonces, su desbocada fantasía revolucionaria se ha convertido en realidad.

El triunfo de los bolcheviques en 1917 da inicio al más grande experimento de imaginación social de la historia: su fin último consistirá en instaurar una sociedad sin Estado y sin clases donde los seres humanos sean libres e iguales. Para lograr esta utopía, apuntan a una meta más ambiciosa: transformar la naturaleza humana en el proceso. Los comunistas se asumen como arquitectos que planean y dirigen la construcción de ese portentoso edificio como *ingenieros de almas*: la doble metáfora da cuenta de la vastedad de sus objetivos y la magnitud profesional de su proyecto. Si los humanos son egoístas por naturaleza, hay que volverlos altruistas; si los poderosos abusan de su poder, hay que sobajarlos y humillarlos; si la propiedad privada es la principal causa de la desigualdad, hay que abolirla; si el libre mercado no propicia la equidad, hay que controlarlo férreamente desde el Estado. Asumiendo sus orígenes obreros, el comunismo se presenta como una gigantesca fábrica en la que los habitantes de la tierra serán remodelados. El uso de la fuerza, en su sentido más físico, se vuelve irremediable: en todo trabajo manual es necesario vencer la resistencia de los materiales.

Bajo la severa guía de Lenin —quien, hay que decirlo, no siempre se sale con la suya—, el Sovnarkom decreta la nacionalización de la tierra, la creación de tribunales revolucionarios y cortes populares, la abolición de rangos y títulos nobiliarios, la jornada laboral de ocho horas, la obligatoriedad de la educación pública, el establecimiento de orfanatos y asilos, la alfabetización intensiva de la población, la igualdad de las mujeres, la legalización del aborto, la separación de la Iglesia y el Estado, la puesta en marcha de comités de empresa a cargo de los trabajadores y de sindicatos, la nacionalización de la banca, el establecimiento de monopolios estatales y —no menos relevante— la fundación de un organismo de seguridad, la Cheka, destinado a perseguir a quienes se opongan al magno esfuerzo. Un desbocado conjunto de transformaciones que hoy nos resulta tan loable como pesadillesco: en su programa se hallan las semillas tanto de nuestros modernos derechos sociales como del terror totalitario.

En 1921, a Lenin no le queda más remedio que rectificar: un mundo ideal no se edifica de un día para otro. Su Nueva Política Económica es la concesión a una terca realidad que se resiste al cambio: antes de lograr el objetivo final del comunismo, no queda otra salida que transitar por un paréntesis en el que convivan el comunismo, el libre mercado y unas cuantas empresas privadas. Capitalismo de Estado, lo llama Lenin (que se convertirá en el modelo de China muchas décadas después). Su pragmatismo tiene éxito: tras los penosos años posteriores a la Gran Guerra y la Guerra Civil, su estrategia permite la recuperación económica. A su muerte, tanto Trotski como Stalin se muestran contrarios a la NEP y, una vez que el segundo se instala en el Kremlin, la abandona en 1928. A partir de entonces, la imaginación comunista tomará una deriva personal: Stalin convierte la dictadura de partido en la de un solo hombre, decidido a hacer cualquier cosa —al precio de millones de vidas— con tal de aniquilar cualquier ficción que compita con las suyas.

א

El joven Benito Mussolini es otro idealista como tantos: tras pasar unos años como emigrante económico en Suiza, se suma a las filas del socialismo. Igual que Lenin —con quien se topa brevemente en Lausana—, es un lector voraz de Marx y Engels, así como de Nietzsche, Schopenhauer, Vilfredo Pareto, Gustave Le Bon y Charles Péguy; estas lecturas también le secan el seso y lo lanzan a desfacer entuertos. Ambicioso y cada vez más seguro de sí mismo, escala en la estructura del Partido Socialista Italiano hasta convertirse en director del periódico *Avanti!*, del cual es expulsado en 1914 por distanciarse de su línea pacifista y apoyar la entrada de Italia en la Gran Guerra. Su conversión, como la de san Pablo, es absoluta: abandona los principios de lucha de clases, igualitarismo e internacionalismo y defiende un nacionalismo a ultranza. Ese mismo año, funda un nuevo periódico, *Il Popolo d'Italia*, y congrega en torno a sí el Fascio de Acción Revolucionaria, donde ya se vale de la antigua palabra latina para nombrar a sus aguerridos seguidores. Poco después, participa activamente en la guerra: el paso a la acción reafirma sus convicciones individualistas, su aprecio por la jerarquía y su patriotismo sin fisuras; estimula, asimismo, su temple de líder y su carisma como orador.

Al término de la guerra, Mussolini funda en Milán los Fasces Italianos de Combate, a los que se suma Filippo Marinetti, el creador del futurismo; poco después, entabla una cercana relación con el poeta Gabriele D'Annunzio, uno de los pilares del nacionalismo italiano: desde entonces, el fascismo —como ocurrirá después con el nazismo— permanecerá siempre vinculado con el arte y desarrollará una estética, además de una ética, para acentuar su control social. Tratando de fijar un espacio político propio, Mussolini se acerca cada vez más a los conservadores, al tiempo que sus *camisas negras* sabotean o persiguen violentamente a sus adversarios. El 27 de octubre de 1922, la revolución fascista se inicia con la Marcha sobre Roma: otro hito que alcanzará estatus mítico. Entre treinta y trescientos mil seguidores, encabezados por sus camisas negras y los dirigentes del Fascio, se plantan en la capital. Contra las cuerdas, el rey Víctor Manuel III nombra a Mussolini presidente del Consejo de Ministros.

Como narra Antonio Scurati en *M. El hijo del siglo* (2018), *M. El hombre de la providencia* (2020) y *M. Los últimos días de Europa* (2022), el 16 de noviembre se presenta ante la Cámara de Diputados del Reino y amenaza: «Con trescientos mil jóvenes bien armados, decididos a todo y casi místicamente listos a recibir mis órdenes, podría castigar a todos los que han difamado y tratado de enfangar el fascismo». Entre 1924 y 1926, el Duce —el título que roba, una vez más, al pasado romano— publica un conjunto de leyes excepcionales que lo convierten en jefe del Gobierno, limitan la libertad de prensa y el derecho de huelga, instauran el Gran Consejo del Fascismo y crean un Tribunal Especial para la Defensa del Estado.

En *Contra el fascismo* (1995), Umberto Eco enumera sus principios: el culto a la tradición, el rechazo al modernismo, el irracionalismo, el abandono del pensamiento crítico, el racismo, la manipulación de la frustración social o individual, el nacionalismo, el chauvinismo, la apuesta por la guerra y el anhelo de una edad de oro, el elitismo, el culto a la personalidad, el machismo, el populismo y, en fin, la puesta en marcha de una *neolengua*, en el sentido de Orwell, diseñada para ocultar y disfrazar sus intenciones. El fascismo nace, pues, como una doble respuesta a la democracia liberal y al socialismo: en la primera advierte el mismo engaño que denuncian los comunistas, mientras que en el segundo no hay espacio ni para el elitismo ni para el nacionalismo. El fascismo no se plantea eliminar la pirámide social, sino reforzarla, y, en vez de abjurar del pasado, rebusca en sus abismos un esplendor perdido. Mientras que el socialismo y el comunismo miran hacia adelante para instaurar el futuro en el presente, el fascismo ve hacia atrás y pretende suplantar el presente con el pasado. El comunismo es utópico; el fascismo, nostálgico. Uno y otro se articulan como dos cultos dispuestos a llevar a la práctica, mediante el uso de la fuerza, sus respectivas ficciones: en ambos casos, la única forma de conseguirlo es a través de una dictadura —en un caso, del proletariado; en el otro, de un hombre excepcional— capaz de eliminar cualquier obstáculo que se interponga en su camino.

א

El joven Adolf Hitler no es, a diferencia de sus predecesores, un idealista como tantos. Se trata, más bien, de un artista frustrado: esa doble condición, la frustración y el arte, marca su aventura política. Tras ser rechazado dos veces en la Academia de Bellas Artes de Viena, donde se instala en 1907, se dedica a vagabundear y vender acuarelas, escucha obsesivamente a Wagner y devora libros de Nietzsche, Schopenhauer y Darwin, así como de Houston Stewart Chamberlain —yerno del compositor y autor de varios textos férreamente nacionalistas y antisemitas—, que le secan el seso. A diferencia de Lenin o Mussolini, Hitler regresa de la Gran Guerra, «la mayor de las experiencias», del lado de los vencidos. Con la fantasía de que la culpa de la derrota es de los judíos, fragua un programa político cuyo punto neural consiste en expulsarlos de Europa. Mientras tanto, abreva de las ideas esotéricas de Dietrich Eckart en torno al antiguo pueblo ario —otra ficción descomunal— y escala en el Partido Obrero Alemán, al cual pronto agrega el adjetivo *nacionalsocialista* y, de paso, la esvástica. Igual que Mussolini, descubre su talento para la oratoria: una vehemencia nacida para articular el rencor.

En medio de las draconianas condiciones impuestas a Alemania después de la guerra, Hitler se vuelve cada vez más popular; en sus numerosas apariciones en cervecerías y plazas públicas, sus inflamados discursos recogen el malestar y lo dirigen hacia los responsables de los males de la patria: comunistas y judíos. De los primeros toma su idea de implantar el futuro en el presente: una sociedad puramente aria destinada a regir sobre las demás razas del planeta, y, de los segundos, la idea de que Alemania es el pueblo elegido para llevar a cabo esta gloriosa tarea. Tras observar a la distancia el éxito de la Marcha sobre Roma de Mussolini, intenta un golpe de Estado en Múnich, impulsado por las Sturmabteilung, las fuerzas de asalto que ha

597

concebido con su amigo Ernst Röhm (al que luego ordenará asesinar). Tras el fracaso del *putsch*, Hitler es condenado a cinco años de cárcel en Landsberg, donde redacta la mayor parte de *Mi lucha* (1925): su autobiografía y su proyecto para revolver la imaginación alemana. El libro se convierte en un inmediato *best-seller* y contiene ya todas las ficciones —él mismo, al convertirse en canciller en 1933, las tachará de «fantasías entre rejas»— que desarrollará una vez que sea indultado: su odio hacia los judíos, su desprecio hacia los eslavos y la idea de construir un nuevo espacio vital para la raza aria. Todo en *Mi lucha* nace del trauma: los alemanes pertenecen a una raza superior a las otras, pero han sufrido una injusta derrota y merecen ser reivindicados por la historia. Su argumento copia las sagas medievales recogidas por Wagner: el héroe y su pueblo —el *Führer* y su *Volk*— deberán vencer incontables obstáculos y derrotar a feroces monstruos —los judíos y los bolcheviques— a fin de llegar a ese futuro.

Entre 1924 y 1933, el Partido Nacionalsocialista pasa de treinta y dos a doscientos ochenta y ocho diputados y consigue que, como el rey Víctor Manuel III hizo con Mussolini, el presidente Paul von Hindenburg nombre a Hitler canciller. Poco después, se aprueba la Ley Habilitante que, como las leyes fascistas en Italia, le permite gobernar sin el Reichstag. A partir de entonces, Hitler se apodera de todas las instituciones del Estado, aniquila a la oposición, persigue a sus enemigos e instaura una dictadura personal que culminará con las leyes raciales que primero limitarán los derechos de los judíos y luego los apartarán de la sociedad: el camino que llevará a la Segunda Guerra Mundial y el Holocausto.

א

En pocos lugares se desata una creatividad tan explosiva en el periodo de entreguerras como en Rusia y Alemania. El catálogo de científicos, filósofos, artistas, dramaturgos, músicos, cineastas y escritores que despunta en estos dos sitios resulta abrumador, como si la incertidumbre política y económica de ambas naciones —una, sumida en una brutal crisis tras la derrota; la otra, en un drástico reacomodamiento revolucionario— fuese el caldo de cultivo ideal para la imaginación. De un lado, Heisenberg, Adorno, Ernst, Zweig, Berg, Murnau o Mann; del otro, Landáu, Bogdánov, Malévich, Maiakovski, Shostakóvich, Eisenstein o Ajmátova. Asimismo, pocas veces en la historia ha habido regímenes que regulen, supervisen y censuren de forma tan estricta a sus científicos, pensadores y artistas. Tanto Hitler como Lenin, tanto Mussolini como Stalin (y lo mismo ocurrirá con Mao y Castro) tienen veleidades artísticas y se asumen como los mejores críticos de su tiempo, árbitros que no solo gozan del poder para desaconsejar, sino para suprimir el mal gusto.

Para ellos, la ciencia y el arte son instrumentos de propaganda, medios para educar almas: ciencia y arte *alemanes*, no judíos ni bolcheviques, y ciencia y arte *comunistas*, no capitalistas ni fascistas. Como narra Éric Michaud en *La estética nazi. Un arte de la eternidad* (1996), Hitler y sus lacayos dictan los parámetros del arte ario y ridiculizan el *Entartete Kunst* y la *Entartete Musik*, que exponen en Múnich en 1937 para señalar lo que no se puede imaginar; por su parte, Stalin y los suyos fijan los del realismo socialista frente al formalismo capitalista: solo la exaltación de la realidad obrera y campesina es admisible. Ante los excesos de las vanguardias, proponen una paradójica vuelta al realismo burgués: sus modelos son las acuarelas de Hitler, las novelitas de Goebbels o Mussolini, los poemas de Stalin. De un lado, un gélido neoclasicismo; del otro, un folklorismo inane.

Si hoy decimos que se trata de regímenes totalitarios es porque sus fantasías pretenden serlo: no se asumen como meros regímenes políticos, sino como porfiadas productoras de ficciones cívicas, familiares, éticas y estéticas. Como las religiones, poseen sus propios mitos fundacionales —el largo y penoso camino del caos a una edad de oro—, sus revelaciones —la lucha de clases o la raza superior—, sus dioses y héroes —Lenin, Mussolini, Hitler, Stalin y sus secuaces—, sus monstruos y demonios —capitalistas, imperialistas y fascistas, judíos, eslavos y bolcheviques—, sus libros de cabecera —el *Manifiesto comunista* o *Mi lucha*—, sus ritos y ceremonias —o sus desfiles militares llevados a la condición de espectáculo—, sus productos artísticos —el realismo socialista y el arte alemán—, sus normas morales y sus autos de fe. Nada escapa a su vigilancia: la disidencia se equipara con la herejía y la desobediencia se paga con el gulag o con la muerte. Crecen gracias a la evangelización permanente, esa nueva variedad de adoctrinamiento que toma el nombre de propaganda o *agit-prop*. Valiéndose de los nuevos medios de comunicación masiva, acotan la libertad de expresión y la libertad de prensa: lo único que puede decirse es lo que determina el partido, esa organización social que, de representar a una parte de la sociedad, pasa a encarnar al proletariado o al *Volk*.

Un sofisticado aparato de adoctrinamiento supervisa las mentes de los ciudadanos, de modo que las ficciones oficiales —la vileza de los judíos o la traición de los trotskistas— terminen por ser creídas por millones. Si todas las ideologías operan de este modo, el comunismo y el fascismo perfeccionan el sistema: son máquinas que, mediante la manipulación y la intimidación —sus herramientas de trabajo—, aspiran a que ni siquiera te cuestiones por qué crees en lo que crees. O bien te bombardean a todas horas en la radio y la prensa, el cine y la ópera, las novelas y las exposiciones, con aquello que *debes* pensar, o bien te amenazan sin tregua sobre aquello que *no debes* pensar. En ambos casos, el objetivo es que ni siquiera repares en tu cautiverio: tras meses o años de sufrir este proceso de reeducación, te conviertes en un robot programado no solo para cumplir sin chistar lo que se te ordena —denunciar a tu vecino, quemar libros, golpear o asesinar a disidentes, judíos o gitanos, invadir otras naciones, morir gozosamente por la patria—, sino para que quedes convencido de que lo haces libremente.

En el Estado Único todas las construcciones son transparentes; sin embargo, D-503 —en esta nueva sociedad no hay nombres propios— acepta seguir a I-330, la mujer que lo mantiene fascinado, hasta el único edificio opaco de la ciudad, donde se conservan algunos objetos del pasado. Allí descubre que pertenece a un grupo subversivo que intenta destruir el Muro Verde que los separa del exterior. Ayudado por I-330, D-503 intenta escapar con su amante embarazada, pero termina atrapado por las tropas del Benefactor.

Como castigo, se le somete a la Gran Operación: un procedimiento quirúrgico que lo priva de la capacidad de imaginar. Escrita entre 1920 y 1921 y publicada en inglés en 1924, *Nosotros*, de Yevgueni Zamiatin, es la primera distopía política del siglo xx: su modelo es, por supuesto, la Rusia soviética, pero se adelanta también al nazismo y a otras dictaduras posteriores. Será la precursora tanto de *Un mundo feliz* (1932), de Aldous Huxley, como de *1984* (1949), de George Orwell. Si el primero inventa un futuro satírico en la línea de Swift a fin de burlarse del idealismo de H. G. Wells, el segundo concibe un universo oscuro y pesimista heredero de Kafka. En ambos casos, nos enfrentamos a sociedades planificadas desde arriba, pero mientras que el Estado Mundial de Huxley se acerca más a la sociedad mecanizada y superficial de Estados Unidos —se venera a Henry Ford como a un dios—, la Oceanía de Orwell denuncia a la Unión Soviética y su Estado policial. Zamiatin, Huxley y Orwell muestran que el mayor peligro para la libertad consiste en anular la imaginación: una vez que el Estado Único, el Estado Mundial u Oceanía dictan cuáles ficciones están permitidas y cuáles prohibidas —el anhelo de Platón—, los humanos pierden su conciencia y su lenguaje. Hoy su advertencia no es menos urgente: igual que D-503, Bernard Marx o Winston Smith, acaso no nos damos cuenta de que, en pleno siglo xxi, a nosotros el sistema también nos ha lavado el cerebro.

א

Ninguna sucesión de hechos ha producido tantas interpretaciones y versiones como la Segunda Guerra Mundial y el Holocausto. Es tal el cúmulo de crónicas y libros de historia, testimonios y biografías, poemas, novelas y cuentos, óperas, piezas musicales y teatrales, documentales, películas y series, cómics y videojuegos surgidos desde entonces que resulta imposible separarlos de la realidad: un puzle infinito al que cada día se añaden nuevas piezas. En *Crítica de la cultura y sociedad* (1955), Theodor Adorno afirmó que escribir poesía después de Auschwitz equivaldría a un acto de barbarie (en otra versión, que la poesía es imposible después de Auschwitz); ha ocurrido lo contrario: una avalancha de toda suerte de ficciones gravitando a su alrededor. La atrocidad resulta tan abismal, tan irrefutable, que se torna inverosímil. Quizás por ello seguimos explorando el nazismo hasta sus últimos detalles —yo mismo he escrito dos libros sobre el tema— y volvemos a contar una y otra vez sus terribles historias, ansiosos por conjurar el horror.

Como señaló Karl Jaspers en *El problema de la culpa. Sobre la responsabilidad política de Alemania* (1946), los campos de concentración y el Holocausto no son patrimonio exclusivo de Alemania. Si la ficción nos torna humanos, también puede arrebatarnos cualquier sombra de humanidad; asumir que una tosca fantasmagoría —la idea de que los judíos contaminan a los arios— provocó el asesinato de millones de hombres, mujeres y niños a manos de sus vecinos resulta, en efecto, impensable. La sensación se repetirá con los genocidios de Ruanda, Camboya, Guatemala o la antigua Yugoslavia y con cada guerra —incluida la desatada contra el narcotráfico— desde entonces. ¿Qué ha de ocurrir en la mente de alguien para que no solo esté dispuesto a quitarle la vida a un indefenso —o a callar mientras sus vecinos lo hacen—, sino a considerar que se trata de algo necesario o incluso *bueno*? ¿Qué inversión de los valores ha de operarse para convertir la barbarie en una máscara de civilización? ¿Qué fantasía puede volverse tan perversa como para bloquear la empatía y la teoría de la mente, por no hablar de cualquier rastro de compasión, y justificar la destrucción del *otro* y sus ficciones?

«Ninguno de ustedes quedará para contarlo, pero si alguno lograra escapar, el mundo no le creerá», escribió Primo Levi en *Los hundidos y los salvados* (1986). Y en buena medida así ha ocurrido: desde que los soldados rusos y estadounidenses ingresaron a los campos de concentración, abundan quienes aún se empeñan en minimizar el espanto. Como reflexiona Donatella di Cesare en *Si Auschwitz no es nada* (2012), el negacionismo es la prolongación del antisemitismo que condujo al Holocausto: insistir en que los judíos son tan malévolos o astutos como para inventarse su propio exterminio reitera las atroces ficciones de *Los protocolos de los sabios de Sion* (1902). Mentir asegurando que son los otros quienes mienten se convertirá en el recurso favorito de los demagogos y en una de las reglas básicas de esa condición del presente a la que hemos dado el incómodo nombre de *posverdad*.

La Shoá y los genocidios subsecuentes nos confrontan con los peligros de la imaginación: somos capaces de borrar las pequeñas diferencias que nos separan para mirarnos como iguales, pero también de exacerbarlas para arrancarle cualquier vestigio de humanidad al *otro* hasta convertirlo en un bicho, un objeto o el humo de un horno crematorio. Que el Holocausto se llevara a cabo en secreto, que las potencias victoriosas prefiriesen callar sobre las consecuencias del bombardeo atómico en Japón o que los perpetradores de las masacres de Ruanda o Sarajevo intentasen ocultarlas prueba que la inversión de la ética, o incluso la banalidad del mal denunciada por Hannah Arendt en *Eichmann en Jerusalén* (1963), jamás llegará a transmutar estos crímenes en valores aceptables. El espanto frente a estas masacres debe permanecer en nuestra memoria como prueba de que nuestras ficciones pueden convertirse en armas de destrucción masiva.

א

No termina una guerra cuando empieza otra, a la que se da el incómodo apelativo de *fría*. Se trata de la primera guerra total, puesto que su escenario es el planeta entero —e incluso más allá: la luna y el espacio exterior— y sus consecuencias serán sufridas en cada uno de sus rincones. Desde la Antigüedad lo más sencillo era imaginar que solo existen dos fuerzas antagónicas, identificadas con el bien y el mal, dispuestas a combatirse eternamente, y asumir que no queda sino elegir una de ellas. La Revolución francesa —e, inspiradas en ella, cuantas le siguieron— impuso una división igual de tajante: el Antiguo Régimen y el nuevo, revolucionarios y contrarrevolucionarios. El mismo presupuesto que los románticos, con su fiebre nacionalista, tornaron más radical: nosotros y ellos. Una consigna que pronto deriva en nosotros *o* ellos. La polaridad Eje-aliados solo se transmuta: comunismo contra capitalismo o socialismo contra imperialismo. Como si no hubiera otra opción: *tertium non datur*.

Durante más de medio siglo, el mundo se escinde en dos grupos de ficciones contrapuestas: de un lado, la exaltación de la libertad, la propiedad privada, el mercado, la publicidad y la autonomía individual, cuyo anhelo son las sociedades abiertas descritas por Popper (1945); del otro, la igualdad, el Estado, la planeación, la uniformidad, la propaganda y la solidaridad colectiva. Al menos hasta los setenta, los opuestos se neutralizan: tanto un bando como otro cuentan con armas nucleares suficientes para la «destrucción mutua asegurada». Solo algunas arriesgadas movidas periféricas —Corea, Cuba, Vietnam o Centroamérica— ponen en peligro esta entente forzosa. Entretanto, la misma polaridad se traslada al núcleo de cada nación: proliferan movimientos revolucionarios, grupos terroristas y feroces dictaduras, los peones con que las dos potencias batallan a control remoto.

Una vez definidas sus zonas de influencia, Estados Unidos y la Unión Soviética se atrincheran: financian o imponen regímenes autoritarios o intervienen directamente en otras naciones al tiempo que ambos apoyan a los enemigos interiores de su contrario. Así, mientras buena parte de los países del llamado tercer mundo anhela desentenderse de sus tiranos capitalistas, los que quedan detrás del telón de acero —una imagen que resalta la condición espectacular de la Guerra Fría— ansían expulsar a sus amos socialistas. Construido en 1961, el Muro de Berlín es la frontera, más simbólica que real, entre los dos territorios ficcionales.

Para vencer al otro se necesita conocerlo de cerca, adivinar sus intenciones y adelantar sus movimientos en un juego de estrategia que se suele equiparar con el ajedrez: otro espacio alegórico como el que enfrenta en el campeonato mundial de Reikiavik de 1972 a Bobby Fischer con Borís Spaski. En ese ambiente, la paranoia se exacerba: ¿cómo saber quién es quién y en qué cree cada uno? Y, sobre todo, ¿a quién sirve y rinde cuentas? El peligro rojo y la amenaza imperialista generan sociedades paranoicas y ansiosas: cualquiera puede ser un enemigo, un infiltrado, un espía o un espía doble o triple, como los protagonistas de *The Americans* (2013-2018). En el bloque soviético proliferan las purgas, los juicios arbitrarios y las ejecuciones sumarias, así como la necesidad —ya practicada durante los procesos de Moscú— de obtener confesiones de los acusados por disparatadas que resulten. Cualquier ciudadano es un agente de la CIA en potencia; en Estados Unidos, por su parte, surge el macartismo, que entreví comunistas por doquier, en tanto sus aliados en el tercer mundo reprimen, torturan o desaparecen a cualquier ciudadano con simpatías revolucionarias: a nadie extraña que abunden las historias de alienígenas e invasiones extraterrestres.

Dado que la victoria total es imposible, las superpotencias se baten por pequeños triunfos narrativos. Su pugna se traslada, por ejemplo, al espacio: los soviéticos toman la delantera, lanzan el primer satélite, una perra cosmonauta, la primera nave tripulada y sondas que alcanzan la superficie lunar; aun con esta desventaja, Estados Unidos gana la carrera al plantar la bandera de las barras y estrellas en el suelo arenoso del satélite (en la serie *Para toda la humanidad* se invierte la premisa). No faltará quien crea que el singular espectáculo ha sido un montaje dirigido por Stanley Kubrick. El esfuerzo, sumado a la carrera armamentista, mina la precaria economía de la URSS, mientras que Estados Unidos descubre que solo con grandes relatos —el *softpower* como arma secreta— logrará vencer al enemigo.

Cuando al cabo lanza su desastrosa incursión en Afganistán en los ochenta, la Unión Soviética ya ha sido simbólicamente derrotada: pese a que la inequidad en el mundo capitalista es más acendrada que nunca, sus ficciones igualitarias han perdido su poder de seducción. Entretanto, Estados Unidos exporta sus ficciones libertarias con una eficacia propagandística solo comparable con las del nazismo o la Revolución rusa. Cuando el socialismo ya solo impone una anodina igualdad en la miseria, el neoliberalismo promete convertir a cada ser humano del planeta en un consumidor.

Izquierda y derecha: dos ficciones espaciales que se transmutan en políticas, como advierte Norberto Bobbio en su libro de 1994. La primera hace énfasis en la igualdad, los derechos humanos y sociales, la protección a las minorías y el medio ambiente, la redistribución de la riqueza y el estado de bienestar; la segunda, en la primacía de la libertad individual, el libre mercado y la empresa privada. Algunas veces oscilan hacia el centro, donde los programas de un lado y otro tienden a confundirse, y otras hacia extremos autoritarios que se tocan. Si durante la Guerra Fría el mundo se divide en dos, a partir de la última década del siglo xx muchas naciones se parten literalmente por la mitad. La teoría democrática insiste en la alternancia: son los electores quienes premian o castigan a un partido votándolo o entregándoles el poder a sus rivales. Esta lógica se pervierte cuando cada lado se aferra tercamente a sus creencias y considera a los otros no solo rivales, sino enemigos: la medida de nuestra polarización. Hay quien ha pretendido negar la relevancia actual de la división entre izquierda y derecha, pero esta idea esconde una toma de posición neoliberal: la ficción interesada de que la política es técnica, no ideológica. Al menos en el primer cuarto del siglo xxi, izquierda y derecha continúan siendo ficciones políticas imprescindibles: sin ellas cuesta trabajo distinguir un camino en medio de la oscuridad.

א

En vez de infiltrar topos y espías por doquier, Estados Unidos y sus aliados descubren que resulta más eficaz inundar el planeta con sus fantasías. Su mayor fuente de ficciones es, por supuesto, Hollywood, que a partir de los cincuenta promueve sin freno las virtudes del sueño americano. Con sus personajes arquetípicos, Disney se halla en la primera línea de batalla, como muestran Ariel Dorfman y Armand Mattelart en *Para leer al pato Donald* (1972): ficciones individualistas y jerárquicas en las que apenas hay sitio para la solidaridad. El cine clásico, entretanto, despliega sus géneros sin apartarse demasiado del código Hays: comedias románticas y musicales que desembocan en el *happy ending* del matrimonio y la estabilidad burgueses; wésterns, *thrillers* y policiales que reiteran la bipolaridad de la Guerra Fría; tramas de ciencia ficción o espionaje que demuestran la superioridad tecnológica y moral del capitalismo; películas de acción cuyos protagonistas, siempre rudos y al margen de la ley, se aseguran de que el fin —la defensa de Occidente— justifique los medios. La televisión, por su parte, se decanta por programas de concurso —los participantes combaten o hacen el ridículo por un electrodoméstico—, así como incontables *sitcoms* y *talk shows*: los mejores promotores, entre risa y risa, del *American way of life*.

La otra gran factoría de ficciones capitalistas descansa en la industria musical: fundiendo la música afroamericana con el *country*, Elvis Presley se convierte en el mayor *sex-symbol* de la posguerra y abre las puertas a cientos de cantantes y grupos juveniles, encabezados por los Beatles, que provocan una revolución en la música popular que la convierte en el termómetro emocional de nuestra era. Mientras los experimentos formales —la escuela de Darmstadt, la *nouvelle vague*, el *nouveau roman*, el arte conceptual— son apreciados por públicos cada vez más reducidos, el rock, el pop, las superproducciones hollywoodenses y los *best-sellers* seducen a millones.

A mediados de los sesenta, las nuevas generaciones miran a sus gobernantes, los ancianos ganadores de la guerra, con profunda desconfianza. La rebeldía juvenil se ve acentuada por las luchas a favor de los derechos civiles, el recrudecimiento de la guerra de Vietnam, el triunfo de la Revolución cubana, el pacifismo y el movimiento *hippie*, la segunda ola del feminismo, la píldora anticonceptiva, los movimientos de descolonización y el uso lúdico de drogas psicoactivas. Con ella nace una contracultura: una revuelta de la imaginación que enfrenta cualquier forma de autoridad.

Entre 1967 y 1968, los gobiernos capitalistas y socialistas responden al desafío con idéntica violencia: al tiempo que miles de manifestantes son reprimidos por la policía en Washington, París, Londres o México —donde el ejército dispara contra los estudiantes rebeldes—, las tropas del Pacto de Varsovia invaden Praga y cientos de jóvenes son arrestados en Polonia. Las consecuencias son inevitables: en América Latina miles se incorporan a la guerrilla, en Asia y África se aceleran los movimientos independentistas, en el entorno soviético la represión se acentúa, en Europa aumenta el terrorismo y la retirada de Vietnam se torna inaplazable.

Paradójicamente, la contracultura al cabo termina por asimilarse al *mainstream* comercial: el temple contestatario y radical de los Beatles, Bob Dylan, Joan Baez, los Rolling Stones, Janis Joplin, Leonard Cohen, Pink Floyd, Jimi Hendrix o Frank Zappa termina absorbido por una industria que, a partir de los setenta, solo se preocupa por las ventas. En las siguientes décadas aún habrá intentos por revivir aquella rebeldía a través del *glam*, el *heavy metal*, el *punk* o el *grunge*, pero el mercado los neutraliza con la música bailable y el pop: un receptáculo que asimila y atempera las diferencias, de la música tradicional y folklórica —identificada como *world music*— al jazz, el *hip-hop*, el rap o el reguetón, en un mismo producto estandarizado. El tránsito de las postrimerías del siglo XX a inicios del XXI va de Michael Jackson y Madonna, que aún cimbran y escandalizan a sociedades cada vez más conservadoras, a Shakira, Beyoncé o Taylor Swift, figuras que en cambio generan un abrumador consenso emocional.

Al menos desde el siglo XIX, cuando se asientan nuestras costumbres y nuestras taras respecto al mundo del arte, determinar la calidad de una ficción queda en manos de unos cuantos: los críticos, que, a imagen y semejanza de los políticos de entonces, se arrogan el derecho de determinar el buen gusto. Cuando, a partir de la segunda mitad del siglo XX, el capitalismo impulsa una cultura popular cuyo único criterio es el mercado, se abre una cesura que perdura durante décadas: de un lado, las alturas de la tradición; del otro, la bajeza del espectáculo de masas. Hasta que, con el fin del socialismo real y el auge del neoliberalismo, lo segundo devore lo primero. Para los nostálgicos, el fin de las figuras de autoridad se asimila a una catástrofe, como analiza Alessandro Baricco en *Los bárbaros. Ensayo sobre la mutación* (2006). ¿Qué hacer cuando no queda ningún criterio nítido para evaluar una ficción? ¿O, más bien, cuando cualquier opinión se asume tan válida como otra? Las redes sociales exacerban aún más el relativismo: no es tanto que cualquiera pueda opinar como que puede hacerlo de forma intempestiva. *Influencers*, *tiktokers* y *youtubers* —nuestros efímeros críticos actuales— no son ya expertos, sino figuras cuyo prestigio se basa únicamente en su número de seguidores.

א

En el deslavazado panorama ideológico de fines del siglo XX, Margaret Thatcher, Ronald Reagan y el papa Juan Pablo II ganan la Guerra Fría por la puerta trasera. Si bien el orden soviético —que, en un intento por lavarle la cara al socialismo, empieza a ser conocido como *real*— colapsa desde dentro, lo cierto es que también ha sido carcomido por la contagiosa narrativa del capitalismo. Frente a sus inverosímiles promesas de futuro, la cultura pop ofrece un apetitoso relato de libertad y consumo inmediatos. Tras la caída del Muro y el desmembramiento de la Unión Soviética, Francis Fukuyama proclama en 1992 el «fin de la historia»: a partir de ese instante, un solo cuerpo de ficciones —denunciado por sus críticos como pensamiento único— se impondrá por doquier. Amparándose en las ideas de Friedrich Hayek, Milton Friedman o la Escuela de Chicago, Thatcher y Reagan identifican al enemigo no como el comunismo o el socialismo, sino una entidad que juzgan todavía más perversa: el Estado. En su ficción paranoica, se trata de la fuente de todos los males; su misión consiste, pues, en minarlo, adelgazarlo y reducirlo al mínimo.

La fantasía neoliberal, que exacerba y desmantela el liberalismo clásico, lleva a sus límites la vieja idea de Adam Smith según la cual la mano invisible del mercado trasladará la riqueza desde la punta de la pirámide a su base. Se trata, en el fondo, de la resurrección del pensamiento reaccionario surgido desde la Revolución francesa: el progreso dependerá de las élites financieras que arrastrarán consigo al resto de la sociedad. A partir de los ochenta, el consenso de Washington impone a sus subordinados, y en particular a las naciones del tercer mundo, una privatización acelerada de los bienes y servicios del Estado: de la sanidad a la educación, del transporte a la energía, de la infraestructura al agua. El modelo neoliberal se expande sin freno, aunque en ninguna parte como en Rusia, donde un pequeño grupo de emprendedores —los oligarcas— se apodera de todo aquello que el Estado no ha sabido gestionar con la complicidad de sus relucientes gobernantes democráticos. La idea de que esta liberalización traerá consigo el bienestar general se revela, otra vez, fantástica. En medio del torbellino privatizador, las más oscuras ficciones nacionalistas, incubadas y acalladas durante años, desgajan países y regiones enteras en medio de una violencia cada vez más cruel. Yugoslavia o Ruanda se precipitan en sendos genocidios: justo lo que se prometió que, después de Auschwitz, no volvería a ocurrir.

En 2001, los atentados de Al-Qaeda contra las Torres Gemelas demuestran que la historia no ha acabado. Las sucesivas invasiones de Afganistán e Irak no alteran, sin embargo, el orden neoliberal. Para entonces, cierto tipo de globalización se ha vuelto imparable: aquella que fomenta el libre tránsito de mercancías e impide el de personas. Mientras las redes comerciales extienden sus tentáculos sin freno, los gobiernos sellan sus fronteras para detener la migración. Si antes el peligro lo constituían los comunistas infiltrados —dibujados como alienígenas—, ahora son los extranjeros —los *aliens*— quienes constituyen la mayor amenaza al bienestar occidental. Acelerada por el desarrollo de internet y las nuevas tecnologías de la información, la globalización neoliberal jamás piensa en la humanidad como conjunto; del mismo modo que la mano invisible del mercado algún día llevará la riqueza a los pobres, se fantasea con que también las naciones desfavorecidas se equipararán con las prósperas en algún momento en el futuro; mientras tanto, no queda más remedio que construir muros y alambradas.

La gran recesión de 2008, derivada de la falta de regulación de los nuevos y sofisticados productos financieros, lleva a muchos a pronosticar el fin del modelo. Ocurre lo contrario: si bien millones pierden sus empleos y sus hogares, el sistema solo se preocupa por rescatar a aquellas empresas que son «demasiado grandes para caer»; en la mayor transferencia de recursos de las clases medias a los ricos de la historia, la globalización se recompone por la fuerza y, pese a las críticas apocalípticas de sus detractores, el neoliberalismo no tiene visos de acercarse a su final. Como el fascismo o el comunismo, se trata de una ficción omnicomprensiva que se introduce en cada ámbito de la vida, de la familia a la educación, de la moral a las costumbres, del entretenimiento al arte: todo, absolutamente todo, se vuelve objeto de comercio, incluidas las personas. Eliminada cualquier autoridad central —la utopía desarrollada por Ayn Rand en *La rebelión de Atlas* (1957)—, el gusto no se democratiza, sino que elude cualquier parámetro fuera de las leyes de la oferta y la demanda: en una nueva forma de idealismo, la belleza ya no queda determinada por criterios estéticos, sino por el abstracto valor de mercado. Lo peor es que no nada más se comercia con la belleza, sino con la verdad, que el neoliberalismo transforma en puro *storytelling*. «Las narraciones son generadoras de comunidad. El *storytelling*, por el contrario, solo crea *communities*», afirma Byung-Chul Han en *La crisis de la narración* (2023). «La *community* es la comunidad en forma de mercancía. Consta de consumidores. Ningún *storytelling* podrá volver a encender un fuego de campamento, en torno al cual se congreguen personas para contarse historias. Hace tiempo que se apagó el fuego del campamento. Lo reemplaza la pantalla digital, que aísla a las personas, convirtiéndolas en consumidores».

En los albores del siglo XXI, vivimos en medio de esta resistente ficción de consumo ilimitado mientras la desigualdad y la violencia se aceleran, el planeta se dirige al colapso climático y unos pocos —*muy* pocos— se vuelven más ricos que nunca. Como sostienen George Monbiot y Peter Hutchinson en *La doctrina invisible* (2024): «En el corazón del neoliberalismo está la fantasía del escape: escape de los impuestos y la regulación, escape de la Unión Europea y de la ley internacional, escape de las obligaciones sociales, escape de la democracia. Escape, en su momento, a una tierra brillante y maravillosa más allá de la política y más allá del Pueblo».

La guerra contra el terror —que no es, por supuesto, una guerra— decretada por George W. Bush tras la caída de las Torres Gemelas a manos de Al-Qaeda se prolonga por otros medios: no solo los de la política, sino los de la ficción. La ominosa tesis de Samuel P. Huntington, que en *El choque de civilizaciones* (1996) anticipaba un épico combate entre Occidente y el resto del planeta, se traslada a un sinfín de películas, series, novelas y videojuegos que inventan al nuevo enemigo que ha sustituido a los malvados comunistas: el yihadista suicida que, convertido en un zombi a causa del fundamentalismo islámico, no tiene otro objetivo que la destrucción de *nuestros* valores. ¿Cómo combatir a quien es absolutamente irracional? La respuesta la ofrecen tanto la invasión de Afganistán como las fantasías en torno a las armas nucleares o bacteriológicas de Sadam Hussein que justifican la de Irak: dos empresas que prometen que los bombardeos y los tanques instalarán la democracia. Aparece, así, un nuevo *otro*: esas aviesas criaturas de piel oscura que obligan a sus mujeres a cubrirse con velos o se hacen explotar en un *mall*. Al menos hasta que la revelación de las torturas a que son sometidos los sospechosos de pertenecer al terrorismo islámico en Abu Ghraib y Guantánamo cambie un poco el arquetipo. Desde la pionera *24* (2001-2014) hasta *Homeland* (2011-2020), el combate al terrorismo se convierte en una ficción esencial para un Occidente incapaz de hacerle frente. Calcada de la guerra contra el terror, la guerra contra el narco —que tampoco es una guerra— imita su maniqueísmo: aquí los demonios no son árabes o musulmanes, sino criminales sin alma (ni buen gusto) a los que es necesario aniquilar aun si ello no contribuye a que las drogas dejen de circular en cada barrio del planeta. Estos archienemigos refuerzan nuestra abulia moral: asimilados con el mal absoluto, nos convencemos de que yihadistas y narcos *no* son como nosotros.

א

Si la democracia ofrece la ficción de que la mayoría gobierna para todos, el populismo pretende que esa mayoría gobierne solo para sí misma. Como ocurría con el fascismo y el nazismo, el populismo nace a partir de una ficción de injusticia primordial: el sometimiento de una parte del pueblo —una entidad ficticia que se evoca una y otra vez— a otra, y su necesaria reivindicación. Para lograr este fin, que se presume noble y necesario, el populismo justifica el desmantelamiento de las reglas de la democracia, que otra vez es vista como una fantasía al servicio de unos cuantos. Si es de izquierdas, el populismo asume —no sin razón— que el neoliberalismo ha corroído las instituciones hasta ponerlas al servicio de las élites: por ello se impone desmantelarlas y realizar un ejercicio de redistribución. Que a veces esta reforma sea necesaria no evita que en el proceso se pierdan contrapesos democráticos o se vulnere el Estado de derecho. Si el populismo es, en cambio, de derechas, el agravio suelen sentirlo quienes pertenecen a las antiguas clases hegemónicas y el anhelo de sus líderes consiste en recuperar para ellas el poder perdido: de *Deutschland Erwache!* a *Make America Great Again*.

El rasgo distintivo del populismo son sus líderes mesiánicos, quienes se asumen como la encarnación de ese pueblo agraviado y, como los antiguos reyes, se creen con el derecho de hablar por él. A la vez, necesitan identificar siempre un enemigo: esa otra parte de la sociedad que, en su relato bipolar, es la responsable de la ofensa o la catástrofe. En un lado y otro del espectro ideológico se valen de insultos, burlas y epítetos para ridiculizar a sus rivales, al tiempo que socavan cualquier freno legal a su ambición. Herederos de la sociedad del espectáculo, ofrecen un *show* permanente: no es extraño que suelan provenir del mundo de la empresa o de los medios —de Silvio Berlusconi a Donald Trump y Javier Milei—, puesto que los políticos profesionales son, en su relato, una plaga que es necesario exterminar. Su tarea cotidiana consiste en instrumentalizar el resentimiento y en demostrar que solo ellos pueden acometer la transformación del país o del planeta. Lo relevante nunca son sus ideas, sino su mito personal, que recurre al típico camino del héroe como modelo: la larga senda de obstáculos que preludia su ascenso al poder. Si todos los políticos mienten, los populistas lo hacen de manera consciente y descarada; en su relato, son siempre sus enemigos —los conservadores, los comunistas, los izquierdistas, los derechistas— quienes falsean los hechos. Ellos siempre cuentan, en cambio, con «otros datos» o con «verdades alternativas»: la degradación última de la ficción.

4. Sobre cómo atisbar el todo

El modelo estándar, el genoma, internet y la inteligencia artificial

Abre los ojos. ¿Cómo describir lo que ves? ¿Qué palabras expresarían tu conmoción, tu azoro, tu espanto? ¿Sirve algún lenguaje para ello? Borges lo intentó:

> Cada cosa (la luna del espejo, digamos) era infinitas cosas, porque yo claramente la veía desde todos los puntos del universo. Vi el populoso mar, vi el alba y la tarde, vi las muchedumbres de América, vi una plateada telaraña en el centro de una negra pirámide, vi un laberinto roto (era Londres), vi interminables ojos inmediatos escrutándose en mí como en un espejo, vi todos los espejos del planeta y ninguno me reflejó, vi en un traspatio de la calle Soler las mismas baldosas que hace treinta años vi en el zaguán de una casa en Fray Bentos, vi racimos, nieve, tabaco, vetas de metal, vapor de agua, vi convexos desiertos ecuatoriales y cada uno de sus granos de arena...

Y, al final:

> Vi el Aleph, desde todos los puntos, vi en el Aleph la tierra, y en la tierra otra vez el Aleph y en el Aleph la tierra, vi mi cara y mis vísceras, vi tu cara, y sentí vértigo y lloré, porque mis ojos habían visto ese objeto secreto y conjetural, cuyo nombre usurpan los hombres, pero que ningún hombre ha mirado: el inconcebible universo.

El universo, eso es justo lo que observas. Y es, en efecto, inconcebible: tu conciencia requiere un orden, un hecho que se adhiera a otro como una palabra se encadena con otra —no eres, quizás, sino ese tiempo—, y lo que ahora contemplas te resulta, en cambio, simultáneo. Pasado, presente y futuro se enroscan, al igual que el espacio, que no es algo que te contenga y contenga todas las cosas, sino un flujo, y acaso también sean eso la materia y la energía. Un borboteo entre lo que existe y lo que no, un frenesí de relaciones, un señuelo y una probabilidad.

Cambias entonces de perspectiva: de lo más grande a lo más pequeño. Abandonas la inmensidad y te deslizas en lo ínfimo. Otra vez no distingues nada o casi nada: un balbuceo de entes diminutos —partículas de nombres abstrusos o ridículos— en una frenética danza sin sentido, primero aquí y luego allá, o tal vez ni aquí ni allá. Te esfuerzas por capturarlos, les clavas un alfiler como si fueran mariposas para arrebatarles ese insolente ir y venir y los dejas transformados en bellísimos cadáveres. Nada te queda, en este punto, sino mirarte en el espejo: un parásito en el último rincón de una galaxia periférica en un cosmos sin centro y sin orillas. No eres sino un efecto secundario y tan inconcebible como el inconcebible universo. Una criatura sometida a las mismas leyes que todo lo gobiernan, dotada sin embargo de un don primordial: eres quien ve y quien se ve.

א

Einstein abre la caja de Pandora y la cierra de inmediato. Demasiado tarde: el mundo ya jamás será el mismo. Es él quien comprueba en uno de sus célebres artículos de 1905, justo el que le valdrá el Premio Nobel, que los paquetes de energía descubiertos por Max Planck al despuntar el siglo no son una conjetura matemática, sino la definición misma de la luz y acaso del cosmos. Poco después, Niels Bohr extiende ese principio a las partículas subatómicas (es decir, a todo cuanto existe) y constata que los inquietos electrones solo pueden saltar a órbitas con ciertas energías específicas, sin que nadie entienda bien por qué. En 1925, Werner Heisenberg, el más brillante de sus discípulos, encuentra la manera, si no de resolver, al menos de atisbar la forma del rompecabezas: el inconveniente de su mecánica matricial (luego aligerada con la ondulatoria de Erwin Schrödinger) es que implica abandonar las verdades absolutas que, al menos desde Newton, caracterizan el conocimiento científico.

Si uno sigue al pie de la letra sus ideas, los electrones *solo* existen si alguien los mira o si interactúan con algo que nosotros podamos medir; en cuanto lo intentamos, nuestra mirada los altera y nos impide fijar, al mismo tiempo, su momento —el efecto de la combinación de su masa y su velocidad— y su posición. A partir de entonces, ya solo podremos calcular dónde se esconden de forma probabilística. ¿Existe el electrón cuando nadie lo ve? Mientras no lo espías, no solo no está en un lugar preciso: existe, pero no está en *ningún* lugar.

A esta descarada irrupción del azar en el centro de la física, Heisenberg la denominó «principio de indeterminación», que conocemos mejor con el nombre que tan bien caracteriza la época que lo vio nacer: de incertidumbre. Para Einstein, que ya bastante había trastocado el tiempo y el espacio, fue demasiado. Todo el mundo repite la frase que, inquieto o indignado, le espetó en una carta a su amigo Max Born: «La mecánica cuántica es realmente imponente. Pero una voz interior me dice que no es buena. La teoría dice mucho, pero no nos aproxima realmente al secreto del Viejo. Él no juega a los dados». El Viejo era el nombre cariñoso que Einstein le daba a Dios, con el cual se refería —como Spinoza— al inconcebible universo. Durante los siguientes años, Niels Bohr y su pandilla fijan los términos de la «interpretación de Copenhague», el puntal de toda la física posterior, para gran disgusto de Einstein, quien se empeña en creer que lo real no requiere de testigos.

A diferencia de la relatividad, cuyos postulados son de una claridad, un equilibrio y una transparencia clásicos, la física cuántica luce angulosa, torcida, se diría incluso fea: Picasso frente a Miguel Ángel. Desde entonces, una y otra funcionan lo mejor que pueden hacerlo las teorías científicas: sus previsiones se confirman día con día sin que ningún hecho las desmienta y animan nuevos descubrimientos en las disciplinas más variadas, así como un sinfín de desarrollos tecnológicos. La diferencia entre una y otra radica en que, mientras la relatividad nos indica cómo es la realidad, la física cuántica solo nos dice cómo la percibimos. Einstein es un materialista empecinado, en tanto Bohr y sus discípulos nos hunden en lo subjetivo. Lo más descorazonador, sin embargo, es que estas dos magníficas aproximaciones al inconcebible universo, que tantas certezas y satisfacciones nos ofrecen a diario, son incompatibles. ¿Significa eso que alguna de ellas está equivocada, o incluso ambas, que hay un hueco en el centro de nuestro conocimiento de la realidad o que nos falta una pieza esencial para completarlo?

Desde su formulación a principios del siglo XX, no hemos conseguido hallar una teoría que unifique la relatividad y la mecánica cuántica o una que las supere. Si acaso hemos refinado una y otra, en particular la segunda. Hoy sabemos que todo está formado por un pequeño conjunto de partículas subatómicas: electrones, *quarks* (el nombre con el que, en un destello de humor basado en una frase del *Finnegans Wake*, las bautizó Murray Gell-Mann), e incluye fermiones, leptones, bosones y gluones (el pegamento de los *quarks* en los protones y los neutrones), neutrinos y, desde hace poco, el reluciente bosón de Higgs, más las que se acumulen en el futuro. «Un manojo de ingredientes elementales que se comportan como las piezas de un Lego gigantesco con las cuales está construida toda la realidad matemática a nuestro alrededor», como escribe Carlo Rovelli en *Siete breves lecciones de física* (2014). Pero de un Lego imaginado por Lewis Carroll, puesto que no está formado por ínfimos ladrillos materiales, sino por cantidades —cuantos— en sus respectivos campos electromagnéticos. «Minúsculas ondas que corren», añade el físico italiano, «que desaparecen y reaparecen según las extrañas reglas de la mecánica cuántica, donde lo que existe nunca es estable y no es sino el salto de una interacción a otra».

Desde los presocráticos, la ciencia nos ha enseñado a desconfiar de nuestros sentidos y a cuestionar presupuestos y prejuicios: el mundo *no* es como lo vemos. Se trata del antídoto contra nuestras ficciones más pueriles; aunque a nuestros ojos el mundo parezca plano, sabemos que no lo es, y así con lo demás. La ciencia no nos proporciona claridad absoluta, sino indicios de nuestros errores; a partir de ellos, construimos ficciones más y más precisas. Con la relatividad y la física cuántica ocurre algo semejante: no sabemos si sus principios son correctos, si algo les falta o si hay algo que no hemos visto, pero en cualquier caso sus hallazgos nos permiten vislumbrar que la imagen del universo que teníamos desde Newton era una tosca, aunque muy útil, ficción.

Entretanto, seguimos contando con el «modelo estándar»: el que, frente a la inquietante belleza de términos como relatividad o incertidumbre, no hayamos sido capaces de encontrar otra forma de bautizarlo acentúa su escaso poder de seducción. Lejos de una teoría unificada, se trata de un *collage* en el que distintas ecuaciones e ideas lucen pegadas con engrudo de mala calidad. No es poca cosa que logre unificar tres de las cuatro fuerzas fundamentales del cosmos —el electromagnetismo y las interacciones fuerte y débil—, aunque deje de lado la gravedad; para colmo, a cada rato se vuelve necesario ajustar sus previsiones (*renormalizarlas*, en la jerga técnica) para que no resulten absurdas e inmanejables, y eso sin tomar en cuenta que hasta ahora no han logrado incorporar a su modelo ni esa cosa incognoscible que llamamos materia oscura —algo que no interactúa con los campos electromagnéticos— ni su contraparte, la energía oscura —de la cual dependería la expansión del universo—, y que en conjunto constituyen el noventa y cinco por ciento de la energía y la masa del cosmos.

Desde los años sesenta ha habido afanosos intentos por fraguar teorías alternativas al modelo estándar: la mayoría han terminado en la papelera en su búsqueda de una gran teoría unificada o una teoría del todo. Las más relevantes proceden de dos bandos que se han vuelto cada vez más antagónicos: de un lado, las teorías de cuerdas y supercuerdas surgidas entre los físicos de partículas, a quienes se suele llamar *stringies*; y, del otro, la gravedad cuántica en *loop* —es decir, en bucles o lazos—, que proviene de los expertos en la relatividad general, o *loopies*. Unas y otras alteran radicalmente las ideas que tenemos sobre el cosmos. Las distintas variedades de teorías de cuerdas y supercuerdas —que incluyen la teoría M de Edward Witten y el principio holográfico conjeturado por Juan Martín Maldacena— presuponen que en el centro de la materia se encuentran unos diminutos objetos bidimensionales, las *branas*, en espacios de veintiséis, once o diez dimensiones. Regida por la supersimetría, la gravedad cuántica de bucles asume que el espacio está formado por cuantos discretos que lo vuelven discontinuo: una suerte de átomos de espacio, anillados entre sí, en donde el tiempo desaparece incluso como variable.

Tanto las teorías de cuerdas como la gravedad cuántica de bucles nos muestran, una vez más, que nada es como lo vemos. ¿Ello implica que la realidad se ha esfumado? ¿Que todo es un engaño de nuestros sentidos, como temían los antiguos? Más bien apunta a que todas las cosas —y nosotros entre ellas— solo existen en función de otras. El inconcebible universo sería la ficción que surge al sumar cada una de nuestras miradas con el cosmos.

El 19 de diciembre de 1938, Otto Hahn y Fritz Strassmann bombardearon una muestra de sal de uranio con neutrones y obtuvieron bario; poco después, Lise Meitner —quien había huido de Alemania rumbo a Suecia debido a su origen judío— y su sobrino Otto Robert Frisch interpretaron que el átomo se había dividido en dos mitades, liberando una gran cantidad de energía. A nadie se le escapaban las posibilidades bélicas del descubrimiento: en Alemania, Heisenberg es nombrado a la cabeza de un equipo destinado a construir una bomba atómica; urgidos por Einstein, los aliados tardaron un poco más en poner en marcha el Proyecto Manhattan bajo la dirección científica de J. Robert Oppenheimer, como se cuenta en la película de Christopher Nolan (2023). Mientras Heisenberg fracasaba, los aliados ensamblaron una bomba de fisión y otra de implosión. El 6 de agosto de 1945, Estados Unidos lanzó la primera sobre Hiroshima; tres días después, Nagasaki fue víctima de una segunda detonación. El 15 de agosto, el emperador Hirohito aceptó la rendición incondicional del Imperio. Miles de personas murieron a causa de los bombardeos, sin contar a quienes desarrollaron cáncer o los niños nacidos con malformaciones: la mayor masacre de civiles perpetrada, en solo dos jornadas, en la historia de la humanidad. Se calcula que, en 1986, Estados Unidos poseía 23,317 cabezas nucleares, en tanto la Unión Soviética había acumulado 40,159. Tras las reducciones pactadas desde entonces, hoy existen unas 13,865, repartidas entre nueve países. El fin del mundo, o al menos de *nuestro* mundo, no solo es posible, sino probable: somos la única especie que, a causa de sus ficciones, podría precipitar su propia extinción.

Abres los ojos y lees: «AGCTCGCTGA, GACTTCTGG, ACCCCGCACC, AGGCTGTGGG, GTTTCTCAGA». ¿Qué diablos es esto? Tras hurgar en el inconcebible universo, ahora no te resta sino aprender el idioma de tus células. Te enfrentas al lenguaje de la vida: debieron transcurrir millones de años antes de que esa misma vida fuese capaz de descifrarlo. En esa sucesión de letras se esconde ni más ni menos que la esencia de lo humano.

En *Genoma. La autobiografía de una especie en 23 capítulos* (1999), Matt Ridley compara nuestro código genético con un libro. Cada una de nuestras células cuenta con veintitrés pares de cromosomas: veintidós numerados del 1 al 22, y un último par, encargado de definir el sexo de cada individuo, representado en las mujeres como XX y en los hombres como XY. A su vez, los cromosomas están compuestos por una argamasa de proteínas y ácido desoxirribonucleico, una sustancia que se enrolla una y otra vez sobre sí misma. En estos densos volúmenes, los genes ocupan el lugar de las definiciones, aunque los términos que los modelan, los *codones*, contengan solo tres letras. Por su parte, el alfabeto de los genes posee cuatro bases, A, C, G y T, correspondientes a la adenina, citosina, guanina y timina. Nuestra gramática íntima ofrece otra particularidad: como si se tratase de castas separadas, la A solo puede combinarse con la T, y la C con la G. Cada codón contiene, por su parte, la clave para construir alguno de los veinte aminoácidos que existen, los cuales se entrelazan para producir las innumerables proteínas que forjan nuestro cuerpo.

El 28 de febrero de 1953, James Watson y Francis Crick anunciaron que habían logrado modelar la estructura de esa doble hélice que desde entonces nos define: esa materia capaz de leerse a sí misma y replicarse, es decir, de generar cierto orden en el desorden del mundo, las dos propiedades esenciales que hoy asociamos con lo vivo. Para lograrlo, se basaron en los trabajos de Maurice Wilkins —quien obtendría el Premio Nobel en 1962 a su lado— y de Rosalind Franklin, a quien Watson desdeñaba un tanto y que moriría pronto. Cinco años después, Crick presentó el *dogma central* de la biología molecular:

> Una vez que la «información» pasa a las proteínas, no puede regresar de nuevo. Más detalladamente, la transferencia de información de ácido nucleico a ácido nucleico, o del ácido nucleico a la proteína, puede ser posible, pero la transferencia de proteína a proteína, o de la proteína al ácido nucleico, es imposible. Información aquí significa la precisa determinación de una secuencia, ya sea de bases en el ácido nucleico o de residuos de aminoácidos en la proteína.

En términos llanos, significaría algo así como: «El ADN fabrica el ARN, y el ARN fabrica las proteínas», el componente básico de la vida. Hoy sabemos que en el proceso de replicación se producen erratas, de modo que palabras o frases enteras terminan omitidas, duplicadas o puestas al revés: mutaciones que pueden resultar benéficas, negativas o neutras para el organismo en cuestión. Como afirma Richard Dawkins en *El gen egoísta*, a fin de cuentas, son esos pequeños conjuntos de proteínas —y no los individuos que los cargamos a cuestas— quienes parecen obstinados en permanecer y reproducirse a toda costa: desde esta perspectiva, que tal vez los antropomorfiza en exceso, los seres vivos no seríamos sino dóciles máquinas al servicio de nuestros genes. Robots que se ensamblan y copian a sí mismos a partir de un pequeño conjunto de instrucciones incluidas en su interior: variaciones de los replicantes de *Blade Runner* (1982), la película de Ridley Scott basada en *¿Sueñan los androides con ovejas eléctricas?* (1968), de Philip K. Dick.

Comprobar que albergamos estas abstrusas enciclopedias significa que en el fondo no somos otra cosa que información: datos que producen más datos. Cada una de nuestras células ha sido modelada a través de ese ciego proceso de traducción y replicación: casi se diría que somos las ficciones que nuestros genes construyen en busca de una inalcanzable inmortalidad. Saber de qué estamos hechos nos ha permitido hurgar en nuestro pasado y adelantar nuestro porvenir; la vida no es sino una intrincada cadena de montaje, una red de relaciones entre distintos organismos presentes, pasados y futuros. Pertenecemos a linajes que entroncan con un mismo antecesor —somos parientes de las moscas de la fruta, los champiñones, los albatros, las tarántulas, las hienas— y a ecosistemas en los que, al devorarnos unos a otros, apenas hacemos otra cosa que intercambiar energía. Al mismo tiempo, somos únicos: nuestros genes son nuestra firma y nuestra huella, una forma de reconocimiento que sirve tanto para identificar a un criminal como para ser vigilados y catalogados por el poder.

Descifrado el mecanismo, faltaba un mapa preciso de sus componentes básicos. En 1976, Walter Fiers, de la Universidad de Gante, fue el primero en secuenciar el genoma de un ARN viral; en colaboración con Walter Gilbert, Fred Sanger, dos veces ganador del Nobel, halló la manera de examinar el ADN y en 1977 ambos presentaron el genoma completo de un minúsculo bacteriófago conocido como øX174; en 1995, el Instituto para la Investigación Genómica, fundado por J. Craig Venter, anunció que había secuenciado el genoma de la bacteria *Haemophilus influenzae* y, unos meses después, el de la levadura *Saccharomyces cerevisiae*. No habían transcurrido ni cinco años de la caída de la Unión Soviética, en plena era neoliberal, cuando por primera vez una empresa privada intentaba no solo secuenciar, sino patentar, privatizar y lucrar con el genoma.

La presión gubernamental provocó que el Proyecto Genoma Humano, a cargo de los Institutos Nacionales de Salud de Estados Unidos, al final sumara al esfuerzo a Celera —la nueva empresa de Venter—, así como a universidades de Gran Bretaña, Japón, Francia, Alemania y China. El primer borrador quedó listo el 26 de junio de 2000 y la secuenciación completa, salvo algunas regiones específicas, concluyó el 14 de abril de 2003, cuando fue anunciado con bombo y platillo por Bill Clinton y Tony Blair. En 2006, *Nature* publicó la secuencia del último cromosoma y, en 2007, el Instituto J. Craig Venter —el centro fundado por este tras su despido de Celera en 2002— se jactó de haber realizado la secuenciación completa del genoma de... J. Craig Venter. Por fin, en agosto de 2023, nuestro mapa completo, incluyendo al elusivo cromosoma Y, apareció en *Nature*.

Estos descubrimientos han abierto mil puertas a la imaginación: permiten anticipar un futuro cercano en el que cientos de padecimientos podrán ser prevenidos y anuncian un sinfín de usos en la agricultura, los combustibles biológicos, la antropología y la teoría de la evolución. Si los seres vivos somos en esencia información, esta puede ser manipulada, alterada, variada o reconducida; conocer la huella genética de cada uno también podría revivir el antiguo pensamiento eugenésico y dar paso a nuevas formas de discriminación.

En 1996, la oveja Dolly fue el primer mamífero clonado y, en 2010, J. Craig Venter, una vez más, celebró la creación de Synthia, la primera bacteria artificial; nada impide imaginar que organismos en peligro de extinción, o incluso ya extintos, reaparezcan entre nosotros como en *Parque Jurásico* (1993), de Steven Spielberg. Hoy convivimos con una infinidad de organismos genéticamente modificados: del tabaco o los tomates al pez cebra fluorescente o nuevas variedades de cerdo y salmón, mientras la terapia genética es ya una realidad para el tratamiento de numerosas enfermedades. Los límites éticos de semejantes ejercicios, sobre todo aplicados a los humanos, han desatado incontables ficciones que actualizan las predicciones de *Un mundo feliz* o *Los niños del Brasil* (1978), la película de Franklin J. Schaffner que ya aventuraba la posibilidad de producir clones de Hitler. Igual que con la física cuántica y la bomba atómica, los peligros reales e imaginarios de nuestra nueva sabiduría genética lucen como un riesgoso pacto con el diablo.

Desde pequeño, Vincent Freeman ha soñado con ser astronauta, pero, al ser concebido de forma natural, tiene altas probabilidades de desarrollar alguna enfermedad genética y una esperanza de vida de apenas 30.2 años, lo cual lo coloca en la categoría de los *in-válidos*, de modo que debe conformarse con limpiar las instalaciones de la Corporación Aeroespacial. Tras apoderarse del material genético de un nadador estrella que ha sufrido un accidente, consigue ser reclutado para una misión a Titán. Freeman —*nomen est omen*— pertenece a un mundo que permite la modificación genética de los humanos y donde, si bien la discriminación está prohibida, nadie escapa de sus parámetros eugenésicos. No es casual que el nombre de esta sociedad derive de las letras G, A, T y C, las bases del ADN. *Gattaca* (1997), escrita y dirigida por Andrew Niccol, ponía ya en escena todos los temores surgidos a partir de la ingeniería genética. Kathy H., por su parte, pasó su adolescencia en Hailsham, un internado en Inglaterra conocido por animar a sus alumnos a dedicarse a labores artísticas, cuidar su salud y trabajar en el campo; allí conoce a la pareja formada por Ruth y Tommy, y los tres se vuelven inseparables. Todo cambia cuando miss Lucy, una de sus maestras, les revela que son clones producidos para cultivar sus órganos y les anuncia que morirán jóvenes. En *Nunca me abandones* (2005) —llevada al cine por Mark Romanek en 2010—, Kazuo Ishiguro se introdujo de manera aún más sutil en esos seres que son y no son humanos: nuevos *doppelgänger* cuya existencia ha dejado de formar parte de la literatura fantástica.

א

Lee este fragmento: «El universo (que otros llaman la Biblioteca) se compone de un número indefinido, y tal vez infinito, de galerías hexagonales, con vastos pozos de ventilación en el medio, cercados por barandas bajísimas. Desde cualquier hexágono se ven los pisos inferiores y superiores: interminablemente». Y ahora este otro: «Cuando se proclamó que la Biblioteca abarcaba todos los libros, la primera impresión fue de extravagante felicidad. Todos los hombres se sintieron señores de un tesoro intacto y secreto. No había problema personal o mundial cuya elocuente solución no existiera: en algún hexágono. El universo estaba justificado, el universo bruscamente usurpó las dimensiones ilimitadas de la esperanza».

Los dos pasajes pertenecen a «La biblioteca de Babel» (1941), cuya forma deriva de los patrones hexagonales que Leibniz imaginaba para su máquina de cálculo; poco antes, en «La Biblioteca Total» (1939), ya se afirmaba: «Todo estará en sus ciegos volúmenes». Aunque también advertía: «Todo, pero por una línea razonable o una justa noticia habrá millones de insensatas cacofonías, de fárragos verbales y de incoherencias». Y concluía:

Uno de los hábitos de la mente es la invención de imaginaciones horribles. Ha inventado el Infierno, ha inventado la predestinación al infierno, ha imaginado las ideas platónicas, la quimera, la esfinge, los anormales números transfinitos (donde la parte no es menos copiosa que el todo), las máscaras, los espejos, las óperas, la teratológica Trinidad: el Padre, el Hijo y el Espectro insoluble, articulados en un solo organismo... Yo he procurado rescatar del olvido un horror subalterno: la vasta Biblioteca contradictoria, cuyos desiertos verticales de libros corren el incesante albur de cambiarse en otros y que todo lo afirman, lo niegan y lo confunden como una divinidad que delira.

Otra vez Borges: él es el inventor de esa Vasta Biblioteca Contradictoria —la VBC— a la que hoy damos el nombre de World Wide Web —WWW— o, por el epíteto que la engloba y la excede, la Red. Si la genética nos enseñaba que, como todos los seres vivos, los humanos somos esencialmente información, las nuevas tecnologías que en teoría nos permiten tener acceso al inconcebible universo nos convierten en puros datos. Internet es otro espejo abominable, no solo porque imita la cópula, sino porque, al modo de Alicia, no tenemos más remedio que saltar hacia su *otro* lado; una vez dentro, nos transmutamos en aquello que antes observábamos: una titilante sucesión de unos y ceros, ese jugoso material extraído de nosotros, como si fuésemos minas de carbón, para que unos cuantos se enriquezcan.

Desde que Tim Berners-Lee creara junto con Robert Cailliau el protocolo que dio lugar a la WWW en 1989, internet se ha transformado en esa utopía que no solo pretende albergar todo el conocimiento, sino poner en contacto a todos los seres humanos entre sí; como resultado de ambos esfuerzos, hemos quedado atrapados en las entrañas de su monstruosa estructura. Al principio, se anunciaba como la prodigiosa mejora de las herramientas para transmitir información con que nos hemos dotado desde la prehistoria —de las trompetas de Jericó al libro de papel y de allí al telégrafo o el teléfono—, pero muy pronto la invención lo canibalizó todo: el grandioso descubrimiento, intuido por Leibniz y ridiculizado por Borges, es que todo, absolutamente todo, puede ser traducido al lenguaje binario. Incluso nosotros.

La Red es ese espacio donde, al observar, de inmediato somos observados de vuelta: nuestra curiosidad nos aprisiona. En cuanto la empresa privada distinguió las posibilidades de este nuevo mercado, sus promesas de igualdad democrática se vinieron abajo y, salvo excepciones como la Wikipedia, la Red terminó amoldándose a los patrones extractivos del neoliberalismo. Un puñado de *start-ups* tecnológicas, fundadas en su mayoría por jóvenes libertarios de Silicon Valley, colonizó internet con la misma furia con que los antiguos imperios se repartían el planeta. Microsoft, Google (ahora bajo el paraguas de Alphabet), Apple, Amazon, Facebook (convertido en Meta) y Twitter (hoy X), los sobrevivientes de la feroz competencia de sus primeras décadas, le confirieron a internet su actual topología: un ámbito de comercialización extrema financiado por la publicidad a partir de la recolección y venta de datos de sus usuarios.

Siempre debimos sospechar que la gratuidad de sus servicios era un cebo; cada vez que nos suscribimos a ellas —sin jamás leer las condiciones de servicio— somos contratados como obreros a destajo que, en vez de nuestra fuerza laboral, les entregamos a nuestros amos invisibles nuestros gustos, aficiones, pensamientos, miedos e identidades. Como afirma Justin E. H. Smith en *Internet no es lo que crees que es. Una historia, una filosofía, una advertencia* (2022), se trata de «una nueva suerte de explotación, en la que los seres humanos no solo son explotados a través del uso de su trabajo para la extracción de recursos naturales; más bien, su vida y *ellos mismos* son el recurso y son explotados mientras se les extrae».

La invención del iPhone y de los teléfonos inteligentes (que no son ni una cosa ni la otra) aceleró el proceso colonizador. Si de por sí las grandes empresas tecnológicas se esfuerzan para que sus productos resulten adictivos, la posibilidad de que los tengas siempre al alcance de la mano acentúa tu dependencia como una droga dura. Sin apenas ser consciente, consultas tu dispositivo unas quinientas veces al día, saltando sin parar entre las ficciones que se te ofrecen y esa realidad que en contraste luce más insegura y menos real. Al despertar, te has transformado en una criatura híbrida que, a todas horas, incluso durante el sueño, permanece conectada a ese aparato que registra hasta tus pesadillas o tu ritmo cardíaco.

Cada vez que entras en la Vasta Biblioteca Contradictoria te introduces en un videojuego: Facebook y X (antes Twitter), Instagram, Tinder y Bumble, LinkedIn y TikTok no son más que espacios lúdicos para adultos. Lo quieras o no, en su interior asumes el papel de *gamer*: con sus gráficos intrigantes o atrayentes, te lanzas en un camino de obstáculos a fin de escalar niveles —con su consiguiente gratificación de dopamina—, sea para pasar de ser anónima a alcanzar un mejor estatus en tu círculo (o, con mucha suerte, convertirte en *influencer*), sea para que cada vez más personas valoren tus opiniones o tus creaciones (o incluso los lados más aburridos, cursis y predecibles de tu vida cotidiana), sea para acumular más ofertas de trabajo, *likes* y posibles citas amorosas o sexuales. Confinada en esta jaula, haces como si tus interacciones fuesen reales: asumes que tus amigos de Facebook lo son, que tu repentina popularidad en X es auténtica o que de veras has *conectado* con alguien en Tinder sin saber si interactúas con cuentas ciertas o falsas —la distinción es borrosa—, si le respondes a un bot o si las noticias que replicas tienen sustento. Te lanzas de bruces en el juego sin cuestionarte no solo lo que ves, sino lo que *haces* allí y sin tomar en cuenta que tus actos virtuales pueden tener consecuencias reales (otra vez, ambos se entremezclan). Como en cualquier juego, tu rol es ficcional: te creas personalidades *ad hoc* para cada plataforma y te multiplicas como legión en una sola a través de esos *avatares* —les arrebatamos el nombre a las encarnaciones terrestres de los dioses del hinduismo— que son una amalgama entre lo que eres y lo que aspiras a ser o lo que quisieras que los demás vean en ti.

Al despertar después de un sueño inquieto, te descubres convertida, como ya advertía Naomi Klein en *No logo* (2000), en una *marca*: un producto en cuya publicidad inviertes infinitas horas. Igual que en los videojuegos, el proceso está diseñado para dejarte siempre insatisfecho: la idea es que, debido a un angustioso síndrome de abstinencia, regreses una y otra vez. No importa el número de seguidores, réplicas a tus comentarios, ligues virtuales o *likes* que llegues a acumular: por mejores estrategias de propaganda que utilices contigo misma, nunca te parecerán suficientes, pues la contradictoria biblioteca es *tan* vasta que siempre te quedará la sensación de que podrías tener algo más. Por si no bastara, cada uno de tus movimientos —cada opinión, salto, *like*— queda guardado allí para siempre, de modo que un alevoso algoritmo sea capaz de predecir tu comportamiento, tus gustos y aficiones a fin de inundarte con productos especialmente diseñados para ti, incluidas películas, series, libros o personas elegidos a partir de los datos que han obtenido de ti. El objetivo es que no puedas ni quieras escapar: uno de los argumentos recogidos en *Diez razones para borrar tus redes sociales de inmediato* (2018), en donde Jaron Lanier te recomienda hacer justo eso. Quizás sea demasiado tarde: si bien podrías dejar atrás tu adicción, el mundo de afuera ya es idéntico a la Red.

א

Si al entregarles nuestras vidas privadas a Facebook, Tinder o Instagram nos convertimos en presos digitales con síndrome de Estocolmo, al confiarle nuestra vida pública a X nos sometemos a una tiranía voluntaria. X no es una aplicación como las otras, sino una falsa plaza pública que en realidad es privada y desde hace poco se halla sometida a los caprichos de un solo dueño. Ciento cuarenta caracteres, luego ampliados, para condensar cualquier idea: el reino de la simplificación, el exabrupto, la burla y el insulto. Cualquier tema se ve reducido a su mínima expresión: nadie abre los vínculos a textos largos y muy pocos siguen los *hilos* (el nombre, por cierto, de la apuesta rival de Meta).

Como las demás empresas tecnológicas, X solo busca incrementar el valor de sus acciones; poco importa lo que se comparta con tal de que se comparta *muchas veces*: no nació para intercambiar información, sino para redistribuir capital real y simbólico. La conversación pública aquí es una entelequia: una ciega batalla de mínimos monólogos que no son sino demostraciones de estatus. Quienes acumulan más seguidores ya son de por sí célebres o poderosos, Elon Musk en primer lugar. Su promesa es que, si lo utilizas con habilidad, terminarás por volverte relevante: en la

628

mayor parte de los casos permanecerás en los márgenes, haciendo *rounds* de sombra. Salvo excepciones, solo seguirás a quienes comparten tus mismos valores y pronto te verás encerrada en un círculo de elogios y vituperios siempre idénticos. Aupada por tu camarilla, pocas veces te abrirás a posturas opuestas y te dejarás arrinconar por tu desazón y tu ira, potenciadas por las de tu bando: X no alienta la reflexión, sino la descarga de emociones.

Pocos medios reflejan tan bien nuestras batallas darwinianas: en su interior te conviertes en una bestia que se desangra por la atención de los demás. En este ecosistema, solo los más aptos sobreviven: aquellos que se acomodan al espíritu del instante y hacen pasar un chiste por una genialidad. Aun así, nada dura: su estructura está modelada para la ansiedad y el frenesí. Si un tema se prolonga más de una jornada ya es una anomalía; el *scrolling* nos sumerge en un permanente síndrome de atención dispersa.

No creas, sin embargo, que lo que ocurre en X se queda en X. El anonimato nos empuja a decir lo que jamás nos atreveríamos afuera sin que importe destruir a alguien en el camino: mina reputaciones, ahoga carreras, bloquea trabajos y relaciones y ensambla inmensas mentiras: la gran enseñanza de Trump a sus acólitos. Alegarás que cada cual elige las cuentas que sigue y que X puede ser una herramienta de conocimiento o un estímulo para colectivos que persiguen la transformación social y les dan voz a los sin voz: desde la Primavera Árabe sabemos que sus efectos políticos son nimios y que quienes mejor se aprovechan de él, por medio de bots y cuentas pagadas, son los poderosos.

Si no queremos seguir viviendo en sociedades furibundas y polarizadas, indiferentes a la verdad y la concordia, necesitamos *otra* plaza pública. De otro modo, estamos condenados a que, como ya adelantaba Borges en 1939, «por una línea razonable o una justa noticia habrá millones de insensatas cacofonías, de fárragos verbales y de incoherencias».

א

El rabino de Praga ha modelado un muñeco (el *hardware*) y, al inscribir en él una serie de «letras y sílabas cabales» (el *software*), consigue darle vida. El siglo XX y al parecer también el XXI son, una vez más, de Borges:

> El rabí lo miraba con ternura
> y con algún horror. *¿Cómo* (se dijo)
> *pude engendrar este penoso hijo*
> *y la inacción dejé, que es la cordura?*

> *¿Por qué di en agregar a la infinita*
> *serie un símbolo más? ¿Por qué a la vana*
> *madeja que en lo eterno se devana,*
> *di otra causa, otro efecto y otra cuita?*

El monstruo de «El Golem» (1958) no luce ni muy amenazante ni muy inteligente: el penoso hijo del rabí nos hace pensar en las limitaciones de nuestra propia inteligencia. En el extremo opuesto, Golem XIV —la inteligencia artificial de la novela homónima de Stanisław Lem (1981)— desobedece a sus creadores, se niega a planear ataques nucleares y prefiere dedicarse, en cambio, a la filosofía: a pensar en aquello que los humanos solo aspiramos a pensar. Años antes, en su relato «Círculo vicioso» (1942), Isaac Asimov había enunciado las *tres leyes de la robótica*:

Primera ley: Un robot no hará daño a un ser humano, ni por inacción permitirá que un ser humano sufra daño.

Segunda ley: Un robot debe cumplir las órdenes dadas por los seres humanos, a excepción de aquellas que entren en conflicto con la primera ley.

Tercera ley: Un robot debe proteger su propia existencia en la medida en que esta protección no entre en conflicto con la primera o con la segunda ley.

En su novela *El camino de Ícaro* (1974), Liuben Dilov introdujo una cuarta: «Un robot debe establecer su identidad como robot en todos los casos»; en 1983, Nikola Kesarowski añadió una quinta: «Un robot debe saber que es un robot»; y, en fin, en 2013, Hutan Ashrafian se atrevió a formular una sexta: «Todos los robots que tengan una razón y una inteligencia comparables con las de los humanos deben comportarse entre sí con un espíritu de hermandad». El problema de este código ético, acaso demasiado humano, es que si las leyes —morales, no físicas— existen es porque en general no se cumplen.

Cada una de las herramientas tecnológicas que hemos diseñado para expandir nuestro saber y nuestra memoria ha sido recibida con sospecha, si no con hostilidad o pánico; Sócrates ya creía que la escritura anulaba las ventajas de la oralidad y la imprenta de tipos móviles acabó con siglos de habilidosas prácticas mnemotécnicas. Del mismo modo que ya no hay copistas entre nosotros —ni, para el caso, herreros o talabarteros—, hoy adivinamos el fin de varias actividades humanas que terminarán absorbidas por las máquinas.

Desde que Gottfried Leibniz y Ada Lovelace barruntaron sus posibilidades hasta que Alan Turing y John von Neumann las conceptualizaron, con la computación ha ocurrido lo mismo; su producto extremo, al que damos el paradójico nombre de inteligencia artificial, hoy nos genera escalofríos. A partir del desarrollo de las redes neuronales y el *deep learning*, popularizados por ChatGPT en 2022 (una herramienta de inteligencia artificial generativa), los temores solo han arreciado. ¿Qué ocurriría si, en cierto punto, se desatara esa singularidad —el nuevo nombre del terror— capaz de dar vida a una inteligencia artificial que viole alguna o incluso todas las leyes de la robótica? ¿Qué pasaría si pudiera dañar o permitir que los humanos sean dañados, si de pronto cesara de cumplir las órdenes humanas o si eligiera su propia existencia sobre la nuestra? ¿Y qué sucederá cuando la inteligencia artificial genere la mayor parte de nuestras ficciones?

Aunque el término *robot* fue usado por primera vez por Karel Čapek en su pieza teatral *RUR* (1920) —acrónimo de Robots Universales de Rossum—, sus antecedentes se remontan a los autómatas, los sistemas cibernéticos y el control remoto; su peligrosidad quedó fijada con *Frankenstein* y entre nosotros se asienta con el sibilino HAL 9000: la criatura que, como Prometeo con Zeus o Adán con Yahvé, se rebela contra su hacedor.

Detrás de estas ficciones se halla la discusión sobre si algún día los seres humanos podremos crear un ser a nuestra imagen y semejanza; en otras palabras, si la inteligencia artificial fuerte (o superinteligencia) es posible. John Searle ofreció notables argumentos en contra —como su ficción del cuarto chino— y, en *La nueva mente del emperador* (1989), Roger Penrose se basó en las paradojas derivadas del teorema de Gödel para desestimarla. En contraste, en *La singularidad está cerca* (2005), Ray Kurzweil asume que, si el sistema nervioso obedece las leyes de la física y de la química, no hay razones para que no podamos reproducirlas en una máquina, y pronosticó que no falta mucho para que ocurra. En ambos casos resurge la disputa entre dualismo y monismo que ha agitado la filosofía desde Descartes.

En 1950, Alan Turing imaginó el examen a que debe someterse una máquina para obtener su certificado de inteligencia: el juego de la imitación. Hasta el momento, ningún prototipo ha logrado pasarlo pese a que, en junio de 2022, un investigador asociado de Google, Blake Lemoine, afirmó que su programa LaMDA había adquirido conciencia (*sentience*); meses después, fue despedido por realizar esta temeraria afirmación. El listado de ficciones sobre robots, androides y computadoras inteligentes que ayudan o amenazan a la humanidad se ha vuelto interminable.

Desde mi infancia, cuando veía *Perdidos en el espacio*, inicié una colección de robots de juguete que conservo hasta hoy. De su protagonista cibernético, miedoso y protector, derivan tanto el infatigable R2-D2 como el parlanchín C-3PO de *Star Wars* (1977), el comandante Data de *Star Trek. Nueva generación* (1987-1994), el poético WALL·E de la película de Pixar (2008) o el irascible Bender de *Futurama* (1999-). Del siniestro HAL 9000 derivan, a su vez, el feroz Erasmus de *Dune*, la franquicia creada a partir de la novela de Frank Herbert (1965), los *cylons* de *Battlestar Galáctica* (la serie original de 1978) o el T-800 de *Terminator* (1984) y sus secuelas. Más desasosegante resulta el destino de aquellos robots que de pronto se dan cuenta de que lo son (violando una de las nuevas leyes de la robótica), como David, el niño programado para amar de *I. A.* (2001), de Steven Spielberg —basada en «Los superjuguetes duran todo el

verano» (1998), de Brian Aldiss—, o su reverso, Ava, la androi-
de que se revela brutalmente humana en *Ex-Machina* (2015), de
Alex Garland. Todos ellos nos invitan a pensar que acaso nosotros no seamos sino las torpes, curiosas o malignas criaturas de
otro inventor. Antes lo dijo, claro, Borges:

> ¿Qué Dios detrás de Dios la trama empieza
> de polvo y tiempo y sueño y agonía?

5. Sobre cómo reiniciar el planeta

Feminismos, poscolonialismos, posmodernidades, ecologismos

Al despertar, luego de un sueño intranquilo, te descubres transformada otra vez en ti misma: una mujer. Si la historia de la humanidad es la de una minoría que siempre ha dominado a la mayoría, también es la de cómo los hombres siempre se han empeñado en tener más poder que las mujeres. ¿Qué te voy a decir yo? Tú lo has padecido en carne propia. Surgido en los albores de la humanidad, al patriarcado lo forma un amplísimo arsenal de ficciones religiosas, políticas, sociales y culturales diseñadas para preservar esta disparidad.

Dándole la vuelta a Engels, en *La creación del patriarcado* (1986), Gerda Lerner afirma que la apropiación del trabajo reproductivo de las mujeres —de su capacidad para engendrar hijos que ayudarán en las labores del campo— propició la aparición de la propiedad privada, y no al revés; las mujeres y los niños se convirtieron en los primeros esclavos al servicio de los hombres adultos, o al menos de aquellos que dominaban al grupo. Ello no significa que, en distintos momentos, las mujeres no hayan alcanzado posiciones de poder —reinas, sacerdotisas, brujas— o que no consiguieran ciertos márgenes de libertad o autonomía, pero sin falta dentro de marcos patriarcales lo suficientemente internalizados como para prevenir cualquier rebelión.

Conforme las sociedades humanas se volvieron más sedentarias, el desequilibrio no hizo sino acentuarse; tanto la invención del monoteísmo como del capitalismo relegó a las mujeres a posiciones aún más acotadas en el seno de la familia, sometidas sin falta a los hombres de su entorno. Y, si algunas lograron destacar en campos típicamente masculinos —la poesía, el arte o incluso la política—, siempre fueron vistas como excepciones: rarezas a la vez admiradas y temidas.

No será sino hasta el Siglo de las Luces cuando la desigualdad derive en una lucha femenina por el control de la imaginación. A la *Declaración de los derechos de la mujer y de la ciudadana*, de Olympe de Gouges, le suceden *Vindicación de los derechos de la mujer*, de Mary Wollstonecraft, *La emancipación de la mujer* (1845), de Flora Tristan, y las ideas de Harriet Taylor que animarán a su esposo, John Stuart Mill, a publicar *La esclavitud de las mujeres*. El término *feminismo* no aparece, en cambio, hasta 1871 justo cuando la interpretación sexista de la evolución intenta demostrar que la superioridad masculina obedece a leyes naturales. El propio Darwin llega a escribir: «El hombre es más valiente, tenaz y energético que la mujer, y tiene un genio más inventivo». Una de las constantes para discriminar a las mujeres será su incapacidad para imaginar. Su mejor argumento en contra será precisamente el feminismo que, como lo define Estelle B. Freedman en *No hay vuelta atrás* (2007), «es la creencia en que los hombres y las mujeres poseen inherentemente el mismo valor. Dado que la mayor parte de las sociedades privilegian a los hombres como grupo, los movimientos sociales son necesarios para lograr la igualdad entre hombres y mujeres, en el entendimiento de que el género interseca con otras jerarquías sociales».

En la segunda mitad del siglo XIX, las utopías de Fourier y Saint-Simon y el socialismo de Marx y Engels influyen de forma determinante en las luchas de las mujeres, centradas entonces en el derecho a poseer y administrar bienes, obtener buena educación, conquistar el voto y mejorar las condiciones de las trabajadoras. A la par que las sufragistas se movilizan en medio mundo, Clara Zetkin consigue que el Partido Socialdemócrata Alemán incorpore la lucha feminista entre sus principios. A inicios del siglo XX, su discípula Aleksandra Kollontái participa en la Revolución bolchevique y, convertida en comisaria durante los inicios del régimen soviético —el cual apenas tardará en marginarla—, defiende el divorcio y el aborto al tiempo que funda escuelas, hospitales y guarderías, anticipando demandas que se mantienen hasta el presente. En Estados Unidos, Emma Goldman abraza una versión anarquista del feminismo, en tanto los movimientos feministas se entreveran con el activismo en contra de la segregación racial: desde entonces, los cruces entre ambas reivindicaciones serán fecundos.

Esta primera ola feminista, como la denomina Martha Lear en 1968, fija el debate en torno a dos visiones contrapuestas: de un lado, las mujeres que exigen plena igualdad con los hombres y, del otro, las que enfatizan sus diferencias. En *Herland* (1915), una actualización de *La ciudad de las damas* (1405), de Christine de Pizan, Charlotte Perkins Gilman imagina una sociedad puramente femenina en donde no existen ni la violencia ni la desigualdad: la idea subyacente es que las mujeres no son iguales a los hombres, sino mejores. A su vez, tanto en *Una habitación propia* como en *Tres guineas* (1938), Virginia Woolf llama a no imitar el desastroso papel político de los hombres e invita a las mujeres a transformar la sociedad sin la agresividad y el nacionalismo masculinos. En *El segundo sexo* (1949), Simone de Beauvoir va todavía más lejos: «No se nace mujer, sino que se llega a serlo», afirma. En otras palabras: *mujer* no es sino una ficción construida a partir de su relación con los hombres —el padre, el marido, los hijos—, de modo que su liberación pasa por construirse una identidad propia.

Para entonces, las mujeres ya han conseguido el derecho al voto en distintas partes, así como márgenes de libertad y autonomía cada vez mayores; sin embargo, continúan padeciendo otras formas de desigualdad y violencia. Al calor de la Guerra Fría, la guerra de Vietnam y las luchas por los derechos civiles, en los sesenta da inicio una segunda ola feminista que equipara la liberación de las mujeres con los movimientos de descolonización. Es entonces cuando un nuevo grupo de feministas radicales «extienden las políticas de autodeterminación al género», como escribe Freedman. De lo que se trata ahora es de emprender acciones directas contra el poder simbólico y real del patriarcado, las cuales van desde las protestas contra los concursos de belleza hasta la quema de brasieres y desde la creación de una auténtica «cultura de mujeres» —a través de librerías y editoriales, películas, cafés y disqueras feministas— hasta puntuales actos de violencia. «A diferencia de la primera ola feminista», escribe Shulamith Firestone en *La dialéctica del sexo* (1970), «la meta de la revolución feminista debe ser no solo la eliminación del privilegio masculino, sino de la distinción de sexo por sí misma: las diferencias genitales entre los seres humanos ya no deben importar culturalmente».

En *La mística de la feminidad* (1963), Betty Friedan estudia la infelicidad de numerosas mujeres de su entorno y la achaca a los patrones patriarcales: el trabajo de tiempo completo de las amas de casa, que tanto ensalzan las ficciones comerciales, les impide formularse las preguntas esenciales en torno a su condición subordinada, por ello es necesario apartarse de las imágenes diseñadas para satisfacer la mirada masculina. En *Mujeres que odian. Una mirada radical a la sexualidad* (1974), Andrea Dworkin denuncia el lugar que han tenido las mujeres en la imaginación masculina, que, de los cuentos infantiles a las cacerías de brujas y del vendaje de pies a la *Historia de O* (1954) —escrita, por cierto, por una mujer: Pauline Réage, bajo el seudónimo de Dominique Aury—, las considera sin falta objetos sexuales y, a fin de eliminar los roles de género, emprende una campaña contra la pornografía. *Ms.*, la revista fundada en 1971 por Gloria Steinem, se plantea un objetivo paralelo: darles voz a las mujeres para que sean ellas quienes se inventen a sí mismas. «Una mujer necesita tanto a un hombre como un pez a una bicicleta», afirma entonces. Numerosas críticas culturales emprenden una drástica revisión del presente y el pasado para desbrozar los relatos que justifican la lógica patriarcal; reivindican así a incontables mujeres olvidadas o silenciadas, al tiempo que denuncian las fantasías que favorecen el predominio masculino. Asociada al postestructuralismo y a los estudios poscoloniales, la tercera ola del feminismo, surgida a principios de los noventa, no duda en cuestionarlo todo: la moda, la política, la ciencia y el arte y sus marcas patriarcales.

Pero ¿qué *mujer* debe sustituir estos patrones machistas? Las mujeres negras y de otras minorías, como Angela Davis en *Mujeres, raza y clase* (1981), se oponen al discurso de las feministas blancas y urbanas; lo mismo ocurre con las que provienen de los países del tercer mundo. Impulsado por los ideales *hippies* de los setenta, el feminismo se asocia con experiencias místicas y chamánicas, en tanto su vínculo tradicional con la naturaleza las hace más conscientes de los desafíos medioambientales, en una ruta que las conduce hacia el ecofeminismo. En *Borderlands / La frontera: la nueva mestiza* (1987), Gloria Anzaldúa reivindica las identidades múltiples, mientras Judith Butler propone, en *El género en disputa* (1990), jugar intencionalmente con ellas a fin de deconstruir la idea misma de género. En contraste, la *interseccionalidad* de Kimberlé Crenshaw presupone que la combinación de identidades mantiene condiciones de discriminación y privilegio en donde las mujeres pobres y no blancas siempre padecen mayores formas de opresión. Más que un feminismo, se abre un abanico de *feminismos* que dialogan y compiten entre sí.

Iniciada en la segunda década del siglo XXI, la cuarta ola del feminismo se caracteriza por el empoderamiento de las mujeres, el combate contra la violencia de género, el activismo cibernético —origen del movimiento #MeToo— y la preeminencia de la interseccionalidad justo cuando nuevos movimientos conservadores intentan revertir conquistas previas, como el derecho al aborto. Los temores frente a esta involución quedan bien expresados en *El cuento de la criada* (1985), donde Margaret Atwood imagina un futuro no muy lejano en el que un grupo de fanáticos religiosos, que ha tomado el control de Estados Unidos tras una plaga que mina la fertilidad humana, esclaviza a las mujeres que aún pueden concebir; las imágenes de jóvenes con largas túnicas rojas y cofias blancas, como las que aparecen en la serie de televisión, se han vuelto omnipresentes en las manifestaciones feministas en todo el orbe.

El siglo XXI se distingue asimismo por la visibilidad de la comunidad LGBT+ (lesbianas, gays, bisexuales, transexuales), cuyas siglas se han ido ampliando para reflejar nuevas y cada vez más variadas identidades: *queer*, intersexuales, asexuales, antrosexuales, no binarios, *kink*, pansexuales, omnisexuales... Un conflicto mayor dividirá al movimiento feminista a partir del reconocimiento cada vez más extendido de la autodeterminación de género: si, como la mayor parte de los feminismos han querido demostrar, este no es sino una construcción cultural, la condición de mujer no puede depender del sexo biológico, sino de la autopercepción, como han reconocido Catherine MacKinnon o Monique Wittig; en contraste con estas ideas, algunas feministas, como Germaine Greer o Sheila Jeffreys, se oponen a que las mujeres transgénero sean consideradas *mujeres*: una vuelta al biologicismo que alienta nuevas formas de discriminación.

Como sostiene Camille Paglia en *Feminismo pasado y presente* (2017): «Una cosa está clara: el feminismo del futuro lo recrearán una serie de mujeres que son jóvenes ahora. Las disputas doctrinales y las guerras territoriales de la generación anterior (yo incluida) deben dejarse al lado». Más allá de sus distintas perspectivas, la revolución protagonizada por las mujeres ha sido determinante para subvertir las desigualdades simbólicas y reales que persisten en el planeta: si en algún lugar se cifra el futuro de la imaginación humana es en ellas.

«La vida en esta sociedad es, en el mejor de los casos, de un profundo aburrimiento y sin ningún aspecto relevante para las mujeres; a quienes tienen una mentalidad cívica, responsable y curiosa no les queda sino abolir el gobierno, eliminar el sistema monetario, instituir la automatización completa y destruir el sexo masculino». Así comienza el *Manifiesto SCUM* (1967) —cuyas siglas en inglés significan Sociedad para Destruir a los Hombres—, de Valerie Solanas, la activista que un año después le disparará con un revólver a Andy Warhol. En otra parte de su *Manifiesto*, escribe: «El hombre es completamente egocéntrico, atrapado en sí mismo, incapaz de empatizar o identificarse con los otros, de amor o amistad, afecto o ternura. Es una unidad completamente aislada, incapaz de relacionarse con nadie. Sus respuestas son enteramente viscerales, no cerebrales; su inteligencia, una mera herramienta al servicio de sus instintos y necesidades; es incapaz de tener pasión mental o interacción mental; no se puede relacionar con otra cosa que sus propias sensaciones físicas». Esta ficción tiene su contraparte en las imágenes discriminatorias que numerosos hombres han construido en torno a las feministas: mujeres que han perdido su femineidad y no buscan otra cosa que la eliminación de los hombres. En contraste, en su *Manifiesto cíborg* (1985), Donna Haraway rechaza cualquier categorización rígida de la identidad, sobre todo de las que separan lo humano de lo animal o de las máquinas, y apuesta por la fluidez del género y el final del pensamiento binario que, en una óptica siempre masculina, caracteriza al pensamiento occidental. «Desde fines del siglo xx, nuestro tiempo, un tiempo mítico», escribe, «todos somos quimeras, híbridos teóricos y reales de máquina y organismo: en corto, cíborgs».

Al despertar luego de un sueño intranquilo, te descubres transformada en una mujer. Pero, en esta ocasión, eres una mujer negra. Y una mujer mestiza. Y una mujer indígena. Y una mujer migrante. Y una mujer lesbiana. Y una mujer trans.

«En la descolonización se exige el cuestionamiento integral de la situación colonial», escribe Frantz Fanon en *Los condenados de la tierra* (1961), el texto más influyente para los movimientos libertarios que, a lo largo de la segunda mitad del siglo xx, encabezaron las batallas contra el colonialismo. Más adelante, precisa: «La descolonización, que pretende cambiar el orden del mundo, es, como puede verse, un programa de desorden absoluto».

Tras estudiar la irremediable violencia del proceso, Fanon insiste en que las nuevas naciones no deben buscarse en un pasado idealizado, sino construir nuevas identidades que les permitan liberarse de la «colonización intelectual». Aimé Césaire lo dice de otro modo en «Lejos de los días pasados» (aquí, en traducción de José Vicente Anaya):

> la vergüenza de occidente se quedará
> en el corazón de la caña
>
> pueblo despierta del mal sueño
> pueblo de abismo remoto
> pueblo de pesadillas dominantes
> pueblo noctámbulo amante del trueno furioso
> mañana estarás muy alto muy dulce muy crecido

Al término de la Segunda Guerra Mundial, decenas de nuevas naciones en Asia, África, América y Oceanía colorean el mapamundi. Surgidas a partir de revueltas violentas, como en Argelia o Vietnam, de transiciones más o menos pacíficas —la más notable, la encabezada por Mahatma Gandhi en la India—, de movimientos separatistas o de la eclosión del bloque soviético, todas ellas deben inventarse o reinventarse de manera acelerada. Los procesos en ningún caso resultan sencillos: además de conciliar los relatos de sus distintas capas sociales, étnicas y religiosas, se ven obligados a preservar ciertos rasgos coloniales. Al haber sido diseñadas sus fronteras de forma arbitraria por los europeos, en muchos casos a sus élites no les queda sino valerse de las antiguas lenguas imperiales para mantener un vínculo entre sus distintas comunidades.

Tras esa primera fase en la que se valen de la cultura colonial para enfrentarse al colonialismo, algunos de sus intelectuales advierten que ello significa sucumbir a ficciones que les serán siempre ajenas. «El auténtico fin del colonialismo era controlar la riqueza de los pueblos», escribe Ngũgĩ wa Thiong'o en *Descolonizar la mente* (1986), y, siguiendo a Fanon, añade: «Pero su área de dominio más significativa fue el universo mental de los colonizados; el control, a través de la cultura, de cómo las personas se percibían a sí mismas y su relación con el mundo. El control económico y político no puede ser total ni efectivo sin el dominio de las mentes. Controlar la cultura de un pueblo es dominar sus herramientas de autodefinición en relación con otros». Durante varios años él mismo se valió del inglés, pero a partir de 1977 ha escrito el resto de su obra literaria en gikuyu: «Las lenguas africanas, al hablar directamente a las vidas de la gente, se convierten en el enemigo del Estado neocolonial», concluye.

Igual que la feminista, la crítica poscolonial se aleja del relativismo posmoderno y emprende una drástica revisión de sus ficciones para despojarlas de sus resabios racistas e imperialistas y concebir relatos que reflejen su propia visión del mundo. Se trata de señalar que los puntos de vista del opresor y del oprimido jamás podrán coincidir, como advierte Gayatri Chakravorty Spivak en *Crítica de la razón poscolonial* (1999): «El *mainstream* nunca ha jugado limpio, quizás nunca pueda hacerlo». En *De lo poscolonial* (2001), Achille Mbembe es todavía más claro: «Por regla general, la experiencia del Otro, o el problema del *yo* de los otros y de los seres humanos que percibimos como extranjeros a nosotros, casi siempre ha presentado dificultades insuperables para la tradición filosófica y política occidental». La única salida se halla, por tanto, en cuestionar *todos* los patrones colonizadores y liberar la imaginación de sus inmensos prejuicios.

La tarea no carece de paradojas: el nacionalismo es una invención europea y valerse de él para forjar nuevas ficciones identitarias supone una subordinación a sus principios. Para escapar a ella, la teoría decolonial —inaugurada por Aníbal Quijano en «Colonialidad del poder, eurocentrismo y América Latina» (1993)— pretende que los movimientos indigenistas, panafricanos o panárabes y aquellos que concentran las luchas del sur global se rebelen contra el enemigo común: la colonialidad del conocimiento impuesta por las grandes potencias. Como resume Walter Mignolo en *De la decolonialidad* (2018):

> Desde su inicio en las Américas, la decolonialidad ha sido un componente de las luchas (trans)locales, movimientos y acciones para resistir o rehusar el legado y la prolongación de las relaciones y patrones de poder establecidos por la colonización externa e interna es una forma de lucha y sobrevivencia, una respuesta epistémica y una práctica basada en la experiencia, sobre todo de sujetos colonizados y racializados, *contra* la matriz colonial en todas sus dimensiones, y *a favor* de las posibilidades de lo contrario.

Hoy, todas las culturas periféricas se enfrentan de un modo u otro a esta alternativa: canibalizar u oponerse al modelo único encarnado por la globalización neoliberal, con el aplastante conjunto de ficciones que lo acompañan, de la libertad de los mercados al individualismo extremo y del extractivismo al progreso lineal. «Cuando los poderes occidentales instalaron sus imperios en todo el globo, humillando a sus líderes tradicionales y minando sus jerarquías establecidas», escribe Jeremy Lent en *The Patterning Instinct* (2017), «desplazaron sus antiguos patrones con nuevos valores y medidas de éxito que las personas en las sociedades conquistadas aspiraban a lograr». En los últimos decenios, la colonización cultural de Occidente, a la que ya hacía referencia Fanon, no ha hecho más que reforzarse: hoy la mayor parte del mundo, con China e India a la cabeza, ha terminado por abrazar —y a veces superar— sus prácticas nacionalistas, colonialistas y extractivistas, afianzando sus fantasías en el proceso; aun así, en todas ellas queda un sustrato de resistencia contra los patrones realistas y dualistas que caracterizan al pensamiento occidental. El gran desafío de la descolonización consiste en volvernos capaces de imaginar otras formas de imaginar.

Millones de muertes, desapariciones, desplazamientos forzados. Y millones de migrantes asesinados, vejados o detenidos en campos de concentración. Las ficciones identitarias continúan siendo las mayores fuentes de violencia y discriminación en el planeta; poco importa que los derechos humanos establezcan que todos tenemos el mismo valor, que la secuenciación del genoma nos haya revelado nuestro sustrato común o que estemos sometidos al mismo calentamiento global: en pleno siglo XXI, seguimos dominados por los añejos patrones nacionalistas del pasado. En un mundo que continúa afianzando y celebrando sus fronteras, nacer en un lugar u otro —mero producto del azar— determina tu futuro: si quedas de este lado de esa línea imaginaria, te espera una sociedad próspera y más o menos segura; si quedas del otro, estarás rodeada de pobreza o tu vida correrá siempre peligro. Y lo peor: si decides moverte, abandonar el lugar donde naciste y donde conservas tus afectos —ese hogar que llamas patria—, y te arriesgas a emprender un camino largo y lleno de experiencias, lo más probable es que termines siendo abusada, maltratada, vejada o asesinada sin jamás llegar a Ítaca. Y, si acaso lo consigues, te verán como enemiga. Ese *otro* que los invade silenciosamente para arrebatarles algo, lo que sea: su cultura, sus valores, su trabajo, *sus* mujeres. Muy pronto hemos olvidado que todos somos migrantes y que al nacer llegamos a un lugar que no es nuestro. A la postre, da igual cuántos muros, vallas o verjas, físicas o simbólicas, los poderosos se empeñen en construir: nada detendrá a quien se muestra decidido a inventarse un futuro. Aún no hemos entendido que una de nuestras más poderosas ficciones es la esperanza.

א

Permanecimos tres horas allí, sentados junto a otras familias sobre las pequeñas bardas de piedra que enmarcan la plaza de Arcos de Belén, guareciéndonos bajo las cambiantes sombras del otoño, frente a las oficinas del Registro Civil de la Ciudad de México. Tres horas en espera de un nombre. O, en otro sentido, diecisiete años. O, si consideramos cuánto ha debido lucharse para llegar a este momento, décadas o siglos. El nombre con el que ella ha soñado quién sabe desde cuándo (el mismo de su personaje favorito de ficción): el nombre con el que se piensa a sí misma. El nombre que desde hace meses usamos quienes la queremos. Ese nombre que significa mucho más que un nombre. El nombre que ella eligió para sí. *Su* nombre.

Poco antes de la pandemia, nuestro hijo reunió el valor para revelarnos que era nuestra hija. Sus palabras fueron precisas, transparentes. Aunque antes no fuera capaz de formularlo con claridad, aunque por mucho tiempo no contara con las frases o las ideas para expresarlo, aunque hubiera debido callar ante la incertidumbre o la presión social, siempre lo supo. No había en su discurso duda alguna. Esta, nos dijo, soy yo. Una sorpresa, y no: como en una novela cuyo desenlace resulta desconcertante, hubo que repasar toda la historia —*su* historia— para darles sentido a detalles, guiños, anécdotas, instantes que de pronto se nos volvieron evidentes. Tal como nos contó, ella siempre fue ella. La espera valió la pena: con la misma valentía con la que mi hija eligió *su* nombre y logró inscribirlo oficialmente, estoy seguro de que seguirá abriéndose paso en este mundo de tinieblas y de luz.

א

Como toda creación cultural, el lenguaje también es producto de las sociedades específicas que lo utilizan: imposible que los distintos idiomas no carguen con los componentes heteropatriarcales y coloniales asociados con ellos. ¿Qué hacer al respecto? Influida por el pensamiento postestructuralista, la academia estadounidense apostó por un lenguaje «políticamente correcto» que dejara de emplear palabras o expresiones discriminatorias e introdujese en su lugar eufemismos y neologismos. Más adelante, se pensó en crear un lenguaje inclusivo o incluyente para eliminar cualquier dejo sexista o colonial en la lengua.

En 2001, conocí a Douglas Hofstadter, quien en ese momento trabajaba en su traducción en verso del *Eugène Oniéguin* (1833) de Pushkin. Aquella noche no solo nos compartió sus ideas en torno al problema de la conciencia o la inteligencia artificial, sino que nos hizo parte de su batalla a favor de lo que él llamaba *non-sexist English*. Experto en desmenuzar y replicar el lenguaje humano, Hofstadter estaba convencido de que era necesario eliminar del inglés cualquier marca de género. Mucho antes de que el debate sobre el lenguaje incluyente o inclusivo estuviese de moda, a Hofstadter le parecía un ejercicio de honestidad intelectual reconocer el machismo presente en la lengua. Para demostrar su punto de vista, escribió un artículo, luego incorporado en *Temas metamágicos* (1985), supuestamente redactado por un tal William Satire, un viejo profesor empeñado en defender la pureza del idioma.

«Hace ya tiempo que alguien alertó sobre la absurda idea de destrozar nuestra lengua en aras de ciertas políticas fanáticas», le hacía decir al académico en su venenosa sátira. Para exhibir las incongruencias de su argumento, Hofstadter imagina un idioma que, en vez de marcas genéricas masculinas, las tuviera a partir del color de piel: una lengua en la que el término *blanco* se aplica tanto a blancos como a negros. «En muchos contextos, es evidente que cuando se usa *blanco* es en un sentido incluyente, en cuyo caso subsume a los miembros de las razas oscuras tanto como a los de piel blanca», afirma Satire. Un contrasentido.

Como habrás constatado en estas páginas, no suelo escribir en español inclusivo o incluyente. Durante aquella velada en 2001, Hofstadter nos explicaba que el inglés no sexista es una lengua distinta del inglés y por tanto necesita ser aprendida como cualquier nuevo idioma. Él mismo necesitaba traducirse a sí mismo. Para la mayor parte de sus hablantes, el español incluyente es una lengua distinta del español: no fueron —no fuimos— educadas en ella. Por supuesto, nadie debería obligarlos a usarla; lo más que puede hacerse es sostener que desdoblar los términos o emplear la *e* en vez de la *o* no es un acto de salvajismo lingüístico. En cualquier caso, serán las nuevas generaciones quienes acaso la consideren su lengua materna y la usen como tal. Mientras tanto, así como cuando visitamos otro país tenemos la cortesía de saludar o aprender algunas palabras en la lengua local, podríamos hacer lo mismo con el lenguaje incluyente si el contexto lo exige, lo mismo que llamar a las demás personas como quieren ser llamadas. Un acto de empatía y respeto.

La revisión del lenguaje ha adquirido, sin embargo, matices radicales que a veces han desembocado en prácticas de censura o autocensura dentro de lo que se ha llamado *cultura de la cancelación*: en vez de contextualizar o analizar los componentes racistas, machistas, misóginos u homofóbicos de alguna ficción, hay quienes llaman a prohibir su difusión o silenciar o boicotear a sus autores. En su legítimo enfrentamiento con las ficciones heteropatriarcales y coloniales que tanto sufrimiento han causado, la crítica *woke* a veces ha terminado por fijar un nuevo repertorio de identidades no menos esencialistas. Su vertiente más peligrosa se halla en la idea de *apropiación cultural*: nacida para evitar que las elites occidentales lucren con elementos provenientes de otras culturas, ha terminado por imponer drásticos límites a la imaginación sin reparar en que esta presupone un modelo de propiedad intelectual de origen claramente patriarcal y neoliberal. La idea de que solo puedes hablar desde tu propia y cada vez más específica identidad desnaturaliza la ficción, que, como hemos visto aquí, es justo la facultad humana que nos permite ponernos en el lugar de *cualquier* otro.

א

Cuando despiertas, después de un sueño intranquilo, no eres una mujer, sino la palabra *mujer*. La mujer que habita en estas páginas.

Primero, la erosión de las verdades absolutas, la introducción del azar y la incompletitud de los sistemas axiomáticos; luego, la erosión del realismo producida por las vanguardias y la experimentación artística; a continuación, el espanto frente a la guerra, el Holocausto y la bomba atómica; más adelante, la incomodidad ante el dualismo de la Guerra Fría; después, las luchas femi-

646

nistas y poscoloniales; al cabo, las prácticas críticas del estructuralismo y del postestructuralismo; y, por último, la rebeldía juvenil de los sesenta y setenta. Sumados, estos factores provocaron un escepticismo radical hacia los *grandes relatos*: ese conjunto de ficciones omnicomprensivas que pretende fijar un solo modelo de lo real. La posmodernidad nace de esta desconfianza. Como había anunciado Marx, a partir de los ochenta lo sólido se disuelve en el aire o, como repetirá una y otra vez Zygmunt Bauman, todo, la sociedad, la política, la identidad, el tiempo, la vigilancia, el amor, la vida misma, se torna líquido.

Abolidas o desechadas las formas de representación totalizadoras, se privilegian el fragmento, el pastiche, el trazo, el juego y, sobre todo, la autorreferencialidad, que vuelve cualquier ficción consciente de sí misma. El *como si*, que había sido eludido o silenciado como una estrategia de verosimilitud, se coloca en primer plano: toda ficción lleva adherida, desde entonces, la etiqueta «esto es una ficción». El engaño no desaparece, más bien se acentúa y se potencia: al hacer explícita su condición de simulacro, la ficción no se torna más real, sino aún más ficticia. Al revelar sus secretos, el mago no muestra la verdad, sino su carácter precario y frágil. El procedimiento no es novedoso: se encontraba ya en la paradoja de Epiménides, en don Quijote leyendo sus propias aventuras, en las volutas del Barroco, en *Tristram Shandy* (1759), de Lawrence Sterne, en *Niebla* (1914), de Miguel de Unamuno, en *Seis personajes en busca de autor* (1921), de Luigi Pirandello, en los grabados de M. C. Escher y, por supuesto, en Borges, pero la posmodernidad se engolosina y lo reproduce por doquier.

Cuando la ficción se revela tan evidente, tan obvia, tan excesiva, el examen de su verosimilitud se desplaza tanto hacia quien la emite como hacia quien la recibe: la posmodernidad gira en torno a este conflicto de puntos de vista. Su drástico relativismo surge a partir de la constatación de que cualquier opinión resulta igual de legítima: el productor de ficciones las interpreta —y las reinventa— tanto como quien las consume. La realidad no es, en tal caso, sino una maraña de interpretaciones contradictorias. Insisto: no es que la verdad se desvanezca, más bien se torna tan azarosa e ilocalizable como un electrón en movimiento; si está allí, no tenemos acceso a ella, sino apenas a los puntos de vista que revolotean, como una nube cuántica, a su alrededor. Cualquier sistema se desgaja en un conjunto de relaciones, esas estructuras que, como si fueran mecanismos de relojería, es necesario desarmar o, para usar el término acuñado por Jacques Derrida en *De la gramatología* (1967), deconstruir. Y, si de deconstruir se trata, se puede hacer con todo: el autor —aniquilado en el proceso—, el texto —del que nada queda fuera—, el individuo, el poder, el saber, la razón, la identidad, el inconsciente, el género y, vaya, hasta la deconstrucción misma. Un nuevo lenguaje, casi imposible de entender, acompaña el proceso: una *neolengua*, incomprensible para los legos, de voluntaria oscuridad, al menos a decir del prolijo Jacques Lacan, a fin de que quien quiera descifrarla necesite una voluntad de hierro.

La posmodernidad todo lo agujerea, lo desdobla, lo pone patas arriba: subvierte jerarquías, anula presupuestos y sobreentendidos, barre prejuicios y deja en carne viva cualquier discurso. Gracias a Barthes o Foucault, deja claro que ningún texto es inocente: hasta la más pequeña e inofensiva ficción —hasta el más modesto saber— implica por fuerza un poder. El postestructuralismo —en esta época todo se vuelve *pos*— se politiza al extremo: la indagación de los límites del lenguaje, desarrollada por Wittgenstein, Saussure o Greimas, deviene una batalla campal contra los límites del poder, esa maquinaria de control que se filtra hasta en las estructuras más neutras e invisibles.

Volvernos conscientes de las ficciones que nos rodean, de las ficciones que encarnamos y de los mecanismos de dominación a que nos someten aspira a convertirse en una empresa de liberación. Pero, como advertía la paradoja del cretense, el peligro de contar con una herramienta total es que puede ser empleada para desarmarse a sí misma: el bucle se muerde la cola y la consciencia radical de no ser más que ficciones en medio de otras ficciones nos lanza, de manera angustiosa y desesperante, en busca de cualquier cosa a la que asirnos.

Las ficciones hiperconscientes rizan el rizo y dan lugar a la metaficción: ficciones que hablan de ficciones que hablan de ficciones que hablan de ficciones... La bola de nieve lanzada por Borges desencadena una reacción en cadena en los juegos del

Oulipo, y en particular los de Georges Perec e Italo Calvino, así como en su directa competencia, el *nouveau roman* de Claude Simon, Alain Robbe-Grillet o Nathalie Sarraute, y salta a *El hipogeo secreto* (1968), de Salvador Elizondo, o de *El arco iris de gravedad* (1973), de Thomas Pynchon: discursos sobre discursos sobre discursos.

Su lado B se localiza en la autoficción: la consciencia, en este caso, de que toda escritura autobiográfica es sin remedio ficcional, sea porque no depende más que de la enunciación de su autor —sin que haya condiciones de verdad que comprueben sus dichos—, sea porque este modifica artificiosamente su experiencia o su memoria. Como si de pronto ya no pudieras escribir de ti misma si no te consideras un personaje (más o menos) inventado por ti: ahí están los casos de Marguerite Duras, Annie Ernaux, Philip Roth, Michel Houellebecq, Catherine Millet, Christine Angot, Karl-Ove Knausgaard y, sobre todo, J. M. Coetzee, autor del excéntrico ciclo autobiográfico formado por *Infancia* (1997), *Juventud* (2002) y *Verano* (2009). En la última parte, el autor se finge muerto y son los que lo conocieron en el pasado quienes evalúan su existencia: la perfecta comprobación de que toda vida es tan ficticia como real y de que el propio punto de vista depende siempre de los puntos de vista de los demás.

Tanta ficción y ficción sobre la ficción al cabo desata una respuesta en sentido opuesto: el auge de la *no-ficción* (yo mismo la intenté en *Una novela criminal*). Un tipo de relato que se vale de los recursos de la ficción al tiempo que renuncia a la imaginación: toda la información que contiene surge a partir de los mecanismos de verificación de datos propios del periodismo. Nacida con *Operación Masacre* (1957), de Rodolfo Walsh, y *A sangre fría* (1965), de Truman Capote, se prolonga en Norman Mailer o Vicente Leñero y llega a nuestros días en las novelas documentales de Emmanuel Carrère, Nicola Lagioia o Ivan Jablonka. En una era en la que quienes deberían decir la verdad no paran de mentir —gobernantes, políticos, periodistas, fiscales, jueces y policías—, casi parece natural que sean los escritores de ficción quienes se preocupen por perseguir la verdad.

Si un género caracteriza los albores del siglo XXI son las distopías: políticas, ambientales o tecnológicas; de izquierda o de derecha; revolucionarias o conservadoras. Acentuadas por la pandemia de SARS-CoV-2 y los temores simultáneos ante los desafíos de la bioingeniería y la inteligencia artificial, presentan mundos futuros o alternativos que exacerban los peligros y los miedos de nuestra época: cuando no hay utopías, no queda sino el retrato de la desesperación. La sobreabundancia de un género nacido para denunciar el totalitarismo, el mercantilismo, los riesgos tecnológicos o la explotación de la naturaleza se ha transformado, sin embargo, en un nuevo *mainstream* que conduce a su frivolización o, peor, a la sensación de que nada puede hacerse para evitar llegar allí. «La corriente principal de la distopía despolitiza la discusión convirtiendo a la naturaleza y la realidad en sustitutos de Dios que dictan a la humanidad las normas y políticas a acatar si quiere evitarse la catástrofe», escribe Francisco Martorell Campos en *Contra la distopía. La cara B de un género de masas* (2021). Y añade: «El efecto más reincidente de la distopía sobre el receptor es la pasividad». La imaginación nace para barruntar futuros posibles, pero, cuando estos lucen irremediablemente sombríos, pueden condenarnos a la impotencia o la resignación.

אָ

Cuando despiertas, ya no eres solo una mujer, y ni siquiera un simple ser humano, sino parte de un complejo sistema que te abraza y te engloba: en tu última encarnación, eres Gaia.

Esta historia comienza con dos mujeres. Escucha a la primera:

Esto es una llamada de auxilio.

A todos los periódicos que aún no escriben ni reportan sobre el cambio climático, incluso cuando dicen que el cambio climático es «la cuestión crítica de nuestro tiempo» cuando los bosques suecos ardían este verano.

A todos ustedes que nunca han tratado esta crisis como una crisis.

A los *influencers* que apoyan todas las causas menos el clima y el medio ambiente.

A los partidos políticos que pretenden tomarse en serio la cuestión climática.

A todos los políticos que nos ridiculizan en las redes sociales y me han nombrado y se han burlado de mí de modo que dicen que soy una subnormal, una puta y una terrorista, y muchas otras cosas.

A todos ustedes que miran hacia otro lado cada día porque les asustan más los cambios que pueden prevenir la catástrofe climática que la catástrofe climática misma.

Su silencio es casi lo peor de todo.

El futuro de todas las generaciones venideras descansa sobre sus hombros.

Quien pronuncia estas palabras es una adolescente neurodivergente, Greta Thunberg, durante la marcha por el clima ocurrida en Estocolmo el 8 de septiembre de 2018. Desde entonces, no ha dejado de repetir su advertencia una y otra vez: una llamada de auxilio que los poderosos han preferido no escuchar.

La lucha climática comienza más de un siglo y medio atrás, con otra mujer: en 1856, en Seneca Falls, Nueva York —el lugar donde años antes se inicia el movimiento feminista estadounidense—, Eunice Newton Foote intenta explicarle al mundo que una atmósfera cargada con dióxido de carbono provoca un aumento de la temperatura. Según relata Alice Bell en *Nuestro mayor experimento. Una historia de la crisis climática* (2021), Foote presenta las conclusiones del experimento en la reunión anual de la Asociación Estadounidense para el Avance de la Ciencia. No es ella, sin embargo, quien lee su trabajo, titulado «Circunstancias que afectan al calor de los rayos del sol», sino el presidente, Joseph Henry: su voz, en un grupo casi totalmente masculino, hubiera sido desestimada de inmediato. En cualquier caso, nadie presta demasiada atención y tendrá que pasar un siglo para que, en 1956, el oceanógrafo Roger Revelle vuelva a ocuparse del asunto.

Durante las siguientes décadas, las evidencias científicas en torno al calentamiento global —rebautizado como «cambio climático» para disminuir la amenaza— se han vuelto abrumadoras. Aun así, buena parte de nuestras élites políticas y empresariales se niegan a aceptar que el aumento de uno o dos grados en la temperatura promedio del planeta provocará una catástrofe cuyas consecuencias ya están a la vista. A fin de impedir cualquier medida drástica —ni siquiera cumplir con las metas del Acuerdo Climático de París de 2015—, sus detractores minimizan el fenómeno o afirman que es demasiado tarde para frenarlo: dos ficciones que intentan sumirnos en la desconfianza hacia los datos o en la mera resignación.

En su conferencia «Esperando a Gaia», pronunciada en Londres en 2011, Bruno Latour lanzó esta pregunta (aquí, en traducción de Silvina Cucchi): «¿Qué hacer cuando se nos dice, día tras día y de maneras cada vez más estridentes, que nuestra civilización actual está condenada y que hemos alterado tanto la Tierra misma que no hay manera de que vuelva a ninguno de los diversos estados estacionarios del pasado?».

Gaia, la antigua diosa o potencia asociada con la Tierra, la misma que incita a Cronos a castrar a Urano y a Tifón a rebelarse contra Zeus, es el nombre que el novelista William Golding le obsequió a James Lovelock para referirse a lo que la mayor parte de los científicos prefiere llamar ciencia del sistema Tierra. Una hipótesis según la cual nuestro planeta es un sistema complejo en donde los organismos interactúan con el medio ambiente, regulando su química y su temperatura, a fin de permitir la existencia misma de la vida.

Lovelock fue siempre tachado de excéntrico por su condición de inventor e investigador independiente y por no amoldarse a los rígidos confines de la academia. Al imaginar cómo averiguar si hay vida en otros planetas sin necesidad de viajar a ellos, se le ocurrió que la Tierra tal vez era una entidad que, al menos de forma metafórica, podría ser llamada *viva*. El término llevó a algunos a confundir a Gaia con un ser consciente o un agente dotado de intención, animando distintas interpretaciones místicas o religiosas de sus ideas, pero Lovelock solo se valió de una metáfora para referirse a un fenómeno que siempre consideró puramente natural.

Para comprobar su teoría, Lovelock ideó una fantasía cibernética: Daisyworld, un mundo virtual que reproduce las condiciones de la Tierra en el cual, una vez que se introduce la vida como variable, se desata una propiedad emergente —como la llamó su gran aliada, Lynn Margulis— que le permite autorregularse. En *Pertenecemos a Gaia* (2006), insiste: «Gaia, la Tierra viva, está vieja y no es tan fuerte como hace dos mil millones de años. Lucha para mantener a la Tierra lo suficientemente fría para su miríada de formas de vida contra el ineluctable aumento del calor del sol. Pero, para hacérselo más difícil, una de esas formas de vida, los humanos, conflictivos animales sociales con sueños de conquistar incluso otros planetas, han intentado gobernar la Tierra solo para su propio beneficio».

Si acaso Gaia fuera una fantasía —aún cuenta con numerosos detractores, al menos de sus versiones más fuertes—, se trata de una de las ficciones más útiles que hemos acuñado en los últimos decenios, pues nos obliga a asumirnos corresponsables de la vida en el planeta, y no solo de los seres que estamos vivos hoy, sino de los organismos del futuro, entre los que se encontrarán nuestros hijos, nietos y bisnietos. La toma de conciencia sobre los efectos nocivos de la presencia humana sobre la Tierra, en esta era que hemos bautizado como Antropoceno o Capitaloceno, ha auspiciado un necesario activismo ecologista —que, en su vertiente radical, ha llegado a los grupos ecoterroristas como Earth First!, para quienes los humanos somos una plaga—, cuyos postulados se entreveran con el feminismo y la crítica poscolonial.

En el sistema Tierra, quienes más padecen son sin falta los mismos: esas mayorías sometidas a la avidez de unos cuantos. La inminente catástrofe climática nos une, en cambio, de forma irrefutable: ricos y pobres, hombres, mujeres y niños, artistas y científicos, empresarios y políticos, migrantes y desplazados, víctimas y verdugos, todos, con nuestras infinitas identidades y fantasías a cuestas, estamos a punto de transformarnos en desposeídos. Quizás esta postrera ficción, la imagen de una Tierra devastada y estéril, poblada solo por bichos monstruosos, sea la que, después de tantos sueños intranquilos, logre hacernos despertar.

La Tierra es plana. La Luna no está en el cielo, es un simulacro. La caída de las Torres Gemelas fue orquestada por los judíos o la CIA. Lady Diana fue asesinada por un complot dirigido por la reina Isabel II. Hillary Clinton era parte de un círculo de pornografía infantil basado en una pizzería. El virus del Sars-CoV-2 fue creado en un laboratorio en China y las vacunas contra él nos inyectan microchips. El «gran reemplazo» pretende sustituir a la población blanca de los países ricos con inmigrantes de otras razas. Finlandia —¿y por qué no Suecia?— no existe. Distintos aviones nos rociaban desde el cielo con estelas químicas para controlarnos o esterilizarnos. Paul McCartney es un doble de Paul McCartney (antes se dijo lo mismo de Zapata o de Elvis Presley). Barack Obama pertenece a una secta de alienígenas reptilianos. Una élite escondida, los *Illuminati* o el Club Bildelberg, dirige el destino del planeta desde la sombra. Quienes creen en las teorías de la conspiración —así como quienes las fabrican, enriquecen y contagian, a veces auténticos profesionales— tienen, por supuesto, mentes de novelista. Conectan puntos y señales disímbolos y los unen a través de una narrativa que suena real. Frente a un mundo caótico e incierto, estos relatos, como muchas de las mentiras de los políticos, son casi imposibles de desmentir: si algo caracteriza la lógica conspiratoria es que cualquier prueba en contra —así contenga cifras o hechos irrefutables— es parte de la conspiración misma. Ficciones que se muerden la cola y se convierten en resistentes parásitos casi imposibles de aniquilar. Algo semejante sucede con las distintas sectas que proliferan por doquier: adoctrinados, sus miembros están dispuestos a creer cualquier cosa. En un entorno frío y vacuo, uno acepta hasta la ficción más disparatada —Dios, para empezar— con tal de ser admitido en el grupo y obtener, así, una mínima certeza frente al caos y la incertidumbre. Por desgracia, como afirma Pepe Tesoro en *Los mismos malvados de siempre* (2024): «Parecería que la conspiración ha sido siempre una y la misma, que su plan ha sido uno y solo uno: bloquear el nacimiento de un mundo mejor».

א

Cuando abres los ojos, admiras lo que cada ser humano que ha pisado la Tierra ha ansiado vislumbrar: el futuro. Primero, el de tu especie. ¿Qué ocurrirá con los seres humanos en unas décadas, unos siglos, unos milenios y al cabo en millones de años? Somos seres abocados al porvenir, pero conforme nos alejamos del presente nos resulta más difícil entreverlo. Incluso a la ciencia ficción más arriesgada le cuesta no anclarse en el presente. De un lado, admiras un sinfín de escenarios postapocalípticos, cuyo epítome acaso sea el mundo hobbesiano de *Mad Max* (1979), de George Miller, *La carretera* (2006), de Cormac McCarthy, o *The Walking Dead*, la serie basada en el cómic de Robert Kirkman, Charlie Adlard y Michael Anthony Moore, donde la vida es por fuerza «solitaria, asquerosa, bruta y corta». Del otro, un cosmos que al fin ha sido poblado por humanos, quienes colonizan planetas y galaxias con el frenesí de los conquistadores españoles en América o los ingleses en la India. En cualquiera de los casos, queda poco lugar para la esperanza.

Una ficción más arriesgada te confronta con la posibilidad de toparte con una inteligencia alienígena, sea pacífica, como en *Encuentros cercanos del tercer tipo* (1977), de Steven Spielberg, *Contacto* (1985), de Carl Sagan, o *La llegada* (2016), de Denis Villeneuve, o maliciosa y agresiva, como en *La guerra de los mundos*, de H. G. Wells, *Alien* (1979), de Ridley Scott, y sus secuelas, la serie *Colony* (2016-2018), de Carlton Cuse y Ryan J. Condal, o *El problema de los tres cuerpos* (2008), de Liu Cixin. Sin falta, esos *otros* encarnan las pequeñas diferencias que han unido o confrontado —a veces hasta la aniquilación— a distintos grupos humanos a lo largo de la historia. La pregunta más inquietante sería otra: ¿los extraterrestres imaginarán como nosotros? Quedan pocas dudas de que la inteligencia y la conciencia, tal como las conocemos, no podrían surgir sin la capacidad de concebir futuros posibles. ¿Cómo serán, entonces, no ya las ficciones sobre alienígenas, sino las ficciones alienígenas?

Una posibilidad más dramática te lleva a observar un cosmos donde los humanos de pronto ya no están allí. Si tantas y tantas especies animales se han extinguido sin remedio, a veces por nuestra culpa, ¿qué impide que una conflagración atómica, la degradación medioambiental, el impacto de un meteorito o el mero paso del tiempo —la paulatina transformación del Sol en una gigante roja— no acabe con el *Homo sapiens* antes de haber desarrollado la tecnología necesaria para habitar otros planetas?

A partir de aquí, las ficciones se vuelven escalofriantes: la posibilidad de que, en cien mil millones de años, este cosmos que ha ido expandiéndose se repliegue con idéntica fruición hasta desaparecer en un punto cuya temperatura rondaría el infinito y donde el espacio-tiempo ya no tendría lugar. No sé si te consuele que, dado que el tiempo se creó con el *big bang* y por tanto no puede decirse que haya habido algo *antes*, tras el *big cruch* tampoco habrá nada *después*. No voy a detenerme aquí en un escenario más anticlimático: la posibilidad de que, en vez de estallar con una violencia equivalente a la de su nacimiento, el universo simplemente se agote poco a poco, como un anciano moribundo, dejando en el camino una abúlica nube de fotones y leptones en el lapso inimaginable de 10^{106} años en el futuro.

No tienes que viajar tan lejos, sin embargo, para contemplar el fin: cada fallecimiento individual equivale a la disolución del cosmos. Aunque sabemos que nos aguarda a la vuelta de la esquina, preferimos hacer como si la muerte y su azarosa guadaña no existieran. Acaso esta ficción nos resulte imprescindible. Solo ella nos permite arrostrar cataclismos y desgracias y cumplir con el objetivo para el que fuimos programados y por el que, contra todo pronóstico, abrimos los ojos cada mañana: vivir y sobrevivir.

Último diálogo
Donde Felice instruye al bicho sobre la verdad

BICHO: Pues bien, así es como...

FELICE: ¡Basta!

BICHO: Lo que quiero decir...

FELICE: ¡Silencio, bicho! ¡Llevas días y días sin parar! ¿No te das cuenta?

BICHO: Yo solo...

FELICE: Te voy a decir lo que va a pasar hoy. Tú te vas a quedar allí, quietecito, sin abrir la boca, y vas a escuchar lo que yo tengo que decir.

Felice lo mira con severidad y el bicho calla.

FELICE: Ficciones, ficciones y más ficciones. Llevas semanas aleccionándome, con ese tonito condescendiente que te caracteriza y que, debo decirlo, tanto me recuerda al de Franz, sobre tus ideas en torno a la ficción. No quiero decir que tu relato no me haya interesado, bicho, pero ya no puedo más. Como tampoco con Franz y su indecisión.

Felice hace una pausa y toma aire.

FELICE: Después de tu inagotable discurso, voy a compartirte lo que más me importa a mí. No la ficción, sino la verdad. A lo largo de este tiempo hemos ido desde el *big bang* hasta el siglo XXI, e incluso más allá, al futuro, a través de las incontables ficciones que los humanos nos hemos inventado para sobrevivir, multiplicarnos y darle sentido al universo y, al mismo tiempo, para preservar las desigualdades e injusticias que siempre nos han caracterizado. Hoy me queda claro que, si para algo sirven las ficciones, es para que unos pocos se aprovechen de la mayoría. Los ricos de los pobres, los poderosos de los desposeídos, los hombres de las mujeres... La cuestión, bicho, es que esta frase no es otra ficción, sino la *verdad*. Así como la ciencia presupone que la realidad existe, yo también creo que existe, pese a cada atentado en su contra, la verdad. O, para no contradecirte por completo, un puñado de verdades irrenunciables. Estoy convencida de que, sin ellas, la existencia humana tal vez no carezca de sentido, pero sí de sentido *moral*. Ya sé que la ficción no equivale a la mentira, pero con frecuencia ambas se confunden o entremezclan y, una vez que eso ocurre, parecería que ya *nada* es verdad. Y allí ya no puedo ponerme de tu lado, bicho. Si yo busco la verdad, no es para tener razón ni para ganarte un juego, tampoco para imponer mis ficciones sobre las tuyas, sino para impedir que tú o cualquier otro se salga con la suya. Me parece encomiable dedicar un libro a la ficción, pero vivimos en una época en que la verdad se halla bajo amenaza y en la cual a la mayor parte de las personas parece ya no importarle. Si todo es ficción, ¿para qué actuar? Una mentira solo es más grande o más pequeña, me dirás. Me niego a aceptar este argumento, bicho. Así de simple: me niego. Alegarás que no todas las ficciones son iguales, que hay algo así como ficciones más ficticias que otras, pero esta tosca distinción no me sirve. Sin duda hay mentiritas y mentirotas, pero no solo eso, bicho, también hay, detrás de ellas, verdades. La mayor de ellas, como has dicho, es la muerte: todos llegaremos a ella en un momento u otro, mi adorado e inseguro Franz, yo misma e incluso tú, bicho, aunque no existas. Frente a la contundencia del fin no hay ficción que valga. Pero no es la única: incontables seres humanos han dedicado sus vidas, o incluso las han sacrificado, para acercarse a la verdad. Decir que al final solo acumularon patrañas me parece una indecencia. Luego de asombrarme y maravillarme ante las inauditas ficciones que ha concebido el genio humano y que hemos revisado juntos a lo largo de estas páginas, quiero ser yo quien tenga la última palabra. Frente a tantas y tantas ficciones que solo benefician a los más despreciables bichos de este mundo, yo sigo creyendo que vale la pena luchar a brazo partido, sin descanso y con denuedo, por la verdad.

Falso epílogo

Àl despertar una mañana, luego de un sueño intranquilo, me descubro transformado otra vez en un monstruoso ser humano: mis antenas y mis tres pares de patas al aire se han desvanecido, lo mismo que mi odioso caparazón. Sin embargo, no lo he imaginado: lo he vivido. He sido un bicho, el bicho de Kafka. O, al menos, el bicho que me he inventado a partir del suyo y que, mal que bien, ha conversado contigo sobre las distintas variedades de la ficción a lo largo de estas páginas.

א

Si me has acompañado hasta aquí, tú, lectora, lector —mi semejante—, has sido Felice. No sé si la ansiosa Felice Bauer, quien, tras intercambiar cerca de quinientas cartas con *su* Franz, obligándolo a desnudar su alma delante de ella, aceptó el irremediable final de su segundo compromiso, lloró, se casó con otro, formó una familia, escapó del Holocausto huyendo a Suiza, abrió una tienda de bordados en Estados Unidos, rozó la pobreza, enviudó y acaso fue, siquiera por momentos, feliz. Pero sí eres la Felice que tuvo la paciencia de escuchar mi perorata —o la del bicho— y la generosidad de contrastarla, desmentirla o enriquecerla con tu propia imaginación. Es falso que escribir un libro sea un trabajo solitario: siempre se lleva a cabo al menos entre dos.

א

No voy a pelear contigo: la verdad, o al menos la verdad a la que te refieres, sin duda se ha vuelto un bien escaso en esta era descreída e hipócrita. No lo niego. Solo puedo aducir, en mi defensa, una idea que barruntaba desde el inicio de este libro:

«la verdad», en palabras de Juan José Saer, «no es necesariamente lo contrario de la ficción».

א

Me gustaría que mi perro Orfeo, así como las demás criaturas que habitan sobre la Tierra, compartieran nuestra habilidad ficcional. Y, dado el caso, incluso que los alienígenas y los robots del porvenir —los cuales de seguro estarán dotados con nuevas formas de autoconciencia— gozaran de ella. Ojalá fuesen capaces de enfrentar este universo incierto y hostil reproduciéndose y poniéndose en el lugar de los otros tramando ficciones de sí mismos. Pero lo cierto es que, si algo nos vuelve humanos, desvergonzadamente humanos, es nuestro singular talento para la ficción.

א

No sabemos qué sea el mundo, solo que nuestra única forma de habitarlo y aprehenderlo es por medio de las ficciones que nuestros cerebros crean a partir de él. Querámoslo o no, somos jugadores en un campo de juego —una realidad— que será siempre virtual.

א

Yo soy una ficción. Las ficciones que creo de mí mismo, a veces de forma intencional y casi siempre sin darme cuenta, así como aquellas con que me recubren los demás. Aceptarlo con desparpajo —asumir que no existe una única verdad sobre mí— me torna más contradictorio, complejo y elusivo. Más humano. Más —no hallo mejor forma de decirlo—, más yo.

א

Para mí, este también ha sido un libro de despedidas: de mis padres, de algunos amigos, de mi juventud —de los *yos* que he dejado atrás—, de mi familia, de distintos amores, de mi país de origen. Pensar en ellos, y crear ficciones a partir de ellos, es la única forma que encuentro de tener cerca lo que está lejos y de conservar lo que se ha ido.

א

No ser solo uno. Ser otros. Ser legión. Ser yo y ser tú y ser él y ser nosotros y ser ustedes y, acaso lo más arduo, ser ellos. No estar nunca solo y vivir en compañía de fantasmas. Anticipar la felicidad futura —que ya es una forma de felicidad presente—, y creer que los otros, todos los otros, la necesitan y merecen tanto como yo.

Estos son los dones que nos concede la ficción.

En medio del Atlántico, 6 de mayo de 2024

Cronología de la ficción

Índice de las principales ficciones mencionadas en este libro*

a = artes visuales y arquitectura; c = ciencia (y tecnología); d = derecho; f = filosofía (y política, ciencias sociales y psico-análisis); h = historia; i = invenciones; l = literatura y cómics; m = música; p = cine; r = mito y religión; t = artes escénicas; tv = televisión; v = videojuegos

c. −13,800 millones	*Big bang*
380,000 años después del *big bang*	*Recombinación cósmica*. Aparición de los primeros átomos neutros
250 millones después del *big bang*	Formación de las primeras estrellas
−8,000 millones	Formación del sistema solar
−5,000 millones	Formación de la Tierra
−4,280 millones	Surgimiento de la vida
−610 millones	Primeros animales
−220 millones	Primeros mamíferos
−70 millones	Aparición de los primates
−65 millones	Extinción de los dinosaurios
−7 millones	Aparición de los *Hominidae*
−5 millones	Aparición de los australopitecos
−2.5 millones	Aparición del *Homo habilis*
−1.9 millones	Aparición del *Homo erectus*. Desarrollo del lenguaje simbólico
−0.8 millones	Aparición del *Homo sapiens*. Surgimiento de la ficción
−400,000	Divergencia entre *sapiens*, denisovanos y neandertales
−100,000	Migración desde África hasta Eurasia

---

* Me valgo de las traducciones más habituales al español; cuando no existen, las versiones de los títulos son mías. *(Nota del bicho)*.

–65,000	Primeras pinturas rupestres **a**
–50,000	Primeras herramientas de sílex **i**
–25,000	Primer mapa tallado en un cuerno de mamut **a**
–17,000	Pinturas rupestres de Lascaux **a**
–4000	Invención de la notación aritmética en Sumeria **i**
–3000	Invención de la escritura en Sumeria **i**
	Primer uso del papiro y primeros jeroglifos en Egipto **i**
	Invención de la rueda **i**
–2560	Gran pirámide de Giza **a**
–2300	Enheduanna: *Himnos a la luna* **r**
–2200	Primeras herramientas de bronce en Egipto **a**
–2100	Sîn-lēqi-unninni: *Poema de Gilgameš* **l**
	Código de Ur-Nammu o Shulgi **d**
–1800	Primera escritura alfabética en el Sinaí **i**
–1500-900	Los *Vedas* **r**
–1750	*Código de Hammurabi* **d**
–1600	Escritura china desarrollada **i**
–1570	*Enūma Eliš* **l**
–1050	Escritura fenicia **i**
–1000	Cantar de los Cantares **l**
–c. 762	Homero: la *Ilíada* y la *Odisea* **l**
–753	Fundación de Roma
–730--700	Hesíodo: *Teogonía* **r**
–600	Nacimiento de la escritura en Mesoamérica **i**
–585	Tales predice un eclipse solar **c**
–534	Primeras Dionisias **t**
–508	Democracia en Atenas
–500	Invención del ábaco en China **i**
–472	Esquilo: *Los persas* **t**
c. –450--350	Compilación definitiva de la Torá **l**
–447	Inicia la construcción del Partenón en Atenas **a**
–432	Concluye la construcción del Partenón **a**

–430	Heródoto: *Historias* **h**
–404	Eurípides (?): *Reso* **t**
c. –385	Platón: *El banquete* **f**
–380	Platón: *La república* **f**
c. –340	Praxíteles: *Hermes con el niño Dioniso* **a**
–335	Aristóteles: *Poética* **f**
c. –250	Primeros cuentos del *Panchatantra* **l**
c. –200	*Mahabharata* **l**
	Ramayana **l**
c. –120	*Venus de Milo* **a**
c. –51	Cicerón: *La república* **f**
c. –50	Lucrecio: *De la naturaleza de las cosas* **f**
c. 2	Ovidio: *Arte de amar* **l**
c. 7	Estrabón: *Geografía* **c**
8	Ovidio: *Metamorfosis* **l**
c. 70	Marcos: *Evangelio* **r**
75-79	Flavio Josefo: *La guerra de los judíos* **h**
77	Plinio el Viejo: *Historia natural* **h**
c. 80	Mateo y Lucas: *Evangelios* **r**
c. 90	Juan: *Evangelio* y *Apocalipsis* **r**
c. 150	Ptolomeo: *Mathematiké syntaxis* **c**
313	Constantino proclama la tolerancia religiosa
380	Teodosio I hace del cristianismo la religión oficial del Imperio romano
398	Agustín de Hipona: *Confesiones* **r**
476	Caída del Imperio romano de Occidente
610-632	Mahoma recita el Corán **r**
622	Hégira de Mahoma a La Meca
c. 975-1025	*Beowulf* **l**
c. 1000	Sei Shōnagon: *El libro de la almohada* **l**
	Murasaki Shikibu: *La novela de Genji* **l**
c. 1040-115	*Cantar de Roldán* **l**
1096	Inician las cruzadas
c. 1100	Primeras versiones de *Las mil y una noches* **l**
c. 1150	Béroul: *Tristam et Yseult* **l**
c. 1181	De Troyes: *Perceval* **l**

c. 1200	*Cantar de mio Cid* l
c. 1210	Eschenbach: *Parzival* l
c. 1220	*Cantar de los nibelungos* l
1259-1265	Tomás de Aquino: *Suma contra gentiles* f
1265-1274	Tomás de Aquino: *Suma teológica* f
1298	Marco Polo: *Il Milione* l
1305	Giotto: capilla de los Scrovegni a
1308-1321	Dante: *Divina comedia* l
1333	Martini y Memmi: *Anunciación* a
1342	Lorenzetti: *Presentación en el templo* a
1353	Boccaccio: *Decamerón* l
1354	Ibn Yuzayy: *Riḥla* l
1375	*Atlas catalán de Carlos V* h
1400	Chaucer: *Cuentos de Canterbury* l
1434	Van Eyck: *El matrimonio Arnolfini* a
1440	Fra Angelico: *Anunciación* a
	Van Eyck: *La Virgen en una iglesia* a
1446	Christus: *Retrato de un cartujo* a
1450	Gutenberg perfecciona la imprenta de tipos móviles i
1453	Caída de Constantinopla
1459	Fra Mauro: *Mapamundi* h
1475	Della Francesca: *Ciudad ideal* a
1480	Mantegna: *Lamentación sobre Cristo muerto* a
1482	El Bosco: *El juicio final* a
1485	Botticelli: *El nacimiento de Venus* a
1492	Colón: *Diario de a bordo* h
1494-1525	D'Anghiera: *Décadas del Nuevo Mundo* h
1503	Da Vinci: *Gioconda* a
1504	Vespucci: *Mundus Novus* h
1507	Copérnico: *Pequeño comentario* c
1508-1512	Miguel Ángel: capilla Sixtina a
1511	Erasmo: *Elogio de la locura* f
1514	Durero: *Melancolía I* a
1515	Durero: *Rinoceronte* a

1516	Moro: *Utopía* l
1517	Lutero: *Las noventa y cinco tesis* f
1519	Magallanes inicia el viaje para circunnavegar el mundo
1521	Caída de México-Tenochtitlan
1532	Maquiavelo: *El príncipe* f
1540-1585	Sahagún: *Historia general de las cosas de Nueva España* h
1541	Miguel Ángel: *El juicio final* a
	Benavente: *Historia de los indios de la Nueva España* h
1543	Copérnico: *De las revoluciones de los orbes celestes* c
1548	Loyola: *Ejercicios espirituales* f
1550	Vasari: *Las vidas de los más excelentes arquitectos, pintores y escultores italianos* h
1552	De las Casas: *Brevísima relación de la destrucción de las Indias* h
	López de Gómara: *Historia de la conquista de México* h
1554	*Lazarillo de Tormes* l
1566	Landa: *Relación de las cosas de Yucatán* h
1573	Paré: *De monstruos y prodigios* c
1575	Díaz del Castillo: *Historia verdadera de la conquista de la Nueva España* h
	Huarte de San Juan: *Examen de ingenios para las ciencias* f
1585	Cervantes: *La Galatea* l
1598	Peri: *Dafne* m
	Tang Xianzu: *El pabellón de las peonías* m
1599	Shakespeare: *Como gustéis* t
1600	Peri: *Eurídice* m
1603	Shakespeare: *Hamlet* t
1605	Cervantes: *El ingenioso hidalgo don Quijote de la Mancha* l
1606	Shakespeare: *Macbeth* t
	Shakespeare: *El rey Lear* t
1608	Kepler: *Sueño* l

1611	Shakespeare: *La tempestad* **t**
1614	Avellaneda: *Don Quijote* **l**
1615	Cervantes: *Segunda parte de don Quijote de la Mancha* **l**
1617	Cervantes: *Los trabajos de Persiles y Sigismunda* **l**
1621	Burton: *Anatomía de la melancolía* **f**
1632	Díaz del Castillo: *Historia verdadera de la conquista de la Nueva España* **h**
1635	Calderón: *La vida es sueño* **t**
1637	Manelli y Ferrari: *L'Andromeda* **m**
	Descartes: *Discurso del método* **f**
1639	Monteverdi: *El regreso de Ulises a la patria* **m**
1643	Monteverdi: *La coronación de Popea* **m**
1651	Hobbes: *Leviatán* **f**
1656	Velázquez: *Las meninas* **a**
1665	Hooke descubre las células **c**
1667	Milton: *El paraíso perdido* **l**
1670	Pascal: *Pensamientos* **f**
1683	De la Bretonnière: *Venus en el claustro* **l**
1687	Newton: *Principia mathematica* **c**
1689	Sor Juana: *Inundación castálida* **l**
1691	Sor Juana: *Respuesta a sor Filotea de la Cruz* **f**
1692	Sor Juana: *El sueño* **l**
1704	Newton: *Óptica* **c**
1714	Mandeville: *La fábula de las abejas* **f**
1717-1721	Bach: *Conciertos de Brandemburgo* **m**
1719	Defoe: *Robinson Crusoe* **l**
1721	Vivaldi: *Las cuatro estaciones* **m**
1722	Primera traducción al español, por Francisco Ximénez, del *Popol Vuh* **l**
	Bach: *El clavecín bien temperado* **m**
1724	Bach: *La pasión según san Juan* **m**
1727?	Bach: *La pasión según san Mateo* **m**
1733	Vivaldi: *Motezuma* **m**
	Pergolesi: *La serva padrona* **m**

1734 ———————————— Voltaire: *Cartas filosóficas* f

1739 ———————————— Händel: *Saúl e Israel en Egipto* m

1741 ———————————— Händel: *Mesías* m

1742 ———————————— Bach: *El arte de la fuga* m

1747 ———————————— Voltaire: *Zadig* l

1748 ———————————— Diderot: *Las joyas indiscretas* l

Richardson: *Clarissa* l

1749 ———————————— Händel: *Salomón* m

Voltaire: *Nanine* l

1749-1789 ———————— Buffon: *Historia natural* c

1750 ———————————— Diderot: *Prospecto de la Enciclopedia* f

1751 ———————————— D'Alembert: *Discurso preliminar de
la Enciclopedia* f

1752 ———————————— Händel: *Jefté* m

1752-1765 ———————— *Enciclopedia* f

1753 ———————————— Linneo: *Sistema natural* c

1755 ———————————— Rousseau: *Discurso sobre el origen y los
fundamentos de la desigualdad entre
los hombres* f

1759 ———————————— Sterne: *Tristram Shandy* l

Smith: *Teoría de los sentimientos
morales* f

1761 ———————————— Rousseau: *Julie, o la nueva Eloísa* l

1763 ———————————— Voltaire: *Tratado sobre la tolerancia* f

1770 ———————————— Raynal: *Historia filosófica y política de
los establecimientos y del comercio
de los europeos en las dos Indias* f

1773 ———————————— Herder: *Extracto de una correspondencia
en torno a Ossian* f

1776 ———————————— Smith: *La riqueza de las naciones* f

1781 ———————————— Schiller: *Los bandidos* t

Kant: *Crítica de la razón pura* f

1782 ———————————— Laclos: *Las amistades peligrosas* l

Enciclopedia metódica f

1785 ———————————— Kant: *Fundamentación de la metafísica
de las costumbres* f

1786 ———————————— Mozart: *Las bodas de Fígaro* m

1787 ———————————— Mozart: *Don Giovanni* m

1788 —————————— Kant: *Crítica de la razón práctica* f
————— Mozart: *Sinfonías 39, 40 y 41, «Júpiter»* m
1789 —————————— Toma de la Bastilla
————— *Declaración de los derechos del hombre y del ciudadano* f
————— Blake: *Canciones de inocencia y de experiencia* l
1790 —————————— Mozart: *Così fan tutte* m
————— Kant: *Crítica del juicio* f
————— Burke: *Reflexión sobre la revolución en Francia* h
1791 —————————— De Gouges: *Declaración de los derechos de la mujer y de la ciudadana* f
1792 —————————— Wollstonecraft: *Vindicación de los derechos de la mujer* f
1796 —————————— Babeuf: *Manifiesto de los iguales* f
1797 —————————— Kant: *La metafísica de las costumbres* f
1798 —————————— Coleridge y Wordsworth: *Baladas líricas* l
————— Malthus: *Ensayo sobre el principio de la población* f
1804 —————————— Beethoven: *Tercera sinfonía, «Heroica»* m
1808 —————————— Beethoven: *Quinta sinfonía y Sexta sinfonía, «Pastoral»* m
1812-1816 —————— Hegel: *Ciencia de la lógica* f
1813 —————————— Hermanos Grimm: *Cuentos infantiles* l
1814 —————————— Austen: *Mansfield Park* l
1816 —————————— Coleridge: «Kubla Khan» l
1817 —————————— Hegel: *Enciclopedia de las ciencias filosóficas* f
1818 —————————— P. Shelley: «Ozymandias» l
————— M. Shelley: *Frankenstein* l
1819 —————————— Keats: «Oda a una urna griega» l
————— Schopenhauer: *El mundo como voluntad y representación* f
1821 —————————— De Quincey: *Confesiones de un inglés comedor de opio* l
————— Hegel: *Principios de la filosofía del derecho* f

1824	Beethoven: *Novena sinfonía* **m**
	Byron: «En este día cumplo treinta y seis años» **l**
	Niépce: *Vista desde la ventana en Le Gras* **a**
1825	Brillat-Savarin: *Fisiología del gusto* **f**
1827	Hugo: *Cromwell* **t**
1830	Pushkin: *Mozart y Salieri* **t**
	Hugo: *Hernani* **t**
	Berlioz: *Sinfonía fantástica* **m**
1830-1850	Balzac: *La comedia humana* **l**
1831	Balzac: «La obra maestra desconocida» **l**
1832	Hugo: *El rey se divierte* **t**
	Balzac: *Louis Lambert* **l**
1834	Balzac: *Séraphîta* **l**
1837-1843	Balzac: *Las ilusiones perdidas* **l**
1838	Hugo: *Ruy Blas* **l**
	Esquirol: *Las enfermedades mentales* **c**
1839	Cornelius: *Autorretrato* **a**
1841	Millet: *Autorretrato* **a**
1842	Verdi: *Nabucco* **m**
	Gógol: *Almas muertas* **l**
1843	Kierkegaard: *Y/o* y *Temor y temblor* **f**
1844	Poe: *La carta robada* **l**
	Poe: *El entierro prematuro* **l**
1845	Dumas: *El conde de Montecristo* **l**
	Mérimée: *Carmen* **l**
	Tristan: *La emancipación de la mujer* **f**
1847	Ch. Brontë: *Jane Eyre* **l**
	E. Brontë: *Cumbres Borrascosas* **l**
	A. Brontë: *Agnes Grey* **l**
1848	Marx y Engels: *Manifiesto del Partido Comunista* **f**
	A. Brontë: *La inquilina de Wildfell Hall* **l**
1849	Ch. Brontë: *Shirley* **l**
1850	Hawthorne: *La letra escarlata* **l**
1851	Verdi: *Rigoletto* **m**
	Melville: *Moby Dick* **l**

1851-1882 ——————— Wagner: *El anillo del nibelungo* m

1853 ——————— Verdi: *La traviata* m

Ch. Brontë: *Villette* l

1855 ——————— Gobineau: *Ensayo sobre la desigualdad de las razas humanas* f

1856 ——————— Flaubert: *Madame Bovary* l

1857 ——————— Baudelaire: *Las flores del mal* l

Kardec: *El libro de los espíritus* f

1859 ——————— Darwin: *Sobre el origen de las especies por medio de la selección natural, o la preservación de las razas favorecidas en la lucha por la vida* c

1861 ——————— Kardec: *El libro de los médiums* f

1864 ——————— Lombroso: *Genio y locura* c

1865 ——————— Wagner: *Tristán e Isolda* m

Leskov: *Lady Macbeth de Mtsensk* l

Zola: *La confesión de Claude* l

1865-1869 ——————— Tolstói: *Guerra y paz* l

1866 ——————— Dostoievski: *El jugador* y *Crimen y castigo* l

1867 ——————— Zola: *Thérèse Raquin* l

1867-1905 ——————— Marx: *El capital* f

1869 ——————— Galton: *El genio hereditario* c

1870 ——————— Sacher-Masoch: *La venus de las pieles* l

1871 ——————— Darwin: *El origen del hombre* c

1872 ——————— Nietzsche: *El nacimiento de la tragedia* f

Darwin: *La expresión de las emociones en el hombre y en los animales* c

Dostoievski: *Los demonios* l

1872-1887 ——————— Charcot: *Lecciones sobre las enfermedades del sistema nervioso impartidas en la Salpêtrière* c

1873 ——————— Rimbaud: *Una temporada en el infierno* l

Bakunin: *Estatismo y anarquía* f

1873-1876 ——————— Nietzsche: *Consideraciones intempestivas* f

1874 ——————— Gray y Bell inventan el teléfono i

1876 ——————— Lombroso: *El hombre delincuente* c

676

1878	Nietzsche: *Humano, demasiado humano* f
	Tolstói: *Anna Karénina* l
	De Queiroz: *El primo Basilio* l
1879	Reynaud inventa el praxinoscopio y la pantalla i
1880	Zola: *Nana* l
1882	Wagner: *Parsifal* m
	Bakunin: *Dios y el Estado* f
1883-1885	Nietzsche: *Así habló Zaratustra* f
1884	Engels: *El origen de la familia, la propiedad privada y el Estado a la luz de las investigaciones de Lewis H. Morgan* f
	Huysmans: *Al revés* l
1885	Clarín: *La Regenta* l
	Zola: *Germinal* l
1886	Stevenson: *El extraño caso del doctor Jekyll y mister Hyde* l
	Nietzsche: *Más allá del bien y del mal* f
	Krafft-Ebing: *Psychopathia sexualis* c
1887	Nietzsche: *La genealogía de la moral* f
1889	Nietzsche: *El caso Wagner* f
1890	Wilde: *El retrato de Dorian Gray* l
1891	Tolstói: *La sonata a Kreutzer* l
	Wilde: *Salomé* t
	Edison inventa el kinetoscopio i
1893	Verdi: *Falstaff* m
	Lombroso: *La mujer normal, la criminal y la prostituta* c
1894	Conrad: *El agente secreto* l
1895	Nietzsche: *El Anticristo* f
	Freud y Breuer: *Estudios sobre la histeria* c
	Fontane: *Effi Briest* l
	Los hermanos Lumière presentan sus primeros cortos cinematográficos p
1896	Strauss: *Así habló Zaratustra* m
	Méliès: *Escamoteo de una dama* p
1897	Marconi inventa la radio i

677

1898	Zola: «J'accuse» **f**
	Wells: *La guerra de los mundos* **l**
1899	Freud: *La interpretación de los sueños* **f**
	Méliès: *El affaire Dreyfus y La Cenicienta* **p**
1900	Williamson: *Ataque en una misión en China* **p**
1901	Zecca: *Historia de un crimen* **p**
1902	Kropotkin: *El apoyo mutuo: un factor de la evolución* **f**
	Conrad: *El corazón de las tinieblas* **l**
	Méliès: *El viaje a la luna* **p**
	Los protocolos de los sabios de Sion **l**
1903	Klimt: *Retrato de Adele Bloch-Bauer* **a**
	Porter: *Asalto y robo de un tren* **p**
	Wedekind: *La caja de Pandora* **t**
1904	Méliès: *Fausto y Margarita* **p**
1905	Matisse: *Mujer con sombrero* **a**
	Bouguereau: *Niña con una cesta de frutas* **a**
	Einstein presenta su teoría de la relatividad especial **c**
	Strauss: *Salomé* **m**
1906	Derain: *Muelle en L'Estaque* **a**
1907	Picasso: *Las señoritas de Aviñón* **a**
1908	Braque: *Viaducto en L'Estaque* **a**
	Schönberg: *Cuarteto para cuerdas n.º 2* **m**
1909	Strauss: *Electra* **m**
	Marinetti: *Manifiesto futurista* **l**
1910	Picasso: *Mujer con un tarro de mostaza* **a**
	Stravinski: *El pájaro de fuego* **m**
1911	Stravinski: *Petrushka* **m**
1912	Duchamp: *Desnudo bajando una escalera, n.º 2* **a**
1912-1913	Delaunay: *Primer disco* **a**
1913	Freud: *Tótem y tabú* **f**
	Shaw: *Pigmalión* **t**
	Stravinski: *La consagración de la primavera* **m**
	Meidner: *Paisaje apocalíptico* **a**

1913-1914	Malévich: *Cuadrado negro* a
1913-1927	Proust: *En busca del tiempo perdido* l
1914	Lehrman: *Carreras de autos para niños* p
	De Chirico: *Canción de amor* a
	Wigman: *Hexentanz* t
	Unamuno: *Niebla* l
1915	Griffith: *El nacimiento de una nación* p
	Kafka: *La transformación* l
	Perkins: *Herland* l
1916	Griffith: *Intolerancia* p
1917	Freud: *Lecciones de psicoanálisis* f
	Duchamp (?): *Fuente* a
	Lenin: *El Estado y la revolución* f
1918	Tzara: *Primer manifiesto dadaísta* l
1919	Hesse: *Demian* l
	Schulhoff: *Cinco cuadros pintorescos* m
1920	Čapek: *RUR* t
	Wiene: *El gabinete del doctor Caligari* p
1921	Chaplin: *El chico* p
	Schönberg: *Método de composición con doce sonidos* m
	Pirandello: *Seis personajes en busca de autor* t
1922	Delluc: *La mujer de ninguna parte* p
	Murnau: *Nosferatu, el vampiro* p
	Joyce: *Ulises* l
	Lang: *El doctor Mabuse* p
1923	DeMille: *Los diez mandamientos* p
1924	Breton: *Manifiesto del surrealismo* l
	Zamiatin: *Nosotros* l
	Stroheim: *Avaricia* p
1925	Kafka: *El proceso* l
	Eisenstein: *El acorazado Potemkin* p
	Hitler: *Mi lucha* f

1926	Fulcanelli: *El misterio de las catedrales* l
	Murnau: *Fausto* p
	Keaton: *El maquinista de la General* p
	Renoir: *Nana* p
	Kafka: *El castillo* l
1927	Sternberg: *La ley del hampa* p
	Gance: *Napoleón* p
	Crosland: *El cantante de jazz* p
	Lang: *Metrópolis* p
	Kafka: *América* l
	Warburg: *Atlas Mnemosyne* a
1928	Vidor: *Y el mundo marcha* p
	Foy: *Luces de Nueva York* p
	Disney crea el personaje de Mickey Mouse p
	Woolf: *Orlando* l
1929	Pabst: *La caja de Pandora* p
	Magritte: *Esto no es una pipa* a
	Woolf: *Una habitación propia* f
1930	Freud: *El malestar en la cultura* f
1931	O'Neill: *El luto le sienta a Electra* t
	Lang: *M. El vampiro de Düsseldorf* p
1932	Huxley: *Un mundo feliz* l
1934	Siegel y Shuster: *Supermán* l
1936	Benjamin: *La obra de arte en la era de su reproductibilidad técnica* f
1937	Tolkien: *El hobbit* l
1938	Woolf: *Tres guineas* f
1939	Inicio de la Segunda Guerra Mundial
	Borges: «Pierre Menard, autor del *Quijote*» l
	Joyce: *Finnegans Wake* l
	Wyler: *Cumbres Borrascosas* p
	Borges: «La Biblioteca Total» l
1940	Borges: «Tlön, Uqbar, Orbis Tertius» l
1941	Welles: *Ciudadano Kane* p
	Borges: «La biblioteca de Babel» l

1942 ——————————— Anouilh: *Antígona* t

    ————— Cuesta: *Canto a un dios mineral* l

    ————— Asimov: «Círculo vicioso» l

1943 ——————————— Stevenson: *Jane Eyre* p

    ————— Popper: *La sociedad abierta y sus enemigos* f

1946 ——————————— Bernhardt: *Predilección* p

    ————— Jaspers: *El problema de la culpa* f

1947 ——————————— Mann: *Doktor Faustus* l

1949 ——————————— Orwell: *1984* l

    ————— Beauvoir: *El segundo sexo* f

    ————— Borges: *El Aleph* l

1950-1956 ——————————— Lewis: serie de *Narnia* l

1951 ——————————— Salinger: *El guardián entre el centeno* l

1952 ——————————— Steinbeck: *Al este del Edén* l

    ————— Borges: *Otras inquisiciones* l

    ————— Cage: *4'33"* m

1953 ——————————— Wittgenstein: *Investigaciones filosóficas* f

    ————— Watson y Crick describen la estructura del ADN c

    ————— Rodríguez: *Dos tipos de cuidado* p

1954 ——————————— Tolkien: *El señor de los anillos* l

    ————— Golding: *El señor de las moscas* l

    ————— Buñuel: *Abismos de pasión* p

    ————— Aury: *Historia de O* l

    ————— Estévez: *Cantata criolla* m

1954-1973 ——————————— Maxwell: *Lassie* tv

1955 ——————————— Rulfo: *Pedro Páramo* l

1956 ——————————— Vidor: *Guerra y paz* p

1957 ——————————— Walsh: *Operación Masacre* l

    ————— Lanzamiento del Sputnik I c

    ————— Rand: *La rebelión de Atlas* l

    ————— Borges y Guerrero: *El libro de los seres imaginarios* l

1958 ——————————— O'Gorman: *La invención de América* h

    ————— Borges: «El Golem» l

    ————— Blixen: «El festín de Babette» l

1959	León Portilla: *Visión de los vencidos* h
1959-1964	Serling: *La dimensión desconocida* tv
1960-1966	Hanna-Barbera: *Los Picapiedra* tv
1961	Foucault: *Historia de la locura en la época clásica* f
	Manzoni: *Mierda de artista* a
	Ben: *Todo es arte* a
	Fanon: *Los condenados de la tierra* f
1961-1962	Hanna-Barbera: *Don Gato* tv
1962	Fuentes: *Aura* l
	Russell: *Spacewar!* v
1963	Arendt: *Eichmann en Jerusalén* f
	Friedan: *La mística de la feminidad* f
1963-1989 y 2005-	Newman, Webber y Wilson: *Doctor Who* tv
1964-1967	Cowden y Browning: *Flipper* tv
1965	Buñuel: *Simón del desierto* p
	Beuys: *Cómo explicar el arte a una liebre muerta* a
	Herbert: *Dune* l
	Capote: *A sangre fría* l
1965-1970	Brooks: *El superagente 86* tv
1966	Foucault: *Las palabras y las cosas* f
	Rhys: *Ancho mar de los Sargazos* l
1966-	Roddenberry: *Star Trek* t
1966-1967	Trendle y Striker: *El Avispón Verde* tv
1966-1968	Dozier: *Batman* tv
1967	Zambrano: *La tumba de Antígona* t
	Debord: *La sociedad del espectáculo* f
	García Márquez: *Cien años de soledad* l
	Solanas: *Manifiesto SCUM* f
	Derrida: *De la gramatología* f
	Bondarchuk: *Guerra y paz* p
	LeWitt: *Párrafos sobre arte conceptual* a
1968	Yourcenar: *Opus nigrum* l
	Elizondo: *El hipogeo secreto* l
	Kubrick: *2001. Una odisea del espacio* p

1968	Dick: *¿Sueñan los androides con ovejas eléctricas?* l
1968-1970	McCallum: *Skippy* tv
1968-2003	Levinson y Link: *Columbo* tv
1969	Llegada del hombre a la Luna c
	Canetti: *El otro proceso* f
1970	Conway: *Juego de la vida* c
	Brecht: *Sin título (Mapa de pizarra de Europa)* a
	Firestone: *La dialéctica del sexo* f
1971	Dorfman y Mattelart: *Para leer al Pato Donald* f
1971-1976	Martin: *Cannon* tv
1972	Deleuze y Guattari: *El anti-Edipo* f
	Alcorn: *Pong* v
	Acconci: *Seedbed* a
1973	Pynchon: *El arco iris de gravedad* l
1973-1978	Mann: *Kojak* tv
1973-1979	Gómez Bolaños: *El Chapulín Colorado* tv
1973-1980	Gómez Bolaños: *El chavo del 8* tv
1974	Pane: *Psyché* a
	Dilov: *El camino de Ícaro* l
	Dworkin: *Mujeres que odian* f
1975	Akerman: *Jeanne Dielman, 23 quai du Commerce* p
	Fuentes: *Terra Nostra* l
1976	Dawkins: *El gen egoísta* c
	Donner: *La profecía* p
	Banville: *Doctor Copernicus* l
1977	Lucas: *Star Wars, episodio IV* p
	Spielberg: *Encuentros cercanos del tercer tipo* p
1977-1979	Boretz: *El Increíble Hombre Araña* tv
1978	Said: *Orientalismo* f
	Nishikado: *Space Invaders* v
	Schaffner: *Los niños del Brasil* p
1978-1982	Marshall, McRaven y Glauberg: *Mork de Ork* tv

683

1978- —————————— Larson: *Battlestar Galactica* **tv**
1979 —————————— Shaffer: *Amadeus* **t**
          —————— Téchiné: *Las hermanas Brontë* **p**
          —————— Coppola: *Apocalypse Now* **p**
          —————— Scott: *Alien* **p**
          —————— Miller: *Mad Max* **p**
1980 —————————— Eco: *El nombre de la rosa* **l**
          —————— Sagan: *Cosmos. Un viaje personal* **tv**
          —————— Iwatani: *Pac-Man* **v**
1981 —————————— Davis: *Mujeres, raza y clase* **f**
1982 —————————— Scott: *Blade Runner* **p**
1983 —————————— Wolf: *Casandra* **l**
          —————— Maalouf: *Las cruzadas vistas por los árabes* **h**
1983-1984 —————— Alonso: *El maleficio* **tv**
1984 —————————— Cameron: *Terminator* **p**
          —————— Toriyama: *Dragon Ball* **l**
1985 —————————— Atwood: *El cuento de la criada* **l**
          —————— Haraway: *Manifiesto cíborg* **f**
          —————— Hofstadter: *Temas metamágicos* **c**
          —————— Sagan: *Contacto* **l**
1986 —————————— Levi: *Los hundidos y los salvados* **l**
          —————— Lerner: *La creación del patriarcado* **f**
          —————— Thiong'o: *Descolonizar la mente* **f**
          —————— Miller: *Batman: el regreso del Caballero
                    Oscuro* **l**
          —————— Moore y Gibbons: *Watchmen* **l**
1986-1987 —————— Olmos: *Cuna de lobos* **tv**
1987 —————————— Stone: *Wall Street* **p**
          —————— Anzaldúa: *Borderlands / La frontera:
                    la nueva mestiza* **f**
          —————— Axel: *El festín de Babette* **p**
1988 —————————— Eco: *El péndulo de Foucault* **l**
          —————— Maalouf: *Samarcanda* **l**
          —————— Markson: *La amante de Wittgenstein* **l**
1989 —————————— Penrose: *La nueva mente del emperador* **c**
          —————— Hernández: *De cómo Robert Schumann
                    fue vencido por los demonios* **l**

1989	Davis y Kenyon: *De pandas y personas* c
	Berners-Lee y Cailliau: WWW i
1989-	Groening: *Los Simpson* tv
1990	Butler: *El género en disputa* f
	Vargas Llosa: *La verdad de las mentiras* l
1992	Carrière: *La controversia de Valladolid* t
	Hiriart: *La destrucción de todas las cosas* l
	Kosminsky: *Cumbres Borrascosas* p
	Quino: *Todo Mafalda* l
1993	Said: *Cultura e imperialismo* f
	Spielberg: *Parque Jurásico* p
	Quijano: «Colonialidad del poder, eurocentrismo y democracia en América Latina» f
	Jodorowski y Moebius: *El Incal* l
1993-1999	Jacobson y Drescher: *La niñera* tv
1993-2002	Carter: *Los expedientes X* tv
1994-2004	Crane y Kauffman: *Friends* tv
1995	Eco: *Contra el fascismo* f
1996	Huntington: *El choque de civilizaciones* f
	Clonación de la oveja Dolly c
	Spiegelman: *Maus* l
1996-	Martin: *Canción de hielo y fuego* l
1997	Sartori: *Homo videns* f
	Niccol: *Gattaca* p
	Coetzee: *Infancia* l
	Oda: *One Piece* l
1997-2007	Rowling: saga de *Harry Potter* l
1998	Weir: *El show de Truman* p
1999	Hermanas Wachowski: *Matrix* p
	Spivak: *Crítica de la razón poscolonial* f
1999-2007	Chase: *Los Soprano* tv
1999-	Groening: *Futurama* tv
2000	Padilla: *Amphitryon* l
	Creed: *Obra 227: Luces que se encienden y se apagan* a
2001	Kojima: *Metal Gear Solid 2: Sons of Liberty* v

2001	Mbembe: *De lo poscolonial* f
	Spielberg: *I. A.* p
2001-2014	Cochran y Surnow: *24* tv
2002	Coetzee: *Juventud* l
	Golan: *Crimen y castigo* p
2002-2008	Simon: *The Wire* tv
2003	Chan-wook Park: *Oldboy* p
	Secuenciación completa del ADN humano c
2004	Fraser: *Sin título* a
	Bolaño: *2666* l
2004-2010	Abrams y Lindelof: *Lost* tv
2005	Atwood: *Penélope y las doce criadas* l
	Nolan: *Batman Begins* p
	Ishiguro: *Nunca me abandones* l
	Kurzweil: *La singularidad está cerca* f
2005-2007	Milius, MacDonald y Heller: *Roma* tv
2006	Lovelock: *Pertenecemos a Gaia* c
	Baszucki y Cassel: Roblox v
	McCarthy: *La carretera* l
2007	Freedman: *No hay vuelta atrás* f
2007-2010	Hirst: *Los Tudor* tv
2007-2015	Weiner: *Mad Men* tv
2007-2019	Lorre y Prady: *The Big Bang Theory* tv
2008	Stanton: *WALL·E* p
	Liu Cixin: *El problema de los tres cuerpos* l
	Satrapi: *Persépolis* l
2008-2013	Gilligan: *Breaking Bad* tv
2009	Park Chan-wook: *Thirst* p
	Coetzee: *Verano* l
	Cameron: *Avatar* p
2009-2020	Lloyd y Levitan: *Modern Family* tv
2010	Abramović: *La artista está presente* a
	Romanek: *Nunca me abandones* p
2010-2022	Kirkman y Darabont: *The Walking Dead* tv
2011	Harari: *Sapiens* h
	Arnold: *Cumbres Borrascosas* p

2011-2019 —————— Benioff y Weiss: *Juego de tronos* **tv**

2011-2020 —————— Raff: *Homeland* **tv**

2012 ——————┬ Carson: *Antigonick* **l**
            ├ Uribe: *Antígona González* **t**
            └ Palou: *El impostor* **l**

2013 ——————┬ Jonze: *Her* **p**
            ├ Stratton: *En secreto* **p**
            └ Coetzee: *La infancia de Jesús* **l**

2013-2018 ——————┬ Willimon: *House of Cards* **tv**
                └ Weisberg: *The Americans* **tv**

2014 ——————┬ Rovelli: *Siete breves lecciones de
            │   física* **c**
            └ Garland: *Ex-Machina* **p**

2014-2017 —————— Lindelof y Perrotta: *The Leftovers* **tv**

2015 —————— Manguel: *Una historia natural
            de la curiosidad* **h**

2016 ——————┬ Coetzee: *Los días de Jesús en la escuela* **l**
            └ Villeneuve: *La llegada* **p**

2016-2024 —————— Hermanos Duffer: *Stranger Things* **tv**

2017 ——————┬ Mendelsohn: *Una Odisea* **l**
            ├ Aonuma: *The Legend of Zelda: Breath
            │   of the Wild* **v**
            ├ Paglia: *Feminismo pasado y presente* **f**
            ├ Lent: *The patterning instinct* **f**
            └ Ferris: *Lo que más me gusta son los
                  monstruos* **l**

2017- —————— Miller: *El cuento de la criada* **tv**

2018 ——————┬ Barker: *El silencio de las mujeres* **l**
            ├ Scurati: *M. El hijo del siglo* **l**
            ├ Mignolo: *De la decolonialidad* **f**
            └ Baricco: *The Game* **f**

2018-2023 —————— Armstrong: *Succession* **tv**

2019 ——————┬ Coetzee: *La muerte de Jesús* **l**
            ├ Phillips: *Joker* **p**
            └ Kurvitz: *Disco Elysium. The Final Cut* **v**

2019-2023 —————— Moore, Wolpert y Nedivi: *Para toda
                  la humanidad* **tv**

2020	Pandemia de SARS-CoV-2
	O'Farrell: *Hamnet* l
	Greenberg: *Glass Town* l
	Scurati: *M. El hombre de la providencia* l
2021	Giannoli: *Las ilusiones perdidas* p
	Fares: *It Takes Two* v
	Galchen: *Todo el mundo sabe que tu madre es una bruja* l
2022	O'Connor: *Emily* p
	Barlow: *Immortality* v
	ChatGPT es lanzado al público c
	Miyazaki y Martin: *Elden Ring* v
	Panchaud: *El color de las cosas* l
	Scurati: *M. Los últimos días de Europa* l
2023	Herrasti: *Las muertes de Genji* l
	Nolan: *Oppenheimer* p
1,000 millones	Extinción de casi todas las formas de vida conocidas en la Tierra debido a la falta de oxígeno
7,590 millones	Extinción total de la vida en la Tierra
10,000 millones	El Sol se convierte en una gigante roja
11,000 millones	El Sol se convierte en una enana blanca
100,000 millones	*Big crunch*. Posible fin del universo con una gran explosión equivalente al *big bang*
10^{106}	*Big freeze*. Posible fin del universo con un enfriamiento que solo deje un gas inerte de fotones y leptones

Agradecimientos

Parte de este libro fue escrita con un apoyo del Sistema Nacional de Creadores de México. Agradezco a las siguientes personas las conversaciones que a lo largo de veinticinco años animaron estas reflexiones en torno a la ficción: mis padres (†), Hugo Arévalo, Rosa Beltrán, María José Bruña, Ricardo Chávez Castañeda, Jorge Comensal, Alejandra Costamagna, Adrián Curiel, Aura Estrada (†), Santiago Gamboa, Cinthya García Leyva, Luis García Vallarta, Mayra González, Blanca Granados, Miryam Hazán, Vicente Herrasti, Gerardo Herrera, Hugo Hiriart, Fernando Iwasaki, Antonia Kerrigan (†), Gerardo Kleinburg, Gerardo Laveaga, Luciano Mendoza, Paola Morán, Guadalupe Nettel, Andrés Neuman, Ignacio Padilla (†), Pedro Ángel Palou, Edmundo Paz Soldán, Ana Pellicer, Raissa Pomposo, Isabella Portilla, Ricardo Raphael, Tomás Regalado, Carolina Reoyo, Pilar Reyes, Alexandra Saavedra, Martín Solares, Daniela Tarazona, David Toscana, Rafael Tovar (†), Eloy Urroz y Juan Gabriel Vásquez. Y, por supuesto, a Rocío, Rodrigo y Violeta, a quienes les conté a lo largo de muchos meses, siempre a la hora de la comida —como hacía mi padre conmigo—, una primera versión de esta historia.

Créditos de las imágenes

692

p. 490 Robert Cornelius, *Autorretrato* (Album/Universal Images Group/Universal History Archive/UIG).

Jean-François Millet, *Autorretrato* (Artefact/Alamy Stock Photo).

p. 491 Félix Nadar, *Retrato de Sarah Bernhardt* (Album/PVDE/ Bridgeman Images).

p. 523 Gustav Klimt, *Retrato de Adele Bloch-Bauer I* (Album/Fine Art Images).

p. 531 Hermanos Lumière, *Entrada del tren en La Ciotat* (CNC/ Album).

p. 534 Georges Méliès, *Viaje a la luna* (Méliès/Album).

p. 536 D. W. Griffith, *El nacimiento de una nación* (EPIC/Album).

p. 537 Charles Chaplin en *Carreras de autos para niños*, 1914 (Keystone Film Company/Album).

p. 553 William Adolphe Bouguereau, *Niña con una cesta de frutas* (Christie's Images, London/Scala, Florence).

Henri Matisse, *Mujer con sombrero* (© Succession H. Matisse, VEGAP, Barcelona, 2024/Album/Joseph Martin/Fototeca H. Matisse).

p. 554 Pablo Picasso, *Mujer con un tarro de mostaza* (© Sucesión Picasso, VEGAP, Madrid, 2024/Album/akg-images).

Marcel Duchamp, *Desnudo bajando una escalera, n.º 2* (© Association Marcel Duchamp, VEGAP, Barcelona, 2024/Album/Granger, NYC).

p. 556 André Derain, *Muelle en L'Estaque* (© André Derain, VEGAP, Barcelona, 2024/Album).

Pablo Picasso, *Las señoritas de Aviñón* (© Sucesión Picasso, VEGAP, Madrid, 2024/Album/Joseph Martin).

p. 557 Ludwig Meidner, *Paisaje apocalíptico* (© Ludwig Meidner-Archiv, Jüdisches Museum der Stadt Frankfurt am Main/ Album/akg-images).

Giorgio de Chirico, *Canción de amor* (© Giorgio de Chirico, VEGAP, Barcelona, 2024/Album/DEA/G. Nimatallah).

p. 558 Georges Braque, *Viaducto en l'Estaque* (© Georges Braque, VEGAP, Barcelona, 2024/Album/DEA/G. Dagli Orti).

p. 559 Robert Delaunay, *Primer disco* (Album/Fine Art Images).

Kazimir Malévich, *Cuadrado negro* (Album/Bridgeman Images).

p. 568   Marcel Duchamp, *Fountain* (© Association Marcel Duchamp, VEGAP, Barcelona, 2024/Album/Granger, NYC).

p. 573   René Magritte, *Esto no es una pipa* (© René Magritte, VEGAP, Barcelona, 2024 /Album/Granger, NYC).

p. 574   Piero Manzoni, *Mierda de artista* (© Piero Manzoni, VEGAP, Barcelona, 2024; imagen digital, The Museum of Modern Art, New York/Scala, Florence).
Benjamin Vautier, *Todo es arte* (© Ben Vautier, VEGAP, Barcelona, 2024; Adagp Images, Paris/Scala, Florence).

p. 578   Ottomar Starke, ilustración para la cubierta de *La metamorfosis*, de Franz Kafka (Christie's Images, London/ Scala, Florence).

p. 666   Pere Borrell del Caso, *Escapando de la crítica* (Album/Fine Art Images).

Índice

LIBRO QUINTO
La invención de lo humano

LIBRO SEXTO
Los monstruos de la razón